HISTORY
SCIENCE
EDUCATION
JAPAN

# 増補 日本理科教育史

付・年表

板倉聖宣

仮説社

増補新版のための
## はしがき

　本書は1968（昭和43）年3月に第一法規出版によって刊行された同名の著書をまったく新しく組み直したものです。元の版は『日本理科教育史（付年表）』と「付年表」という文字が大きく書名に入っていて，最初は著者である私自身が奇妙な感じをもったものでしたが，今般その年表部分を大きく増補改訂作業を行って，その初版の編集を担当してくださった方の気持ちが分かりましたので，その〈付年表〉という文字までそのままにして，新版の書名としました。

　私は，このような歴史に関する文章を書くとき，いつもこの種の細かい年表を作成してきました。そういう年表を作ると，〈同じ年代にまとまって現れる事項〉や〈関連のある事項の変化〉が期せずして発見できるのです。そこで，それらを元にして歴史を構成してきたのです。そこで，本文の長さとくらべて不相当に思われる事項を捨てきれなくなって，「とてもくわしい年表」として残ることになったのです。今回の新版では，本文には全くというほど手を加えなかったのに，年表の事項には遠慮なく手を加えました。本書が「増補訂正新版」と言えるのは，とくに年表の部分と，これまた長い「あとがき」を書き加えたことに基づいています。

　この新版では，上にも記したように，本文のほうにはほとんど手を加えませんでしたが，本文の至るところに現れたカタカナ交じり文を全部，平かな交じり文に改めました。1945年の敗戦のころまでは，「〈漢字の区画を略しただけのカタカナ〉は正字だが，〈ひらがな〉は女／子どもの文字だ」という考え方が強くて，法律の文章はみなカタカナ交じり文で表記されていました。そして，「権威のある教科書の文章もカタカナ書

きにしなければならない」という考えがあったので，教育の世界ではカタカナ交じりの文章が多かったのです。そこで，私などもカタカナ交じり文をすらすら読めるのですが，今の若い人びとは〈カタカナは苦手だ〉というので，カタカナを〈ひらがな〉に改めたのです。それとともに，昔の文語的な表現特有のテニヲハにも少し手を加えて，少しでも読みやすいように配慮したつもりです。

　なお，旧版には，本書の元になった日本科学史学会編『日本科学技術史大系（第8〜10巻）教育〔1〕／教育〔2〕／教育〔3〕』に収録されている資料には，一々その資料番号を注記してありました。しかし，今ではその本を手に取ることがとても困難になっているので，その注記の部分はかなりカットしました。〔（大系／教育①3-13）などと略記〕

　本書の旧版は長らく絶版状態で，入手が困難になっていましたが，こうして新しく陽の目を見ることが出来たことは嬉しいことです。旧版は41年も前に出た本ですから，「今では時代遅れになっているのではないか」と少しは心配しました。しかし，日本の理科教育の現状を見ると，本書で明らかにした日本の理科教育の問題点はほとんど克服されていないようです。そこで，本書はまだまだ読まれるに値すると思うので，初版をそのままにしたのです。検討のほどお願いします。

板倉聖宣　(2009年3月)

## 初版 はしがき

　本書は，義務教育段階の学校教育を中心に，日本の科学教育・理科教育の変遷のしくみを明らかにしようと意図したものである。別のことばでいえば，「日本の科学教育・理科教育の思想・制度・運動史を概観する」のが本書の課題だということができるであろう。筆者はこの本を，日本の理科教育に関心ある人々のみならず，一般に日本の教育のあり方に関心をもっている人々に読んでほしいと思っている。

本書は二編にわかれている。第1編「日本における科学教育の成立」と第2編「理科教育の成立と展開」の二編である。もっともこの二編の境界は明確ではなく，連続的であるから，特に第2編に興味をもつ読者にも第1編に目を通していただかなければならない。

　それなのになぜ二編にわけたのかというと，最初のほう——「日本における科学教育制度の成立」をあつかった部分では，科学啓蒙運動や初等教育から大学専門教育に至るあらゆる科学教育上の重要な問題を取り上げて論じようとしたのに対し，あとのほう——「日本における理科教育の成立と展開」では，主として義務教育における「理科」教育だけに限定して論じてあるからである。日本における科学教育は全般的に第1編の時期においてはじめて成立したのであって，初等段階の学校教育における科学教育の成立の事情を明らかにするためにも，この時期については特に視野を広くとって論ずる必要があると思われたからでもある。

　本書はもともと，日本科学史学会編『日本科学技術史大系』（第一法規刊）の第8・9・10巻（「教育1，2，3」）のために筆者が書きおろした「概説」を抜きだして大幅に加筆訂正を加えたものである。上掲の著書は史料を中心にして日本の科学技術教育史を明らかにしようとしたものであって，B5版各巻600ページ前後の部厚な本である。この本には数百点の貴重な史料がコンデンスされた形で収録されているので，元の資料を参照しながら日本の科学技術史を自分自身の頭の中に再構成するうえで便利であるが，手軽に日本の科学教育史を概観しようとする人々にとっては不便である。しかし，今のところ日本の科学教育史について概観するために上掲の著書にかえられるものはない。そこで，筆者は上掲書に書いた概説の部分だけをきりはなして刊行することが，多くの読者にとって有意義なことであると考え，本書を著わすことにしたのである。

　もっとも，第1編の部分は上掲書の概説にほとんど手を加えず，いくらかの資料をおぎなったにすぎないが，第2編の部分では上掲書の「概説」の部分を二倍以上の長さに増補訂正してあるから別の著書といったものになっている。けれども，本書の元になった資料の多くは上掲書に

収録されているものであるから，本書を通読して特に興味をもたれる事項があったら，上掲書によって原資料にあたられたら便利であろう（本書の脚注に（大系・教育1 資料2-3）などとして，上掲書との関連をつけておいた）。〔この増補訂正版では，『日本科学技術史大系』そのものが入手難となっているので，その注記は一部割愛した〕

なお，本書の第2編の記述は第2次大戦後間もない時期でおわっている。筆者はもともと，現代史こそが歴史家の試金石と考えているのであるが，今日の問題については筆者自身の仕事が歴史の対象になってしまう。そしてその場合，筆者が論ずべきことはあまりにも多くなってしまう。そこで，これについては別に「現代理科教育批判」といった著書を書きたいとも考えたのである。〔この構想は実現されていない〕

また本書では，多くの先人たちの提出した数々の興味あるアイデアや理論を紹介したが，それを現代に生かしたらどういうことになるかというようなことについては，必ずしも筆者自身の立場からする評価・批判を十分に加えることができなかった。それらについても上記の「現代理科教育批判」というような著書のなかで論じて，すぐれた遺産をできるだけ多く摂取したいと考えている。そのためにはまた，「低学年理科教育の歴史」とか「力学教育史」とか「花と実についての教育史」とか，問題を限って論ずることが必要であろう。本書はもともと日本の科学教育／理科教育の思想／制度／運動の歴史を概観しようとしたものであるから，個々の事がらについての先人たちのすぐれたアイデア／理論／実践についてほりさげて論及することは別の機会にゆずらなければならないのである。〔この構想は，その後筆者が中心になって編集出版された「東京法令出版」発行の『理科教育史資料』全6巻によってかなり実現された〕

また，今日では高等学校の教育が義務教育に準ずるような性格をもってきている。そこで義務教育段階の科学教育史を取り上げるにしても，明治期からの中等教育段階での科学教育の歴史を取り上げて論ずることも，無視しえない事がらになっている。しかし，これについて本格的に論ずることは筆者の力不足のため，今回は断念せざるをえなかった。こ

れについても別の機会に中等教育や大学の教養課程の教育を中心にした日本の科学教育史を論じ，さらに海外の科学教育史をも取り上げて論じたいと考えている。

　なお，巻末の年表には本文で論じられた事がらよりもずっと広い範囲の事がらを収録してある。この年表に目を通すならば，本文に論じた内容をさらに豊富な材料によって理解することができるであろうし，本文に書ききれなかった多くの事がらについてもさまざまなことを読みとることが可能であろう。年表そのものをも本文と同様読みとられることを希望する。

著　者

付記1．本書の引用は児童用教科書や一部の法令からの引用を除き，原文が片仮名書きのものや旧仮名づかいのものも原則として平仮名，現代仮名づかいにあらため，句読点がなくて通読に困難を感ずるものには，句読点をおぎなってある。本書の引用文によって，原著者の文章表現上の細部にまでわたって論及する人もいないと考えたから，少しでも通読に便利なようにと考えたのである。

付記2．明治五年までの年月日は旧暦で示し，新暦換算をしていない。そこで，明治6年以降の新暦と混同しないように，本文でも年表でも，旧暦の年月日は和数字で，新暦の年月日は洋数字で示すことにした。たとえば，旧暦の明治五年（1872）八月二日は新暦では1872年9月4日である。

# も く じ

はしがき —— 1

## 序章 総　　説 …………………………………………… 13

第1節　科学教育史研究の意義 —— 13

第2節　日本科学教育史の時代区分 —— 16
科学教育の成立と「理科」教育への移行／「理科」教育時代の二つの時期／「理科教授法」の成立期／国定『小学理科書』の時代—「生活理科」の研究運動期

第3節　記憶すべき年代 —— 29
科学の摂取機関の成立と科学啓蒙のはじまり／科学教育の制度化の時代／理科教授法の成立期／国定『小学理科書』の時代／「生活理科」時代

## 第1編　日本における科学教育の成立　(39)

## 第1章　幕末・明治初年における科学技術の教育機関 ……… 41

第1節　日本における科学技術教育の成立 —— 41
日本における科学技術教育の成立事情の展望

第2節　幕末における科学技術の教育機関の設立 —— 48
伝統的な和算・砲術・医術の伝授法／蘭学の教授法／開国と科学技術の摂取機関の設立／長崎海軍伝習所／（長崎）医学伝習所／講武所・軍艦教授所／蕃書調所（開成所）の設立／開成所における科学技術教育／（西洋）医学所／諸藩の科学技術教育機関

第3節　明治初年における科学技術の教育機関 —— 67

教育機関の改称改組／長崎医学校・大阪舎密局・沼津兵学校・海軍兵学寮／東京医学校（大学東校）／外人教師の雇用と海外留学生の派遣／洋学の全面的採用の方針決定と大学南校（開成学校）／洋学塾と究理学の教育

## 第2章　小学校における科学教育の発足 …………… 77

第1節　明治初年までの科学啓蒙書の出版 —— 77

江戸時代の大衆向きの自然観供給書／江戸時代の大衆向け実用知識書／科学啓蒙書の形式と内容／福沢諭吉らの科学啓蒙思想／「究理熱」の流行

第2節　「学制」と科学の普通教育の制度化 —— 87

「学制」における科学教育の比重／文部省の「小学教則」における科学教材の比重／「小学教則」の科学重視の由来／「小学教則」の究理中心主義／師範学校の「小学教則」の由来／師範学校「小学教則」における科学教育の比重／小学校教育の実態

第3節　最初の科学教科書と師範教育 —— 103

科学教科書の普及／主要な科学教科書／『物理階梯』と「物性論」の重視／『小学化学書』と Science Primer 叢書／師範学校の実情

## 第3章　科学技術の専門教育機関の確立 …………… 119

第1節　工部省・開拓使における科学技術教育 —— 119

工部省の技術者養成／工部大学校（工学寮工学校）／海軍省・開拓使の技術者養成

第2節　東京大学の成立と科学技術者への道 —— 125

開成学校の成立／開成学校におかれた専門学科の構成／最初の日本人教授・博士の学歴

## 第4章 小学校における科学教育の具体化 ……………… 135

### 第1節 教育の反動化のはじまりと科学教育 —— 135
「教育令」と「改正教育令」の成立／教育の反動化のはじまり／儒教修身の台頭と科学教育の縮小・変質／「小学校教則綱領」における科学教育／小学校教育の実態

### 第2節 博物教育のはじまり —— 144
博物（学）教育の起原／博物教育と宗教教育／博物教育の目的による分類／「博物図」とその教育的意図／「博物学」ならざる「博物」教育の成立と形式陶冶／「博物」教育成立の背景／「博物」教授の具体例

### 第3節 小学校物理教授法の具体化 —— 161
「物理」教育の成立／スチュアートの「物理学」教科書／物理学教授法のはじまり／簡易実験法の研究・紹介／「科学」教育から「理科」教育への転換の根拠

# 第2編 理科教育の成立と展開 （175）
—— 義務教育を中心に

## 第5章 「理科」教育の制度化とその定着 ……………… 177

### 第1節 教育の国家主義化と「理科」 —— 177
実際的な学校制度の確立／学校教育の国家統制と国家主義化／自然科学関係教科の縮小／「理科」という新教科設定の意義

### 第2節 最初の「理科」教科書 —— 187
四大教科書会社の最初の理科教科書／物理教材の内容の変化／道具・器械中心の物理教材／生物教材の内容／翻訳教科書と「理科読本」

第3節　「読書」科と区別された「理科」教育 —— 199

　　　　　『尋常小学読本』中の科学に関する読書教材／『高等小学読本』中の理科的読書教材／「読書」科と「理科」教育の関係／実物観察主義の「理科」教育の意義

第6章　「理科の要旨」と「理科」教育の確立 ……………… 207

　　　第1節　「理科の要旨」と生活共存体主義の理科教育 —— 208

　　　　　「小学校教則大綱」における「理科の要旨」／ドイツの理科教授法の輸入／生活共存体主義の理科教育／高等師範学校付属小学科理科教授細目

　　　第2節　理科教科書の整備 —— 219

　　　　　四大教科書会社の新理科教科書／「自然の美」を説く総合理科教科書／修身的な理科教科書の出現／科学的自然観を教える理科教科書

　　　第3節　「理科教授法」研究の成立 —— 234

　　　　　「小学校令施行規則」と理科教育／教授法研究の中心，高等師範学校／ドイツの理科教授法の歴史／ヘルバルト派の五段階教授法と理科／理科教科書にとりあげられた概念

第7章　国定『小学理科書』の成立とその内容 ……………… 255

　　　第1節　国定教科書制度の成立と理科教科書 —— 255

　　　　　児童用理科教科書の禁止とその理由／「生徒筆記代用」と「理科筆記帳」／義務教育年限の延長と理科／文部省理科書編纂委員会の発足

　　　第2節　国定『小学理科書』の性格・内容 —— 266

　　　　　文部省『尋常小学理科書（教師用）』の発行／『尋常小学理科書』と生活主義的理科教育論／教材のこまぎれ化の起源／『小学理科書』の国定化／国定児童用理科書反対論／国定『小学理科書（児童用）』の内容／国定『小学理科書』に対する全国師範学校の意見報告書／『小学理科書』の改訂

## 第8章　理科教育改革運動と自由主義教育運動 …………… 295

### 第1節　第1次大戦後の理科教育の隆盛 —— 295
第1次大戦と科学技術教育／現場における理科教育ブームの実情／生徒実験の普及／児童（生徒）実験運動の敗北

### 第2節　理科教育改革運動のはじまり —— 305
自由主義教育運動と理科教育／成城小学校における理科教育改造研究／理科教育研究会の発足／低学年理科（自然科・直観科）特設運動／国定理科書廃止運動

### 第3節　新教育と「学習過程」論 —— 317
新教育思想とヘルバルト派五段階―及川平治の学習過程論／千葉命吉の創造教育論と神戸伊三郎／神戸伊三郎の「新学習過程」論

### 第4節　「理科学習帳」と民間の理科教育構想 —— 330
理科学習帳の成立／新しい国定理科書の発行／国定理科書と対立する理科教育の構想

## 第9章　教学刷新運動下の科学教育 …………………… 343

### 第1節　沈滞期における理科教育思想 —— 343
日本精神作興運動と理科教育／「思想善導」と理科教育／プロレタリア教育運動と理科教育

### 第2節　理科教育改革運動の継続 —— 351
低学年自然科の意図・内容／理科教育の郷土化・生活化・作業化／朝鮮総督府の『初等理科書』／文部省の理科書編纂委員会の内部事情／国定教科書全面改訂作業の発足

### 第3節　中学校における理科教育の成立と科学的精神論 —— 371

中学校の科学教育制度の変遷／「一般理科」と「応用理科」の新設／科学的精神論と科学政策の矛盾／「行としての科学」と理科教育の振興

## 第10章　戦時下における理科教育の改革 ………………… 383

### 第1節　国民学校案と「理数科理科」の成立 —— 383

戦争政策の拡大と科学振興政策／国民学校案の成立／国民学校案による民間教育運動の成果の吸上げ／国民学校理数科理科の成立／生活理科・作業理科の採用

### 第2節　『自然の観察』『初等科理科』と『物象』『生物』の成立 —— 396

「科学的精神の涵養」と「科学の日本的理解」／『自然の観察』の成立／『初等科理科』の成立／中学校の『物象』『生物』の成立／戦時下の理科教育の効果

## 第11章　教育民主化と生活単元・問題解決学習 ………… 417

### 第1節　敗戦と教育民主化の構想 —— 417

敗戦と科学教育の民主化運動／教育民主化の構造と理科教育／六・三・三・四制の発足と理科教育の拡張

### 第2節　生活単元／問題解決学習による理科教育の導入と崩壊 —— 426

生活単元別教科書の発行／問題解決学習の手本としての『小学生の科学』／生活単元・問題解決学習理科の受容／問題解決学習受容の背景／生活単元・問題解決学習の普及／戦後の理科教育の実態／生活単元理科に対する不満・批判の公然化

### 第3節　「理科」という教科と科学・技術の教育 —— 446

輸入された科学思想で変わってきた教育史／〈科学〉に対する根深い誤解／自然科学と技術とを教える教科として

初版 あとがき ——— 453

## その後の日本理科教育史の研究 ……………………… 455
——〈科学の本格的な教育〉の重要性に関する長い〈(増補版)あとがき〉

〈よく書けている〉と思えた／その後の日本理科教育史の概観／仮説実験授業の提唱と『日本理科教育史』との関係／〈虹は六色〉問題／〈サイフォンの作動原理〉に関する説明の間違い／〈仮説実験的な認識過程説〉の確立とその普及／〈科学を教える〉とは／人びとはどれだけ〈丙午迷信〉に支配されたか／日本における脚気病の歴史の教訓／堀内利国の〈現象論的法則〉の発見と成果／〈現象論的法則〉を迷信と思いこんだ森鷗外／〈あとがき〉らしい〈あとがき〉の部分

付1 **理科教育史を調べるための文献案内** ……………………… 491

（A）通史　（B）理科教育史の各論研究　（C）日本教育史全体に関する基礎資料集　（D）科学（理科）の教科書　（E）代表的な科学教育論／理科教授法　（F）科学教育／理科教育の専門雑誌など

付2 **年　表** ……………………………………………… 499〜581

# 序章

## 総　　説

## 第1節　科学教育史研究の意義

　科学教育史をなぜ問題とするのか――このことについては，さまざまな考え方や表現のしかたが考えられるが，それらはおそらく，次の二つのことにまとめることができるであろう。

第1　「現在行なわれている科学教育がいかなる必然的な理由，あるいは偶然的な理由によって行なわれるようになったのか」という事実を明らかにし，それらの理由が現在なお有効であるかどうかを具体的に検討して，現在の科学教育の変革の可能性の展望をひらくこと。

第2　科学教育の発展の構造／論理を明らかにし，これからの科学教育研究のための指針を見出すとともに，科学教育を含むもっと広い科学や教育や社会全般の発展と，科学教育の発展との関連を明らかにし，もっと広い歴史の研究の一環として，寄与するように努めること。

　つまり，「過去における科学教育の個々の内容を検討して，直接的に今後の科学教育に役立たせようという目的」と，もう少し大きく構えて，「科学教育の発展の構造をとらえて，科学史や教育史や歴史一般の理解をうるという目的」と，この二つの目的が考えられるわけである。もっ

とも，これ以外に，単なる懐古趣味に類するものが考えられるが，これは筆者のとるところではない。なんらかの意味で，直接／間接に，現在と未来に寄与しうるような歴史をつくりだすこと，これが本書の意図するところである。

ところで，上の二つの目的については，もう少し具体的な説明が必要であろう。というのは，上のような目的は，科学史一般について考えうることであるが，科学教育史の場合には，他の場合にはあまりみられない，特殊な事情が存在するからである。

教育というものは，特に初等教育においては，政治的／思想的なものと不可分であることから，教育そのものの研究よりも，むしろ政治的／思想的なものによって影響をうけることが少なくない。そしてそのことがあって，科学教育についての研究は，それ自身りっぱな研究分野であるにもかかわらず，これまで，科学的といいうる研究をほとんど生みだしてこなかった。この二つの事情，つまり，「科学教育の研究が科学研究として自立せず，教育が外部的な社会的諸条件によって大きく左右される」という事情は，科学教育の歴史的研究を特に重要なものとしているのである。

科学教育の研究が自立していなかったために，理科教育はこれまで極端な動揺を示してきた。あるときは，それまでの伝統にまったく固執して，「それまでの常識から一歩もはみだすまいという保守主義」が支配した。「存在するものはすべて必然的な理由をもっている」と理由なしに考えられて迷信が存続するのと同じようにして，つまらぬことがきっかけで生まれた伝統や常識が固執された。そして，あるときには，新しい政治的／思想的観点からまったく新しい科学教育の理想案が導入され，これまでの科学教育の経験がまったく無視されるというようなことも起こった。もっともそのときでも，これまでの経験をまったく無視して新しい教育をはじめることはできないので，一方ではもっとも古くから存在するものは，その伝統が長いというそれだけの理由からして新しい〈理想案〉の中に取り入れられ，科学教育の中に不動のものとして生

きのこったものも少なくないのである。

　以上の見解は，筆者の科学教育史に関する研究の一つの結論を示すものであって，いまただちにすべての人々の賛同を得られるものとはいえず，本書の中でそのことを明らかにすることになるのであるが，以上のことを全面的に否定し去る人はあるまい。

　科学教育は今後もおそらく，大きな変革を経験することがあるだろう。少なくとも現在の科学教育は，長い伝統をもち，多くの期待を負わされているにもかかわらず，なお，ほとんどしっかりした科学的基盤を持っていないからである。科学教育に関する科学的な研究が確立されていけば，伝統と思惑だけに依存しているところの多い現在の科学教育は，大きく根底から変えられるものと考えられるし，その間に大きな経済的／政治的／思想的な事情の変化が起こり，科学や産業の進歩が起これば，大きな変革を受けないではすまされえないからである。

　そこで，科学教育に関する科学的研究そのものを確立するためにも，「現在の科学教育の常識にとってかわる新しい考え方の可能性」を検討しておくことが，どうしても必要になる。現在特に，科学の飛躍的発展に応じて科学教育の内容を全面的に新しく組み立てなおす必要に迫られているが，そのためには科学教育史に関する検討がどうしても必要になるのである。科学教育の歴史を詳しく見ていけば，「現在動かしがたいと考えられている常識的な考え方」が，たいした理由なく導入されていて，その後なんら科学的根拠を与えられていないということがわかったり，「もっとずっとすぐれた考え方が偶然的な事情で捨て去られてそのままになってしまっている」といったことが見いだされるであろう。

　ところで，すでに述べたように科学教育の進歩は「教室における教師と生徒との交渉についての研究」だけから生まれるのではない。科学教育は絶えず，科学自身の進歩や生産の進歩に対応して計画が立てられなければならない。しかも，科学教育について論ずるものが考慮に入れなければならないのは，けっして現在の科学や社会ではなくて，将来の科学の進歩であり，社会の進歩である。特に系統的な科学教育が可能なほ

とんど唯一の機会であるところの学校教育においては，そこの卒業生たちが，その一生涯にわたって，この進歩の激しい科学の時代に落伍しないだけのしっかりした科学の理解を身につけさせなければならない。つまり科学教育というものは，それ自身が歴史的な研究を必要とするものなのである。「かつての科学教育がその後の時代にどう適応し，あるいは適応しなかったか」ということを検討しなければならないのである。もっと広い社会とのつながりに関する科学教育の歴史的な研究は，この点においてもきわめて重要である。

　本書は，以上述べたような科学教育史の課題を果たすための一つの基礎作業を目ざすものである。このような試みは，その重要性にもかかわらず，これまでほとんど行なわれたことがないので，容易なことではないが，それだけにまた魅力的な仕事である。本書で検討される資料の多くは，これまでほとんど注目をひかなかった種類のものであって，ここに述べられている科学教育史に関する考え方の多くはここにはじめて提出されるものである。

　これらの資料や考え方は，まだ歴史の試練を経ていないので，それらのなかには歴史理解の正しくないものがあるかも知れないが，今後の研究のための足場としては十分役にたちうるであろう。そして，さらにすぐれた研究によって，これが乗り越えられるまでの間，日本の科学教育史に関する展望を得るのに役立てば幸いである。

## 第2節　日本科学教育史の時代区分

　歴史に関する文献を読むとき，われわれは，しばしばその歴史全体の展望を見失って困惑を感ずることがある。少し詳しい歴史書を読んでいると，いま読んでいる事件が歴史の全体のうえでどんな意義をもっているのか，その位置づけがまるでわからなくて，読みすすむのにさえ困難を感ずることがある。ある事がらに関する歴史を学び，それを自分自身の知識として活用し得るようになるためには，あらかじめその歴史全体

の展望をもつことが望ましいのである。

　われわれは，その歴史全体において最も重大な転換点と思われるいくつかの事件／時点を取り出し，それを座標軸として，他の諸事項をその前後に位置づけるという作業ができるようになってはじめて，混沌とした諸事実が自分自身の心のなかに一つの歴史像としてまとまり，その歴史理解をさらに深めることができるようになるのである。

　そこで，筆者は，本書で日本の科学教育の歴史について立ち入って論ずる前に，その歴史全般の展望を与えておきたいと思う。もっともここに述べる歴史の展望は，実は本書全体の結論として得られるべきものである。ここでその展望の正しさを詳しく事実的に裏づけしようとすれば，とりもなおさず，本書全体をここにおしこめて書かなければならないことになる。そこで，ここではその展望の正しさを詳しく裏づけようとすることは避けなければならない。つまり，この展望は，とりあえず，本書を読みすすむときの一つの仮説的な役割しかもたないものである。これらの仮説は，本書を読みすすむうちに多くの事実によって裏づけされて豊かにされることになるであろうが，また，これまで筆者が知らなかった（あるいは重視しなかった）歴史的な諸事実の発見によってくつがえされることになるかも知れない。そのような手がかりがつかめるように，はじめに結論的な時期区分を示しておこうというのである。このような試みは，筆者自身にとっても，本文各章で，木を見て森を見ないあやまりをおかす危険を救う点で有効なのである。

## 科学教育の成立と「理科」教育への移行

　はじめに，日本の科学教育史上で最も重要なできごとは何であったか，といえば，まず第1に明治五（1872）年の「学制」の制定をあげなければならないであろう。この年の八月三日に頒布された「学制」によって日本ではじめて近代的な学校制度が実施されることになったばかりでなく，その「学制」に基づいて1カ月後（九月八日）に制定された「小学教則」で，近代科学の合理的な自然観の教育がなによりも重要な教育内

容として取り上げられることになったのである。日本の科学教育はこのとき，先進的な洋学者たちの手によって，「伝統思想にかわる合理的な思想を育てるという高い理想のもとに発足したのである。

しかし，「学制」の科学教育の思想は多くの障害にあって，漸次縮小せざるをえなかった。はじめのうちは学校教育の実質が制度の要請に伴わず，科学教育を受けるような段階にまで進んだ子どもはきわめて少数にすぎなかったし，上級に進級したものがふえてきても，彼らの教師自身の科学理解がとても貧弱でしかなかったのである。だから，この時代の科学教育は基本的には独学といってよいものであった。しかし，そのような困難よりもさらに本質的な困難があった。政府の教育政策が当初の科学教育の理想そのものに反するものとなり，合理的な考え方よりも伝統的秩序の保存を重視しはじめたのである。

そのうえ，欧米から直輸入した学校教育法も，日本の科学教育を縮小・改変させるような方向に作用した。明治五年の文部省の「小学教則」における科学教育の理想は，当時のどの国の初等教育での科学教育よりもはるかに高いものであったから，欧米の教育の直輸入はとりもなおさず，その理想をきりくずすことを意味していたのである。

日本最初の小学校での科学教育の理想がはっきりと否定し去られたのは，明治19年（1886）のことである。この年，森有礼文部大臣は「帝国大学令」から「小学令」にいたる一連の「学校令」を公布したが，「小学校令」（明治19年4月10日公布）に基づく「小学校の学科及び其の程度」で新しく「理科」という教科を設けて，従来の科学教育の時間数を大幅に縮小するとともに，従来の科学教育の精神を骨抜きにしたのである。すなわち，それまでの「学制」以来の小学校では，たとえば明治14年（1881）4月5日文部省布達の「小学校教則綱領」によると博物／物理学／化学／生理学といった教科が設けられていて，（博物をのぞき）ともかくも科学の初歩を教えることが基本になっていた。ところが，「小学校令」のもとでは，これまでの科学関係の教科が「理科」という名称のもとに一括されて，「科学の初歩」ではなく，自然の事物／人工物（道具類）／

自然現象について教えることに改められたのである。日本における「科学」教育制度のはじめが1872（明治五）年で，「理科」教育制度のはじめが1886年（明治19）というわけである。

　それなら，その理科教育の時代はいつまで続くか，といえば，今日までその理科教育の時代が続いている，といわなければならない。それはなにも，今日の小中学校に「理科」という名称の教科があるから，というだけでそういうわけではない。今日の理科教育の考え方の主流が実質的にいって明治初年の科学教育の考え方を受け継ぐものでなく，それを否定することによって成立した1886年来の理科教育の考え方に近いと考えられるからである。

　それでは，この二つの時代の科学教育と理科教育との間の最も基本的な相違点が何であるかといえば，それは，前者がなによりも「目にみえないような科学の最も普遍的な原理／法則」の教育を主眼としていたのに対して，後者がなによりも「目にみえる個別的な実物についての知識／実験観察の指導」を大切にしていることだといってよいであろう。前者が（素朴な）唯物論の立場に立ち，後者が実証主義の立場に立っているということもできるであろう。

　1886年以前の科学教育では，物理教育のはじめに，物質の三態変化や原子／分子の存在が前面に出され，エネルギーや万有引力が教えられた。それは科学的自然観の啓蒙を目ざし，それに基づいて科学的／合理的な考え方を養おうとするものであった。そこでは，テコ／滑車といったものの教育は重視されなかった。植物教育でも個々の植物についての知識よりも，植物一般に通ずる呼吸／炭酸同化作用／生殖／細胞／分類／進化ということが重視されるべきことであった。

　しかし，1886年以後の理科教育では，上述のような自然の一般的な法則を一般国民に教えることは不要であると考えられるか，または有用であっても望むべくもないことと考えられた。そして，そのかわり，個々の植物の形態や生態を観察させたり，テコや滑車の実物や模型をみせて実験させることが重んじられた。それは，「なにごとも事実をもとにし

て判断しなければならない」という実証主義的な科学観の啓発を目ざし，それに基づいて「観察力」とか「帰納的な思考力」といったものを養おうとするものでもあった。そして，このようにして教えられた観察力／思考力や個別的な事物についての知識が，生活のなかや，上級学校ではじまる本格的な科学教育で役立つものと考えられたのであった。

　科学教育の時代の考え方と，理科教育の時代の考え方とをこのように対照してみれば，今日のわが国の小／中学校ないし高等学校の理科教育の主流が後者に属するものであることは明らかであろう。そして，また小／中学校の段階から本格的な科学教育を実施しようという最近の試みが，以上の「理科教育」の伝統よりも「科学教育」の伝統を受け継ぐものであることは明らかであろう。

　ところで，以上のようにして，日本の科学教育史を1886（明治19）年で二大区分することにすると，1872年から1886年までが14年間であるのに対して，それ以後今日（1967年）までが81年間であって，後者が前者に比べてアンバランスに長くなってしまう。おそらくこのこともあって，多くの論者はこれまで1886年以前をそれ以後の「理科教育」の時代の「前史」として位置づけたのであるが，筆者は上述したような観点から，そのような考えに賛成することができない。今後の日本の科学教育が，1886年来の「理科教育」の基本的な考え方を維持して発展させざるをえないのであるとすれば，それ以前の時代を「前史」として位置づけるのは正当であろうが，筆者はそう考えないからである。未来の科学教育は，明治初年の科学教育と同じような立場に立つことによって，従来の理科教育の基本的な考え方を批判克服して発展することになるであろう，と筆者は考えるのである。

　さて，以上のようにして，日本の科学教育の歴史を1886（明治19）年で二大区分するとして，次にこの理科教育の時代をさらに細分する問題に進むことにしよう。

## 「理科」教育時代の二つの時期

　さきに筆者は，「今日の理科教育もまた，大きくいえば，1886年からはじまる「理科」教育の時代の枠内にはいる」という意味のことを述べたが，さらに詳しくみれば，今日の理科教育と明治時代の理科教育との間には大きな性格の違いのあることを無視することはできない。理科教育の時代は，太平洋戦争の前夜に発足した国民学校の〈理数科理科〉の成立を境にして大きく二つに分けることができるのである。

　まず国民学校の発足を前後とする二つの時期の理科教育の性格の違いについてみると，これは1900（明治33）年の「小学校令施行規則」と1941（昭和16）年の「国民学校令施行規則」とに記された理科教育の目標を示す条文を比較することによってもかなり明白である。「小学校令施行規則」は後者が公布されるまで41年間ものあいだ，小学校の「理科の要旨」を定めるものとして権威をもっていたのであるが，そこには次のように書かれている。

　　「理科は，通常の天然物および自然の現象に関する知識の一班を得しめ，その相互および人生に対する関係の大要を理会せしめ，兼ねて観察を精密にし，自然を愛するの心を養うをもって要旨とす」

　これが，「国民学校令施行規則」では，次のように書き改められているのである。

　　「理数科理科は，自然界の事物現象および自然の理法とその応用に関し，国民生活に須要なる普通の知識／技能を得しめ，科学的処理の方法を会得せしめ，科学的精神を函養するものとす」

　この「国民学校令施行規則」はいうまでもなく敗戦とともに廃止になったものであるが，今日の理科教育の趣旨はこれとあまり変わっていない。そのことは，1958年の学習指導要領改定の際に文部省教科調査官の谷口孝光が，「小学校の理科は，昭和16年に小学校が国民学校に改められたとき生まれた理数科理科で大きな転換が行われ，現在の理科教育の土台が築かれたといってもよいであろう」（文部省初等教育課編『改訂小

学校学習指導要領とその解説』『初等教育資料』臨時増刊号，1958年）と書いていることからでも知られることである。敗戦という大きな断層があるにもかかわらず，今日の日本の理科教育はその直接の起源を太平洋戦争前夜の理科教育の改革期に求めることができるのである。

　それでは，「小学校令施行規則」と「国民学校令施行規則」の条文とを比較してみよう。ここでまず注目しなければならないことは，国民学校令のほうでは「自然界の事物現象」のほかに「自然の理法とその応用」という項がはいっていることである。また，小学校令のほうには「観察を精密にし」とあるのが，国民学校令では「科学的処理の方法を会得せしめ，科学的精神を函養する」としているのも重要な改革点である。これは，個々ばらばらな自然の事物についての知識を与え，それらを観察する能力を高めようという小学校の「理科」教育の立場から，「科学」教育への立場へと一歩踏み出していることを意味しているからである。

　いや，むしろこの「国民学校令施行規則」の条文だけをみると，国民学校の理数科理科は従来の「理科」教育と違って，科学そのものの教育を目ざしているように見えるかもしれない。しかし，ここにいわれている「科学的処理の方法」とか「科学的精神」といったものの具体的な内容を調べてみれば，それが単なる「帰納的な考え方」や「数量的な考え方」をほとんど出ていないことがわかる。ここでは明治前期の科学教育や最近の一部の科学教育論者が重要視している唯物的な自然観／科学観の教育はまったく意図されていないのである。そして，ここでは「科学の最も原理的／一般的な法則／概念の教育」は意図されていないのである。筆者がこれを「理科」教育の時代に組み入れて，「科学」教育の時代としなかったのは，このような理由によるのである。

　実際，国民学校の理数科理科以来の理科教育の指導者たちは，科学的な態度／考え方の養成といったものを掲げながら，「理科は科学そのものを教える教科ではない」などと主張するのが常であった。そのことは敗戦後の文部省による学習指導要領のなかにも反映しているが，国民学校以来の新しい理科教育は，「児童／生徒の身近な生活上の事物」を取

り上げて，そのなかに法則性を見いださせるという形で「科学的な態度・考え方」を養成しようという目標をもつことになったのである。そこで，筆者は，この時期を「生活理科」の時代と呼んで，それに先行する時期と区別することにしたい，と考える。

　この生活理科の時代は，教育内容のうえでは「日常身辺の雑多な事物についての実物教育」にとどまり，「科学の最も基本的な概念や原理的な法則の教育」を取り上げようとしない点で本格的な科学教育と区別されるが，やや特殊的な事物にせよ，それを探究する科学的な考え方というものを前面に押し出した点では，科学教育に一歩接近したものであった。実際，敗戦によって軍国主義の束縛から解放された直後の理科教育では（安易な興味中心主義のために本格的な科学の論理の教育にまでは進まなかったが），「雄大な自然観の教育や科学的な討論法／批判精神の教育」が大きくクローズ・アップされ，「理科」教育から「科学」教育への道を準備することになったのである。

　ところで，国民学校以後の理科教育と，それ以前の理科教育との大きな違いは，国定教科書を全面改定して児童の生活本位の問題解決的な学習法を取り入れたり，低学年理科／作業教育を実施したという面にもあらわれている。国民学校以前の小学校では尋常小学校5年または4年から理科教育がはじめられたのだが，国民学校時代からは小学校1年生からいわゆる低学年理科が実施されるようになって，それが敗戦後にも持ち越されたし，たぶんに軍国主義的だった国民学校の生活理科は，敗戦後アメリカ占領軍の指導のもとに，生活単元／問題解決学習として拡大されたのである。生活単元／問題解決学習はその後大幅に縮小されることになったが，今日の理科教育がなおかつその性格を残していることは否定しえないところである。

　「生活理科」の時代についてのさらに詳しい論議は後章にゆずることにして，次に，この「生活理科」の時代以前の「理科教育」の時代に目をやることにしよう。

### 「理科教授法」の成立期

1886（明治19）年にはじまり，1941（昭和16）年に至る「理科教育」の時代は，これをさらに２つの時期に分けることができる。すなわち，国定教科書『小学理科書』を使用するようになった1911（明治44）年以降の時期をそれ以前の時期と区分するのである。

1886年における「科学」教育から「理科」教育への転換，それは教育現場からの要求に基づくものではなかった。少なくとも，科学あるいは理科の教科書の著者／編集者たちは，法令のうえで「理科」教育が発足しても，その意図を正しくとらえることができなかったように思われるのである。1886年から数年間にあらわれた大部分の「理科」教科書は，旧制度下における「科学」教科書の寄せ集めか，それともそれに科学総論をつけ加えて，科学的な論理をよりはっきりと掲げるようになったのである。奇妙なことに，当時は，「科学」教育とは異なる「理科」教育の真意がどこにあるかまったく説明されなかったようなので，現場指導者たる教科書ライターもその転換の意図をくみとることができなかったように思われるのである。

「科学」教育から「理科」教育への転換の理由は，おそらく欧米特にドイツの国民学校制度の直輸入に基づくものであって，それまで現場で科学教育の建設に励んでいた人々にとってはまったく突然の方向転換であった。それまで，教育現場に指導的な役割を果たしてきた「科学」教科書の著者たちは1872年以来の科学教育の理想に実質的な内容を与えるために，子どもたちに科学的自然観の結論を提示するだけでなく，実験と問答とを中心として児童自身が「科学的な考え方」を身につけるような教科書を準備しつつあった。ところが，それらの教育現場での着実な努力の基盤そのものが，あらかじめ何の相談もなしに，一挙にくつがえされたのである。「科学」教育から「理科」教育への転換は，1872年以来の科学教育の規模を一挙に縮小し，従来の「科学」教育から科学の論理を骨抜きにし，自然物／人工物／自然現象に関する「実物」教育と化するものとして，文部省関係の一握りの人々によって，まず法令のうえ

にあらわれたのである。

　教育現場とは関係なく，法令のうえに突如としてあらわれた「理科」教育の考え方は，それが教科書のうえに具体化されるまでには数年の年月を要した。「理科」教科書らしい「理科」教科書がはじめて出現するのは，1891（明治24）年11月17日に文部省が「小学校教則大綱」を制定して教科書検定を強化するようになってからとみることができる。1892年3月25日に「教科用図書検定規則」（明治20年）を改定して，従来は「弊害あるものの除去」を目的とした検定を，「〈教則大綱〉の趣旨に合するもの」を検定認可するということに改めたのである。

　文部省の意図に沿って，自然物／人工物／自然現象を列挙する理科教科書はこのころから生まれるようになった。そして，このころから高等師範学校関係の人々が理科教授法の研究をはじめるようになり，「理科」教育の内容が具体化されていくのである。

　高等師範学校関係者を中心とする「理科」教授法の研究は，まったくドイツの理科教授法の紹介研究からなりたっていた。理科教授法の紹介研究は1892（明治25）年7月刊行の『高等師範学校付属小学科教授細目』（茗渓会刊）のころからはじまり，1900年代にはいると独立の「理科教授法」と題した著書がいくつか出版されるようになる。そして，ドイツ流理科教授法の紹介研究が一応の地位を築くことになった。

　この時期の「理科教授法」の研究は，主として，「個々ばらばらな自然の事物をいかにして一つの教科内容としてまとめあげるべきか」という課題を解決することにあった。「理科」教育以前の科学教育では，教材は科学的認識の発展の論理にしたがって配列するにきまっていたのだが，「理科」教育では，その論理が抜け落ちたために，教材の人為的な配列のためには独自の議論を必要としたのである。そして，1900年ごろから，このようなドイツ理科教授法の紹介研究に基づく「理科」の教科書が各種あらわれて，「理科」教授法の研究が一応の成立をみるに至った。

　ところが，そのようなときに，国定教科書制度が発足した。もっとも，

1904（明治37）年度から国定教科書が用いられることになったとき，理科の教科書は国定制度をとらず，理科の児童用教科書は「使用してはならない」と決められた。実物教育主義の理科教育思想が「児童用教科書使用禁止」となってあらわれたのである。そして，修身／国語／歴史／地理の場合ほどに理科教育の内容統制の必要性が感ぜられなかったことが，「教師用理科教科書の検定制」を維持させたのである。

　しかし，文部省は，国定教科書制度発足後まもない1904（明治37）年7月に「小学理科教科書編纂委員会」を発足させ，教師用の理科「標準教科書」の編纂をはじめた。そして，1908（明治41）年には文部省『尋常小学理科書（教師用）』が刊行されて，同年度から検定の教師用理科教科書とならんで用いられるようになった。そして，それから3年後の1911年には理科でも児童用教科書を使用させることになり，児童用／教師用とも国定化したのである。

　理科教科書の国定化——それは理科教育の内容の統制化を意味していた。そこで，これ以後の理科教育とその研究は従来の自由を失って，国定『小学理科書』を軸として展開することになる。したがって，われわれは理科教科書の国定化までの時期を「理科教授法の成立期」と名づけ，それ以後の時期を「国定『小学理科書』時代」と名づけて区分することにする。この二つの時期は年数のうえではほぼ同じ期間でもある。

### 国定『小学理科書』の時代——「生活理科」の研究運動期

　国定『小学理科書』の時代は，1911（明治44）年から1941（昭和16）年までの30年間を占めている。この間その理科書の内容は2〜3回（尋常小学が3回，高等小学が2回）にわたっていくらか改訂された。しかし，その教材選定の観点や，児童用書の記載の形式はまったくかえられなかった。この『小学理科書』は，「校長の判断によっては児童に用いさせなくてもよい」とされていた。じっさい，信濃教育会という独自な研究組織をもっていた長野県では，全県をあげて『小学理科書』を使用せず，独自の教材を作成して使用していたのである。しかし，全国的にみれば，

児童用書を使用しないで授業を実施した教師や校長はほんのわずかであった。だから，30年間にわたって，ほとんど同一の教科書が日本の理科教育を支配したのであった。

　しかし，この時代の理科教育がまったく国定『小学理科書』の枠の中だけで行なわれていたかといえば，そうではなかった。国定『小学理科書』制度が発足したときから，これに対する強い反対があったし，それ以後も意欲的な教師のなかからは，たえず国定『小学理科書』の廃止の要求が出されていた。それにはいくつかの理由があった。

　その一つの理由は，理科教科書の国定以前に文部省自身がとった「理科の児童用書使用禁止」と同じ考え方に立つものであった。「理科は実物で教えなければならないのに，理科書を使わせるとどうしてもそれにとらわれてしまい，教える内容／順序を地方の実情にそって変更することが困難になり，教科書に書いてある文章を教えることになるからいけない」というのである。もちろん，これらの論者も，文部省が，理科の児童用書は校長の判断によっては使用させなくてもよい，としていることを知らなかったわけではない。しかし，文部省の国定教科書があるのに，それを使用しないで授業をするということは大変困難なことだったのである。

　『小学理科書』廃止論のもう一つの理由は，その内容にあった。『小学理科書』の題材は一つ一つがばらばらで，全体としてほとんど脈絡がつけられていなかった。だから，理科の授業は一時間一時間がまったく別のことを教えているようなありさまになった。そこで，国定以前のドイツの理科教授法のような観点から，「たくさんの題材を一つの主題にまとめあげて教育する」必要が主張された。それらの論者は，「文部省の『小学理科書』の題目の選定と配列は，それ以前の検定教科書のある種の教科書より退歩している」と考えたのである。

　これらの国定理科書廃止論は，特に理科教育運動が活発化した第1次大戦直後には，意欲的な教師の間でほとんど世論化していたようにみえる。1919（大正8）年には，小学校理科教師のはじめての全国的な組織

である「理科教育研究会」が発足して，機関誌『理科教育』を発行し，全国研究大会を開催するようになったが，その大会では国定『小学理科書』の廃止が世論と化していた。全国の意欲的な理科教師は国定『小学理科書』の制約から脱却しようという努力を続けていたのである。

　国定教科書の束縛から脱却する手段として，当時の教師は『理科筆記帳』とか『理科学習帳』という名目の一種の教科書を使用した。たとえば，信濃教育会は理科の児童用教科書の使用が禁止されて１年後の1905（明治38）年３月に『小学理科生徒筆記代用』と称する一種の教科書を作成したが，国定『小学理科書』が発行になると『尋常小学理科筆記帳』という児童用書を発行し，さらに1921（大正10）年４月には第１次大戦後の新教育運動を背景にして『尋常小学理科学習帳』という児童用書を作成した。長野県下では国定『小学理科書』を使用せず，信濃教育会編纂のこれらの児童用書によって授業を進めたのである。

　このように国定『小学理科書』の時代は，理科教育のきびしい統制時代であるとともに，それに対する批判の時代であり，文部省の国定『小学理科書』の構想している理科教育にかわる新しい理科教育を求めて，地道な研究がすすめられていった時代でもあった。特にその運動は，さきにもふれたように，第１次大戦後急速に盛り上がってきた。第１次大戦は軍事上／産業技術上での科学の重要性を浮かび上がらせることになり，それが科学教育振興を世論化させた。その一方，大戦後のデモクラシー思想の普及は自由主義的な新教育運動を活発化させたので，理科教育の研究が急速に活発化したのである。

　この時期の理科教育研究運動での主要なテーマは，「国定理科書の廃止（またはその全面改訂）と低学年理科の実施と児童実験の実施」の３点にあった。児童実験の実施は設備／費用のうえで難点があっても文部省の法令にふれることはなかったが，低学年理科の実施は文部省の法令に反することであった。しかし，それにもかかわらず，小学校１～３年の低学年に理科を教えるという運動は着実に進んだ。この時期には全国的な理科の教師の大会があると，その大会の名で文部省に「低学年理科

の特設を建議する」というのがしきたりのようになったほどである。

　しかし，これらの要求はなかなか受け入れられなかった。低学年理科の特設，国定理科書の全面改訂，実験観察作業の重視といったこの時期の理科教育研究運動の主張は，「第1次大戦終了の年（1918年）から数えて23年もあとの1941（昭和16）年の国民学校制度の実施」によってはじめて実現されることになったのである。国民学校時代にはじまった「生活理科」の考え方は，実は第1次大戦後に高揚した理科教育研究運動の成果を生かしたものにほかならなかったのである。その意味では，この「国定『小学理科書』時代」は，「生活理科の研究運動期」と名づけたほうが適切かもしれない。

　しかし，この理科教育研究運動は1919（大正8）年をピークに，だんだんと停滞を余儀なくされた。大正末年から昭和初期にかけて，「国民精神作興運動」とか，「教学刷新運動」とか呼ばれる反動的な精神運動が活発化し，労働運動／社会主義思想／唯物論思想を敵視するとともに，理科教育そのものをも危険視ないし厄介視するようになったからである。

## 第3節　記憶すべき年代

　これまでの日本の科学教育／理科教育は，よかれあしかれ，文部省の手を通じて出される法令に基づいて行なわれてきたのが実情である。それらの法令は，あるときには現場の教師／研究者の意志とはまったく別に定められ，あるときには，それまでの現場の教師／研究者の運動を反映してでき上がってきたのであるが，全国的な科学教育はいつもそれらの法令によって強く規制されてきたのである。そこで，日本の科学教育史上のある年代のできごとを理解するためには，科学教育に関連のある重要な法令との前後関係において理解するのがいちばんわかりやすい。そこで，ここに日本の科学教育史に関連する重要な事項を列挙して簡単な解説を加えておくことにする（第2節に記したことも念のため重複して

掲げる)。このうち，ゴチックで記した年代は，少なくとも本書を読んでいる間は，記憶しておくと便利であろう。

### 科学の摂取機関の成立と科学啓蒙のはじまり

① 享保五 (1720) 年の八代将軍吉宗による洋書輸入の禁緩和のころにはじまる長崎通詞・蘭法医を中心とした蘭学の成立。

——八代将軍吉宗の実学奨励，洋書輸入の解禁 (1720) のころから，オランダ語を通じての近代科学の紹介が，長崎通詞や蘭法医たちによって個人的にはじめられるようになり，やがてその研究成果は，師弟関係を通じてあい受け継がれて発展するようになった。

② 安政元 (1854) 年の開国に対処して設立された長崎海軍伝習所，蕃書調所(しょしらべじょ)などの成立。

——長崎海軍伝習所／蕃書調所は日本で最初の近代科学技術の本格的な摂取教育機関であった。幕府は開国という事態にたちいたって，軍事力強化のために軍事科学を中心とした欧米の科学技術を組織的に取り入れる方針を定め，民間にあった多くの蘭学者を起用したのである。このころから諸藩でも洋学の摂取機関が設立されるようになる。

③ 明治維新の成立後の「五ヶ条の御誓文」(慶応四 (1868) 年三月十四日) に代表される西洋文明の積極的摂取方針の成立に基づく科学啓蒙書の普及。

——幕末においては，近代科学思想の大衆への普及を恐れて，幕府が科学書の出版をも統制したために，大衆向けの科学啓蒙書が刊行されることはほとんどなかったが，明治維新後，西洋文明の摂取が奨励されるようになったので，福沢諭吉などの先進的な洋学者たちの手によって科学啓蒙書があいついで出版されて普及した。そして，この啓蒙運動が明治五年の「学制」を準備することにもなった。代表的な著書は福沢諭吉の『(訓蒙)究理図解』である。

## 科学教育の制度化の時代

① 明治五（1872）年八月三日公布の「学制」（文部省布達）とそれに基づく「小学教則」（同年九月八日）の制定。

——下等／上等小学，各4年制で，下等小学に「養生口授（くじゅ）」／理学輪講（りんこう）を，上等小学に「理学輪講のほか博物・化学・生理」をおき，幕末／明治初年に刊行された科学啓蒙書を教科書として例示した。このほか，「読本輪講／書牘（しょとく）（手紙文のこと）」の教科書としても洋学者の手になる科学啓蒙書を多く例示した。そこで，明治5～6年には，多数の科学啓蒙書——究理書が刊行され，いわゆる「究理熱」流行の様相を呈した。

② 1873（明治6）年4月2日，官立師範練習小学校開校に基づく師範学校創定「小学教則」の公表（同年5月31日）。

——官立師範学校は明治五年九月に開校になり，アメリカ人スコットを教師として一斉教授法の指導をうけた。師範学校の「小学教則」は前年発表の文部省「小学教則」とまったく異なり，アメリカの小学校教則の直訳版であったが，当時はこのほうが普及した。この教則は1877（明治10）年8月に改定になったが，この教則の影響下に制定された当時の各府県の教則では，科学教育に関するものとして，下等小学で師範学校版『小学読本』巻4（全文究理学教材），上等小学では文部省（片山淳吉編）『物理階梯』，文部省（ロスコー著）『小学化学書』，文部省『牙氏（カリツユーし）初学須知（すち）』，松山・森下共著『初学人身究理』（慶応義塾刊）などを教科書として用いることになっていた。

③ 1880（明治13）年12月28日公布の「教育令」（いわゆる改正教育令，太政官布告）とそれに基づく「小学校教則綱領」（翌1881年4月5日文部省達）の制定。

——小学校を初等科（3年）／中等科（3年）／高等科（2年）に3分し，中等科で「博物／物理」を，高等科で「化学／地文学／生理／博物学」を課することにした。代表的な教科書には，辻敬之『通常動物』『通常植物』『通常金石』，各種の訳本による『士氏（スチュアートし）物理小学』などがあった。

## 理科教授法の成立期

① 1886（明治19）年4月10日公布の「小学校令」（勅令）と，それに基づく「小学校の学科及び其の程度」（同年5月25日文部省令）の制定。

——小学校を尋常／高等の二つにわかち，各4学年制として尋常小学校を義務教育とし，教科書検定制を設けた。新設教科の「理科」は，高等小学校で週2時間課すこととして，「理科は果実／穀物／菜蔬／……銅鉄等，人生に最も緊切の関係あるもの。日月／星／空気……磁石／電信機等，日常児童の目撃し得る所のもの」とのみ規定した。しかし，前期の物理／化学／動／植／鉱物／生理の教科書に科学総論をつけ加えた教科書や，欧米の「理科読本」の翻訳本があらわれ，「理科」という教科のイメージはまとまっていない。

② 1891（明治24）年11月17日公布の「小学校教則大綱」（前年10月7日公布改正「小学校令」による文部省令）とそれに基づく「教科用図書検定規則」の改定（1892年3月25日）。

——「理科は，通常の天然物及び現象の観察を精密にし，其の相互及び人生に対する関係の大要を理会せしめ，兼ねて天然物を愛するの心を養うを以て要旨とす」と定めたが，この要旨は翌1892年7月発行の『高等師範学校付属小学科教授細目』（茗渓会刊）によって具体化されて普及した。文部省はまた「教則大綱」の公布とともに教科書検定を強化し，従来は弊害あるものの除去が目的だったものを，小学校令・教則大綱の趣旨に合致するものを検定認可することとなった。これにより個別的な実物提示中心の検定教科書が各種あらわれるようになった。

③ 1900（明治33）年8月21日公布の「小学校令施行規則」（前日改定公布の「小学校令」に基づく文部省令）の制定。

——「理科は，通常の天然物及び自然の現象に関する知識の一班を得しめ，其の相互及び人生に対する関係の大要を理会せしめ，兼ねて観察を精密にし，自然を愛するの心を養うを以て要旨とす」と改め，個別的な事物についての「知識」の教育を重視し，「観察力」をあとにした。この「理科の要旨」は1941（昭和16）年3月14日公布の「国民学校令施行規則」

まで40年余の間改変されることがなかった。このころから高等師範学校関係者の手によって紹介されたドイツの理科教授法が教科書に反映し，ばらばらな事物を科学の論理によってではなく，季節的な順序で生態的にまとめて取り上げる試みがはじまる。

④　1903（明治36）年4月13日公布の「小学校令」改定による国定教科書制度の成立（施行は翌1904年度より）。

　　——1903（明治36）年4月29日改定の「小学校令施行規則」によって「理科……に関しては，児童に使用せしむべき図書を採定することを得ず」と定められ，理科では教師用の検定教科書のみが用いられることになった。

⑤　1907（明治40）年3月21日公布の「小学校令」改定による義務教育6年制（翌1908年度から施行）と，それに基づく「小学校令施行規則」の改定。

　　——従来4年制だった尋常小学校が6年制となって，尋常小学（5／6年）でも週2時間理科が課せられることになった。また，従来の高等小学1／2年では「植物／動物／鉱物及び自然の現象」しか課せられなかったものが拡大されて，「通常の物理／化学上の現象」（5／6年）および「人身生理の初歩」（6年のみ）も課せられることになった。


### 国定『小学理科書』の時代

①　1910（明治43）年7月21日公布の「小学校令施行規則」の改定による国定理科教科書制度の発足（施行は1911年度から）

　　——文部省は，1911（明治44）年，尋常小学6年制の発足とともに『尋常小学理科書（教師用）』を発行したが，1911（明治44）年度からは「現場の要望にこたえて」と称して，児童用書も国定として用いさせることにした（ただし学校長の判断によっては使用しなくてもよい）。この児童用書は「児童の備忘用の筆記代用帳」としての性格をもつものとされ，表現が無味乾燥であった。

『小学理科書』はその後3回（高等小学は2回）改訂されて，題材はいくらか変化したが，その性格は1942（昭和17）年度から使用された『初等科理科』まで31年もの間（1911～1942）まったく変えられることがなかった。

② 1918（大正7）年1月19日の理科教育研究会の発足と，同会による月刊誌『理科教育』の刊行（同年4月創刊）とに代表される全国的理科教育研究運動の発足。

　——理科教育研究会は，伯爵／文学博士／貴族院議員で東京帝国大学講師（教育学，間もなく教授となった）林博太郎個人の努力で発足したものだが，第1次大戦後の「政府の科学技術振興政策」と「民間における新教育運動」とによって盛り上がった全国の小学校理科教師を結集することに成功した。1919（大正8）年5月の第1回全国理科教育研究大会では「特別協議題」として，「小学校の初学年より自然科を課すこと」や，「国定『小学理科書』を用いずに筆記帳を用いて理科教授をすべきこと」「児童実験（観察）の方法と内容」などを取り上げている。同会は，1932（昭和7）年2月林会長が満鉄＝南満洲鉄道の総裁に就任したため解散しているが，これは当時理科教育の沈滞期にあったことと無関係ではなかろう。

③ 1919（大正8）年3月29日公布の「小学校令施行規則」の改定により，理科の始期を1年繰り下げ（即時実施）。

　——第1次大戦の影響のもとに，軍事力強化と産業技術振興のため科学技術教育の振興が唱えられ，国定教科書4年用の編纂を待たずに直ちに小学校4年生から理科を課することにした。第4学年用の『尋常小学理科書』は1922（大正11）年度から使用されることになったから，この間に現場ではかなり自由な理科教育の研究が進んだ。

④ 第1次大戦後にはじまる経済の慢性的恐慌と労働運動の激化に対処するために展開された「日本精神作興（さっこう）」「教学刷新（さっしん）」運動に伴う「理科教育の沈滞期」。

――1923（大正12）年11月10日「国民精神作興に関する詔書」の公布ごろから表面化し，1932（昭和7）年8月23日「国民精神文化研究所の設置」，1935（昭和10）年11月18日「教学刷新評議会の設置」などとともに理科教育の危険視／厄介視は最高潮に達する。

⑤　「満洲事変」（1931年9月18日～）「支那事変」（1937年7月7日～）「大東亜戦争」（1941年12月8日～1945年8月15日）とあい続く侵略戦争の拡大による科学技術者の不足に基づく「理科教育の再興期」。

　　――もとを正せば，先の「理科教育の沈滞期」をもたらしたのと同一原因によるものであるが，戦争の拡大は科学技術の振興策を不可避とし，やがて初等教育での科学教育振興にもつながることになった。1938（昭和13）年8月15日設置の「科学振興調査会」は科学技術者の不足問題を取り上げたが，その翌1939年7～9月のノモンハン事件での，日本軍の敗退は，軍事力の背後にある科学技術の力をみせつけることになり，このころから「日本精神の作興」と「科学振興」とがあわせて主張されるようになった。そして，そのもとで1941（昭和16）年度から国民学校が発足した。

## 「生活理科」時代

①　1941（昭和16）年3月1日公布の「国民学校令」（勅令，同年4月1日施行）と，「国民学校令施行規則」（同年3月14日文部省令）とによる低学年理科「自然の観察」の新設と国定理科教科書の全面改訂。

　　――第1次大戦直後の理科教育振興以来22年もの間，小学校の理科教育の制度にはなんの改革も加えられなかったが，太平洋戦争前夜になってはじめて大規模改革が実現されたわけである。

　　　「国民学校令施行規則」は，1900年の「小学校令施行規則」の理科の要旨を改め，「理数科理科は，自然の事物現象及び自然の理法と其の応用に関し，国民生活に須要なる普通の知識技能を得しめ，科学的処理の方法を会得せしめ，科学的精神を涵養するものとす」としている。ここではじめて「自然の理法と其の応用」が取り上げられ，「技能」が加えられ，「科学的処理の方法」「科学的精神」が記されるようになったのである。

そして，初等科1年からいわゆる低学年理科として「自然の観察」が教えられることになり，初等科4年以上の国定教科書の形態・機能や題材も全面的に改められて，「理科学習作業書」としての性格をもつようになった。なお，「自然の観察」には初等科1〜2年で週2時限，3年で週1時限相当の時数をあて，初等科4年以上と高等科では「理科」に週2時限をあてることになった。

② 1945（昭和20）年8月15日の敗戦，アメリカ占領軍の占領政策に基づく教育の民主化――「6／3／3／4制」の実施と『学習指導要領（試案）』と新教科書の発行。

――アメリカ占領軍の強力な指導命令のもとに文部省は1947年度より3年制中学校の義務教育化を実施し，その理科教科書として単元別教科書『私たちの科学』シリーズ18冊を発行（1947年3月10日〜翌年2月6日），さらに小学校4〜6年用の教科書として『小学生の科学』シリーズ全15冊を発行した。これらの教科書は「科学」の名をもって呼ばれているように，科学そのものの教育を目ざすものであるかにみえたが，その内容は「児童／生徒の身近にある複雑多岐にわたる生活上の問題を解決していく」というもので，「科学の最も基本的な概念や原理的な法則の確実な理解」を与えることを可能にするものではなかった。なお，文部省の出版したこの新教科書は国定ではなく，「民間の検定教科書が出版されるまでの間，検定教科書として文部省が著作した」という性格のものであった。なお，文部省は，1947年3月20日に発行（翻刻）した『学習指導要領一般編（試案）』で，理科の時数を「小学校1〜3年は週2時限／4年3時限／5〜6年は週3〜4時限／中学校は週4時限」と定めた。尋常／高等小学校や国民学校初等科／高等科の時代には理科の時数が週2時限だったのが大幅に増加することになったわけである。

③ 1952（昭和27）年2月〜3月発表の『小学校学習指導要領・理科編（試案）』『（中学校／高等学校）学習指導要領・理科編（試案）』による生活単元／問題解決学習理科教育の普及と崩壊。

――生活単元／問題解決学習による理科教育は，上記の『私たちの科学』

『小学生の科学』の中にすでに具体化されており，1947年5月26日に発表された最初の『学習指導要領・理科編（試案）』にも簡単に述べられていたが，文部省は検定教科書の作成を指導するために新たに詳細な学習指導要領を作成し，生活単元／問題解決学習を敗戦後の理科教育の基本方針として提示したのである。ところが，生活単元／問題解決学習の基本的な考え方は，「たくさんの単元のうちいくつかの単元だけについて学習させればよい」というものであったはずであるが，この指導要領に基づく検定教科書は，生活単元としてあげられている事項のすべてを教えるべき事項として取り上げたので，「盛りだくさんすぎてとても教えきれない」という問題をひき起こし，生活単元学習を崩壊へと導いた。

④ 1958（昭和33）年10月1日官報告示の『小・中学校学習指導要領』とそれに基づく『理科指導書』（中学校は1959年9月15日刊，小学校は1960年3月25日刊）による教材整理と教育内容の統制化。

——この新しい指導要領の理科の項のねらいは，従来の生活単元／問題解決学習への批判に基づき，教材を整理して基本的な事項の教育を強化することにあった。しかし，この指導要領では基本的な事項の選択の観点や教材の配列の原理が確立していないために，「生活単元／問題解決学習」という観点から取り入れられた雑多な教材の中から特殊なもの，むずかしいものを省き，残った一つ一つの教材を実験観察の難易度にしたがってばらばらに配列したにすぎなかった。敗戦後の教材に大きな比重を占めていた「宇宙や進化に関する事項」が小学校教材からはずされたのも，実物経験主義に根ざすものであった。『小学理科書』時代の実物主義の理科教育思想が今日まで残っているのである。しかも，この指導要領はその教材を扱うべき学年を指定して，それに違反することをきびしく取り締まるたてまえをとったために，これまで認められていた「教材選択の自由」が失われ，科学教育研究の発展をそこなうものとしてはげしい批判をあびるようになった。文部省は現在（1967年）新しい学習指導要領の作成の作業を行なっているが，その基本的な観点は従前のものと変わらないようである。

# 第1編

# 日本における科学教育の成立

# 第 1 章

# 幕末・明治初年における科学技術の教育機関

## 第1節　日本における科学技術教育の成立

### 日本における科学技術教育の成立事情の展望

　開国（安政元年，1854）のころの日本には，科学技術の教育の名にふさわしいような教育はまったくゼロに等しい状態であった。それが開国に直面して，国防問題からはじめて科学技術の教育が緊急の問題として浮かびあがってきたのであった。欧米の科学技術が日本のそれよりもはるかに進んでいることは，それ以前から知られていた。しかし，そのころは科学技術教育ということがとりたてて問題とされたことはなかった。後継蘭学者の養成は個々の蘭学者の私宅において，蘭学塾の形式をとって行なわれたが，それはほとんど語学の修得以上に出なかったし，それ以上の事がらは，すべてみずから書物を通じて学ぶよりほかはなかったのである。ところが，開国という事態にたちいたって，はじめて国防問題の重要性をいやというほど思い知らされた幕府や諸藩は，日本の軍事力の強化のために，軍事科学を中心とした欧米の科学技術を，組織的に，大量に取り入れる仕事に，一歩ふみだすようになった。長崎海軍伝習所／蕃書調所（のち開成所）／講武所／医学伝習所（のち精得館）／江戸医学所／江戸築地海軍伝習所など，やや近代的な学校の体裁をもった科学技術の教育機関が，はじめて幕府や全国の各藩によって設立されるよ

うになったのである。

　幕末におけるこれらの教育機関は，欧米の科学／技術者などの直接指導を受けたものも少なくなく，それによって日本人にはじめて近代的な学校教育の方法というものを知らせることにもなった。けれども，幕末においては遂に，近代的な学校教育の組織というものは生まれなかった。科学技術の教育を，十分準備された初等教育あるいは中等教育のうえに組織するという問題は，明治維新以後はじめて取り上げられたのである。

　明治維新によって成立した新しい政府は，科学技術教育のうえできわめて意欲的であった。新政府の文教政策のうえでは，はじめのうち国漢学者の復古主義が大きな力をもっていたが，明治三／四年以降は文教政策の指導権が全般的に洋学派の手にわたり，ここに「欧米風の学校教育制度を全面的に日本に実現させる」という大実験の方針が定められることとなった。すなわち，明治五年には「学制」が制定されて，それまでの寺子屋／藩学校にかわって，小学／中学／大学の系統的な学校組織の設定が確認されたのである。それは教育史全体にとっての大事件であったが，これはまた科学教育史のうえで特別な意味をもつものであった。

　「学制」の制定時期における教育上の最も大きな問題は，「全国民に及ぶ初等教育の近代化をはじめること」と，「欧米の科学を取り入れるためのトップレベルの科学技術者を養成すること」の二つであったといってよいであろう。一般中等教育といったものは明治の中期まで，ほとんど問題たりえなかったのである。

　そこでまず初等教育の問題を取り上げよう。新しくはじめられる近代的な初等教育の教育内容については，「学制」に基づいてひき続き公布された文部省の「小学教則」において明示されたが，この教則の何よりも重要な特色は，科学教育の重視であった。それは，欧米の初等教育制度の翻訳以上のものであった。おそらく，当時どこの国にも，この文部省の「小学教則」ほどに科学教育に大きな比重をかけたものはなかったであろう。そして今日までの日本の歴史の中でも，これほどまでに科学教育に大きな期待をかけた教則はなかったといってもよいであろう。明

治五年の「小学教則」は，それほどに科学教育史のうえで画期的なものだったのである。

　どうしてそのような教則が生まれたか。そのことについては第2章で論じられるのであるが，この教則には，明治維新以来，特に活発化した先進的な洋学者たちの科学啓蒙の精神がそのままの形で持ち込まれていたのである。伝統的な儒教思想のからをやぶって洋学を学び，その洋学において近代科学の合理的な考え方を学びとった先進的な洋学者たちは，明治維新による時代の変化に即応して，新しい時代をきりひらくためには，従来の儒教的な考え方にかわる近代科学の合理的な考え方を啓蒙することが何よりも有効であることを直観していた。彼らは当時の欧米の教育者たちよりも，はるかに科学教育の必要なことを切実に痛感していた。科学がすでにある国では，その重大性があまり意識されずにすんだが，科学のない日本では，その科学のもつ意義の重大性がことのほか強く意識されずにはいなかったのであろう。そこで従来，幾分かの洋学を学んできた人々は，新しい文明開化の時代を目ざして科学啓蒙書の訳述出版に力を尽くしたのであった。明治五年の「小学教則」では，そのような洋学者たちの仕事をそのまま日本の新しい教育にふさわしい内容として取り入れたのである。

　「学制」は先進的な洋学者たちの一つの理想を示すものであったが，その理想を現実に移すことは，もちろんきわめて困難なことであった。第一，そのころの日本では，近代的な学校教育の方法というものがまったく知られていなかった。そこで，文部省当局は，日本の学校教育の近代化をはやめるために，外人教師を迎え入れて師範学校を設立し，欧米の教育内容と教育方法とをそのまま取り入れて，それをそのまま全国に普及させるという安易な方針をとった。おそらく，このことは欧米風の一斉授業の形式を日本に急速に普及する点できわめて有効であったであろう。しかし，それはその教育内容の面では，欧米の科学技術の成果を取り入れて急速に伸びようとする活気のある日本の現状にそぐわないものが少なくなかったように思われる。欧米の教育内容の直輸入は，客観

的には洋学者たちの当初の科学教育への理想をおしつぶす役割を果たすことになったのである。

　一方ではまた，明治十数年ころまでは，科学教育のはじまる小学上級にまで進んだ生徒の数はきわめて少なく，実際にはほとんど科学教育が行なわれなかったといってもよいような状態であった。それに，そのころには科学を教えるべき教師もほとんど科学を知らなかった。そして，1879年ごろから政府の反動化が著しくなり，ために科学教育も漸次縮小される方向に向かったのであった。

　しかし，そのことは何も，明治初年の小学における科学教育のプランや教科書の調査研究を無意味とするものではない。明治の初年には，小学においては事実上科学教育が行なわれないに等しかったとはいえ，この時期は，科学教育についてのきわめて多種多様な教科書が翻訳／工夫された。そして，これからの日本でいかなる科学教育が行なわれるべきかということについてのプランを練るうえで，さまざまな考え方が紹介されていたのである。今日まで，この時代ほどバラエティに富んだ科学教育の工夫が同時に練られたことはなかったと思われるほどである。

　それでは，その後の日本の初等教育における科学教育は，これらのさまざまな諸プランの十分なる検討のうえに新しい独自のプランを生みだしたのであろうか。──残念ながらそうではなかったように思われる。日本の科学教育の基本的な方向は，1886年以後に急速にかためられたのであるが，それは教育政策全般の国家主義化／統制化の中で，ドイツ理科教育の模倣一辺倒と化してしまい，それまでの科学教育についての多様な考え方は画一化されて，多くのすぐれた考え方が圧殺されるようになってしまったのである。そして，今日の日本の「科学」教育もまた，明治中期以来の「理科」教育の伝統の重みを背おっていて，その制約から脱出して科学教育の出発点にたちかえり，視野広く科学教育の構想をたてなおすことを阻んでいるように思われる。

　こういうことを考えれば，明治初期の日本の科学教育の出発点にまでたちかえって，科学教育を全面的に再検討してみることに大きな意義の

あることが認められるであろう．明治の前期には，悪い意味での科学教育の伝統が何もなかっただけに，「科学のなかったところへ新しい科学の考え方を移し植えるためには，まず何を教えるべきか」というシャープな問題意識にささえられて，実に柔軟に欧米諸国の科学教育のアイデアを豊富に取り入れるだけの余裕があったのである．そこで本書では，これらの科学教育のプランの具体的な内容を示すさまざまなタイプの教科書や教授法を，かなりていねいに紹介することにした．読者はおそらく，明治初年の教科書や教授法についての議論の中にいかにすばらしい考え方が出ているか，驚くことも少なくないであろう．そしてまた，正しい科学教育についての考え方が，どのようにしてねじまげられてきたかということを知って，驚かれることもあるであろう．

　本書では，明治時代，特に幕末から明治初年にかけての問題を論ずる比重がかなり高いものになっている．そこで，もしかすると古い時代に重きをおきすぎるという非難もあるかもしれない．しかし，歴史の研究において最も重要なのは，現在ある制度や考え方ができあがってきたその過程を明らかにすることである．ある場合には，そのような事件は比較的最近に属するが，ある場合には，かなり古い時期に属する．日本の科学教育の場合についていえば，今日の制度や考え方の原型の非常に大きな部分が幕末から明治前期にできあがったことはたしかである．その後，教授法や教育内容に改善がなされたといっても，それは明治前期に行なわれた「科学教育の方向づけ」という事件と比べれば，比較的小さな改革としかいいえない．日本の初等教育における科学の教育は，大正から昭和の初期および太平洋戦争の前後におけるやや大きな改革を除けば，ほとんど変わらなかったというのが，むしろその特徴であるといってもよいのである．

　一方，明治初年の科学技術の専門教育は，初等教育の場合とはかなり異なる側面をもっていた．「学制」においては，専門教育は小学や中学の普通教育のうえに大学あるいは専門学校として組織されることになっていた．しかし，科学技術の専門教育は小学や中学における初等中等

育の整備をまっているわけにはいかなかった。科学技術者の養成は，軍事的にも産業的にも，欧米の科学技術の成果を一日でも早く日本に移し植えるという現実的な目標を与えられていたのである。そこで，大学をはじめとする科学技術の専門教育は，「学制」の制定後もなお，実際には小学／中学の系統とは別個に組織された。

明治10年（1877）前後までに設立された科学技術の専門教育機関の一般的特徴は，外国の科学技術者が直接外国語で教育することであった。東京大学の医学部ではドイツの医学者がドイツ語で講義し，理学部では外人教師が英語（一部フランス語）で講義をした。また工部大学校ではイギリス人教師が英語で，札幌農学校ではアメリカ人教師が英語で講義した。したがって，これらの学校の学生はまず外国語を読み書きできるだけでなく，外国語によって考え，話をする訓練をうけなければならなかった。そこで，これらの学校には，いずれも外国語と，それによる基礎教育をさずける予科が必要であった。そしてその予科に入学するためには，民間の英語塾などで外国語の初歩や洋算の基礎を学ばねばならなかった。

「外人教師をやとって直接科学技術の指導にあたらせる」という方法は，長崎海軍伝習所やその分岐である医学伝習所（精得館）において，すでに幕末から行なわれていたことであった。しかし，それらは年限も短く，教師も1人で何もかも教え，予備教育機関を持たないなど，学校教育の体裁を持つようなものではなかった。

けれども，明治以後の科学技術の教育機関はいずれも予科を有し，数人の教師をもってその教育を行なうなど，学校教育として完備するものとなった。それは明らかに，「欧米の大学や専門学校の制度と教育内容や方法をそのまま日本に移し植える」という政策のあらわれであった。初等教育の場合には，東京の師範学校にただ1人のアメリカ人教師（スコット）を招き，各教科の具体的な内容は教科書の翻訳などの形で日本に移し伝えられたのであったが，専門教育機関ではすべて数人の外人教師が招かれて直接指導にあたったのである。明治10年ごろにはこれらの

学校には日本人の「教授」と称する人々もいたが，その大部分は外人教師の助手にすぎないものだった．そのころはまだ，科学技術の専門教育にあたることのできるような人は日本にはまったくいなかったので，これはまことにやむをえないことであった．外人教師の直接指導により，外国の科学技術教育をそのままの形で日本に移し植えるというこのやり方は，明治三〜四年のころはじめて計画されて実行され，明治十数年ごろから，日本人教授が少しずつ外人教師と交代して，明治19（1886）年ごろには大半の教授が日本人によって占められるようになったのである．

日本の科学技術者の養成がこのように急速に日本人教師の手によって行なわれるようになったのは，一つには政府をはじめとする積極的な海外留学生の派遣の成果があがったことによるものでもあった．海外留学生の派遣が大量に行なわれたのは，明治三〜四年のことで，その後一時留学生のよびもどしなども行なわれたが，これらの留学生は欧米諸国で中等および高等の科学技術教育を受け，1877（明治10）年ごろから帰国しはじめて外人教師に代わることができたのである．そして東京大学をはじめ高等の教育機関では，明治8〜9年ごろからその優等生を中途あるいは卒業後海外留学に出して，外人教師を全面的に日本人教授に代えることを可能にしたのであった．つまり，外国の専門教育機関の直輸入方式は，留学生の大量派遣の政策とあいまって，1886年ころまでには一応の成果をあげ，日本の科学技術教育の自立を可能にしたのである．しかしそれは，日本の科学技術そのものの自立を意味するものではなかった．その後も，一人まえの科学技術者になるためには日本の大学を出てから数年の海外留学を必要とする時期が，長い間続いたのである．そのことを反映してか，東京大学などでは，1886年ごろになって教授陣がほとんど日本人に代わっても，講義はすべて外国語で行なわれるというありさまであった．

以上に述べたごとき科学技術の高等専門教育機関は，すべて政府によって設立されたものであった．「数人の外人教師を招き，実験施設の整

った学校を設立すること」は，個人はもちろん，府県の手によって行なうことも，きわめて困難なことであった。多くの府県は，はじめ医学校を設立したが，やがてその教育課程の整備が要求されるようになると，次々と廃止を余儀なくされるありさまであった。明治の初年には，大学程度の高等専門教育はもちろん，中等程度の現場技術者の養成も，外人教師あるいは外人技師の現場指導によらなければならなかったのである。

　しかし，そのことは，明治前期の日本の科学技術教育への努力が，政府によってのみ行なわれたことを意味するものではない。外人教師を招いたり，すぐれた設備を施すことはできなかったので目だたないとはいえ，明治の前期には多くの人々がみずから科学技術教育の普及のために，非常な努力を重ねていた。明治の初年には，医者や洋学者たちが私塾を開いて医学や科学技術に関する速成教育を行なっていたし，明治十数年にもなると，新しい大学の卒業生たちがみずから多くの困難をのりこえて，科学技術の教育機関を私に設立した。たとえば，1881（明治14）年に設立された物理学講習所（のちの物理学校，現東京理科大学）は，東京大学のフランス語物理学科卒業生一同の設立になるものであったが，その規約には，講師には給料を払わないことが明記されているうえに，欠講した場合には罰金を支払うとも定められていたほどであった。これらの民間における多大な努力が，当時の科学技術教育の底力を形成していたといってもよいであろう。

## 第2節　幕末における科学技術の教育機関の設立

### 伝統的な和算／砲術／医術の伝授法

　江戸時代の日本，特に開国以前の日本には，科学技術教育というようなものは，ほとんど存在しなかった。

　もちろん，そのころの日本にも，科学や技術に従事する人々が皆無だったわけではないから，その教育がまったく問題にならなかったわけで

はない。医者は日本でも専門的職業となっていたのだから，その医者を養成するという問題があったし，江戸時代の日本で高度な発達をとげた和算を次の世代に伝授するという問題もあった。砲術教授も一つの近代的な技術の伝授だし，大工や刀工，その他の職人が後継者に技術を伝えるという問題もあったわけである。

　しかし，これらの技術の伝授は，多くの場合，徒弟的に，しかも秘伝的に行なわれるのが普通だった。小倉金之助は和算の教育について次のように書いている。

　　和算家の間には，秘伝と称するものがあって，それは容易に伝えられなかった。彼等の大部分は，各々一定の流派——関流／最上流／中西流／宅間流／等々——に属して，その家塾を開き，「門人」を作り，「高弟」を作った。それはドイツ，オランダに於ける計算学校のギルドを思わせる所の，封建的組織であり，殆んど，当時における，数学教育の独占を行ったと，いい得るであろう。

　　和算家の中には，また藩校の算学師範をしたものもあった。

　　和算家の教授は，大体に於て，個人教授であった。而も，術理を詳説して指導するのではなく，多くの場合には問題を提出して，弟子の解くに任せた。若し，巧みに解くことが出来れば，更に次の問題を与えるのであるが，出来ない限りは，何時までも同じものを考えさせて置くという風であった。従って能力の優れないものは僅かばかりの稽古に長年月を費したのである。（小倉金之助『数学教育史』250～251ペ）

　砲術の場合にも，事情はまったく同じだった。いや，さらにずっとひどかった。数学の場合には，たくさんの和算書が出版されていたから，独学がまったく不可能というわけではなかった。しかし砲術の場合には，幕末に翻訳ものが出たほかには砲術書が出版されることはまず皆無であった。砲術の場合には和算の場合よりもさらに秘伝というものが重きをなし，流派というものが重要だったのである。だがしかし，「砲術は軍事技術だから秘密が生まれた」というような単純なものではない。同じ藩においても，たとえば尾張藩などでは「200人もの砲術師範が70以上

もの流派をたてて派をきそっていた」というありさまであった（宇都宮三郎『宇都宮氏経歴談』，大系／教育①1-1）。

　秘伝は，封建社会にあって芸をもったものが，その芸でもって身をたてるための必要から生まれたものである。秘伝をうけるには，起請文を書いて，その末尾に「右の条々，親子／兄弟たりとも他見／他言堅く致すまじく，若し相背くに於ては，日本国中大小の神罰を蒙るべき者也，仍て起請文，件の如し」（天保八年（1837）有吉市兵衛が高島秋帆に差出した起請文）というような誓約をして，血判をおさなければならなかったのである。そして渡された秘伝書の奥書には「御誓紙の如く一字一点なりとも，他見他言なるまじく候者也」（慶長十五（1610）年の稲富一夢の砲術秘伝書）などと書いてあるのであった。

　和算や砲術のような，やや近代的な色彩をもった技術の伝授がこのような状態にあったのだから，この他の伝統的な技術の伝授が近代的な科学技術の教育とまったく異なったものであったことは，容易に推察できるであろう。大工や鍛冶などの専門的な技術を身につけるためには，親方のところに徒弟奉公にはいって，使いはしりなどの下男的な仕事にあまんじながら，偶発的におきる事件を通してだんだんと高度の技術を身につけなければならなかったのである。

　このような事情は，医者の場合にもほとんど変わらなかった。もっとも，医術の場合には，江戸時代にも，ややまとまった学校形態をとった教育機関——医学校も存在していた。その代表的な例は幕府の医学館である。この医学校はもと，幕府の奥医師の1人，多紀元孝（1695〜1766）が明和二年（1765）に設立した私塾で，はじめ躋寿館（躋は登るを意味する）といっていた。もっとも，私塾とはいっても，設立当初から幕府から学校用地を貸し与えられたり，出席奨励の御触書を出してもらったり，赤字補償をしてもらうなどの後援をうけていたのだから，公社のような組織の学校であった。その点，漢学／儒教における林家の聖堂と同じで，ともに老中松平定信の行政改革によって，寛政三年（1791）に幕府直轄の官学校となり，校名もそれぞれ「医学館／学問所」と定められたので

ある。医者の養成は，儒学の教育と同じように幕府にとって重要事とされていたのである（「医学館略記」など，大系／教育① 1-2）。

躋寿館や医学館には10人ほどの教授陣がおり，100人ほどの学生に毎日医学書についてのさまざまな講義輪講を行ない，外来患者の診察，投薬の実地指導も行なわれていたというのだから，その教育内容はともかくとして，形としては立派な学校教育の体裁をもっていたわけである。この医学館は幕府直属の医者の養成のみを行なったので，諸藩の中には，これにみならって藩学校の内外に医学教育の部門を作り，藩医の養成にあてたところも少なくなかった。医者の養成だけは，すでに江戸時代にやや組織だった学校教育の体裁をとりつつあった例外的な分野だったのである。

しかし，これらの医学校で学びえたのは幕府直属の官医や少数の藩医の子弟だけだったから，大多数の医者は，開業医の門にはいって医術を修得したのであって，これらの医学校を過大に評価してはならないことはいうまでもない。医学の場合にも，砲術や和算の場合と同じように，個人教授の完了は，秘伝を誓わせて奥伝するのが普通だったようである。

### 蘭学の教授法

江戸時代における伝統的な科学技術関係者の養成の実情は，以上のようにまったく貧弱なものであったが，このほかに，1700年代後年からは，主として医者の間にオランダ語を通じて近代医学，ひいては自然科学一般を翻訳／研究する蘭学が起こり，その後継者の養成が問題になりはじめていた。

しかし，その養成もけっして近代的／組織的な教育といえるものではなかった。蘭学者（または蘭方医）となるには，漢方医の場合と同じく，先輩の蘭学者（蘭方医）の門をたたいて弟子入りし，オランダ語を学び，オランダ書の翻訳にとりくんで，ときたま指導をうけるというぐあいで，特別な科学技術に関する組織的な教育というようなものはなかった。

もっとも，1800年代も半ばごろともなると，国防問題とからんで，武

士の間でも欧米の軍事技術の優秀さに着目するものが増大し，著名な蘭学者の門に入門するものの数が増して，やや組織的な教育機関の形態をとった蘭学塾もできてきた。その中で最も有名なものが，江戸における伊東玄朴の象先堂と大阪における緒方洪庵の適塾（または適々斎塾，適々塾ともいう）とである。適塾の盛時には，常に100人以上の門弟が集まっていたというが，現在残っている門人帳によると，象先塾は406人（大系／通史① 2-11)，適塾は600人あまりの門弟を育てている。しかしこれらの蘭学塾の教育方法もまた，伝統的な漢学塾のものとほとんど同じであった。

　適塾に入門すると，まず，2冊のオランダ語文法書の「素読」を授けられ，そのかたわら「講釈」を聞かされる。そして，それがすむと，「会読」（または「輪講」）に加わるようになる。この「会読」というのが，この塾の主たる教育方法であって，これは門人を10〜15人ずつの8級ほどにわかち，各級ごとに月6回の会合をもって行なう。その教材となる原書は塾所有の10冊たらずの医学の本と物理の本とであって，その中からあらかじめ読むべき個所をきめ，各自テキストを筆写し，辞書をひいて，「会読」の日に備え，そこで原書解読の優劣を競うのである。その日になると「クジを探りて当日の席順を定め，その首席者先づ数行の原書を講じ，次席より問をかけ，順次末席に至る」（長与専斎『松香私志』，大系／通史① 2-10)。こうして講読者が次席のものの質問に答えられないとなると討論になる。そこで1問ごとに会頭が勝敗をきめて採点し，その結果各級で3カ月首席をつづけると一つ上の級へすすめるというぐあいである。

　適塾でのテキストは医学書と物理書とであったが，しかし，そこでの正規の教育は，以上のような原書訳読以上のものではなかった。ここで塾頭にまでなった長与専斎はこういっている——「元来適塾は医家の塾とはいえ，その「実蘭書解読の研究所」にて，学生には医師に限らず，兵学家もあり，砲術家もあり，本草家も舎密家〔舎密は化学のこと〕も，凡そ当時蘭学を志す程の人は皆この塾に入りてその支度をなすことに

て，余が如きは読書解文の事をこそ修めたれ，医療の事は尚全く素人におなじ」。つまり，科学技術の専門教育はここではまったく行なわれなかったのである。

しかし，さんざん苦労し，やっとのことで欧米の物理書や医学書の内容を知った書生たちの中に，机上の議論だけで満足しえないもののあらわれるのは当然のことであった。福沢諭吉の『福翁自伝』（大系／教育①1-3）には，彼が適塾で同級生たちと一緒にやった化学実験や解剖の話がいきいきと書かれているが，蘭学塾の中から科学や技術の普通教育といったものが芽ばえはじめていたのである。当時の蘭学者たちは，欧米の医学や軍事技術の背景をなすものとして，物理化学書の訳読を重視するのが普通だったが，このことは，後（明治初年）になって，科学の普通教育に大きな影響を与えることになるのである。

### 開国と科学技術の摂取機関の設立

江戸時代には，以上のごとく，科学技術の教育というものは，まったくないに等しいありさまであったが，やがてそのような日本でも，いやでも近代的な科学技術教育をはじめなければならない事情が起こった。それは，ペリー艦隊来航——開国という非常事態である。

日本における近代的な科学技術の教育がいつはじまったかというと，おそらくそれは，二つの時期に分けて考えなければならないであろう。その一つは，幕府がはじめて国を開いた1854年につづく時期であり，もう一つは，明治維新につづく時期である。開国をきっかけとして，幕府は次々と日本における最初の近代科学技術の教育機関と呼びうるような〈欧米の科学技術の摂取教育機関〉を設立した。しかし，それらは軍事技術にかたより，また支配者である武士階級に限られたもので，全面的な科学技術教育の開始を意味するものではなかった。全面的な科学技術教育は，明治維新を経てはじめて行なわれるようになったのである。

欧米の近代科学技術の翻訳摂取は，蘭学者たちの手によってすでに1700年代後半にはじまっていた。その伝統は，主として民間の医者や長

崎の通詞や，脱藩した浪人や町人たちによって，少しずつ拡大され，受け継がれてきたものであった。けれどもそれは，鎖国政策をとった幕府の監視の目をおそれながら細々と続いてきたものであって，そこからはついに本格的な科学技術の教育機関が生まれることはなかった。本格的な科学技術の研究と教育がはじまるためには，なによりも鎖国政策がとりやめられなければならなかったのである。

実際，1853年にペリー艦隊がおとずれ，翌年には幕府の鎖国政策がついに破綻をきたして開国がきまると，それにひき続いて欧米の科学技術を摂取するための研究教育機関が幕府自身の手によって次々と設立されるようになった。すなわち，安政二年（1855）六月には長崎に「海軍伝習所」が設立され，翌三年の二月十一日には「洋学所」が「蕃書調所」と改称されて，教育機関をも兼ねることになったし，同じ年の三月三日には築地に「講武所」が設立されて，洋式軍事訓練が行なわれることになった。そのまた翌年の安政四年には築地に「軍艦操練所」が設立され，長崎ではオランダ軍医ポンペによる西洋医学の講義がはじまった。そしてその翌年には，幕府の蘭方医解禁を機に，江戸の蘭方医の協力によって「お玉ヶ池種痘所」が設立され，それもやがて（2年後）幕府の官営となり，西洋医学の教育機関となった。

これら欧米科学技術の摂取教育機関の設立をそれ以前の状態と比べると，まったくあわただしいというべきものである。幕府の開国がいかに日本の科学技術の教育に大きな影響を与えたかということがわかるであろう（176ぺの「幕末の科学技術教育機関の変遷（図年表）」を参照のこと）。

そこで，次には，これらの教育機関がいかにして設立され，そこでどのような科学技術の教育が行なわれたか，簡単にみることにしよう。

### 長崎海軍伝習所

まず，長崎の海軍伝習所であるが，これは，ペリー艦隊来航の直接の結果として設立されたものであった。すなわちペリー艦隊の来航にあわてた幕府が長崎奉行を通じてオランダ商館長に蒸気軍艦建造のことを申

し入れ，その軍艦操縦法の訓練のために，オランダ軍人の派遣を要望したことからはじまるのである。この交渉は安政元年の秋にまとまり，翌安政二年七月には，ペルスライケン（Pels Rijcken）以下22名の派遣教官隊が，幕府に寄贈する軍艦スンビン号（観光丸）とともにやってきた。一方，日本側では，小十人組学問所教授方 出役 矢田堀鴻（景蔵）／小普請 勝義邦（麟太郎，海舟）／徒士目附 永持享次郎以下の伝習生49人が選定され，安政二年十月から伝習が開始された（大系／教育① 1-4）。

　この伝習は，教官がオランダ語で講義するのを，語学に未熟なうえに技術用語についてはほとんど知らない通訳を通して聞くのであるから，まったく困難きわまるものであったという。そのうえ，当時の日本人に基礎的な科学技術の教育がなかったことも大きな障害であった。ペルスライケンのいうところによると，伝習生には「まったく予備素養がない。ソロバンなしにはまったく計算ができず，したがって幾何学，運用術の初歩を教えることが出来ない」。しかも「彼等はヨーロッパの科学の範囲に就いて殆んど何等の概念を有せず，なにもかも一度に学び，教科目を断片的に始めようと欲する」というありさまであった（Pels Rijcken v.13 Doc., 1855, Rapport, 15. Oct, 1856 —— 沼田次郎『幕末洋学史』90ページによる）。

　しかし，教育の成果はあがった。これについてペルスライケンは，次のようにいっている。

　　1年後には多数の学生は，数字や正方形，立方形，立方根を十分且つ迅速に求めることができるようになり，算術のもっともむずかしい問題を解くこともできるようになった。この講義のはじめにおいて，学生はいずれも皆，まったく計算の数字，方法に無智であり，大きな数を日本の方法で乗じたり除したりすることすらはなはだ困難，あるいは不可能であったことを考えると，これはたしかに大きな進歩である。算術に通じた学生はやがて代数の加減乗除を学んだ。彼等のうちにはすでに対数の理論と実用とを学んだ者さえある。代数を学んだ学生はまた幾何学をも学び1856年10月には測量術および三角法の構成／原則の内容にまですす

んだ。……蒸気機関学の知識においては，学生たちはいずれも格段の進歩を示した。一般に彼等は蒸気機関の研究習得に大きな喜びを示し，また多大の才能を有した。造船に関しても，学生たちは船の構造，各部の名称等を教わると，それらの点について，さらに深く自力で船を造ることにまで深入りしようとさえした。(沼田：同上書93～94ペ，による)

長崎における海軍伝習は，速成ながら，こうして代数／幾何などの基礎的な学科の修得のうえに，運用術／航海術などの技術的な学科をつみ重ねるという近代的な教育方法で，かなりの成果をあげた。またこれと並行して，オランダ商館の医員のファン＝デン＝ブルックによって物理／化学の伝習も行なわれた（「ファンデン・ブルックの意見書」，大系／教育① 1-4E）

こうして伝習開始以来1年数カ月後，伝習生たちが一応軍艦操縦ができるようになると，幕府はオランダ人教官の制止もきかず，伝習生だけの力で軍艦を江戸に廻航せしめ（安政四年三月四日）築地に日本人の手になる海軍操練所をもうけることとなった。一方長崎ではその後も伝習がつづけられ，安政四年（1857）八月には，カッテンダイケ（Kattendijke）を団長とする第2次派遣教官団が来日し，ペルスライケンらと交代して海軍伝習を続けた。しかし第2次伝習は，コレラの流行や将軍家定の死亡に伴う将軍継嗣問題などのために，見るべき成果はあまりなく，安政六年をもって中止となった。

### (長崎) 医学伝習所

ところで，幕府は，海軍伝習のためのこの第2次派遣教官団に軍医を加えて，博物学および医学をも教授することを要求した。そこでポムペ（Pompe van Meerdervoort）が軍医として来日し，安政四年九月二十六日（1857年11月12日）から松本順（良順）以下の医学生に医学の講義をはじめた。この医学伝習は長崎の海軍伝習所が閉鎖されたあとまで存続し，日本の医学教育に大きな影響をもたらすようになった。

これより前，シーボルト（Siebold, Philipp Franz Balthasar von,

1796〜1866，文政六年（1823）から同十一年まで長崎のオランダ商館の医員として滞日）は，日本人に医学を中心とした自然科学の教育を授けて，日本の蘭学に大きな影響を与えたことがあったが，ポムペによるこの医学の講義は，日本における最初の組織的な医学教育をもたらしたものであった。彼は，ペルスライケンの場合と同じように，日本の蘭方医たちに接してみて，その医学知識がほとんどゼロに近いことを見いだし，医学教育を基礎から臨床にいたるまで，組織的に行なおうと努力したのである。

ポムペの講義では特に，日本の医学生たちが速成の臨床医学の教育を希望したのに対して，ポムペが断固としてそれをしりぞけ，基礎的な学科を基礎にした組織的／近代的な教育課程を実行したことに注目すべきであろう。彼は，長崎で5年間，日本の医学生のために，物理／化学などの基礎科目から臨床医学にいたるまで，ただ1人で，かなり組織的な講義を行なったのである（沼田次郎「幕末に於ける蘭人教師ポムペの事蹟」大系／教育① 1-5A）。そしてその医学教育は，ポムペの帰国後も続き，ボードウィン（Bauduin, A.F.），マンスフェルト（Mansvelt C.G. van）にひきつがれて，明治まで続いた。そして維新後は，長与専斎が学頭に選ばれて，ここに組織的な医学教育の伝統を築いたのであつた。（「長崎医学校沿革」大系／教育① 2-3C）

### 講武所・軍艦教授所

ところで，ペリーの来航，開国という非常事態に際して幕府がなによりもまず苦慮したのは，これに立ち向かうための軍備の充実であった。幕府が長崎に海軍伝習所を設け，西洋医学の伝習機関を設立したのはそのあらわれであったが，幕府は，このために直接オランダ人にたよるだけでなく，日本全国の蘭学者（蘭方医・西洋砲術家）たちを総動員することも忘れなかった。嘉永六年七月，つまりペリー来航の翌月に，勝麟太郎が幕府の諮問に答申した海防意見書（大系／教育① 1-6A）にはそのことがはっきり書かれている。その中で勝は，洋式兵学校の設立に伴っ

て「軍事技術に関連した科学技術書の翻訳／出版のための研究機関を設立すべきこと」を訴えたのであるが，実際に事態はこのとおりに進んだ。すなわち，勝自身が後に創立準備委員にあげられた蕃書調所こそは，このような外国書籍の翻訳のための研究教育機関であったし，その後彼が指揮官要員として派遣された長崎海軍伝習所こそは海軍兵学校であった。また洋式砲兵学校ともいうべき講武所も，同じころ江戸に設立されたのである。

講武所の設立がはじめて問題になったのは，ペリーが再度来航した嘉永七年（＝安政元年）のことであった。この年の八月八日，老中阿部伊勢守（正弘）は普請奉行にあてて講武所建設用地の調査を命じたのである（大系／教育① 1-6C）。幕府にはこのときまで，儒教を講ずる学校はあったが，兵学校はまったくなかったのであって，それがペリー来航という事件をきっかけとしてはじめて設けられることになったのであった。

講武所建設の工事は安政元年十二月，普請奉行の答申に基づいて，さっそく着手されたが，そのうち，築地に設けられることになった講武所は安政三年三月に竣工，もっぱら「西洋式武術」を習うところとされて，四月より子弟の入所を許すことになった。

こうして築地講武所は，高島秋帆など，全国から西洋砲術の師範を教授方にとりたてて，西洋砲術の教授をはじめたが，安政四年閏五月には，これに海軍が合流した。すなわち，長崎海軍伝習所でオランダ人教官に学んだ人びとが，幕命によりオランダ献上の蒸気船を江戸に廻航し，ここに軍艦教授所を開いたのである。その後万延元（1860）年正月，築地講武所は軍艦教授所に土地を譲って神田小川町に移転し，慶応二（1866）年十一月，陸軍所と改称されることになった。一方，軍艦教授所のほうは，同年七月二十日に海軍所と改称された。

この講武所・軍艦教授所で，科学技術に関していかなる教育がなされたか，ということは，筆者にとっていまのところ明らかではない。軍艦教授所の規則（大系／教育① 1-6）には，測量／算術／造船／蒸気機

関／船具運用／帆前調練などの学科があげられている。おそらくそれは速成の実地訓練を主とし，基礎的な科学技術の教育にはあまり重きをおくものではなかったであろうが，速成にもせよ，これらの軍関係の学校で，はじめて蒸気機関などの近代的な技術の教育が日本人みずからの手で行なわれるようになったことは注意すべきことであろう。また，陸軍所の出板書目（大系／教育①1–6）の中に，『砲科新論』などの軍事書のほかに『数学問題集』『数学啓蒙』（ともに中国で漢文に訳されたヨーロッパの数学書）の翻刻版がある。おそらくこれは陸軍所でテキストなどとして用いられたのであろう。その後慶応三年六月には，陸軍所内に「三兵士官学校」がもうけられて（大系／教育①1–6Ⅰ）フランス軍人を教官とする訓練がはじまり，また同年同月，海軍所ではイギリス軍人を教官とする訓練がはじまった（大系／教育①1–6F）。しかしこれは維新直前のことで，科学技術の教育の面でどれだけ成果をあげたかわからない。

### 蕃書調所（開成所）の設立

　蕃書調所は，その名称からすると単なる外国書籍の翻訳所とも思われるが，その設立の趣旨は必ずしもそうではなかった。その最終的な設立案（大系／教育①1–8A）は安政二年十一月にまとめられたが，その中にもそのことははっきりとうたわれている。つまり，その名称にもかかわらず，蕃書調所は「欧米の近代科学技術の摂取のための研究教育機関」だったのである。そこで，実際に安政二年九月，幕府は儒役林譚らに対して，次のように達しを下したことがあった。

　　今般お取建あいなるべき蛮書翻訳御用調所の儀，蘭学校／洋学館などあい唱え候はいかにこれあり，その上右にては一方に片より候あいだ，一向に洋学の名儀にかかわらず，御国にて広く技芸／器械／その外諸物研究を発明いたし候学校の趣意をもって，唱方，勘弁いたし，申し聞かるべき候こと。ただし，「職方館」などあい唱え候ては如何あるべきや，まず右様の名儀にて，しかるべく名唱方取調べ候様いたさるべきこと。

しかし，昌平黌（漢学館）などの妨害のためか，安政三年二月十一日

には「蕃書調所(しらべ)」と唱えることが正式にきまった。蕃書調所はその後，組織がかなり整うようになった文久三年八月になって，「開成所」と改称され，はじめてその性格にふさわしい名称をもつようになったのである（開成というのは開物成務ということばからとったものであるという）。

蕃書調所は，このように近代科学技術の摂取のための研究教育機関としての性格をもつものとして設立されたのであったが，しかし，ここで実際にいかなる科学技術の教育が行なわれたか，というと，それはまったく貧弱なものでしかなかったようである。

蕃書調所の教職員は，全国の各藩に属する優秀な蘭学者たちを引きぬいてこれにあて，安政四年正月十八日には開所式が行なわれた。「幕臣の子弟で願い出たもの約１千人の中から稽古人（学生）を選抜して授業が行なわれた」というが，万延元（1860）年に調所教授手伝出役となった加藤弘蔵はその授業の方法について次のように述べている。

> 当時の学生というものは大抵ごく初心の者であるから，おもに句読師(くとうし)というものが句読(くとう)を授ける。それから上に進んだ者になるとちょっとした講釈を聴く，また学生の仲間で輪講をする，会読をするといっても低いものであるから，総て教官というものも大抵はただ翻訳をすることが重であって，教授するという方は翻訳の片手間にするというくらいのことであった。それで教授をするのは低い教官がおもにして，上の方の教官は翻訳をすることがおもで，時々講釈するくらいであった。それは大抵昌平黌に倣ったことであろうと思う。（加藤弘之「蕃書調所に就て」『史学雑誌』第20編850ペ）

すなわち，蕃書調所の教授方法は適塾など蘭学塾のそれと同じようなものであったようである。しかし，ここでは伝統的な勢力がずっと強かったから，蘭学塾のように究理学を出発点とした教育は警戒された（大系／教育① 1-8 B，C）。幕府が洋学の教育を取り上げるようになったといっても，それは大きな制限をもって行なわれたにすぎないのである。

### 開成所における科学技術教育

このようなわけで，蕃書調所で実際にどの程度の科学技術の教育がなされたか，明らかではない。しかし，やがて調所（開成所）にも語学のほかに専門学科が設けられるようになり，「物産学（文久元年）／西洋画学（同年）／数学（同二年）／化学（慶応二年）／究理学（同年）」とふえていった。そして元治元年十一月には開成所規則も改められて，「オランダ／イギリス／フランス／ドイツ／ロシアの各語学」のほか，「天文学／地理学／数学／物産学／精煉学／器械学／画学／活字学の学科」がおかれることになった（大系／教育① 1-9）。しかし当時は，教官の中にも，これらの学科について欧米の中等教育程度の素養をもつものさえほとんどいなかったのであるから，これらの教育が満足に行なわれなかったのは推察しうるところである。残念ながらこれらの各学科の具体的な内容はほとんどわからないが，数学と精煉学をのぞいては，ほとんど教育のほうには手がまわらなかったようである。

数学の場合には，西洋数学が軍事技術の基礎としても重要である関係から，学生の数も多く，慶応二年三月ごろには150〜160人に達し，その学生の大部分は陸海軍奉行支配のものであったという。ここでどのような講義が行なわれたか，詳しいことはわからないが，神田孝平の『数学教授本』の第一巻（大系／教育① 1-10）はその教科書として用いられたものと思われる。

精煉学，つまり化学の場合にはこれと比べるとはるかに貧弱であったが，その教育の状態については，幸い当時この研究と教育にあたった宇都宮鉱之進（のち二郎）と辻埋之助（のち新次）とが，それぞれ思い出話を残しているので，かなり詳しくわかっている。すなわち，元治／慶応年間でも化学科の学生はわずか4〜5名であって，辻はその教育の実状について次のように語っている。

　　今茲に新次がこの精煉所すなわち化学局につき，文久三年より慶応年間まさしく目撃せし所の景況を略陳せんに，該局に於ては別に教場のもうけあるにあらず，新入の生徒あるときは，まず桂川甫策著すところの

「元素通表」を与え，元素の名称その異重を暗誦せしめ，ついで生徒のうち，ほぼ洋学に通ずるものには「該局所蔵の原書」を縦覧せしめ，その洋学に通ぜざる者には訳書を読ました。而して，化学の大区別すなわち無機／有機の化学，単体区別すなわち金属／非金属，およびその名称，記号ならびに「酸，塩基，塩類を別つ等の大意」を窺う者には，各自好むところにまかせ，金／銀／銅／鉄／鉛／亜鉛等混合物の分析をなさしむるといえども，多くはその性質を試むるにとどまり，定量分析には及ばさりし。今日の如き，その理を講義して教授することもなく，書籍はみな独見にとどめ，もし文中解し難きことあれば，これを教授等に質問するまでにして，洋書を読みうるものには，「毎月三四回，原書中につき，試薬，試薬製法等の問題を与え，これを訳さしめ，その巧拙を評する」等のほか，別に日課の設けあるにあらず。また分析用の試薬／器械にいたりてもいまだ十分の備えあるにあらず。これがため教官といえども，みずから試薬を購（あがな）うにあらざれば十分の分析をなすこと能わざりし。……（辻新次「本邦化学の起原」『東京化学会誌』第3巻，1882年）

　開成所においては，化学の研究教授が，こうして曲りなりにも日本人教官の手によってはじめられていたのであるが，しかし，それらの日本人教官の実力のほどはまったくおそまつなものであった。宇都宮三郎／辻新次／桂川甫策などの教官たちは，わずか数冊の洋書を読みかじりながらいくつかの実験をやっていただけなので，その限界は目にみえて明らかであった。そこで，開成所においても，外人教師を招いて化学の教授をうけることとなり，慶応三年，オランダ人理化学教師ハラタマが着任することになった。

　ハラタマ（Garatama, K.）は，これよりさきポムペのあとをついで長崎の精得館で医学教育をしていたボードウィン（Bauduin, A. F.）のすすめによって，慶応二年の正月長崎へ来ていた。長崎の医学伝習所（精得館）でポムペが医学の基礎として物理／化学の教育をしていたことはすでに述べたが，ボードウィンがそのあとを継ぐと，物理／化学の実験教育機関を分離して，専任教授を招くことを計画した。その結果，元治元年十月には，長崎に分析究理所が設立され，その専任教授としてハラ

タマが来日したのである．ところが，間もなくこの分析究理所をハラタマとともに江戸に移転させることが取り上げられて，開成所に舎密伝習所が設けられるようになったのである．

ハラタマは，こうして慶応三年二月三日，江戸に上り，八月には彼があらかじめ本国に注文しておいた「分離学諸器械182箱，そのほか多分の御道具」が到着，本格的な化学の実験教授がはじまるかにみえたが，それは維新の1年前のことであり，開成所の教授方の多くも次々と軍事／政治の部門へと転出し，もはや開成所でも落ち着いて化学の研究教授に力を注ぐことはできない情勢になっていたので，その成果をほとんどあげることはできなかった．ハラタマは維新後，大阪の舎密局の教授となり，そこではじめて本格的な化学教授をはじめることができたのである．

### （西洋）医学所

開成所は明治になってから，東京大学の法理文学部の前身をなしたのであるが，これとならんで東京大学の医学部の前身となったものに，幕府の（西洋）医学所があった．

幕末の科学技術の教育機関のなかで，この医学所だけはペリーの来航に対する国防策の直接の結果として生まれたものではなかったが，やはりほぼ同じころにその起源をもっていた．すなわち，幕府は嘉永二(1849)年三月七日以来，官医の蘭方医学研究を禁止してきたが，ペリー来航以後，欧米科学技術の摂取方針に力づけられた江戸の蘭方医たちが，安政四年三月，漢方医の将である多紀安叔が没したのを機に，大槻俊斎宅に会合して「種痘館設立」をはかったのがそのはじまりであった．彼らは，安政四年八月，川路聖謨の名儀で幕府に願書を出し，翌年一月十五日幕府の許可を得た．そして同年五月七日，蘭方医の共同出資で江戸お玉ヶ池に種痘所が開設され，蘭方医の講習所となった．これが後に官営となったのである．ちょうどその年の七月三日，将軍家定の病気治療という緊急事態のもとで，蘭方医の奥医師採用がきまり，2年後の万延元年

(1860)十月十四日,江戸種痘所を幕府直轄とし,翌文久元年,西洋医学所と改称,さらに文久三年二月二十五日には医学所と改称することとなった。

しかし,この西洋医学所の教育も,はじめのうちは科学技術教育といえるようなものではなかったようである。文久三年,緒方洪庵が没したあと,松本良順が第3代頭取となったが,彼はそれまでの教育が〈単なるオランダ書の訳読のための輪講〉にすぎなかったことを批判し,医学所をはじめて医学そのものの教育機関としたことを述べている(『蘭疇』大系／教育①1-11A)。彼は長崎でポンペについて長い間組織的な医学教育をうけたから,その経験をここに生かしたのである。医学所のその後の教育の実際のもようについては,大沢謙二などの回想録(『灯影虫語』,大系／教育①1-11B)があって,やや詳しく知ることができるが,日本の近代科学技術の中で最も伝統のある医学においてすら,幕末になってやっと「訳語による,やや組織だった教育」が行なわれるようになったということは注意すべきことであろう。

なお,幕府の医学教育機関には,すでに医学館がたてられていたから,医学所がたんなるオランダ語教育機関でなく,訳語による医学の教育機関となると,その統合が問題にならざるをえなかった。このことは実際に医学所の松本良順と医学館の多紀安良との間で協議されたのであるが,ついに実現せず(大系／教育①1-11A),維新戦争を迎えて,軍事医学に効果のなかった医学館は閉鎖され,医学所のみが明治政府の手で復活されて,東京大学医学部の前身をなしたのである。

### 諸藩の科学技術教育機関

以上,われわれは,幕府設立の教育機関を中心にして幕末の科学技術教育の状況を概観してきたが,この時代には,幕府のほかに諸藩が競ってみずからの教育機関を充実させ,科学技術の教育を拡大しつつあったことも忘れてはならない。諸藩の中には,幕府よりも先に科学技術の教育に目をつけ,力を入れていたところも少なくなかったのである。

たとえば長州藩では，天保十一年（1840）秋，藩の医学校「南苑医学所」を創設したが，その中にすでに蘭方医学を取り入れていた。そして嘉永三年（1850）八月には，「好生館」が新築され，ここで漢洋両医学が併立して教育されることになった。また，ペリー艦隊来航後の安政二年（1855）には好生館にさらに「西洋学所」が付属させられた。「西洋学所」はまもなくその規模を拡大して独立し，ここでもっぱら西洋軍事技術の研究教授を行なうこととなった。

また佐賀藩では，嘉永四年（1851）すでに藩の医学校に蘭学寮を併設し，西洋砲術導入のための理化学研究を始めた。安政元年（1854）にはこれを独立させ，蘭学の研究教授をはじめた。そしてその一方，幕府の長崎海軍伝習所や医学伝習所に藩士を積極的に派遣して，その蘭学を充実させ，西洋医学校として好生館を設立し，海軍所を設立するなど，近代科学技術の導入をはかっていたのである（福井藩の場合について，大系／教育① 1-12 にくわしい）。

このようにして，幕末の雄藩は，幕府に負けずおとらず欧米の科学技術，特に軍事技術と医学の導入のための教育に力を尽くしたのであるが，このような傾向は，いくつかの大きな藩だけに見られる傾向ではなかった。そのことは全国の藩学校にとり入れられた教科の変遷を示す表（次ペ）を見れば明らかである。

藩学校は，もともと「幕府の昌平黌」にならうもので，藩士に漢学／儒学を講ずるために建てられたのであるが，表に示すように幕末になるにしたがい教科を増し，漢学／習字／国学のほかに，医学／算術／洋学などの教科目をも加えるようになっていた。先に例としてあげた長洲藩の西洋学所も，安政六年一月には藩学校明倫館の管轄下にはいったが，多くの藩では藩学校の中に幕府の昌平黌（漢学）／医学館（漢方医学）／医学所（西洋医学）／開成所（洋学）などに相当するものを総合するような形態をとるようになってきたのである。

しかし，これらの藩学校で科学技術の教育が行なわれたといっても，それはまったく系統だったものではなかったことは容易に推察すると

図表1-1　藩学校における教科目の変遷

| 年代 | 享保以前<br>(〜1736) | 元文<br>〜寛延<br>(1736〜) | 宝暦<br>〜安永<br>(1751〜) | 天明<br>〜享和<br>(1781〜) | 文化<br>〜天保<br>(1804〜) | 弘化<br>〜慶応<br>(1844〜) | 明治<br>(1868〜) |
|---|---|---|---|---|---|---|---|
| 調査校数 | 11 | 18 | 46 | 109 | 179 | 210 | 240 |
| | % | % | % | % | % | % | % |
| 漢学 | 11 (100) | 18 (100) | 46 (100) | 109 (100) | 179 (100) | 210 (100) | 240 (100) |
| 習字 | 1 (9) | 3 (17) | 9 (20) | 38 (35) | 88 (49) | 120 (57) | 145 (60) |
| 皇学 | — | — | 3 (7) | 17 (16) | 46 (26) | 75 (36) | 115 (48) |
| 医学 | — | — | 2 (4) | 7 (6) | 22 (12) | 43 (20) | 68 (28) |
| 算術 | — | — | 2 (4) | 17 (16) | 53 (30) | 88 (42) | 141 (59) |
| 洋学 | — | — | — | 1 (1) | 6 (3) | 21 (10) | 77 (32) |
| 天文学 | — | — | — | 2 (2) | 3 (2) | 3 (1) | 5 (2) |
| 音楽 | — | — | 2 (4) | — | 4 (2) | 6 (3) | 10 (4) |
| 科数合計 | 12 | 21 | 64 | 191 | 401 | 566 | 801 |

(石川 謙『学校の発達』による)

ころである。当時最も有利な条件にあった幕府の教育機関でさえ，すでに述べたように貧弱なものでしかなかったのであるから，これらの藩学校では初歩的な外国語の教育が行なわれただけで，あとは各自で欧米の科学技術書に取り組むよりしかたがなかったのであろう。だから，これは科学技術の教育であったということはできないかも知れない。

しかし，この時代に外国語を学ぶのは，なによりまず欧米の科学技術書（特に軍事技術書）を読まんがためであった。だから，蘭学／洋学の教育自体が科学技術教育という色彩をもっていたのである。幕末の科学技術教育は全般的にいって，ついに初歩的な語学教育の段階以上にほとんど出なかったが，洋学の普及は，欧米の科学技術の重要性を多くの日本人に教えるきっかけをなし，明治維新後の日本の進路を定めるのに役だつことによって，後の科学技術教育に大きな影響を与えることになったということができるのである。それに，当時の学生たちは今日の大学生などと違って旺盛な先駆者意識をもっていたから，劣悪な教育条件の中でも，多大な学習成果をあげ得たのだった。

## 第3節　明治初年における科学技術の教育機関

### 教育機関の改称改組

　明治初年の科学技術の教育機関は，幕末に設立された幕府の教育機関を復活し，ほぼそれをそのまま受け継いだものであった。すなわち，幕府の開成所／医学所は復活させられて，開成学校（開成所）／医学校となり，さらに大学南校／大学東校などと改称された。また，開成所の化学部門は大阪に移転して大阪舎密局となり，長崎の精得館（医学所）は長崎医学校となった。幕府の海軍操練所も復活されて海軍兵学寮となり，旧幕府の徳川家は，静岡に移封になると，「開成所／陸軍所／海軍所の延長」ともみられる兵学校を沼津に新設した。このほか，全国の各藩はその洋学校を存続させ，拡張／新設なども行なった。また，慶応義塾をはじめとする民間私塾も幕末から引き続いて存続し，さらに急激ないきおいで普及するようになった。

　明治政府は，旧幕府よりもさらに，欧米の科学技術の摂取に熱心であった。それは，明治政府のスローガンであった「五カ条の御誓文」（慶応四年三月十四日）の中に「旧来の陋習を破り」「智識を世界に求め」ることがうたわれていることにも，はっきりと認められるところである。明治新政府は，ひとまず幕府の設けた諸制度をそのまま復活し，これを拡充強化する政策をとり，ついで，これらの組織を次々と改組することにすすんだ。こうして，明治元年から10年ごろまで，これらの教育機関は絶えず改組改称されることになった。たとえば東京大学は明治10年に発足したが，幕末の開成所かこの東京大学となるまでには「開成学校→大学南校→南校→第一大学区第一番中学→第一大学区開成学校→東京開成学校」と，めまぐるしい改組改称を経なければならなかった。このようなことは，ひとり「開成所→東京大学」の場合だけでなかったことは176ぺの系統図にみられるとおりである。

　科学技術の教育機関がこのように，絶えず改組改称されなければなら

なかったのは、一つには明治政府の方針が安定せずに、絶えずぐらついていたからでもある。しかし、それはほぼ明治五年ごろまでのことであって、それ以後はいくらか事情が違っていることに注意しなければならない。文部省が設置されて、そのもとに「学制」が制定されたあとでは、ほぼこの「学制」にのっとって学校教育体系が整備されるようになったのである。それ以後の改組改称は、この新しい制度のもとに学んだ学生たちの学力向上に基づく「学校制度の拡充」という面が強いのである。そこで、この節では、おもに明治五年の「学制」制定のころまでを一応の目やすとして、明治初年の科学技術のおもだった教育機関の状態を考察し、「〈学制〉以後の科学技術教育がいかに構想/準備されていったか」ということをみることにしよう。

### 長崎医学校／大阪舎密局／沼津兵学校／海軍兵学寮

科学技術の教育といっても、明治五年ごろまでのそれは、幕末とほとんどかわらぬ貧弱なものであったが、その間に進歩のあとがないわけではなかった。

長崎医学校では、医学本科の教育と分離して、その予科として、自然科学の基礎を教えるコースを設けることが取り上げられ、明治二年五月より「ドイツ人ヘールツによる数学／物理／化学の教育」がはじめられた（大系／教育① 2-3, 2-4）。大阪の舎密局ではオランダ人ハラタマによる実験を伴った系統的な物理学と化学の講義がはじまり、その講義録が逐一印刷発表されはじめた（『舎密局開講之説』大系／化学技術1-8,『理化新説』大系／教育① 2-5。大阪舎密局では、外人教師や設備に多額の費用を投じながら、その生徒数わずかに四人、外来聴講生十数人というありさまだったので、講義録を出版することにしたのである）。また、静岡県沼津では旧幕府の徳川家が旧旗本の洋学者を総動員して「近代軍事科学の基礎として科学技術の教科を重要視した兵学校」をおこした。「就中、洋算に至りては当時いまだ甚だ開けざりしに、ひとり本校は赤松（則良）／塚本（明毅）二教授の薫陶により生徒もっとも数学に長じ、沼津

の生徒といえば世を挙げて問わずして数学に巧みなる者となすに至れり」(「旧静岡藩兵学校」『日本教育史資料』第1冊, 大系／教育① 2-9) といわれるまでにしていた。

　しかし, これら三つの教育機関はその後長続きはしなかった。沼津兵学校は明治四年十一月に新政府の陸軍省の直轄となって廃止させられ, 大阪舎密局は幾多の変遷ののち, 明治五年八月, 「学制」に基づいて第三大学区第一番中学と改称され, さらに外国語学校, 英語学校に転じ, 長崎医学校は明治7年11月に閉鎖となってしまった (もっとも明治11年には長崎医学校が復活されて, 現在の長崎大学医学部の前身となった)。明治政府は科学技術の教育機関を中央 (東京) に集中させて, 政治的にも財政的にも能率を高める方針をとったのである。

　東京築地の海軍兵学寮 (海軍操練所) は, 後に広島県江田島に移転された海軍兵学校の前身をなすものであったが, この学校は, 兵学校とはいえ, 明治初年の日本で最も高度の科学技術の教育を行なっていたものと思われる。明治三年の教科表 (大系／教育① 2-10A) をみると, 予科では筆算／代数／幾何／三角法／画法幾何からなる数学の教育が大きな比重を占めているほか, 「英学」中に究理書／天文書が取り上げられ, 「漢学」中にも中国で漢訳された物理学書『格物入門』があげられている。本科でも「測量学／蒸気器械学 (器械学本源／熱論／蒸気論) ／造船学／施術」などの近代技術の教育が中心になっている。もちろん, このような時間表にあらわれた教科目だけから,「実際にこのような科学技術に関する教育がなされた」と考えることは危険であるが, 海軍兵学寮が実際にこのような科学技術の教育のために具体的な手を打っていたことは明らかである。たとえば, このような教育を実現するためには, まず適当な教科書を準備しなければならないが, 海軍兵学寮は実際にそのような教科書類を編集出版または翻刻していたのである (大系／教育① 2-10C)。兵学寮出版の教科書類には, 直接, 海軍に関するもののほか, 『数学教授書』『代数教授書』『博物階梯』(Parker: *First Lesson on Natural Philosohy* の翻刻版。ここで「博物」というのは「究理学＝物理学」

のこと）『化学大意』など，基礎的な学科に関する教科書類もひととおり出版していることは注意すべきであろう。また，海軍兵学寮の教官たちの中には，日本海軍の創設に功労があったばかりでなく，さらに広く明治初年の科学技術の普及啓蒙に寄与した人々が少なくないことも注意すべきことである。

　明らかに，海軍兵学寮は，沼津兵学校とともに，「明治初年の日本で最も高度の科学技術の教育機関」だったのである。蒸気軍艦をあやつり，遠洋航海に出るためには，数学／測量学／力学／器械学などについて，当時の日本人のだれよりも高い水準の理解が必要とされたし，また，幕末以来，政府が欧米の科学技術の摂取に非常な関心をもつようになったのは，まさにそのような軍事技術の摂取を目標としていたのだから，海軍兵学寮が沼津兵学校とともに，当時の日本で最も高度の科学技術教育をなしえたとしても，それは偶然でないであろう。また，近藤真琴の攻玉社が海軍兵学寮の予備教育または補習教育の機関として，数学と技術の教育に特色ある私塾――私立学校として発足したのも注目すべきことである（大系／教育① 2-11，また，攻玉社編『近藤真琴先生伝』参照）。

### 東京医学校（大学東校）

　幕末以来，専門的な科学技術教育が最も着実にすすめられてきたのは，海軍と医学の二つの分野であったが，医学のほうでは，明治元年六月二十六日，旧幕府の医学所が復活されて，「（東京）医学校」として発足していた。旧幕府には，医学教育機関として漢方の医学館と洋方の医学所とがあったのだが，そのうちの洋方の医学所だけが復活させられて医学校となったのは注目すべきことである。新しい医学教育は西洋医学のもとに行なわれることになったのである（別に和漢医学の教育機関設立の問題も提議されたが，「医学に和漢洋の区別があるべきではない」という趣旨から実現せず，結局洋医のヘゲモニーのもとにある医学校1本立てとなったのである。大系／教育① 2-3B）。

　東京医学校はこうして，明治二年正月，維新戦争に従軍して名をあげ

たイギリス軍医ウェリスを招いて教師とし，日本人教官の授業とあわせて，予科から本科に至るやや組織だった授業をはじめた。幕末からの伝統もあり，医学の基礎となる初歩的な物理や化学の教育は，日本人教官の手で行なうことができるようになっていたのである。大学少助教の石黒忠悳がここで用いた化学の教科書『化学訓蒙』は，明治三年末大学東校から，当時としてはめずらしく活版で印刷発行されている（大系／教育① 2-7）。明治三年閏十月の「大学東校規則」（大系／教育① 2-6）では，予科で語学のほか，格物学（物理学のこと）／化学／数学を学び，本科で解剖学など医学そのものの教育をうけることになっているが，本科の教育が十分系統的に行なわれたことはなかったと思われる。

　これより先，大学東校では，今後の医学教育をドイツにならって行なうことが決定され，明治三年閏十月，将来の教官にあてるべき10余人の留学生をドイツに派遣するとともに，ドイツから大学教育有資格者を招いて，ドイツの大学と同じような医学教育を実現することが計画され，四年八月，ドイツ人軍医ミュルレルとホフマンの2人が来日，2人の助言によって教科課程を編成しなおして，ここにはじめて予科2年，本科5年の本格的な医学教育がはじまることとなったのである。

### 外人教師の雇傭と海外留学生の派遣

　大学東校（東校，のちの東京大学医学部）がその医学教育を本格的にはじめるに際してとった方法——つまり，「外国から大学教育有資格者を招いて，その指導のもとに欧米の大学と同じような科学技術の教育を日本において実現し，それとともに留学生を海外に派遣して，はじめの外人教師のあとを継がせる」という方法は，明治政府が明治三年ごろから科学技術教育の移殖のためあらゆる方面で採用した方針であった。東校（第一大学区医学校→東京医学校→東京大学医学部）が明治四年八月に2人のドイツ人教師を迎えたのについで，工部省の工学寮工学校（工部大学校）は明治6年6月，9人のイギリス人教師を迎えて本格的な工学教育をはじめたし（大系／教育① 8-3），海軍兵寮は明治6年7月にイギリ

ス人教師34人を迎えて翌年1月からイギリス式訓練を全面的に開始した。

　また，東京開成学校（東京大学理学部／法学部の前身）は，「大学南校，南校→第一大学区第一番中学→第一大学区開成学校」と称していたころから，日本に滞在していた外国人を雇って，英語／フランス語／ドイツ語の語学教育を中心とした普通教育を行ない，明治6年ごろには中等教育程度の水準を維持するようになっていたが，明治7年9月以降，欧米諸国より専門教師を迎えて化学，工学などの大学教育をはじめるようになった。また，開拓使の札幌学校（札幌農学校）は明治9年8月，アメリカからクラークなどの専門教師を迎え入れて，本格的な科学技術の教育をはじめるようになった。そして一方，大学東校（東京大学医学部の前身）／大学南校（東京大学理文法学部の前身）／海軍兵学寮／北海道開拓使（のち札幌農学校を設立）／工部省工学寮（のち工部大学校を設立）はいずれも明治三年十月以降明治五年までの間に，将来の専門学校教員にあてるべき者を計画的に海外に留学させていたのである。

　明治政府が科学技術教育機関の設立のためにとったこれらの政策は，成功であった。欧米からはるばる未開の国日本にやってきた若いすぐれた科学者たちは，わずか数年の間に日本に科学技術の専門教育の基礎を築くことができたし，明治三／四年に海外に留学した人々の多くは，帰国後外人教師に代って日本の大学の初代教授となった。そしてさらに，日本で外人教師の指導をうけてから海外に留学した人々によって，それらの教育機関はさらに発展させられることになった。つまり，明治三年ごろからとられたこれらの政策の効あって，欧米の科学技術の専門教育機関は驚くべきスピードで日本の土地に移し植えられ，欧米人の手から離れて成長することができるようになったのである。

　維新から明治五年ごろまで，おもてだった科学技術教育の面では，幕末と質的に異なるような成果はまったく見られないといってよいが，その背後では，日本のその後の科学技術教育の方向を定める手が明治三年十月ごろから一つ一つうたれていたのである。このことはこれまでほと

んど注意されなかったことであるが，日本科学技術教育史上，きわめて重大な事件といわなければならない。そこで，次に，このような政策／方針がどのようにして採用されるようになったかを考察しなければならない。

### 洋学の全面的採用の方針決定と大学南校（開成学校）

「日本の科学技術の教育機関を，全面的に欧米人の指導のもとに，欧米のそれにならって設立する」という方針がとられるようになったのは，明治維新直後のことではなく，明治三年十月ごろからのことであると思われる。それ以前にも，開成学校（大学南校）や医学校（大学東校）では，すでに日本に来ていた外国人を雇ってその教師としていたが，その教育課程を全面的に欧米の大学／専門学校にならって組織しようという意図は明瞭ではなかった。いやそれどころではない。明治二年六月十五日には，かつて独立の学校であった開成学校と医学校とは，〈日本的な大学〉設立の意図のもとに，「漢学と皇学の教育機関である昌平学校（旧幕府の昌平坂学問所の後身）」を大学校本校とする「大学校分校」とされ，同年十二月十四日にはその名も「大学南校／大学東校」と改称され，大学本校に従属するものとされたのである（大系／教育① 2-2）。すなわち，「大学（校）は，国学の講究をもって主とし，漢学の講明をもって従とし，それに西洋の格物究理の学を授ける開成学校や医学校を付属させたもの」と考えられたのであって，欧米の科学技術の摂取よりもまず「皇道を明らかにする」ことに重点がおかれていたのである。

大学　専門教育機関の設立の目標がこのような「日本的な大学」におかれているような事情のもとでは，科学技術教育の部門だけにせよ，欧米の大学教育制度をそのまま日本にもちこむことに大きな抵抗が生ずるのは当然のことである。ところが間もなく，大学南校と大学東校にとって幸いなことがおこった。漢学者と国学者との激しい抗争の末に大学本校が閉鎖され（明治三年七月十二日），「教育行政機関でもあった大学」も事実上廃止になった。そして明治四年七月十八日には，大学が正式に

廃止となって，かわって「文部省」が設立され，教育行政の指導権は国漢学者の手から洋学者の手に移るようになったのである。

　大学が閉鎖／廃止になった事情については，当事者である加藤弘之や辻新次の回顧談（大系／教育① 2-2）のなかで述べられているが，大学本校が「国学者と漢学者との抗争だけが原因で閉鎖／廃止された」と考えるのは，あまりに表面的な見方というものであろう。むしろ国学者と漢学者の抗争は，非生産的な国学や漢学の教育に国費を投ずるのを中止する口実に使われたにすぎないのではないだろうか。維新期の政府部内で，洋学の素養のある実力のある人々が勝利をおさめた結果ではないだろうか。大学本校が閉鎖されてからわずか15日しかたっていない明治三年七月二十七日には，もう太政官の名で「全国の諸藩から大学南校に1～3名の学生（貢進生という）を推薦して派遣する」よう布達されているが，これはそのような政策のあらわれとみることもできる。大学本校の閉鎖は大学南校の拡大強化のためとも考えられるのである。

　実際，大学南校はこのころからはじめて本格的な発展をはじめるようになった。すなわち，明治三年八月から翌年二月までに欧米諸国に十数名の留学生を派遣する一方，三年十月にはアメリカ人フルベッキを教頭として教則をととのえ，全国の諸藩から送られてきた300余人の貢進生を迎えて授業をはじめたのである。明治三年閏十月改定の教則（大系／教育① 2-6A）によると，普通科（5級）と専門科（4級）に分かれているが，まだ専門科は未設で，語学の伝習と究理書（英語はクワッケンボス，仏語はガノー）などの講読，および数学（加減乗除／分数／比例／開平／開立／代数／幾何）が教えられていた。やっと，中等教育程度の数学や物理の教育が行なわれるようになったのである。

　しかし，大学南校がその教育課程を整備して本格的な中等教育を始め，専門教育への道を準備するようになったのは，名称が単に南校となって明治四年九月二十五日にいったん閉校し，学生を整理し再発足して以後のことであったようである。南校は明治五年八月三日，「学制」発布とともに，さらに第一大学区第一番中学と改称されたが，これは当時の南

校がまだ「上等中学と下等中学およびその予科に相当する学生」しかもっていなかったからである。しかしそれから間もなくして，「第一大学区開成学校」と改称し，上等中学程度のものを「専門学校予科」として教育するようになった。明治五年五月の時間割によると，これらの教育はごく初等のもののほかすべて外人教師の手によって行なわれ，日本人教官は図画のほかすべて外人教師の助手として教育にたずさわり，欧米の中等教育を日本に移し植えるよう努力したように思われる。当時の日本人教官の中にはまだ中等教育程度の教科を分担して教えうるものもなかったのである（第2章を参照のこと）。

### 洋学塾と究理学の教育

明治初年には，こうして，開成学校／医学校などで，中等程度ないし専門的な科学技術の教育が，外人教師の手によって本格的にはじめられるようになったのであるが，この一方では，日本人洋学者たちの手によって，伝統的な形で，欧米の科学書の訳読教授が普及しつつあった。明治の初年には，幕末からあった洋学塾や藩の洋学校が急速ないきおいで増大したが，それらの洋学塾のテキストとして，科学書特に「究理書（究理は Natural Philosphy の訳で，当時英米では Physics ということばよりもこの方が広く用いられていた。現在の物理学に相当するが，天文学／化学の理論的な部分を含む）」が取り上げられることが，伝統的に多かった。洋学者たちは，「漢学に対する洋学の優位を主張するには，物理学の例をあげるのが最も適切だ」と感じていたし，物理書は医学や軍事技術の基礎として幕末から広く読まれており，化学のように実験を伴わなくても理解しうる面が多かったからであろう。

明治初年における洋学塾の代表は，なんといっても福沢諭吉の慶応義塾であったが，ここでは，福沢がアメリカからもってきた Quackenbos の Natural Philosophy 講読（素読／輪講／会読）が大きく取り上げられたが（大系／教育① 2-12），そのほか，慶応三年ごろに江戸で翻刻された Swift の『理学初歩』（英文）などが多くの洋学塾で洋学入門者のため

のテキストとして用いられた。「洋学を学ぶということ，つまり英語などを学ぶということ」は，「まず最初に欧米の科学入門書を読むことを意味すること」が多かったのである。そしてやがて，西洋の究理学について理解することが新しい文化人（文明開化の人）たる資格になってきた。

　ところが当時の知識人の間でも英語／フランス語／ドイツ語／オランダ語などの欧米の科学入門書を読める人はほんの少しの洋学者にすぎず，新たに語学を学びうるのは年少の人々にかぎられた。ところがこのころ，「中国で漢訳された欧米の科学書『博物新編』『格物入門』『化学入門』など」が日本に輸入されていたので，それらの漢文の科学入門書が普及するようになった。当時の知識人はみな漢文が読めたし，明治になっても漢学塾はさかえたから，漢学塾のテキストにもこれらの漢訳科学入門書が取り入れられるようになったのである。洋学塾や漢学塾でこれらの科学書を学び，自宅で漢訳科学入門書や翻訳科学入門書を読まなければならないような気持ちを起こさせる——明治初年には，そのような科学啓蒙の雰囲気が盛り上がりつつあって，これがいくつかの学校組織よりもはるかに広く，多くの人々の科学に関する理解を高めるのに寄与したというのが本当のところであろう。この問題については次章であらためて取り上げることにする。

# 第 2 章

# 小学校における科学教育の発足

## 第1節　明治初年までの科学啓蒙書の出版

### 江戸時代の大衆向きの自然観供給書

　科学技術の初等普通教育は，明治五年の「学制」によって小学校制度が確立するまで，寺子屋におけるソロバン教育と，京都学校などごく一部の先駆的な小学校での科学教材の一部採用をのぞけば，学校＝教育機関で行なわれることはなかった。

　しかし，そのような時代にも，一般庶民やその子弟のための自然観，自然に関する実用的な知識の供給がまったく行なわれないわけではなかった。江戸時代には，「陰陽理論に基づく〈合理的〉な自然観」が庶民の間にも広く知られていたし，易学（えき）／仏教思想／占星術などの影響による運勢占いがあり，食物摂取についても本草学／医学と結びついた実用的知識があった。それに，日常生活に関するさまざまなくふうを伝承するという働きがあった。これらの知識の伝承／普及が江戸時代にどのようにして行なわれていたかという問題は，興味ある問題であるが，残念ながらいままでのところ筆者らの調査研究はそこまで行きとどいていない（増補版注：最近になって，筆者は斉藤萌木さんと一緒に，その種の研究を本格的にはじめている）。しかし，このような知識の伝承を示す資料がまったく知られていないわけではない。

　たとえば，初等中等の理科教育の草わけであった後藤牧太（1853～1930）

は，少年時代に楽しみに見ていた節用集の中で東洋風の科学知識を得たということを書いている（大系／教育① 3-1）が，『（改正増補）江戸大節用海内蔵』に収録されている「訓蒙天地弁并暦日の解」（大系／教育① 3-2）は，まさにそのような内容のものである。その一部分をここに引用しておこう。（原文は総ルビ。読みやすいように少し手を加えた）

　　大極わかれ，大陽が天となりしより，その状円くして毬のごとく，また鶏卵の白のごとし。地は包まれて鶏卵の黄のごときもの也。人は地上に立って天を仰ぎ見るといえども，半覆いたる天を見るのみ。下に覆いたる半は見ることなし。左〔右〕にその略図を記す。
　　此の図を以って粗を暁るべし。故に上の方が昼なる時は，下の方は夜なり。元より天に昼夜なし。日の出るにより て朝となり昼となり晩となる。日没るに及び右に図する下の方の世界は朝となり昼ともなる。故に天は旋転として止まず。地は中間にありて安静として動かずということ，古今の説なり。
　　……さて，雷の説さまざまありといえども，これみな理をもていうのみ。誰かその本を視て究めんや。理をもてこれを推すときは，陰陽の画する処なり。「陽気が陰の為に閉じられて出ること能わず。しかれども陽はその気強くして，かならず陰に克つ。ここを以って陰気を開き発するに至り，相撃って電をなし，相碾りて雷を為す」。これは理の当然たる所にして，宋朝の大儒みなこの理を以ってす。然るに明の謝肇淛これを破り，「雷は春にして起り秋にして蟄す。生類たること疑いなし。その形は鶏の牝鶏のごとし。肉の翅あってこれを相博つの声なり。九仙山の下に居るとき雷の起伏を見る。柏樹の根半は樵灼せられて色は炭のごとし。ここに居ること四年

にして雷凡て四たび起る。宋の儒者が陰陽の理を以って説くは誠に笑うべし」といい，且つ「『論衡』に雷公を図する，連鼓の形のごとく一人これを推く。漢の時相伝うること此のごとし」といえり。思うに，謝肇淛がごとき博覧強記の儒者は，実に如此おもうべしやは〔疑わし〕。一人の力士累々たる連鼓を撃つは『論衡』の図にて，これは王充〔『論衡』の著者〕が戯れのみ，実に如此おもうは愚なり。いかで謝氏，さまで愚ならん。ただ「宋儒を伐たん」としてこの説をいうなるべし。

　これは，陰陽理論に基づく伝統的な漢学の自然観を庶民用に説いたものであって，明治時代に欧米の近代科学による自然観が啓蒙普及される以前の「庶民の間に知られていた自然観」をよく示してくれる。この「訓蒙天地弁并暦日の解」は近代科学以前においては最も合理的／学問的な自然観を代表し，かなり高度の正しい知識をも含んでいるが，基本的にはやはり，自然を利用するための積極的な自然観ではなく，自然解釈のための自然観であるという特徴をもっている。この「訓蒙天地弁并暦日の解」は文久三（1863）年版の『（改正増補）江戸大節用海内蔵』から収録したものであるが，この本にはこの他にも自然に関する実用的な知識や自然観に関するものがたくさんおさめられている。もともと「節用集」というのは一種の用語字典であるが，江戸時代から明治時代にかけて，その字典にさまざまな興味と実用本位の絵入りの記事を加えて，大項目主義の一種の絵入り百科事典の体裁をもつものが現われるようになったのである。『江戸大節用海内蔵』はその代表的なものということもできるだろうが，これには，われわれに関心のある項目として「訓蒙天地弁并暦日の解」と同じくらいのスペースを占めるものに，「人日本歳時故実」（四季の行事を陰陽説によって説明した部分を多く含む），「諸食物能毒の弁」（常食するあらゆる食品について，その栄養／医学的効用を陰陽説により解説したもの），「算術早学び」があり，そのほかに「米銭相場早見」「人間生れ年善悪の弁」「男女相性五行相生相剋」等々の運勢記事，「潮の満干」などの記事がのっている（大系／教育① 3-3）。これらの項目は，江戸時代の日常生活にとけこんでいた自然観や自然に関する実用

的あるいは迷信的な知識を示すものとして興味ぶかいものである。

### 江戸時代の大衆向け実用知識書

江戸時代には，「節用集」のほか，庶民のために自然に関する実用的な知識／工夫を提供するものとして，『(太平広記) 百工秘術』(1724年,大系／教育① 3-4)，『(珍術) 万宝全集』，『万宝智恵海』(1828年) などといった一連の出版物があった。入江貞庵の『(太平広記) 百工秘術』(全3冊) は，序文によると「俗間家々の秘術便法を集めて好事の客に示す」ために書かれたものであって，「智工」(智恵のすぐれた工夫という意味か)，「器工」(自然物加工法)，「食工」(食物加工保存法)，「女工」(化粧法／縫物)，「磁工」(磁器関係技術)，「雑工」(医工を含む) の各門からなっており，日常生活の上でのいろいろな知恵／工夫を紹介している。また，『(珍術) 万宝全集』(または『(珍術) 万宝筌』，全7巻5冊) は，兼山著『(万世) 秘事枕』，堤西山子撰『(世宝) 伝受嚢』，加賀谷環中仙撰『(唐土) 秘事海』，同撰『(珍術) さんげ袋』(明和元年, 1764) を収録したものであって，『百工秘術』と同じような記事や手品の種を述べたもので，その販売用包み紙には「人家日々調法の書」と宣伝されている。自然物についての知識／工夫を実用ないし，楽しむための書物である。また，『(万宝) 智恵海』(文政十一年, 1828) は，前二著と同じような項目約400をイロハ順に配列したものであり，同書の巻末広告欄には，『(錦嚢) 智術全書』(全7冊。「この書は右万宝智恵海元本にして詳しく妙術奇術多し」)『(妙術) 博物筌』(「この書は右智術全書に類したけれども妙薬奇法を多く集め調法の書なり」) などの類書の名をあげている。この他にも「万宝」とか「智恵海」などのことばを附した多くの書物が出て，大衆の自然物加工法について，工夫をこらす楽しみを満たしていたのである (ただし，記事の中にはいんちきなものも少なくない)。幕末には宇田川興斎『万宝新書』(万延元年,1860)，杉田成卿『万宝玉手箱』(安政五年, 1858) と題した洋学系統の本が出たが，これは『万宝全書』類にならったものということができよう。また，明治以後のものでも細川習『新法須和』(明治二年, 1869)，宮崎

柳条『(西洋)百工新書』(明治五年), 同外編 (明治6年, 大系／教育① 3-17) などは, 新しく欧米からはいってきた知識をもって書いたものであるが, その精神／体裁ともに, 『百工秘術』や『万宝全書』を受け継いだものであった。

### 科学啓蒙書の形式と内容

　「古い形式の中に新しい科学の内容または精神を盛り込んで大衆むきの科学書を作る」というこのやり方は, これだけでなくもっと広く意識的に応用されたものであった。明治元年 (慶応四年) に出版された福沢諭吉の『(訓蒙) 究理図解』(大系／教育① 3-6) や小幡篤次郎の『天変地異』(大系／教育① 3-8) は, あの節用集の中の「訓蒙天地弁」の近代科学版というべきものであったし, 福沢諭吉の『啓蒙手習之文』(明治四年, 大系／教育① 3-12) や内田晋斎の『(究理捷径) 十二月帖』(明治五年, 大系／教育① 3-13) などはもっと大胆に, 寺子屋の手習本, 往来物の形式の中に, 近代科学の内容と精神とを盛り込もうという積極的な試みであった。幕末から明治初年にかけて, 洋学者たちは, 古い伝統の中に残っていたありとあらゆるものを利用して, その中に洋学, 特に近代科学の内容を盛り込んでいく努力を示していたのである。

　しかし, もちろん新しい近代科学の啓蒙書のすべてが, 古くからあった伝統的な本の形式を踏襲してできたわけではなかった。欧米の初等科学の入門書や科学啓蒙書をそのまま翻訳したものもあらわれたからである。そのもっとも早い例は, 大庭雪斎訳『民間格致問答』(文久二年, 1862, 大系／教育① 3-5) であった。これは「オランダの一般大衆のために書かれた対話形式の科学の本」を訳出したもので, 内容／形式ともにまったく新しい試みである。この翻訳は原著の意をくみとって, 卑俗な口語体で大胆に訳されており, 総ルビつきで出版された。この本が当時どの程度読まれたか明らかではなく, 今日ではほとんど忘れ去られているが, これはまさに「日本での最初の科学啓蒙書」と呼びうるものであった。国語学者の古田東朔氏はこの本の文体を歴史上画期的なものと高く評価

している。

　欧米の科学書の翻訳といっても翻訳臭を出さず，大衆的なことばと文字で，原著の精神を大胆に意訳して示すという啓蒙の精神は，福沢諭吉によれば（『福沢全集』緒言），彼の師緒方洪庵にはじまるものであるが，それとは別に大庭雪斎によっても，すでに江戸時代に科学啓蒙書として実現されていたのである。緒方塾の塾頭をしたことのある伊藤君独が訳した『颶風新話』（大野藩発行，安政四年）も対話体で，これも平易な口語体で訳されているが，緒方洪庵はじめ蘭学者たちの科学啓蒙史上において果たした功績は大きいといわなければならない。

福沢諭吉『（訓蒙）究理図解』の扉と本文1〜2ページ

### 福沢諭吉らの科学啓蒙思想

　しかし，科学啓蒙の仕事が本格的な軌道にのったのは，明治元年以後のことである。すなわち，この年新発足したばかりの慶応義塾から『（訓蒙）究理図解』と『天変地異』が刊行されて，新しい科学啓蒙の軌道をひいたのである。福沢諭吉はこの『究理図解』を出版した当時の事情について，後に（「緒言」として）次のように述べている。ここに全文引用しよう。

　　開国の初めに当り，吾々洋学者流の本願は，ともかくも国中多数の人民を真実の開国主義に引入れんとするの一事にして，あたかも西洋文明

のために東道の主人となり，一面には漢学の固陋を排斥すると同時に，一面には洋学の実利益を明らかにせんことを謀り，あらん限りの方便を運らすその中にも，およそ人に語るに物理の原則を以てして，自から悟らしむるより有力なるはなし。少年子弟又は老成の輩にても，ひとたび物理書を読み，あるいはその説を聴聞して，心の底よりこれを信ずるときは，全然西洋流の人となって，漢学の旧に復帰したるの事例ほとんど絶無なるが如し。吾々実験の示すところなれば，広く民間を相手にしてこれを導くの第一着手は物理学にありと決定はしたれども，無数の国民に原書を読ましむるが如き，もとより思いも寄らぬことにして，差向きの必要はただ翻訳書を示すの一法あるのみ。

　然るに開国以前既に翻訳版行の物理書なきに非ざれども，多くは上流学者社会の需めに応ずるものにして，その文章の正雅高尚なると共に，難字もまた少なからず。かつ翻訳の体裁もっぱら原書の原字を誤るなからんことに注意したるがために，わが国俗間の耳目の解し難きものあり。たとえば物の柔軟なるを表するに，あたかもボトル〔英語 Butter〕に似たりと，直ちに原字のままに翻訳するが如き，訳し得て真を誤らざれども，生来ボトルの何物たるを知らざる日本人はこれを見て解するを得ず。よって余は，その原字を無頓着に附し去り，ボトルと記すべきところに味噌の文字を用うることに立案して，およそこの趣向にしたがい，ただに二三の原字のみならず，全体の原文如何を問わず，種々様々の物理書を集めてその中より通俗教育のために必要なりと認めるものを抜抄し，原字原文をよそにして，ただその本意のみをとり，あたかも国民初学入門のために新作したる物理書は『究理図解』の三冊なり。

（『福沢全集』緒言，明治30年）

　ここにいわれていることは，実際に『(訓蒙) 究理図解』や『天変地異』を見れば，そのまま実現されていることがわかる。ここに福沢諭吉の『(訓蒙) 究理図解』3冊の目録をかかげておこう。（原文は総ルビつき，ここには一部のみルビを付し，仮名遣いを現代式に改めた）

　　温気の事——万物熱すれば膨脹れ，冷れば収縮む。有生無生温気の徳を
　　　　　　　蒙らざる者なし。
　　空気の事——空気は世界を擁して海の如く，万物の内外気の満ざる処な

水の事——水は方円の器に従うて一様平面。天然の湧泉，人工の水機 皆この理。

風の事——空気，日に照らさるれば熱して昇り，冷気これに交代して風の原となる。

雲雨の事——水気の騰降は熱の増減に由り，一騰一降以って雲雨の源となる。

雷／雪／露／氷の事——露凝こりて霜となり，雨化して雪となる。雨雪・露霜其の状異にして其の実は同じ。

引力の事——引力の感ずるところ至細なり，また至大なり。近きは地上に行なわれ，遠きは星辰に及ぶ。

昼夜の事——日輪つねに静かにして光明の変なし。世界自から転びて昼夜の分あり。

四季の事——日輪一処に止まりて温気の本体となり，世界これを廻りて四季の変化を起す。

日蝕／月蝕の事——月は世界を廻りて，盈虚の変を生じ，三体上下に重なりて日月の蝕を成す。

　たんなる欧米の科学書の翻訳／紹介の限界をこえて，日本人自身の手によって，日本の一般大衆の状態に応じて書かれた画期的な科学啓蒙書がはじめて出現したのである。あの「訓蒙天地弁并暦日の解」などに見られる伝統的な自然観に対して，近代科学の自然観が提示され，新旧二つの自然観が日本人大衆の前ではっきりと対置されたのである。しかも，福沢のこの意図は，その後他の洋学者たちによっても踏襲されて，「究理熱」と呼ばれる一種の「科学啓蒙書ブーム」をひき起こすことに成功した。福沢らの所期の目的はかなり上首尾に達成されたということができるであろう。

## 「究理熱」の流行

　すなわち，福沢／小幡の著書に次いで，明治二年には海軍兵学寮教官の麻生弼吉が『奇機新話』（大系／教育① 3-10）をあらわして，前2著

に不足していた機械に関する事項を取り上げて啓蒙したし，小幡篤次郎は，『博物新編補遺』3冊（大系／教育① 3-9）を慶応義塾から出版した。これは物理／化学から博物／生理まで科学全般にわたる日本最初の小学校程度の科学教科書といえるものであった。また，その翌年の明治三年には，海軍兵学寮の創設にあたった田中大介（義廉）が『（天然人造）道理図解』3冊（大系／教育① 3-11）という科学入門書を訳編して，新しい近代科学の知識を，実生活へと結びつけるような形で平易に説いた。そして明治四，五年には，もと開成所の筆記方出役取締だった吉田賢輔の『物理訓蒙』3冊が出版された（もっとも，この本は舶来の新知識を雑然と配して紹介したもので，これまでの科学啓蒙書とくらべて質の低下がみられる）。ところが，明治五年になると，科学啓蒙書の種類が急激に増して，それとともにその質のおちるものも多く出版されるようになった。明治五年には，現在の小学校程度の科学啓蒙書および科学教科書の出版点数は20点近くを数えるようになり，翌明治6年にはさらに増して20点を超すにいたった。明らかに科学啓蒙書出版のブームが起こったのである。このブームの原因は，おそらく明治五年に「学制」が発布されて科学教育がにわかに重要視されるようになったことにあるのであろう。第2節でみるように，「学制」後まもなく発表された「小学教則」では，それまで出版された科学啓蒙書を「究理学輪講」「読本」「書牘」などのテキストにあてて，科学教育を重視したので，このような科学啓蒙書出版ブームが起きたのである。新しい小学校制度の中で科学啓蒙書が重視されるようになったのは，福沢諭吉が『（訓蒙）究理図解』を出版したときの意図と同じものがあったのであろう。この意味で，明治五年から翌年の科学啓蒙書ブームは，明治元年以後に着実に行なわれてきた科学啓蒙の思想の成果だといってもよいのである。

　ところで，科学啓蒙書ブームといっても，このときに出版されたものは，ほとんどすべて究理書——つまり，物理学を中心とした基礎的理論的な科学の分野に関するものであった。生物関係のものはほとんど皆無だし，化学関係のものは少なく，機械技術に関するものもまた少ない。

十中八九は究理書で占められているのである。そこでこのブームは「究理熱」と呼ばれるのであるが、これはきわめて特徴的なものとして注意すべきことである。これは、しばしば誤って考えられているように、「富国強兵の実学教育思想のあらわれ」ということはできない。科学啓蒙の先頭にたった福沢／小幡／田中などの洋学者たちは、実利的な科学の結果よりも、むしろその科学を生みだした自然観と科学精神に注目したがゆえに、特に究理学（Natural Philosophy）を取り上げたのである。多くの科学啓蒙書は、好んで天体運動や万有引力／分子とその凝集力／空気の存在／迷信の解明批判などをその中心テーマにした。ニュートン力学に基づく機械的な自然観と実証的な科学精神とを日本人大衆に知らせ、封建的儒学的な自然観を打ちこわすことが第一の課題だったのである。

しかし、究理熱の絶頂の明治五〜六年に出版された究理書には粗雑で低級なものも多かった。これはブームに便乗した出版物が多いせいであろう。しかし、この間にもいくつかのすぐれた科学啓蒙書が出版された。もと開成学校の教授補だった後藤達三の訳した『（訓蒙）究理問答』6冊（大系／教育① 3-14）は対話形式の平易な科学啓蒙書としてすぐれたものであるし、内田晋斎（嘉一）の『（究理捷径）十二月帖』（大系／教育① 3-17）は、前にも述べたように習字手習本の形式の中に科学知識をとりこんだ意図的なものであった。また、村松良粛の『登高自卑』（大系／教育① 3-15）は、古い蘭学の知識をもとにして書いたもので内容も文体も古いが、「高く登るは卑(ひく)き自り」という書名にもみられるように野心的な著作であった。また、東井潔全の『（究理日新）発明記事』（大系／教育① 6-16）は、蒸気機関の働きをきわめて具体的に、豊富な絵図でもって解説したすぐれた科学啓蒙書であった。

またこの間に、文部省の「小学教則」にあわせた科学の教科書の編集出版もはじめられ、明治五年には早くも文部省から『物理階梯』3冊（大系／教育① 6-2）が出版され、これが広く普及するようになった。明治7年には『小学化学書』（大系／教育① 6-4）、その翌年には『(牙氏)

初学須知』（大系／教育① 6-7）というように，文部省の科学教科書が出そろいはじめると，科学啓蒙書の類はほとんど姿を消してしまった。それからははっきりと小学校用の科学の教科書を意図したものと，やや専門的な中等程度の科学書とが出版されるだけになり，初期のように啓蒙的色彩の強いものはまったくみられないほどになってしまったのである。これは，ひとつにはこのころ自由民権運動が盛んになって，啓蒙家たちの主たる関心が科学啓蒙からそちらのほうに移っていったことと，洋学者たちが政府部内に重んじられて，実務に励むようになり，科学啓蒙に手を出す余裕がなくなったことによるのであろう。明治初年の科学啓蒙運動は明治6～7年以後，「学制」による小学校教育に受け継がれて着実な歩みをはじめるとともに，その規模と精神を縮小することになったといい得るであろう。

## 第2節　「学制」と科学の普通教育の制度化

### 「学制」における科学教育の比重

　日本における科学の普通教育の制度化は，明治五年の「学制」（大系／教育① 5-2）と，それに基づく「小学教則」（大系／教育① 5-4）にはじまる。

　「学制」が日本にはじめて近代的な学校教育制度の基礎をすえたことの意義については，これまですでに多くの人々によって論じられている。そして，この「学制」において実学の教育が重視され，これによって日本に科学の普通教育がはじめて制度化されたこともしばしば論及されている。しかし，この「学制」とそれに基づく「小学教則」に盛られた科学教育がいかに意欲的／野心的なものであったかということについては，これまでほとんど明らかにされたことがないといってよいであろう。むしろ，これまで日本の科学教育史を論じた人々の多くは，教授技術の末節のみに注目したために「学制」時代の教授法の貧しさのみが目につき，「学制」と「小学教則」における野心的な科学教育の理想をも顧み

ようとはしなかったように思われる。

　しかし，「学制」と「小学教則」こそは，日本の教育史の中で，最も多く科学に期待をかけ，科学を中心にしてあらゆる教科を配列したきわめて野心的な試みであった。そして日本の「小学教則」こそは，おそらくその時代における世界で最も多く科学に期待をかけた教則であった。

　多くの教育史家は，「学制」がその起源において，舶来のものであることを強調している。確かに「学制」は，その学校制度においてフランスその他の国の制度を取り入れたものである（大系／教育① 5-3）。しかし，「学制」の原形がどこかの国の教育制度にみられるにせよ，「学制」の制度はけっして欧米の教育制度の単なる翻訳物ではなかった。ここで注目すべきことは，それが一つの国の教育制度をそのまま取り入れたものでなかったということである。尾形裕康『学制実施経緯の研究』（校倉書房，1963）が示しているところによれば，「学制」は多くの点でフランスの制度によりながら，ドイツ／オランダ／イギリス／アメリカなどからもかなり多くのものをとり入れている。明らかに，この間に，「学制」の起草にあずかった人々の選択が働いているのである。教育史家たちは，なぜか，日本で「これらの人々による選択がいかにして行なわれたか」という思想的な問題を取り上げていないが，このことは少なくとも，科学教育に関してはきわめて重要な問題である。それは，「学制」と「小学教則」に掲げられた科学教育の理想が，当時のどこの国のそれよりも高いように見える，ということと関連してくるからである。科学教育に関するかぎり，日本の洋学者たちによる選択は，明らかにそれを重視する方向においてなされたと思われるのである。

　たとえば，「学制」の「下等小学教科」の中には「算術」などのほか「養生法講義」「地学大意」「理学大意」が加えられており，「上等小学教科」では「史学大意」「幾何学／罫画大意」「博物学大意」「化学大意」が加えられることになっている。ところがこれはフランスの教則（大系／教育① 5-3）とだいぶ異なる。フランスの下等小学の教則には「理学大意」に相当するものはないし，「地学大意」の一部に相当する地理

は歴史と並んで、その次に位置しているにすぎない。「理学大意」に相当する理学／博物学／物理学などは、上等小学になってはじめて取り入れられているのである。明らかに、日本の「学制」の起草者たちは、科学教育を重視して、フランスの教育制度を取り入れる際にそれを修正したのである。
〔当時は「小学校」とはいわず、「小学」と呼称していた〕

図表2-1 「小学教則」（明治五年九月八月）における各科時間配当を示す図

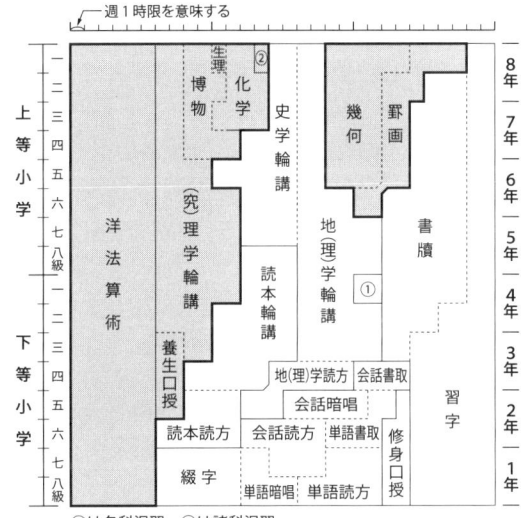

①は各科温習　②は諸科温習。
アミ線内が科学（数学を含む）関係の教科。
この他、読本や書読のテキストとして科学関係のものが多く用いられた。

## 文部省の「小学教則」における科学教材の比重

「学制」の起草者たちが科学教育をいかに重視したか、ということは、「学制」公布の翌月の九月八日に公布された「小学教則」（大系／教育①5-4）をみるとさらにはっきりする。この「小学教則」には、下等小学8～1級、上等小学8～1級の教科別時間配当と教科書名が示されているのだが、その教科の編成は〔図表2-1〕に示すごときものであって、そのうちで科学教育に関する内容を扱ったものをあげると、実に広汎多岐にわたっている。それらの条項を抜き書きすると次のごとくである。

　　洋法算術〔96単位──〈1週1時限半年間の授業〉を1単位として計算。
　　　　　　以下同じ〕詳細略す
　　幾何〔22単位〕詳細略す

罫画〔15単位〕〃　〃
理学輪講〔明治五年十一月十日，究理学輪講と改称。さらに明治6年5月19日，物理学輪講と改称〕〔42単位〕
　　下等小学第三級（2——週間授業時数，以下同じ）——『究理図解』〔福沢諭吉著，慶応四年刊〕等の書を授け，講述せしむ。
　　同第二級（4）——前級の如し。　同第一級（6）前級の如し。
　　上等小学第八級（6）—『博物新編和解』〔このような表記の本はない。大森秀三訳『博物新編訳解』明治元～四年刊のまちがいであろう〕，『同補遺』〔小幡篤次郎訳『博物新編補遺』明治二年刊〕，『格物入門和和解』〔柳川春三ほか訳，明治三～7年刊〕，『気海観瀾広義』〔川本幸民著，嘉永四年刊〕の類を独見し来って輪講せしめ，教師兼ねて器械を用いてその説を実にす。
　　同第七級（6）—前級の如し。　同第六級（6）—前級の如し。
　　第五級（4）—　〃　〃　　第四級（2）—　〃　〃
　　第三級（2）—　〃　〃　　第二級（2）—　〃　〃
　　第一級（2）—　〃　〃
博物〔11単位〕
　　上等小学第四級（4）-『博物新編和解』，「家畜の部」を独見輪講せしむ。〔ただし前記『訳解』には「家蓄の部」はない〕
　　同第三級（2）—前書「野獣の部」を独見講述す。
　　同第二級（3）—　〃　「草木の部」を授く。
　　同第一級（2）—　〃　「魚鳥介虫の部」を授く。
化学〔9単位〕
　　上等小学第三級（4）—『化学訓蒙』〔石黒忠悳訳，明治三年刊〕『化学入門』〔竹原平次郎ほか訳，慶応二年刊〕などの如き書にて，日用物品の分析配合を独見講究せしめ，教師兼ねて器械をもってこれを実にす。
　　同第二級（3）—前級の如し。　同第一級（2）—前級の如し。
生理〔1単位〕
　　上等小学第一級（1）—教師自ら人身の生養する所以の理を口授(くじゅ)す。
養生口授〔6単位〕
　　下等小学第五級（2）—『養生法』〔松本良順著，元治元年刊〕，『健全

学』〔松田玄端訳，慶応三年刊〕等を用いて，教師縷々口述す。

同第四級（2）—前級の如し。　同第三級（2）—前級の如し。

読本読方

下等小学第六級（6）—『西洋衣食住』〔片山淳之助著，慶応三年刊〕，『学問のすすめ』〔福沢諭吉著，明治五年刊〕，『啓蒙智恵の環』〔瓜生寅訳，明治五年刊。本書の半分は動植物／地質／天文／気象／物理／生理など科学関係の事項である〕などを用いて，一句読ずつこれを授け，生徒一同これに準誦す。

同第五級（4）—前級のほか，『西洋夜話』〔石川彝箸，明治四年刊〕，『究理問答』〔後藤達三著，明治五年刊。本格的な科学啓蒙書である〕，『物理訓蒙』〔吉田賢輔箸，明治四・五年刊。科学啓蒙書〕，『天変地異』〔小幡篤次郎著，明治元年刊。科学啓蒙書〕等を授く。

読本輪講

下等小学第四級（6）—既に学びし所を暗誦し来り，一人ずつ直立し，所を変えてその意義を講述す。

同第三級（6）—前級の如し。

同第二級（6）—『道理図解』〔田中大介著，明治三年刊。本格的な科学啓蒙書〕『西洋新書』〔瓜生政和著，明治五年刊〕等の書を授け，講述せしむ。

同第一級（4）—前級の如し。

書牘〔手紙文のこと〕

下等小学第三級（2）—『啓蒙手習本』〔福沢諭吉文『啓蒙手習の文』明治四年刊の誤りか。本書の大部分は科学知識に関する問答の手紙文〕，『（究理捷径）十二月帖』〔内田晋斎文ならびに書，明治五年刊。全文科学問答の手紙文〕などを用い，簡略なる日本文を盤上に記して講読し，生徒をして写し取らしむ。

同第二級（4）—前級の如し。

これを見れば，学制と「小学教則」とがいかに科学教育を重視するものとなっていたかということは明らかである。授業時間数からいえば，〈週1時限半年間を1単位と称する〉ことにすれば，小学8年間を通算して全授業時間480単位のうち，洋法算術96単位（20％）であるほか，幾

何／罫画が37単位（7.7%），（究）理学輪講／博物／化学／生理／養生口授の自然科学関係の教科が計69単位（14.4%），以上を総計するとじつに42.1%となる。このほか，読本読方／読本輪講／書牘などでも科学啓蒙書がテキストに用いられていることを考慮に入れれば，全授業時数の約半分が数学／科学／技術の教育のためにあてられていたことがわかる。これはおそらく，その時代のどの国の初等教育と比べても，はるかに科学教育に重きをおいた教科編成だといいうるであろう。「科学時代」とよばれる今日の日本の小／中学校の教育と比べても科学教育の比重が高いのである。

### 「小学教則」の科学重視の由来

　それでは，「学制」や「小学教則」はどうしてこのように科学教育を重視するようになったのであろうか。このことは，ひとつには「学制」や「小学教則」を起草した人々が洋学者たちであったということに基づいている。すでに第1章で見たように，明治維新以来しばらくの間，日本の教育行政は，「漢学者／国学者／洋学者」の3者競合のうえになりたっていたが，漢学者と国学者の対立抗争を機として，それまで教育行政をつかさどっていた大学が閉鎖され（明治三年七月），明治四年七月には洋学者たちのヘゲモニーのもとに文部省が設立された。「学制」はこのようにして生まれた文部省のもとに，「洋学者たちの手で欧米の教育制度を全面的に取り入れる」という意図のもとに起草されたのである。かれらは，欧米の学校制度にならって日本に近代的な学校組織を築き，これによって文明開化を促進しようとしたのである。そのことは，「小学教則」にあげられた教科書類の「ほとんどすべてが洋学者たちの手になった文明開化の啓蒙書類である」という事実に最もよくあらわれているといってよいであろう。

　「小学教則」にあげられている教科書類は，ほとんどすべてが啓蒙書であって，近代的な学校用の教科書として書かれたものではなかった。だから「小学教則」が洋学者たちの著書を教科書類としてあげたのは，

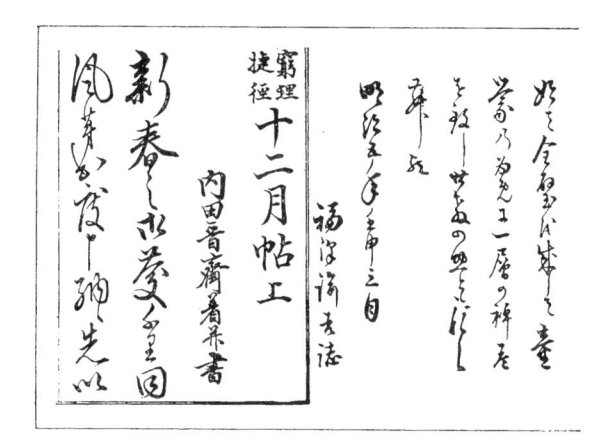

内田晋斎『（究理捷径）十二月帖』の序文（福沢諭吉）の最終ページと本文第1ページ。

　なにもそれらの著書が教科書としての体裁をもっていたからだというわけにはゆかない。これらの啓蒙書が教科書としてあげられたのは，その内容がまさに「文明開化を啓蒙するもの」だったからだといわねばならない。たとえば，そのもっとも極端なあらわれの一つが書牘のテキストとしてあげられている『啓蒙手習之文』（大系／教育① 3-12）と『（究理捷径）十二月帖』（大系／教育① 3-13）である。書牘というのは手紙文のことであるが，この二つの本は，同じ手紙文でも全巻がすべて科学に関する問答を中心とした手紙文になっているのである。手紙文や習字の本なら，なにもこんな本を選ばなくとも，伝統のある本がいくらでもあったはずであるが，それらをあげずにこのような本を取り上げたということは，意味深いことである。同じようなことは，読本のテキスト例にあげられているものについてもいうことができる。
　ところで，「小学教則」にあげられた教科書類は，そのほとんどが洋学者の手になるものであったばかりでなく，それらはまた，当時までに洋学者たちのあらわした啓蒙書類のほとんどすべてを網羅するものでもあった。これは注目すべきことであるといわなければならない。おそらく「小学教則」の立案者たちは，当時知られていた文明開化の啓蒙書類をかき集めて，それを各教科に割りふっていったのであろう。つまり，

「小学教則」は当時の洋学者の啓蒙運動を総結集して作りあげられたのである。そして明治初年の洋学者たちの啓蒙運動は，西欧の機械文明と欧米の地理／風俗の紹介および近代科学の自然観と合理的な考え方の普及とを中心としていたために，その総結集である「小学教則」もまた，科学啓蒙書を多く含むことになったと考えることができる。つまり，「小学教則」の科学教育の重視は，文明開化の啓蒙家たちの科学重視のあらわれだったのである。

### 「小学教則」の究理中心主義

ところで，「学制」や「小学教則」が科学教育に重きをおいていたということはこれまでも認められたことであるが，「学制」や「小学教則」は科学教育に関して，これまでほとんど注意されたことのない著しい特徴をもっている。それは，この科学教育がなによりも「究理学」中心に構成されていたことである。この点は，その後の日本の小学校の理科教育が博物ないし生物中心に構成されるのが常識とされたのに比して，著しい対照をなしている。おそらくこれは，当時の欧米の小学校教育と比べてみても著しい特徴であったであろう。

それでは，なぜ日本の小学校の科学教育が博物中心ではなく，究理学中心に構成されたのであろうか——その理由は容易に推察しうるところである。というのは，第1節でも述べたごとく，当時の洋学者の科学啓蒙思想そのものが究理中心であったからである。もし「学制」や「小学教則」の科学教育の構成が欧米の初等教育の単なる模倣から出発していたとすれば，それはやはり博物中心に組織されたはずであろう。しかし，実際にはそうならなかったということは，「学制」や「小学教則」が当時の洋学者たちの科学教育観に基づいてできあがったものである，ということを示している。

「小学教則」が欧米の制度の単なる翻訳模倣ではなかったということは，その教科編成のうえからもよみとることができる。すなわち，「小学教則」では各教科が，「読本読方／読本輪講／究理学輪講／養生口授（くじゅ）

などというように,「読方／輪講／口授」といった学習方法を合わせて名づけられていることである。これまで日本の科学教育史について語った人々の多くは,一方では,〈「小学教則」が欧米の制度の単なる翻訳模倣で,あまりに急進的だったから日本の現実に合わなかった〉といって批判しながら,他方では教則中の「究理学輪講」が「『究理図解』等の書を授け講述せしむ」とか,「……の類を独見し来って輪講せしめ,教師兼ねて器械を用いてその説を実にす」などとあって,その教授法の遅れていることを嘲笑しているが,これらの教育方法は,むしろその急進的な教育内容を日本の現実に合わせるべくとられた現実的な方策だったというべきであろう。漢学や洋学では,当時まだ「素読（復読・読書）／講釈／会読／輪講」というような学習方法がとられていたのであって,「小学教則」の教育方法は,これらの伝統的な教育方法をうけついだものと考えられるのである。

「昔からの学習方法の中に新しい洋学の内容を盛り込んでいく」――洋学者たちはしばしばこういう方法によって文明開化の時代を開こうとしたのである。しかし,全国的に義務教育制度を敷いて近代的な内容の教育を広げるためには,むしろその内容にふさわしい近代的な教育方法をも取り入れなければならないことは明らかであった。そこで,明治五年九月には,外人教師の手によって「一切外国小学の規則を以てする」師範教育がはじめられるようになった。そして「学制」に基づく実際の小学教育は,外人教師から伝習された学級別一斉授業の方法に基づいて,師範学校が明治6年5月に編成した「小学教則」と師範学校編集の教科書／懸図類によって行なわれるようになった。文部省が明治五年に制定した「小学教則」は実際にはほとんど実施されず,制定者たちの意図を示すだけのものになってしまったのである。

### 師範学校の「小学教則」の由来

師範学校の「小学教則」（大系／教育① 5-5）は文部省のそれとまったく違っている。この教則では,「読本輪講」「地理学輪講」「究理学輪講」

といった科目はなく，「読物」「問答」「復読」「習字」「書取」「作文」「算術」「体操」の 8 科目からなっており，科学教材は「読物」の時間に取り上げられているのである。この相違は，しばしば文部省の「小学教則」が「欧米における公立小学校カリキュラムを模倣して作りあげられたもので」「当時の小学校がおかれていた現実とはいちじるしくかけはなれており，それゆえ一種の理想案にとどまらざるをえないものであった」のに対し，東京師範学校の「小学教則」は「いちぢるしく簡素化されたもので」「より実際的」であると評されたり（『現代教育学 5』日本近代教育史』岩波書店，47～48ぺ），「師範学校制定の小学教則は寺子屋の読書算三教科形式と文部省公布の小学教則とのいわば中間段階をなすものであった」（仲新『近代教科書の成立』135ぺ）とされたりしている。しかし，このような説明は一面的であり，結果論的であって，正しいものとはいえない。というのは，文部省の「小学教則」は，先に述べたように，その教授方法において，寺子屋／漢学塾／洋学塾の伝統的な教育方法にあわせてできた面があるのに対し，師範学校の「小学教則」はアメリカの教則をそのまま日本にあてはめてできた面が強いからである。

　このことは，学習院大学図書館に所蔵されている「亜米利加合衆国プライメリースクール教則」および「亜米利加合衆国（プライメリーグランマル）学校教則」（大系／教育① 5-7）と題した筆書きの文章をみると明らかである。これは「師範学校」と印刷されている罫紙に書かれているのであるが，その内容は師範学校の「小学教則」そっくりである。これは，「師範学校の小学教則がこのアメリカの教則にもとづいて編成されたものだ」ということをはっきりと示している。しかも，その細部をさらに詳しく点検すれば，それがただの表面的な類似でないことがわかる。アメリカの教則には「ウィルソンス第二リートル」などの文字が見えるが，これは Willson's *Second Reader* （大系／教育① 5-11）のことであって，これは師範学校編『小学読本』（大系／教育① 5-9）の原本になったものである。この『小学読本』は，英語を教えるために「英文構造の簡単さ」という観点から配列された文章をそのまま訳して，「日本語の

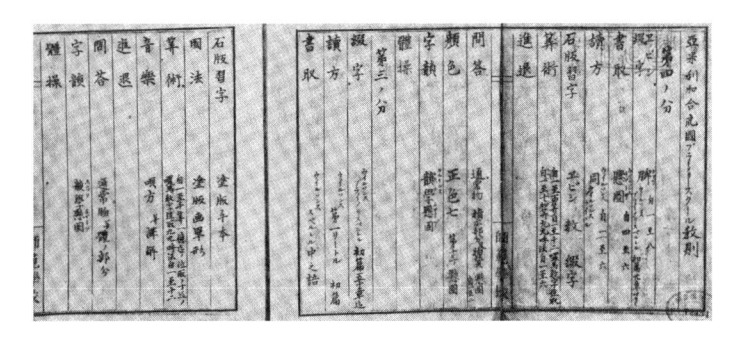

「師範学校」の罫紙にかかれている「亜米利加合衆国プライメリースクール教則」（学習院大学蔵）

構造の簡単さ」ということを考えもしなかったもので，日本の読本としてはまったく不適切なものであった。ところが，師範学校の教則がアメリカの教則の翻訳版であることを知れば，このような読本を作らなければならなかった事情も了解されるのである。このほか，師範学校の「小学教則」にしばしば出てくる師範学校編の懸図類（大系／教育① 7-4, 5, 11-1）は，上記アメリカの教則にもしばしばでてくる Willson's Reader の姉妹篇 M.Willson's and N.A.Calkin's : *A Series of School and Family Charts* （大系／教育① 5-11B）の翻訳版であることは明らかであるし，その他師範学校の編集出版した教科書には，上記アメリカの教則に出ている教科書によったものが少なくない。つまり，師範学校の「小学教則」は「アメリカの教則の忠実な日本版」であったのである。これからみると，師範学校の外人教師スコットは師範学校の授業をいっさい上記のアメリカの教則にしたがって教えたものと考えられる。

　師範学校の教則はこうして，スコットの実地授業の指導とアメリカの教則とを参考にして作製されたものと思われるが，この教則は文部省の採用するところとなり，前年に文部省が発表した「小学教則」に代わって全国に普及することになった。師範学校では，明治6年7月早くも第1期卒業生10名を送りだしたが，これらの卒業生は全国の師範学校に配置され，各府県の教育に関する最高の指導者の地位について，師範学校の教則と師範学校編の教科書を普及させるのに力があった。各府県の教則は，ほとんど文部省の「小学教則」によらず，師範学校の「小学教則」

をもとにして編成されるようになったのである。

### 師範学校「小学教則」における科学教育の比重

ところで，上述のアメリカの教則をみると，地学（地理学のこと）や史学という教科はあるが，科学に関した教科はみられない。しかし，これはなにもこの教則で科学関係の教材がまったく無視されたことを意味するものではない。というのは，「読方」のテキストである『ウィルソン・リーダー』の第三読本以下は，じつに8～9割のページが自然科学関係の教材で満たされているからである（大系／教育① 5-8）。これに反して，このリーダーには地理／歴史に関する教材はまったくのっていない。だから地理と歴史は別の教科書を用いなければならなかったのであるが，自然科学教材はリーダーで扱われることになっていたのである。このことは師範学校の教則にもみられることである。この教則では地理や歴史も，科学に関する教科もなく，「読物」の中に一括されているが，この読物の教材である『小学読本』の巻四（大系／教育① 5-9）と巻五・六（大系／教育① 5-10）は，全文科学教材に当てられているのである。これらの巻にも『ウィルソン・リーダー』の直訳である部分がはっきりとみられるが，『小学読本』は『ウィルソン・リーダー』を縮小した形をもっていたのである。

もっとも，『小学読本』の科学教材と『ウィルソン・リーダー』のそれとでは，その構成のうえに一つの重要な違いがある。それは，『ウィルソン・リーダー』では博物学が先行し，究理学（Natural Philosophy）があとになっているのに，『小学読本』では巻四で究理学を取り上げ，巻五／六で博物学を扱っていることである。これは，明治初年の洋学者たちの究理学重視の思想とつながるものである。

それに，この『小学読本』巻一の有名な最初の文章——

凡そ地球上の人種は五に分れたり，亜細亜人種／欧羅巴人種／馬来人種／亜米利加人種／亜弗利加人種，是なり，日本人は亜細亜人種の中なり。／人に賢きものと，愚かなるものとあるは，多く学ぶと，学ばざる

とに，由りてなり。賢きものは，世に用いられて，愚かなるものは，人に捨てらるること，常の道なれば，幼稚のときより，能く学びて，賢きものとなり，必ず無用の人と，なることなかれ。

　これは『ウィルソン・リーダー』からの訳文ではない。「五大人種の図」はすでに福沢諭吉の『西洋事情』（慶応二年刊）の口絵にも「四海一家／五族兄弟」という説明と共にでているのであるが，この文章が，洋学者田中義廉（大介）（この本の編者であるとともに『（天然人造）道理図解』の著者でもある）の思想からでたものであることは明らかであろう。

　ところで，師範学校の『小学読本』は巻四までしか出版されず，巻五／六は，田中義廉個人の名で編集刊行された。スコットが師範学校で教えたのは明治7年8月までのわずか2年間にすぎないから，おそらく彼の小学教育の実地指導は，これらの『小学読本』をもちいる下等小学の第5級（2年生）ないし第4級（3年前期）の分にまでしか及ばなかったのであろう。それはともかく，このアメリカの教則にのっとった科学関係の教材がその後準備されなかったのは，師範学校の教則における科学教育の比重をかなり低下させることとなった。上等小学の第1級と第2級には，「読物」のテキストとして『物理階梯』『化学説略』『博物誌』があげられたが，地理／歴史教材よりも小さな比重しか与えられなかったのである（もっとも，明治10年の改正教則では，『物理階梯』『小学化学書』などが上等小学4級で教えられることになり，学年も低まり，比重もやや増した。ついでに，ここでも物理化学が先で，博物があとになっていることに注意すべきであろう）。

　さて，以上によって，師範学校の「小学教則」や各府県の教則は，あたかも「従来寺子屋において発展していた読書算の3教科構成の伝統を尊重しながら，新しく展開せらるべき近代的学科構成への中間段階」（『学制七十年史』101ペ）をなすものとして作られたように見えたにしても，実はけしてそんなものでなかったということが明らかであろう。このような教則ができたのは，スコットが日本最初の師範教育で用いたアメリカの教則が，たまたまそのような内容のものであったからにすぎな

いのである。実際，文部省の最初の教則に指定された『(訓蒙)究理図解』や『天変地異』その他の読物と『小学読本』とを比べて，どちらが当時の小学教育にふさわしいものだったか，ということを考えれば，むしろ前者であろう。それにもかかわらず，後者が広く用いられたということは，なによりもまず「アメリカの教則をそのまま日本に移し植えるため」であって，「日本の現実にふさわしい教則を組むため」ではなかったといわなければならない。そして，それ以後，日本の科学教育は明治初年の科学啓蒙の精神を忘れ，欧米の教育技術の取り入れに懸命になってしまった。これは，技術的には進歩を含むとはいえ，明治初めの科学教育の理想からの退歩を示すものにほかならなかったのである。

### 小学校教育の実態

以上で，われわれは，日本最初の小学教育の内容を規定した文部省の「小学教則」と師範学校の「小学教則」とにおける，科学教育の比重の問題を概観したのであるが，これらの法文や教科書に書かれていることは，それらの編者の意図ではあっても，それが現実そのものでないことを忘れることはできない。そこで，次に「学制」の発布から10年ぐらいの間の科学教育の実態をみることにしよう。

そこでまず気になるのは就学率であるが，統計によると明治6年の全国平均就学率が28％で，明治12年には41％，明治18年には46％となっている（図表2−2）。これは明治五年に初めて小学制度を定めたことを考

図表2−2　就学率の変遷（『文部省年報』による）

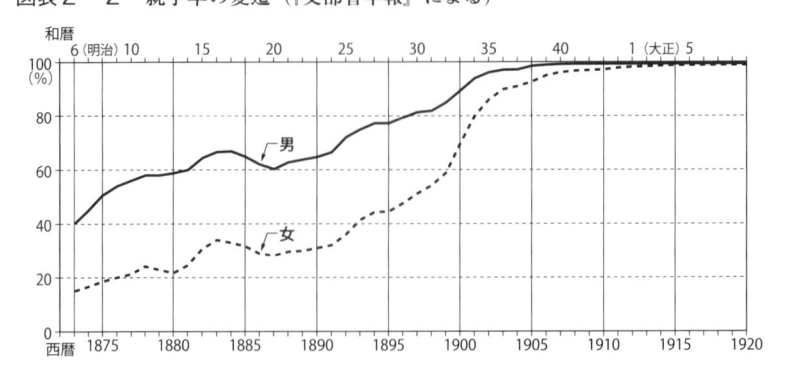

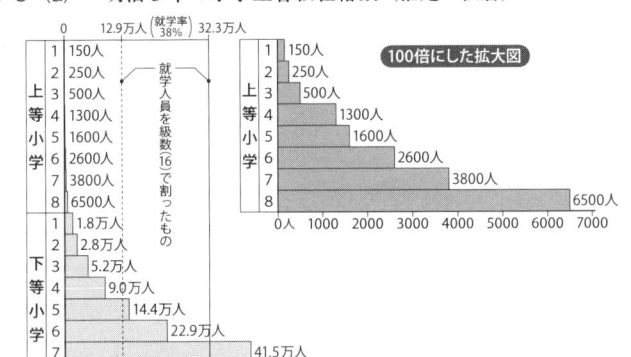

図表2-3（a）　明治9年の小学生各級在籍数（推定―板倉）

|  | 級 | 人数 |
|---|---|---|
| 上等小学 | 1 | 150人 |
|  | 2 | 250人 |
|  | 3 | 500人 |
|  | 4 | 1300人 |
|  | 5 | 1600人 |
|  | 6 | 2600人 |
|  | 7 | 3800人 |
|  | 8 | 6500人 |
| 下等小学 | 1 | 1.8万人 |
|  | 2 | 2.8万人 |
|  | 3 | 5.2万人 |
|  | 4 | 9.0万人 |
|  | 5 | 14.4万人 |
|  | 6 | 22.9万人 |
|  | 7 | 41.5万人 |
|  | 8 | 107.4万人 |

就学率38％　12.9万人　32.3万人
就学人員を級数（16）で割ったもの

『文部省第四年報』所収の各府県学事報告のうち、学級別在学人数の明記されているもの14府県のデータをもとにして、比例計算で全国の場合を推定した。
　この年の全国の学齢人員は516万0618人、就学人員206万6566人（38％）で、上記14府県では189万6916人中73万8930人（39.0％）であるから、特殊なデータから全体を推定したということにはなりそうもない。

図表2-3（b）　明治12年の小学生各級在籍数（推定―板倉）

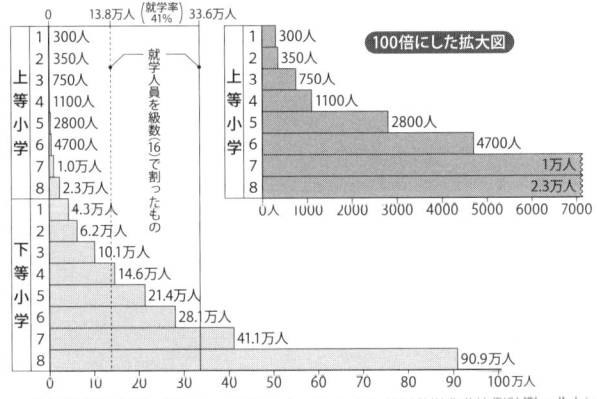

|  | 級 | 人数 |
|---|---|---|
| 上等小学 | 1 | 300人 |
|  | 2 | 350人 |
|  | 3 | 750人 |
|  | 4 | 1100人 |
|  | 5 | 2800人 |
|  | 6 | 4700人 |
|  | 7 | 1.0万人 |
|  | 8 | 2.3万人 |
| 下等小学 | 1 | 4.3万人 |
|  | 2 | 6.2万人 |
|  | 3 | 10.1万人 |
|  | 4 | 14.6万人 |
|  | 5 | 21.4万人 |
|  | 6 | 28.1万人 |
|  | 7 | 41.1万人 |
|  | 8 | 90.9万人 |

就学率41％　13.8万人　33.6万人
就学人員を級数（16）で割ったもの

『文部省第七年報』所収の12府県のデータをもとに、全国の場合を比例計算で求めた。
　この12府県は、全学の学齢人口は537万人の中162万人を占め、就学率が全国41％であるに対して42.6％であるから、そう特殊な府県ばかりとはいえない。

えると、非常に高い就学率といってもよいかもしれない。しかし、われわれが科学教育のことを問題にするためには、ただ就学率だけでなく、その質を問題にしなければならないであろう。第一に、明治6年にすでに就学率が28％だったということの内容を問題にしなくてはならない。

　そこで東京府の場合を調べてみると、明治6年について、「学齢人員

11万4296人のうち5万7588人（50％）が就学している」とされているが，この大部分は旧来の寺子屋（家塾）に通学しているものであって，一応「学制」にしたがった公私の小学に通学しているものだけをあげると，わずか7083人（6.2％）にすぎない（大系／教育① 5-13B）。そこでまた，変則の学校である家塾での教育内容を，東京府に提出された『開学明細書』によって調べてみると，その家塾の大部分は筆道中心の伝統的な寺子屋であって，算術を教える塾すら17％にすぎない（大系／教育① 5-13A）。つまり，明治6年に就学率50％であったといっても，小学ないし家塾で算術の教育をうけたものも15％ほどしかなかったということになるわけである。

　しかし，算術／ソロバンの場合には寺子屋でも教えていたものがあったからよいが，科学関係の教材となるとそうはいかない。しかも新設の小学にはいったとしても，入学早々科学教材を学ぶわけではない。ところが，この時代には小学上下8年間といっても，多くの児童は2～3年で退学してしまったのだから，せっかくの科学教材を学ぶ段階に達したものはあまり多くはなかったはずなのである。そこで，一応すべての学校が師範学校の教則に従った教育をしたと仮定してみよう。すると，まず最初に科学教材を学ぶのが『小学読本』四／五で下等小学5級と4級のときである。そこで，小学生数の学年分布について調べなければならないが，幸い『文部省年報』には，県によって就学人員の学年分布の掲げられているものがあるので，これを利用して明治9年と明治12年の全国の小学生の各学年在籍者数を推定すると，図表2-3のようになる。すなわち，小学生の数は上級になるにつれて急速に減少している。そして下等小学5級および4級の児童数はそれぞれ明治8年で14万人と9万人，明治12年で21万人と15万人である。1級あたりの平均学齢人員は明治9年で32万人，明治12年で34万人であるから，この数はかなり多い数だということができる。

　しかし，下等小学5級／4級といえば，いまでいえば小学校2年後期と3年前期であって，そのような段階の児童に当時どれだけ『小学読本』

の科学の内容が理解されたか，これはまったく疑わしいものである。おそらく器械や動物の名前はおぼえても，ほとんど理解できなかったにちがいない（当時の教授法については，大系／教育①5－12，参照）。だとすると，本格的に科学教材を学ぶためには，上等小学2級（明治10年の改正教別では上等小学4級）にまで進まなければならないが，明治9年の場合，上等小学2級／1級に在籍したものは日本全国をあわせても，250人／150人といった数しかいない計算になる。明治12年でも上等小学4級／3級（いまの中学校1年生にあたる）の生徒数は全国で1100人（0.3％）／750人という数である。これはいまの大学院の学生数よりずっと少ない数である。これらの上等小学の生徒たちが，東京師範学校付属小学のプランのように，当時の最も進んだ教育をうけることができたかどうかということもまったく疑わしいのであるが，それができたにしても，全国でこれだけの数のものしか科学教育をうけられなかったということは，この時代には，実際上，小学科学教育はまだはじまっていなかったといってもよいであろう。この時代は科学教育のプラン作製の時代だったのである。

## 第3節　最初の科学教科書と師範教育

### 科学教科書の普及

　明治初年の科学啓蒙運動の効あって，明治五年の「学制」と「小学教則」とによって，科学教育は一躍，初等教育の中で高い比重を占めるべきものとされるに至ったが，その野心的な方針はアメリカの教則の中途半端な直輸入によって歪められ，科学教育は第8（または7）学年におしあげられた結果，明治十数年まで，科学教育は事実上小学では行なわれないに等しい状態になった。——前節ではこのような事実を指摘した。しかし，このことをもって直ちに，「学制」や「小学教則」が科学教育にとって何の意義ももたないものであった，と結論してはならない。たとえ現実の小学で，科学の教育がほとんど実施されなかったにせよ，こ

れらの諸規程は小学教育の目標を示すには明らかに役だったからである。

それは，これらの教則にしたがって，小学用の新しい科学教科書が文部省を中心に編集され，これが普及しはじめたことからもみることができる。たとえば，文部省が明治五年に編集発行した『物理階梯』は，明治7年11月のデータ（『文部省雑誌』22号）によると，各府県で翻刻された部数が9万5000部にも達している。師範学校の『小学教則』によると，『物理階梯』の使用学年は第8学年（明治10年の改正版では第7学年）になっており，明治7年ごろにはまだ小学第8学年に在籍した生徒数は1000人にも達していない状況だったことを考えると，この翻刻部数はあまりにも多すぎるように思われる。おそらく，この『（官版）物理階梯』（『物理階梯』の内にはこう題されているものもある）は文部省が新しい小学教育のために特に最初に編集発行した科学教科書として，小学生徒以外のものにも用いられたのであろう。たとえば，明治7～8年に全国の各府県に急速に設立された師範学校の教科書ないし入試用図書として，『物理階梯』が用いられるのが常だったし（大系／教育① 6-10），そのほか中等程度の学校でも，これを教科書として用いるところも少なくなかったのである。すなわち，「小学教則」と小学科学教科書とは，小学教育に用いられることは少なかったにせよ，小学教師その他の人々に迎えられて，新しい科学教育のイメージを構成するのに役だったのである。

そこでわれわれは，明治十数年ごろまで，まだ小学で事実上科学教育がはじまらなかったからといって，その教科書の内容の検討を怠るわけにはゆかない。それらの教科書は，小学教育における科学教育の内容について，かなり具体的なイメージをはじめて与えたものとして，その後の科学教育にも大きな影響を与えるものであったことを考えれば，これらの教科書の内容の検討は，むしろきわめて重要なものといわなければならないであろう。

そこで，次に「学制」以来明治十数年ごろまで，小学用の標準的な科学教科書とみなされていたものと，その他の特色ある教科書について，

その内容の特徴点を調べてみることにしよう。

### 主要な科学教科書

はじめのころの『文部省年報』（明治6～12年度分）には各府県の学事報告がのっており，その中の各府県教則中に使用教科書名のあげられているものがある。そこで，これから，そのころの小学教育の中でもっとも標準的と見なされていた科学の教科書をうかがうことができる（大系／教育① 6-1B）。これによると，明治10年ごろにもっとも普通に取り上げられていた科学の教科書は，

　文部省（片山淳吉訳編）『物理階梯』3冊，明治五年十月（大系／教育① 6-2）

　文部省（市川盛三郎訳）『小学化学書』3冊，明治7年10月（大系／教育① 6-4）

　文部省（田中耕造訳・佐沢太郎校訂）『（牙氏）初学須知』11巻15冊，明治8年8月～9年9月（大系／教育① 6-7）

　松山棟庵・森下岩楠合訳『初学人身究理』2冊，慶応義塾，明治9年1月（大系／教育① 6-6）

　文部省（須川賢久訳）『具氏博物学』10冊，明治10年8月（大系／教育① 6-8）

の五つであった。そこでまず，これらの教科書の特徴を検討することにしよう。

　まず，第一に重要なことは，ここにあげられている5種のうち，四つまでが文部省の官版になるものだということである。明治五年に「学制」と「小学教則」が制定されたときには，まだ文部省の官版になる教科書はまったく存在せず，洋学者たちによる啓蒙科学書が教科書例としてあげられたのであるが，それが2～3年のうちにほとんど官版教科書によって放逐されてしまったのである。「小学教則」公布以後も民間から教科書が出版されたのであるが，それらが普及する余地はほとんど存在しなかった。明治8年度の『文部省第三年報』にも，「各府県に於て用うる所の小学教科書は専ら官版に係るものにして，私版の書を雑え用うる

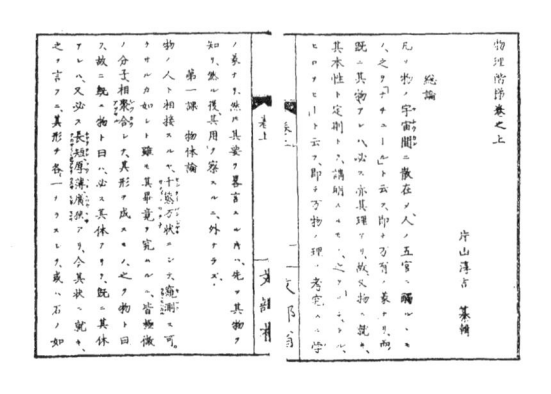

ものは僅に数地方に過ぎず。その書冊を概算すれば，其数139種にして，文部省の官版に係るもの40種，他の官版に係るもの2種，私版に係るもの97種あり，その数を以て視るときは，私版に係るもの少からずと雖，実際各府県に於る所用の多少に至りては文部省の官板に係るもの10に8〜9に居る」と報告されている（大系／教育① 6-1A）。小学制度が生まれて3年後には，どの教科でも，もう文部省の指導権がはっきりしていたのである。

次に注目すべきことは，上にあげた5種の教科書がいずれも欧米の教科書の翻訳版だ，ということである。これは最初の「小学教則」で教科書例としてあげられた明治初期のすぐれた科学啓蒙書の多くが，日本人自身の手になるものであったのと比べて，きわめて対照的である。これもおそらく，第1章で述べたような，欧米の教育制度をそのまま日本に移し植えようとする方針の中でとられた努力のあらわれといえるのであろう。しかし，これが進歩をあらわしていたかどうかというと，やはりまったく疑わしい。これらの教科書が，たとえ欧米の小学生たちにとってすぐれたものであったとしても，そのような教科書を，はじめて科学に対して強い関心をもつようになったばかりの日本人に「そのまま与える」というやり方は，明治初年の先駆的な科学啓蒙の精神をふみはずしたものといわなければならない。その点，明治初期の科学啓蒙書は，確かに当時の日本人大衆の関心のありかをおさえたものであって，当時としては，それを発展させるということが第一に考えられなければならなかったのに，むしろそれらの啓蒙書をおいだして，そのかわりに翻訳教科書をあてたのは，不適切な処置だったといわなければならないであろ

う。

　これらの小学教科書のうちで特に注目すべきものは，明治初年に最も普及した『物理階梯』と，イギリスの一流の科学者の手になる新しい型の教科書『小学化学書』およびそれとシリーズをなす一連の教科書である。そこで次に，これらの翻訳教科書の原本と訳書の内容について基本的な問題点を検討してみよう。

### 『物理階梯』と「物性論」の重視

　『物理階梯』の内容とその成立の事情については，いくらか詳しく検討することが大切であろう。というのは，この教科書は明治初年の科学教科書中で最も普及したものであったからである。たとえば，東京府師範学校（一期予科生）の入試科目（明治12年5月と11月）には，「『日本外史』／『十八史略』／『物理階梯』／作文／算術」とある。師範学校へ入学するためには，これまでの漢学の素養を示す歴史書のほかに，特に『物理階梯』を読んでいることが必要とされていたのである。この教科書がこのように普及したのは，一つにはそれが文部省の編集した最初の教科書で，文部省の「小学教則」制度のわずか1ヵ月後の明治五年初冬（十月）の出版になるものだったからであろう。少なくともそのころの科学教育は究理＝物理学中心であって，この本は「学制」の科学教育重視の精神をあらわしているものとして，広く読まれるようになっていた。そこでこれを入試科目に取り上げるのも自然なことだったのであろう。また，明治13年の「東京府公立小学教員採用試験法」(大系／教育① 6–10A)にも『初学人身窮理』などと一緒に『物理階梯』の名があがっている。本来は『物理全志』や『弗氏生理学』などの中等程度の教科書で試験するはずのところ，「現今この試験の格に合うもの極めて少し」ということで，これらの小学程度の教科書があげられているのである。

　さて，『物理階梯』の原本はR.G.Parker : *First Lesson in Natural Philosophy*（1870）であるが，『物理階梯』はこの本1冊だけを訳したものではない。そのことは訳者の題言にも述べられているが，実はParker

の本の忠実な訳書は後で別に文部省から出版されたのである。それは文部省（内田成道訳）『小学物理書』（明治7年4月，大系／教育① 6-3）である。この本と対照すると，『物理階梯』の訳者片山淳吉がParkerの本にどれだけ手を加えたか，ということがよくわかる。訳者の訳補は全般にわたっているが，その中で最も注目すべきものは最初の「物性論」の項である。この箇所は章だても違っているが，この部分の比重は原本よりずっと高まっている。ページ数でいうと，『小学物理書』はこの箇所に4.8％をさいているだけなのに，『物理階梯』では7.5％をさいている。しかも編者はこれだけではなお「〈物性論〉の項が他に比して簡略すぎる」と考えて，のちに増補をおこない，明治9年2月に『（改正増補）物理階梯』を文部省から出版した。この増補版が初版と違う点はほとんど「物性論」の項だけで，この項をほぼ倍加し，全巻の約13％のページ数を当てたのである。それは日本の最初の小学物理教科書としてきわめて著しい性格であった（編者が物性論の項を補訳するのに用いたQuackenbosの究理書にしても，物性の項の占める割合は3.5％にすぎない）。

　「編者の片山淳吉がなぜそれほどにまで「物性論」の項を重要視したか」ということは十分明瞭ではない。おそらく，これには二つの理由が存在したのであろう。その一つは，当時の欧米の物理学書中，最も難解なのがこの物性の項だったということである。

　「物性」というのは「 Properties of Matter 」の訳であり，「物質の一般的性質」を説いたもので，これは，いわば近代物理学の物質観を説いた部分である。他の各論のところは話が具体的であるから，当時の日本人にも比較的容易に理解することができたであろうが，この物性のところには，いわば「近代物理学の分子論的機械論の哲学」が述べられているので，そのような哲学とは異質な文化の伝統をもつ日本人には最も難解で，最も重要視さるべきものであった。だから，この項を詳しく説く必要があったのであろう。それは，ある意味で，明治初年の科学啓蒙の精神――日本人の自然観の変革の問題につながるともいいうるであろう。

しかし，こういう本質的な理由のほかに，もう一つ明治初年の洋学者たちのおかれていた特殊な事情があったかも知れない。片山淳吉（淳之助）は福沢の慶応義塾の出身で，一時海軍兵学寮に出仕(しゅっし)してそれから文部省にはいったのであるが，慶応義塾でははじめから Quackenbos の究理書（格物書）が基礎的な教科書に使われていたから，この本の，特に最初の部分だけはくりかえし読まされてよく理解していたのであろう。こんな事情からして，編者は Parker の教科書の前の方の部分が簡単すぎることを同僚たちから指摘され，またみずから感じたのかも知れない（Quackenbos の本（大系／教育① 2-15）は中等程度の教科書で，ページ数も多く，Parker の本よりも10倍も詳しいから，物性の項ももちろん詳しい）。Parker の本は，片山淳吉が一時いた海軍兵学寮で，明治四年十一月に『博物階梯』と題して英文のまま翻刻して，教科書として用いられていた。だから，彼はこの本を訳すとともに，当時の洋学者たちからみて，明らかに不満足と思われた物性の項を Quackenbos の本にしたがって訳出したのである。「改正増補」版では，物性論の項は Quackenbos の翻訳そのものになっているのである。

　ともかくこのようなわけで，『物理階梯』は，妙に抽象的な一般論を強調した頭でっかちの教科書になったと思われるのであるが，明治の初年にはこのような本のほうが Parker の本の忠実な訳である『小学物理書』よりもずっと評判がよかったようである。文部省が，『物理階梯』とは別に『小学物理書』の出版をあえてしたのは，師範学校設立以来の「欧米の教育をそのまま輸入する」という方針に基づくものとも思われるが，『小学物理書』は『物理階梯』にかわることができなかったのである。

　『物理階梯』は，よかれあしかれ日本の洋学者がその主体性をふまえて訳編した小学用科学教科書であった。そして，そこには当時の日本人に理解しやすいようにしようとする積極的な努力があった。しかし，文部省からこのような科学教科書が出版されたのは，これで終わりであった。文部省からは『小学物理書』（明治7年4月）についで，『小学化学

> 改正増補 **物理階梯目次**
> ・総論
> ・物体論／物性論——通有性（填充性・定形性・礙竄性・無尽性・習慣性・分解性・気孔性・受圧性・膨張性・運動性・引力性）／偏有性（凝聚性・粘着性・堅硬性・柔靱性・弾力性・砕脆性・受展性・応抽性）
> ・動静及び速力／運動力論／単動及び複動論／重心論／運重器・槓杆論／滑車論／斜面，楔及び螺旋論／摩軋論
> ・静水論／水圧論／諸体本重／流水論
> ・大気論／大気の圧力によりて験気器及び験温器を製する法／空気の礙性及圧力論／音響論／音の速力論
> ・温熱論／温の反射及顕温潜温論
> ・光論／光の反射及び陰影論／照子の光を反射して物像を映する法／光線屈折論／各式玻璃鏡光を屈折する法／眼目視法論／物色及び虹霓論
> ・電気論／電気を発生せしむる方法／電気の作用論及び富蘭克林氏風鳶を放て電気を引きし話／磁石論
> ・天体論／黄道及び獣帯論／四季論／大陽及び恒星論／游星論／日食月食論附閣竜氏月食に因て急難を免れる話及び潮汐論

書』（明治7年10月），『初学須知』（明治8年8月〜9年9月），『具氏博物学』（明治10年8月）とあいついで小学用の科学教科書が出版されたが，これらはみな欧米の教科書の翻訳そのもので，『具氏博物学』以外は，訳者の序言・凡例などものせられないものであった。明らかに文部省は，欧米の科学書に少しの手も加えることなく，それを訳出して日本に持ちこむことが得策だと考えたのである。しかし，これが進歩を意味するものであったかどうか，それはまったく疑わしいことである。明治9年の西村茂樹・九鬼隆一の「巡視功程附録」（大系／教育① 5-14, 5-15）はこのような状態をきびしく批判している。また近代的合理的な思想／自然観のない日本の社会の中に，欧米の科学の教科書をいきなり持ちこんでも，それを理解させることの困難さはなみ大抵のことではないからである。むしろ，明治初年の慶応義塾を中心とした科学啓蒙書のように，

「日本の洋学者たちが不十分にもせよ，理解したかぎりの科学」を日本の小学制度の中に持ちこんだほうが，どれだけ効果があがったかわからない。とっつきの悪い欧米の教科書の翻訳では，7〜8学年の教科書としてしか通用しないのも当然のことといえるかも知れない。

### 『小学化学書』と Science Primer 叢書

ところで，『小学物理書』の妹姉篇として出版されたかのようにみえる『小学化学書』は，『物理階梯』とは別の意味でたいへん特色のあるすぐれた教科書であった。すなわち，『小学化学書』の原著は，当時のイギリスの代表的な科学者 Huxley（生物学）／Roscoe（化学）／Balfour Sterwart（物理学）が共同編集した「Science Primer 叢書」の第2冊 Roscoe : *Chemistry* であって，当時の「一流の科学者が書いた最初の初等科学入門書」ともいえるものであった。イギリスではもともと科学者の間に労働者に対する科学啓蒙などの運動が盛んだったが，1800年代の後半になって，特に科学教育に熱心な上記3人の一流の科学者が集まって，科学について何の予備知識も持たない読者のために，文庫本大でわずか130〜140ページの入門書を書いたのが，この Science Pimer 叢書なのである。

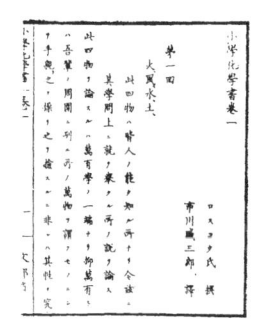

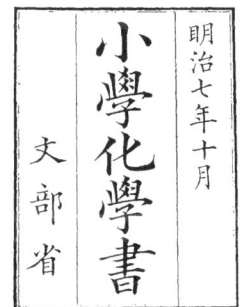

---

　　小学化学書標目
　　　総論〔火，風，水，土〕
　火――蝋燭の燃ゆるに方て起る所を論ず／蝋燭燃ゆれば炭酸の外更に水を生ず
　火――蝋燭燃ゆれども其質少しも消滅せざること／前の試験に由て学び得

ることを論ず／物の化合するとき熱の起ること／前試に由て学びたることを論ず
風即大気――大気の成立を論ず／大気内に含む所の物を論ず
大気――人の大気を呼吸するとき起ることを論ず
大気――植物より大気に受くる所の変化を論ず／植物の成長／動植二物生活の平均
水――水の由て成る所を論ず／水より水素を得る数方／水素を聚め取る方
水――他方を以て水素を製す／水素の燃ゆる性及其大気より軽きこと／水素燃えて水を生ず
水――水の成分
水――海中の鹹水と泉井の淡水との差別／塩の試験／溶解及結晶
水――雨は蒸餾水なりと云う説／水中浮遊及溶解の汚物／硬水及柔水／硬水の原因
水――硬き白堊水を煮れば柔水となる／河の硬水に不同あること／都会の井水は不潔なること／諸気類の水中に溶くること
土――土の総論／白堊より炭酸を製す
土――酸素の製方〔酸化水銀〕／諸鉱酸化して重を増すこと／土質物中に鉱を含むこと
土――石炭は何物なりやを論ず／石炭気〔石炭ガス〕の製造／石炭の用方
土――石炭気及炎／石炭坑破裂の原由及安全燈の理
元素及化合物――万物を分けて二大属となす／元素及化合物の例／鉱属及類鉱属の区別
類鉱属〔非金属〕――酸素の製方／水素の性質／窒素及硝酸，○酸，アルカリ，及び塩の区別／炭素　○砂糖中此元素を含むこと
類鉱属――塩素　○食塩より此気を取る方及其物色を晒す性／硫礦及其化合物／燐の性質／珪素　○玻璃及粘土
鉱属〔金属〕――銭　○其用方及性質／アルミニユム即ち粘土の元素／カルシユム即ち石灰の元素／マグネシユム即ち瀉利塩の元素
鉱属――ソヂウム即ち食塩の元素／ポッタシュム即ちポッタースの元素
鉱属――鋼及其化合物／亜鉛及其用方／錫　○吹管を以て之を製する方／鉛及其化合物／水銀の用方／銀の性質／黄金の用方

> 結尾——諸物定りたる分量を以て化合すること／元素化合量／定量倍数の化合／化合式〔化学式〕の理解
> ○附録——器械の用方並に試験者の心得／試験に用いる所の器械目録

　実際，この『小学化学書』は，『小学物理書』や『物理階梯』などのこれまでの科学入門書と比べて，その書き方がまったく違っている。それは，『物理階梯』などのこれまでの教科書が，どちらかというと機械的唯物論に近い立場からすっきりした分子原子論的自然観を示し，次にそれを例証する事実をあげるという構成をとっていたのに対し，『小学化学書』では，まず事実／実験を示し，そこから法則を導き出そうという方法をとっているからである。このことは，この本の序言（原序）にも，

>　　其の主意たるや，徒に事物の理を論じ，生徒をして之を暗記せしめんと欲するに非ず。其の要する所は生徒を誘導し，直ちに造化〔自然のこと〕に接して自ら其の妙理を悟らしむるにあり。是が為に許多の試験を設け，各事専ら実地に就て其真理を証するを旨とす。故に教師たる者丁寧に此の諸試験をなして生徒に指示せずば有る可からず。此の如くすれば生徒自ら事物を見て其の理を考うるに慣習して大に利益ありとす。また時に間を設け生徒をして之に答えしめ，其の学力進歩の多少を試みること最も緊要とする所なり。
>　　　　　　　　　　　　　　　　千八百七十三年　ロスコウ識

ということばでうたわれている。このため，本書ではたくさんの実験を取り入れ，教師がその実験を一つ一つ生徒に示せるように，付録に「実験道具の用法および実験者の心得」と，この本に出ているすべての実験をやるための実験器具の目録が（その定価とともに）のせられている。そしてその話のすすめ方も，一般の常識とする「火／風／水／土の四元素」からはじまって，ファラデーの『ローソクの科学』の手法を取り入れて，ローソクの燃焼という身近な実験事実から説きおこすなど，まったく新しい形式をとっている（『小学化学書』の原著者ロスコーは，ファラデーの弟子にあたる人である）。

　ところで，このような内容の特徴は，Roscoe の Chemistry だけでな

く，多かれ少なかれ Science Primer 叢書全体の特徴でもあった。Science Primer 叢書の第1冊目は Huxleyの*Introductory*（大系／教育① 6-5C）である。この本は科学の方法および自然界の物質と生物体と精神的現象との最も基本的な特徴を説明したもので，大部分のページが『ローソクの科学』式に水を例にとって無機的な自然物の基本的な性質を説きあかしたものである。生物学者であるハックスリーが Science Primer の *Introductory* と題する本の中で博物学をいっさい持ちださず，無機的な自然界について8割以上のページをさいているのは，当時の進歩的な科学者たちの科学教育運動の方向を指し示したものといえるであろう。しかし，この本の出版は遅れて，初版が出たのが1880（明治13）年だったために，明治初年の日本の科学教育の編成期には間にあわなかった。そして，ちょうどこれにあたる教科がないので訳出も困難であったが，明治20年前後には，少なくとも2種の翻訳書が出版された。そのうえ，驚くべきことには，1949（昭和24）年になっても『科学入門』と題して（古典としてでなく，アップ＝ツー＝デイトなものとして）翻訳出版されている。これは，この叢書が科学入門書としていかに進歩的なものであったかを期せずして証明したものといえよう。

　ところで，Science Primer 叢書の第3冊は Balfou Stewart の *Physics* で，この初版は1872（明治五）年に出版されていた。だから『小学化学書』の妹姉篇である『小学物理書』はこの本の訳書であってもさしつかえなかったはずだが，明治11〜12年になってはじめてこの本の訳書『士氏物理小学』『学校用物理書』（大系／教育① 12-1）の2冊が相ついで出版された。そしてそれ以後も，本書の訳書が相ついで出版され，明治10年代には『物理階梯』にかわって日本の小学物理教科書の主流の位置を占めるようになった（第4章参照）。これより先，ロスコーの *Chemistry* も，文部省の『小学化学書』以外に民間から数種の翻訳が出版されていたが，明治10年代には，Science Primer 叢書の翻訳が日本の物理／化学の教科書を支配するようになったのである。

　スチュアートの物理もまたロスコーやハックスリーの本と同じ性格の

ものであった。ここでもやはり読者の身近な経験事実から説きおこし，一つ一つ実験方法を示して，次にそこから導き出さるべき法則が述べられているのである。明らかに Science Primer 叢書の著者たちは「事実から法則を導くその思考過程」を重要視して，新しい科学教育への道を開いたのである。

このほか，Science Primer 叢書の中で訳されたものは，第8冊のHookerの Botany で，これは明治14年6月に『植物学教授本』（大系／教育① 11-3）として出版された。この本は『物理階梯』と同じような訳編本であるが，その骨子はフッカーの本にかなり忠実な訳となっているものである。このフッカーの本も1800年代後半の一流の科学者の手になる教科書にふさわしい内容をもっている。つまり，当時やっと出はじめた動植物関係の小学教科書が『動物小学』（大系／教育① 11-3）にみられるように，まったくの「博物」に終始して，分類学的事項しか取り扱っていないのに対し，本書は細胞／炭酸同化作用／呼吸を前面におしだし，植物学を実験科学として説こうと意図しているのである（第5章参照）。

Science Primer 叢書は，このように日本の科学教育の出発にあたり大きな話題をなげかけるような存在であった。この叢書は，叢書全体の構成の面でも野心的な試みをしていた。それは，この叢書が博物にはじまるのでもなければ物理にはじまるのでもなく，「物性論」にあたる入門（ Introductory ）についで化学をおき，次に物理学をおいて植物学をあとにまわしたということである。もっともこの叢書のあとのほうの配置にはかなり便宜的なところもあると思われるが，物理学や植物学の著者は，読者があらかじめその前に入門と化学（および植物学の場合は物理学）を学習していることを予想して筆をすすめているのである。このような教科構成は，おそらく今日にも大きな話題を提供しうるものであって，検討を要することであろう。

Science Primer 叢書は，全体的にいって，1800年代後半の科学者たちの科学像をかなり忠実に反映していたといえるであろう。たとえば，物

理はエネルギーの観点を中心として組織し，植物には進化の問題を取り入れるなど，それは1800年代後半における新しい科学の発展を反映していた。それはまた1800年代後半の科学者の中に広がりはじめた経験主義の科学観を反映していた。「まず実験が示され，それから法則が導びかれる」という構成は，その良きあらわれである。これは確かに，知識の単なる暗記／つめこみになりがちな従来の科学教育に対する一つの批判として，大きな意義のあるものであった。しかし，これはしばしばいわれるように，「進歩をあらわしていた」とのみ単純にいうことはできないであろう。「実験―法則」という構成は，科学における帰納の役割を重要視するように見えて，ここには奇妙な飛躍があり，読者がすなおについてゆけるとはかぎらず，かえって科学者の権威で法則をおしつけることにもなるものだからである。ここには，機械論的にもせよ，「唯物論的な自然像のもつ雄大さ，その野心的な構え」が見失われがちであって，生徒の科学観を小規模な経験主義におとしこむ危険がかくされているのである。その意味で『小学化学書』も『物理階梯』も，それぞれ反対の意味で，今日まだ大いに学ばれるべきものをもっているといえるであろう。

### 師範教育の実情

日本の科学教育は，その出発点において，以上のような意図的な教科書をもつようになったのであるが，これらの教科書が，小学生ではなく，むしろ教員養成のために用いられたことはすでに述べた。近代的な小学制度が全国に施行されて，科学教育が重要視されたということは，まず教員養成の面にあらわれたのである。もっとも，その教員養成機関でも，最初のうちは，「級別一斉授業をいかに組織するか」ということが大問題で，その教育対象もほとんど下等小学8〜6級生（いまの小学校1〜2年生）ぐらいにかぎられていたから，高等小学用書である科学の教科書がどれだけ真剣に学ばれたかは疑わしいが，新しい「学制」の精神をうけとめるために，『物理階梯』をはじめとする科学の教科書がかなり広

く読まれたことは確かであろう。文部省は，少なくとも明治十数年までは，科学教育重視の方針を変えなかったように見えるからである。

　しかし，科学教育をはじめるにしても，小学教員はもとより，その小学教員を養成すべき師範学校の教員にも，しっかりした科学教育をうけたものがいない，というのがこのころの実情であった。大学が卒業生を出しはじめるのは明治十数年になってからのことで，それまで師範学校で科学を教えた人々は，東京師範学校中等師範科の後藤牧太（この人が当時一番実力があった）をはじめ，みんな独学で科学を学んで教えていたのである（大系／教育① 6-12）。師範学校の中等師範科でもそのような状態であったのだから，他はおして知るべきである（大系／教育① 6-13）。

　しかし，そのような中にあっても，科学教育を実験的なものとしておしすすめようという努力は続けられていた。たとえば，文部省は最初の「小学教則」以来，科学教育では特に「器械を用いてその説を実にする」ことの必要なことを指摘していたが，明治11年には，全国の公立師範学校に物理実験用器械を交付し（大系／教育① 6-11），「科学を漢文調に読み解釈する教育」から，「実験による教育」への方向へと一歩踏み出しはじめていた。そして東京師範学校を中心として，実験を中心とした「開発主義の教授法」の紹介研究がすすめられた（大系／教育① 10-6）。これらの準備があって，次の時期にはじめて，「小学における科学の教授をいかに行なうか」という問題が提起されるようになるのである。

# 第 3 章

# 科学技術の専門教育機関の確立

## 第1節　工部省・開拓使における科学技術教育

　明治前期には，科学技術の専門教育に熱心だったのは，文部省だけでなく，政府のほとんどすべての省庁が科学技術の教育に力をいれていた。「学士」の学位を授与した科学技術の高等専門教育機関だけをとってみても，文部省の東京大学（東京開成学校／東京医学校）とならんで，工部省の工部大学校（工学寮工学校），北海道開拓使の札幌農学校，農商務省の東京農林学校（駒場農学校／東京山林学校）があった。これらの省庁は欧米の近代技術を摂取／育成することをその主要な任務の一つにあげていたのである。

### 工部省の技術者養成

　これらの省庁のうち，特に工部省は欧米技術の摂取／教育に熱心であった。工部省は，明治三年閏十月に，近代工業の保護／育成のために設立されたのであるが，「鉱山／製鉄／灯台／鉄道／電信」など，どの事業をとってみても，欧米から新しい技術を摂取しなければならないものばかりであった。だから工部省がこれらの技術の伝達／教育に熱心だったのは当然のことであった。

　工部省は近代技術摂取のためにいろいろの手をうった。まずはじめに，多数の外人技術者と職工を招いて，日本で実地に近代的な工業を起こす

図表3−1　工部省傭外国人の人数の
　　　　　変遷と月給額高分類（各年12月現在数）

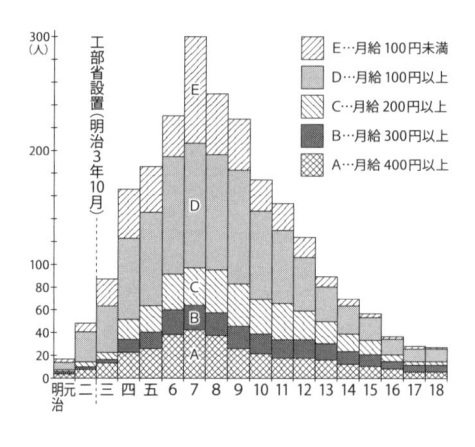

E…月給100円未満
D…月給100円以上
C…月給200円以上
B…月給300円以上
A…月給400円以上

とともに、さらに各部局でももっぱら教育にあたる外人教師をも招いて学校を設け、それぞれの管轄する領域について下級技術者の養成をはかった。工部省がこうして招いた外人技術者／職工の数の変遷は図表3−1にみられる通りであるが、これによると、工部省設置のときから急速に増大して明治7年には300人に達している。そしてそれ以後、かなり急速に減少している。これは一つにはこの時期に外人技術者／職工に代わる日本人の現場技術者が養成されて外人に代わることができるようになったからである。

　図表3−2には、外国人燈明番(とうみょう)（守燈方(しゅとうがた)）の雇用と日本人守燈方の養成によるその交代の模様が示されている。これをみると、明治初年には、外人燈明番がかなり多数雇われていたが、後にはもっぱら教育にあたる「燈明番教授方」の雇用がふえ、これらの「教授方」によって育成された「守燈方成業人員」が外人守燈方に交代していったことがよくわかる。図表3−3、3−4では、工部省電信局の職員数、傭外国人の変動、修技学校の卒業生の増大のようすが示されているが、工部省の各部局では、こうして現場技術者の養成を行ない、外人に交代させていったのである（『工部省沿革報告』大系／教育① 8−3）。

## 工部大学校（工学寮工学校）

　工部省は現場の下級技術者の養成を行なったばかりでなく、早くから高級技術者の養成にも手をつけていた。このため工部省は、明治四年四月、「工部に関する外国留学生」の制度を建議するとともに、「工部学校

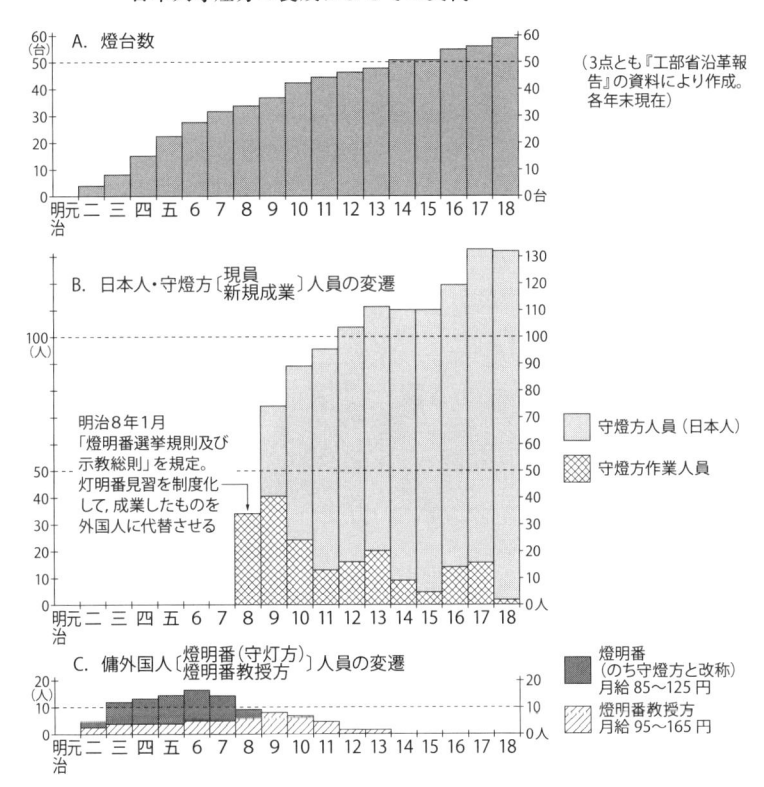

第3章 科学技術の専門教育機関の確立　121

図表3-2　外国人灯明番（守燈方）の雇用と
　　　　　日本人守燈方の養成によるその交代

A. 燈台数

B. 日本人・守燈方〔現員/新規成業〕人員の変遷

明治8年1月
「燈明番選挙規則及び
示教総則」を規定。
灯明番見習を制度化
して，成業したものを
外国人に代替させる

守燈方人員（日本人）
守燈方作業人員

C. 傭外国人〔燈明番（守灯方）/燈明番教授方〕人員の変遷

燈明番
（のち守燈方と改称）
月給 85〜125円

燈明番教授方
月給 95〜165円

（3点とも『工部省沿革報告』の資料により作成。各年末現在）

建設」の建議を太政官に建議していたが（大系・教育① 8-4），明治6年6月にはイギリス人教師9人が到着，ここにはじめて整然とした工業に関する高等専門教育がはじめられることになり，明治10年1月11日にはこれが「工部大学校」と改称されることになった（大系・教育① 8-3）。

　工部大学校の教育は，外人教師によって英語で行なわれたのであるが，その教師はみな大学を卒業して数年しかたたない若いイギリス人であった。工部大学校の都検（教頭）プリンシパルとして来日した Henry Dyer（1848〜1918）さえ，わずか25歳という若さであった。しかし，幸いにしてこれらの外人教師は一般にすぐれた人々であった。Eyrton／Perry などは日本に

滞在している間に10数編の論文をイギリスの学会誌に発表するほどの，活発な研究を行なっているし，帰国後イギリスの学界に重きをなした人々も少なくなかった（これらの外人教師がどのような教育を行なったかということについては，工部大学校の卒業生の回想録（大系／教育①資料8-5）によって知ることができる）。

工部大学校はイギリスの若い工学者・科学者たちの一つの実験学校であった。明治7年2月の「工学寮学課並諸規則」では，在学6ヵ年のうち最初の4年間の半分とあとの2年間とを実地修業にあてることに定められている（大系／教育① 8-5）。これは Principal のダイエルが，ドイツやフランスの工業教育とイギリスの工業教育の方法の長所を組み合わせたものだというが（大系／教育① 8-5B），この組織は注目すべきものである。

工部大学校は，発足以来6年を経て明治12年11月，第1期生23名を卒業させる

図表3-3　工部省電信局修技学校修技生
（卒業生と在校生数）

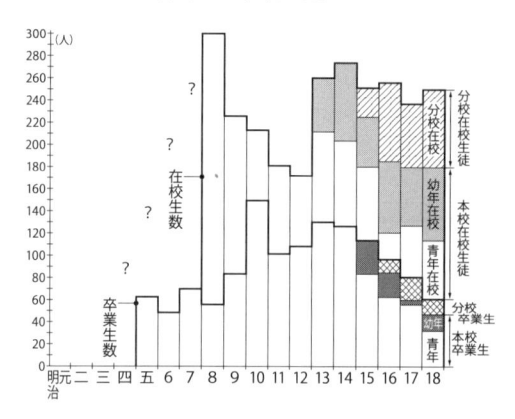

図表3-4　工部省電信局関係傭外国人数の変遷

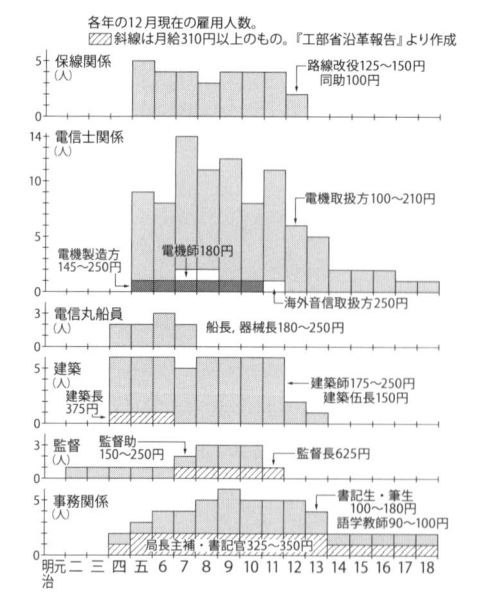

ことになったが，政府は，これらの卒業生によって工部大学校の外人教師に代わらせる計画で，卒業生中11名を選んでイギリスに留学させることになった。このとき，工部省から太政大臣にあてた伺い書には「本年度定額常費の総予算金51万8600円余にして……現在傭外人の人員130余名にて，其の給料1ヶ年金34万2300円余の巨額に相成り，……本文陳述候通り留学生をして将来工業に従事せしめ，外国人に代りて就業致させ候得ば前書金34万2300円余の金額は漸々減少相成り……」と説明されている。このころは外人技術者の数は明治7年の300人と比べて半分以下になっていたのであるが，それでも工部省の定額常費の実に66％もの金額が外人技術者の給料として支払われていたのである。これは工部省において，いかに技術教育が重視されなければならなかったかということを雄弁にものがたるものであるが，その後，工部省の傭外国人の人数は工部大学校の卒業生を得て，ますます減少させることができたのである。

　工部大学校は，明治12年から，明治19年に東京大学理学部の一部（工芸学部）と合併して帝国大学工科大学となるまでの7年間に，合計 213名（土木45／機械39／造船8／電気21／造家20／応用化学25／鉱山50／冶金5）の卒業生を出している。当時工業技術の高等教育機関としては工部大学校のほかに，東京大学理学部があったが，ここの工科系学科は「土木／機械／応用化学／採鉱冶金」だけで，「電気／建築」はなく，明治11年から明治18年までの間の卒業生は58名で，工部大学校の四分の一ほどでしかなかった。工部大学校は，工業技術関係の高等教育機関として当時最も重要な位置を占め，外人技術者に代わって日本に近代工業を取り入れるうえで，最も大きな役割を果したのである（ただし，工部大学校と東京大学とでは修学年限に1〜2年の差があり，東京大学の方が程度か上だったようである。そして卒業生の初任給も東京大学卒業生のほうが上であった）。

### 海軍省／開拓使の技術者養成

　明治初期に科学技術教育に強い関心を示した官庁には，文部省／工部

省のほかに海軍省と（北海道）開拓使とがあった。兵部省（のち海軍省）が海軍兵学寮を設立して他の分野に先んじて科学技術教育をはじめたことは，第1章でみた通りであるが，このほかに海軍省所管の横須賀造船所では，軍艦製造技術の教育がかなり組織的に行なわれていた（横須賀造船所の前身は幕府が慶応元年に設立した横須賀製鉄所で，維新後新政府に受け継がれ，工部省所管，ついで明治五年に海軍省所管となった。ここにおける技術教育はすでに幕末からはじめられていた。大系／教育① 8-6）

　また，開拓使は明治五年に東京に「開拓使仮学校」を設け，「化学／鉱山地質／建築測量／農学」などの専門教育をはじめようとしていた。もっとも，この「仮学校」の専門学科は結局廃止となり，予科だけがおかれることになったが，明治8年札幌へ移転，明治9年8月，アメリカからクラークほか2人の外人教師を迎えて専門学科を開設し，「札幌農学校」と改称することになった。

　この札幌農学校は，宣教師でもあった教頭クラークのキリスト教による人格教育で有名になったが，この学校は農学校とはいえ，その教科課程からすれば，理／工／農をあわせた広い意味での理学校であった（大系／教育① 8-7）。この学校の卒業生は農学士の学位（当時は学士号が学位）を授与されることになったが，学生たちは農学士の学位に反対して理学士の学位を要求した（大系／教育① 8-8）ということも，この学校の性格を反映している。実際，この農学校は，はじめのうち農学者や農業技術者をあまり育てなかったようである。そして明治15（1882）年には北海道開拓使も廃止され，札幌農学校の存続もあやぶまれるような状態にまでなったのであった（東京開成学校＝東京大学は英語学校卒業後，予科3年・本科3年の計6年だったが，札幌農学校は英語学校卒業後本科4年で，修学期間が2年短く，それだけ学力も低かった。そこで，札幌農学校卒業後，東京大学に入学するものもあった）。

　農業専門学校としては，札幌農学校のほかに，東京に農商務省所管の駒場農学校と東京山林学校とがあった。駒場農学校は，もと内務省の所管で，明治7年4月，内務省勧業寮のもとに「農事修学場」として組織

されたものであったが、明治9年5月初めて学則が制定されて、予科のほか、農学／獣医学の専門科がおかれ、「外人教師が外国語で講義を行ない、訳官がこれを通訳する」という方法で授業が行なわれた。これが明治10年に東京駒場に移転して「駒場農学校」と改称され、明治14年4月、農商務省が新設されて内務省勧業寮が廃止されると、農商務省の所管に移ったのである。また、東京山林学校は、明治15年12月に農商務省のもとに設立されたが、明治19年7月には、この二つの学校が合併して、「東京農林学校」となった（さらに明治23年5月、帝国大学に合併されて、農科大学となった）。

明治前期には、文部省のほかに工部省／開拓使／農商務省などが、それぞれの管轄する領域について、それぞれ独自の科学技術の高等専門教育機関を設けていたのである。

## 第2節　東京大学の成立と科学技術者への道

### 開成学校の成立

東京大学がその名のもとに成立したのは、明治10年（1877）4月12日のことであるが、これには長い紆余曲折した前史があった。東京大学は、発足当時「法／理／文／医」の4学部（と予備門）をもっていたが、これは東京開成学校と東京医学校（および東京英語学校）とが合体して生まれたものであった。

東京開成学校は、明治二年に旧幕府の開成所を受け継いで発足して以来、その校名も「開成所（開成学校）／大学南校／南校／第一大学区第一番中学／第一大学区開成学校／東京開成学校」とあわただしく改められたが、これらの学校はどれも独立した学校ではなく、東京大学の「法／理学部」の準備段階をなすものにすぎなかった。すなわち、「大学南校／南校／第一大学区第一番中学」は、英／仏／独の外国語とそれらの外国語によって中等教育を施こそうとする中等教育機関であって、専

門学科開設のために準備された学校であった。これらの学校があわただしくその名称を変えたのは，教育制度があわただしく変わったことに応ずるものであって（第1章参照），その内容がそんなに大きく変わったわけではない。少なくとも，南校時代の明治四年十月に制度改革のため一時閉鎖し再開校して以来，その方針は一貫していた。このとき入学した第1期生が東京大学となってから明治10年7月はじめて（この年は理学部化学科から3人のみ）卒業することになったのである。

明治五年四月の南校の時間割（『東京帝国大学五十年史』所収）をみると，クラスが「英語9クラス／フランス語5クラス／ドイツ語4クラス」に分れており，下級生は受持の外人教師と日本人教官各1人について会話／書取／読方などの語学と算術を学ぶにすぎないが，上級生になると，それぞれ数人の外人教師（とその助手としての日本人教官）に教科を分担されて，「幾何学／代数／究理学／化学／生理学」などを学ぶことになっている。そしてその教科目の中で，科学／数学関係の教科の比重の大きいのが目につく。たとえば英語のクラスの最上級生「英一の部」では，「算術（担当ウィードル，週3.5時間）／幾何学（ウィードル，2時間）／代数学（フルベッキ，2時間）／図画（高橋浩，1時間）／究理学（ウィードル，柳本直太郎大助教，2時間）／化学（ギリフヒス，宇都宮三郎少教授，3時間）／生理学（ギリフヒス，2.5時間）」といった数学と科学関係の教科で，全30時間中16時間を占めている（このほか，「文典／作文／読方」が5時間，「文学／地理学／歴史／修身学」が6時間，「体操」が3時間）．「英二」「英三」「仏一」「仏二」「仏三」「独一」の各クラスも同じような教科編成を持っており，これは当時の科学技術関係教科を重視する考えをよくあらわすものといってもよいであろう。

南校が「第一大学区第一番中学」となったのは，「学制」の制定に基づくものであるが，このとき従来の生徒のうち，上級生（科学関係教科の始まるような段階）は上等中学，それ以下は下級中学に相当するものとして格付けされており，最上級の「英一」クラスは上等中学第三級に位置づけられている。これが，「学制」制定の時期における日本全国で

最上級のクラスであった。明治五年には，ともかくこうして中等普通教育を終わり，専門学校／大学に進もうとする生徒が養成されつつあったのである。そしてこのため，やがて「第一番中学」は専門学校に昇格し，「開成学校」と改称されることになり，上等中学相当の生徒は専門学校である開成学校の予科に編入されることになった（下等中学以下の生徒のためには東京外国語学校が新設された。これはのち東京英語学校と東京外国語学校に分かれたが，「学制」の定める「外国語による中学」であって，少なくともその下等課程は外国語専門学校ではない。官立の外国語ないし英語学校は，東京のほか大阪／長崎／仙台／新潟などにも設けられたが，これらの学校の下等課程を卒業してから開成学校予科に進学することになっていた）。

### 開成学校におかれた専門学科の構成

開成学校に最初おかれた専門学科は，「法学／化学／工学／諸芸学／鉱山学」の5科であった。しかし，このうち正規のものは「法／化／工」の3科だけで，他は臨時的なものであった。文部省は専門学校開設にあたり，その授業に用いる外国語を1ヵ国語に統一したほうが得策だと考えて，以後開成学校の外国語を英語に統一することにし，これまで「フランス語／ドイツ語」を学んだ学生のために，それぞれ特に「諸芸学科（ポリテクニークのこと）と鉱山学科」とを臨時に設けたのである。その後，明治7年1月には，このほか「フランス語による天文学科」が設立され，授業をはじめたが，担当教師の病気のため6月に閉鎖された（「明治7年東京開成学校年報」（人系／教育①9-1）による。このことは『東京帝国大学五十年史』にものっていないので，これまではとんど知られていない）。さらに明治8年7月には，フランス語の諸芸学科を「物理学科」に縮小，ドイツ語の鉱山学科を「化学科」に縮小することになったが，結局志望者の少ないドイツ語化学科は廃止になった。こうして開成学校は，「法学科／化学科（理学科と称されたことがあるが，実質は化学のみ）／工学科」と，フランス語による臨時の物理学科の4学科（一時こ

れらを法学校／化学校などとよんだことがある）からなることになったのである。このような複雑な経過は明治7～8年の「東京開成学校年報」（大系／教育① 9-1, 9-2）に明らかである（このほか明治7年2月には東京開成学校に日本語による技術者養成の速成機関として「製作学教場」というものが設けられ、「製煉／工作」の2科を教育したが、明治10年2月に廃止となった。また東京開成学校の教授内容については、「外人教師申報抄」（大系／教育① 9-3）に明らかである）。

ところで、この開成学校の学科編成はかなりアンバランスなものといわなければならないが、どうしてこうなったか、それはよくわからない。文部省や学校当局者の重要分野についての考え方や、外人の専門教師の到着状況などさまざまなことがからみあって、まず「法／理（化）／工」の3学科が成立することになったのであろう（フランス語の諸芸学科・物理学科ができたのは、フランス人教師の失業をすくうためだったと説明しているものがあるが、これはまちがいである。正しくは「フランス語を学んできた学生のため」であって、それらの学生のために新たにフランスから専門教師が招かれているのである。当時としては外人教師を失業させることよりも、何年もかかって育てた学生の進路をふさぐ方がずっと重要問題だったのである）。

それはともかく、東京開成学校の学科編成が十分でないことは当時としても明らかなことであって、これは当然問題とされざるを得なかった。このことは明治8年の「東京開成学校年報」中の「将来学術進歩に関する要件」の中にも、「漸次、博物学／金石学／地質学／採鉱学／物理学／数学／天文学／文学／生理学／史学等ノ諸科ヲ増設」することとして取り上げられている（大系／教育① 9-2C）。そしてこの課題は明治10年、東京開成学校が東京医学校（大系／教育① 9-6）と合併して東京大学の文学部／法学部／理学部／医学部となってから実現されることになった。その学科の増設状況を卒業生の面からみれば、図表3-5～図表3-7の通りである（東京医学校は明治9年に卒業生を出しているが、東京開成学校は東京大学となるまえに卒業生を出していない。なおここでは、東

第3章 科学技術の専門教育機関の確立　129

京大学のほか，学士号を出した他の学校についても卒業生数を表示しておいた）。

図表3-5　東京大学理学部の学科（専攻）構成と卒業生数の変遷

| 明治（年） | | 9 | 10 | 11 | 12 | 13 | 14 | 15 | 16 | 17 | 18 | 19 | 20 | 21 | 22 | 23 | 24 | 25 | 各科計 |
|---|---|---|---|---|---|---|---|---|---|---|---|---|---|---|---|---|---|---|---|
| 仏語物理学科（明治8年7月〜13年7月） | | | | | 5 | 7 | 8 | (廃止) | | | | | | | | | | | 20 |
| 数学・物理学・星学科（明治10年〜） | 数学科（明治14年9月分離） | | | | | | | | | 1 | 2 | | | 2 | 1 | 1 | 1 | 9 |
| | 物理学科（同上分離） | | | | | | 3 | 1 | | 1 | 2 | 2 | 1 | | 3 | 1 | 3 | 1 | 2 | 17 |
| | 星学科（同上分離） | | | | | | | | | | | | | 2 | 1 | | | 1 | 4 |
| 化学科（明治6年〜） | 純正化学専攻（明治16年8月分離） | | 3 | 7 | 6 | 6 | 4 | 4 | 8 | 2 | 2 | 1 | | 2 | 3 | | 1 | 11 | 54 |
| | 応用化学専攻（同上分離） | | | | | | | | | (3) | (2) | →（工学部） | | | | | | 5 | |
| 生物学科（明治10年〜） | 動物学専攻（明治15年分離） | | | | | | 3 | | | | | | | | | | | 9 | 21 |
| | 植物学専攻（同上分離） | | | | | | | | | 1 | 2 | 1 | 2 | 1 | 1 | 1 | | 9 | |
| 地質学採鉱学科 | 地質学科（明治13年9月分離） | | | | 1 | 3 | 1 | 3 | 2 | 1 | | 2 | 2 | 1 | | | 1 | 20 |
| | 採鉱冶金学科（同上分離） | | | | (3) | | (1) | (5) | (4) | (1) | (2) | | | | | | | 16 |
| 工学科（明治6年〜） | 土木専攻 | | | | (3) | (5) | (6) | (6) | (4) | (4) | (1) | (1) | →（工学部） | | | | | 30 |
| | 機械専攻 | | | | | | (1) | | (3) | (1) | | | | | | | | 7 |
| 理工学部合計（ただし工学部系統の学科を除く） | | 3 | 12 | 14 | 17 | 8 | 11 | 11 | 5 | 10 | 6 | 4 | 7 | 10 | 10 | 4 | 8 | 140人 |

図表3-6　東京大学（工学系）・工部大学校・帝国大学工科大学の
　　　　 学科構成と卒業生数の変遷

| 明治（年） | | | 9 | 10 | 11 | 12 | 13 | 14 | 15 | 16 | 17 | 18 | 19 | 20 | 21 | 22 | 23 | 24 | 25 | 各科計 |
|---|---|---|---|---|---|---|---|---|---|---|---|---|---|---|---|---|---|---|---|---|
| 土木工学科 | 東京大学 | | | | | 3 | 5 | 6 | 6 | 4 | 4 | 1 | 1 | 11 | 8 | 13 | 9 | 14 | 7 | 7 | 144 |
| | 工部大学校 | | | | | 3 | 8 | 7 | 11 | 4 | 5 | | | | | | | | | |
| 機械工学科 | 東京大学 | | | | | | 1 | 2 | | 3 | 1 | | 6 | 1 | 2 | 2 | 3 | 3 | 3 | 1 | 64 |
| | 工部大学校 | | | | | | 5 | 11 | 9 | 6 | 5 | 3 | | | | | | | | |
| 造船学科 | 工部大学校 | | | | | | | 3 | 3 | 2 | 1 | 4 | 2 | 1 | 4 | 1 | 1 | | 22 |
| 電気工学科 | （ 〃 ） | | | | | | 1 | 2 | 6 | 6 | 3 | 1 | 3 | 3 | 2 | 1 | 3 | 2 | 1 | 36 |
| 造家学科 | （ 〃 ） | | | | | | 4 | 2 | 3 | 5 | 4 | 1 | | | | | 3 | 2 | 5 | 32 |
| 応用化学科 | 東京大学 | | | | | | (化学科)→ | | 3 | 2 | 3 | 2 | 11 | 1 | 2 | 1 | | 54 |
| | 工部大学校 | | | | | | 6 | 5 | 3 | 2 | 3 | 4 | 2 | | | | | | |
| 採鉱冶金学科 | 東京大学 | | | | | | 3 | | 1 | 5 | 4 | 1 | 2 | | | | | | 86 |
| | 工部大学校 | 鉱山学科 | | | | | 2 | 11 | 9 | 6 | 2 | | 1 | 2 | 1 | 1 | | 2 | 5 | |
| | | 冶金学科 | | | | | | 2 | 1 | 1 | 1 | | | | | | | | | |
| 造兵学科 | | | | | | | | | | | | | | | | | 1 | | 1 | 2 |
| 火薬学科 | | | | | | | | | | | | | | | | | | 1 | | 1 |
| 合計 | | | | | 3 | 31 | 47 | 47 | 44 | 46 | 28 | 25 | 24 | 19 | 35 | 20 | 28 | 19 | 25 | 441人 |

図表3－7　医学・農学関係大学・高等専門学校の卒業生数の変遷

| | | 明治(年) | 9 | 10 | 11 | 12 | 13 | 14 | 15 | 16 | 17 | 18 | 19 | 20 | 21 | 22 | 23 | 24 | 25 | 各科計 | |
|---|---|---|---|---|---|---|---|---|---|---|---|---|---|---|---|---|---|---|---|---|---|
| 東京大学医学部 | 医学科(明治9年は東京医学校) | | 31 | | | 20 | 17 | 30 | 27 | 26 | 13 | 17 | 24 | 30 | 29 | 43 | 44 | 39 | 31 | 421 | 463 |
| | 薬学科 | | | | 9 | 10 | | 9 | 5 | 1 | | | | | | | 5 | 1 | 2 | 42 | |
| 駒場農学校 | 獣医学科 | | | | | | 15 | | 20 | | | 15 | 5 | | | 7 | 1 | | 11 | 74 | 428 |
| | 林学科 | | | | | | | | | | | | 13 | 11 | 14 | | 18 | | 26 | 82 | |
| | 農芸化学科 | | | | | | | | 5 | | 7 | 5 | | | | 2 | 3 | 3 | 25 | | |
| | 農学科 | | | | | | 30 | | | | | 11 | 14 | 12 | 11 | 5 | 9 | 23 | 115 | | |
| 札幌農学校 | 農学科 | | | | | | 13 | 10 | 18 | | 17 | 12 | | 9 | 17 | 17 | | 7 | 8 | 128 | |
| | 農業工学科 | | | | | | | | | | | | | | | | | 2 | 2 | 4 | |
| 合計 | | | 31 | | 9 | 30 | 75 | 49 | 70 | 32 | 30 | 62 | 61 | 62 | 71 | 67 | 75 | 61 | 106 | 891人 | |

### 最初の日本人教授・博士の学歴

　東京開成学校／東京医学校／東京大学など，明治前期の高等専門教育機関の教師はみな外人教師であった（「文部省所管雇外国人」，大系／教育①資料9-5）。そこで，その授業はすべて外国語で行なわれなければならなかった。東京開成学校（東京大学法／文／理学部）と工部大学校と札幌農学校は英語，東京医学校（東京大学医学部）と駒場農学校はドイツ語であった。これらの学校には外人教師とともに日本人教職員もいることはいた。しかし，それらの人々は「教授／助教授」などという肩書をもっていても，それは外人教師の助手の役を果たしたにすぎないか，あるいは，日本語による速成コースの学生を教えていたにすぎなかった（大系／教育① 9-7）。しかし，「大学の教育を外人教師に任せる」というのは，緊急的な措置であって，これを漸次日本人に代えるというのが政府の最初からの方針であった。そのために政府は，早くから将来大学の教授となりうる高級な科学者の養成に意を用いてきた。そしてこの政策は一応成功し，明治19年，東京大学が工部大学校を吸収して帝国大学と

第3章 科学技術の専門教育機関の確立

図表3－8 明治24年（1891）までの理学博士の学歴・留学歴

| 氏　名 | 生　年 | 出　身　学　校 | 在　外　期　間 | 留　学　先 |
|---|---|---|---|---|
| ◎明治21年5月7日理学博士号授与（帝大評議会推薦） | | | | |
| 伊藤圭介 | 享和三（1803） | 文政十年（1827）半年シーボルトに師事 | — | |
| 長井長義 | 弘化二（1845） | 三年十月大学東校選抜留学生 | 四年四月～17年5月 | 独 Berlin大14年卒 |
| 矢田部良吉 | 嘉永四（1851） | 三年十月大学南校派遣留学生（中助教） | 三年十月～9年6月 | 米 Cornell大9年卒 |
| 山川健次郎 | 安政元（1854） | 三年十一月北海道開拓使工学留学生 | 四年一月～8年5月 | 米 Yale大8年卒 |
| 菊池大麓 | 安政二（1855） | 三年十月大学南校派遣留学生（大学出仕） | 三年十月～10年 | 英 Cambridge10年卒 |
| ◎明治21年6月7日理学博士号授与（帝大評議会推薦） | | | | |
| 寺尾寿 | 安政二（1855） | 東大理・仏語物理11年12月卒（1期生） | 12年1月～16年3月 | 仏 Paris大 |
| 小藤文二郎 | 安政三（1856） | 東大理・地質学科12年7月卒（1期生） | 14年1月～17年5月 | 独 Leipzig, München |
| 松井直吉 | 安政四（1857） | 8年開成学校選抜留学生（化学下級生） | 8年7月～13年7月 | 米 Columbia13年卒 |
| 箕作佳吉 | 安政四（1857） | 南校中退（私費留学） | 6年2月-14年12月 | 米 Yale大12年卒 |
| 桜井錠二 | 安政五（1858） | 9年開成学校選抜留学生（化学中級生） | 9年6月～14年8月 | 独 London大12年卒 |
| ◎明治24年8月24日理学博士号授与（下線は論文提出，その他は帝大評議会推薦） | | | | |
| <u>村岡範為馳</u> | 嘉永六（1853） | 開成学校ドイツ語科中退文部省出仕（官費留学） | 11年2月～14年1月 | 独 Strasburg大14年卒 |
| 巨智部忠承 | 安政元（1854） | 東大理・地質学科13年7月卒 | — | |
| 北尾次郎 | 安政元（1854） | 三年十月大学東校派遣留学生 | 三年十月～16年12月 | 独 Göttingen12年卒 |
| 関谷清景 | 安政元（1854） | 九年開成学校鶴選抜留学生（工学中級生） | 9年6月～10年8月 | 英 London大中退 |
| <u>久原躬弦</u> | 安政二（1855） | 東大理・化学科10年7月卒（1期生） | 12年8月～15年10月 | 米 JohnHopkins Ph.D. |
| 松村任三 | 安政三（1856） | 開成学校法学科中退→植物園助手→私費留学 | 18年12月～21年8月 | 独 Würzburg, Heideiberg |
| 田中館愛橘 | 安政三（1856） | 東大理・数物星学科15年卒（1期生） | 21年1月～24年7月 | 英 Glasgow大→独 |
| 佐々木忠次郎 | 安政四（1857） | 東大理・生物学科14年卒（1期生） | 22年5月～24年10月 | ヨーロッパ視察 |
| 吉田彦六郎 | 安政六（1859） | 東大理・化学科13年卒 | — | |
| <u>斎田功太郎</u> | 安政六（1859） | 東大理・植物学科18年卒 | — | |
| 石川千代松 | 万延元（1860） | 東大理・生物学科15年卒 | 18年12月～22年7月 | 独 Freiburg大 |
| 横山又次郎 | 万延元（1860） | 東大理・地質学科15年卒 | 19年5月～22年11月 | 独 München大 |
| 原田豊吉 | 万延元（1860） | 東京外国語学校中退（私費留学） | 7年9月～16年12月 | 独 München大15年卒 |
| 飯島魁 | 文久一（1861） | 東大理・生物学科14年卒（1期生） | 15年2月～18年6月 | 独 Leipzig大 Ph.D. |
| 藤沢利喜太郎 | 文久一（1861） | 東大理・数物星学科15年卒（1期生） | 16年3月～20年5月 | 独 Strasburg大 Ph.D. |
| 田中正平 | 文久二（1862） | 東大理・数物星学科15年卒（1期生） | 17年10月～25年間在独 | 独 Berlin大 |

改称するころまでには，帝国大学の教授陣は，大部分日本人教授によって占められるようになった（しかし，明治20（1887）年になってもまだ日本人教授たちも，英語やドイツ語で講義していた）。

それでは，外人教師に代わって初代日本人教授となった人々は，どこで教育をうけた人々だったのだろうか。このことを知るために，図表3－8と図表3－9に示した日本最初の博士たちの学歴一覧表が役にたつ。これらの博士たちは，東京大学の教授陣となるか，そのほか政府部内の最高指導者となったのであるが，この表で著しいことは，明治21年5月の最初の博士たちの多くが明治三年に外国留学に出た人々であることである。明治三年には大学南校／大学東校はじめ，工部省／開拓使などが欧米の科学技術の積極的摂取の方針をかため，外人教師を招くとともに，それらの外人教師に代わるべき人材を海外に多数派遣していたのであるが，この成果がみのったのである。明治三年の留学組とならんで優勢なのは，明治8～9年の留学組である。これらの人々は東京開成学校（東京大学）の第1期生となるべき人々であったが，それを待たずに母校の教授要員として欧米に派遣されたのである。これらの留学生は，日本で長い間試練に耐えぬいてきた人々だけあって，当時欧米でも優秀な成績を示したようである（「外海留学生監督年報」（大系／教育① 9-2, 9-4）。なお，明治三年に貢進生として大学南校に入学した者310人中，東京大学を卒業した者および東京開成学校から海外留学を命ぜられた者は，あわせてわずか10分の1の30人であった）。

けれども，第2回の博士以降には，東京大学や工部大学校の卒業生が多くみられるようになっている。しかし，これらの博士たちもほとんどすべて，日本の大学を卒業してから学位をとるまでに海外に留学してきた人々である。つまり，このことは，明治24（1891）年ころまで，日本で最高級の科学技術者になるためには，日本の大学で学ぶだけでなく海外に留学することが必要だったことを意味するものである。

それでは，これらの人々が東京大学などで科学／工学／医学などを学ぶようになるまでには，どのような道を経てきたのであろうか。また，

第3章　科学技術の専門教育機関の確立　133

図表3－9　明治24年（1891）までの工／医学博士の学歴

| 工学博士 | | | 医学博士 | | |
|---|---|---|---|---|---|
| 氏　名 | 生　年 | 学　歴 | 氏　名 | 生　年 | 学　歴 |
| ○明治21年5月7日　工学博士号授与 | | | ○明治21年5月7日　医学博士号授与 | | |
| 松本荘一郎 | 嘉永元(1848) | 三年八月大学南校派遣 | 池田　謙斉 | 天保十四(1843) | 三年大学東校派遣留学生 |
| 原口　　要 | 嘉永四(1851) | 8年開成学校選抜留学生 | 橋本　綱常 | 弘化二(1845) | 五年五月軍医寮派遣留学 |
| 古市　公威 | 安政元(1854) | 8年開成学校選抜留学生 | 三宅　　秀 | 嘉永元(1848) | 文久三年フランス留学 |
| 長谷川芳之助 | 安政二(1855) | 8年開成学校選抜留学生 | 高木　兼寛 | 嘉永二(1849) | 8年海軍派遣英国留学 |
| 志田林三郎 | 安政二(1855) | 工部大・電信学科12年卒 | 大沢　謙二 | 嘉永五(1852) | 三年大学東校派遣留学生 |
| ○明治21年6月7日　工学博士号授与 | | | ○明治21年6月7日　医学博士号授与 | | |
| 高松　豊吉 | 嘉永五(1852) | 東京大学化学科11年卒 | 田口　和美 | 天保十(1839) | 東校教諭→東大教授 |
| 谷口　直貞 | 安政二(1855) | 9年開成学校選抜留学生 | 佐藤　　進 | 弘化二(1845) | 佐藤尚中門二年自費留学 |
| 平井晴二郎 | 安政三(1856) | 8年開成学校選抜留学生 | 緒方　正規 | 嘉永六(1853) | 東大医学部13年卒 |
| 辰野　金吾 | 安政三(1856) | 工部大・造家学科12年卒 | 佐々木政吉 | 安政二(1855) | 東大医学部11年卒 |
| 巌谷立太郎 | 安政四(1857) | 開成学校中退ドイツ留学 | 小金井良精 | 安政五(1858) | 東大医学部13年卒 |
| ○明治24年8月24日　工学博士号授与 | | | ○明治24年8月24日　医学博士号授与 | | |
| 山田　要吉 | 嘉永四(1851) | 三年徳島藩主選抜留学生 | 実吉　安純 | 嘉永元(1848) | 東校→海軍、12年英国留 |
| 増田　礼作 | 嘉永六(1853) | 9年開成学校選抜留学生 | 樫村　清徳 | 嘉永元(1848) | 東校中助教→東大教授 |
| 石橋　絢彦 | 嘉永五(1852) | 工部大・土木学科12年卒 | 宇野　　朗 | 嘉永三(1850) | 東京医学校9年卒 |
| 片山　東能 | 嘉永六(1853) | 工部大・造家学科12年卒 | 大森　治豊 | 嘉永六(1853) | 東大医学部12年卒 |
| 沖野　忠雄 | 安政元(1854) | 9年開成学校選抜留学生 | 浜田　玄達 | 安政元(1854) | 東大医学部13年卒 |
| 南部　球吾 | 安政二(1855) | 8年開成学校選抜留学生 | 片山　国嘉 | 安政二(1855) | 東大医学部12年卒 |
| 南　　　清 | 安政三(二?) | 工部大・土木学科12年卒 | 谷口　　謙 | 安政三(1856) | 東大医学部14年卒 |
| 石黒五十二 | 安政二(1855) | 東大理・土木工学11年卒 | 高橋順太郎 | 安政三(1856) | 東大医学部14年卒 |
| 高山甚太郎 | 安政三(1856) | 東大理・化学科11年卒 | 北里柴三郎 | 安政三(1856) | 東大医学部16年卒 |
| 清水　　済 | 安政五(三?) | 東大理・土木工学12年卒 | 三津　守治 | 安政四(1857) | 東大医学部14年卒 |
| 藤岡　市助 | 安政四(1857) | 工部大・電信学科14年卒 | 中浜東一郎 | 安政四(1857) | 東大医学部14年卒 |
| 仙石　　貢 | 安政四(1857) | 東大理・土木工学11年卒 | 榊　　　俶 | 安政四(1857) | 東大医学部14年卒 |
| 三好普六郎 | 安政四(1857) | 工部大・機械工学12年卒 | 佐藤　三吉 | 安政四(1857) | 東大医学部15年卒 |
| 渡辺　　渡 | 安政四(1857) | 東大理・採鉱冶金12年卒 | 隈川　宗雄 | 安政五(1858) | 東大医学部16年卒 |
| 白石　直治 | 安政四(1857) | 東大理・土木工学14年卒 | 弘田　　長 | ? | 東大医学部13年卒 |
| 中沢　岩太 | 安政五(1858) | 東大理・化学科14年卒 | 青山　胤通 | 安政六(1859) | 東大医学部15年卒 |
| 山口　半六 | 安政五(1858) | 9年開成学校選抜留学生 | 河本重次郎 | 万延元(1860) | 東大医学部16年卒 |
| 野呂　景義 | 安政五(1858) | 東大理・採鉱冶金15年卒 | 大谷　周庵 | 万延元(1860) | 東大医学部16年卒 |
| 大島道太郎 | 万延元(1860) | 東大採鉱冶金中退留学 | 森　林太郎 | 万延元(1860) | 東大医学部14年卒 |
| 田辺　朔郎 | 文久元(1861) | 工部大・土木学科16年卒 | 村田謙太郎 | 文久二(1862) | 東大医学部17年卒 |
| 真野　文二 | 文久二(1862) | 工部大・機械工学14年卒 | | | |

どのようなことを契機として科学志望をかためたのであろうか。このような問題はきわめて興味ある問題であるが，調査が困難である。のちに有名な科学者になった人々の伝記／自叙伝などをみても，そのような事情が明らかにされているものはむしろ少ない。多くの人々は文明開化の波にのって科学技術の重要性をさとり，立身出世のコースにしたがって東京大学や工部大学校に学んだのであろう（しかし，その中にも，青少年時代に科学に関して特異な経験をした人々がないではない。『日本科学技術史大系』教育1の巻にはそのような例として，石川千代松（大系／教育① 9-10）／池野成一郎（大系／教育①資料 9-11）／長岡半太郎（大系／教育① 9-12）の回想録を資料として収録してあるから参照のこと）。

　長岡半太郎は帝国大学を明治20年に卒業したのであるが，東京大学——最高学府への進学コースが整備されるようになったのは，彼より数年あとの人々からであった。彼，あるいはそれ以前の人々は，「小学に入らないか，入っても2～3年だけで，あとは私塾で英語を勉強して官立の英語学校（のち大学予備門）に入学し，それから開成学校予科に進み，東京大学にはいる」というのが普通のコースであった。大学では英語で授業をしていたので，英語学校で英語を学ぶとともに，英語で中学程度の学科を勉強しなければならなかったのである。「学制」には小学／中学／大学の進学順序が示されていたが，少なくとも明治20年ごろまでに大学を卒業した人々は，そのようなコースをとらなかったことは注意すべきことであろう。

# 第 4 章

# 小学校における科学教育の具体化

## 第1節　教育の反動化のはじまりと科学教育

「教育令」と「改正教育令」の成立

　1879（明治12）年から1881年にかけて，日本の教育制度は明治五年（1871）の「学制」制定以来最初の大きな変革をうけることになった。「学制」は先進的な洋学者たちの啓蒙主義的な大きな理想をもりこんだものであったが，これまで寺子屋教育しかなかったところに，一挙に8年制の小学制度を設けることは，あまりに無理な注文だった。寺子屋に代わって近代的な小学校を建てるには，従来に数十倍する経費を要するうえに，貴重な働き手の一員でもある子どもたちを8年間も学校に行かせることは，大多数の家庭にとって耐えられない負担であった。そのうえ，アメリカ直輸入の新教育の内容は実際的に有効なものではなかった。そのような多くの問題点は，全国の学校を視察した文部省の高級官僚たちにも明らかであって，九鬼隆一／西村茂樹は1876（明治9）年の「巡視功程附録」（大系／教育① 5-14, 15）で，それぞれこれに対する改革案を提出していた。

　明治五年以来の「学制」に基づく教育の実績をふまえて，「学制」に代わる新しい教育制度を生みだすこと，これがまず文部省に課せられた課題であった。そこで文部省は，1878（明治11）年5月14日，「学制」に代わる「日本教育令」の制定を太政官に発議し，これが元老院などで修

正を施された後，1879（明治12）年9月29日，「教育令」として公布されることになった。

　この「教育令」の基本的精神は，これまでの「学制」が〈あまりにも画一的で干渉的だ〉として，地方町村の教育の自主性を大幅に認めたことにあった。それは，九鬼隆一が地方教育の実情に対する批判をもとにして建議していた教育の統制排除の主張を大幅に取り入れたものといってよいであろう。この「教育令」では，6歳〜14歳を学齢としたが，「学齢児童は最低4年間，各年4ヵ月の授業，総計16ヵ月の授業を受ければよい」とされ，「公立学校の教則は文部卿の認可を経」，「私立学校の教則は府知事県令に開申す」ればよいことになっていた。「教育令」の制定にあずかった文部大輔田中不二麿は，慶応出身の九鬼隆一とともにアメリカ主義者であり，〈日本の教育制度もアメリカと同じように地方に任せ，自由にしなければならない〉と考えたのである。しかし，これは何人かの高級官僚だけの考えではなかった。その背後には，当時盛んだった自由民権運動の思想があったからである。

　しかし，この時期は自由民権運動の高揚の時期であるばかりでなく，一方では西南戦争を経て強化された専制政府の中に，欧化主義に対する反動思想が台頭しつつあった時期でもあり，自由民権運動に対抗する政府が，中央集権的な専制政治を強化していった時期でもあった。そこで，この「教育令」は公布されるとすぐに，地方官僚をはじめとする人々の猛烈な反対にあい，1880（明治13）年3月には田中不二麿はその職を去ることを余儀なくされ，再び教育の統制化がはじまることになった。そして1880年12月28日には，太政官布告第59条として「教育令」が改定公布されることになった。いわゆる「改正教育令」である。

　「改正教育令」は小学校を「初等科3年／中等科3年／高等科2年」とし，少なくとも初等科3年の課程を卒業することを義務づける一方，学務委員を府知事県令の選任制とし，第23条には「小学校の教則は文部卿頒布する所の綱領に基づき，府知事県令土地の情況を量りて之を編制し，文部卿の認可を経て管内に施行すべし」と定めて，小学校教則の編

制権を再び文部省と府県に取り上げてしまった。すなわち，〈教育の運営は未熟たりとはいえ現場の教師の自主的な判断に任せられるべきである〉という九鬼隆一らの建議は，わずか1年ほどしか法文のうえで生きなかったのである。

ところで，「改正教育令」は小学校の教科についても重要な改変を加えた。それは，「教育令」の第3条に「小学校は普通の教育を児童に授くる所にして，その学科を読書／習字／算術／地理／歴史／修身等の初歩とす。土地の情況に随いて罫画／唱歌／体操等を加え，又物理／生理／博物等の大意を加う。殊に女子の為には裁縫等の科を設くべし」とあったのを，「改正教育令」では，学科の順序を改め「修身／読書／習字……」として修身を第1番目にもってきたことである。このことは文部省の教育令改正の案文にもなかったことだが，これが「改正教育令」公布の直前になって変更されたのである。修身を学科目の最初におくか，最後におくかということは一見どうでもよいことのように見える。しかし，これは小学校教育の目標に重大な変更を加えることを意味するものであった。というのは，これは小学校教育の「欧化主義」に対して，「皇道主義」を優先させるという反動的な思想を背景としていたものだったからである。

### 教育の反動化のはじまり

この「皇道主義」という名の反動思想が最も公然とした形であらわれたのは，1879（明治12）年夏に，明治天皇の侍講だった元田永孚が，天皇の「聖旨を奉戴して」まとめたという「教学大旨」なる文書（大系／教育① 10-1A）を作って，重臣や文部省当局にそれを示したときからであった。この文書では，国民教育の根本方針が仁義忠孝の教育にあり，「知識才芸はこれに次ぐもの」とされたのである。この「教学大旨」は，天皇の意志だということであるから，政府も無視することができるものではなかった。そこで，これをうけた伊藤博文は，これに関する自分の考えを「教育議」という文書（大系／教育① 10-1B）にしてまとめてこ

れに答えた。

「教育議」は，一面では「教学大旨」の反動的な考え方に対する批判であり，従来の明治政府の政策を擁護したものであったが，他面では，奇妙に「教学大旨」と相通ずる面をもっていた。というのは，これは当時の政府にとっての最大問題の一つだった「自由民権運動に対する教育策」を提起するものだったからである。伊藤博文は学生を空理空論の政談から遠ざけるために，「宜しく工芸技術百科の学を広め」「専ら実用を期」させることが必要だと主張した。伊藤は，〈明治政府の積極的に欧米文化を摂取するという方針が守られなければならないのは，欧米から科学技術の成果を取り入れるためであって，それは思想／政治に及んではならない〉としたのである。彼にとっては，科学は思想／政治と無縁であるどころか，「科学は政談と消長を相為す者なり」と解されたのである。

実際，その後の政府の教育政策は，「教学大旨」と「教育議」の二つの考えをともに採用するという形で進んだ。すなわち，一方では科学技術の専門教育をいよいよ拡充する方針をとる一方，国民教育の面では仁義忠孝を主軸とした修身教育を中心に進める方針をとることになり，それがまず，「改正教育令」にあらわれたのである。そのころから政府／文部省は急速に反動化し，そこにはもはや伊藤の「教育議」におけるような「旧来の陋習」に対する批判も見られなくなってしまった。

### 儒教修身の台頭と科学教育の縮小／変質

けれども，仁義忠孝の儒教をもととした修身教育は，もちろん科学教育と矛盾なく同居できるものではありえない。そのことは，福沢諭吉らの明治初年の科学啓蒙運動が最もよく示しているところであった。「究理学（物理学中心の科学）に基づく合理的な自然観」こそは，儒教的な考え方の最大の敵の一つだったからである。そこでこの二つを同居させるためには，小学校における科学教育のほうを根本的に変える必要があった。つまり国民教育の基礎をになう小学校の科学関係の教科を縮小する

か，あるいは，〈合理的な考え方，近代的な自然観〉を抜き取られた科学の形骸，知識の羅列を科学と称して教えることが必要であった。

　実際，日本の小学校における科学教育の歴史は，徐々にではあるが上のような方向に沿ってその変質を行なった。小学校の中で科学関係の教科はだんだんと縮小された。そしてその科学の中身も近代科学の雄大な唯物論的自然観を与えるようなものから，「事実／法則を羅列的に教える」ものに変わり，物理から博物に中心が移っていった。そしてその博物では，自然の秩序／調和に驚嘆させることが重要なこととされた。これは封建的な秩序，儒教の道徳とうまく調和するものだったのである。そして明治19年には名称も「理科」と名づけられて，ほとんど科学教育に値しないものに変質していったのである（第5章）。

　しかし，このような科学教育の変質は徐々に行なわれたのであって，必ずしも教育外強制を意識させるような形で実現されたのではなかった。あるときには「欧米の進んだ理科教育の輸入」という形で，またあるときは「教育の現場の経験に基づいて教育をより実際的にする」という理由のもとに，科学教育の変質退化が行なわれたのである。だから，これまで木を見て森を見ない教育史家たちは，これを見て「科学教育／理科教育の進歩だ」と考えちがいをするのが常であった（大系／教育① 10-5）。確かに教授法は細かい点では少しずつ改善されていった。しかし科学教育全体の方向は，教育全体が封建的な道徳と忠君愛国を主軸とした国家統制をますます強化されていく中で，いっそうその科学性を失いつつあったのである。

### 「小学校教則綱領」における科学教育

　上に述べたような科学教育の骨抜き政策の最初の第一歩は，「改正教育令」に基づいて文部省が明治14年4月に制定公布した「小学校教則綱領」（大系／教育① 10-3）にも，かなりはっきりとあらわれている。

　図表4-1は，この教則綱領の最後に掲げられている各科時間配当表を図式化したものであるが，ここでまず気のつくのは，修身教育の時間

図表 4-1 「小学校教則綱領」(明治14年) による各教科時間配当図

| 高等科 | 8年 修身 習字 作文 読方 化学 博物 生理 経済 算術 図画 幾何画法 幾何 |
| 7年 | 地理(地文) |
| 中等科 | 6年 修身 習字 作文 読方 物理 歴史(日本) 算術 図画 |
| 5年 | |
| 4年 | 博物 地理 |
| 初等科 | 3年 修身 習字 作文 読方 算術 |
| 2年 | |
| 1年 | |

(週1時限を意味する)

が週 3 時間と大幅に増加させられていることである。そして次に注目すべきことは、歴史の中から世界史がはずされて国史一本になっていることである。これらの修身／国史の内容には「旧来の陋習」である儒教思想と皇道史観が盛りこまれることを前提としたことはいうまでもないであろう。当時「小学校教則綱領」の起草にあたった江木千之がいうように、「教則綱領」はまさにそのような配慮のもとに制定されたものだからである (『江木千之翁経歴談』大系／教育① 10-2)。

　それでは、この「小学校教則綱領」では、科学に関する教育はどのように位置づけられたのであろうか。次にそのことを具体的に見てみよう。まず算術以外の数学・科学関係の教科は、初等科にはおかれず、中等科で「博物および物理の初歩」が教えられ、高等科では「動植物の略説／化学／生理／幾何／地文」が教えられることになった。

　図表 4-1 をみて、まず気のつくことは、明治五 (1872) 年の文部省「小学教則」に比して、算術以外の数学／科学関係の教科に割りふられている時間が大幅に減少していることである。「週1時間、半年の授業」を1単位とすると、小学校 8 年間を通じて448単位となるが (裁縫などを加えると479単位となるが、ここでは除外した)、そのうち算術が80単位 (18.0％) で、「博物／物理／化学／生理／地文」の合計は38単位 (8.6％) を占めるにすぎない。また、これらに「幾何／幾何画法」を加えると、合計128単位 (28.9％) で、明治五年の文部省「小学教則」に比べると、科学の比重がかなり減少していることは明らかである。

第 4 章　小学校における科学教育の具体化　141

　もっとも，この「教則綱領」の前に現実にあったのは，アメリカの教則のひきうつしである東京師範学校の「小学教則」であった。そこで，次にはこれと比べることにしよう。明治10年の東京師範の「小学教則」では，下等小学 4 級（ 3 年前期）の「読法／復読／譜記」に，動物教材のみを収録した田中の『小学読本』巻五（約 6 単位分）を用いることになっていた。これが明治14年の「教則綱領」の 4 〜 5 年の博物計 9 単位に対応する（明治 6 年の師範学校教則では下等小学 1 級（ 4 年後期）の問答で「博物図」を課することになっていたが，なぜか明治10年のそれにはなくなっている。「問答」の時間が下等小学 4 級以上では廃止されたからであろう）。そして，下等小学 5 級（ 2 年後期）の「読法／復読／譜記」の時間の『小学読本』巻四（物理教材からなる。約 6 単位分）と上等小学 4 級（ 7 年前期）の『物理階梯』（約 6 単位分）とを合わせたもの（12単位分）が，新制度の中等科の物理（ 6 年を中心に 7 単位）にかわったのである。したがって，「教則綱領」は，1877（明治10）年の東京師範学校の「小学教則」と比べても「物理教材を縮小し，博物教材をふやした」ということができる。「小学校教則綱領」はこれまでの教育の（理想でなく）実績をそのまま定着させ，重点を物理から博物に移すという形で，科学教育の縮小にはっきりと第一歩をふみだしたといえるであろう。実際，これは第一歩にすぎなかった。教育全般の反動化がさらにきびしくなった明治19年には，科学関係の教科は「理科」に一括されて，その授業時数はさらに大幅に減少させられたからである。

　それではこの減少した時間はどこにとられているのかというと，それはこの新時代の寵児たる修身の48単位（10.8％）であって，これが科学関係の教科よりオーバーしてしまったのである。このほか「読方／作文／習字」などの比重も大きくなっているが，この時期の「読本」には科学関係の教材があまり見られず，国史／修身的な題材でにぎわうようになったことも注意すべきであろう。小学教育の中心は明らかに科学から修身へと移っていったのである。

### 小学校教育の実態

ところで，上に「科学教育の縮小」ということを指摘したが，これはなにも，現実に行なわれていた科学教育を縮小したということを意味するものでなかった。第2章で明らかにしたように，「学制」が公布されてから数年の間は，まだ小学生といっても圧倒的多数は1〜2年程度のもので，科学教育がはじまる上級まで進んだものはきわめて少数だったからである。だから「改正教育令」による科学教育の縮小というのは，主として〈小学教育の理念の面における科学教育の縮小〉を意味するものでしかなかった。科学教育が現実にはじまるためには，何よりもまず，小学校に上級生を多数見いだすことができるようにならなければならなかったのである。

それでは「改正教育令」の時代には，いったいどれほどの小学生が新しく組織された小学校教則のもとで科学教育を受けることができるようになっていたであろうか。このことを知るためには，教育史家が普通取り上げる「義務教育就学率」だけでなく，「学年別の在籍数」を知らなければならないが，これには利用できるデータがないので，そのかわり小学校の「初等科／中等科／高等科別の卒業生数」を取り上げてみることにしよう。すなわち図表4－2がそれである。

これによると，1881〜1884（明治14〜17）年の就学率は40〜50％であるが，〈この間に毎年小学校を卒業すべきものの数に対する実際の卒業生数〉を比べると，中等科3年卒で2〜3％，高等科（小学校8年）卒

図表4－2　1881〜1884（明治14〜17年）の小学校卒業者数

| 年 | 学齢人員×$\frac{1}{8}$ および（就学率） | 小学校初等科3年 | | | 小学校中等科3年 | | | 小学校高等科2年 | | |
|---|---|---|---|---|---|---|---|---|---|---|
| | | 男 | 女 | 計 * | 男 | 女 | 計 * | 男 | 女 | 計 * |
| 1881年 | (43.0%)<br>70万1876 | 8万6148 | 1万6366 | (14.6%)<br>10万2514 | 1万4086 | 1780 | (2.3%)<br>1万5866 | 2116 | 151 | (0.3%)<br>2267 |
| 1882年 | (48.5%)<br>71万8868 | 11万5187 | 2万5422 | (19.6%)<br>14万0609 | 1万1364 | 1231 | (1.8%)<br>1万2595 | 1643 | 73 | (0.2%)<br>1717 |
| 1883年 | (51.0%)<br>74万4000 | 15万5780 | 3万4919 | (25.6%)<br>19万0699 | 1万4995 | 1482 | (2.2%)<br>1万6477 | 1458 | 129 | (0.2%)<br>1587 |
| 1884年 | (50.8%)<br>77万0524 | 18万5637 | 4万3873 | (29.8%)<br>22万9510 | 2万1649 | 2023 | (3.1%)<br>2万3672 | 2709 | 269 | (0.4%)<br>2978 |

＊(　)の％は学齢人員×$\frac{1}{8}$に対する％　　　　　『文部省年報（第9年報〜12年報）』より作成

で0.2〜0.4％である。つまり小学校中等科で博物／物理の教育を受けえたものは同一年齢層のわずか2〜3％で，高等科で化学／生理／地文／博物／幾何などのかなり本格的な初等科学教育を受けえたものは同一年齢層のわずか 0.2〜0.4％にすぎなかったのである。「小学校に科学関係の教科がおかれ，小学校の就学率が40〜50％に達していた」といっても，簡単にそれらの小学生に対して科学教育が行なわれたとはいいえないわけである。特に高等科の場合には，毎年の全国の卒業生実数が1500〜3000人というところであるから，高等科の科学教育はまだ「机上のプラン」とでもいうべきものだったといってよいであろう。

しかし，中等科の場合には卒業生数が同一年齢層の2〜3％にすぎないとはいっても，その総数を数えれば，全国で毎年1〜2万人に達している。これは必ずしも無視しうる数ではない。実際，明治10年ころまでは，小学教授法書といっても小学校低学年（せいぜい下等小学3〜4級ぐらいまで）の教授法が取り上げられたにすぎなかったが，明治10年代の半ばになると，ようやく小学校中等科程度の教授法が具体的な問題となり，これに関する教授法書も出版されるようになった。その代表的なものが，1883〜4（明治16〜17）年に出版された若林虎三郎／白井毅共著の『（正続）改正教授術』（大系／教育① 10-6）であって，ここにはじめて，小学校中等科における博物や物理の教授法が具体的な形で取り上げられるようになってきたのである。つまり，不幸なことに，日本の科学教育は，まさにその縮小が問題になりはじめたその時期になって，はじめて実際的な形を整えはじめたのである。そこで小学校中等科における博物と物理の教育内容とその教授法の問題について，次の2つの節でやや詳細に検討することにしよう。

## 第2節　博物教育のはじまり

### 博物（学）教育の起原

明治初年の啓蒙主義と，それを引き継いで発足した明治五年の文部省

「小学教則」においては，究理つまり物理学を中心とした自然科学の啓蒙／教育が非常に大きな比重を占めていたことは，すでに何度も述べたところである。

それにひきかえ，おなじ自然科学の中でも，「博物学」の啓蒙／教育はほとんど問題にならなかった（ここで博物学というのは，博物誌ばかりでなく動植物学／生物学をも含むこともある）。明治元年から五年までの間に出版された啓蒙書の中には，「博物学」のみについて書いたものはひとつもなく，わずかに小幡篤次郎訳（チャンブル原著）『博物新編補遺』全3冊（慶応義塾，明治二年刊）（大系／教育① 3-9）と大森惟中（合信原著『博物新編訳解』全4冊，青山堂，明治四年刊）（大系／教育① 2-14）がその一部のスペースを博物にあてていたにすぎない（この博物新編の「博物」というのは自然科学総説というような意味で，両書とも，その大部分は物理／天文／化学にあてられている）。しかも後者には全4冊のうち「鳥獣略論」という1冊があるにすぎない。そして，文部省「小学教則」でも，究理学輪講42単位に対して，博物には10単位をあてただけで，しかも究理学輪講は下等小学3級（小学第3年後期）から上等小学1級まで，一貫して課することにしたのに，博物は上等小学4級（小学第7年前期）から課することにしたにすぎなかった（文部省の「小学教則」には「博物新編和解の家畜の部を独見輪講せしむ」などとあるが，『博物新編和解』なる本は知られていないし，また『博物新編訳解』には「家畜の部・野獣の部・草木の部・魚鳥介虫の部」などはない）。

これは，洋学者たちにとって博物学が魅力のある学科とは思われなかったからであろう。当時の日本人にも，欧米伝来の博物学はさして新奇とも思えず，その思想／自然観やそのもたらす物質的利益が新しい日本の建設になくてはならぬものとは思えなかったのであろう。明治四年五月出版の福沢諭吉の『啓蒙手習之文』（大系／教育① 3-12）に収録されている「洋学の科目」でも「読本／地理書／数学／究理学／歴史／経済学／修身学」の7科があげられているだけで，「博物（学）」にはふれていない。明治7～8年ごろまでの洋学案内書類（たとえば，『洋学道案内』

『学問の法』，大系／教育① 3-9）には洋学の科目として「数学／究理／化学」の名はあげても，「動植物学や博物学」にはふれないのが常だったのである。

　ところが，師範学校でアメリカの教則にそっくりそのままの教育が始められ，それが全国の小学校の模範とされるようになると，博物教育は物理教育に代わって急にクローズアップされるようになってきた。それは，このとき「日本の教育当事者が博物教育の重要性を改めて認識したから」とは考えられない。日本に持ちこまれたアメリカの教則が「ウィルソンのリーダーとその掛図」とを中心に組織されていたから，日本もそれにならって『小学読本』と一連の掛図を作り，*Willson's Third Reader, Fourth Reader, Fifth Reader*（大系／教育① 5-8）には博物教材が圧倒的な部分を占め，掛図の中には博物の図があったから，その『小学読本』（大系／教育① 5-9，5-10）に博物が多くとりこまれ，「博物図」（大系／教育① 1-1）が作製されたにすぎないのであろう。ところが，それでも当時の日本人には，どうして博物教育を物理教育よりも重視しなければならないのか，よく理解できなかったに違いない。だから，師範学校の『小学読本』は *Willson's Reader* と違って，物理／化学教材を先にして博物教材をあとにし，上等小学でも物理を先に博物をあとにするというやり方がとられたのであろう。明治9年に『博物教授書』（大系／教育① 11-1A）を書いた片山淳吉は，その本の中で〈博物教育が物理／化学教育に先行しなければならない〉ことを説いているが，それは「欧米ではそうなっているから」というだけのことであった。日本の博物教育は物理教育の場合と違って，その教育の重要性／必要性を理解することもなく，ただ模倣的にはじめられたといわざるをえないのである。

### 博物教育と宗教教育

　それでは当時，欧米の小学校では博物教育が本当に重要視されていたのであろうか。またもし，それが本当だとしたら，それはいかなる理由によったのであろうか。筆者はまだこれを欧米の科学教育に照らして詳

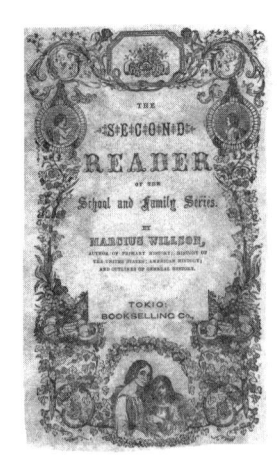

ウィルソンの第2リーダーの扉（左）と第3リーダー本文中の動物学のページ（右）。このような挿図入りの猿の博物学が数十ページもつづいている。

しく明らかにする機会をもっていないので，ここでは，当時日本に輸入された欧米の科学教科書の内容を調べることによって，その辺の事情を推察してみることにしよう。

まず取り上げねばならないのは，『小学読本』と「博物図」のもとになったウィルソンのリーダーである。ウィルソンは，その第3～第5リーダに，「動物学——哺乳類（四手動物／食肉動物／有蹄四足獣／齧歯性四足獣／有袋四足獣／鯨類の動物）」「鳥類学——鳥の博物学／植物の生理学——植物学」「爬虫学——爬虫類の博物学／植物学の第2部（植物界の第1部／双子葉植物／第2部／単子葉植物／第3部／隠花植物）／魚類——魚の博物学」といったぐあいに，動植物の分類学と物語を極端にまでくわしく取り上げているが，その理由は，これらの物語が国語教育の一環として児童の興味をひきつけるうえで有効であり，かつ「実物教育」という新教育運動の観点からみて，これらが具体的でわかりやすいということにあるとされている。

しかしもう一つの有力な理由は，これを通して宗教教育／道徳教育を行なわんとすることであった。つまり，「神の偉大さをその創造物とされている自然を理解させることによって知らせよう」というのである。このような考え方は博物教材だけにあてはまるものではなかった。ウィ

ルソンは究理学の話題を取り上げるにあたっても，それがわれわれの生活を豊かにするものであることを指摘するとともに，それが神の偉大さを知らせるものだということをすかさず強調しているのである（大系／教育① 5-8）。

しかし，このような宗教的科学教育観はウィルソンのリーダーだけに見られることではない。このような考え方は，当時欧米，特にアメリカではむしろ一般的なものであったらしく，同じような考えは当時広く普及した文部省出版の『具氏博物学』（大系／教育① 6-8）にもはっきり出ている。

この本の宗教的狂信は極端なもので，古生物学にふれて進化の事実を示すたくさんの事例をひきながらも，それをもって「聖書の説く宇宙開闢説が証明された」と説くほどである。また，明治14年に出版された松本駒二郎訳（英．ダヴィッドソン女史原著）『動物小学』（大系／教育① 11-3）となると，序文にも本文にもさらにはっきりと動物教育の宗教的道徳教育上の意義が論じられている。筆者はなにもことさらひどい教科書を捜してきたのではない。当時ごく普通のものとして用いられている博物の教科書にこのような記述がみられるのである（『動物小学』もいわゆる「いかがわしい本」として出版されたのではなく，当時の日本の最高の博物学者伊藤圭介校閲のもとに東京大学植物園に在勤した松本が訳したのであって，かなり広く用いられたようである）。

また，明治13年に文部省から出版されたドイツの『平民学校論略』（村岡範為馳訳）の「博物誌」の項（大系／教育① 11-2）には，

> 審美上の経験は博物教授の一大目的なり。教師の生徒を導びきて審美上の知覚に入らしむるや，自ら宗教の風趣を発す。何となれば，造化万物を経験するの旨趣は，自ら造化を貴び天を重ずるに至り，又自ら造化の妙を驚賛するに至らざる可らず。……宇宙万物を経験するや，其の万物を生ずるの原因を知り，其の原因はひとり蒼天が之を語るのみならず，路傍の小花もまた之を告ぐ。故に耶蘇(イエス)は好みて造化の妙を語れり。……

とのべられている。欧米での博物教育は，明らかにキリスト教教育の一

部をになわせられていたのである。

　しかし欧米でも、もちろん博物教育は宗教的な目標のみを持たされていたわけではなかった。少なくとも1800年代後半には、そのような考え方は古くさいものとなっていたようである。このことについて、『平民学校論略』はさらにこう書いている。

　　　古昔は博物授業の時、必ず修身宗教上の長談を為せり。夫れ、しきりに修身を語れば必ずしも宗教心を起す可しと為せず。こと宗教に当らずして宗教を語るも益無し。そもそも宗教を授くるに当りて造化を語るは是なり。博物を教うるに於て宗教を語るは非なり。

　つまり、博物教育は、その結果として宗教的道徳的な心情を養うに適することが強調されながらも、博物教育には、宗教教育とは別の目的／方法があることが問題になっていたのである。

### 博物教育の目的による分類

　博物教育というものは、もともと「それが学問としての博物学（動植物学／生物学）の教育を意図したものか、それとも科学以前の個々の博物についての知識の教育を意図したものか」という観点からこれを二つに分けることができる。そしてまた、「その主なねらいが、知識そのものにあるか、あるいは宗教的／道徳的な情操をやしなうとか、科学的な認識や判断能力をやしなうといった、精神的陶冶にあるか」ということから博物教育を分けることもできる。このような観点から博物教育の目標を分類すると、次のように書くことができるであろう。

|  | 科　学　的 | 科　学　以　前 |
|---|---|---|
| 知識そのものの教育 | A　博物学（生物学）の基礎知識『牙氏動物須知』($^{+B}_{+X}$) | X　個々の動植物についての実用的知識 |
| 精神的形式陶冶 | B　科学的生物観・生命観の養成　『博物新編補遺』 | Y　宗教的／道徳的な情操の養成　『具氏博物学』(+B)　『動物小学』(+B) |
| | C　科学的認識／判断能力の養成　Hooker(+B, +A) | Z　観察力／判断力／分類整理の習慣などの養成　『博物図』 |

第4章　小学校における科学教育の具体化　149

　このような分類法を用いると，『具氏博物学』や『動物小学』はYを中心として組織された教科書で，これにXが附加されたものということができる。教材の配列は分類学に従っているが，それは，Yの目標を実現する手段にすぎない，ということができるであろう。

　けれども，明治前期のすべての教科書がこれと同じような教育目標をもっていたわけではない。明治二年にでた『博物新編補遺』(大系／教育① 3-9) は，博物学（「植物論」「動物論」）にはわずか10丁，4000字をあてているにすぎないが，それは「植物の形態／分類／呼吸／同化作用」，動物では「顕微鏡的生物の存在」を示すなど，近代生物学の生物観を前面におしだした啓蒙書であって，その主な教育目標は上のBにあったものとみることができる。また，『牙氏初学須知』(大系／教育① 6-7) の植物学の巻も，まず植物の形態／生理について学問的な解説があり，次に実用的な植物について一つ一つ記述している。これは前半で主としてAに教育の目標をおき，Bの目標をも兼ね，後半でXの目標を実現せんとしたものとみることができる。また，松村任三の訳編になる『植物小学』(大系／教育① 11-4) は典型的にAを目ざした教科書ということができるであろう。ここでは，植物の各論は分類学的な観点で行なわれているのである。しかし，この本は，すでに日本に進化論が持ちこまれて東京大学を中心とした全知識人の間に問題になってからだいぶ後の明治14 (1881) 年に書かれたものなのに，その「植物分科の理」の章では，種の不変説を説いており，啓蒙精神の欠除を如実に示している。特に，この本のもとになったという2冊の本のうちの1冊，「ホウッカル氏」(Hooker) の『植物学』には種の不変説のまちがいが明瞭に述べられているし，訳編者はのちに東京帝国大学の植物学教授となった植物学者なのだから，これは問題にされうることである。

　ところで，J. D. Hooker (1817～1911) というのは，イギリス王立学会の会長を勤めたこともあるイギリス一流の生物学者で，その Botany という小冊子（原本は文庫本大143ページ）は，かの Science Primer 叢書の第8冊として刊行されたもので，この叢書の他の巻と同じく啓蒙的精神

に満ちたものであった。この本の序文には,「この Primer の目標は植物の生活の主要な諸事実についての初歩的な知識を提供するとともに,初学者が植物を組織的に正しく観察する方法を身につけ,こうして得られた知識を植物学の組織的な学習に適用する方法を身につけさせようとすることにある」といっていることでもわかるように,上記の教育目標のBを中心にB／Aを果たそうとしたものであった。その内容も小冊子ながら「植物の組織／細胞／その成長／植物の栄養から,発芽／根……生殖……分類（ここで進化論に言及）／生理学的な諸実験」に至り,当時の生物学教育でどんなことが教材になりえたかということをよく示してくれる。それでは,このような本の内容は日本に紹介されなかったかというと,そうではない。明治14年に出版された三橋惇纂訳『植物学教授本』（大系／教育① 11-5）という本は Hooker の本のかなり忠実な翻訳なのである。

　これで,上記目標のA／B／C／X／Yをそれぞれその主目標とした教科書が明治14年ごろまでに日本に紹介されていたことがわかった。しかし明治中期以後,長い間（多かれ少なかれ現在まで）日本博物教育を支配した考え方は以上のどれでもなかった。

### 「博物図」とその教育的意図

　「小学校教則綱領」以前の日本で,もっとも広く行なわれていた博物教育は,文部省の「博物図」（大系／教育① 11-1）による教育であった（いわゆる「博物図」は動物5図,植物5図からなり,はじめは植物のほうだけが「第一博物図」などと呼ばれていたが,のち動・植物あわせて「博物図」と総称されたようである。最初にでたのが「動物第一／獣類一覧」で1873（明治6）年1月刊,最後にでたのが1878（明治11）年3月刊の「第五植物図」である。もとの「博物図」は大きな色彩入りの掛図であるが,数種の解説本（大系／教育① 11-1）に転載されて普及した）。この「博物図」がアメリカ輸入のものであることはすでに述べたが,「博物図」の目標とするところは,「実物を通じて問答を行ない,ものの区別と名称／用途などを教え

ること」にあって，必ずしも博物学を教えることを目標とするものではなかった。日本の「第一博物図」（大系／教育① 11-1）の上欄の説明文には，「植物の呼吸／炭酸同化作用」のことにも言及し，最後に，植物の「形状等に至りては，各名称一ならず，今その著しきもの若干を挙げて植学入門の階梯とす」と書かれているが，これは無理な注文であった。実際には「博物図」に掲げられているさまざまな植物を示して，その名称やそれを表わす文字，その植物の用途などを問答しただけであろう。

それではそのような問答がなぜ必要だったのかというと，それは実用的な知識を与えることでも，植物学や動物学についての基礎知識を与えることでもない。たとえば，「第一博物図」には植物の葉が，その全体の形のうえから36種もあげられていて，それに「尖葉」だとか「細長披針状／楕円／卵形／匙状……」等々の名称がつけられている。このような区別や名前は実用にはならないし，植物学の基礎ともならない。このようなことの教育は「問答のための問答，実物の観察のための観察」でしかありえない。ここでは，少なくとも実質的には上記のZが教育目標となっていたと考えなければならない。

もっとも第二／第三の「博物図」は身近な果実を，「果実類／蔬果類／穀物類／豆類」に分け，さらに食用の根塊を加えたもので，全体として食用植物についての知識を与えるものとなっている（第四・第五も同じ）。ここでは，明らかに植物学上の分類でなく，実用上の分類が問題になっているのである。それでは動物のほうはどうかというと，五つの図ともまったく分類学的な配列に終始している。明らかに植物と動物とでは，学問的な観点からみて統一したものがないのである。これは「動物図」と「植物図」とで選者が異なる（植物は小野職慤，動物は田中芳男）ためかも知れないが，しかし，そのためだけとは考えられない。これらの博物図の教育目標が先の分類のYだとすれば，その博物の配列がどうであろうとさしつかえないのである。このような観点からは配列が無理なく行なわれていればよいのであって，そういう立場から考えれば，たしかに植物は実用本位，動物は分類学本位にしたほうが児童の興味をひ

きつけるのに便利だ，ということが了解できるであろう。

以上のことから，「博物図」のねらいは，身近な動植物を取り上げて観察させ，その特徴や用途に注目させて問答し，文字を教え，ことばを教えることを目標としていたと考えられるのであるが，やがてこのような教育の目標を一歩進めて，それにはっきりした表現を与えた本があらわれた。それが先にあげた文部省刊行の『平民学校論略』（大系／教育① 11-2）である。この本には博物教育の目的が次のように書かれているのである。

> 博物誌は，ひとり造化の力量る可らず，其の富限り無きを示すのみならず，又我輩をして万物の用不用と利害とを知るを得せしむるの学なり。童児此の無限富饒の物体を経験するや自ら多物の中に握点を発見し，一の順次を立るの心生ず。物を次序し緊要と不用とを区別するは，童児の精神を陶冶するの良法なり。何となれば，童児其の実験せし事を判決するに因て，その精神鋭敏に進むを以てなり。

つまり，ここでは，身近な動植物について分類学的な比較観察を行なわせ，「ものを整理する能力を与えること」の重要性がとりたてて強調されているのである。そのような精神的能力を開発主義的に伸ばしていく，そのために博物教材が取り上げられたといってよいであろう。この本は，さきの分類上でのX／Yのほかに Z の教育目標をはっきりと大きくかかげた日本最初の文献であった。

### 「博物学」ならざる「博物」教育の成立と形式陶冶

以上でわれわれは，1881（明治14）年ごろまでの間に，博物教育の目標について実にさまざまな考え方が出されていたのを見たが，1881年には，これらの考え方に対して文部省が一応の方針を示すことになった。すなわち，文部省は1881（明治14）年4月に公布した「小学校教則綱領」（大系／教育① 10-3）で，

> 博物は中等科に至って之を課し，最初は務めて実物に依って通常の動物の名称／部分／常習／効用，通常の植物の名称／部分／性質／効用，

及び通常の金石の名称／性質／効用等を授け，高等科に至りては更に植物／動物の略説を授くべし。

と定めたのである。これはつまり，中等科では「個々の博物についての実用的な知識を与える」という先の分類のXを教育目標とし，高等科になって教育目標のAあたりを加えると決めたことになるといってよいであろう。

実際，教則綱領以後さっそく，そのことをはっきりうたった教科書が出るようになった。たとえば辻敬之の『通常動物』や『通常植物』（ともに1882年10月普及舎刊）（大系／教育① 11-6）の「凡例」には，教則綱領のことばをひいて，「博物にして博物学にあらざるを以て，博物学の順序（博物学上の順序にて説くことは高等科に譲る）に関せず，教育上の順序，即ち通常動物中の最も人の耳目に親炙するものより漸次やや遠きものに及ぼせり」と書いてある。「博物学」ということばと「博物」ということばとは注意して区別されるようになったのである。

しかし，通常の動植物／金石についての知識を一つ一つ教えていくというのは，まったく寺子屋的な教育法であり，その実用性というものははなはだもってあやしげなものであった。そこで教則綱領のもとでも，博物教育の目標をXのごときものと考えることに反対する考えが現われてきた。筆者の知るかぎり，そのことをはっきり書きあらわしたのは，

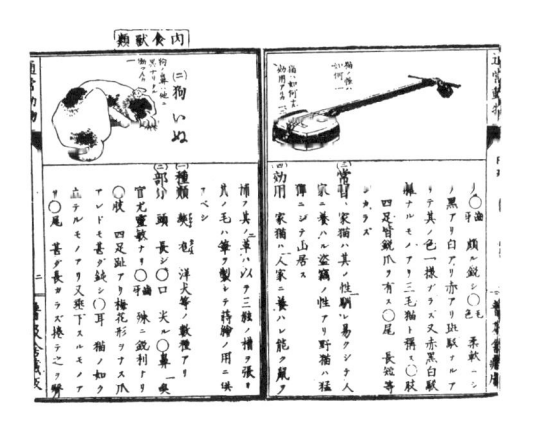

辻敬之『通常動物』
（1882年10月，普及舎刊）
この本には上欄に挿図が入っているが，翌年普及舎から出版された白井毅編『動物小誌』は似た内容だが，挿図が全くない。博物は「実物または標本によって教えるべきもの」という考え方が挿図をはぶかせたのである。

> 辻敬之『通常植物』(1882年10月刊) の項目
>
> 穀菜類……いね，おほむぎ，こむぎ，あは，もろこし，たうもろこし一名たうきび，そば，まめ（大豆），ささげ，ゑんどう，たうな，せり，ねぎ，しゃうが，だいこん，かぶら，ごぼう，にんじむ，さつまいも，おにゆり，くわゐ，きうり，しろうり，たうなす，たうぐわ，なす，こんぶ，しひたけ，まつたけ（29種）
>
> 果実類……うめ，もも，なし，すもも，りむご，びは，かき，ざくろ，いちぢく，みかん，ゆず，だいだい，ぶどう，くり，ぎんなん，かや，まくはうり，すゐくわ（18種）
>
> 各用種……くは，かうぞ，うるし，ちゃ，あさ，わた，たばこ，あゐ（8種）
>
> 用材類……ひのき，さはら，もみ，まつ，すぎ，かし，かへで，かしは，くぬぎ，くす，やなぎ，きり，けやき，しゅろ，たけ（15種）
>
> 観賞類……さくら，つばき，なむてん，もくれん，かいだう（5種）

1882（明治15）年に出版になった福岡県師範学校の星野・太田『博物教授解』（大系／教育① 11-7）である。

すなわち，この本の著者たちは「中等小学博物科の目的は，単に知識を与うるに在らず，また生徒の智力を発達するに在り」といい，「今若し，知識を与うるのみを以ってその目的なりとせば，本科の利益果たして幾何かある，実に僅少なると謂わざる可からず．何となれば本科の知識たる，浅近粗実用に適応せず，ただ心上の装飾たるに過ぎざればなり」といっている。つまり，博物教育の目的は知識を与えるよりも「生徒の智力を発達する」ことにあるとされているのである。この考えはまた，その翌1883年に出た東京師範の若林／白井の『改正教授術』の「博物課」の章にもあらわれている（大系／教育① 11-8）。この本は日本全国に開発主義教授法〔後述〕を広めたものとして有名だが，その正編全3冊のうち1冊全部をとくに「博物課」にあてて〈博物課の教授法〉を詳しく説いたのである。この本には「博物教授の目的たるや，天然物，即動植礦を実験視察し，以って児童のまさに揚発せんとする心意の諸能力を鋭敏活発ならしむるに在り」とされ，博物に関する知識そのものの

実用性を目的とすることには，まったく言及されていないのである。

それでは，博物教授によって「心意／諸能力を鋭敏活発ならしむる」というその「心意」とは何であろうか。それは「科学的な考え方」というものであろうか。いや，そんなことはありえない。もともとここでは科学としての博物学の教育は最初から断念されているのである。ここで問題になるのは，「身近にある動植物を一つ一つ取り上げて，それを科学的な目ではなく，科学以前の目でもって観察し，表現し，推理すること」を教えるにすぎないのである。つまり，「精密なる表現力／再現力及び省察力を練磨する」ことが問題なのである。「省察力」というのは「科学的な考え方」に近いようにも思えるが，実はそうではない。その「省察力」というのは，「動植物がいかに合目的的にできているか」ということを省察（解釈）させて「造化の妙工を黙想せしむる」（『改正教授術』）というにすぎないものであって，まったく非科学的なものなのである。

もともと，科学の教育を問題とせずに，手あたりしだいのものを集めてきて，それを考えさせたりすれば，非科学的な判断しかできないのがあたりまえである。ここで非科学的な判断をやめさせようと思えば，教師の権威をもって押しつけることが必要になるであろう。「精密なる表現力／再現力」（同上書）といっても，そこに目的とする科学がなければ，それはただ〈教師の指示にしたがって「精密に」表現し，再現する教育〉にならざるをえないのは明らかである。科学的な観察とは，ただ目に見えたことを片っぱしから観察し表現することではなく，本質的なものを選び出して観察し記録することであるから，ただ漫然と観察をしても，それはけっして科学に高まりえないのである。

### 「博物」教育成立の背景

日本の博物学教育は，こうして「改正教育令」のもとにおいて結局科学教育たることをやめた（小学校高等科では動植物の略説を授けることになっていて，そこには科学の教育が残っていたが，高等科は事実上存在しないに等しかったし，やがてはその「博物学」の教育も廃止になるのである）。それ

は，実用的な博物についての非実用的なもの知り教育となって，〈教師の指示のままに無目的に観察させ／表現させ／おぼえさせ／解釈させるような教育〉へと，その一歩をふみだしたのである。

それでは，なぜ博物教育は科学教育であることをやめなければならなかったのであろうか。その理由は必ずしも明瞭ではない。そこにはさまざまな理由があげられるであろう。まず，1880年ごろまでは，生物学教育のイメージ，その意義が物理学教育のようにはっきりとしていなかったことがあげられるかもしれない。それは，当時の欧米からやってきた初等の博物学教科書の多くが分類学中心で宗教的な色彩をたぶんにもっていて，実用的価値の乏しいものだったせいかもしれない。明治の初年にも養蚕などでは，近代的な科学研究の有効性が明らかに問題となりはじめていたのであるが，なぜかそのような実践的な教材は，博物学教科書にほとんど取り上げられなかったのである（『(牙氏)初学須知』はややその例外に属する。この教科書は，フランスの教科書の訳書で，当時の他の教科書と比べて著しい特色をもっている。それをひと言でいうと，「実用技術入門書」ということができるであろう）。博物学教育のイメージがこのように貧困だったところに，アメリカ直輸入の「博物図」が〈実物教育〉の名のもとに導入され，博物教材を科学や実用と切りはなして教えることがはじまり，そこに「開発主義の教育」の形式面が極端な形で普及するようになったので，それが強化されたのである。

しかし，われわれは，博物教育が科学であることをやめたその背後には，もっと強大な時代の流れがあったことを感じとらないわけにはゆかない。それは，このころちょうど政府の教育反動化の政策がはじまり，科学的／合理的な自然観の教育が回避されはじめたことである。博物教育が科学であることをやめたのは，そのことが直接の原因ではなかったにしても，時代の進行はそのような動きを支援し，イギリスで新たに起こりつつあった科学教育運動のようなものを受け入れるような動きを，さまざまな面からおさえつけるような作用をしたにちがいない。「開発主義の教授法」は確かに理想主義的な色彩を持つ教授法ではあったが，

日本の開発主義教育は，その形式的な面のみに注意を奪われ，科学的な自然観／合理主義を考慮せずに，教育の反動化と調和し，教育政策の反動化と統制強化の中に喜んで迎え入れられたというべきであろう。

開発主義の教育は「実物を重んじる教育」であったから，そこでは目に見，手にさわることができる自然物／人工物が教材とされることが多かった。だから，この時代は見る立場によっては一見「科学教育・理科教育の隆盛期」であったようにも見える。しかし，それはけっして科学教育ではなかった。その後，教育全般の反動化が更に強化され，教育の国家主義化が完成していくなかで，科学教育がさらにどのように改変させられたかということは，次の章において詳しくみることになるであろう。

### 「博物」教授の具体例

「小学校教則綱領」のもとでの「博物」教育の実際をうかがうために，最後に，若林・白井『改正教授術』に掲げられている「博物」教授の具体例を一つ紹介しておこう。テーマは「水亀」である。同書によると，博物教授は，「第1歩（単一なる表現力・再現力，二者を練磨するを以って目的となす），第2歩（精密なる表現力・再現力を練磨するを以って目的となす），第3歩（前者より一層精密なる表現力・再現力及び省察力を練磨するを以って目的となす），第4歩（専ら省察力を練磨し，併せて動物界造化の妙えを黙想せしむるを以って目的となす）の4段階」からなるが，この「水亀」の教授例は，この第3歩の「教授術一例」をなすものとして掲げられているものである。

> 教授　標本を教師の机上に置き，全生徒を適宜に分割し，先ず其の一組を呼出し，机側に直立整列せしめ，教師指状を持ち其の側に立ち，頭部，背部，腹部，四肢，尾等を指して曰く。「此等の諸部を熟視せよ」と。暫時にして右の生徒を退かしめ，他の一組を呼出し，熟視せしむること前法の如く，順次に全生徒視終て疑問を発すること左〔下〕の如し。

教，これは何物なりや。
生，亀なり。　　　　　　　　　　　教可〔教師，之を可決するの略〕
教，然れども亀にも種類甚だ多し。故にただ亀と云うも余り広きに過ぐ。誰かこの亀の名称を知るものなきや。
生，某生挙手して発言せんことを表す。
　　　　　　　　　　　級決〔全級にて可否を決定するの略〕教可
教，これを諾す。
生，いわく。これ「イシガメ」と云うものなり。　　　級決　教可
教，誰か「イシガメ」と漢字にて書き得るものありや。
生，某生が挙手す。
教，来て黒板に書せ。
生，その言の如くす。　　　　　　　　　　　　　　　級決　教可
教，水亀の頭に付きて観察したることを語れ。
生，頭は小にして尖れり。
　〔この答もし小の一事に止まるときは，尖の一事を云わしむる様再び問を発すべし。以下此類のこと多し。類推すべし〕
教，他の動物に之に似たる頭を有するものありや。
生，あり。蛇の頭はさも之に似たり。　　　　　　　　級決　教可
教，口に付きて如何なることを知れりや。
生，歯なきことを知れり。　　　　　　　　　　　　　級決　教可
教，然らば如何にして食物を咀嚼(そしゃく)すと思うや。
生，黙案す。
教，知らずんば余が之を語らん。口中上下腮(えら)に堅骨あり。歯牙の用をなす。ただし犬／猫の如く物を咬み砕くこと能わず。これを舂(つ)き砕くなり。
生，黙聴す。
　　　　　　　　— 〔中　略〕 —
教，曰く。頭部及四肢にことは大抵尽きたり。而して他の事に遷るの前諸子に問いたきことあり。諸種の動物は概ねおのれが躰躯を防護するの具あらざるはなし。汝ら試みに牛／犬／鼠に付きて之を説明せよ。
生，牛には鋭き角あり。犬には鋭き歯あり。みな敵を防ぐに用ゆ。鼠は

鋭き歯を有すれども、躰が小にして力弱くして他の動物に敵すること能わず。然れども敏捷なる足を有するを以って敵を見るときは速かに遁逃す。　　　　　　　　　　　　　　　　　　　級決　教可
教，水亀はこの如き防護の具を有するや。
生，之を有することなし。　　　　　　　　　　　　　　級決　教可
教，然らば身を護るの具、全くなきや。
生，某の優等生曰く、いなこれあり。
教，何物なりや。
生，かの堅甲こそ身を護るの具なれ。
教，如何にして敵を防ぐや。
生，敵を見るときは速かに首尾四肢を甲中に蔵めて動くことなし。
　　　　　　　　　　　　　　　　　　　　　　級決　教可
教，実に然り。然らば甲の性質を詳に語れ。
生，甲生曰く、至って堅し。　　　　　　　　　　　　　級決　教可
乙生曰く、数多（あまた）の片より成れり。　　　　　　　　　級決　教可
丙生曰く、数多の有角の片より成れり。　　　　　　　　級決　教可
教，甲を大別するときは幾箇となれるや。
生，上下の二甲に分る。　　　　　　　　　　　　　　　級決　教可
教，両甲の差異如何。
生，上甲は下甲に比すれば円し。　　　　　　　　　　　級決　教可
教，「此の如き形を弯形と云う」と云いながら之を板上に書し、其意義を講じ、次に其の生に読講せしむ。
生，其の言の如くす。　　　　　　　　　　　　　　　　級決　教可
教，誰か来て上甲を図解せよ。
生，言の如くす。
某生挙手、其不可を表す。
教，何か不可なる所あるや。
生，某生曰く、大躰は可なれども甲片の数相違せり。
教，汝は幾箇ありと思うや。
生，脊の中央に五箇、其の両側に各四箇、縁に24箇ありと思う。
教，然らば、汝来って改めよ。

生，言の如くす。　　　　　　　　　　　　　　　　　級決

　　教師喜悦の色を顕わしてこれを諾す。

　授業は，これからさらに「胴の形状は如何」「尾の形状は如何」「水亀の性は如何」「食物は如何」「潜居の状を語れ」「水亀の効用を語れ」というぐあいに，教師と生徒との問答を中心にして展開される。そして，この「教授」が終わると次に「演習」にはいる。

　　演習　〈教授大綱〉の順序を逐て疑問を発し，生徒答うるに従い自らこれを黒板に清書し，かつ毎条生徒をしてこれを読み或は講ぜしめ，部分より常習に至って止む。その法概ね左〔下〕の如し。
　　教，標本を納め黒板を拭い，板上に横線を引き，線上に「水亀／部分／頭部」等の文字を書して，問て曰く。「水亀の頭部に付き如何なることを知れりや」。
　　生，頭は小にして尖り，ほぼ蛇頭に似たることを知り得たり。級決　教可
　　教，右の答を黒板の横線下に書し，某生に読講せしむ。
　　生，その言の如くす。　　　　　　　　　　　　　級決　教可
　　教，そのほか頭部に付き知り得たることを語れ。
　　生，頚は伸縮自在なることを知れり。　　　　　　級決　教可
　　教，これを黒板に書し一生に読講せしむ。
　　生，その言の如くす。　　　　　　　　　　　　　級決　教可
　　教，そのほか如可なることを知れりや。
　　生，甲生曰く，頭及び頚には鱗甲なきことを知り得たり。
　　　　乙生曰く，歯なきことを知り得たり。　　　　級決　教可
　　　　丙生曰く，口内に堅骨ありて歯の代用をなすことを知れり。
　　教，甲乙丙生の答を黒板に書し某生に読講せしむ。
　　　　　　　─〔以下略〕─

演習が終わると，次は筆記である。

　　右演習並に清書終るときは，某生に之を読ましめ，且つ其の大要を講ぜしむ。次に生徒に令して，筆記帳を出して筆記せしむ。右終って黒板の文字を拭い去り，筆記帳を机内に納めしめ，のち水亀の大要を問答し，

第4章　小学校における科学教育の具体化　161

　次に附説の事項を簡短に話し，以って教授の局を結ぶ。

というのである。

　これによって，当時の「博物」教育の目ざす「表現力」「再現力」「省察力」というものがいかなるものであったか，かなり明らかであろう。そしてこのような授業が不可避的に「雑多な知識の詰め込み」と化していることが知られるであろう。

## 第3節　小学校物理教授法の具体化

### 「物理」教育の成立

　明治初年以降，物理学教育は科学教育の中核をなすものとして多くの期待をかけられてきたが，小学校で物理学の授業が実際にはじめられて，その授業法が具体的に問題になるようになったのは，1881～2年以降のことであった。それより以前，明治五（1872）年の「小学教則」では，物理学は下等小学5級（3年後期）から上等小学1級（8年）まで通して課せられることになっていたが，これは実現させられなかった。これに代わって1873年以降，府県の教則の基準となった官立師範学校の「小学教則」では，物理学は上等小学上級（7～8年）に押しあげられてしまったので，まだそのような上級生の存在しない当時としては，事実上小学物理学教育は行なわれず，教授法も問題になりえなかったのである。

　ところが，小学校の上級に進むものがふえてくる一方，1880（明治13）年の「改正教育令」で小学校の組織が改められて小学校中等科が新設され，そこに「物理」が課せられることになると，そこではじめて実際に物理教育がはじまり，その教授法が具体化されることになった。もっともそれは第1節で指摘したように，同一年齢層のわずか数パーセントのものにすぎなかったが，ともかく毎年全国で1万人をこえる児童が物理の教育を受けることになったのである。

それでは、その物理教育の内容はいかなるものであったかというと、「小学校教則綱領」には、

> 物理は中等科に至って之を課し、物性／重力等より始め、漸次「水／気／熱／音／光／電気／磁気の初歩」を授くべし。およそ物理を授くるには、務めて単一の器械及び近易の方便に依り実地試験を施し、その理を了解せしめんことを要す。

と定められている。

ここでまず注目しなければならないのは、従来、「物理学輪講」などと「物理学」ということばが用いられていたのが、単に「物理」と称されていることである。もっとも、われわれは今日、「物理学」の略称として「物理」ということばをごくあたりまえに用いているし、従来の物理学教科書も『物理階梯』とか『物理全志』などという名称をもっていたのだから、「物理学」と「物理」のことばの違いをせんさくするのは当を得ていないように思われるかもしれない。しかし、当時「博物学」と区別された「博物」の教育というものが主張されはじめたという事情を考えると、これは単なる略称であるといってすますことはできないようにも考えられるのである。実際、第二次大戦後、〈高等学校の「物理」教育は「物理学」教育とは別のものだ〉ということが公然といわれるようになったことがあるのだから、このことばの違いは慎重に検討する要があるであろう。

（1961年にアメリカからＰＳＳＣ物理教育運動の中心メンバーを招いて東京で説明会を開いたとき、従来の日本の高校物理教育の指導的なメンバーの一人金原寿郎教授が、〈日本の高校「物理」教育は「物理学」の教育を目ざすものではなかった〉ということをいおうとして大変困ったという笑えぬ事実がある。物理も物理学もそのまま常識的な訳語を用いると、ともに Physics となってしまい、区別がつかなくなってしまうのである。「物理学」と区別された「物理」は、〈既成の物理学の論理にこだわることなく、物理的な自然現象についての知識と、科学的な考え方とを教育すべきである〉という主張にたつもので、〈生徒の素朴な考え方を尊重する〉というたてまえから、科学の論理を積極的に教育することを

拒否するのである。そのような「物理」教育では、日常身辺の物理現象を実験的に解明することに力がおかれ、その結果、現代物理学の考え方などは、ごく簡単にお話的に取り扱われるのにすぎなくなる）

しかし、「物理学」ということばから「学」を除いて「物理」としても、まだ「理」ということばが残っており、この場合には、「博物学」を「博物」としたときのように学的な取り扱いを全面的に除くことはできない。物理教育から学的な取り扱いを全面的に排除するためには、「物理教育」を「物理現象や物理的機器の教育」といいかえる必要があるわけである。そして、実際次の章で述べるように、1886（明治19）年になると、「物理」ということばもついに小学校教育から姿を消すようになる。そう考えると、1881年の「小学校教則綱領」の「物理」教育は、「物理学」教育から単なる「自然現象・物理的機器の教育」へと転換する過渡的な段階であると考えることもできるであろう。

### スチュアートの「物理学」教科書

ところで、このような時期にもっとも普及した教科書は、イギリスの例の Sience Primer 双書の一冊、バルフォア・スチュアート（Balfour Stewart）の Physic の訳書であった。「小学校教則綱領」が制定される少しまえから、この本の訳書が何種類もあらわれて、『物理階梯』に代わって広く普及するようになったのである。

このスチュアートの原本は1872（明治五）年に初版が出版されていたが、その訳本は、1878（明治11）年11月にはじめて小林（蘆葉）六郎訳『士氏物理小学』が出版され、翌年1月には小林義直閲／山岡謙介訳の『学校用物理書』（人系／教育① 12-1）が出版された。これらの本は、のち原本に問題が増補されたのにならって、1880〜81年には、それぞれ『(改正増補) 士氏物理小学』『(改正) 学校用物理書』と題して改訂版を出すようになったが、両者ともかなり普及したらしく、1884〜85年までにそれぞれ改訂版だけで4版を重ねている。このほか、磯野徳三郎訳（杉浦重剛閲）の『物理学初歩』（1883年）、玉名程三訳補の『小学物理新編』

(1884), 同訳補の『新撰小学物理書』もスチュアートの原本の訳, あるいはそれに訳者が増補したものである。またこのほか福岡県師範学校(星野彦三郎／太田保一郎／那須理太郎)編『新選物理書』(1882), 熊本師範の住田昇著(後藤牧太／中村五六校閲)『啓蒙物理書』(明治18年)はスチュアートの原本にのっとって編集されたものであり, 宇田川準一の『物理小学』(別名『物理初階』, 1881)はパーカーの本とスチュアートの本の折衷訳であった。1880年代にはこのほか約10種類の小学校用の物理教科書が出されているが, それらにもスチュアートの本の影響を受けているものが多く, この時期には, まったくスチュアート全盛の時代となったのである(中等程度の教科書としても明治10年には川本清一訳『士都華(スチュワルト)物理学』が東京大学理学部から出版されて普及した)。そこで, ここに本書の目次を紹介しておくことにしよう。

序論——物理学の定義／運動の定義／力の定義
重要なる自然力——重力の定義／凝集力の定義／化合力の定義／諸力の功用
重力の作用——重力の中心／天秤
物質の三態——物質論／固体／液体／気体
固体の性質——固体の凝集力／たわみ／材料の強度／摩擦
液体の性質——液体の体積の保存／圧力の伝達／水圧機／液面の水平性／水準器／水の圧力／水の浮力／水中物体の浮ぶこと／相対密度つまり比重／他の液体の浮力／毛細管現象
気体の性質——空気の圧力／空気の重さ／気圧計／気圧計の効用／空気ポンプ／水ポンプ／サイフォン
運動している物体——エネルギーの定義／仕事の定義／運動体のする仕事／位置のエネルギー
振動している物体——音／騒音とは何か・楽音とは何か／音も仕事をすること／空気が音を伝えること／空気の音の伝え方／音の伝わる速さ／反響／音の振動数の測定法
熱せられた物体——熱の本性／熱膨脹／温度計／温度計の製法／固体の膨脹／液体の膨脹／気体の膨脹／膨脹の要約／比熱／状態変化／水の

潜熱／水蒸気の潜熱／沸騰と蒸発／沸騰点は圧力による／その他の熱の働き／寒剤／熱の伝達／熱伝導／熱の対流／放射熱と光／光の速さ／光の反射／光の屈折／レンズとそれによる像／顕微鏡／光の種類による屈折率のちがい／前節の要約／熱の本性

電気を帯びた物体——導体と不導体／二種の電気／すべての物体中に二種の電気が存在すること／静電気誘導／電気火花／静電気誘導の二三の実験／尖端作用／発電機／ライデン瓶／帯電体のエネルギー／電流／グローブ電池／電流の諸性質／電信機／結論

付録——記憶すべき事項／実験器具使用上の注意／実験器具目録

スチュアートの物理学教科書は，この目次からも推察される通り，明らかに「物理学」そのものの入門書であって，けっして「物理」の教科書といえるようなものではなかった。『物理階梯』と同じく，ここでも分子論的自然観が全編を貫き，そのうえ，エネルギー論で一貫した構成をなしている。ここには日常身辺の「物理」教育でなによりも先に取り上げられるテコや滑車などというものがまったく取り上げられていないことにも注目すべきである。ここでは〈分子概念とエネルギー概念〉とによって統一された物理学的自然観の教育がなによりも重んじられているのである。

### 物理学教授法のはじまり

スチュアートの本が文部省（片山淳吉）の『物理階梯』やそのもとになったパーカーやカッケンボスの原本と根本的に違う点は，それが実験を重視し，経験事実や実験を示してからそれをもとにして原理や法則を導き出そうとしていることであった。たとえば，「液体の性質」の第1項「液体の体積の保存」の全文を引用すれば，次のとおりである。

> 水の如き液体の分子は容易に動揺するを得るものなりといえども，これを圧縮してその容量を減少せんとするに至っては，如何なる方法もこれをなすこと能わざるなり。この説の疑うべからざるは，次の試験〔experiment 実験〕に依って明らかなり。

第11試験〔Experiment 11〕有底の一器を取り，盛るに水を以ってし，活塞をはめ，その上に重い物をのせてこれを圧すべし。水の容量は重い物のいかに大なるかにかかわらず，決して縮小することなかるべし。(訳文としては，中西凖太郎訳『(土都華氏新訳) 小物理学』1892年のものを用いた。原文に片仮名・句読点などを補って読みやすくした)

　スチュアートの物理学教科書のこのような実験重視は，Science Primer 双書全体の特色であるが，このようなスタイルの教科書は，当時師範学校を中心に新しい勢いで広がりはじめた「開発主義の教育思想」にぴったり合うところがあった。そこで福岡県師範学校の星野／太田／那須は，スチュアートの教科書に基づく開発主義の教授法を作り出し，1882 (明治15) 年5月『新選物理書』(大系／教育① 12-4) を出版した。この本の30ページにも及ぶ「緒言」で，編者らは，まず開発主義に基づく小学校物理教授法の精神を説いて，「物理学は宇宙の現象を考察し集めて大成したるものなれば，解明例若くは試験を示し，生徒をしてその根理を発明せしむべし。教師直にその理を説明すべからず」と指摘し，「前日授けし業は，今日教授の基根となし，既に理会し，既に発達し，既に活用するを見て，始めて他に進むべし」といっている。この本の本文は，教科書は「ただ筆記の代用たる可きもの」「時々筆記の労を省き，その備忘録たるに過ぎざる」ものという観点から，これまでの読物式の教科書とは異なった簡潔な表現形式をもっているのである。「緒言」ではこの新式教科書を用いて実際に生徒と問答をくり返して授業を進行させていく方法を具体的に説いている。この本は，「日本ではじめて物理の教授法を具体的に展開した注目すべき本」であるから，次にこの本にのせられている教授例を紹介しておくことにしよう。次の「教授例」は「凝聚力」の授業の後半の部分である (前半では，分子の概念を教えるためのこれと似た問答例が示されているが，その最後に「若シ時間ナキトキハ，此ノ一段〔別掲教科書の「分子の解説」の部分〕ヲ読マシメ，又タ其ノ意義ヲ説語セシムベシ」としている)。

(教)（糸の一条を取り，引いてこれを両断しまた生徒をして同じく両断せしめ），問う，汝等は糸を断たんとするとき，糸は手に如何なる感を与えしや。(生) 糸の手に抵抗せしを覚う。(教)（生徒の断つ能わざる一層大なる糸を取て，之を生徒に与え，手を以って之を引かしめ）問う，汝等は何故にこの糸を断つ能わざるや。(生) 生等の手力が弱き故なり。(教) 然らば前の糸の断てたるは何故なるや。(生) 手が勝つ故なり。(教) 如何なるものに勝ちしや。(生) 糸に勝ちしなり。(教) 糸の如何なるものに勝ちしや。(生) 糸の抵抗に勝ちしなり。(教) 糸は何故に抵抗せしや。(生) 糸は力を有せるに由るなり。(教) 然り，糸の有せる力は汝等の手に如何せしや。(生) 生等の手に抵抗せしなり。(教) 然り，汝等すでに，糸は即ち許多の分子よりなるを知れり。然らば，何故に糸は此力を有するや。(生) 分子ある故なり。(教) 分子あるときは何故にこの力を生ずるや。(生) 分子の結合せるに由るなり。(教) 然らば，分子の結合するときは如何なる力を有するや。(生) 抵抗の力を有す。(教) 然り，然らばこの石の形と容積を変ずるには如何。(生) 甚だ困難なり。(教) 何故に困難なるや。(生) 石に抵抗力あればなり。(教) 石は何故に抵抗力を有するや。(生) 分子固結せし故なり。(教) 然り。糸石の類の容易に破壊すべからざるは何故なるや。(生) 分子固結せる故なり。(教) 分子固結するものは何故に容易に破壊す可からざるや。(生) 力あるに因るなり。(教) 如何なる力なるや。(生) 分子を固結する力なり。(教) 実に然り，汝ら分子を固結する所の力を何と名づくるや。之を知れるものあらん。(生)〈凝聚力〉と名づく。(教) 然り。凝聚力とは如何なる力なるや。(生) 物体の分子を結合する力なり。(教) 物体の分子を結合する力を何と云うや。(生) 凝聚力と云う。(教) 一，二，三，四の号令を以って書籍を出ださしめ，誰か「第五回凝聚力」の条を読み得るものあるや。(生) 手を挙ぐ。乃ち二三名をして順次に之を読ましめ，のち他生をして，その意義を説話せしめ，充分誤なきを認め，また一，二，三，四の号令を以って書籍を納めしめ，問，汝等今如何様のことを学びしや。(生) 凝聚力の定義を学びたり。(教) その定義を述べよ。(生) 之を述ぶ。

福岡県師範学校編『新選理物書』の「凝聚力」の項全文

> 第五回　凝聚力
>
> 一解明　　白堊　糸　石
>
> （甲）分子の解説
>
> 　　白堊一塊を取り，之を砕けば許多の粉末となり，なお精密に之を磨砕せば極めて微小なる最小分となるべし。然るときは白堊はこの最小分の結合して成立するを知る。この最小分を名づけて物の分子と云う。
>
> （乙）例　　一条の糸を取り，手を以ってこれを引き両断せんと欲するときは，糸のこれに抵抗する力ありて手力が若しこれに勝つに非らざれば決してこれを両断することを得ず。また石を執り，その形状及び容積を変せんと欲せば頗る困難にして非常の力を要すべし。
>
> （丙）論証　金属線及び石は容易に破壊すべからざる一種の力に由りて結合維持せらるるに由る。
>
> 二定義　　物体の分子を結合する力を凝聚力と云う。

## 簡易実験法の研究・紹介

　日本における小学校の物理教育は，ともかくも，上に述べたように，1882（明治15）年ころから，「開発主義／誘導法」の旗じるしのもとに，科学としての物理学の教育を意図して具体化されるようになったのであるが，当時この授業法を実施するうえでの大きな困難は，生徒に示す実験装置のないことであった。文部省は1878（明治11）年に各府県の公立師範学校に物理実験装置一式をアメリカから輸入して補助するなど（大系／教育① 6-11），科学教育を実験に基づいて組織することにも力を尽くしていたのであるが，そのような高価な実験装置が当時の一般の小学校に備えつけられていないのは当然のことであった。

　しかし，当時の物理教育界の指導者たちは，みずからの手でこの困難を克服することを試みた。スチュアートの物理教科書などには〈簡単な仕掛けでできる数々の実験例〉があがっているが，そのような海外での

簡易実験のくふうを紹介普及させるとともに，新たに一連の簡易実験を創作する努力をはじめたのである。それは，「実験は簡単にして明瞭なるべきこと」という開発主義教育の精神からすれば，けっして単なる〈代用品による間に合わせ的な努力〉ではなく，本来的な物理教授法の研究といえるべきものであった。

　簡易実験装置の紹介／創作の先頭に立ったのは，東京師範学校の後藤牧太（1853～1930）であった。彼はみずから簡易実験装置をくふうするとともに，師範学校の生徒に簡易実験装置の工作を指導したが，1883（明治16）年11月～12月には大日本教育会で「簡単なる器械を用いて物理学を教ゆること」と題して講演を行ない，師範学校の生徒に作らせた簡易実験装置を紹介し，手軽にできるたくさんの実験例をあげている（大系／教育① 2-6）。このような試みは，当時発刊されて間もない随一の科学啓蒙雑誌であった『東洋学芸雑誌』の編集部にも支持され，同誌には毎号のように簡易物理実験が紹介されている。化学関係では，東京女子師範の中川謙二郎（1850～1928）がやはり多くの簡易実験をくふうしている。後藤／中川の2人は，これらの簡易実験を1884年のロンドン衛生教育博覧会や1885年のアメリカの博覧会に出品して，金牌，銀牌に当たる賞を受けたというが，これらの簡易実験のくふうには今日なお参考になるものがある。これは歴史的にも日本で独自に科学教授法が研究されはじめたことを意味するものとして注目すべきことといわなければならない。これらの簡易実験法は，後藤牧太／三宅米吉編『簡易器械理化学試験法』（1885年）（大系／教育① 12-6），中川謙二郎『簡易化学器械』（1884年）としてまとめられて出版されたが，これと前後して理化実験法の本が数種も出版されている。

　また，後藤牧太はこのような簡易実験を紹介考察する一方，1885（明治18）年の11月には，その教え子たち3人と共著で，『小学校生徒用物理書』（大系／教育① 12-8）なる教科書を出版した。この本の「はしがき」には，

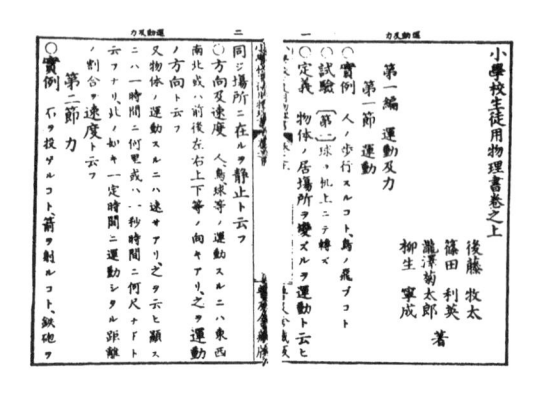

後藤牧太ほか『小学校生徒用物理書』(1885年刊)の本文1～2ページ．各節ごとに，実例・試験（実験のこと）・定義などの項目が設けられていて，文章がきわめて簡潔になっていることに注意

　この本には，教師の心得となることにて生徒に用なきこと，および生徒に見せぬ方が都合よきことはのせず。この本の書き方は簡略にして，詳しきことを誌さず。これは教師が口授にて教ゆるに便利なるため，かつ生徒に考え出さしむべきことを省(はぶ)くがためなり。この本を殊更に「小学校生徒用物理書」と名付けたるは，別に「教師用」の本を遠からず作るつもりなればなり……。この本にのせたる試験〔実験〕は教師あるいは生徒のみずから作りたる器械にてなしうべき最も簡易なるものなり。

　　（原文は全文平仮名わかち書きであるが，読みやすいように漢字を加えた）

とある。実際この本は，これまでの教科書と違って，教育的に配慮のゆきとどいた「最も教科書的な教科書」であった。明治10年代の末ごろには，日本でも実験に基づく科学教育が本格的に問題になりはじめていたのである。

　しかし，残念ながら後藤らのこの画期的な『小学校生徒用物理書』も実際にはほとんど用いられなかったものと思われる。この本とは別に出版されるはずの「教師用」の本も出版された形跡はない。本書出版の翌1886年には小学校の教則が再び変更になり，物理学の教育は小学校の教則からはずされたので，物理学を本格的に科学として扱ったこの時期の教科書は使用されなくなったからである。1886（明治19）年以後，物理教育は「理科」教育の一環として，物理学教育でなく，物理的現象と物

理機械についての雑多な知識を教える学科として再出発するのである。

## 「科学」教育から「理科」教育への転換の根拠

　文部省の「小学校の学科及び其の程度」(1886年5月21日)は，次の章でくわしくみるように，「科学」教育を「理科」教育へ転換させることになった重要な法令であったが，この「理科」の項がだれによって起草されたのか，いまのところ筆者は知らない。師範学校関係者の間でも「理科」という教科の設定が「寝耳に水」的なあらわれ方をしたということを考えてみれば，これが教育現場からの発想に基づくものでなかったことは明らかであろう。師範学校における科学教育の草わけ的存在であった後藤牧太でさえ，この法令の公布寸前(1885年11月)に『小学校生徒用物理書』という意欲的な教科書を出しているのだから，この教科書の使用を不能にするような理科教育制度の設定に参画していたものとは思われない。おそらく，この「理科」の規定は現場の科学教育の指導者にはかることなく，文部省内外のごく少数の教育学者によって定められたのであろう。

　それでは，この「理科」の規定以前に，これと同じような考え方がまったくなかったか，といえばそうではない。1881年の「小学校教則綱領」にあらわれた「博物」の規定は「理科」の考え方に先行するものであったが，物理教育の分野でも，〈従来の「物理学」の教育を日常身辺の事物現象を教える教科に改変させるべきだ〉という有力な主張が，村岡範為馳によって行なわれていたのである。彼が1883(明治16)年11月11日に大日本教育会で行なった「物理学授業法」と題する講演がそれである。(この講演筆記はすぐに『東洋学芸雑誌』に掲載された。大糸／教育①12-3)。村岡範為馳は1875(明治8)年以来文部省にあり，ドイツの『平民学校論略』を訳すなどの仕事をし，1878年2月には師範学校取調べの命を受けてドイツに留学しているし，当時は東京大学医学部の物理学教授の地位にあったから，彼の発言は文部省内に(後藤牧太ら現場関係者の発言よりもはるかに)重きをなしたことは明らかであろう。この講演

は，〈「理科」教育は「科学」そのものの教育であってはならない〉とするその後の理科教育論者の論拠として多くを提供しているものであるから，ここでいくらか詳細に紹介／検討することにしよう。

村岡は，この講演のはじめに「小学物理の授業法は如何してその当を得るやを知らんと欲せば，先ずその物理を教うるの目的如何を明らかにせざる可からず」として，次のように述べている。

> 物理は一つの学術なり，学術を研究するは小学直接の目的にあらず。物理は工芸の基礎を作り，考究の力を養う者なり。これ既に以って一つの目的と為すべしと雖ども，小学に於てはなお少しく退きて，目前に切迫する直接の状態に就き考察せずんばあるべからず。凡そ人の学問せずして成長する者（現今の百姓町人等）その<u>日常見聞する</u><u>物体現象</u>に就き奇異の想像を起し，無根の臆説を作り，（彗星日月蝕淫祀），些少の事を理解するに苦しみ，或いは<u>晴雨計／寒暖計／電信機等，衆人の便益に供する</u><u>器具類</u>の用を知らざる者は他なし，これを理解するの道を学ばざりしが為めなり。そもそも小学校は，人たる者の人として知らずんば他人と共に世を渡ることを得ざる者を教うるの場所なり。然らば下等人民をして，右等の迷惑盲信等に陥らざらしめ，また<u>世人便利の為に作れる諸装置／</u><u>諸器械等に就き略々その理を</u>了解せしむるは，小学教員の責任と云うべきなり。而して物理は即ちこれにあたかも適する学科なり。
> 〔下線は板倉〕

ここまでのところは，（「下等人民」などと人民を差別するニューアンスがみられることのほか）一見，明治初年の洋学者，究理学啓蒙書の主張とほとんど変わることがないようにもみえる。しかし，この文章の続きとして書かれている次の結論は，明治初年の究理啓蒙思想とかなり違っている。

> 余，故に小学物理の目的を発言すること次の如し。曰く，「小学の物理教授は，児童をして日常見聞する所の物体及び現象に就きほぼその理を覚らしむるを以って目的とす」。
> 然らば小学児童に物理を教うるには，物理学正則の順序に従わずして或いは晴雨計の事を談じ，或いは寒暖計或いは雨風の事を説くも妨げな

し，その法ただ童児精神の発育に戻らざらんことを要するのみ。

　明治初年の究理啓蒙思想は儒教的自然観に対し，科学的自然観を対置することにあった。だからその話題はむしろ，物理学的自然観の雄大さを示すところにおかれ，「日常見聞する所の物体及び現象」に局限されることはなかった。それどころか，万有引力だとか分子だとか分子間力だとかエネルギーとかいった，目にみえない現象が重んぜられたのである。ところが，村岡のドイツ流物理教育論は，そのように目に見えないものの教育を拒否するのである。そのことについて，彼は次のように述べている。

　　童児の精神発育の序に従い教えを施さんと欲せば，如何にせば即ち可ならん。曰く，「教うべき事柄は児童の想像内に止まり童児に入り易き者を撰ぶべし」。曰く，「これを教うるには物理の学を以って既成の者となさず，誘導の法（インダクション）に従い，童児をして自力を物体現象を経験し，自からその定則等を網み出さしむべし」。
　　〈童児の想像内にありて入り易き者〉とは，即ち童児の日常接近し見聞する所の者，或いは童児の目前に示し得る者なり。日常見聞することもなく，教授の時見ることも出来ずして唯空しく考究するのみを以って理解すべき事柄は，童児に適せざる者なり。例えば「エネルギー」の如し。

　こうして，村岡はスチュアートの物理教育批判に進むのである。

　　スチーワルト氏の如きは随分巧みにこれを説きたるが如しと雖ども，氏の欲する所を了解するは矢張り既にその想像を有する人に止まりて，更に無知の者はたとえ童児ならずとも之を解せざるべし。試みに，頬冠りを為し糞桶を担ぎ行く田舎漢をとらえて，屋上の瓦と屋下の瓦と異にするの論を説かんに，余は決して之を了解せざるを信ずるなり。
　　スチーワルト氏がかくの如き組立をなせしは，蓋し小学の児童の十が九，或いは百が九十九は小学の卒業を遅しとして生業に入る者なることに気付かずして，人々みな後来は自分の如き物理学者となる者と思いたるべし……。また「エネルギー」の事の如きはたとえこれを了解せしむるの法あるにもせよ，小学には不用と云うて可なり。何となれば，斯く

の如き高尚の事を要用とせば、小学物理の目的は学術にありと云わざる可からざればなり。

このような論拠は、これから今日まで、「小／中学校の理科教育は科学そのものの教育をめざすものではない」ということを主張する人々がいつも引き合いに出すものと同じものである。〈「下等の人民」には科学などわかりっこないし、たとえわからせることができたにしても何の役にもたたない〉というのである。そのような議論では、雄大な科学的自然観／科学観が人々の生き方を変えるような威力をもちうることが忘れられているか、故意に無視されているのである。また科学の最も基本的な概念や原理的な法則についての知識が、次の時代に必要不可避になるという展望を欠いているのである。しかし村岡のこの論議はその後国民教育の反動化、国家主義化の波にささえられて文部省の採用するところとなったわけである。

この講演から2年半あとに制定された「小学校の学校及び其の程度」にみられる「理科」の規定が、「（児童の）日常見聞スル物体現象……（彗星日月蝕淫祀）……晴雨計／寒暖計／電信機等、衆人ノ便益ニ供スル器械類ノ用」を知らせるという村岡の主張を受け継ぐものであることは明らかであろう。

(村岡範為馳（1853～1929）は大学南校／開成学校のドイツ語コースで学んだが、ドイツ語コースが廃止となったので文部省にはいり、1878年2月、ドイツに留学、物理学を学んで3年後、ストラスブルク大学でPh.D.の学位を得て帰国し、東京大学医学部の物理学教授／大学予備門／第一高等中学校の教頭となり、1888年9月、再度2年留学し、帰国後、女子高等師範学校教頭／校長心得／東京音楽学校校長／第三高等学校教頭をへて、京都帝国大学の初代物理学教授となった。『平民学校論略』の訳と「物理学授業法」以後科学教育に関係する論文は見あたらない)

# 第2編

# 理科教育の成立と展開
―― 義務教育を中心に

## 幕末の科学技術教育機関の変遷

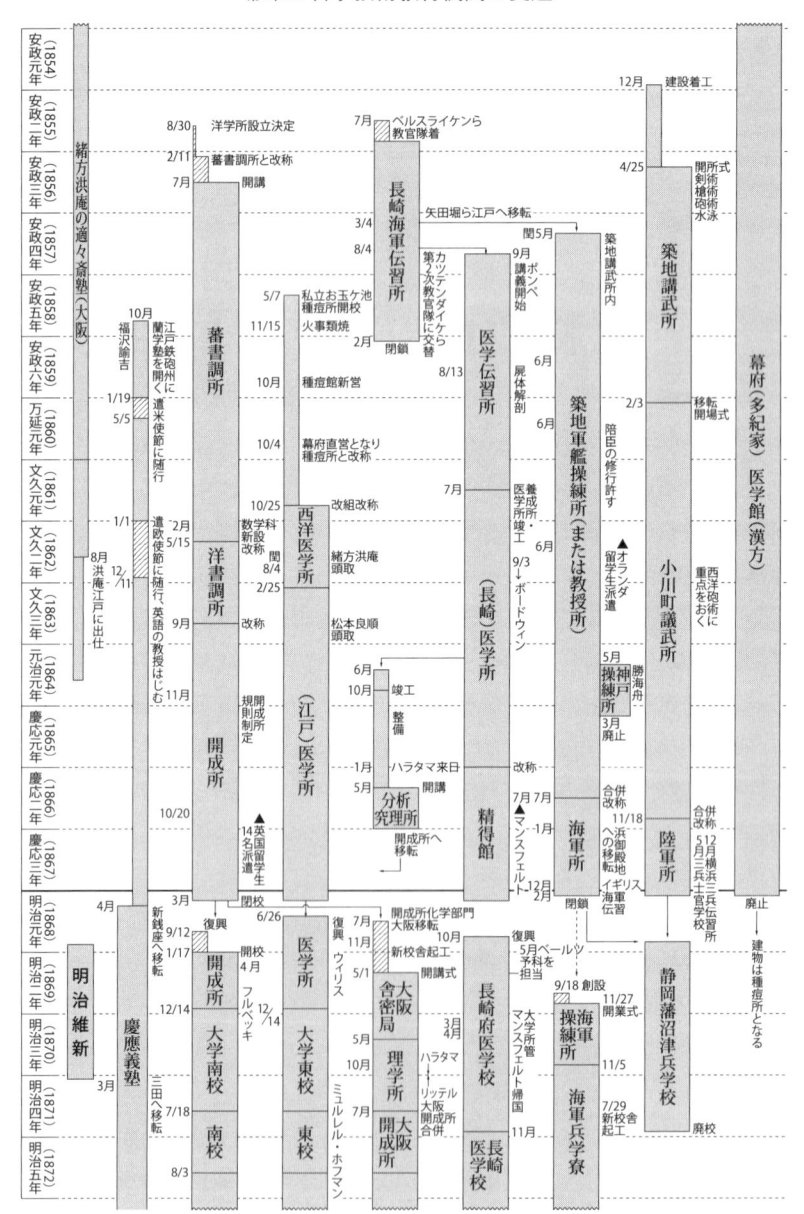

(このページは幕末期の科学技術教育機関の変遷を示す年表図である。以下、主な機関と出来事を年代順に記す。)

**年代（和暦・西暦）**
- 安政元年（1854）
- 安政二年（1855）
- 安政三年（1856）
- 安政四年（1857）
- 安政五年（1858）
- 安政六年（1859）
- 万延元年（1860）
- 文久元年（1861）
- 文久二年（1862）
- 文久三年（1863）
- 元治元年（1864）
- 慶応元年（1865）
- 慶応二年（1866）
- 慶応三年（1867）
- 明治元年（1868）
- 明治二年（1869）
- 明治三年（1870）
- 明治四年（1871）
- 明治五年（1872）

**主な機関（右から左へ）**
- 幕府（多紀家）医学館（漢方）— 廃止、建物は種痘所となる
- 築地講武所 → 小川町講武所 → 陸軍所
- 築地軍艦操練所（または教授所） → 海軍所
- 長崎海軍伝習所
- 医学伝習所 →（長崎）医学所 → 精得館 → 長崎府医学校 → 長崎医学校
- 種痘所 → 西洋医学所 →（江戸）医学所 → 医学所 → 大学東校 → 東校
- 蕃書調所 → 洋書調所 → 開成所 → 開成所 → 大学南校 → 南校
- 分析究理所 → 開成所化学部門 大阪移転 → 舎密局 → 大阪理学所 → 開成所
- 緒方洪庵の適々斎塾（大阪）
- 福沢諭吉 江戸鉄砲州に蘭学塾を開く、のち英語の教授はじむ → 慶應義塾
- 神戸操練所 → 海軍操練所 → 海軍兵学寮
- 静岡藩沼津兵学校

**主な出来事**
- 1854年12月 建設着工（築地講武所）
- 1855年7月 ペルスライケンら教官隊着（長崎海軍伝習所）
- 1855年8/30 洋学所設立決定
- 1856年2/11 蕃書調所と改称
- 1856年4/25 開所式（築地講武所）
- 1856年7月 開講
- 1857年3/4 矢田堀ら江戸へ移転
- 1857年8/4 第2次教官隊に交替（カッテンダイケら）
- 1858年5/7 私立お玉ヶ池種痘所開校
- 1858年閏5月 ポンペ講義開始
- 1858年11/15 火事類焼
- 1859年2月 閉鎖（長崎海軍伝習所）
- 1859年8/13 屍体解剖
- 1859年10月 種痘館新営
- 1859年10月 福沢諭吉
- 1860年1/19 遣米使節に随行
- 1860年5/5
- 1860年6月 養生所・医学所竣工
- 1860年10/4 幕府直営となり種痘所と改称
- 1861年1/1
- 1861年2月 遣欧使節に随行
- 1861年5/15 教学科新設改行
- 1861年7月 改組改称
- 1861年9/3 ボードウィン
- 1861年10/25 改組改称
- 1862年8/4 緒方洪庵頭取
- 1862年9月 英語の教授はじむ
- 1862年12/11 洪庵江戸に出仕
- 1862年2/25 改称
- 1862年2/3 移転開場式
- 1863年松本良順頭取
- 1863年5月 神戸操練所勝海舟
- 1864年6月 竣工 整備
- 1864年11月 規則制定
- 1865年1月 ハラタマ来日
- 1865年5月 開講
- 1865年3月 廃止
- 1866年7月 マンスフェルト
- 1866年10/20 英国留学生14名派遣
- 1866年11/18 合併改称
- 1866年12月 三兵士官学校
- 1867年9/18 創設
- 1867年7月 浜御殿への移転、イギリス海軍伝習
- 1867年閉鎖
- 1868年3月 復興
- 1868年4月
- 1868年6/26 開成所→移転
- 1868年7月 復興予科を担当
- 1868年10月 復興 5月ベール開講式
- 1868年11月 新校舎起工
- 1868年11/27 開業式
- 1869年1/17 開校
- 1869年4月 フルベッキ
- 1869年5/1
- 1869年9/12 新銭座へ移転
- 1869年11月 新校舎起工
- 1869年11/5
- 1869年12/14
- 1870年3月 ハラタマ大阪開成所合併
- 1870年5月 ミュルレル・ホフマン
- 1870年7月 大阪開成所
- 1871年3月 三田へ移転
- 1871年7/18
- 1871年7/29 新校舎起工
- 1872年8/3
- 廃校

# 第 5 章

# 「理科」教育の制度化とその定着

## 第1節　教育の国家主義化と「理科」

　1885（明治18）年12月22日，従来の太政官制度に代わって内閣制度が設置され，森有礼が伊藤内閣の初代文部大臣に就任するとまもなく，文部省は「帝国大学令」（1886年3月2日勅令），「小学校令」「中学校令」「師範学校令」（以上同年4月10日勅令）の一連の〈学校令〉を制定し，「学制」以来の日本の学校制度の根本的改革にのりだした。その基本的な方針は，一方において，それまでの十数年間の教育の実績に基づいて学校制度を実際的なものに整備しようとするものであったが，それと同時に，教育と学問とを強い国家的統制のもとにおいて「教育と学問の国家主義化」を実現しようとするものであった。それはまた，1880年ごろから表面化してきた復古主義／儒教主義への道を開くものでもあり，従来の理想主義的な科学教育のありかたにも大きな影響を及ぼさずにはいないものであった。

### 実際的な学校制度の確立

　一連の〈学校令〉によって定められた新しい学校制度は，この時期の教育内容を理解するための前提となるものであるから，はじめにその基本的なしくみを概観することにしよう（図表5－1／5－2参照）。この制度では，まず小学校は4年制の尋常科と4年制の高等科に分けられ，

図表5-1 明治19（1886）年の学校制度

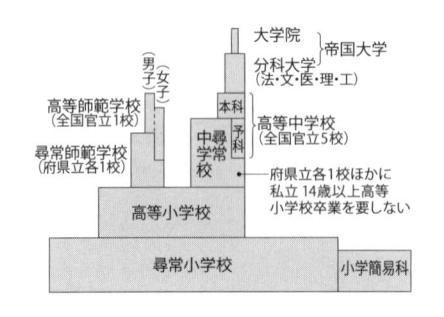

図表5-2 明治28（1895）年の学校制度

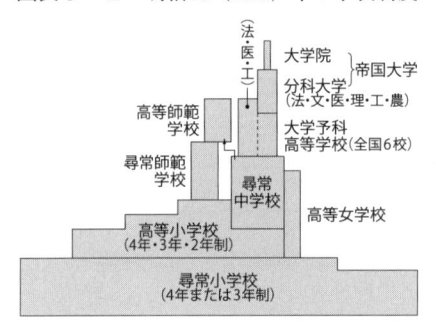

尋常小学校4年が義務教育と定められた（もっとも、このほかに小学簡易科というものが設けられ、1890年10月改定の「小学校令」では、尋常小学校は4年または3年制となり、1900年8月改定の新「小学校令」によってはじめて尋常小学校は4年制のみとなった）。この高等小学校の上には5年制の尋常中学校と4年制の尋常師範学校が置かれ、それぞれその上に2年制の高等中学校と3年制の高等師範学校が位置することになり、高等中学校の上にはさらに3年制の帝国大学分科大学、さらに2年制の帝国大学大学院がある、というのが新しい学校制度の基本的な構想であった。

　この時までの文部省の学校制度はほとんど実現されたことがなかったが、文部省はこの構想を単なる机上プランに終わらせないために着実な手をうった。すなわち、府県立の尋常中学校と尋常師範学校を各府県1校にかぎって設置することにして、その内容を充実させ、高等中学校は全国に官立のものを5校、高等師範学校は東京に官立1校をおき、東京大学および工部大学校を帝国大学に合体して、そのうえに大学院を置き、かくしてはじめて実際的な学校制度を確立させたのである。

　もっとも、こうして各段階の学校が設置されても、しばらくのあいだその間の連絡ははじめの基本的な構想通りにはゆかなかった。たとえば、尋常中学校の入学資格は高等小学校卒業程度の学力ではなく、「満十二

年以上にして中学予備の小学校又は其の他の学校において該級の課程を修むるに堪うべき学力を得たるものとす」と一般的に定められ，高等小学２年修了の年齢で尋常中学校に進めるようになっていた。また，高等中学校は尋常中学校卒業生を期待しえなかったので，３年制の予科を置き尋常中学校２年修了の者を入学させ，学校によってはさらにそのまた下に補充科をおいて入学者を確保するといったありさまであった。そして，1890（明治23）年10月改正の「小学校令」では，高等小学校は４年制または３年制または２年制と改められ，1894（明治27）年９月には，尋常中学校入学資格が「高等小学校第２年の課程を卒りたる者，若くは之に均しき学力を有する者」と定められることになった。また1894年の７月には新たに「高等学校令」が制定され，従来の高等中学校が高等学校に改組／改称されて，「法学／医学／工学などの専門学科」を教える４年制の専門学校となり，それに３年制の大学予科コースが付設されることになった（図表５－２）。この高等学校は，その後まもなく，再び大学予科を主とするようになったのであるが，全般的にみれば，文部省は，1947（昭和22）年にはじまる「６／３／３／４制」までほとんど変わることのなかった学校制度の体系を，1886（明治19）年から1894（明治27）

図表５－３　卒業生数と在学生数（1892＝明治25年度）

『文部省年報』より作成

| | | 卒業生徒 | | 在学生徒 | |
|---|---|---|---|---|---|
| | | 男 | 女 | 男 | 女 |
| 尋常小学校 | 官立<br>私立 | 28万2655<br>3063 | 8万1224<br>2404 | 193万1682<br>2万8080 | 89万0166<br>2万3509 |
| 高等小学校 | 官立<br>私立 | 2万1349<br>186 | 3760<br>191 | 23万4460<br>3216 | 5万2559<br>1738 |
| 尋常師範学校 | 公立<br>(47校) | 936 | 206 | 4468 | 889 |
| 高等師範学校 | 官立<br>(2校) | 19 | 20 | 80 | 84 |
| 尋常中学校<br>高等女学校 | 官立<br>私立 | 722<br>70 | 216<br>274 | 1万2584<br>3605 | 1343<br>1460 |
| 高等中学校 | 官立<br>(7校) | 本部　291<br>医学部 218 | —<br>— | 3116<br>1327 | —<br>— |
| 帝国大学 | 官立<br>(1校) | 199 | — | 879 | — |

$$修学率 = \frac{学齢修学}{学齢人数} = \frac{405万6262}{735万6724} = 55.14\%$$

年にかけてつくりあげたのである。

### 学校教育の国家統制と国家主義化

ところで，明治19年以降の一連の〈学校令〉は，すでに述べたように，学校制度を実際的な形に整理することを意図しただけでなく，教育と学問とを強い国家的統制のもとに置き，それを国家主義化しようとするものであった。

このことは，学校令による各学校の規定の中にもはっきりと明示されている。すなわち「帝国大学令」によって，最高学府である大学を帝国大学一つにしぼり，「大学は官立たるべきこと」とするとともに，「帝国大学は国家の須要に応ずる学術技芸を教授し，及び其の蘊奥を攷究するを以って目的とす」(「帝国大学令」第1条) と規定して，大学と国家との関連を明示する一方，小中学校の教師養成機関である師範学校については，「師範学校令」によって国立および府県立に限定して，従来存在した私立や町村立の師範学校の存立の道をふさぎ，師範教育ひいては小中学校教育の国家的統制の道を開いたばかりでなく，各学校の教育内容についても，従来教師ないし府県の自由に任されていた「学科及び其の程度」を文部大臣が定めることとし，教科書についても「教科書は文部大臣の定むる所に依る」(「師範学校令」第12条)，「教科書は文部大臣の検定したるものに限るべし」(「小学校令」第13条，「中学校令」第8条) と定めて，教育全般の国家的指導を強化したのであった。

一連の学校令は，このように教育全般に対する国家の指導権の確保をねらいとしたものであったが，このような国家的統制のもとで政府・文部省が何を意図していたかということは，文部省の師範学校に対する教育方針の中に最も明白にみることができる。森有礼を先頭とする文部省は，特に国民教育全体を支配するためのかなめともいうべき教師養成機関に注目し，ここに最も積極的な政策を実現したのである。すなわち，森有礼は，文部大臣になる直前の講演 (大系／教育② 1-1) において，師範教育では特に「従順／友情／威儀の三気風」を養うことが重要であ

るとし，兵式体操の導入を主張していたが，「師範学校令」の第1条にも「師範学校は教員となるべきものを養成する所とす」と規定するにとどまらず，「但し生徒をして順良／信愛／威重の気質を備えしむることに注目すべきものとす」と但し書きを加えた。そしてその実現手段として，師範学校をすべて官公立にするとともに，その生徒はすべて給費生として寄宿舎に入れ，全生活を軍隊的な統制のもとに置くことにし，陸軍省の総務局制規課長の山川浩大佐を現役のまま官立の高等師範学校校長にあて，〈兵式体操〉を正課としてその教官にも現役将校をあてたのである。まさに師範教育は全面的に軍国主義的に編成されることになったわけである。

　師範学校におけるこのような軍国主義的な教育方針は，もちろん，それをテコとして国民教育全体を軍国主義化することを意図して行なわれたものであったが，1890（明治23）年10月には「教育勅語」が発布されて，明治10年代のはじめから問題になりはじめていた〈儒教主義／皇道主義の教育理念〉が決定的な勝利をおさめ，これが近代合理主義／欧化主義と対立して以後の教育全体を支配することになった。このような教育方針が，われわれの当面の課題である科学教育そのものにも深刻な影響を及ぼさずにはいないことは容易に推察しうるところである。たとえば，森有礼のいう「従順なる気質……唯命之れ随う」という習慣は，科学的な批判精神や独創的な考え方と対立せざるを得ないことは明らかであるが，実際，このような軍国主義的な教育方針が教育の理念そのものと対立せざるをえないことが，まもなくして明白な事実となってあらわれてきた。ちょうど1886年に師範学校へ入学してこの教育を受け，その後も一生を師範教育に尽くした野口援太郎（1868〜1941）は，そのことを次のように記している。

　　師範教育が専ら強圧的に行われ，専ら教権に屈服せしむる方法を取った結果，すべて画一的に流れ，何等その間に個性の展開を許さない，従って青年教育者を人格的に殺して仕舞って，みな無気力な虚飾者／阿諛者たらしめ，いたずらに〈智識の仕入売りの徒〉と化せしめると同時に，

一方気概ある人々には，〈内心不平不満の心を起さしめ，かえって教育の仕事を咀(のろ)う様に至らしめるのだ〉と云う批評は，四方から湧き立って来た（大系／教育② 1-2）

これもまた当然のことといわなければならない。

一連の学校令は，学校制度を整備してその形式的な内容を充実させる一方，その教育の実質を空虚なものとする役割を果たすという二面的な性格をもっていたことに注意しなくてはならないのである。

### 自然科学関係教科の縮小

それでは，われわれの当面の課題である科学教育は，上にみたような教育全般の軍国主義的な国家統制の方針のもとで，どのように具体化されることになったであろうか。ここではそのことを小学校を中心としてみることにしよう。

1886年の「小学校令」では，〈小学校の学科およびその程度は文部大臣がこれを定める〉ことを規定し，これに基づいて文部省は同年5月25日に「小学校の学科及び其の程度」を定めたのであったが，この省令は，それまで「小学校教則綱領」（1881年4月5日）に基づいて行なわれていた小学校の科学教育を著しく縮小／改変させるような内容をもつものであった。すなわち，この省令は，これまで「博物／物理／化学／生理に分科」していた自然科学系の教科の内容を改変して「理科」という一つの教科にまとめ，図表5-4のようにこれを高等小学校で毎週2時間教えることにしたのである。

この「理科」の内容についてはあとで詳細に検討することにして，ここではまず時間数の面だけを取り上げると，これは科学教育——理科教育の著しい縮小を示すものであった。1881（明治14）年の「小学校教則綱領」そのものが，教育の反動化攻勢の中で科学教育を縮小させるものであったことは，すでに第4章でみた通りであるが，その「教則綱領」に比しても著しく縮小させられているのである。すなわち「教則綱領」では，小学校第4学年（中等科1年）で博物を週3時間課することには

じまり，小学校第4学年から第8学年までの博物／物理／化学／生理の時間数を通算すると34単位（週1時間半の授業を1単位とする）であったのが，1886年の「学科及び其の程度」では「理科」が小学校第5学年（高等科1年）

図表5－4 「小学校の学科及び其の程度」(1886) による各科時間配当表

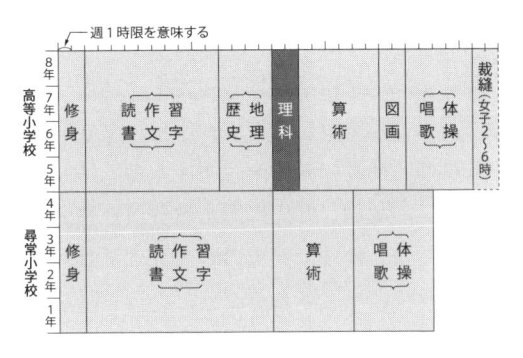

から週2時間課せられることになり，小学校第8学年までに通算16単位教えられることになったにすぎない。すなわち，小学校における自然科学関係教科の始期が，1年くり上がったうえ，延べ時間数が実に半分以下に激減されることになったのである。

　それではいったい，この時間数の激減は何を意味するのであろうか。博物／物理／化学／生理に分科していたものが「理科」という一つの教科に統合されたために，同じことが少ない時間数で教えられるようになっただけであろうか。もちろん，そのようなことは考えられない。ただここで一つ注目されることは，1886年の「学科及び其の程度」では，「読書」の中で特に「地理／歴史／理科の事項を交えたる漢字交り文」を教えることを規定し，実際に文部省みずから理科的事項をかなり盛りこんだ『尋常小学読本』（大系／教育② 1-4）と『高等小学読本』（大系／教育② 1-5）とを編集出版したことである。1873（明治6）年の師範学校の『小学読本』（大系／教育② 5-9）を最後として，民間で編集出版された「読本」は，科学／技術／産業に関する事項をほとんど含まなくなっていたのであるが，1887（明治20）年に文部省で編集出版した尋常および高等小学読本では再び科学的な事項が意識的に取り上げられることになったのである。したがって1886年以後の小学校教育では，児童はまず『尋常小学読本』の中で博物や科学／技術／産業に関する事項を学び，

それから高等小学校へ進み，そこで『高等小学読本』のほかに「理科という教科」で博物／物理／化学／生理に関する事がらを学ぶことになったわけである。

しかし，小学読本が博物／化学／技術／産業関係の事項を意識的に収録するようになったとはいっても，それだけではけっして自然科学関係の教科の時間数の減少を説明することはできない。それに，新しい小学読本には，地理／歴史に関する事項も意識的に収録されることになったのであるが，地理／歴史の時間数は反対に「小学校教則綱領」の24単位から32単位に増大されることになっている。〈「読書」の中に理科的事項を入れたから理科の時間が少なくてよい〉ということではなかったのである。明らかに自然科学関係の教科は意識的に縮小されたといわなければならない。

それでは，なぜ自然科学関係の教科の時間数をそんなにも急激に縮小させなければならなかったのであろうか。おそらく，このことはいうまでもなく明らかであろう。〈国家主義的な教育統制〉を意図した「学校令」の精神からすれば，「学制」において〈封建的／儒教的精神〉に対し，〈科学的／合理的精神の養成〉を意図して導入された学校での科学教育は，無用というよりもむしろ危険な存在として意識されるようになったのであろう。明治初年の「学制」が，啓蒙主義に基づいて儒教主義に対立する科学教育に力を注いだのとまったく対照的に，1886年の「小学校令」は軍国主義的な教育方針のもとに，近代科学の合理主義に敵対する修身／歴史（皇国史）／体操（兵式体操）に力を注ぐことになったのである。

### 「理科」という新教科設定の意義

ところで，すでに述べたように1886（明治19）年の「小学校令」は，ただ単に自然科学関係の教科の時間数を縮小したばかりでなく，従来の博物／物理／化学／生理という教科を一括／改変して「理科」という教科を新設したのであるが，この変更は科学教育にとっていかなる意味を

もつものであったろうか。

　現在のわれわれにとっては，「理科」ということばはきわめてありふれたことばになっているが，1886年の「小学校の学科及び其の程度」に「理科」という教科名がはじめてあらわれたときには，これはまったく新奇なことばであった。師範学校などでも「理科というのはいったいどんなものか」ということが盛んに問題になった（高橋章臣『（最新）理科教授法』1907年，大系／教育② 1-7）といわれるほど，この「理科」というのは不可解なことばだったのである。

　それでは理科ということばはどのようにして生まれ，新しい教科名として採用されたのであろうか。筆者の考えるには，おそらく，理科ということばは，「小学校の学科及び其の程度」（5月25日の文部省令）より少し前にできた「帝国大学令」（3月2日の勅令）の中で用いられたことばをとったものである。「帝国大学令」では，帝国大学は大学院と分科大学とから成り，法科大学／文科大学／医科大学／工科大学とならんで理科大学なるものを置くことを規定したのがそれである。つまり，理科大学は東京大学時代の理学部の生まれかわりであり，法学／文学／医学／工学とならぶ理学の分科大学という意味で理科大学ということばが生まれたのである。これから，〈理科大学で専攻するような内容をもった教科〉という意味で「理科」ということばができあがったのであろう（もっとも，明治三年の「大学規則」中にも，教科／法科／医科／文科とならんで理科の名がある）。しかし，ここでさらに重要なのは，なぜ，これまで博物／物理／化学／生理に分科していた教科を「理科」という一つの教科にまとめなければならなかったのかという問題である。おそらくその一つの理由は，自然科学関係の教科を縮小するためには，それを一括することが必要だと考えられたことにあるのだろうが，しかしそれが唯一の理由であったかというと，おそらくそうではないであろう。「理科」は単に〈これまでの博物／物理／化学／生理をあわせたもの〉ではなかったからである。このことは「小学校の学科及び其の程度」の中の「理科」の項と，それ以前の「小学校教則綱領」の中の博物／物理／化学／生理

の項の規定とを見比べてみればきわめて明白である。

「小学校教則綱領」1881年の「博物」と「物理」の項はすでに引用したから、ここでは省略して「化学」と「生理」の項を引用すると次の通りである。

> 第十九条　化学。化学は高等科に至って之を課し、火、空気、水、土等に就いて化学の端緒を開き、漸次〈通常の非金属諸元素及び金属諸元素に関する化学説の大要〉を授くべし。其の実地試験に基くべきことはなお物理に於けるがごとし。

> 第二十条　生理。生理は高等科に至って之を課し、骨骼／筋肉／皮膚／消化／血液の循環／呼吸／感覚の説等、児童の理会し易きものを撰びて之を授け、務めて実際の観察或いは模形等に依って其の理を了解せしむべし。また兼ねて緊切の養生法を授けんことを要す。

これに対して、「小学校の学科及び其の程度」（1886年）の「理科」の項の全文は次の通りである。

> 理科　理科は、〈果実／穀物／菜蔬／草木／人体／禽獣／虫魚／金銀／鋼鉄〉等、人生に最も緊切の関係あるもの。〈日月／星／空気／温度／水蒸気／雲／霧／霜／雪／霰／氷／雷電／風雨／火山／地震／潮汐／燃焼／錆（さび）／腐敗／喞筒（ポンプ）／噴水／音響／返響／時計／寒暖計／晴雨計／蒸気器械／眼鏡／色／虹／槓杆（てこ）／滑車／天秤／磁石／電信機〉等、日常児童の目撃し得る所のもの。

すなわち、「小学校教則綱領」ではまがりなりにも「科学の大要／略説」を教えることになっていたのに、「小学校の学科及び其の程度」では、ただ「自然物／自然現象／人工物の名称」が陳列されるだけで、科学そのものを教えることはまったく規定されなくなったのである。

たとえば、従来の物理教育では、すでにみたように自然科学の一貫した論理的な考え方とその技術的な利用の強みを示すために、近代分子論の考え方や力やエネルギーの概念が重視され、それを中心として教材が組織されていたのであるが、ここではそのようなテーマはまったく無視されることになってしまったのである。つまり、新しい小学校の「理科」

という教科は,「物理学／化学／生理学／動植物学／地質鉱物学といった科学の総称」ではなく,体系的な科学の論理ときりはなされた「自然物／自然現象／人工物に関する個別的な知識を教える教科」とされたわけである。

　これは,明治初年以来の日本の科学教育史上きわめて重大な事件といわなければならない。すでにみたように,明治維新を契機としてはなばなしく登場してきた科学教育の中心テーマは,日常身辺の事物についての個別的な知識の提供にとどまるものではなく,〈科学的な自然観と合理的な精神を養成し,儒教的な世界観のわくを打ち破ること〉にあった。そこで「学制」や「教育令」のもとでは,小学校でも体系的な科学の基礎についての理解を与えようとしていたのであるが,「小学校令」下の「理科」教育では,そのような意図はまったくはずされてしまったのである。つまり,1886（明治19年）の「小学校令」では,もはや本当の意味での「科学」教育は姿を消し,代わって自然科学の取り扱う事物についての個別的な知識を教える「理科」教育がはじまったわけである。

　それではなぜ「科学」教育が「理科」教育に変わらなければならなかったのか。これについては,おそらくいうまでもないであろう。「従順」な人間の養成を目ざす国家主義的な教育方針のもとでは,科学的な自然観や合理的な考え方の養成は危険とみなされたであろうし,自然物／人工物についての個別的な知識なら,国家主義的なおしつけ教育でも十分つめこみうるし,危険な存在とはなりえないからである。少なくとも,新しい「理科」教育は,国家主義的な教育方針ときわめてよく合致するものであったのである。

## 第2節　最初の「理科」教科書

　前節では,1886年にはじめて設けられた「理科」という教科が,〈自然科学の各分科の単なる総称ではなかった〉ということ,そしてそのような「理科」という教科は,国家主義的な教育方針をあらわにした「小

学校令」のもとで，ドイツの教育制度を輸入するという形でもちこまれたと推定されることについて論じた。そこで，次に，そのような「理科」教育の考え方が，具体的にはどのような形をとって教育現場にもちこまれたかということを，新しく生まれた「理科」の教科書を通じて検討してみることにしよう。

### 四大教科書会社の最初の理科教科書

「理科」教育が開始された直後の1887〜88年には，20種近くの「理科」教科書が文部省の検定認可をうけて出版されているが，ここではまず，明治期の「理科」教科書検定時代の四大教科書会社ともいうべき「集英堂／金港堂／普及舎／文学社」の出版した理科教科書を取り上げて，やや詳しく検討してみることにしよう。これらの出版社から出版された最初の理科教科書を列記すると次のごとくである。

　平賀義美著『(小学校用) 理科——物理篇』3巻2冊『同——化学篇』2巻 (合本) 普及舎 (1887年8月文部省検定認可)

　朝夷六郎編述『(小学校用) 理科——植物篇』『同——動物篇』『同——生理篇』『同——鉱物篇』『同——地文篇』普及舎 (1888年3月または5月文部省検定認可)

　三宅米吉／新保磐次共著『理科初歩——総論』『同——有用の鉱物』『同——有用の植物』『同——有用の動物』『同——物理に係る事柄』『同——化学に係る事柄』『同——人身及び動物生理』金港堂 (1888年3月〜10月校正出版，文部省検定認可)

　高島勝次郎編纂『新撰理科書』4巻8冊，文学社 (1888年1月文部省検定認可)『同——附録化学』2冊，文学社 (1889年5月検定認可)

　小野太郎編述『小学理科書』4巻，集英堂 (1887年9月12日文部省検定認可)

まず，これらの「理科」教科書の著者についてみると，平賀義美は東京大学理学部化学科の第2期生 (1878年7月卒業) で，官立職工学校の教諭，朝夷六郎は官立師範学校中学師範学科の第1期生 (1878年卒業) で

ある。また，三宅米吉は慶応義塾出身で，新潟学校の英語教員を勤め，同校の百工化学科の助手として中川謙二郎から理化学の指導を受け，官立東京師範学校の助教諭となったが，1886年同校が高等師範学校となるに及び退官し，金港堂書店の幹部となった人である（のち考古学者として高等師範学校教授にもどり，東京文理科大学の初代学長となった）。新保磐次も三宅とほぼ同様の経歴の持ち主である。高島勝次郎は1884年7月東京大学理科部純正化学科卒の理学士で，一時東京府師範学校の教諭をしていたが，まもなく没している（小野太郎については，いまのところ筆者は何もしらない。〔2009年増補〕宮城中学校長／愛媛師範教諭を経て同師範校長）。この教科書筆者陣は当時としてはまず最高級といえる顔ぶれである。そのことは，これ以後国定理科教科書制度が発足するまで，〈東京大学／帝国大学卒業の理学士／理学博士たちが小学校の理科教科書を執筆する〉ということがまったくなくなった，ということを考えてみても推察されることである。

　次に，これらの教科書の大まかな構成をみてみよう。まず，普及舎の『小学校用理科』であるが，これは物理／化学／動物／植物などの巻にわかれていて，編著者も発行日も異なっていることからも知れるごとく，旧制度の科学教科書を寄せあつめたものに等しい構成をもっている。実際，平賀の「化学篇」「物理篇」は，これより3～4年前に出版されていた平賀義美著の『化学初歩』全3冊（著者蔵版1883年4月初版発行）と『物理初歩』全3冊（著者蔵版，1884年11月初版発行）の版権を普及舎が譲り受けて，『物理初歩——理科用』などと改題し，さらに『小学校用物理初歩』と改題して出版したものなのである（普及舎は同じように1882年初版の計敬之著『通常動物』や1883年初版の白井毅編『動物小誌』のシリーズを『動物小誌——理科用』などと改題して残している）。朝夷六郎編述の部は新規の編著であって，これによって『小学校用理科』の7冊本の体裁を整えようとしたのである。

　三宅／新保の『理科初歩』も，『小学校用理科』の場合と同じように，「動物／植物／鉱物／物理／生理の教科書」を一つにまとめて「理科初

歩」という表題をかぶせたものである。そのことは各巻の出版／検定の月日が違っていることからみても明らかである。しかし，このシリーズの場合には「総論」という巻が設けられていて，全体を一つにまとめるような形をとっており，全巻が2人の合著の形式になっている。高島勝次郎の『新撰理科書』の場合には，動物／植物／物理／化学といった各編がそれぞれ独立の巻をなしてはいたが，やはり鉱物／植物／動物／物理／天文／地質／化学／生理の8篇と「総論」とからなっている。

以上3種の教科書は，旧制度の教科書の体裁をそのまま受け継いでいるのであるが，小野太郎編述の『小学理科書』だけはその点かなり違っている。巻一は植物，巻二は動物と人体，巻三と巻四は鉱物／地文／天文／物理／化学に関する自然現象と器械器具という構成なのである。ここでは物理学／化学といったものはまったく姿をひそめているのである。

### 物理教材の内容の変化

上記四種の「理科」教科書は，「教育令」「小学校教則綱領」のもとでの「科学」教科書から，「小学校令」「小学校の学科及び其の程度」のもとでの「理科」教科書への移行の過程を示しているといってもよいであろう。この4種の教科書のうち，いちばん早く文部省の検定を通過したのは，文部省の「理科」の規定に最も忠実とみられる小野太郎編述の『小学理科書』なのであるが，これを最後に取り上げたのは，この教科書の内容の移り変わりをみやすくするためである。そこで，次に上記四種の理科教科書の内容にいくらかたち入って，文部省の新しい「理科」教育の内容がそこにいかにもりこまれているかをみることにしよう。

ところで，科学教育から「理科」教育へのこの変化の実質をみるためには，博物関係の部分よりもまず物理／化学の部分に注意を向けたほうが効果的である。「博物学」教育から「博物」教育への転換はすでに「小学校教則綱領」で実施されていたから，「理科」教育の設定によって最も大きな影響を受けることになったのは主として物理／化学の部分だ

第5章　「理科」教育の制度化とその定着　191

ったからである。

　そこでまず，平賀義美著『(小学校用)理科——物理篇』を見ると，その巻一の目次は，

> 緒言／物体の解／物体の三形／填充性／無尽性／気孔性／弾力性／運動／力の解／自然の三大力／引力／重力／凝聚力／化学力／固体の性／固体の屈折〔たわみ〕／液体の性／液面は平準の位地を求む／液体の下圧力／液体の側圧力／液体の上圧力／アルキメヂース氏法則／比重／毛細管引力

の各章からなっていて，「小学校教則綱領」下の教科書『物理初歩』(1884年刊)とまったく変わっていないといってよい。そしてその内容も，従来の物理の教科書と同じく，近代分子論を中心に構成されているのである。この教科書は「理科」という新しい教科の主旨を無視しているといえるかも知れない。

　しかし，三宅・新保合著『理科初歩——物理に係る事柄』は，その表題からしてすでに「物理篇」ではなく，「物理に係る事柄」となっていて，新しい「理科」教育の考え方に近づいているかにみえる。そしてその目次をみても，

> 物の大きさ／物の重さ／引力／水／空気／音／熱／光／電気及び磁石

といった各章からなっていて，従来の物理の教科書とはかなり違うようにみえる。けれども本書の内容は物理学そのものを教えることを拒否するものではない。緒言でも「此書に説く所のものは唯物理学に入る階梯に過ぎず」と書いているように，本書の意図は物理学そのものの教育へと向いているのである。そのことは第1章「物の大きさ」のなかの見出し「物の体及び形／物の大小／物の分子／物の伸縮」や，第3章「引力」の中見出し「物の分子の引力／地の引力／太陽の引力」をみてもわかる。近代分子論の物質像／自然観がはっきり打ち出されているのである。

　ところが，高島勝次郎編纂『新撰理科書』では「物理篇」となってはいるが，その内容にはエネルギーはもちろん近代分子論の観点もまった

くみられなくなっている。この教科書の物理篇／化学篇の目次をあげると次の通りである。

　物理篇——物体の高処より降落するは何故なりや・引力・重力／重心及び平均・不変平均・離変平均〔安定な釣合い〕・易変平均〔不安定な釣合い〕／天秤・槓杆／滑車・輪軸／斜面・楔・螺施／器械を便するの利害／振子・時計／固体／液体／液体／圧力／物体の浮沈する理・比重／気液2体の区別・排気器／気体にも亦重さあり／晴雨計／喞筒／音響・反響／物体熱に遇えば其の容積を増す・寒暖計／蒸気機／光の反射・平面鏡・凸面鏡・凹面鏡／光の屈折・三稜玻璃・凸透鏡〔レンズ〕・凹透鏡・写真／物色及び虹霓／電気／摩擦電気・触接電気／磁石／電信機〔巻二の下および巻三の上・下〕

　化学篇——水の成分・鉄錆・化合／酸素中に炭を燃せば炭酸を生じ、臘燭を燃せば炭酸の外に水を生ず／空気の成分・物質の無尽性・元素〔巻四下の前半〕

　この目次を見ると、「引力」の項があるが、そこでは〈地球の引力と静電気の引力〉が取り上げられているだけで、これまでの教科書に大きく取り上げられていた凝集力のことも万有引力のことも出てこない。「液体」の章では毛細管現象が出てくるが、そこでは〈水とガラスとの相引く力〉のことがなんの説明もなしにとびだしてくる。そして「固体」の章でも「液体」の章でも分子のことはまったく言及されず、熱の本性についての説明もまったくない。化学篇はわずか31ページ（1ページ＝20字×10行）で、物理篇の193ページと比べると6分の1にも満たないが、これも原子分子抜きの化学である。水は〈水素と酸素とが体積比で2：1、重量比で1：8の割合で化合したものだ〉と説明しながら、原子や分子のことにはまったく言及していないのである。

　　（高島勝次郎は化学科出身なのにもかかわらず、化学篇に非常に少ないページ数しかあてなかったが、それは、文部省の「理科」の規定が化学関係にはほとんど言及していないことによるのであろう。高島は1年あまり後に『新選化学書』の『附録化学』2冊を発行することになったが、

その「緒言」で次のようにいっている。
——「響に編纂せし理科書中，化学の事は，聊か思う所ありて，勉めて簡約に記載せしに，読者中，或いは化学も，また物理学に倣いて，稍々詳密に記載せんことを希望する人あり。故に今またこの書を編述して，専ら化学の事を増補し，以って彼の希望者の渇を医せんとす」——
　（ただし，この化学も原子・分子抜きの化学である）

### 道具・器械中心の物理教材

　教科書の内容にもどろう。そして，高島勝次郎の『新撰理科書』の物理篇の目次と，第4章に掲げたスチュアートの物理の教科書の目次（164ペ）とを比較検討してみよう。この二つを比べて最も著しい違いは，高島の『新撰理科書』には，スチュアートの本にある〈物の本性〉にかかわる事項が削除されているかわりに，スチュアートの本にはない〈テコ／輪軸／滑車／斜面／楔／振子時計／蒸気機関といった道具器械類〉が大きく扱われていることである。

　原子／分子／万有引力がなくて，テコ／輪軸／滑車／時計といったものが取り上げられている教科書——これは実は今日までの小（中）学校の理科教科書の性格でもある。そこで，〈今日の教科書により近い内容をもった教科書のほうがよりすぐれている〉という単純な歴史観にたつならば，〈高島の教科書はスチュアートのそれよりも断然すぐれている〉ということになる。しかし，最近の欧米や日本における科学教育の改造運動では，小／中学校からテコや輪軸などよりも原子や分子や電子のほうをはるかに重要視する試みがますますひろがりつつある。そこで，もし現在試みられつつあるような科学教育のほうがより望ましいものだとしたら，スチュアートから高島への変化は一種の退歩を意味することになる。もっとも，スチュアートの考えと最近の科学教育の現代化の試みとは外見上似かよっているだけで，その基本的な考え方は別だとする考え方もありうるが，そのような考えはこの場合適合するものではない。スチュアートのような考えは，高島の本のような考えによる否定／克服を媒介としなくとも（いや，媒介しないほうが），直接現在の科学教育の

現代化の試みと結びつきうるのである。

　ところで，物理教材で道具／器械の解説を重んじている点では，小野太郎編述の『小学理科書』のほうが高島の本よりもさらに徹底している。この教科書のいわゆる物理／化学／地文／天文教材に関する部分の目次を掲げると次の通りである。

　　水の話／噴水の話／水蒸気の話／雲及び霧の話／雨霧及び霜雪の話／潮汐の話／空気の話／喞筒（ポンプ）の話／風の話／晴雨計の話／音響及び反響の話／熱の話／寒暖計／燃焼の話／錆及び腐敗／日月及び日蝕月蝕／星の話／火山及び地震／眼鏡の話／色及び虹の話／槓杆（テコ）の話／秤の話／滑車の話／時計の話／蒸気機械／磁石の話／電雷の話／電信機／伝話機／電気燈〔巻三の第八以下と巻四の目次〕

　すなわち，この教科書ではいわゆる物理／化学／天文／地文教材が，「日常の自然現象と道具器械」という観点で一括されて取り上げられているのである。しかし，この目次は著者の創案したものではない。この目次は実は，文部省の「小学校の学科及び其の程度」に「日常，児童の目撃し得る所のもの」として例示されている自然現象と道具器械類を適宜に配列しなおしたものにすぎないからである。「小学校の学科及び其の程度」に例示されている事項と小野太郎の『小学理科書』の目次にあげられているものとでくいちがっている部分を強いてあげると，前者にある「温度」と「霧」が後者にはなくて，そのかわり「熱」と「靆」があり，前者に例示されていない事項で後者には「日蝕月蝕」「伝話機」「電気燈」があるにすぎない。あとはまったく両者が合致しているのである。

　もっとも，この教科書は文部省の「理科」の規定にあわせて教材を列配してはいるが，その中に近代科学の啓蒙精神をもりこむことを忘れてはいない。この教科書の説明のしかたは，むしろ〈身近な事象から説きおこして近代科学の成果を平易に説く〉という福沢の『(訓蒙）究理図解』や小幡の『天変地異』の科学啓蒙運動の伝統を受け継いでいるともいえるのである。この本の「熱の話」の節には分子運動のことがでてこない

が,「鉱物識別法の話」のところには,「世界の万物は, みな分子の集合して成るものなり。分子の集合して, 物体をなすに二様あり。……」と書かれているし,「水の話」のところでも「水は他の液体と均しく, 其の分子固着せずして, 流動するものなるが故に」と説明され,「音響及び反響の話」でも「分子の震動」のことが出てくる。「日常児童の目撃し得る所のもの」を中心に教材を配列しても, それを手がかりにして科学の世界をのぞかせようという配慮は失われていないのである。

### 生物教材の内容

生物教材の場合には, 物理／化学教材の場合と違って, すでに「博物」科というものが存在していたから,「理科」教育の発足ということはたいして重大な変化をひき起こすものではありえなかったが, ここで最初の「理科」教科書の生物教材の内容を植物を中心にひととおりみておくことにしよう。上述の四種の「理科」教科書の植物の部分の目次を列挙すると次の通りである。

朝夷六郎『小学校用理科——植物篇』(77ページ)
 総論(機関及び細胞／植物生活の初歩・種子崩発／植物の生長及び構造／細胞組織・繊維組織／機関)／植物の栄養機器(根／塊茎及び鱗茎／茎／芽及び枝／茎の構造／……種子)／植物の分類(上長部植物／海藻類／……漆樹科)

三宅・新保『理科初歩——有用の植物』(138ページ)
 食物とする植物／衣服とする植物／家屋及び器具とする植物／雑用の植物／植物の成長及びその部分

高島勝次郎『新撰理科書』第二編植物篇(巻一のうち80ページ分)
 根・茎・枝・葉／花・実・種子—有花植物・無花植物／飲食に須要なる植物(米麦／豆類／蔬菜・甘蔗／果樹)／衣服に須要なる植物(草綿・大麻)／建築及び器具に須要なる植物(山林／松・杉・檜・桜・梅・欅・桐)／雑用に供する植物(藍・桑・楮・櫨・漆・煙草)／有毒植物

小野太郎『小学理科書』巻一(86ページ)
 天産物の区別／植物の種類及生期／根の話／茎幹の話／葉の話／植物の種子より発生する話／花の話／果実の話／種の話／穀物の話／蔬菜

の話／食用果実の話／特用草木及び樹木の話／花を開かざる植物の話

　これらの目次をみると，「理科」教科書の植物教材は，前期のいわゆる「博物」と「博物学」の両方を受け継いだものになっていて，けっして「博物学」ならざる「博物」の部分だけを受け継いだものでないことがわかる。辻敬之の『通常植物』，白井毅の『植物小誌』のような身近な植物種の羅列に終わっていないことも注目すべきことであろう。新しい「理科」教科書中の博物教材はかえって，その科学的性格を高めているともいえるのである。

### 翻訳教科書と「理科読本」

　これまで筆者は「理科」教育発足時の理科教科書の内容を概観するために，四大教科書会社の発行した4種の理科教科書を代表的なものとして取り上げて示してきたが，実は，この時期には，上記四種の教科書のほかに一連の特徴のある理科「教科書」が出版されていた。それは，欧米諸国からの翻訳教科書で，その表題も多くのものは「理科読本」という名を冠していた。すなわち，下記の教科書である。

佐沢太郎訳述『小学理科読本』全3巻6冊，文栄堂蔵版（1887年12月5日文部省検定認可）

　序文によると，フランスのサフレー著「エレマン・ウジュエール・デ・シァンス・フヰジック・エ・ナチュレール」（身近な理化学および博物学の原理）を訳述したもの。訳者は1873（明治6）年に『仏国学制』を訳し，東京大学の前身／南校の教官でもあった洋学者で，1884年4月現在文部省権少書記官

武田安之助訳捕『（新選）理科読本』全8冊，金港堂（1886年2月文部省検定認可）

　イギリスのバルチン著「サイエンス・リイダア」（科学読本）を訳補したもので，はじめの3冊は中川謙二郎訳補『理科読本』としてすでに1886年1月に金港堂から出版されていたものを受け継いだものである。中川謙二郎は，東京開成学校付属の製作学教場を中途退学し，新潟学校百工

化学科教員から，官立東京女子師範学校の教諭になった化学教育界の草分け的存在。武田安之助は『東京開成学校一覧（明治9年）』の中に製作学教場製煉予科第二級の首席（29人中）としてでている。原著者バルチンには『理科初歩教授法如可』の著があるという。

中川重麗著『(新式) 理科読本』全4冊，二西桜・積小館刊（1888年3月文部省検定認可）

　　訳書ではないが序文に「此の書一種の体を用い，……ドイツに所謂〈物理的物語の書体〉を折衷せしものにて」とある。著者の中川重麗は京都の人で，『一高同窓会名簿』の「旧職員」の項に1884〜85年に東京大学予備門講師として名が出ている。ドイツ系の洋学者で『東洋学芸雑誌』に「唯物論一斑」を連載しており，霞城山人のペンネームで『理科春秋』など少年向きの科学読物をたくさん書いている。

松本駒次郎纂訳『理科入門』全8冊，吉川半七刊（1888年4月文部省検定認可）

　　「米国の大学士ホウッカル氏ノ原著，「チャイルズ・ブック・オヴ・ネーチュア」と題する書を本となし，傍ら諸種の理化／博／天文／地文等の書を博考纂訳せしものなり」という。『東京大学理学部植物学教室沿革』によると，松本駒次郎は1879年5月27日から1882年度まで東京大学小石川植物園の植物取調および事務係だった人で，本書のほか『動物小学』（1881年）などの訳書を出している。

小栗栖春平編述『(小学) 理科訓導』全8冊，博文館（1888年9月文部省検定認可）

　　序文によると，フランスの前文相ボール，ベル著の『理科知識第1年』を訳編したものだという。全文，言文一致の対話体で書かれている。木戸若雄『明治の教育ジャーナリズム』によると，小栗栖は，元逓信省翻訳課長で，のち広告店を開業して『児童新聞』を発行したり，英語の講義録を書いたという。

　このように欧米の教科書の翻訳が数多く発行されたのはなぜであろうか。この直前の時期1884〜1886年のころにはもうほとんど翻訳教科書は姿を消していたのに，再び多数の翻訳教科書が一挙にあらわれたのであ

る。おそらくこの謎は次のように解くことができるであろう。これらの訳者や出版者たちは，文部省が新たに設けた「理科」というものの原型を求めるために，欧米の教科書を訳出したというのである。欧米の教科書の中から，科学全体をおおうような内容のものを捜して訳出した，というわけである。

ところで，これらの教科書のうち3冊は「理科読本」という書名をもっているが，これはどうしたことであろうか。佐沢太郎訳述の『小学理科読本』は，読本とはいいながら読物的な記述のものではないが，あとの2冊は読物的な体裁をもっているし，小栗栖の『(小学)理科訓導』も同様である。これは，もしかすると，「小学校の学科及び其の程度」によって，「読書」科の中に「尋常小学科に於ては，……及び地理／歴史／理科の事項を交えたる漢字交り文，高等小学科に於ては，稍之より高き漢字交り文」を教えることが定められたので，その理科と読本の両方で用いられることを期待して作成されたのかも知れない。実際，上記の教科書より少し遅れて出版された「理科読本」にはそのことを明言しているものもある。すなわち，

西村貞著『理科読本』全4巻，博文館，(1894年10月文部省検定認可)
　　西村貞は東京開成学校の理学科を中退して文部省に入り，1878年～1880年に師範学科取調べのため文部省からイギリスに留学している。当時文部省御用掛体操伝習所主幹。イギリスの科学者ハックスレーの科学啓蒙書に深く影響を受け，1884年にはハックスレーにならって『地文新編』という教科書をあらわしている。本書はそれと同じ考えにたつものといえる。

であって，この本の「序言」(1893年3月1日付)にははっきりと次のように書かれているのである。

　　此の書を用うる者は左の趣旨を識了するを要す。
　　第一。知能の教育は理科の事項に由るを以って，其の啓発を促すに最も適当とす。是れ著者の宿論にして，多年唱道し来りたる所なり。然れども是れは著者一己の私論に非ずして，教育の真価を認識せる東西の先

輩の意旨に基ける者なり。そもそも国民の生活に必須なる知識と云うは，実に理学の思想にして，是れを凡百の事業の根拠とす。近世青年の輩，動(やや)もすれば不生産的の事業に奔逸して，謂わゆる家人の産業を事とせざるが如き傾勢有るは，畢竟(ひっきょう)理学思想の根拠無きに座するの致す所にして，今日の普通教育の通弊と謂う可し。蓋(けだ)し理学の思想を欠きてただ徒に抽象的の理論に馳せなば滔滔たる天下はみな当に不生産的空論家の巣窟と為るべし。著者之れを憂うること久し。故に宿論に拠りて本書を編述したり。

　第二。右の趣旨なるに因り，著者は此の書を以って，小学高等科の一般の読本に充て，併わせて其の理科の教科用書に供せんことを冀期せり。蓋(けだ)し教科用書の多種に渉るは就学の一大障碍たるを以って，併わせて斯かる障碍を払わんとの微意をも含む所なり。尚お両科同一の教科書に拠れる教授上の利益に至りては，敢て喋喋の弁を嫉たざる所なりと信ず，然れども〈小学校教則大綱〉の下には斯かる読本の棲息すべき天地無きが如くなれば，暫く之れを以って理科専用に充つ。

「理科」教育発足直後にあらわれた「理科読本」類がすべてこれほど明確な問題意識をもっていたかどうかわからない。しかし，それらの教科書が，欧米諸国の教科書の輸入という形を通じて，新しい型の理科教科書を生みだそうと意図していたことだけは確かであろう。しかし，そのような試みもやがて西村貞の「序言」にみられるように，文部省の法令の外にはみだすことになってしまい，西村の『理科読本』を最後として姿を消すようになるのである。

## 第3節　「読書」科と区別された「理科」教育

「理科読本」といえば，前にも述べたように，「小学校令」のもとでは，「理科」という教科のほかに，「読書」科——「読本」のなかでも理科教材が取り上げられることになっていた。そこで，この期の科学教育全体について知るためには，「理科」の教科書のみならず，「読書」の教科書にも注意しなくてはならない。そこで，次に読本の内容を検討して

みることにしよう。
　文部省の「小学校の学科及び其の程度」に基づく代表的な読本，それは文部省自身が編集出版した『尋常小学読本』全7巻（1887年5月刊）と『高等小学読本』7巻（1887年10月序）である。文部省は，「学制」と「小学教則」制定直後の時期に2種類の「小学読本」を編集出版したことがあったが，「小学校令」による新しい小学校制度の発足とともに，その標準教科書として再び「小学読本」の編集出版を行なったのである。

　　（井上赳の『小学読本編纂史』によると，『尋常小学読本』『高等小学読本』は「およそ明治26〜7年（1893〜4年）ころまで広く全国に行なわれていたようであるが，一方ようやく民間の著作が台頭してきたり，少なくとも書冊の体裁において，また挿画文字の形式美において，おいおいこれを凌駕するものが多くなってきたので，ついに廃絶するに至った」とのことである）


### 『尋常小学読本』中の科学に関する読書教材

　文部省編輯局の『尋常小学読本』をみると，「理科の事項を交えたる漢字交り文」といわれるものの内容はきわめて明瞭である。たとえば，小学校4年後期用の「巻七」の「第九課花」の全文を掲げると次の通りである。

　　　　　　第九課　花
　　花は，何の為めに開くぞ，実を結ばんが為めなり，実は，何の為めに結ぶぞ，種子を生ぜんが為めなり，種子は，何の為めに生ずるぞ，同類の植物をふやさんが為めなり，されば，花は，植物を増殖するの初めなり。
　　汝等，朝起きて，一輪の牽牛花(アサガオ)を取り，よく其の花をしらべて見よ。其の外側に在りて，緑色なる部分は，萼にして，萼より内部に在りて，美麗に色づきたる柔軟の部分は，花冠なり。花冠の内側につきたる糸の如きものを，雄蕊と云い，また其の中央なる梢太き糸の如きものを，雌蕊(やべ)と云うなり。

花は，おおむね萼／花冠／雄蕊／雌蕊の四部より成るものにして，中にも雄蕊と雌蕊とは，種子を生ずるに欠く可らざるものなり。雄蕊は，花糸と葯との二部より成りて，葯の中には，花粉と称するこまかき粉を含めり。雌蕊は，柱頭／花柱／子房の三部より成り，柱頭に花粉を受けて，子房中に種子を生ずるなり。

汝等，また他の種子の花を取りて，よく之を見るときは，萼及び花冠の数片に分れたるものにを見ることあるべし。萼の，数片分たれるものは，其の一片を萼片と云い，花冠の，数片に分れたるものは，其の一片を花弁と云うなり。また，花によりては，四部の中，一部或は二部を欠くものあり，これを不完全花と名づく。

牽牛花(アサガオ)の如く，四部全く備りたるものを，完全花とは名づくるなり。

　　牽牛花　萼　柔軟　雌蕊
　　葯　弁　完全

　これは，「読本」とはいっても，明らかに「科学」ないし「理科」の教科書そのものの内容である。少なくとも，〈文学的な読物に理科的な素材が用いられた〉というものではない。「汝等，朝起きて，一輪の牽牛花〔アサガオ〕を取り，よく其の花をしらべて見よ」などと読者に課題さえ提出している文章である。確かに，この「小学読本」は「国語」科の教科書ではなく「読書」科の教科書なのである。〈科学―理科の本の読書〉というわけである。

『尋常小学読本』のとびら

　『尋常小学読本』には，似たような理科的読書教材がこのほかたくさんある。『尋常小学読本』巻二（小学2年前期用）から巻七（4年後期用）

までの183課のうち42課（23％）が理科的読書教材といえるのである。それらの課の題目を掲げると次の通りである。

　（巻二）かたつぶり／時計（1）／同前（2）／紙／方角
　（巻三）かひこ／二郎のおもちゃを染めたる話（1）／同前（2）／米／正作病気になりし話／燕
　（巻四）時／麻／杜鵑／考え物／月の日数／ばうし花／絵と図
　（巻五）渋柿／おもなる金属（1）／同前（2）／しひたけ／蠅／羊／樟虫
　（巻六）太陽／水の周遊（1）／同前（2）／正雄とお清との問答（1）〔啄木鳥のこと〕／同前（2）〔海綿のこと〕／象／ぱんの木／獅子／砂糖
　（巻七）花／空気／蟻／虎／雨及び雪／葉／根／地球

これらの題目でわかるよう，時にはいくらか読物的な趣向をこらしたものがないではないが，大部分は上掲の「花」と同じように，じかに科学的な内容を取り上げて説明していることは注意すべきことであろう。

### 『高等小学読本』中の理科的読書教材

1886年の「小学校令」では，「理科」は尋常小学には設けられず，高等小学になってはじめて設けられていた。だから，『尋常小学読本』は「読書」科という形で，後に「歴史／地理／理科」に分化すべき内容をも合科的に取り扱う意味合いをもっていた，ということもできる。実際，この時期の「読書」科には（作文／習字を含めて）週14時間もの時間が割りあてられているので，修身／算術／体操／歌唱を除くすべてのことがここで教えられることになっていたのである。つまり，この時期には，読本中の理科的読書教材を通じて「低学年理科」を課していたともいえるのである。しかし，『尋常小学読本』が理科的読書教材に多くの課をあてたのは，尋常小学校では地理や歴史とともに理科が独立の教科として分化していなかったからだ，と速断することはできない。というのは，すでに「理科」という教科が独立に設けられている高等小学校の「読書」科用書たる『高等小学読本』にも数多くの科学的読書教材が取り入れら

第5章　「理科」教育の制度化とその定着　203

れているからである。『高等小学読本』巻一（現在の小学校5年前期用）から巻七（現在の中学校2年用にあたる巻八は刊行されたかどうか不明）の中から科学に関係した題材を拾いだせば次の通りである。

(巻一) 知識を得るの方法／兄の親切〔植物の葉と花冠のこと〕／一滴水の話〔水玉のこと〕／木炭／鶏の話／菜豆／時計／雲と雨との話／海中の花園／茶の話／手の働き

(巻二) 火の話／猫の話〔一部のみ〕／氷の話／虎の話〔一部のみ科学関係〕／木綿／狼の話／砂糖の製造／根の話／山と河との記／象の話(1)／同前(2)／植物の増殖／葉の形状／二つの息(1)〔呼吸〕／同前(2)／奇妙な菌〔キノコ〕

(巻三) 獅子／植物の変化／鯨猟／空気／植物の睡眠／水の作用／駱駝／陶器の製法／花の形状／鳥の話／果実の話／駝鳥／食道及び気管／風船の話

(巻四) 気候の話／鰐魚／海狸／寒暖計／油の種類／風の原因(1)／同前(2)／通気／漆の話／泳気鐘／動物の天性／一塊の石

(巻五) コルクの話／槓杆／潮汐／蜂房／吸子／日月の蝕／ポンプ／元素／瓦斯／目の話

(巻六) 洋流〔海流のこと〕／熱／蒸気機図／ステブンソンの伝(1)／同前(2)／電気／電光／フランクリンの伝／光線の屈折／太陽系／理学上の昔話／日射力及び其の事業

(巻七) 天然の利源／月の話／顕微鏡／恒星の話／望遠鏡／洋学の興隆／流星の話／万物の元素／伊能忠敬の伝(1)／同前(2)／佐藤信淵の伝／彗星の話／近世の文明(1)／同前(2)

科学関係の事項を扱った課は、『高等小学読本』258課中、実に89課（34％）という高い割合を占めているのである。

高等小学校では、「理科」という教科が独立に設けられているにもかかわらず、『高等小学読本』の中にはどうしてこのように多くの科学関係の読物が取り入れられているのであろうか。そのことについて、『高等小学読本』の「緒言」には次のように書かれている。

　此の書を学ぶの児童は、知識已に漸く発達するに由り、其の材料も、

従いて高尚の事項を選択せざる可からず。且つ言語文章を教うるの目的は、諸般の学術、工芸の端緒を開くに在るに由り、其の材料の、漸く錯雑なるべきの、自然の順序なり。故に此の書中には、修身／地理／歴史／理科、及び農工商の常識に要用なる事項等を、其の主意の難易に従いて、交互に錯出せり。

　理科の事項は、草木、鳥獣等の特性、及び其の人生に要用なる所以より、物理、化学の大体を解説せり。また今日に在りて必要とする諸力、諸器材に於ける発明の顛末、発明者の伝記等を記述して、児童の奮発心を興起せんことを務めたり。且つ理科の事項にして、児童に理解し難きものは、是れを対話体に写し出して、巻末に附記せり。是れ児童の理解を容易ならしむるのみならず、兼ねて又弁論術をも、養成せんが為なり。

　これは「理科」という教科の存在をまったく無視したような書き方である。「草木／鳥獣の特性、及び其の人生に要用なる所以より、物理／化学の大体を解説せり」というのでは、もはや、このほかに科学教育は不要ということになってしまう。それではいったい、『小学読本』による科学関係の「読書」教育と「理科」教育との関係はどうなっていたのであろうか。

### 「読書」科と「理科」教育の関係

　科学関係の「読書」教育と「理科」教育との違い。――それはもとより、一方が「読書」であるのに対し他方が「読書」ではない、ということにある。こういえば、その区別はきわめてあたりまえなことのように思われるが、この区別は逆に「理科」という教科の性格をきめるうえできわめて重大なものであった。

　「読書」という教科は「小学校令」「小学校の学科及び其の程度」より以前の「教育令」「小学校教則綱領」の時代にも設けられていた。しかし、それは〈読み方と作文〉とからなるものとされ、その内容については、

　　読本は、文体雅馴にして学術上の益ある記事、或いは生徒の心意を愉（よろこ）

ばしむべき文詞を包有するものを撰用すべく，之を授くるに当っては，読法／字義／句読／章意／句の変化等を理会せしむることを旨とすべし。（「小学校教則綱領」大系／教育① 10-3）

と定められていただけで，ここで特に科学に関する「読書」を課するように指示されていなかった。しかし，「小学校の学科及び其の程度」では「理科」という教科を設ける一方，「読書」の中に理科的事項を振り入れることを指示したのである。そこで，これによって「理科」という教科と「読書」という教科の中の科学関係教材との関連が問題になってきたのである。

「読書」という教科で，科学関係の事項がかなり組織的に取り上げられることになるとすれば，それと区別された「理科」は，〈「読書」とは違う領域において科学を取り上げる教科〉ということにならざるをえない。「読書」と区別された「理科」，それは〈書物を通じて科学を教えるのではなく，実物を通じて科学を教える教科〉ということになるわけである。のちに高橋章臣や神戸伊三郎が好んで用いたことばを借りれば，「理科」は「書物を読む」のではなく「自然を読む」ことを教える教科ということになる。

「読書」で科学的事項が取り上げられる前の理科——科学教育は，科学の読書をも含むものであることができた。1872年の「小学教則」における「究理学輪講」はそのことを示している。〈究理書を読みすすみながら実験観察をする〉というのが「究理学輪講」の主旨であった。しかし，科学の「読書」が成立することによって「理科」という教科は読書を含まなくなり，〈もっぱら実物による実験観察を行なう教科〉という性格を与えられることになったのである。その意味では，1886年の「小学校令」のもとにおいての「理科」という新教科が設けられたということよりも，「読書」という教科の中で科学関係の読書が意識的に取り上げられることになったことのほうが，日本の科学教育史—理科教育史にとって重大なできごとだったといえるかもしれない。

### 実物観察主義の「理科」教育の意義

「理科」は，本を読むことによって科学を教える教科ではなく，直接実験や観察を通して自然を読みとらせる教科である。――これはその後多くの理科教育論者の基本的な考え方となったものであった。それらの人々にとっては「読書」から分離された「理科」という教科の誕生は非常な進歩と思われるであろう。しかし，筆者はその主観的意図はどうであれ，科学教育を「読書」と「実物の実験観察」とに分離したことが科学教育を破滅させるもとになったと考えざるをえない。

科学は自然の事物の実験観察の産物である以上に，科学者たちの豊かな自然像に基づく予想／仮説の産物である。そして科学は，個人の実物観察の産物である以上に，多くの科学者たちが協同して築きあげた社会的に安心して利用できる自然認識の体系である。そのような科学を教えるためには，いきなり自然の事物を見させるだけでなく，これまで科学者たちが築きあげてきた豊かな自然観を教えなければならない。直接自然の事物を示すときにも，〈どのような観点からそれを見るのが有効であるか〉ということが効果的な方法で教育されなければならない。科学的認識というものは，自然の事物について豊かな想像を巡らしその想像と実際の事物とを実験と観察によって突き合わせることによって深化進展しうるのである。

その意味で，科学教育にとって，自然についての先駆者の研究の成果を教え，自然についての想像を豊かにするような科学の「読書」は，実物の実験や観察と不可分のものとして導入されなければならないのである。その結合が破られれば，「読書」は単なる空想／物語にとどまり，実験／観察は特殊な事実の雑多な積み重ねと化することになるであろう。実際，その後の「理科」教育はそのような雑多な事実の教育と化し，科学的な思想性の教育は不十分ながら『小学読本』に任されることになったのである。

# 第 6 章

# 「理科の要旨」と「理科」教育の確立

　前の章では1886年に「理科」という新教科が発足した背後の事情を考察するとともに，教育現場における理科教育の実情をうかがうために，新しい制度のもとで出版された初期の理科教科書の内容を検討した。そして初期の「理科」教科書は，「小学校の学科及び其の程度」にみられる文部省の「理科」教育に対する意図に忠実であろうと努めているように思われながら，なおかつ旧制度における動物／植物／鉱物／地文／物理／化学／生理の教科書の合本的性格を残していることをみてきた。「理科」教育発足時には，理科という新教科の意図が教科書の編著者たちにもなかなか理解しえなかったのである。いや，当時は教科書の編著者のみならず，文部省自身が理科という新教科の中身について明確な考えをもっていたかどうか疑わしい。すでに述べたように，理科という教科を設けたのは，おそらくドイツの教育制度を取り入れたにすぎないので，その教科にはっきりした内容を与えることは将来の課題として残されていたのであろう。

　新しく発足した「理科」教育の理念が明瞭な形をとるようになったのは，文部省が1891年に制定した「小学校教則大綱」が最初である。そして，このころから「科学」教育とは違った「理科」教育が確立されるようになった。そこで本章では，「小学校教則大綱」の制定にはじまる理

科教育の確立の過程と当時の理科教授法について考察することにしよう。

## 第1節 「理科の要旨」と生活共存体主義の理科教育

### 「小学校教則大綱」における「理科の要旨」

「小学校教則大綱」（1891年11月17日文部省令）は，もともとその前年の1890年10月7日に改定された新「小学校令」（尋常小学校を3または4ヵ年制，高等小学校を2または3または4ヵ年制として，制度を実情に合わせた）に基づいて制定されたものであった。ところが，新「小学校令」制定後まもない10月30日に「教育勅語」が発布された。そこで，「小学校教則大綱」は，特に「勅語の趣旨に基づいて小学校教育全般の目的と各教科の要旨／内容とを定める」という役割をもって制定されたものであった。「理科」という教科の「要旨」もこのときはじめて明文化されるようになったのである。

この理科の「要旨」はごく短かい文章にすぎないが，これは日本の理科教育史上，非常に重要な文書であった。この文章は「小学校教則大綱」にかわって1900年に制定された「小学校令施行規則」によっていくらか改められただけで，実に1941（昭和16）年の「国民学校令施行規則」に至るまで50年もの間，日本の理科教育を支配しつづけたのである。この時代にかかれた教授法書の「理科の目的」の項の冒頭には，しばしば，「理科の目的は文部省令によって定められた理科の要旨を実現することにある」と書かれたほど，この文章は権威をもった存在だったのである。そこで，次に「小学校教則大綱」に掲げられた理科の「要旨」と，それに続いて理科教育の内容／教授法について指示した条文の全文を引用しておくことにしよう。

　　第八条　　理科は，通常の天然物／及び現象の観察を精密にし，其の相互／及び人生に対する関係の大要を理会せしめ，兼ねて天然物を愛するの心を養うを以って要旨とす。

第6章 「理科の要旨」と「理科」教育の確立　209

　最初は主として学校所在の地方に於ける植物／動物／鉱物／及び自然の現象に就きて，児童の目撃し得る事実を授け，就中，重要なる植物／動物の形状／構造／及び生活／発育の状態を観察せしめて，其の大要を理会せしめ，また学校の修業年限に応じ，更に植物／動物の相互／及び人生に対する関係，通常の物理上／化学上の現象，通常児童の目撃し得る器械，構造，作用等を理会せしめ，兼ねて人身の生理及び衛生の大要を授くべし。
　理科に於ては，務めて農業／工業／其の他人民の生活上に適切なる事項を授け，殊に植物／動物等を授くる際，之を以って製する重要なる人工物の製法・効用等の概略を知らしむべし。
　理科を授くるには，実地の観察に基づき，若しくは標本／模型／図画等を示し，または簡単なる試験を施し，明瞭に理会せしめんことを要す。

　この理科の「要旨」でまず注目されることは，科学（あるいは自然）そのものについての知識の教育にはまったく言及されていないことである。そのかわり，ここでは，「通常の天然物及び現象の観察を精密に」すること，つまり，いわゆる「観察力」の養成と，自然物・自然現象の「相互及び人生に対する関係の大要を理会せし」めること，つまり自然をいわゆる「生活の共存体」と見るような〈観賞的ないし生態学的自然観〉を養うこと，および「天然物を愛するの心を養う」という自然に対する態度の養成が非常に強く押し出されているのである。この理科の「要旨」の中に知識のことが脱落したのは，当時の「理科」教育に関する考え方が態度中心主義にはしっていたことを示すものといってよいであろう。
　それでは，この理科の「要旨」は，どのような考え方から生まれたのであろうか。この「要旨」に盛られている事柄のうち，はじめの「通常の天然物及び現象の観察を精密にし」といわれているようなことは（すでに第4章に見たように），10年ほど前「博物」科が設けられたころからいわれていたことで，なにも新しいことではない。しかし，第2項のうち（「通常の天然物及び現象の……人生に対する関係の大要を理会せしめ」

というのはともかく),「其の相互……関係の大要を理会せしめ」ということは,これまでほとんどいわれなかったことであって,新しい考え方である。また,「天然物を愛するの心」がこれほど大きく取り出されたのも,これまであまり例のなかったことである。そこで,どうしてこのような理科の「要旨」ができあがったのかということがことさら問題になる。実は,これはドイツの新しい理科教授法の考え方を輸入したものにすぎないのである。そのことは項を改めて考察することにしよう。

### ドイツの理科教授法の輸入

　筆者は前章で,1886年の「小学校令」によって理科という教科が新設された事情も,また「小学校の学科及び其の程度」の理科の項の執筆にだれがあたったのかという具体的な事情も明らかにしえないままに,おそらくこれが村岡範為馳によるドイツの理科教育思想の導入に基づくものであろうと推定した。しかし,1891年の「小学校教則大綱」の「理科」の項の編成に村岡範為馳その人が直接関与していたということについては確かな証拠をあげることができる。というのは,1891年1月14日に文部省は「新法令施行法案審査委員」として村岡範為馳など4人を任命しているからである（官報）。

　4人の委員というのは,高等師範学校の筆頭教授の高嶺秀夫（1854～）と同校教授の野尻精一（1860～),および女子高等師範学校の筆頭教授の村岡（1853～）と同校教授の篠田利英（1857～）の4人である。この4人はみな男女高等師範学校の代表格の人物であると同時に,かつて文部省から師範学科取り調べのためにアメリカまたはドイツに3年間の留学を命じられたことのある人たちである。すなわち,高嶺は1875年からアメリカに,村岡は1878年からドイツに,野尻は1886年からドイツに,篠田は1887年からアメリカに留学している。この4人のうち高嶺は一時東京大学で進化論で名高いモースの助手をつとめたことがあり,篠田は後藤牧太門下で後藤とともに『小学校生徒用物理書』を著わしているから,科学教育にもかなりの関心をもっていたと思われるが,村岡はドイツで

物理学のPh.Dをとってかえり、1891年8月には論文提出により理学博士の学位を得ているほどの人物であり、すでにみたように理科教授法についても一つの意見をもっていた人物であるから、理科教育については村岡が圧倒的ともいえる強い発言力をもっていたことは明らかであろう。年功のうえでも彼は高嶺より1歳年上なのである。「小学校教則大綱」の理科の項が村岡自身の作文であるかどうかは別として、村岡がドイツからもちかえった理科教育観がそこにもりこまれたのは当然のことであろう。

　もっとも、ドイツ流の理科教授法を紹介／普及したのは村岡範為馳一人ではない。彼はドイツ教育学紹介の先駆者ではあったが、その後は物理学そのものの研究に忙しく、理科教授法について詳しく研究したとも思われない。実は「小学校令」制定のころから、文部省の基本方針がドイツ模倣に転換したのに伴って、ドイツの教育学の紹介普及がにわかに盛んとなったから、このころにはドイツの理科教授法を取り入れるためにはもう物理学者村岡範為馳の手をかりる必要はなかったのである。日本の教育学研究の源泉がアメリカやイギリスからドイツにかわってきたありさまは、図表6-1に示す「教育学関係の翻訳書の原書の国別変遷表」をみれば明らかであろう。1892年ごろを境としてドイツの教育学書の紹介普及がにわかに活発になるのである。

　ドイツの教育学の紹介／輸入は、1887年1

図表6-1　翻訳教育学習の原書国別点数の推移

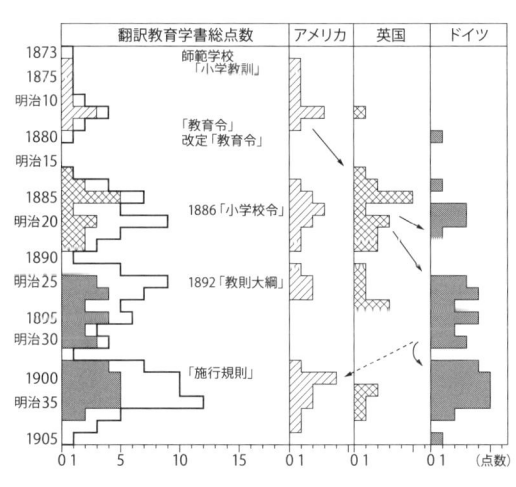

＊沢柳政太郎『我国の教育』（同文館、1910年1月刊）の付録「教育に関する訳書表」により作成（但し、明らかに教育学書と認めえないものは除外した）

月ドイツのハウスクネヒト（E.Hausknecht）が教育学に関する最初の専門外人教師として帝国大学文科大学に着任して以来特に活発化することになったものである。1889年4月には，ハウスクネヒトの建策に基づいて，帝国大学文科大学に特約生教育学科が開講され，彼がヘルバルト派教育学を講じたが，1890年7月にはその学生12人が卒業してヘルバルト主義教育を広めたので，ドイツの教育学は〈ヘルバルト主義〉とともに日本の教育界を支配することになったのである。

　（ヘルバルト（1776〜1841）Johann Friedrich Herbart，ドイツの哲学者。「予備・教示（提示・比較・総括）・応用」からなるその「五段階（三段階）教授法」は1890年代の日本で流行した。「ヘルバルト派」については245ペ〜参照）

　小学校教育の具体的な内容の面ではじめてドイツ流の教育学を取り入れてその普及に大きな役割を果たしたのは，1892年7月に東京茗渓会の手によって刊行された『（高等師範学校付属）小学科教授細目』である。高等師範学科の第1期生であった高橋章臣はこれより2年前の1890年に同校を卒業して直ちに母校の教官となっているが，後に彼はこの教授細目について，この編制に際して「専ら参考にしたのが独逸の教育法でありました。……ところがよほど時の必要に投じたものと見え，たちまちにして全国に広まりました。でありますから，此の細目は独逸風の主義が我が邦に広げたことに於いてはなはだ力あったものと思います」（高橋章臣『（最近）理科教育法』1907年，大系／教育② 1-7）といっている。この『小学科教授細目』は，文部省の「小学校教則大綱」のすぐあとに，それを具体化するものとして編成されたものであるが，高等師範学校の『小学科教授細目』がもっぱらドイツの教育書を参考にしたのは，そのもとになった文部省の「小学校教則大綱」自体がドイツの教育学の影響下にあったからだ，と見ることができるであろう。少なくとも，理科に関するかぎり，以下にみるように，教則大綱の理科の考え方は当時のドイツの理科教育に関する新しい考え方をそのまま反映している，とみることができるのである。

この『教授細目』の理科の「緒言」には，

> 「理科を教授するには，……純然たる学理に従て論述したる順序を逐うて詳論すべきものにあらず。すべからく理学中の初歩にして根本の知識のみを撰び，学校所在の地方に在て児童の目撃し得る事実より初めて漸次之を拡張すべきものなり。而して理科の内には植物／動物／礦物／物理／化学／生理／衛生／地質等の目あるべしと雖ども，小学科に於ては之を分派せずして全く一団の智識と見做し，中学科に至りて智力漸く発達するに従い分派して考究せしむることにせり」

といって，「綜合科学／一般科学」科としての「理科」の存在理由を明らかにしている。しかし，すでに論じたように，ここでの「理科」教育の根本問題は，けっして〈自然科学をいかに科学として総合的に教えたらよいか〉ということではなかった。ここでは，広汎な自然物／人工物／自然現象についての個別的な知識を，〈いかに科学以外の論理によって統一的にまとめて教えるか〉ということが問題だったのである。そしてこの問題に対してこの教授細目のとった道は，「理科の教授は自然物共同の生活状態を知らしむるにある」というドイツのユンゲ（Junge, 1832～1905）の理科教授論を受け入れることであった。

### 生活共存体主義の理科教育

高等師範学校の「小学科理科教授細目」(1892版年) がどれほど〈ユンゲの生活共存体中心の理科教育観〉の影響下にあったことは，同書の「緒言」と「教授上の主義」の項で絶えず「生活共存体としての自然」について言及していることで明らかである。たとえば，「教授の主義」の項の書き出しの部分には次のように書かれている。

> 教授上の主義
> 　天地の間に生活せる有機体は凡て協合調和を保つものなり。此の協合調和に依って初めて生活を保存し，進化して完成に趣くべきものにて，若し内部及び外部に於いて各機関の協合止みたるときは，一日も其の生を保つこと能わざるべし。此の協合調和は則ち生活を支配する理法なり。而して一ケの有機物の生活を支配する理法は亦，其の集合体則ち生活ノ<sub>ライフ</sub>

共存体を支配する理法に類似せり。而して此の集合体の最も大なるものは地球なり。故に自然物を教授するには，地球は互に相関係せる有機体を統一する一大有機機関なることを常に注意して教授せざる可からざるなり。

本書によれば，理科の教材選択およびその配列の原則は，すべて自然を「生活の共存体」とみる立場から導びき出されなければならないのである。

　抑も壱ケの有機物は地球と云う一大機関の一部分なり。此の一部分がまた他の一部分と相互に関係して数多存し，協同調和に依って結合して生活の共存体則ち一社会をなすものなり。故に生徒をして観察せしむるにも〈此の社会は有機的に結合されたる壱ケ体より成立するもの〉なるを知得せしめんことに注意す可し。則ち〈園／畑／森／野／池／山等の共存体に於いて，其の中に存在する各部分が統一を保ち居る関係〉を知らしめ，〈此等の社会が集合してまた統一せる地球を組成する所以〉を観察せしむべし。然る後に各共存体各壱ケ体共に之を其の部に分ちて観察開発せしむべし。則ち各部分の説明より〈如何なる目的如何なる機能をなすや，何故に此の如くなるべきや〉等の事項に推及すべきなり。たとえば壱ケの植物を取リ，先ず其の全体を説明し，根幹葉等の形態を観察せしめ，然る後尚進んで根の作用より，〈何故に此の如き構造をなすや，何故に地質によりて構造に異同を生ずるや〉云々，または葉の形状を観察せしめたる後は其の機能より，〈何故に平面をなすや，何故に水草にあっては水の深浅に従って異同を生ずべきや，陸上の植物にても何故に毛の生じ或は裸体なる等の差異ありや〉云々の事項に説き及ぼすが如し。動物に於ても亦然りとす。……されども余り急ぎて此等の理法を授くるにも及ばず，また敢て急ぎて形式を整うるにも及ばず。生徒が生活体の多数を観察し其の構造と生活との関係を知得し，一方に変化あれば亦従って他方にも変化を生ずることを自得したるときは，此等の理法を誘出するに難からざるものなれば，教師はすべからく其の機に応じて授けんことを勉むべし。若し一たび其の理法を知得せば此れに依って各般の現象を解釈することを得，生活の理解初めて明瞭になり，以って統一したる智識を得たりと云うべし。故に教師は常に此の点に注目して観察を誘

導し，材料を精撰し，以って有機物の進化せる状態をも探究せしむることを勉むべし。

壱ケの有機体の夥多を観察して得たる理法を各共存体に適用せば，また能く其の相互の関係及び各部分が全体の必用なる関節なることをも知得し，其の効能を誤らざるに至り，従って此等が人類に対する関係，人類が此等に対する関係等を明瞭にすることを得ん。

生徒をして自然物を理解せしめんとする方法は前既に之を述べたり。物理上／化学上の現象を解説せんとするも亦此の方法に異ならず。唯此等の現象を理解せしめば，造化の人生に於ける関係益々明瞭となり，吾人人類の生存中に起る事項に付いて正当に之を処理し適用し，並びに其の情状に適応するに過失なきを得ん。

というのである。

これによって，文部省の理科の「要旨」がどうしてことさらに「通常の天然物，及現場の……相互，及び人生に対する関係の大要を理念せしめ」などということを大々的に取り上げなければならなかったのか，その原因が明らかであろう。高等師範学校の小学科の理科の教授細目のみならず，文部省の理科の「要旨」も，ユンゲの理科教授思想の影響下に作成されたのである。

ユンゲのこの理科教授論というのは，もともと博物教授を中心にして生まれたもので，それは，ドイツの動物生態学者メービウス（K. A. Möbius, 1825～1908）がカキの養殖の研究をもとにして提出した「生活の共存」という概念（1877）を博物教育に適用して，1885年（明治18）にできあがっていたものであった。これは従来の分類学中心で観察／分類の形式陶冶を意図した博物教育を，生態学的に改造せんことを意図したものであったが，これがさらに科学から切りはなされて自然物や人工物に関するばらばらな知識の寄せ集めと化していた理科教材の統一のために利用されたのである。つまり，高等師範学校の『小学理科教授細目』では，1886年の「小学校の学科及び其の程度」の理科の項にあげられたような，個々ばらばらな事物を無理なく配列するための教材の選択と配

列の方法論として「生活の共存体」という概念が導入されているのである。このような背景をもとにして再び先の「理科の要旨」を読みなおしてみると，この「理科の要旨」がいかなることを言わんとしたものか，かなり明白に理解できるであろう。

　すでに述べたようにこの「要旨」では，博物や自然現象を精密に観察する態度を養い，事物相互や人生との関連について教えることや「天然物を愛する心」の養成をとりたてて問題にしながら，個々の事物についての実用的な知識を与えることについては言及していない。つまりここでは明らかに知識よりも態度が重んぜられているのであるが，しかしこの「態度」はけっして〈科学的な考え方／能力〉とか〈科学的な自然観〉というものではなかったのである。ここで問題となるのは，せいぜい個々の事物を記述的／分類学的に精密に観察し，生態学的に事物の関連を考察させ，自然の調和に感歎させることだけであって，科学のもつ理論的な一貫性や合理的自然観というものは問題にされていないのである。つまり「理科の要旨」は，すでに第5章でみたように，1880年ころから博物教育の中で問題になっていた「観察／思考の形式陶冶理論」を理科全体におし広げたものだったのである。

### 高等師範学校付属小学科理科教授細目

　ところで，1892年の高等師範学校の「小学科理科教授細目」では，「生活共存体」主義の理科教育の考え方がドイツのユンゲの主張に基づくことも明らかにされていないし，ユンゲらのドイツの理科教授法が詳しく紹介されることもなかった。そこで，「高等師範学校の『小学科教授細目』が広く普及した」といっても，このとっぴな生活共存体主義の理科教育の考え方がどれだけ理解されたのか，それはまったく疑わしい。このようなドイツ式の理科教授法がいかなる根拠をもって，いつだれによって提唱されたのかということは高等師範学校の最初の『小学科教授細目』が出版されてから10年以上もたってはじめて広く紹介／研究されるようになったのである。そこで，「この『小学科教授細目』にもりこ

第6章 「理科の要旨」と「理科」教育の確立　217

まれたドイツの理科教授法が，いかなる事情のもとで生まれたのか，それがどのようにして日本に輸入されたか」ということについては，あらためて第3節で論ずることにしよう。そしてここでは高等師範学校の理科の「細目」の全文を転載しておくことにする。この細目は文部省の意図に忠実なはじめての「理科」教育の具体化ともいうべきものであるから，これを通じて初期の理科教育の構想をうかがうことができると思われるからである（ここには第5学年，第6学年とあるが，これは小学校通算の学年で，当時の高等小学第1，第2学年のことである。本細目には高等小学第3，第4学年の細則はのっていない）。

　　細目（1892年高等師範学校付属小学科）
▰第五学年▰
実験観察・主要の場所及び区域：上野山，隅田川，並に品川海
第一学期　凡そ13週，1週2時
　植物に関する事項——1さくら／2つばき／3なづな／4もみじ／5まつ／6たんぽぽ／7えんどう／8きりしま／9はなしゃうぶ／10きりんさう／11山の話
第二学期　凡そ14週，1週2時
　動物に関する事項及び自然の現象——1さる／2つばめ／3とかげ／4かえる／5たひ／6とんぼ／7えび／8さなだむし／9海の話
　東京の気候——（1）温度——1寒暖計　2地勢と温度（附動物の分布）／（2）熱と水——1水蒸気—対流／沸騰／蒸留　2水蒸気の凝結—霧／雲／雨／露／霜／雪／霰等　3水の凝固結晶／融解（附，三体の変化）／（三）熱と空気——空気の膨脹／循環／風
第三学期　凡そ9週，1週2時
　大気——気圧—晴雨計／ポンプ／サイフォン／排気器
　電光及雷——（1）エレキの起り／（2）導体及不導体／（3）エレキの二種，エレキ験／（4）エレキの感応，分配／（5）レイデン瓶—放電／避雷柱／（6）大気中のエレキ
　音——（1）音の発生，楽器，及び発声機／（2）音の伝達／（3）耳／（4）音の高低，強弱／（5）反響

■第六学年■

実験観察・主要の場所及び区域：東京市内及び附近の池

第一学期　凡そ13週，1週2時

　家屋の建築及び重さを動かす器械等――（1）水準器，及び鉛錘／（2）重力，重さ，墜体／（3）釣合，槓杆，天秤／（4）滑車／（5）斜面，楔，（附，摩擦）／（6）螺旋

　蒸気車及び蒸汽船――（1）蒸気器械／（2）水の浮力，比重（附，大気の浮力，軽気球）

　磁石――（1）磁石の性質／（2）磁石の両極／（3）同種の極は相衝き異種の極は相引くこと／（4）磁石針は南北を指すこと／（5）地球は一大磁石なること／（6）人工磁石

　時計

第二学期　凡そ14週，1週2時

　ストーブ――（1）熱の伝導／（2）熱の輻射，燃焼――（イ）燃焼には空気を要すること／（ロ）空気の成分／（ハ）燃焼によりて生ずる物質，炭酸ガス，水（附，不尽性のこと）

　呼吸――（1）人身は一大炉の如し，体温／（2）呼気の不純・通気の必要

　動植物の食物上関係――（1）腐敗，バクテリア（醱酵，傷瘡及び伝染病）／（2）防腐法，伝染病の予防

　燈光――（1）ランプ，炎／（2）瓦斯燈／（3）電気燈，電流の発熱作用／（4）反射鏡，光の反射

　眼――（1）眼の部分／（2）プリズム，光線の屈折／（3）レンズを透して物を見ること（虫眼鏡，写真の暗箱，幻燈）／（4）眼の調節，及び衛生

　電信機――（1）電流の磁針に対する作用／（2）磁石にあらざる鉄に対する電流の作用（附，電話機）

第三学期　凡そ9週，1週2時

　普通の鉱物――（1）金銀銅鉄錫鉛アンチモニー亜鉛水銀等の鉱物及び其の利用／（2）採鉱冶金術の一班（附，合金のこと，鍍金のこと）／（3）鉄の錆（さび）／金属の酸化／ブリッキ（附（イ）錯，酸

類　（ロ）ソーダ，アルカリ　（ハ）食塩，塩類）
人身の栄養作用——消化，循環等
東京近傍の岩石及地質の大要——土壌の化成，岩石（附，水晶，硝子，磁器等）
地球は有機的統一を保有する一大機関なること——理科に於て学習せし事項の統結

## 第2節　理科教科書の整備

　前節では，文部省令の「小学校教則大綱」によってはじめて明らかにされた理科という教科の性格——理科の「要旨」と，それを具体化した高等師範学校の「小学科理科教授細目」の内容を紹介／検討した。しかし，いくら法令や模範的な教授細目ができたからといって，現場の教育がそれらの法令や細目通りに行なわれるようになるものではない。法令や細目以上に現場の教育に大きな影響を与えるのは教科書である。法令や細目は教科書の認可採用／選択の原理となることによって間接に現場の教育に影響を及ぼすのである。そこで本節では，「小学校教則大綱」や高等師範学校の「小学科教授細目」の影響下に，どのような理科教科書が文部省の検定を通過し用いられるようになったかということをみることにしよう。
　ところで，前期——文部省の「小学校の学科及び其の程度」のもとにあらわれた初期の理科教科書は，もともと過渡的な存在以上のものではありえなかった。だいいち，それらの理科教科書は全体的にいって分量が多すぎた。「小学校令」のもとで「理科」に割り当てられた時間数は，旧制度の「小学校教則綱領」時代に科学関係教科に割り当てられていた時間数の半分にも満たなかったのに，初期の「理科」教科書の多くは旧時代の科学関係教科書全体と変わらないほどの分量をもっていたのである。そこで，初期の理科教科書の内容は，分量という面だけから考えてみても大幅に改変させられなければならない運命をもっていた。理科の

教科書はもはや旧時代の動物／植物／鉱物／地文／物理／化学／生理の教科書を寄せ集めたものではすまなくなっていたのである。少ない時間数と，文部省の「小学校教則大綱」によって新たに指示された理科の要旨／教材の選択配列／教授法とに合わせて，理科という一つの教科の統一したイメージをもった新しい教科書を作りだすことが必要になっていたのである。

### 四大教科書会社の新理科教科書

「小学校教則大綱」が文部省令によって定められ，現場教育界を指導してきた高等師範学校の『小学科教授細目』が公表されると間もなく，新しい理科教科書が文部省の検定認可を受けて相ついで出版されるようになった。前章で取り上げた四大教科書会社がいっせいに新しい理科教科書を出版したことはいうまでもない。そこで，ここでもそれらの四大教科書会社から出版された理科教科書を中心に，理科という一つの教科の教科書がいかにして作りだされていったか，ということをみることにしよう。まず，四大教科書会社出版の代表的な理科教科書のリストを掲げると次の通りである。

学海指針社編『小学理科新書（甲種）』4冊，集英堂（1893年10月19日文部省検定認可）——別に教師用書あり，（甲種）は4年課程用，（乙種）は2年課程用

高島勝次郎著・文学社編輯所訂『明治理科書』8冊，文学社（1893年11月18日文部省検定認可）

西村正三郎編『小学理科』4冊，普及舎（1893年3月17日文部省検定認可）——同じ編者による『(改正)小学理科』という教科書が1897年3月25日に文部省検定を通過しているが，これは「改正」といっても，全面的に改訂されたもので新著というべきものである。

文学社編輯所（小林義則）編『(生徒用)新定理科書』4冊，文学社（1894年8月3日文部省検定認可）——1897年3月には『(生徒用)新定理科書』と改題し，その翌年2月『(教師用)新定理科書』を出版している。

金港堂書籍株式会社編輯所編『(小学校用)理科新篇』4冊，金港堂(1894年11月10日文部省検定認可)——金港堂はこのほか『理科入門』『理科階梯』などを出版しているが，ここには特に特色のある本書だけを取り上げることにする。

　これらの教科書においてまず注目すべきことは，教科書の編者が前期とまったく変わり，大部分が「教科書会社の編輯所編」となっていることである。高島勝次郎は前期から引き続いて教科書の編者となっているが，同社の奥付けには「故高島勝次郎」とあり，教科書会社が高島の前著『新選理科書』の章節の配列を大きくかえて編集したものであることがわかる。高島のほか西村正三郎という個人の編者の名があがっているが，その西村正三郎(1861～1894)とても普及舎の子会社の開発社の刊行になる『教育時論』の編集者であって，教科書出版会社外の人物ではない。1892～3年ごろにはすでに理科教科書の編集が教科書会社の営利的事業の対象と化していたのである。

　新しい理科教科書の内容が前期の教科書とどれほど違っているかということを見るためには，原著者が同じ高島勝次郎の『新選理科書』と『明治理科書』とを比べてみるのが便利である。そこでこの2つを見比べてみると，前著が全4巻8分冊を「総論／鉱物篇／植物篇……の8篇」から構成していたのに，『明治理科書』ではその各篇を分割して巻一から巻四の各巻に配分していることがわかる。すなわち，巻一は「総論／植物界／動物界／鉱物界／自然の現象の5篇」からなり，巻二はそれから総論を除いた4篇からなっている。また，巻三と四はいずれも「動植物界／物理／化学／生理の4篇」からなっている。これらの各篇の本文の内容は明らかに旧著『新選理科書』の各篇からとったものである。けれども『明治理科書』には旧著になかった章節もいくつか加えられている。その最も著しいのが巻三と巻四の「第一篇動植物界」である。この部分は旧著にほとんどなかったもので，巻三のそれは「動物植物の相互及び人生に対する関係／花の媒介」「山林田圃の為めに小鳥を保護せよ」，巻四のそれは「動物の有てる防衛攻撃の具」「人間の家蓄及び培養植物

に及ぼす影響」「家畜の飼養法」から構成されている。つまり，「小学校教則大綱」や高等師範学校の「小学科理科教授細目」で強調された「自然物相互および人間との関係」が大きく取り上げられるようになったのである。

　文学社改定の『明治理科書』のとったこのような教材構成は，本書のみならず1892年以後に編集された新しい理科教科書に共通するものであった。理科教科書全体を4巻にわかち，その各巻を高等小学の4学年に1巻ずつ配当し，その各巻で「動物／植物／鉱物／自然の現象」などの事項を並行して取り上げる，というのが，標準的な理科教科書の構成のしかたとなったのである。「小学校教則大綱」，さらに具体的には「高等師範学校小学科教授細目」が，理科教科書をそのような形のものにさせたのである。文部省による教科書検定制度も「小学校教則大綱」のもとで強化され，教科書は「小学校令」「小学校教則大綱」の趣旨に合するものを検定認可することと改められたからでもある（これ以前の検定はただ「弊害あるものの除去」が目的だとされていた）。

　もっとも，この時期の理科教科書は，一方で画一化をしいられながら，他方ではその内容にかなり特色を出してきたことも否定することができない。上記の学海指針社編の『小学理科新書』（集英堂）や西村正三郎編の『小学理科』（普及舎）は，『明治理科書』と同じように，巻一と巻二の両方に「植物／動物／鉱物／自然現象」を分属させていることを除いては，前期または前々期の教科書のパターンを受け継いでいるにすぎないが，文学社編の『新定理科書』，金港堂編の『（小学校用）理科新篇』となると，はっきりと新しい特色を打ち出している。そこで，次にこの2種類の教科書の特長を検討することにしよう。

### 「自然の美」を説く総合理科教科書

　「小学校教則大綱」のもとで文学社が高島勝次郎の『新選理科書』を改定して『明治理科書』を出版したことは前述したが，『新定理科書』はそれから2年後に同社の手によって編集出版されたものである。この

理科書はもはや旧著の改定版ではなく，文字通りの新定版であった。この本の特長をひと口でいうならば，社名にふさわしく著しく文学的な記述法をとっていることにあるということができる。次に巻一から第二節のはじめの部分を引用してみよう。

　　第二節　桜
　「霞か雲かはた雪か」とは，桜の花盛りの様をいえる歌詞なり。そも此の桜は如何なるものぞ。
　桜の花は，其の美しさ百花に優れり。故に人之を庭園にうえ，或いは河辺山上にあるものに就きて，其の眼をたのましむ。大和の吉野は，古来桜の名所にて，満山皆桜樹，已に山中一目千本の称ある地なり。其の他山城の嵐山，武蔵の小金井，隅田川等も，亦桜花に名あり。
　今爰に一つの桜花を取り，精しくこれをしらべ視るに，外部には，緑色なる筒の如きものありて，縁辺五つに裂け，内部にある五つの小片は薄弱にして白色に淡紅を帯ぶ，是れ花の最も美麗なる部分なり。外部にあるものを萼といい，其の各裂片を萼片という。内部にあるものを……

といったぐあいである。理科の教科書に公式文書的に片仮名を用いることをせず〔本書では片仮名のほとんどを平仮名に改めて引用したが〕，文学的な平仮名を用いているのも本書の特長の一つである。このような教科書を編集したことについて編者はその「緒言」で次のように述べている。

　蓋し従来世に行なわるる所の者は，多く徒らに事実を臚列するに過ぎず，夫の所謂「自然の美」に至りては絶えて之に説き及ぶものなし。故に生徒をして，理科の研究に無限の快楽あるを知らしむること能わず。随いて理科教授の目的たる自然物を愛する精神を養成すること能わざるなり。且つ動／植／鉱の諸物，及び物理，化学／生理／器械等は，皆互いに至大の関係を保ち，彼此相待ち相助けて，而して後人生に必須の知識を与うるものなり。然るに従来の理科教科書は，個々分離して記述せるが故に，生徒をして，相互の関連する所を知らしむることなく，随いて理科の日常実際に応用すべきものたることを解せしむることなし。
　此の書は，実に此の二大欠点を補わんと欲して編纂せしものなり。即ち専ら生徒をして実地の観察と経験とに基き，興味の中に知らず識らず，

確実なる理学思想を養い，以って日常実際の業務に資する所あらしめんと期せり。……（傍点は原文）

多くの場合，こうした教科書のうたい文句は信用することができないのであるが，本書の場合，この主張はかなりよく本文に生かされているということができる。上の主張の第一点については上掲の引用文でかなり明らかであるが，これらの主張は，本書の巻一の目次，──

第1章 草木及び虫 其の一──春の日／桜／ヤマユリ／植物の標本／コガネムシ／昆虫の標本
第2章 草木及び虫 其の二──夏の虫／蜻蛉／蚊／蠅／昆虫の変態
第3章 草木及び虫 其の三──秋の日／雑草／果実／果蛆／蝶の標本を製する法／蜘蛛／菜蔬／燈心草の類／植物の機関／昆虫の通性
第4章 土及び石
第5章 土地の変化

をみても，本書の内容によく反映していることが推察しうるであろう。これを，本書の批判の対象となっている当時の理科教科書の典型ともいうべき学海指針社編の『小学理科新書』の巻一の目次，──

あぶらな／えんどう／むぎ／いね／きうり／うめ・なし／わた・あさ／きく・くり／まつ・すぎ／たけ／ねこ・いぬ／うま・うし／ひつじ／ねずみ／くぢら／にわとり・あひる／つばめ・きつつき／かめ・へび／かえる／こい・ふな・さけ／かつお・いわし・にしん／てつ・あかがね（銅）／ねばつち（粘土）／せきたん・せきゆ／しお／あめ／かぜ

と比べてみるとよい。確かに『新定理科書』では児童の興味を呼び起こすために多くのくふうがこらされているといってよいであろう。『小学理科新書』などでは，「個別的な植物を一つ一つ取り上げて，それらについて観察しうる事項をまんべんなく記載していく」という退屈な記述法をとっているのである。本書は，そのような教育内容が児童の興味を呼び起こしえないことに対する反省をもとに編纂されたわけである。また，上に引用した目次にも出ているように，この教科書には「植物の標本」「蝶の標本を製する法」などという節が設けられていて，児童に作

業を課する形をとっているが，このような試みは他書にその例をみない特色として注目に値することである。

　文学社の『新定理科書』は児童の興味を重んじた点でよくくふうされた理科教科書ということができる。しかし，この教科書のような形で児童の興味をつなぎとめようとする努力がどれだけ有効であるか，それはきわめて疑わしい。このような試みは科学そのものの「論理的に考え，未知のことを予測しうるようになる喜び」を与えようとするのではなくて，「科学の本質外のことで子どもたちの興味をつなごうとするはかない試み」というべきものだからである。このような試みはこれからのち多くの人々によってくり返し試みられたが，常に十分な成果をあげることができなかったのである。

## 修身的な理科教科書の出現

　金港堂編の『(小学校用)理科新篇』は，文学社の『新定理科書』の影響を受けたのか，同じく文学的な記載法を採用しているが，この教科書はまた，まったく別の方面で特色のある教科書となっている。ひと口でいうと，「修身的」といえる特色をもっているのである。本書第一巻の最初の項「うめ」の本文を〔片仮名交り文のまま〕引用してみよう。

　　　うめ（梅）
　　数知レザル花ノ中ニ，香リノ清ク芳シキハ，梅ニ及ブモノアラザルベシ。
　　梅ノ幹ハ松又ハ杉ノ如ク大ナラズ，初メハ滑ナレドモ，年ヲ経ルニ随イ，岩ノ如ク粗ク奇ナル形ヲナス。
　　花ハ葉ヨリ先ニ出デ，赤ミヲ帯ビタル五ツノ萼ト……
　　梅ハ寒サヲ凌ギテ咲キ出デ，類稀ナル佳キ香ヲ放ツヲ以ッテ世ニ賞セラル。子等モ亦梅ト同ジク，難ニ遭イテ屈スルコトナク，常ニ芳シキ心ノ香ヲ失ウコトナカレ。

　この教科書の各項の最後には，しばしばこんな教訓がつけ加えられているのである。もう一つの例をとろう。第3項の「さくら」の最後の段

落には次のように書かれている。

　　桜ノ花ハ，美シクシテ潔ク，且ツ気高キ趣キアリ。古人ノ歌ニ，「しきしまの倭心(ヤマトゴコロ)を人問わば朝日に匂う山桜ばな」トアルハ，我ガ国人ノ心ハ恰モ桜花ノ如ク，潔ク気高ク，外人ニ立チ優リタル処アルヲ詠ジタルナリ。

編者はどうしてこのような教科書を作成したのであろうか。そのいいぶんをその「緒言」にみると次の通りである。

　　本書ハ小学校教則大綱ノ趣旨ニ基キ，児童ヲシテ卑近ノ天然物及ビ普通現象ニ就キ周到精細ナル観察ヲ遂ゲ，天然ノ美ヲ楽シミ造化ノ妙ヲ感ジ，且ツ天然界相互ノ関係ヲ覚リ，人類ノ天然界ニ於テ占ムル所ノ位置ヲ会得(えとく)セシメ，又生理衛生上等緊要ナル智識ヲ与エテ，以ッテ人類ノ健康ヲ進ムル道ヲ知ラシメ，或ハ理化学上ノ智識ヲ誘発開導シテ発明応用ノ法ニ慣レシムル等ヲ以テ目的トセリ。
　　本書ハ勉メテ行文ヲ平易ニシ，字句文章ニ費ヤスベキ脳力ヲ挙ゲテ，コレラ<u>理科教授ノ本領タル観察推理</u>ノ一方ニ専ラニセシムヲ期セリ。
　　本書ハ学科ノ関連，智識ノ統一ヲ得シムルニ注意シ，地理，歴史ハ勿論，其ノ他ノ学科ニモ成ルベク関係ヲ有セシメ，特ニ<u>諸学科ノ中心タルベキ修身科</u>ニ関係ヲ深カラシメ，知ラズ識ラズノ間ニ道義的観念ヲ誘発セシメ尚且之ヲ鞏固ナラシムルヲ期セリ。
　　本書ノ精神ハ可及的観察ヲ重ンズルニアルヲ以ッテ，……〔下線は板倉〕

すなわち，本書の教訓話は「諸学科ノ中心タルベキ修身科」という観点から取り入れられたものであって，「教育勅語」のもとに生まれた「小学校教則大綱」の基本的な考え方を，積極的に理科教科書のなかに取り入れたということができるであろう。この理科教科書はもっともよくその時代を反映していたのである。

ところで，上の「緒言」の中で，生理衛生と理化学については「人生に有用な知識」として言及されているのに，博物関係の事項については，「観察・天然の美・造化の妙・天然界相互の関係・人類の位置」といった観照的な側面ばかりが言及されていることも注目すべきことである。

第6章 「理科の要旨」と「理科」教育の確立　227

博物——博物学は「実践的に有効な科学」として取り上げられていないのである。これでは博物教育の目標の力点が修身的な教訓話におかれるようになったとしても不思議ではない。明治初年に輸入されたキリスト教的博物教育が日本精神主義的博物教育として生まれ変わったともいえるであろう。また，上の「緒言」の中で，「理科教授の本領」が観察推理にある，と明言されていることも注目に値することである。このような表現は，一方では科学の方法，科学の精神を重んずるようでありながら，他方では思想体系としての科学を軽んじ否定することにつながっているからである。観察推理の名において「うめ／もも／さくら／すもも／たんぽぽ……」といった一つ一つの植物種の無味乾燥な観察記載が要求され，その無味乾燥さをカバーするために，文学的な記述と修身的な教訓話が導入されるのである。

### 科学的自然観を教える理科教科書

　これまでみたところによると，「小学校教則大綱」のもとに出版された理科教科書の大勢は，当初の文部省の意図通りに，科学そのものを教えるというよりも，「身のまわりの動／植／鉱物や道具／器械類あるいは天文／地文などの自然現象について観察／記述する」という性格のものに変わっていったのであった。しかし，これには例外がないわけではなかった。

　もともと，1872年の「学制」で日本の初等教育に科学教育が大きな比重をもって導入されるようになったのは，単なる海外の初等教育のうけいれとはその質を異にするものであった。明治初年の究理熱流行の先駆りとなった洋学者たちの科学啓蒙思想は，「科学的な自然観をテコとして日本人の自然観／社会観を根底から変革しよう」という実践的・主体的な目的意識をもったものであった。そのような日本の現実認識に根ざした主体的な科学啓蒙思想が，海外の教育思想の単なる受け売りのまえに容易に引き下がってしまうものとは思われない。明治初年の洋学者たちの科学啓蒙思想はその後の反動思想の台頭によって大きく退けられる

ようになったとはいえ，その思想を受け継ぐ人々は，イギリスのハックスリーやロスコー，スチュアートらの科学啓蒙活動の中に同質の思想を見いだすことができたはずである。しかも，そのロスコーやスチュアートの教科書は，1886年に物理学／化学などの教育が「理科」にきりかえられるまで，日本の小学校教育の中で支配的な勢力をもっていたのである。このような事情を考えれば，いくら文部省が法令の力によってドイツ流の「理科」教育の導入をはかるようになったからといって，従来の科学啓蒙思想に心から共感を感じえた人々が，そう容易にその思想を捨ててドイツ流の理科教育思想に服従するようになるとは考えずらいことである。

　明治初年の洋学者たちの科学啓蒙思想や，イギリスの科学者たちの科学啓蒙思想は，近代科学の自然観を大衆の目の前に差し出すことによって大衆の視野を広げ，その社会観を変革しようという強烈な問題意識をもっていた。それに対し，ドイツ流の理科教育思想はせいぜい自己のまわりの自然や社会を調和的に観賞する目と，それに適応する能力を養うこと以上のものを意図するものではなく，まったく保守的な性格をもっていた。だから，従来の科学教育から理科教育への転換は，単なる教育方法の域をこえて思想的な変革を要求するものであり，その転換の時点においては当然抵抗が生じなければならないはずのものだったのである。

　科学教育から理科教育への転換に対する抵抗，それがきわめて明瞭にあらわれているのは，西村（㔫）貞（1854～1904）の『理科読本』である。この教科書のことについては第5章の第2節でも言及したが，この教科書はドイツ流の「理科」教育の方向と真向から対立するような科学啓蒙思想に貫かれた理科教科書であった。

　この本の序文の日付は「明治26（1893）年3月1日」になっており，「小学校教則大綱」制定後に書かれたものであるが，この教科書はその表題が理科「読本」で読本兼用をねらったというばかりでなく，当時の理科教科書の常識をまったく無視した構成をもつものであった。すでに

述べたように,「小学校教則大綱」以後に出版された理科教科書は,巻一と巻二のそれぞれで「植物／動物／鉱物／自然の現象」を取り上げるのを原則とするかのごとくなったのであるが,本書だけはそのような構成をとっていないのである。そうかといって,1886年の「理科」教育以前の物理や化学の教科書を寄せ集めたような構成をもっているわけではない。この本は科学の全分野を融合した一冊の科学入門書となっているのである。

この教科書は全8巻が2巻ずつ4冊に合本されているのであるが,その第1冊には動／植物のことはまったくでてこない。植物が取り上げられるのは第2冊の半ばになってからである。しかもその内容は,個々の動植物種について観察されうる事項を書きつらねたような一般の理科教科書とはまったく違っている。この教科書では,まずはじめに植物についての一般的事項を取り上げ,植物学の基本的命題を,読者の常識的な植物観とつきあわせることによって,読者の興味を呼び起こし,平易に説いているのである。そのことは動物の場合でも変わらない。そこで,科学の基本的な命題に対して読者の関心・理解を高めるために本書がいかなるくふうをこらし,それがどの程度成功しているかという一例を示すために,巻四(第2冊)の「第五課動物の事」の全文を紹介しておこう(原文は片仮名交り文である)。

  第五課  動物の事
   君等は前に植物の事の一斑を学びたれば,是れより動物の事の一斑を知らんと欲するならん。抑も動物と云えば,植物に非ざる生物を悉皆総括して称うる者なれば,其の網羅する所の物甚だ広く且多し。即ち馬牛,羊鶏,豚の類より,数多の鳥／獣／魚／介／虫に至るまで,皆動物と総称せらる,而して我れ等人間も亦固より其の中に在り。
   さて,いま獅子と象とを目の前に据えて,之れを比較すれば,何人と雖,容易く之れを区別し得て,彼れ此れを相混ずる者はあらじ。是れ其の外貌の明かに相異なるに因てなり。然れども試みに其の皮肉を去りて,然る後相比ぶれば,君等前の如く容易くは之れを区別し得ざる可し。

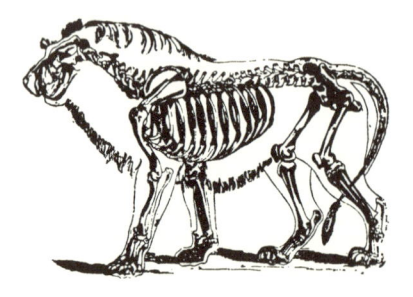

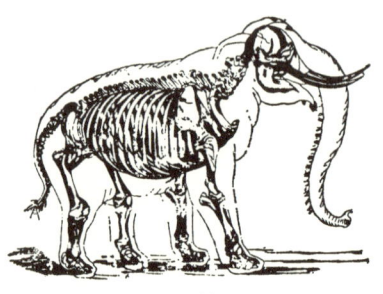

右に示す上の図は獅子の皮肉を去りたる者にして，下の図は象の皮肉を去りたる者なり。上の者を〈獅子の骨骼〉と謂い，下の者を〈象の骨骼〉と謂う，孰(いず)れも諸諸の骨の組み合いて成れる者なり。

さて，此れ等の骨骼を比較し見るに，互に著しく相類似する所有り。先ず雙方共に其の背に沿いて，頭より尾の先きに至れる一列の骨有り，是れを脊骨と謂う。脊骨の頭に中空の骨有り，是れを頭骨と謂う。脳髄は此の中に包まれて在り，目，鼻，口も亦此(ココ)に属するなり。次ぎに著しきは前後二対の骨即ち四肢なり。

以上の骨骼は独り獅子と象とに限りて，之れを具うる者には非ず，人(ひと)間は勿論，猿，及び有らゆる鳥／獣／魚其のほか／蛇／蛙の類に至るまで，みな骨骼を有し，然も彼れ此れ相類似せり。而して其の四肢は，動物の異なるに因りて，往往其の名称を異にせり。即ち人間に在りては，前の一対を手と呼び，後の一対を足と呼ぶこと，君等みな能く之れを知れり。猿の類に在りては，前後の二対を孰れも手と称し，牛／馬／犬／猫／兎等に在りては，孰れも之れを足と称し，更に前足，後足に区別せり。また鳥の類に在りては，前の一対を翼と名づくるなり。

然れども君等は，「魚の類にも亦手足有り」と聞かば，恐らくは驚きて之れを信ぜざるならん。君等或は言わん。「魚の類は前後の鰭にて自在に水中を泳ぎ廻われども，絶えて手足の在るを見たること無し，然るを魚類に手足ありと言うは甚だ疑わし」と。君等の疑いは一応もっともの如く聞こゆれど，魚類の鰭は実に其の四肢にして，恰も手足に相当する者と知る可し。

されば，人間及び鳥／獣／魚等は，外貌より之れを見れば，各互に相異なること甚だ少からざれども，骨骼より之れを見れば，互に著しく相類似する者と謂うべし。

然るに動物の中には，全く骨骼を具えざる者また頗る多し。君等試みに牡蠣(かき)，蝸牛，蟻，百足虫(むかで)，蟬，蜻蛉(とんぼ)等を補えて之れを見よ。幾何(いくら)丁寧に之れを解剖するも，更に骨骼を見出さざる可し。

故に我れ等は有らゆる動物を大別して二つと為すなり。即ち脊骨ある動物を総称して，「有脊動物は脊骨動物」と謂い，脊骨なき動物を総称して，「無脊動物は無脊骨動物」と謂う。動物界に「有脊，無脊の二小界」あるは，猶お「植物界に有花，無花の二小界」あるが如し。

動物が脊椎動物と無脊椎動物とにわけられるというこの説明は，これまでの多くの理科教科書の動物分類の説明と違って，子どもたちの興味を呼び起こすことにかなり成功しうるような構成をもっているといえるであろう。しかも，これが動物に関する最も最初の課であり，またほとんど最後の課なのである。この教科書には，普通の理科教科書にきまって取り上げられている馬／牛／猫などという個々の動物種はまったく取り上げられていないのである。その意味で本書は「個別的な実物観察中心主義の理科教育」とはまったく別のものをねらっているのである。

本書の基本的なねらいは，「近代科学の雄大な自然観」を子どもたちのものにすることにある。このため筆者はまず，物質に固体／液体／気体の三態があり，「それは分子の結合状態によって異なる」ことから説きはじめ，「すべての物質は三態変化する」ことや，「それらの変化の中でも物質の重さは不変である」ことを説きあかしている。そしてそこから話題を「空気→水蒸気→熱→寒暖計」と展開し，自然現象全体を近代科学の自然観によって統合的に説明しようと試みているのである。このテーマの選択と展開のしかたは他の理科教科書には見られない独得のものであるから，ここにその全目次を紹介しておくことにしよう。

〔第一冊〕人工物と自然物／人工物と云う意味／万有の区別（２課）／五官（２課）／物質の三つのすがた（２課）／物質の事／三体は永久変ぜざるものに非ず（３課）／物質の重なる性質／空気（５課）／水蒸気／熱／寒暖計／空気の寒温（２課）／空気の寒温に因りて何事の起

こるか／蒸発と凝結（2課）／露・霧・及び雲（2課）／雨／雪・雹・及び霜（2課）／復習の為め（2課）〔全33課，28字×12行×115ペ〕

〔第二冊〕地球は円し（2課）／地球は動く／地球の回転は独楽の如し／地球の回転は一日一回なり／地球の行動は唯回転のみに非ず／四時の来往／水（2課）／植物の事（2課）／雨の成行（2課）／泉の成立（2課）／動物の事／燃焼／牛乳／液体の重なる性質／軽重の意味—比重／重さの意味／秤／復習の為め（4課）〔全26課，129ペ〕

〔第三冊〕衣，食，住の原品／稲—米／綿，麻，及び苧麻／金属の事／金，及び銀／銅／鉄／鉛／錫，及び亜鉛／水銀／合金（2課）／月は星の間を運行す／月は其の形を変ず／地球の位置，及び天の話（6課）／日蝕，及び月蝕／潮汐／復習の為め（4課）〔全27課，140ペ〕

〔第四冊〕空気の重量／空気の圧力／晴雨計（2課）／気象の事（2課）／排気鐘，及び水汲ぽんぷ／火山（3課）／地震（2課）／復習の為め（2課）／人体及び生理（4課）／大復習の為め（14課）〔全32課，145ペ〕

西村貞のこの本は，明治の検定教科書時代において，近代科学の統一的な自然観を教えようとした唯一の例外的な検定教科書であった。どういう事情によるのかわからないが，本書は1894年10月に文部省の教科書検定を通過することができたのである（本書の初版は1893年9月29日であるから文部省の検定に通過したのは，初版の日から1年もたっている。理科の検定教科書の場合普通初版が出てから半年ぐらいのうちに検定通過となっているから，この間に何かあったのかも知れない）。もっとも，文部省の検定教科書は西村貞の最初の構想を全部認めることはしなかった。前章の第3節で引用したように，西村貞は本書を「読書科用の「読本」兼理科教科書にあてようとした」のであるが，「小学校教則大綱」と教科書検定制度はその道をふさいでしまったのである。

ところで，この本がいわゆる理科の教科書として書かれたのではなく理科「読本」として書かれたということは，科学的自然観の教育という本書の教育意図と密接な関係をもっていたといえないだろうか。前章の第3節で論じたように，「読本」における理科読物の教育と「理科」の

教育とを区別することは,「理科教育の独自性は実物教育にある」と規定させる要因ともなり,個々の実物の観察から容易に導かれる以上の雄大な自然観の教育を「理科」の教育から締め出すような効果をもつものだったからである。しかし,本書のように読本と理科教科書とを兼用のものとすれば,自然観と実物——科学研究の遺産に基づく空想と実験観察との間を断ち切らないですむのである。

　それでは,西村貞は,当時のドイツ流の実物本位の理科教育のなかで,どうしてこのような本を著わすようになったのであろうか。西村貞(1854～1904)は明治四年に足利藩から選ばれて大学南校に入学した貢進生で,のち東京開成学校の理学科に進んだが,なぜか中途退学して文部省にはいり,1878年2月から2カ年半師範学校の取り調べの命を受けてイギリスに留学した,という経歴の持ち主である。1884年4月出版の『改定官員録』には「文部省御用掛准奏任体操伝習所主幹」となっているが,熱心な科学教育論者で,イギリスの科学者ハックスレーの信奉者であった。科学教育の分野では,1882年9月の『東洋学芸雑誌』に「普通教育上理学教授の切要」という論文を書き,1884年8月には『地文新編』(金港堂刊)という本を著わしている。この本は『理学読本』と同じような精神で書かれたものであるが,この本の序文では,ハックスレーの科学啓蒙の仕事がきわめて賞賛されているのである。この本に寄せた友人手島精一(1849～1918)の序文にも,「夫れハックスレーの,広く理学の旨味を世間に及ぼすの妙あることは,余が君と共に恒に称讃して已まざる所ナル……」とある。西村貞はハックスレーの科学啓蒙の仕事に心酔して日本にその精神を移し植えようとして『地文新編』『理科読本』を著わしたのである。まえに『理科読本』には類書がないと書いたが,この本は実は Science Primer 双書中の Huxley：*Introductory* や Huxley：*Physiography* を模範としていたのである。

　　(さきに,「小学校教則大綱」のもとで近代科学の自然観を説いた理科の検定教科書は西村貞の『理科読本』だけだと述べたが,実はこの時期にはハックスレーの *Introductory* の翻訳書が何種類か出版されていたとい

うことに注意する必要がある。近代科学の自然観を説きあかす理科の教科書ないし読本は，検定教科書とはならずに一般の科学啓蒙書となって出版されていたのである。教科書検定制度がひかれるようになってから検定教科書以外のこの種の科学啓蒙書が出版されるようになったのは，科学啓蒙運動の立場からする新しい「理科」教育に対する一つの批判のあらわれとみることができるかもしれない)

## 第3節 「理科教授法」研究の成立

　前2節では，文部省の「小学校教則大綱」と高等師範学校の「小学科教授細目」とによって「理科」という教科のねらいと内容とが明らかにされ，それによって理科教科書が整備されてきたことを述べた。ところが「教則大綱」が制定されてから9年後の1900年に，再び理科教育の規定が改定されることになった。この年，(「小学校令」の改定にもとづいて)「小学校教則大綱」が廃止されてそのかわりに「小学校令施行規則」が制定され，「理科」の規定も改められることになったのである。そして，ちょうどこのころから高等師範学校関係者を中心に理科教授法の研究がまとめられるようになって，「理科」教育というものの構想／内容が理論的体系性を帯びるようになってきた。そこで，この節でははじめに「小学校令施行規則」における「理科」教育の性格の検討を行ない，次いで高等師範学校の人々を中心とした理科教授法の研究についてみることにしよう。

### 「小学校令施行規則」と理科教育

　ところで，「小学校教則大綱」が廃止されて「小学校令施行規則」が新たに制定された，といっても，その「理科」の規定が全面的に改められたわけではない。むしろその条文を一見しただけではまったく変化がないように見えるほど，改定の部分は少ないのである。しかし，この2つの文部省令の理科の条文を詳しく見比べてみると，そこには無視しえ

ない変化があることもわかる。そこで，次に「小学校令施行規則」(1900年8月20日文部省令）の「理科」の条項を全文掲げて，第1節に掲げた「小学校教則大綱」のそれとを詳しく対照的に検討してみよう。

　　　第七条　理科は，通常の天然物及び自然の現象に関する知識の一斑を得しめ，其の相互及び人生に対する関係の大要を理会せしめ，兼ねて観察を精密にし，自然を愛するの心を養うを以って要旨とす。
　　　理科は，植物／動物／鉱物／及び自然の現象に就き，主として児童の目撃し得る事項を授け，特に重要なる植物／動物／名称／形状／効用／及び発育の大要を知らしめ，また学校の修業年限に応じ更に，通常の物理／化学上の現象，重要なる元素／及び化合物，簡易なる器械の構造／作用，人身の生理／衛生の大要を授け，兼ねて植物／動物／鉱物の相互／及び人生に対する関係の大要を理会せしむべし。
　　　理科に於ては務めて農事／水産／工業／家事等に適切なる事項を授け，特に植物／動物等に就き教授する際には之を以って製する重要なる加工品の製法／効用等の概略を知らしむべし。
　　　理科を授くるには成るべく実地の観察に基づき，若しくは標本／模型／図画等を示し，また簡単なる実験を施し，明瞭に理会せしめんことを要す。

これと「小学校教則大綱」の理科の項と比べて特に注意すべきことは，いちばん最初の文章が，教則大綱では「通常の天然物及び現象の観察を精密にし」とあったのが，「通常の天然物及び自然の現象に関する知識の一斑を得しめ」と改められ，「観察を精密にし」ということばが「兼ねて」のあとにまわされたことである。「天然物及び現象……相互及び人生に対する関係の大要」という「共同生活体」理科の考えはそのままのこっているが，1891年来の極端な「観察力錬磨主義（開発主義）の理科教育観」はあとまわしにされて，そのかわり知識が前面にうたわれるようになったわけである。
　同じような変化は「要旨」に続く文章にも認めることができる。すなわち，「教則大綱」では「重要なる植物／動物の形状／構造及び生活／

発育の状態を観察せしめて，其の大要を理会せしめ」とあったのが，「施行規則」では「重要なる植物／動物の名称／形状／効用／及び発育の大要を知らしめ」とかわっている。構造／生活の文字が消えて，名称／効用の文字が加わり，「観察せしめて」の句が消えているのである。また，「通常児童の目撃し得る器械の構造／作用」というのが「簡単なる器械の構造／作用」に改められ，「理科を授くるには実地の観察に基づき」というところに，「成るべく」ということばが挿入されたことも注意すべきことであろう。確かに全文を通じて，極端な観察主義にかわって知識が重んじられるようになったといえるであろう。しかし，「知識が重んじられるようになった」とはいっても，それは科学に関する知識ではない。動植物についての名称／効用といった科学以前の実用的な知識，あるいは実用にもならない雑多な知識が重んじられるようになったにすぎないということにも注意する必要があろう。

　それでは，なぜそのような変化が起こったのであろうか。われわれはこれを，日本での理科教育実践の反省に基づくもの，または日本の産業資本主義の発達の影響と見たいところである。しかし実際にはそんなものではなかったようである。当時高等師範学校にあってこの法令の改定の事情についてよく通じていたと見られる高橋章臣は，この変化は「ドイツの理科教授法の変化によるものだ」と断定しているのである。彼は，こういうのである。

　　「この〈観察を精密にする〉ということ，これは形式に属するの方面であって，その歴史上からみて見ますと，ペスタロッジー氏が大いに主張したことである。その後ペスタロッジー氏の主義が，その後の人々に依って改良され，〈ただその形ばかり見てはいかぬ，その内容即ち知識も十分貴ばなければならぬ〉ということになって，今日の処ではどちらかというと，この〈知識を重く見る方の説〉が一般に行なわれている。そこで，以前も独逸の影響を受けておりましたけれども……法令の上に「観察」ということが前に置かれ比較的重く見られてあった。然るに段々ユンゲ派の説が盛んになってきて，リィーベン主義〔ペスタロッジー氏の主義にしたがい分類系統に重きをおいた考え〕が衰え，それと同時に〈理科

の知識は大事である〉ということの説が賛成されるようになった。そこで，法令の上でも，知識がさきに来て観察を精密にするということが第二段になりました。この如きは，要するに，独逸の理科に関する教授上の沿革の影響と見なければならぬ」（高橋章臣『（最近）理科教授法』）というわけである。

日本で「理科」教育がはじまったのは1886年のことであるから，1900年までには14年の歳月がたっている。当時は理科教育のはじまる高等小学校に進学するものの割合はかなり低かったとはいえ，その間には理科教育の実践的な問題点が多く出されていたはずである。ところが，それだけの年月をへたあとでの日本の理科教育に関する法令が，日本の教育や社会の状態を反映してではなく，ドイツの理科教授思想の変化の影響によってきめられたというのである。これは，1900年になっても，「理科」教育というものが日本の理科教育の指導者たちによって，日本の社会の変革の構想と直接のつながりをもつものとしてとらえられないものだったことを意味するであろう。明治初年の科学啓蒙思想と違って，「理科」教育思想はなかなか「借りものの域」を脱しえなかったのである。

ところで，「小学校令施行規則」の制定で忘れてならないことは，この施行規則の「別表」によって，はじめて「各学年の教授の程度及び毎週教授時数」が定められ，理科の教授内容の学年指定が行なわれたことである。図表6－2がそれである。これは一見「施行規則」の理科の条

図表6－2　小学校理科の学年別教授内容（1901～1907年度）

『小学校令施行規則』第5～7別表より作成

| 高等小学1年 | 高等小学2年 | 高等小学3年 | 高等小学4年 |
|---|---|---|---|
| （週2時間）<br>● 植物・動物・鉱物及び自然の現象 | （週2時間）<br>● 植物・動物・鉱物及び自然の現象 | （週2時間）<br>● 通常の物理化学上の現象<br>● 元素及び化合物<br>● 簡単なる器械の構造作用<br>● 人身生理衛生の大要 | （週2時間）<br>● 通常の物理化学上の現象<br>● 元素及び化合物<br>● 簡単なる器械の構造作用<br>● 植物・動物・鉱物の相互及び人生に対する関係<br>● 人身生理衛生の大要 |

←―――2年制高等小学校―――→
←―――――3年制高等小学校―――――→
←――――――――4年制高等小学校――――――――→

文をそのまま表にしたにすぎないようにも思われる。しかし，実際には
それ以上に教育内容を規制する効果をもつものであった。というのは，
前述の西村貞の『理科読本』のような構成の本は，この学年指定に明白
に違反することになり，もはや文部省の検定認可を受けられなくなって
しまったからである。このように簡単な学年指定でも理科教育の内容と
思想とを統制する絶大な力をもっていたのである。

### 教授法研究の中心，高等師範学校

「小学校令施行規則」の理科の条項——それはまたもドイツの理科教
授法の輸入版であったが，このころドイツの新しい教授法の摂取，普及
に中心的な役割を果たしていたのは高等師範学校であった。

実際，このころの高等師範学校は，ドイツから舶来の新しい教授法を
実験的に研究／摂取するのにおおわらわであった。このころの高等師範
学校の付属小学校は，いまの大学教育学部の付属学校とは違って，名実
ともに日本全国の教育に新しい教授法を導入するための責任をになった
意欲的な実験学校であった。そのことは当時の同校の「付属学校規則」
の中にもあらわれている。すなわち，明治21（1888）年9月の規則では，
「付属学校は本校生徒をして教授法を実地に研究せしめ，兼ねて児童に
普通教育を授け，教訓の模範を示す所とす」とあったものが，24年には
「付属学校は本校生徒をして教育の方法を実地に練習せしめ，兼ねて児
童に普通教育を施し，之が方法を研究する所とす」と改められた。そし
て，29年にはさらに，「付属学校は普通教育の方法の研究に資し，本校
生徒をして教育の方法を練習せしむる所とす」と改められて，教授法の
研究を目的とすることが前面に打ち出されてきたのである。そして，こ
の明治29年には付属小学校を三部に分けて，教授法研究の体制を整えた
のであった。すなわち，第一部は「尋常小学4ヵ年および高等小学2ヵ
年の課程を終えてただちに尋常中学科に連絡するもの」で，第二部は
「尋常小学4ヵ年，高等小学4ヵ年の課程を置いて2学年複式学級とし
たもの」，第三部は「尋常小学4ヵ年および尋常小学補習科2ヵ年の課

程を置いて複式学級としたもの」である。つまり，日本の教育の実情に合わせて教授法の研究を意図的に行なおうとしたのである。

　こうして同校では，文部省の法令にも束縛されず，自由かつ積極的に教授法の研究を進めていった。理科に関しても，文部省の法令では高等小学校ではじめて教えることになっていたのを，1890年には「第4・5学年で理科の初歩を教えることを試みた」というし，1892年の「小学科教授細目」では尋常小学校の1〜4年に「地理歴史科」をおき，地理の時間に理科的な実験観察を課し，1901年には「尋常小学地理歴史理科」という新しい教科を設け，第一部の第1〜2学年に週1時間ずつ「庶物の直観教授」を課し，第3〜4学年には週3時間ずつ「学校より始めて児童の目撃し得る範囲内に於ける地理的／歴史的／理科的の概念を授く」ことにして，いわゆる「郷土科／自然科／低学年理科」の研究をはじめていた。同校では，これらの研究に基づく「教授細目」を明治25年／36年／40年と数回にわたって印刷公表し，全国の小学校に新しい教授法研究を紹介しつづけたのである。

　当時，この高等師範学校付属小学校での理科教授法研究の中心人物は，棚橋源太郎（1869〜1961）であった。かれは1895年3月に高等師範学校博物学科を卒業，兵庫／岐阜の各師範学校教諭を経て，1899年高等師範学校教諭兼訓導として迎えられると，さっそく理科教授法の研究・普及の面ではなばなしい活動をはじめた（高等師範学校の教諭というのは付属中学校の教官，訓導というのは付属小学校の教官のことである。教授が本校の教官である。一般の師範学校では教諭というのが本校の教官である）。

　すなわち，彼は上京の翌1900年10月には早くも処女作『(小学)理科教科書』教員用　児童用各5冊（文部省検定通過翌年1月）を著わした。この教科書は1900年8月にできたばかりの「小学校令施行規則」に準拠し，統合主義の主唱者であった樋口勘次郎（高等師範学校の同期生，ただし文学科）と合著の形で出版されたもので，当時1府23県に採用されたというが，これは，それまで高等師範学校を中心にして構想されつつあった「理科」教育の内容を，はじめて教科書の形に現わしたもので注目すべ

きものであった。本書の内容についてはあとで紹介するが，本書は，ドイツの理科教授法をそのまま反映してできあがった理科教科書でもあった。棚橋自身この教科書は「ユンゲの近世自然科学的主義とバイヤーの歴史的実際主義とを折衷して出来てゐる」（棚橋『(文部省講習会)理科教授法講義』）といっているが，これ以後，「キースリング／パルツ両氏の理化学衛生材料を人身学の上に統合する考えと，ユンゲの博物材料を生活の共存体の上へ統合する考えとを折衷」（棚橋・同上書）した帝国書籍の『小学理科教科書』(1902)が出版されるなど，ドイツの理科教授法がそのまま理科の教科書に反映されるようになったのである。

　棚橋はこの教科書に次いで，1901年6月には日本最初の理科教授法書『理科教授法』を著わし，1902年には『小学各科教授法』を出版，同年夏の文部省講習会で理科教授法を講義して，1903年4月これを『文部省講習会理科教授法講義』として出版，また同年6月には『(尋常小学に於ける)実科教授法』を世に出し，教科書が国定化された1904（明治37）年には，『小学校理科筆記帳』（4冊）とその教師用書である『小学校理科教授書』（4冊）を出版するなど，理科教授法の研究と普及にはなばなしい活躍を続けた。また，この間彼は高等師範学校付属小学校の第一部主任の要職にあり，現場の実際的な授業研究に基づいて教授細目の編成にあたるなど，全国の師範学校付属をはじめとする小学校の理科教育を指導していったのである。

　1900年代にはいると，棚橋のこれらの仕事をはじめとして，理科教授法に関する著書が次々と出版されるようになった。1906年には，棚橋の高等師範学校博物学科における先輩であり，3年間ドイツに留学して，博物学と理科教授法を研究して帰った高橋章臣が，棚橋に代わって文部省の夏季講習会で理科教授法を講義して，翌年『(最新)理科教授法』と題して出版したし，1911年には東京高等師範学校博物学科を1906年に卒業して直ちに付属小学校入りした松田良蔵が『(最近)理科教授法』を著わしたが，このほか，この時期に出版された理科教授法に関する著書や理科教科書のほとんどすべてが，高等師範学校卒業生たちの手になるも

のであった。すなわち，高等師範学校博物学科1890年卒の高橋章臣を先頭に，1892年理化学科卒の小林晋吉／1893年博物の矢沢米三郎（1900年研究科卒）／沢田和義／1895年博物の棚橋源太郎／藤堂忠次郎／佐藤礼介／同年理化の根岸福弥／溝口鹿次郎／1898年理科の和田猪三郎／稲葉彦六／三沢力太郎（1901年研究科卒）／1899年理科の安東伊三次郎／川上滝男／大島鎮治／小倉鉦次／1901年理科（理）の近藤耕蔵／1902年理化の秋山鉄太郎／1903年第三部（理化）の鴇矢広吉／岸高丈夫／1904年理化の安東寿郎／1905年理化の倉林源四郎／1906年博物の松田良蔵（1907年研究科卒）などといった人々である。1886年に発足した高等師範学校が，明治後期には日本の理科教育の内容を作りあげて，その指導的な位置を占めるようになったことは注目すべきことといわなければならない。

### ドイツの理科教授法の歴史

それでは，こうして高等師範学校の人々の手によってはっきりした形を整えるようになった「理科教授法」の基本的な立場／考え方はどんなものであったかというと，それはすでに述べたように，ドイツの理科教授法の紹介／移植にほかならなかった。そのことは，棚橋と高橋の「理科教授法」書の中にもはっきりと明言されていることである。1902年と1906年の文部省夏期講習会における理科教授法講義の中でも，2人は理科教育の歴史にほぼ半分のスペースをさいているが，そのまた大部分のスペースを〈日本ではなくドイツの理科教授法の沿革〉にあてているのである。1886年以後の「理科」教育の考え方がドイツの教育制度／思想の輸入に基づくものであると推察しうるということは，すでにしばしば述べたことであるが，1900年代にはいってはじめて，そのことが公然たる事実として表明されることになったわけである。

〈当時の日本の理科教育界がなぜドイツの科学（理科）教育のみを手本として頼るようになったか〉という事情について，彼らはどのように考えていたのであろうか。棚橋はこれについて，「此の如く一般に独逸

の影響を受けたのは，一つは独逸の教育説が盛んに流行して居るためであろうが，一つは所謂理科として組織され完成された教科書のあるは独逸に限り，また自然科学諸分科を理科ちゅうものに統合することに関して議論の盛んで且つ進歩しているのも亦独逸であるからであろう。英米では私の知る範囲ではこの種類のものは一つもないのである」（棚橋『(文部省講習会) 理科教授法講義』) といっている。「自然科学」ではなく「通常の天然物」や「自然の現象」を統合して教えるという「理科」の教育は，ドイツ独特のものだったのである。

　実際1892（明治25）年の高等師範学校付属小学科の教授細目をはじめ，明治期の日本の理科教育思想は，ドイツの理科教育法をそのまま受け入れていく歴史であった。したがって，この時期の日本の理科教育の歴史を理解するためには，どうしてもドイツの理科教育の歴史から見なおさなければならない。そこでつぎに，主として棚橋の『(文部省講習会) 理科教授法講義』と高橋の『(最近) 理科教授法』の紹介に基づいて，ドイツの理科教育思想の歴史を簡単にみることにしよう。

　ドイツの理科教授法の歴史でまず問題にしなくてはならないのは，リューベン（Lüben, August 1804～1873）の直観主義・帰納主義に基づく自然分類中心の博物教育の主張である。

　　「従来は博物学を教えるに，誰でも，先ず動物ならば類から始めて更に目とか属とかに進むとか，植物学ならば被子類と裸子類とに分ち，被子類を更に単子葉類と双子葉類とに分つとか，……全く演繹的の順序を採った。……然るにリューベンは〔当時の博物学の傾向，自然分類全盛の影響をうけて〕絶対に此の如き演繹的の教程を排斥した。……リューベンの意見では，吾々は先づ郷土に於ける個々の自然物を観察させて，それを出発点としなければならぬ，それから段々帰納的に種／属／目という方に進んで行くのが順序である」（棚橋：上掲書57ぺ）

ということになった。それではリューベンはこのような教育の目的をどこにおいたかというと，

　　「一ツは，〈一般的の陶冶〉にして，〈観察思考の力を養う〉こと，こ

れはペスタロッジー氏の主義をそのままとったもので，……もう一ツは〈自然物の知識を与える〉ということであって，……リューベン氏は，小学校においてはこれら両方面のうちいづれに重きをおくべきかといえば，寧ろ〈形式の方面に重きをおくが当然〉であって，子供の感覚器官を鋭敏にし観察の力を進めるのは殊に小学校の本分であるとしている」（高橋：上掲書91～92ペ）
のであった。

　このようなリューベン流の博物教育観が1880年代からすでに日本でも流行したということは，第4章でもみたことであって，1900年代にはもはや新しいものとは言えないが，ドイツの理科教育史をここからはじめたのは，このような考え方は日本でも後々までも尾をひいているし，次のユンゲ（Junge, Friedrich 1832～1905）の博物教育の主張がこのリューベンの博物教育論を克服するものとして登場したからである。すなわち，高等女学校の教員だったユンゲは，動物生態学者メービウス（Möbius, Karl August 1825～1908）がカキの養殖の研究に基づいて提出した「生活共存体」（Lebensgemeinschaft）という概念を博物教育の中に持ち込み，従来の〈リューベン流の分類中心の博物教育〉を生態中心のものに全面的に改造することを主張したのである。

　ユンゲのこの主張は，1885（明治18）年に出された『生活の共存体としての池』によって発表されたというが，彼の「生活共存体」主義教育は徹底的なもので，きわめて大胆なものであった。すなわち，彼によれば，「博物教授の目的は，その教授によって〈生活の共存体としての地球の統一的生活〉を理解せしむるにある」というので，博物教育はすべてこの生活共存体という概念を軸として行なわれければならないと主張されたのである。それでは，「生活共存体としての地球の統一的な生活を理解させる」ということはいったいどんな意味をもっているのか。それは，これによって〈地球上の自然物はどんなものでも互いに相関をもっている〉という「正しい世界観を造らしめ，そうしてこの地球というものは，人間の住む場所として，もっとも適当しているという愉快な感

情を養う」（高橋：上掲書，107ペ）ことにある，と説明された。

　ところが，ユンゲのこの「生活共存体」の考えは，それが日本に取り入れられたとき，おそらくユンゲその人も考えなかったような広汎な意義をもたせられることになった。それは，ユンゲの「博物教授の目的は……生活共存体……を理会せしむることにある」という主張が，日本では「理科教授の目的は，自然を以って複雑なる一団の共同生活体として理解せしむるにあり」（棚橋『（小学）理科教科書』教員用）などといいかえられたことである。つまり，ユンゲの博物教育についての主張が，物理化学領域をも含むはずの理科教育全般に拡張されることになったのである。もちろんこのような極端な考え方ないし表現はまもなく正されることになったが，これは理科教育全体を博物教育化しようとする当時の日本の理科教育界の趨勢を反映するものにほかならなかった。そういえば，棚橋／高橋の両人は，ドイツ語の Naturkunde を「理科」と訳しており，高橋は公然と〈ドイツ語の Naturkunde が日本の「理科」の原語である〉といっているが，このような考え方が日本の理科教育を博物教育化するのに拍車をかけたことも確かであろう。第4章でも述べたようにドイツ語の Naturkunde というのは「自然の知識」，つまり博物であって，理論的な科学の分野は Naturlehre つまり「自然の理論」に含まれるのである。理科に Naturlehre を含めるかどうかは「理科」の内容を大きく変えざるを得ないのである。これと関連して，先にあげた「理科教授法」の3人の著者——高橋／棚橋／松田がそろって博物学科の卒業生であることも，この時期の「理科」教育の性格を反映するものというべきであろう。

　ユンゲの「自然における統一的生活の理会」を目的とする博物教育の考え方は，ドイツの博物教育関係者の中に多くの支持者（Kiessling／Pfalz／Partheil／Probst／Schmeil ら）を見いだしたのであったが，ドイツでもすべての人がこれに賛成したのではなかった。それどころか，当時日本の教育界全般に圧倒的な影響をもっていたヘルバルト派は，ユンゲの博物教育に対して真向から反対していたのであった。彼らによれば，

「ユンゲ一派の様に自然科学的見解から自然物相互の関係連絡，自然における統一的生活を理会させようというようなことは，もともと自然科学が目的としている所である。然るに科学の目的としていることを取って直ちに学校における理科教育の目的にするということは大いに誤っている。それは余程科学にかぶれた専門学者的の説で教育的の考えとはいわれない。……〈統一的生活の理会〉というようなことは，極めて抽象的な／科学的／専門的のことで，とても子供の能力には適しない。……よしまた，そういう高尚な理会，即ち統一的生活が子供に理会された所が，子供の品性陶冶の上に，その理会されなかった場合と，どういう違いがあるか。子供が自然を一全体として理会するとしないとに拘らず一通り自然科学の知識さえ与えれば，それで教育が理科教授に要求する所の道徳的目的を実現する方便として，道徳的意志を実行する方便として少しも差支へないのである。それであるから吾々はユンゲ以来多くの学者が理科教授の目的としていることには賛成ができない」(棚橋：上掲書，134～135ペ)

というのである。

この派の代表的人物と目されるバイヤー(Beyer)によれば，理科教授の目的は，「今日の開化の程度を子供に能く理解せしめて，生活上これに適応させる」ことにある。そのためには，〈教材を人類開化史の発達段階にしたがって選択配列すべきである〉というのであった。すなわち，バイヤーによると，人類の文明は，①漁猟生活，②遊牧生活，③耕牧生活，④小市民生活，⑤大市民生活，という五つの段階をふんで開化してきたのであって，学校の理科教育もこれに合わせて，「①散歩，②動物飼育，③植物栽培，④手工場の仕事，⑤実験室での理化学実験」という段階を追って低学年から高学年に進むべきだというのであった。すなわち，ユンゲの博物教育の考え方が〈観察的／観賞的生活教育〉と名づけられるものであったのに対して，バイヤーの理科教育の考え方は，〈歴史的／勤労的／実用主義的生活教育〉と名づけられうるものであった。

このバイヤーの考え方には，もちろんユンゲ一派からの反対があった。たとえば，「バイヤー氏の説に従えば，人間の行為に役にたつ理科の事

項だけを教えるので人間を中心としている。それゆえユンゲ派の主張するような，自然に対する広い知識を与えることができない。そこで偏頗な考えを子どもに養うようになる」というのである。

　しかし，ユンゲ派とヘルバルト派の理科教育の考え方には，明らかに共通したところがあった。ユンゲ派は，ヘルバルト派から〈高尚な自然科学を教えようとしている〉といって非難されたといっても，それは生態学に関することだけであって，自然物／自然現象を統合して教えるために強引に生態学的な観点をあらゆる教材にあてはめたにすぎなかった。そこでは自然科学全体の論理的な構造がほとんど考慮されていないのである。つまり，ここではいくつかの最も基礎的な諸概念のうえに築かれている科学の論理的な構造が忘れられ，いつの間にか問題が〈自然科学に関係の深い自然物／自然現象／生産物／生産過程についての知識を教えるための教材選択と教材配列の議論〉にすりかえられているのである。これは明治維新期にはじまる日本の科学教育が，それまでの日本における科学的な自然観や合理的な考え方の欠除の反省からはじまったのと違って，ドイツの国民教育における理科教育が〈神と自然の偉大さを教える宗教教育／情操教育と勤労教育〉とから出発したことを考えてみれば，当然のことといえるかもしれない。イギリスのように先進的な科学者たちの科学教育運動では，科学そのものの考え方を広めることが当然の課題とされたのであったが，軍国主義的な国民教育を基調とし，しかも上級学校進学者のためには一般の少年少女とは別の学校系統を用意していたドイツの小学校の教育関係者の間では，科学そのものの教育をすることはほとんど問題にされなかったのであろう。

　このようなわけで，ユンゲ派とヘルバルト派の理科教育に関する考え方は，けっしてまったく相入れないものではなかったが，実際ドイツでも，ザイフェルト（Seyfert）という教育学者がこの二つの考え方を折衷することを試みた。すなわち，理科教育を，〈動植物や生理衛生を扱ういわゆる理科——Naturkunde〉と，〈物理化学や鉱物学を扱ういわゆる勤労科〉とにわけて，それぞれユンゲ派とヘルバルト派の考えをとりい

れ，折衷しようとしたのである。

　棚橋と高橋によって紹介されたドイツの理科教授法の歴史と現状は上のようなものであったが，この2人をはじめ当時の理科教育関係者は，このようなドイツの理科教授法の圧倒的な影響のもとにあった。そして，その影響は当時の理科教科書にはっきりとあらわれるようになった。そこで，次に，ドイツ流理科教授法の考え方に基づいた教科書の目次を紹介することにしよう。まず，棚橋源太郎／樋口勘次郎合著『（小学）理科教科書』（金港堂，1901年1月11日文部省検定認可）の巻一／二の目次を掲げると次の通りである。

　　（巻一）第一篇　春の田畑（桃／油菜／豌豆）／春の森林（森林の害虫／松）／夏の水辺（水にすむ昆虫／蛙）／夏の田畑（馬鈴薯／胡瓜／田畑の害虫と燕）／／第二篇　秋の田畑（稲／稲の害虫／地中にすむ動物）／秋の山野（秋の野／秋の山／まつたけ／柿／蛇／山に住む獣）／／第三篇　家屋・家にすむ動物／人体を害する動物／春の山野（芽・種子の崩発／接木）

　　（巻二）第一篇　春の森林（桜／蜂／蟻／蚜虫）／春の田野（桑・桑の害虫／蚕／アゲハノ蝶／麦／蒲公英／苞茛／植物の分類）／夏の森林（栗／林の敵と身方／森林の動植物）／夏の水辺（鮒／水辺の植物）／／第二篇　秋の田野（繊維料及び染料植物／藤・スギゴケ／植物の分類）／秋の水辺（鳧／ドブ貝／蝦・蟹）／家に畜ふ動物（家禽／家畜／動物の分類）／自然物の利用／／第三篇　冬の山野（熱と水及び空気／岩石の崩壊／岩石・礦物／土壌）／総説

　この教科書は，棚橋自身によって，「ユンゲの近世自然科学主義と，バイヤーの歴史的実際主義とを折衷して出来て居」る（棚橋：前掲書184ペ）とされている。そして，帝国書籍KK編輯所編『理科教科書』（同社，1902年5月文部省検定認可）は，「大体キースリング，パルツ両氏の理化学衛生材料を人身学の上に統合する考えと，ユンゲの博物材料を生活の共存体の上へ統合する考えとを折衷して出来て居」るとされている（同

上書)。この教科書の巻一/二は，棚橋らの教科書とかなり似ているが，巻三/四は，著しい特色をもっているので，その分の目次だけ紹介しておこう。(一部略す)

> (巻三) 人類の四辺(四辺の事情)/家屋(家屋の構造，採暖の方法，燃焼の生産物，燃料，暖炉，空気の成分，採光の方法，ランプ)/衣服(衣服の目的および原料，体温の調節)/食物(食物の種類，食物中の養分)/人類の仕事(人体の運動機関・筋肉，骨，交通機関・車，船，軽気球，汽車・汽船，羅針盤，仕事の補助器・鉛錘，水準器，槓杆，滑車・軸車・歯車，斜面・螺旋，時計，気圧計)/人類の仕事のつづき(ポンプ・排気器，原料の精製・鋳造，蒸溜，硝子の製造，陶器の製造，冶金，電流の利用，電解，電気メッキ)

> (巻四) 人体の健康/人体の栄養(消化器……)/栄養物質の給源(植物体構造，茎の構造・作用……酸類，アルカリ類・塩類，物質の循環，物質循環の原動)/人体の感覚器(眼球，光の屈折，光学器械，……電話機，神経系，心身の発達)/総説(天体としての地球，生物共存体としての地球)

これは第11章で取り上げる第二次大戦後の「生活単元理科」の考えと大変よく似た構成をもっていることが認められるであろう。

### ヘルバルト派の五段階教授法と理科

ところで，これまでみてきたのは，「理科教授法」といっても，〈理科教授の目的および教材の選択配列に関する議論〉であって，理科教授そのものの方法に関するものではなかった。そこで，こんどは，上記のような理科教育の目的論のもとに，教室での授業をどのように運営するのが理想とされるようになったか，ということを見ることにしよう。

理科の教材選択の面で〈ユンゲの生活共存体主義〉が取り入れられていった時期はまた，小学校教育学全般においてはヘルバルト派の五段階教授法が普及し流行していった時期でもあった。そこで，理科教授の方

法としても，さっそく，この五段階教授法が導入されることになった。上述したように，ユンゲの生活共存体主義の理科教育論は，元来ヘルバルト派の教育学と相対立する面をもつものであったが，そんなことにはおかまいなしに，これが結びつけられたのである。

　ヘルバルト派の五段階教授法は，すでに1892年版高等師範学校『小学科教授細目』の理科の章にも反映している。その「教授の方法」の項に，第一段予備／第二段教授（提示・比較・概括）／第三段応用という３つ（ないし５つ）の段階があげられているのがそれである。また，理科教授法に関する最初の単行本の一つである浅田新太郎著『(新編) 小学教授術，理科』(1893年5月27日金港堂刊，著者は東京師範学校初等中学師範学科の1885年卒業生) にも，「五段の教授はヘルバルト派の教育家が唱道せる所にして，予備／排列／比較／総括／および応用の五段階に分れ，充分なる理解を以って智識の脳中に入り，且つ在来の智識に結合せられ，随時事物に応じて自在に活用せしむるを得るの方法にして，従来行なわれたるものの中，最も完全なるものなり」として，詳しく説明されている。

　ヘルバルト派の五段階教授法は，もともと個別的な事物に関する知識をこえた〈一般的に通用する概念を教えるためのもの〉であった。予備／提示／比較／総括／応用といった五段階は個別的な事物の「提示」から「比較」考察によって一つの概念に帰納「総括」させ，さらにその概念を「応用」させて十分に活用しうる知識として定着させようとするものであった。その意味でこの教授法は，それ以前に流行した「改正教授術」などの開発主義教授法の考え方と対立するものであった。というのは，開発主義教授法では〈観察力〉などという人間の精神諸能力の開発という形式陶冶的な面がことさらに強調されたのに対し，ヘルバルト派の教授法では，〈概念を教え，それを活用させる〉という実質陶冶的な面が中心になっているからである。

　ヘルバルト派が，個々の事物の知識ではなく，ほかにも広く適用できるような概念を教える必要を主張したことは，当然理科教育にも大きな影響を及ぼすことになった。たとえば，棚橋源太郎は，「何時でも理科

教授の帰着点は概念でなければならぬ。……この事は実に理科教授の根本主義で、これから種々の方法手続が派生して来るのであります。それで理科の教材は概念を標準にして方法的単元に区分し、その取扱は五段の形式に依らなければならぬ」(『(文部省講習会)理科教授法講義』272ペ)と主張している。

> 「沢山な自然物の名前とか性状／効用とか理化学的／生態学的現象／事実とかいうような、子供に観察させた事項を悉く記憶させることは、もとより子供に望むべからざることである。否そういうような特定な概念を与えることだけでは、その教授は理科教授が目的としている所に適わないのである。即ち一般に通じて応用の広い概念を与えなければならぬ。例えば自然物についていうならば、自然物の同類を沢山にもっている所の属とか類とか種とかに関する定義でなければならぬ」(同上書269ペ)

> 「個々の事実に関する知識だけでは応用が利かない。更に尚、幾多同類の事実に通じている概念、即ち理法に関する知識にして始めて実際上に価値を生ずるのである」(同上書270ペ)

というのである。そして

> 「要するに、理科の教授では単に事実を知らせるばかりでなくて概念を目的としているのでありますから、初めには事実を提出し、その事実に関する知識を基礎にして帰納的に概念に進み、更に演繹的にその概念を検討して確実にしなければならぬ。……この如き取扱方を教授学上、五段の形式的階段を経由するというのであります。……理科教授はその教授の目的上、材料の性質上、必然的に五段の形式によって取扱ってゆかなければならないのであります」(同上書277ペ)

というのである。

### 理科教科書にとりあげられた概念

上述のようにヘルバルトの五段階教授法は理科教育での〈概念教育の重要性〉をおしだすことになったのであるが、それなら当時の理科教科書はどのような概念の教育を目ざすものとなっていたであろうか。棚橋

源太郎自身の教科書の内容を取り上げてそのことを考察してみよう。彼と樋口勘次郎の合著として出版された『(小学) 理科教科書』児童用巻一 (1901年 1 月11日文部省検定済) の最初の部分を引用すると次の通りである。

　　第 1 章　春の田畑(タハタ)
　　　一，　桃

　桃は，春花さく木なり。其の花は，萼(ガク)・辨(ベン)及び雄蕊(ユーズイ)・雌蕊(シズイ)より成れり。花の色と香と蜜(ミツ)とは，共に虫を誘う。花ちりて後，子房成長すれば，果実(カジツ)となりて，其の肉食うべし。梅，桃，桜は喬木(キョーボク)にして，其の花，相似たり。

　　　二，　油菜

　油菜の花は，萼四つあり，辨四枚相対して十字(ジュージ)の形をなす。故に此の形の花を十字花という。

　　雌蕊は一つ，雄蕊は六つ，其の中四つは長く，二つは短し。雄蕊のもとに蜜腺(ミッセン)あり，甘き汁を出して虫を誘う。種子は油をしぼり，取るべく，其の粕(カス)は肥料(ヒリョー)に用うべし。大根(ダイコン)，蕪菁(カブラ)，芥(カラシ)，ワサビ，ナヅナは油菜の類なり。

　この次に「三，豌豆」があって「第一章春の田畑」が終わるのであるが，これも前の二節と同じような記述ぶりなのでここでは省略する。

　いったい，この理科教科書はどのような概念の教育をねらっているのであろうか。そのことを考えるとき，まず問題になるのは，章／節の表題であるが，章の表題「春の田畑」というのは，教育目標

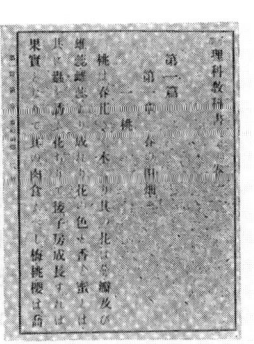

棚橋・樋口『(小学) 理科教科書』(1901年) の第 1 〜 2 ページ

とされている概念ということはできない。なぜなら，この章には「春の田畑」についての一般的な記述はなんら見いだせないからである。この章の表題は，ただたんに〈桃と油菜と豌豆とをここに取り上げて配列した教材選択の理由を説明するため〉につけ加えられているにすぎないのである。この教科書のこの部分の目標は，「春の田畑」に見いだすことのできる三種の植物，〈桃／油菜／豌豆について教える〉ことにあると見るよりしかたがないのである。しいて概念ということばを使えば，〈桃／油菜／豌豆という植物種の概念を教える〉のが目標だということになる。桃や油菜，特にそれらの花の概念を教えるために，梅や桜あるいは〈大根／カブラ／カラシ／ワサビ／ナヅナといった類似の植物〉との「比較」が取り上げられるわけである。これは，前に引用した棚橋のことば──「一般に通じて応用の広い概念を与えなければならない」というのに矛盾するものといわなければならない。

　（この教科書はさきの『理科教授法講義』以前に書かれたものであるから，この理科書執筆当時は，その趣旨が徹底していなかったともみられるが，1908年1月に刊行された棚橋源太郎『尋常小学理科教授書』の第一章も「一，油菜」ではじまっており，そこでも油菜の取り扱い方はほぼ同じである）

　もっとも，棚橋がここで油菜を取り上げたのは，油菜についての知識を与えるがためでなく，〈油菜という身近な植物を通じて十字科植物一般，更には顕花植物一般を教えようという意図に基づく〉と考えることもできる。しかし，もしそのねらいが十分自覚されていたなら，この課，あるいはこの章の表題は，「十字科植物」とか「花と実」といったものにして，その本文の内容もまったく変えなければならなかったはずである。はじめに桃，次に油菜，さらに豌豆とさまざまな花と実を取り上げていくなかで，それらを「比較」し，「概括」し，「応用」することを通じて〈一般に花のなかには雌蕊や雄蕊があり，その雌蕊の根元の部分（子房）がふくらむと実ができる〉という概念／法則を作りあげるようにしなければならなかったはずである。もちろん，そのような概念／法則

は，2時間の授業で教えきれるものではない。「花と実」というようなテーマはあらゆる植物教材の中心的なテーマとなるべきものでさえある。「花と実」の概念を与えるためには一二の植物でなく，たくさんの植物を提示しなければならないのである。とすれば，桃や油菜や豌豆の授業はいずれも「花と実」の概念を教えるための五段階授業の「提示」の段階をなすものとみることができる。

しかし，棚橋はじめ当時の理科教育の指導者たちは，〈十数時限ないし数年にもわたる授業で，一つの概念を教える〉というようなことを自覚的に構想することはまったくなかったように思われる。五段階授業はせいぜい一二時限のうちで完結すべきものと考えられたのである。だから，そこで取り上げる概念は必然的に適用範囲のせまいごく特殊な概念でしかありえなかった。十字科植物の概念を与えるにしても，油菜のほかに大根，カブラその他の植物の花を，油菜と同様に詳しく観察させなければならないはずなのに，そのような手続きがとられているようには思われない。油菜以外の花については，問答だけで〈油菜の花と類似している〉ことを納得させるというわけである。これでは教科書の編著者がたとえ「油菜」の課で十字科植物一般を教えるつもりでも，教師や児童のほうでは「油菜」そのものについて観察し，記憶するのがこの課の仕事だと思いこむのが当然であろう。

ヘルバルトの五段階教授法とともに，応用範囲の広い概念の教育の重要性が指摘されるようになったにもかかわらず，教科書の内容——そして現場での理科の授業では〈科学上の概念を教えること〉に重点がおかれるようにはならなかったのである。

# 第 7 章
# 国定『小学理科書』の成立と
# その内容

　これまで見てきたように,「理科」という教科教育は, 国家主義化した日本がドイツ帝国の政治／教育／科学を全体として見習うための一環として日本の小学校教育に取り入れられたものであった。そして1900年代初頭には, ドイツの「理科」教授法の考え方が一通り紹介／移植されて, さていよいよこれから日本の現場にあわせた着実な理科教育の研究がはじまるかにみえたのであった。ところが, その矢先に, こんどはその理科教授法の研究そのものにストップをかけるような事態がやってきた。教科書が国定化されて, 教育内容の選択／配置から, 問題の提出のしかたに至るまで, 文部省の統制をうけることになったからである。

## 第1節　国定教科書制度の成立と理科教科書

　教科書の国定化, それは, 一方で日本の絶対主義的天皇制の確立にもとづく国家主義が発展することによって, また他方では小学校教育が普及することによって, ほとんど必然的とも思われる形で実行に移されたものであった。教科書検定制度をはじめて実施した初代文部大臣森有礼は, 教科書検定制度が教育研究の自由な発展を阻害することを見てとっ

て〈教科書検定制度の緩和ないし廃止を意図していた〉といわれるが，日本の歴史はそのような自由化を許しはしなかった。森文相が暗殺されたのち教科書検定制度はさらに強化され，1896年2月には貴族院が修身教科書の国定化を建議するなど，支配層の小学校教科書の国定化＝統制化への要求が高まってくるのである。そして，ときあたかも1902年12月，検定教科書の採択にまつわる贈収賄事件で，全国的な一斉検挙がはじまったので，文部省はこれを契機に教科書国定化の実現にふみきった。ここで注意すべきことは，この疑獄事件がおこる以前から文部省は，すでに修身と小学読本の編纂事業をはじめていたことである。教科書疑獄事件は教科書国定化のきっかけになったものではあっても，その原因ではなかったのである。

　小学校教科書の国定化のねらいはもともと，修身をはじめ読本や国史の国定教科書をテコにして忠君愛国と儒教道徳によって国民を教化することにあった。そして理科の教科書を国定化することなどは，はじめから問題ではなかったと思われる。明治初年の究理書ならともかく，当時の理科の教科書にはすでに近代科学の合理主義的な考え方が骨抜きにされていたので，反科学的な国史教育や修身教育を行なう上で障害となるものとは認められなかったであろう。おそらくそのこともあって，1904年度にはじまる国定教科書制度実施の当初は，理科の教科書は裁縫／手工などの教科書とともに，修身／読本／国史／地理の教科書と区別されて，国定化のワクからはずされたのである。さらに正確にいえば，国定化されるかわりに〈児童用の教科書の使用が禁止〉されたのである。〈1904（明治37）年度から小学校の教科書国定制度がはじまった〉とはいっても，次にかかげる「小学校令」と「小学校令施行規則」の条文にみられる通り，教科によって教科書の扱い方に区別が設けられていたことに注意しなければならない。

　　　　　「小学校令」(1903年4月13日改定／1904年4月1日施行)
　　第二十四条　小学校の教科用図書は，文部省に於て著作権を有するもの

たるべし。

　前項の図書，同一の教科目に関し数種あるときは，其の中に就き府県知事之を採定す。

　文部大臣は，第一項の規定に拘らず，修身・日本歴史・地理の教科用図書・及び国語読本を除き，其の他の教科用図書に限り，文部省に於て著作権を有するもの・及び文部大臣の検定したるものに就き，府県知事をして之を採定せしむることを得。

　補習科の教科用図書に関しては，文部大臣の定むる所に依る。

　「小学校令施行規則」(1903年4月29日改定／1904年4月1日施行)
第五十三条　小学校教科用図書中修身・国語・算術・日本歴史・地理・〔理科－明治43年7月21日追加〕・図画を除き，其の他の図書に限り，文部省に於て著作権を有するもの及文部大臣の検定を経たるものに就き，府県知事之を採定す。但し体操・裁縫・手工・理科〔明治43年7月21日理科ヲ削除〕及尋常小学校の唱歌に関しては，児童に使用せしむべき図書を採定することを得ず。又国語書き方・算術・〔理科──明治43年7月21日追加〕・図画の教科用図書は学校長に於て之を児童に使用せしめざることを得。

## 児童用理科教科書の禁止とその理由

　それでは，理科その他の教科書はどうして児童用教科書の使用が禁止されることになったのであろうか。そのことについて，当時の文部大臣菊池大麓は，議会演説で次のように述べている。

　　教科書なるものは余り多く用いない方が宜しい。成るべく教科書は無い方が宜しい。一体良い教員を沢山得られるならば　教科書なくして教えるのが小学教育上最も善いのである。又父兄の負担も少なくなるが，今日の場合そういうことは出来ない。止むを得ず，教科書を用いることになっているが，読本の外は成るべく教科書を用いない方針を採った。例えば，修身に於ては，尋常小学1年の如きは全く教科書を作らないで，教師用の教科書だけで生徒には教科書を用いさせぬ。掛図に就いて修身の話をする位に止めることにした。其の他，体操／裁縫／手工／理科及

び尋常小学の唱歌などというものは，之を省令を以って，教科書を持たせぬことに定めた。此等は生徒に教科書を持たしてはならぬ。それから又国語書き方，即ち習字帳／算術／図画の教科書は，学校長に於て，相当の教員があるならば，生徒に使用させないで宜しい。寧ろ使わせぬ方を文部省は奨励する。

というのである。つまり，菊池文相によれば，「小学校教科書のあるものは〔その〕性質上国定にせねばならぬ。修身と読本と地理／日本歴史というものは国定にせねばならぬ」が，その他の教科では児童用教科書はなるべく使わない方がよいというのである。

　理科教育についていえば，〈児童用教科書はむしろ使わない方がよい〉というこの考え方は必ずしもとっぴなものということはできない。そのような考え方は，1880年代の開発主義教授法の時代から，実物観察至上主義とともに，広く一般化していたということもできるのである。たとえば，第4章で引用した福岡県師範学校編の『新選物理書』(1882年刊)の「緒言」には，「(物理の教授には)断然書籍を捨て，口授筆記の法を用ゆるの最良法たるは論を待たず」と述べられている。〈理科（物理や博物）の授業は実物についての実験観察を中心としなければならないのに，教科書を与えると，その文章の解読が中心になってしまうからよくない〉というのである。

　体操／手工／裁縫／唱歌が読書によってでなく，実際に動作することによって学ばれなければならないのと同じように，理科もまた，〈本を読むことではなく自然の事物に直接ふれさせて，それによって学ばせるべきものだ〉というわけである。しかし，理科の教科書が国定化からはずされたのは，これだけの理由によるというわけにはゆかない。理科や工作や唱歌についていわれてきたのと同じような議論は，長い間修身についてもいわれてきたことだからである。たとえば森有礼文部大臣は，修身科に教科書を用いると「字義の説明が主となって修身の本旨が閑却せられるという弊害」があるというので，「修身科に就ては必ずしも教科書を必要とせず，寧ろ用いざるを可とするの方針を取り，1887 (明治20)

年5月視学官をして地方長官に対し修身科の教科書を採定せざるようとの趣旨を通牒せしめた」（『(明治以降)教育制度発達史』第3巻，720ペ）のである（森有礼は教育の国家主義化の推進者ではあったが，封建的な儒教思想にあともどりすることには反対で，そのため修身教科書によって儒教主義が蔓延するのを警戒したのだという）。

　しかし，このような考え方は，修身教育の内容を儒教主義に基づく忠君愛国思想によって統制強化しようという人々には，そのままうけいれられるはずもないことであった。実際そのことは森有礼が暗殺されて間もなくして公然化することになった。すなわち，1891（明治24）年11月には，大木喬任(たかとう)文部大臣が「修身書の事は最も注意し教科書を用いる事にするが宜しい」と訓令するようになる。さらに1896年2月4日には貴族院から政府に小学校の修身教科書を国費をもって編纂すべきことが建議されることになったが，そのときも文部省の木場貞長は，「（修身を）教科書を以って教授するという事と教科書なしに口授で薫陶するという事は前々から始終相戦って居る説である」と答弁している。このように修身でも教科書を使わせるか否かについて論議があったにもかかわらず，結局修身教科書は「（その）性質上国定にせねばならぬ」という主張が勝利を得たのである。修身と理科との教科書の取り扱い方のちがい，それは〈小学校教育の思想統制のための主要教科であったか否か〉にかかわっていたということができるのである（修身教科書の場合，文部省は有名な教科書疑獄事件（1902年12月）が起こるずっと以前の1900年4月にすでに修身教科書調査委員を設け修身教科書の編纂に着手し，1904年4月からの国定教科書制度に間にあわせている）。

## 「生徒筆記代用」と「理科筆記帳」

　〈理科ではなるべく教科書を用いないほうがよい〉という考え方がひろく認められていたということと，〈法令によって児童用教科書の使用を禁止する〉ということとの間には大きな飛躍がある。文部省は，教師と子どもから児童用教科書を取り上げることによって，〈教科書の字句

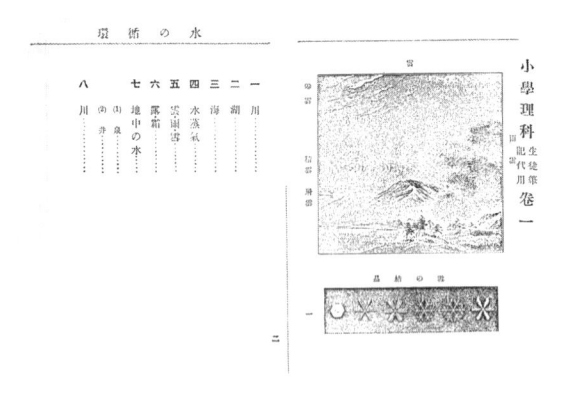

信濃教育会『小学理科（生徒筆記代用）』（1905年）の第1～2ページ。本書は筆記帳形式をとっているが，筆記余白のない「筆記代用書」も少なくなかった。

の解釈と暗記に終始するような理科教育を強制的にやめさせようとした〉というわけであるが，しかし，これはあまりにも〈理想主義的な〉強制政策というべきものであった。

それまでも，棚橋源太郎などは，「小学校における諸学科の教科書は，その性質上各小学校毎に特に編纂すべきものなり。就中，理科の如く教材の大部分を郷土の自然物及び自然現象に求むべきものは，ことに然りとす」（棚橋『（小学）理科教科書』編纂の目的）などと言っていたのであるが，それでも全国むけに児童用の理科教科書を編纂し，これを利用させていたのであって，一般の小学校教師たちが突然教科書を取り上げられて当惑せざるを得ないのは自然ななりゆきであった。そこで，出版社はここに目をつけて，理科教授法の指導者たちとともに名案を考えだした。すなわち，教師用の理科教科書とともに，「生徒筆記代用」あるいは「理科筆記帳」という形式の〈教科書でない〉児童用の教用図書を出版して，児童に〈教科書代わり〉に使わせることにしたのである。

もっとも，「生徒筆記代用」という種類のものは，1904年の児童用教科書使用禁止以前から出版されていたものであった。たとえば，1898年9月の出版になる小島国太郎編『（細目適用筆記代用）理科』（栄泉社）という，わずか22～30ページの小冊子がある。1900年にもこれが栄泉社編：『（筆記代用）小学理科』となって出版されているところからみると，

第7章 国定『小学理科書』の成立とその内容　261

実際に学校で使用されたのであろう。当時なぜそのような本が作られたかというと，上記1898年版の小冊子の「緒言」に次のように書かれている。

　此書は，文部省訓令第六号第五項「生徒をして筆記

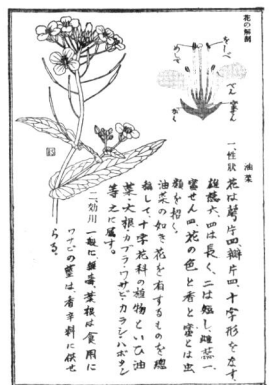

棚橋源太郎『小学校理科筆記帳』（1904年）の表紙と第1ページ記入例

及諳誦を務めしむるは，過度に脳力を労せしむる者なれば，特に必要の場合の外之れを用いざらんことを要す」というに基づき，小学校教則に拠り各学校に於て用ゆる所の教授細目を適用して編纂せるものなれば，一は以て教案代用とし，一は以て生徒筆記の労を省き，且つ教授時間を半減するの益あるべし。

　ここにいう「訓令第六号」というのは，文部省が日清戦争前夜の1894年5月1日に小学校における体育および衛生に関して発した訓令である。おそらく当時も教科書を使用しないで理科の授業を行なうところがあったので，この種の「筆記代用」の存在理由があったのであろう。それが児童用理科教科書禁止によって急速に全国に広まったのである。

　たとえば，このとき「筆記代用」を出版したものに信濃教育会がある。信濃教育会は，第2次大戦以後も独自な理科教育を実施していたことで知られているが，同会は1904（明治37）年5月，初めて〈長野県に適応する小学校の児童用理科書〉の編纂委員会を設け，1905年3月『小学理科（生徒筆記代用）』高等科用4冊と，その教師用『小学理科教授細目』4冊を出版した。この『小学理科（生徒筆記代用）』は，教材ごとに奇数ページに絵図を配し，その裏面にその教材の要約事項を印刷したもので，少し余白を残し，生徒の書きこみをも可能にしたものであった。

一方，高等師範学校系統の人々は，「筆記代用」ではなく，「理科筆記帳」を編集した。たとえば，棚橋源太郎は，1904年4月金港堂から教師用の『小学校理科教授書』4冊とともに『小学校理科筆記帳』4冊を出版しているし，1906年1月には高橋章臣が安東伊三次郎と共著で，児童用理科筆記帳とその教師用書『（毎時配当）小学理科教授書』を日本書籍から出版している。この「理科筆記帳」の方は「筆記代用」と違って文章の印刷がなく，各題材ごとに1ページを充て，絵図のほかにみずから筆記すべき項目を，たとえば，「一，性状」「二，効用」などと印刷してあるだけのものである。しかし奇妙なことに，棚橋も高橋もその教師用書にその〈筆記帳使用の意義や使用法〉などをまったく論じていない。ただ棚橋の『小学校理科筆記帳』の広告に，「本冊子は，著者が東京高等師範学校附属小学校に於て年来生徒用書を課せずして理科教授を実験せられしきに基づき，且つ外国に於ける小学校理科生徒用筆記帳に倣いて，現今の改正小学校令中理科教授の要旨を闡発すべく，自著『小学校理科教授書』に附帯して謂ゆる〈輔車相依る〉の関係を親善ならしめ，以て教授の実際に適合すべく編纂せられたるものなり」とあるにすぎない。当時理科筆記帳もまた舶来のものとして，また商業出版社の利益に合致するように出版されたにすぎないということもできるのであろうか。

### 義務教育年限の延長と理科

　1904年度には，国定教科書制度の発足によって小学校教育全般の情勢が大きく変動することになったが，それから4年後の1908年度には，またも小学校教育全般に及ぶ大きな変革が行なわれることになった。すなわち，1907（明治40）年3月20日の「小学校令」の改正によって，それまで4年制だった義務制の尋常小学校が6年制に延長されることになり，これが1908（明治41）年4月1日から施行されることになったからである。
　この義務教育の延長は，理科教育の内容そのものにとってもきわめて

第7章　国定『小学理科書』の成立とその内容　263

重大な影響をもたらすものであった。それまで理科教育は高等小学校で初めて課せられることになっていたが、義務教育の年限延長にともなう「小学校令施行規則」の改定によって、それまでの高等小学校第1〜2学年に相当する、尋常小学校の第5〜6学年で理科が課せられることになって、久しぶりに義務教育段階に理科教育が復活したばかりでなく、各学年の理科の教授程度がかなり改められたからである。すなわち、

図表7−1　「小学校令施行規則」による各科時間配当表（1901〜07）

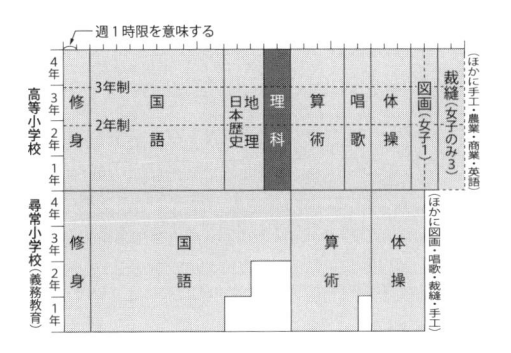

図表7−2　「小学校令施行規則」による各科時間配当表（1908年度より実施）

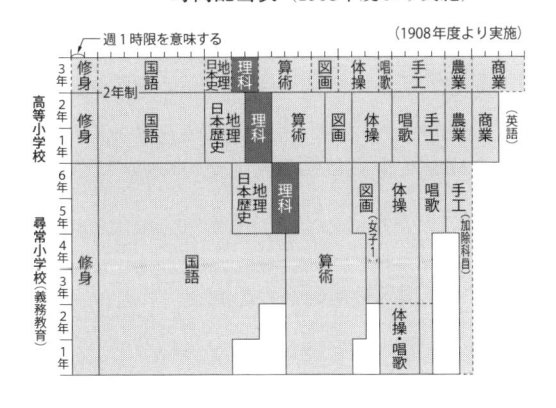

「小学校令施行規則」の改定によって、小学校の各教科の配当時間数は図表7−1から図表7−2のように変更になって、理科の時間数には変化がなかったが、そのとき理科の学年別教授内容が図表6−2から図表7−3のように改められたのである。つまり、これまで2年制の高等小学校（当時の中学校進学資格は高等小学2年修了程度）では、「植物／動物／鉱物及び自然の現象」だけしか教えないことになっていたのが、これに対応する尋常小学校の第5〜6年では、そのほか「通常の物理化学上の現象」「人身生理の初歩」が教えられることになったのである。

図表7－3　小学校理科の学年別教授内容（1908～1918年度）

『小学校令施行規則』第4～6号表より作成

| 尋常小学5年 | 尋常小学6年 | 高等小学1年 | 高等小学2年 | 高等小学3年 |
|---|---|---|---|---|
| （週2時間）<br>● 植物・動物・鉱物及び自然の現象<br>● 通常の物理化学上の現象 | （週2時間）<br>● 植物・動物・鉱物及び自然の現象<br>● 通常の物理化学上の現象<br>● 人身生理の初歩 | （週2時間）<br>● 植物・動物・鉱物及び自然の現象<br>● 通常の物理化学上の現象<br>● 元素及び化合物<br>● 簡単なる器械の構造・作用<br>● 人身生理衛生の大要 | （週2時間）<br>● 自然の現象<br>● 通常の物理化学上の現象<br>● 元素及び化合物<br>● 簡単なる器械の構造・作用<br>● 人身生理衛生の大要 | （週2時間）<br>● 理科の補習 |

｜←─────義務教育─────→｜←──2年制高等小学校──→｜
｜←─────────3年制高等小学校─────────→｜

　これは，従来の「理科」教育がもっぱら博物中心であったのを修正する意義をもつものであった。なにゆえこのとき尋常小学校の理科の中に「通常の物理化学上の現象」が取り入れられるようになったか，その理由はおおやけにされていないので明瞭ではないが，おそらく，このころやっと日本に産業資本主義が発達しはじめたために，文部省の中でも再び物理化学を中心とする科学そのものの教育の意義が認められるようになったことに基づくのであろう。

### 文部省理科書編纂委員会の発足

　ところで，小学校義務教育6年制が施行されるより少し前，文部省は小学理科書編纂委員を設置した。国定教科書制度が実施され理科の児童用教科書が使用禁止になったその1904年の7月のことである（筆者は前著『日本科学技術史大系（第9巻教育2）』において，堀七蔵の記述にもとづいてこの委員会の発足を1906年としたが，これはあやまりであった。同上書に掲げた委員の変遷表にも多くの誤まりが発見されたのでここに訂正しておく）。1904年7月23日付の『官報』の「彙報」欄にはこの委員の設置について，次のように書かれている。

　　○小学理科書編纂委員設置──今回本省に於て小学校用理科教科書編纂

の必要を認めたる処，該教科の包含する事項多方面に渉れるが故に，頗る慎重の調査を要すべきに付き，

　　　　　　　東京帝国大学理科大学長　　理学博士　箕　作　佳　吉

を以て委員長とし

　　　　　　　文部省視学官　　　　　　　　　　　　中　川　謙　二　郎
　　　　　　　文部省図書審査官　　　　　　　　　　浅　井　郁　太　郎
　　　　　　　東京帝国大学理科大学教授　理学博士　三　好　　　学
　　　　　　　同　　　　　　　　　教授　理学博士　池　田　菊　苗
　　　　　　　同　　　　　　農科大学教授　理学博士　佐々木　忠　次　郎
　　　　　　　東京高等師範学校教授　　　　　　　　後　藤　牧　太
　　　　　　　同　　　　　　　　　教授　理学博士　丘　　浅　治　郎
　　　　　　　同　　　　　　　　　教授　　　　　　山　崎　直　方

を以て委員と為し，編纂に従事せしめ，尚お

　　　　　　　文部省編修官　　　　　　　　　　　　森　岡　常　蔵

をして委員と同様の資格を以て之に参与せしむることとしたり（文部省）。

　もちろん，ここにいう理科教科書は児童用ではなく教師用の教科書である。児童用の理科教科書は使用禁止になったが，〈教師用の理科教科書は検定または文部省編纂のものを使用してもよい〉ことになっていたから，文部省は「標準的な」教師用理科書の編纂にのりだしたというわけである。これが国定教科書制度実施直後のことであることは注目に値することであろう。

　ところで，ここにもうひとつ注目すべきことは，この理科書編纂委員の顔ぶれである。この委員は，委員長と本省委員を除くと，物理／化学／地質鉱物／動物／植物／農学の各専門分野一人ずつという顔ぶれになっている。これは，この委員会の設置理由としてうたわれていることを裏書きするものであるが，このなかには検定教科書時代に小学校の「理科」教科書を著述した経験のある人は一人も含まれていない。また高等師範学校の卒業生は一人も含まれていない。当時日本の理科教育界が高等師範学校の出身者によってリードされてきたのに，文部省の理科

書編纂委員会は，小学校の教育にはあまり関係のない帝国大学出身の自然科学者たちを集めて構成されたのである（この委員会のなかの後藤牧太／中川謙二郎の二人は1886年以前，つまり「理科」教育以前の時代には小学校での科学教育に指導的な地位にあった人だが，このころにはもはやほとんど小学校教育について発言しなくなっている）。

これは，いわば当時の日本の教育界のヒエラルキーの典型的な現われであった。小学校教育についても，一般の小学校の教師の上に師範学校の訓導／教諭がおり，その上にまた高等師範学校の訓導／教諭／教授がおり，そのまた上に帝国大学の教授（博士）がいたのである。そして〈文部省の理科教育の方針は，実際の教育の実力者たる高等師範学校の理科教授法関係者よりも一段高い帝国大学の教授が定める〉というわけである。このようなヒエラルキーは，おそらく1886（明治19）年の学校令時代から確立されていたものであろうが，しかしそれはこの時代まではほとんど意識されずにすんだことであった。文部省が理科教育について規定したことといえば，わずか数百字の文章にすぎず，それを具体化することは現場の自由だったのである。ところが，文部省が理科書の編纂にのりだすこととなったのだから，事態は大きく変わることになった。理科教育界における高等師範学校の比重は一挙に低下し，文部省がこれに代わることになったのである。そしてこのことがのちに高等師範学校関係者を文部省に対する野党的な立場に立たせるような効果をもたらしたということもできるであろう。

## 第2節　国定『小学理科書』の性格・内容

### 文部省『尋常小学理科書（教師用）』の発行

文部省編纂の理科教科書は，義務教育の年限延長によって尋常小学校で理科が教えられるようになった1908（明治41）年4月になって初めて発行された。すなわち，『尋常小学理科書（教師用）』第五学年用／第六学年用がそれである（『高等小学理科書（教師用）』第一学年用，第二学年用

は2年後の1910年，第三学年用は1916年になってはじめて発行された)。この文部省版『小学理科書』はもともと国定理科書として出版されたものではなかった。すでに述べたように，当時の「小学校令施行規則」では，理科については児童用書の使用禁止を定める一方，教師用書についても国定とせず，「文部省に於て著作権を有するもの及び文部大臣の検定を経たるものに就き府県知事之を採定す」と定めていた。だから，文部省版『小学理科書（教師用)』は民間の検定（教師用）理科教科書と併行して用いられるようになっていたのである。しかし，文部省版『小学理科書（教師用)』は間もなくしてそのまま国定教科書として横すべりすることになった。本書発行後2年余りのちの1910年7月21日に「小学校令施行規則」が改定されて，理科の教科書も国定となり，児童用教科書も作成されることになったからである。そして，この教科書はその後実に34年もの間，その性格をまったくかえることなく日本の理科教育を支配しつづけることになった。いわば，この教科書が日本の理科教育の性格をつくりあげてきたのである。その意味でこの教科書はいまなお日本の理科教育に大きな影響をのこしているといってよいのである。そこで，次にこの教科書の内容／性格をいくらか詳細に検討することにしよう。まず，この本の第五学年教師用書の巻頭にある「凡例」を読もう。(一部省略し，……で示した)

凡例
一　本書は尋常小学校理科の教師用教科書に充つるため編纂したるものにして，分ちて第五学年用及び

第六学年用の二冊とし，又別に掛図を製して教授上の便に供す。
二　本書は，二学年間に理科の全般に渉りて其の大意を授けんとし，植物・動物・鉱物・地文・物理・化学・生理衛生等に関する卑近なる材料を選択し，難易の順序を考え，季節其の他の事情を参酌して之を排列したり。
三　本書に掲げたる植物・動物等は，主として東京附近に普通なるものの中より選択したるものなり。されば，事情を異にする地方に於て本書を用うる場合には，適宜に教材の取捨変更をなすべきものとす。／物理・化学等に関する材料は，土地の情況によりて之を取捨変更すべき必要少なけれども，尚交通の便否，都鄙の区別等によりて多少斟酌すべきものなきにあらざるべし。
四　本書は，教授上の便を計りて，各課を「要旨」「準備」「教授事項」「概括」の四項に分ちたり。又教授上特に注意を要する課には「注意」の項を設けて，該課の終に附し，教師の参考資料たるべしと認めたるものは，「備考」の項を設けて之を附記したり。
五　「準備」には，該課の教授に用ふべき標本類・器械・薬品・実験装置・掛図等を列記したり。標本類は成るべく学校に於て培養又は飼育せるもの，若しくは教師・生徒の採集したるものを用い，器械・装置の類の簡単なるものは成るべく学校にて作りて用うるを可とす。又掛図は主として実地の観察困難なる場合に用うるものとし，本書の準備中に掲げたる掛図の外尚必要を認むる場合には，略画を描き示すを可とす。／「教授事項」の中に，……教師に対する説明上必要なるが為に掲げたるも，生徒には之を知らしめずして可なるもの少からず。是等は生徒の能力に鑑み，適宜斟酌して……／「概括」に掲げたる事項は，該課の教授事項中特に生徒の記憶に止めしむべき点を示したるものなり。
六　本書の教授に用うる材料には，教室内若しくは学校構内のみにては完全なる観察・実験をなさしめ得ざるもの少からず。かかる材料を教授する場合には……
七　本書に於ては，一学年間の理科教授時数を約80時間と予定し，復習・総括其の他の為に要すべき時間を減じて約72時間を以て教授すべきものとし，其の教材を左表の如く配当したり。されど大体の標準を

第 7 章　国定『小学理科書』の成立とその内容　269

示すに止るものなれば，固より之に拘泥するを要せず。

　この「凡例」の最後に掲げられている配当表は次の如きものである。（括弧内の数字は配当教授時数で，無記入は 1 時限を意味する）

　　第五学年—（第一学期）油菜（3）／もんしろ蝶（2）／蛙（2）／つつじの花／松（2）／竹（2）／麦（2）／たんぽぽ（2）／いんげん豆／燕／栗の花／花菖蒲／夏至・冬至／蛍／馬／牛／池中の小動物（2）／きんぎょも・うきくさ・蓮（2）
　　（第二学期）朝顔／稲／みどりうんか／ずいむし／茄・きうりの果実／わらび（2）／こおろぎ／柿の果実／栗の果実／種子の散布（2）／松蕈（2）／甘薯・馬鈴薯／稲の収穫／苗／紅葉・落葉及び常緑木／冬芽／鶏／鴨／土／岩石／石英・長石・雲母（2）／黄鉄鉱／方解石・石灰岩／空気の性質（2）
　　（第三学期）水の性質及び物体の三態／熱／熱による膨脹／水の三態の変化／寒暖計（2）／火／酸素／水素／水の成分／空気の成分／炭酸ガス／燃焼によりて生ずる物（2）／春分・秋分
　　第六学年—（第一学期）木の新芽／種子の発芽（2）／二枚貝／巻貝／いか／蚕の発生／泉・井・池／川／流水の作用／水成岩・地層（2）／火山・火成岩／蚕（2）／鮒（2）／蛇／蚯蚓／蜘蛛／蝦／海／食塩／うに・なまこ／くらげ・いそぎんちゃく・さんご・かいめん（2）／海藻
　　（第二学期）硫黄（2）／石油／石炭（2）／鉄（2）／銅／亜鉛・錫・鉛／真鍮・青銅／金・銀／酸（2）／アルカリ／塩類／重力／挺子／天秤・桿秤（2）／光／光の反射／平面鏡（2）／光の屈折／音（2）
　　（第三学期）磁石／電気（2）／電流／電信機（2）／人体の構造（2）／血液循環／食物（2）／消化／呼吸（2）／排泄・皮膚／神経系・感覚器／衛生

　それでは，文部省『尋常小学理科書』の本文の内容はどのようなものであろうか。その様子をうかがうために，第五学年教師用から，物理教材として最初の課である「空気の性質」の本文を読んでみよう。

第四十二課　空気の性質

要旨　空気の性質を教へ，之によりて気体一般の性質を知らしむ。

準備　大なるガラス器。コップ。鬢付(びんつけ)。線香。水。実験(2)に用ふる装置。簡単なる空気鉄砲。実験(4)に用ふる装置。

教授事項

一　空気の場所を占むること

空中にて手を速かに動かせば，手に何物か触るる感じあり。また，団扇を動かすとき風の起るを見る。これ吾人の周囲に空気の普(あまね)く存在するによる。

実験(1)——コップの内底に火を付けたる短き線香を鬢付に立て，之を倒さにして，大なるガラス器に盛れる水の中に入るるに，線香の火消ゆることなし。

かくコップ内の線香の火の消えざるは，コップの中に空気ありて場所を占むるがため，水は其の中に入ることを得ず従って線香を潤すことなきによるなり。

実験(2)——漏斗管及び曲管を通したるコルク栓をフラスコに嵌め，その曲管の外の端をコップに盛れる水の中に導き，後漏斗より水をフラスコ内に注げば，曲管の水中にある端より泡の出づるを見る。〔図略す〕

これフラスコ内の空気が場所を占むるにより，之をフラスコより圧し除くるにあらざれば，水は其の中に入る能はざることを示すものなり。

二　空気の圧縮せられ易きこと

実験(3)——図〔略〕の如き空気鉄砲を取り，其の棒にて管内のコルクを圧し進むるときは，管内のコルクは遂に飛び出づ。

実験(4)——先の細きガラス管をコルク栓に通し，このコルク栓を少しく水を入れたるフラスコに嵌め，口にて管端より強く空気を吹き込み，後，口を離せば，水の管中を昇りて吹き出づるを見る。〔図略す〕

かく空気は著しく圧し縮め得るものにして，圧し縮められたる空気は

膨脹せんとする力を有し，圧す力を去れば直ちに膨脹して旧の体積に返るものなるを知る。
空気の如き物を総べて気体という。
概括　空気は場所を占む。空気は之を圧せば著しく縮むものにして，その圧す力を去れば，旧の体積に返る。空気の如き物を総べて気体と云ふ。
注意〔略〕
備考　ゴム毬・フートボールを他物に投げ付くるとき，その跳ね返るは圧縮せられたる毬内の空気再び膨脹するによる。

　これは，なかなかよくくふうされた教授内容だといってよいであろう。しかし，これはむしろ例外に属する。たとえば，「甘藷・馬鈴薯」の課では，〈甘藷のいもの部分は根で，馬鈴薯のいもの部分は地下茎であること〉を教えることになっているのに，教師用書にも，なぜ〈じゃがいもが根でなくて地下茎であるといえるか〉説得的な説明法も示されていないのである。物理化学教材でもそうだが，とくに博物教材では，断片的事実の観察／記憶が中心で，科学的論理というものがほとんどみられないのである（物理化学教材については，理科書編纂委員のなかに，簡易実験法の開拓者，後藤牧太と中川謙二郎がいたこともあって，教材が比較的によくなっているのかも知れない）。


### 『尋常小学理科書』と生活主義的理科教育論

　上に掲げた文部省版『尋常小学理科書』の課目名を通覧してまず注目させられるのは，これまで高等師範学校系の人々が（その教授細目や教授法書や教科書のなかで）最も強く主張してきた〈生活共存体としての自然〉の生態を描きだすという構想が全くとりはらわれているということである。

　もちろん，文部省版理科書でも，油菜→もんしろ蝶→蛙→つつじの花→……というぐあいに，それぞれの季節に最も目につく教材が混然と配列されてはいる。しかし，それらの教材の間の関連はまったく問題にさ

れていない．文部省版理科書は，個々の動植物鉱物および自然現象を1年分53ないしは54の教材として取り上げ，それをだいたい季節の順序にしたがって羅列しているにすぎないのである．

　これは高等師範学校系の人々からみれば，明らかに退歩を示すものであった．棚橋源太郎や高橋章臣などは，ドイツで流行していた生活共存体理科教育の考え方をもとにして，かつての〈分類／形態中心の理科教材〉を〈生態／生活中心のもの〉にきりかえようと努力してきたのであったが，文部省版理科書は，分類／形態中心のものに逆行してしまったのである．文部省の理科書編纂委員会が，なぜ高等師範学校系の人々の主張してきた〈生態／生活中心の理科教育思想〉をひきつがず，それまで高師系の人々がきびしく批判してきた分類／形態観察中心の理科教育の立場をとるようになったか，その理由は当事者によって全く弁明されていない．当時文部省内で唯一の現場経験者として理科書編纂の実務にたずさわっていた川上滝男（高等師範学校理科1899年3月卒業で，母校の附属小学校教諭を経て文部省入りした．1917年東京女子高等師範学校に転出）が，『尋常小学理科書（教師用）』の発行後間もない1908年に東京市教育会で行なった『小学理科教授法講義』という講義録があるが，この講義録のなかにもそのような弁明は全く記されていないのである．そこで，われわれは「理科書編纂委員が分類／形態学者によって占められていたために生態学が軽んぜられたのではないか」と考えたくもなるのであるが，その推察は当っていないようである．

　当時の理科書編纂委員の顔ぶれをみると，植物は三好学（1861〜1939）で日本の植物生理および生態学の開拓者であるし，動物は丘浅治郎（浅次郎とも，1868〜1944）で進化論のすぐれた啓蒙家であったし，農学は佐々木忠次郎（1857〜1938）で昆虫生態学／応用昆虫学の開拓者である．この顔ぶれからみて，理科書編纂委員が生態観察の重要性をことさら無視したと考えるのは困難である．おそらく，これらの編纂委員たちは，一方では棚橋らの唱える生活共存体主義理科教育の強引な主張を支持しえず，また他方では生態を教えるためにはあらかじめ個々の動植物の形

態についてくわしく観察させておくことが便利だ，という段階論の立場をとったのであろう。ともかく，文部省版『尋常小学理科書』は，分類学上で重要な動植物のうち，子どもたちの身近にある代表的な個々の動植物を教材として取り上げて，〈まずその形態についてくわしく観察させ，漸次生態的な事項に及ぶ〉という構成をとったのである。

　文部省版理科書のもう一つの特色は，義務教育6年制のもとで改定された「小学校令施行規則」によって，物理／化学の事項が理科を学ぶ最初の学年から取り上げられるようになったことである。従来の「理科」教育の博物先行主義は改められていないけれど，〈最初の2年間は博物，あとの2年間で物理／化学を加える〉というたてまえがくずれて，物理化学に関する事項が尋常小学5～6年でも教えられることになったのである。ところで，文部省版理科書はここでも，高等師範学校系の生活主義理科教育をひきつがず，物理化学の取り扱う初歩的な個々の物質・道具・現象を一つ一つ取り上げる構成をとっていることに注意しなければならない。

　このちがいは，棚橋らの『(小学)理科教科書』について物理／化学教材をも生活単元化した検定理科教科書——帝国書籍株式会社編輯所編『理科教科書』の巻三／四目次（248ページをみよ）と，文部省の『尋常小学理科書』の物理／化学教材の見出しを対照してみればきわめて明瞭であろう。文部省の『尋常小学理科書』でも，物理／化学上の最も基礎的な概念や原理的な法則が本格的に取り上げられているわけではなく，むしろその準備といった意味で，子どもたちに身近な初歩的な事物が一つ一つ羅列的に取り上げられているにすぎないのであるが，それでもドイツ直系の高師系の人々の〈生活理科〉の教材構成とは著しい違いをもっていることが認められるであろう。

　もちろん，博物教材を生活共存体という観点から組織したり，物理／化学教材を人間の生活を中心に組織するというドイツ直輸入の〈最新〉の理科教材組織論は，文部省版理科書以前のすべての検定教科書に受け入れられていたものではない。特に〈物理／化学教材を人間の労働消費

生活を中心にして組織する〉という試みは，先の帝国書籍の教科書によって本格化したにすぎない。しかし，このような理科教材の組織論は当時日本全国の理科教育界を指導していた高等師範学校を中心に主張されたこともあって，大部分の教科書の構成に大きな影響を及ぼしたことは明らかである。文部省版『尋常小学理科書』はあきらかにそれまでの理科教育の指導層の主張をうけいれなかったのである。そして文部省版理科書はたくさんの教材を組織する積極的な方針をもたず，1年分50数項目という教材を並列的にならべあげることになってしまったのである。

### 教材のこまぎれ化の起源

もっとも，このようにたくさんの教材を並列的／羅列的にならべたてた教科書は文部省版『尋常小学理科書』が最初ではない。このように〈たくさんの教材を並列的にならべあげる〉というやり方は，それ以前の検定教科書のなかで一般化していたのである。

〈数十というたくさんの教材を並列的にならべたてる〉といっても，当時の検定教科書はほとんど，1年分の教材を36ないし42項目になるように配列するならわしになっていた。1年間の授業週数と教材の数を合わせて「1週1教材（1課）」としたのである。このような型の教科書は使用しやすいものとして当時教育現場から歓迎されたのであろう。西村正三郎著『(改正) 小学理科』(普及舎，1897年3月検定認可) がこのような方針のもとで1年分の教材をそれぞれ42課にわけて動／植／鉱物などの教材を混合して取り上げて以来，どの教科書会社の教科書もそれにならって1年分の教材を36ないし42課にするようになっていたのである。

つまり，数十という教材を並列的にならべるということは，元来1週1教材という形で授業をすすめていくための便宜上行なわれたものであった。1週1教材が便利なものとして歓迎されるということは，また，「毎週別々のことを独立に取り上げるのが教えやすい」ということに通ずるものである。このことは，たくさんの教材をこまぎれにして教える傾向を強めるものであることはいうまでもないであろう。検定時代のお

わりごろの理科教科書は，一方ではこのような〈教育現場による教材のこまぎれ化への要求〉と，他方では〈生活共存体理科教育論による教材の統合への要求〉の板ばさみの状態にあったわけである。そこで，国光社編『小学理科』（同社，1899年2月検定認可）のように，当時の検定教科書のなかには1年分の教材を40課前後に分割して，そのまま並べたてる教科書もあったが，多くの教科書はそれらの課（教材）をいくつかずつ「春の田畑」とか「秋の野山」という章のもとにひとまとめにして提示するのが普通であった。しかし，文部省版『小学理科書』は，この教材を1年分数十課にこまぎれにして提出するという伝統だけをうけついだわけである。ただその際，1週1課というわくをとりはずして，各課に1ないし2（特例として3）の授業時数をわりふることとして課数を50以上にふやしたというわけである。

## 『小学理科書』の国定化

すでに述べたように，文部省の『尋常（又は高等）小学理科書（教師用）』は，はじめ国定教科書ではなく，民間の検定教科書とならんで採用される教科書にすぎなかったが，1911（明治44）年度からはこれが国定教科書にきりかえられ，併せて国定児童用書も使用しうるようになった。1910年7月の「小学校令施行規則」の改定によって，「教師用書の検定制／児童用教科書の使用禁止」というたてまえがあらためられ，「教師用教科書の国定化／児童用教科書の発行（校長の判断により使用しなくても可）」ということになったのである。

この方針の転換はどうして起こったのであろうか。これについて文部省当局者は次のように語ったという。

> 従来小学校の理科は，〈児童用書を使用するを得ざるの制〉なりしを，斯くしては筆記の為め生徒は多くの時間を徒費するのみならず，其の依るべき教科書なきが為め，却って理科教授の本旨を誤る場合多く，記憶及び教授上不便尠なかざるを以って，今回児童用書を使用することを得ることとしたるなり。……（雑誌『帝国教育』337号——松田良蔵『最新

理科教授法』1991年より重引)

　この説明は，その正否は別として，まったく不十分なものである。この説明は〈児童用理科書の使用禁止解除の理由〉を説明してはいる。しかし，このときの「小学校令施行規則」の改定は，児童用理科書の使用禁止を解除しただけでなく，従来検定制だった理科教科書（教師用）を〈児童用書とともに国定化する〉ことを定めたのである。上の説明は，この国定化の理由についてはなんら説明していないのである。おそらく当時は，〈尋常小学校で児童用教科書を使用させるとすれば文部省著作の国定版を使用させるのが当然だ〉という風潮が支配的で，このことについては特別な説明を要しないと考えられたのであろう。しかし，児童用理科教科書の使用禁止解除はともかく，理科教科書の国定化という方針は従来のほとんどすべての理科教育論の主張と真向から対立することは明らかであった。〈理科では児童用教科書を使用してはならない〉という従来の文部省の方針そのものとも真向から矛盾するのである。たとえば，文部省内の理科書編纂係の一人であった川上滝男は1908年の『小学理科教授法講義』（出版は1909年1月）のなかで，次のように述べている。

　　「小学校令施行規則」によると，理科に於ては児童用教科書を使用させないことになっている。けだし，この規定は，児童に教科書を使用させると，いきおい理科教授が読本教授の如くになって，〈理科教授の本旨たる実物事実の観察〉がゆるがせにせらるる弊におちいるから，この弊におちいることをあらかじめ予防するためであろう。まことに適当な規定であると思う。然るに世間には往々「児童用教科書がないために理科の教授が困難である。折角理科で種々の事柄を教えても，児童がこれを記憶しないで困る」という人がある。
　　余の考えでは，この種類の説をなす人は，自分がまじめに理科の研究をした事のない人で，今日より二三十年前に行われたように，単に〈書物の上のみで理科の研究ができる〉と思っている人であると思う。多分

この種類の人は，言葉や文字の上においては多数の博物の名前をも知り物理／化学の法則をも知っているが，実物なり事実なりに遭遇すると一向〔に〕何物をも知らぬ人であろうと思う。今日以後の理科教授はこれでは困る。寧ろ言語文章に発表し得ないでもよいから，実物事物に対しては十分に理解するということにしなければならぬ。それには教師用の教科書を使ってもよいが，生徒には適宜に実物事実を提供してその観察を十分にさせるがよい。余の意見では〈教師用教科書も時によってはない方が善い〉と思う位である。

　この説明には，当時の理科教育についての支配的な考え方が実によくでているといってよいであろう。ここでは理科教授の本旨は〈科学を教えることではなく〉実物事実の観察にある，と説明され，そのためにこそ〈児童用教科書はもちろん教師用教科書もないほうがよい〉とされるのである。教師は，〈それぞれの学校の環境条件に従って，身近に接しうるさまざまな実物事実の観察を指導すべきであるから，理科の教科書は各校ごとに編集すべきものである〉という考えもここから生まれてくるのである。日本全国では気象／産業条件が大いに違う。だから，取り上げるべき博物や物理化学上の現象も大きく違ってくるはずだというわけである。
　このような考え方からすると，理科教科書を国定化するという方針は，とくべつな自由主義者でなくともうけいれがたいはずのものであった。「小学校令施行規則」は，そのような反対を念頭にいれて「学校長に於いて之を使用せしめざるを得」と定めたのである。しかし，この規定も熱心な理科の教師たちをなだめることはできなかった。その後長い間，多くの指導的な理科教師たちは，国定理科教科書の内容のみならず存在そのものをのろい，批判するようになったのである。

### 国定児童用理科書反対論

　国定の児童用理科教科書使用反対論は，早くもその教科書の使用がはじまった1911年にあらわれた。東京高等師範学校附属小学校教諭の松田

良蔵（1906年東京高等師範・博物学部卒，1917年没）が，その著『最新理科教授法』（1911年刊）のなかに，特に「児童用教科書を用うる利害」という節を設けて，国定化されたばかりの児童用理科教科書の使用反対の立場を明瞭にしたのである。

　松田はその議論において，まず「小学校令施行規則」の改定についてふれ，「既に国定教科書が出来ている以上，これを使用するのが当然で，その利害など考える必要はないとの説もあるだろうが，誠実に本科教授の発展を希望するものは，現在の制度如何の如きはこれを超越して講究することが必要であると思う」と，その立場を明らかにしている。この施行規則に「学校長に於て之を児童に使用せしめざらんことを得」とあることが，彼のこの立場を助けたのであるが，当時としては〈文部省の方針に対してこのように公然と批判的な見地にたってものをいうこと〉は，非常に困難なことであったにちがいない。

　算術教育では，国定教科書制度の実施が理科より早かったこともあって，これよりさきに京都市聚楽小学校長の広田虎之助のきびしい国定教科書批判があらわれていた。広田はその著『聚楽式算術教授法』（上下2巻，1908～09年刊）のなかで，国定教科書に批判的な言説をなすことについていろいろと弁明し，「私が国定教科書を批評したからとて，よもや譴責という如き大人気なきことはなさるまい」などと述べている。当時文部省批判の論議を展開するには，あらかじめそれが不法なことではないことを重ね重ね論述しなければならなかったのである。この議論は教育の実験的研究に根ざした法令＝国定教科書批判の先駆者のことばとして注目してよいものであると思われるので，上の著書から「法令は吾人の研究にまで立ち入る権能ありや否や」と題した一節を一部引用紹介しておこう。

　　〈法令は吾人の研究にまで立ち入る権能ありや否〉ということは私の疑問であります。一体学理／学術の研究なる者は極めて神聖なる者であります。亦極めて自由なるべき者であろうと思います。大学の学士／博士の研究にまで文部省は立ち入って関渉はなされますまいと思っており

ます。吾々は学士／博士の称号／肩書は持っておりませぬ，併し子供の研究／小学校の教材に対する研究となりますれば，博士の研究も小学校教員の研究も同じことで，その職務に対する上からは少しのちがいもない筈であります。然るに吾々の研究に対してある階級の行政官とかいう如き者が立ち入って関渉をするとか差し止めるとか言うことはなかろうと思います，否私はこういう御関渉のなきことを希望する者であります。

　また私はこういう抑圧／関渉を直接に受けたことはありません。然るに私共がこの道のために研究しているのを見て〈法令違反なり〉との理由をもって反対さるる方の御精神がわからぬのであります。

　かく申すと反対論者は「なるほど研究は自由であるが，併し小学校教員が子どもを相手にして研究するということはもっとも危険なことである。すなわち子どもを犠牲に供するのであるからして，こういう危険の伴う研究には反対せねばならぬ」と申しておらるるそうでありますが，これも随分無理なる反対理由かと思われます。薮井竹庵先生が病人を相手に研究するということは随分危険でありますが，一通りその道に通じている小学校教員が子どもを相手として教授法の実験をなし研究をなすに危険が伴うなどということは，教育者自身が自身の技倆を認めず「教員は馬鹿の行列なり」といっているのと同じことだろうと思います。小学校教員はそれ程馬鹿なる者でありましょうか。それ程無識無能なるものでありましょうか。過去及び現在における教育学者なる者は，悉く〈子どもを相手にして研究されたる結果〉その学説を立てられたる者であります。〈子どもを相手にして研究したる結果，新教授法を主張する〉のが何故に悪いのでありましょうか。〈小学校の教授法なる者は学者の書いた書物のみによって研究するのがよい〉という道理はないです。学者の書いた書物を見て研究するのも必要ではありますが，実地につき実験をして研究するということはそれ以上に肝要でありまして，それが本当の教育者／教授者の責任であり義務であり本分であります。


　広田虎之助はこの国定教科書批判で，当時の国定教科書では「1年で20以下の加減乗除，2年で100以下の加減乗除」などとされていたのを，「1年で100以下の加減および累加，2年で1000以下の加減乗除」などを

教えるほうが効果的だと主張し，〈聚楽式算術教授法〉の名のもとに，その主張を全国的に説いてまわったのである（かれはその後，この主張のためか学校を配置がえになったが，その主張の一部は次の国定教科書の改定の際にもりこまれることになった）。

さて，松田良蔵も，国定児童用教科書の使用の可否について論議することが不法なことでなく，「誠実に本科〔理科〕教授の発展を希望する」心情から発するものであると弁明したのちに，国定教科書に理科を加えた理由について文部省当局者の説明を引用して，「若し果して之れが今回の施行規則改正の理由であるとするならば，吾人は多少異論を挿む余地があると思う」と反論を展開している。

　第一，〈児童は筆記のため多くの時間を徒費する〉というのは，現在わが国の小学校にある事実である。それでこれを救うために教科書を造って貰いたいとは，教育者側のある団体から建議したことでもあり，一応はもっともに聞える理屈である。併しながら，〈自分で努力して文章なり絵画なりを筆記する〉ということと，〈他人の書いたものを唯読む〉ということとの間には，非常な教育的価値の差違の存することは，多言を待たずして明らかなることである。……著者の実験する処をもってすれば，〈国語科においてこの〔筆記の〕練習さえよくやっておけば，第五学年以上になって理科等の筆記に要する時間は極めて僅少でたりる〉と断言することができる。……

　第二，〈依るべき教科書なきため，却って理科教授の本旨を誤る場合が多い〉というが，……もし筆記すべき事項を教師にまかせておけば，動もすれば本末軽重を誤り，大切な事を忘れて不要な点に重きをおくような弊があるとするならば，教師用書に〈筆記要項〉を記載せらるれば良いのである。

　第三，記憶及び教授上不便尠(すく)なからず，というがが，……吾人は「書物の記誦に依りて得たる知識は，果して理科教授の要求する処の知識であるか」と反問したい。また……吾人は却って反対に，〈これ〔児童用書〕を用うれば教授上に不便なることが尠(や)なくない〉といわなければならないと思う。換言すれば，教師が骨を折らずに形式的な教授をするには，

> 児童用書は便利なものであろうけれども，活きた働きのある教授をなさんとする教師には不便尠なからざるものとなるのである。
> 　かくの如く観じきたると児童用理科書を送られた主旨は，一も正当に認めることができないこととなってくる。

というわけである。この議論のなかみは，さきに引用した川上滝男のことばとよく合致している。このような考え方は当時の熱心な理科教育者に共通するものだということができるであろう。

それなら，児童用教科書を使用するとかえっていかなる不便が生ずることになるか，松田良蔵はこれについて次の三項目をあげている。

　第一　理科をして記誦の教科たらしむる恐れあること。
　第二　教授が究屈になり易きこと。
　　教材の選択及び排列は〈児童又は土地の事情の異なるに応じて，これに適合したように変化せしめなければならぬもの〉であるが，教科書を用うることになれば，〈書物にあるものを削ってないものを補う〉ということは，実際において行い難い注文である。また題目の数は多きに過ぎると思うが，書物を用うることになれば，〈そのうちのあるものを省く〉ということは児童の好まない所で，教師の方でも何だか気の済まぬような心持がして，つい教えてしまいたくなるものである。加之ならず記載の順序は余り教授の順序の如きものを考えていないようであるのに，動もすればこれに従わしめられるような恐れもあるものである。
　第三　予習又は自習を無意味ならしめる恐れあること。
　　のちに詳論するように，〈観察もしくは実験による予習又は自習〉を行わしめることが，理科教授の効果を有力ならしむる所以の道であると思うが，児童用書を与えることとなれば，児童は動もすれば観察又は実験によらずして直ちに書物を読んでくるようになるものである。他の教科の予習又は自習であるならばそれでも良いが，理科の研究にかかる癖をつけることはもっとも忌むべきことである。

これに対し「児童用書を使用する絶対の収益は，遺憾ながらこれを認むることはできない」と，かれは断言するのである。しかし，松田は，

実際にはこのように百害あって一利もない児童用書がひろく用いられることになるであろうことを察して，国定児童用書の使用上その弊害を除去するための諸注意を，次のように列挙している。
　すなわち──

　　第一　児童用書は教授上重要なものと見ず，単に〈教授したことをまとめておく方便物〉として用うるにとどむること。
　　第二　教授を行う際には，その教材排列の順序又は記述の順序の如きは殆んどこれを眼中におかずして適当なる順序に改むべきこと。
　　第三　児童又は土地の事情より見て不必要と認むる点は，惜気なくこれを切捨て，必要と認むるものは遠慮なくこれを補足すること。
　　第四　予習又は自習を命ずる点は，主として書物に書きあらわされていない点に限るべきこと。
　　第五　教科書の取扱いは主として一題目を教授し終った後にすること。
　　第六　挿図はなるべく直観物と結合せしめおくこと。

　これは，まさに〈国定児童用理科書の害毒に対する防衛闘争の指針〉のようなものである。この指針は現今の検定理科教科書使用上の注意にも適用しうるものであるが，このような考え方は国定『小学理科書』の時代を通じて全国の指導的な理科教師の間で一般的に認められた考え方となっていたといってよいであろう。そのことはちょうどこのころから開催されるようになった〈理科教師の全国研究大会〉のなかでの論議のなかにはっきりみとめられるのである（東京高等師範学校附属小学校内の初等教育研究会主催の〈全国小学校第１回理科訓導協議会〉は1915年10月に開催され，1918年１月には全国の理科教育関係者を結集した〈理科教育研究会〉が発足した）。
　教師が〈政府／文部省の教育政策をきびしく批判する〉ということは，これ以前にはほとんど見られないことであった。それが国定教科書制度の成立という事件によってはじめて表面化したのである。理科教科書の国定化は，それまでの日本の理科教育界を指導してきた高等師範学校系

の人々をも野党的な立場においこんだのである。この対立は「理科教育は科学教育か」という観点から生じたものでなく，理科教育内部でその実現方法についてその指導権を争ったものであって，その対立の意義を過大に評価することはできないが，このとき以後，文部省に批判的な理科教育の世論が形成されるようになったことは注目すべきことである。

### 国定『小学理科書（児童用）』の内容

前節でみたように，『小学理科書』の国定児童用書は，その発行そのものからして，当時の指導的な理科教師によって歓迎されなかったのであるが，出版されたその児童用書の内容はどのようなものであったろうか。まず，この教科書の体裁から内容までを概観し紹介しておこう。

『尋常小学理科書』の第五学年児童用は本文57ページ，第六学年児童用は本文49ページで，各ページ21字詰10行1段縦組みで印刷されており，多くの課には挿図が取り入れられている。しかし挿す図に多色刷りのものは全くなく，すべて黒一色の凸版刷りである。発行年月は1910年11月24日および12月23日となっている。目次をみると，その内容は2年半ほど前に教師用だけで発行になった『尋常小学理科書』と全く同じである。検定時代の文部省版『尋常小学理科書』は，一字も改訂されることなくそのまま国定教科書の教師用書となり，それにあわせて児童用書が作られたわけである。

第五学年児童用の本文第1ページから読んでみよう。（仮名づかいなど原文のままにしておく）

　　　　尋常小学理科書　第五学年児童用
　　　　　一　油菜
　　油菜は根・茎・葉を具へ，花を開く。
　　根は地中より水及び養分を吸取り，また茎を支ふ。
　　葉には多くのすぢ（脈）あり，
　　花は外側にがく（萼）あり，其の内にはなびら（花弁）あり，
　　又其の内にをしべ（雄蕊）あり，中心にめしべ（雌蕊）あり。

がくは四片に分れ，はなびらは四枚あり。
をしべは六本ありて，各々その先にこなぶくろ（葯）を有し，其の中より花粉を出す。

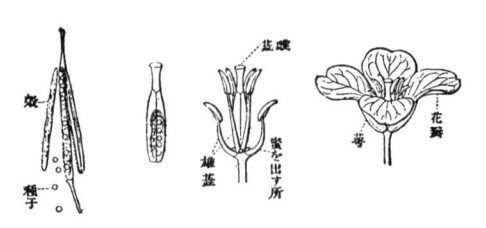

めしべは一本あり，其の下部の膨れたる所はしばう（子房）にして，中に多くの小さき粒あり。
花の底には蜜を出す所あり。蝶・蜂など来りて此の蜜を吸ふ。此のとき花粉は虫に附着し，更にめしべの上端に附着すべし。かくて花粉を受けたるめしべは其のしばう次第に成長して後にみ（果実）となり，しばうの中の小さき粒はたね（種子）となる。
油菜のたねより種油を取り，其の搾り粕は肥料に用ふ。
　二　もんしろ蝶
もんしろ蝶の体は頭と胸と腹との三部に分たる。
はね（翅）は四枚ありて，胸の上側より左右に二枚づつ出づ。脚は六本ありて，胸の下側より左右に三本づつ出づ。……

　この文章は読んでおもしろいものではけっしてない。そこにはアブラナ，特に〈その花の構造と花から実への変化〉などが簡潔なことばで表現されているにすぎない。全く無味乾燥な文章というよりほかない。
　しかし，この無味乾燥な文体も，それなりの積極的な意図のもとに作られたものであった。文部省の理科書編纂委員会の見解では，児童用理科書は，読本その他の教科書と違って，〈児童が読み通すべき性質のもの〉ではなかった。理科の本旨は実物事実の観察にあるのであって，児童用理科書は〈その観察結果を児童が筆記する労力と時間とを節約するための備忘録にすぎない〉というのである。そこで，その内容は児童が記憶すべきことを正確かつ簡潔に書いてありさえすればよいのである。

理科書を読んで興味深いものにすると，かえって実物事実の観察をおこたるおそれがあるから有害だ，というわけである。つまり，文部省の理科書編纂委員会は，児童用理科書の表現を無味乾燥なものにすることによって，かつての文部省の方針——児童用理科書使用禁止の精神を受け継ぎ，児童用理科書使用反対論者の意向を取り入れたわけである。国定『小学理科書』は，児童用教科書使用禁止時代に普及した「児童筆記代用」書の構想をうけついだというわけである。

しかし，この〈国定理科書の文章が無味乾燥だ〉ということは本書だけの特色ということはできない。国定教科書以前の検定理科教科書も，文学社版『新定理科書』（1894年，222ペ参照）のような特別のものを除くと，大なり小なり同じような事実の列記からなっていたのである。それは，少ないページ数に大きな活字で印刷した教科書のなかに，断片的な実物事実についての観察事項をたくさんおりこもうとすることから必然的にひきおこされたことといってもよいであろう。身のまわりの実物事実を片はしから羅列的に取り上げようとすれば，いくらページ数があっても，事典／図鑑的な無味乾燥な表現にしかならないのは当然のことであった。

### 国定『小学理科書』に対する全国師範学校の意見報告書

文部省版『小学理科書』が国定化されて，その児童用書とともに全国的に用いられることになると，こんどはいやでも全国の理科教育の研究がこの国定教科書の教材編成を軸として展開せざるを得なくなった。そこで次にこの国定『小学理科書』成立間もないころの〈これに対する現場側の意見〉をみることにしよう。これについては幸い，当時（1912年6月）文部省が全国の師範学校に対して回答を求めた国定教科書に対する意見報告書が出版されており，理科に関しても57校の意見報告が収録されている（文部省普通学務局『国定教科書意見報告彙纂（第一輯）』1913年3月）。そこで，これによって，全国の現場の理科教育に対して指導的な立場にあった各地の師範学校附属小学校の国定『小学理科書』に対する

意見を見ることにしよう。

この意見報告書の内容は，学校によって，各教材の扱い方の細部について意見を述べたものや，教材の選択／取り扱い方や児童用書の記載の方法について一般的な意見を提出しているものなどさまざまであって，細部では一見相対立するかにみえる意見が提出されていることもまれではない。しかし，全体としての世論の方向はかなり明らかである。そしてそのなかには，国定理科書の基本的な性格に対してきびしい批判をなげかけているものも少なくない。

たとえば，東京府女子師範の意見報告書は，「教材の配列上より見れば，単に必要なる個々の教材を羅列せるに過ぎずして，その間相互の連絡及び統一を欠き，統一ある教授をなすに困難なり」と指摘している。「教材の排列は季節の順により自然物の観察実験上には何らの不便なきが，今一歩進みて前後の連絡関係に注意し，自然界の統括ということも授けられたき感あり，即ち単に季節の順を追いて教授せば，個々の自然物には精通するが，多くは断片的知識に終るの嫌あり」（千葉県女子師範）という批判や，「本書はあまりに孤立的にして，関係的の知識を付与し，概括的／総括的題材を加うること甚だ必要なるを認む。例えば植物教材数個を授けたる後においてこれを一括して総括するの課を設くるが如く」という意見（長崎県師範）もこれと軌を一にするものである。現場の指導的な理科教師の間では，明らかに国定『小学理科書』の出版当初から，〈その教材の断片的／羅列的なこと〉がすでに批判の対象となっていたのである。しかし，だからといってそれらの批判者たちも，かつての理科教授論のように「生活共存体」による教材の統合を正面からもちだすことはしなかった。「生活共存体」理論ですでに国定教科書と正面から対決するだけの自信を失っていたのである。生活共存体理論については，その本拠であった東京高等師範の意見報告書が「所謂，生活の共存体を過重したるは従来の理科教授の弊なるべしと雖，現行の理科書は全然その不必要を認められたるが如き感なき能わず」と不満を述べ，「多少の注意によりて教授上何らの不都合を来さざるものは，これを一

処にまとめて排列するはけだし中庸を得たる処置なるべし。例えば，〈水辺の動物〉として花菖蒲／蛇／螢等……」という意見を提出したにすぎない。

　師範学校の意見報告書のなかには，このほかさらに注目すべきものとして，教材の分量およびその選択／取り扱い方に関する一連の意見と，児童用書の内容／性格に関する一連の意見とをあげることができる。

　教材の分量についての意見は，大部分の報告書がこれを〈多すぎる〉と訴えている。たとえば香川県師範は，「(1) 形式的目的より見て，教材多きに過ぎ，教授時間数に不足を来し，該科教授の主眼とすべき実験観察ややもすれば粗略に流れ，従って知識の明確を欠き，ただ雑駁なる片々たる知識となるの恐れあり。(2) 実質的目的より見て，教材多きため，特に博物的教材にありては利用厚生の方面に，理化知識にありては日常近易なる諸現象に応用せられたる理法を児童に発見せしむる等，実用的知識の拡充を計ることを怠らるるに至る恐れあり」と意見を提出している。この意見書にもみられるように教材の分量が多すぎるという意見はただ単に〈教材数をへらせ〉，というだけでなく，「題目をなるべく少く内容を深く広からしめたし」（島根県師範）とか「教材多きに過ぎ，各教材の内容不足の感あり」（奈良県師範）という意見となっていることは注目すべきことである。なお教材の分量については，「分量多きと認むるも，他方によりて加除し得るをもって差支えなし」（高田師範）とすることもできるわけであるが，静岡県師範は「もちろん書中ある物を除き地方的材料を加うることを得るといえども，その材料のある物を節減するは実際上遺憾ながら実施困難の模様なり。故に書中材料中比較的価値少きものは初めよりこれを省きおき，教材を予定より減じてその時数に応じて地方的材料を選入せしむる方安全なりと思惟せらる」と実情を訴えている。

　教材の選択／取り扱い方については，すでに述べたように，「(博物的)材料はこれを減少して約四分の三以下に」して，その「内容を今少しく豊富にせられたきこと」（東京高等師範）というような意見や，「各教材

間の連絡少なきをもって，その相互関係を知らしむるに不便なり」（青山師範），「題目は一層概括的なるものを多くとること」といった意見が提出されているほかに，「記載の順序科学的に偏する嫌あり。なるべく心理的順序を顧みて配列せられたし」（山梨県師範），「自然を理会しこれを利用する上に学問的知識の素養を要することは勿論なれども，実用的材料にして学問的知識の素養を与えるに適するもの少なからず。然るに教材の選択が学問的に偏するがために理科教授上日常生活に必要なる実用的知識の基礎を与うるに不便少なからず」（三重県女子師範），「教授事項はなるべく学問的記載を避けて通俗に，且つ日常生活に関係多き事項を増されたこと」（岐阜県師範），「教材の選択排列稍々科学的に過ぎたり」（長崎県師範），といった意見が目だっている。要するにここでは，〈教材のあまりに科学的／学問的な選択／取り扱い〉が子どもの理解／興味に適しないものとして批判され，〈子どもの日常生活／常識に即した扱い方をすべきだ〉と主張されているのである。これはその後の生活理科の主張——理科教育で科学そのものを教えようとすることに対する警戒心に通ずるもので注目すべきものである。

　最後に，児童用書の内容／性格に関する一連の意見に目を注ぐことにしよう。これに関する批判意見でもっともまとまっていると見られるのは，「現行の児童用書は児童の活動範囲にまで侵入せるが如き観なくんばあらず」として国定理科書の性格そのものに批判の目を向ける京都府女子師範の意見書である。「例えば，児童をして実物につき直ちに写生せしむべき略図をも印刷し，考察せしむべき事実をも記載し，殆んど〔児童の〕活動の余地を存せず。この如きは本科の性質上同意する能わざる所なり。児童用教科書としては，記載事項は極めて大綱に止め，あるいは項目のみとし，児童が観察し得たる事項をこれに記入し，あるいは略画を写生せしめ，尚保存し得べき標本は貼付し得る様のものたらしめんことを要す」というのである。この主張は実質的にいって理科書の性格を「児童筆記代用書」から「理科筆記帳」へとかえることを要求するものにほかならないが，このほかにも理科書に筆記帳的性格をもたせる

ことを要求した意見書も少なくない。たとえば，「各課毎に多少の白欄を設けて児童をして記入の余地を与えられたきこと」（東京高等師範），「児童用書各課に余白をおき，図及記事を記入し得る様にすると共に，尚各学校において適当なる材料を採れる場合にこれを記入するため巻末20ページ程の余白を附せられたし」（栃木県女子師範），「児童をして略画を画かしむべき余白を存せられたし，……児童をして教科書以外筆記帳の類を持たしむることは負担を二重にするの弊あり。これ故に本文の上部に……」（福島県師範），「各課の終りに筆記の部として余白をおかれたし」（熊本県師範），といった要求である。

しかし，児童用書については，これを筆記帳化する方向とは逆に，その記述をさらに詳細にすることを要求する意見もある。その代表的なものは「（児童用書の）記述の程度を平易にし，且つ趣味あらしむべきこと。──（理由）：国語読本の程度を参案し，なるべく記述の程度を平易にし且つ趣味ある記述法をとり，児童をして読誦を楽しむに至らしめたきものなり」という福岡女子師範の意見である。このほか「文章あまりに簡潔に失する傾あり」（埼玉県師範），「記述を具体的にして一層詳細にすること。挿絵を多くすること」（宮城県師範）といった意見もあり，特に挿図を一層多くすることについては数多くの意見が提出されている。しかし，〈挿図を多くせよ〉という要求は必ずしも児童用書の性格を理科筆記帳的な性格と反対の方向にもっていくことを意味するものではない。これらの意見書のなかには，「動物の生活状態を紹介するに足るべき総合的の挿図を加え，児童が実験観察によりて記載し得べき挿画は省かれたし」とするようなものもあるからである。これらの意見はむしろ，第一次大戦後普及した「理科学習帳」的な性格をもった児童用書を暗中模索していたといってもよいかも知れない。「適当なる応用問題の記載を望む」（長崎女子師範）という意見もでてくるのである。

以上見てきたところが国定理科書に対する全国の師範学校の最初の意見報告書の概要である。このほか注目すべき意見として，「小学校令施行規則」を改定して，尋常小学校でも「動／植／鉱物相互の関係及びそ

の人類に対する関係」を授けるようにすべきであると論じ，さらに「現状の文明は実に理化学の応用」であるのに，〈物理／化学関係の教材がわずかに4分の1強にすぎないことは不適切であるから理化的材料を増加せよ〉と主張する京都府女子師範の意見などがあるが，ここでは省略することにしよう。そして最後に，国定理科教科書制度そのものの修正を求めた東京高等師範学校の意見報告書の冒頭に「前文」としておかれている意見を紹介しておこう。

　　速かに，数種の教科書を編纂して各地に適切なるものを供給せられたきこと。

　　本書に掲げられたる動物及植物等は東京地方に普通なるものの中より選択せられたるものなるが故に，本書を用ふるに当り事情を異にする地方にありては適宜に教材の取捨変更をなすべきことは，凡例に於て明記せらるる処なり。然れども多数の小学校に於ける理科教授の実際を見るに，只管ら本書記載の材料を墨守して，毫も其の地方に適切なる材料を加ふる所以の途を知らざるものの如し。斯の如きは固より之を運用するものの不見識なるによると雖，又一には同一教科書を全国一様に使用せしむることより識らず知らずの間に誘起する弊と云はざるべからず。是を以て速かに数種の教科書を編纂して，各地の小学校をして各々其の地に適切なる教授を施し得る様にせしめられたきものなり。

### 『小学理科書』の改訂

　国定『小学理科書』は教材が断片的／羅列的で分量的にも多すぎ，各教材の内容は貧弱で，記述があまりにも「科学的」「学問的」で，子どもたちの日常生活から遊離しているために理解しずらい――全国の師範学校から文部省によせられた国定教科書についての意見報告書の内容を要約するとざっとこんなことになる。〈これらの意見は文部省によって直ちに取り入れられることになったか〉というと，実はそうではなかった。文部省の理科書編纂委員会は，一つ一つの教材についての細かな意見はともかく，『小学理科書』の性格をかえることになるような意見には耳をかそうともしなかったといったほうが適切であろう。理科書編纂

委員会は，1916年4月に『高等小学理科書第三学年用』を出版して国定教科書を一通り完成させると，『尋常小学理科書第五学年用』にもどってその改訂作業をはじめたのであるが，このとき現場経験者として理科書編纂委員会に加わった堀七蔵は，のちに，この全国師範学校の国定小学理科書に対する意見報告書について，「（これらの）意見報告は，多く「小学校令施行規則」の第7条また第4号表／第5号表を考慮せず，また理科書の「凡例」を十分熟読せずして勝手な注文をなしたものである。また，教科用図書と筆記帳を混同したり，児童用書の定価などについて考慮していない。しかし，中には実際使用の経験として理科書編纂委員会においても十分参考すべきものもある」（堀『日本の理科教育史』269～270ページ）と述べているが，これは当時の文部省理科書編纂委員会の考え方を反映したものであろう。理科書編纂委員会は，はじめから，大なり小なり理科書の性格を改めなければならないような意見は一切「勝手な注文」としてとりあわず，細部についての意見のみを取り上げようという姿勢のもとにあったのである。

　実際，1917年から第五学年用／第六学年用と年をおって発行された新しい『尋常小学理科書』，すなわち第2期国定理科書の性格は最初（第1期）の理科書のそれとまったくかわっていない。児童用書のページ数が第五学年用で本文57ページから72ページにふえて記載がややくわしくなったこと以外，全体としてほとんど変化がないのである。

　第2期の理科書は，第1期の教科書に対する批判——〈教材が断片的／羅列的で分量的にも多すぎ，各教材の内容は依然として貧弱で，記述があまりにも「科学的」「学問的」で子どもたちの日常生活から遊離している〉という指摘を一つも考慮していないといってよいであろう。

　もっとも，細部については第2期の国定理科書は第1期のそれとかなり違っている。たとえば旧版の第五学年用の第一課「油菜」（3時間）は新版では第二課「油菜」（2時間）と第十課「油菜・そらまめのみ」（1時間）に分割され，新版の第一課には「空気と土」（2時間）という新教材がおかれている。しかし，これらの点は新版での最も大きな改訂部分

に属するので，その他の題目の変更は「つつじの花」が「つつじ」に，「みどりうんか」が「うんか」にかわったといった程度のものにすぎない。題目の数は第五学年用が2つふえて57，第六学年が5つふえて58になって〈教材の数が多すぎる〉という声とは反対の傾向を示してさえいるのである。児童用書の記載についても，挿図の量／性格などほとんど変更なく，筆記のための余白も設けられることはなかった。児童用書の本文の内容を比較するために両方の教科書から同じ題目──「牛」の項を取り上げてならべてみると次の通りである。

　　十六　牛〔第1期国定理科書第5学年用〕
　牛の脚には大なる趾二本ありて，其の先に各々蹄を具ふ。
　額には一対の角あり。上顎には前歯なし。
　牛は主に草を食し，食物は一旦食ひて後更に口に返して嚙直す。
　昔より人に飼われ，多く力役に用いうる。又肉と乳とは重要なる食品にして，皮・骨・角は器具を造る材料となる。
　　三十四　牛〔第2期国定理科書第五学年用〕
　牛は短き毛にておほはれ，尾の先にやや長き毛あり。馬とくらぶるに，頭・くび・どうは太く，あしは短し。
　ひたひには二本の角あり。口には多くの大いなる歯あれども，上あごに前歯なし。
　あしには二本の大いなるゆびあり，又其の両がはに二本の小さく短きゆびあり。ゆびの先はひづめにて包まれ，大いなるゆびのひづめの下面を地にふる。
　牛はおもに草を食とす。初よくかまずして食物をのみこみ，後少しづつこれを口に返し，十分にかみて再びのみこむ。
　牛は昔より人に養われ，力強くして種々の力役に用いらる。ちちは之を飲み，肉は食用とす。皮・角・骨は種々の物を造るに用う。

　この二つを比べると，第2期本のほうでは，〈多くの漢字が仮名に改められて記述がかなり詳しくやさしくなっている〉ことがわかる。第2期本では前課で取り上げた〈馬との比較〉を取り入れていることも，現

場の意見を取り入れたものとみることもできる。しかし，くわしくみるとそのほかの点では記載の内容などまるでかわっていず，まったく無味乾燥な文章であることにかわりはない。新版の国定理科書は旧版の理科書に対する現場側のきびしい批判的意見にもかかわらず，この程度の修正版におわったのである。

# 第 8 章

# 理科教育改革運動と
# 自由主義教育運動

## 第1節　第1次大戦後の理科教育の隆盛

### 第1次大戦と科学技術教育

　第1次大戦が日本の経済・政治・思想の全般にわたって大きな影響を与えたことはよく知られているが，この戦争はまた，科学技術とその教育にも画期的な影響を及ぼさずにはおかなかった。

　1914（大正3）年の夏，第1次世界大戦が始まってから，戦争が一般の予想に反して1年1年とながびくにつれ，やがてこれが戦場から遠く離れた日本にも深刻な影響を及ぼさずにいないことが明瞭になってきた。まず経済的な方面では国際経済のバランスがくずれ，これまでドイツやその他の国々にたよっていた商品の輸入がとまって産業界は深刻な困難におそわれた。そのまた一方では，戦争のすきに東南アジアの市場が開けて商品の需要が増し，自給自足／国産奨励が叫ばれるようになった。そしてこれがまた「科学技術振興の叫び声」をひきおこすこととなった。当時の日本の産業界がヨーロッパからの輸入の道を絶たれて特に深刻な困難に立たされたのが，化学工業など高度の科学技術水準を要する部門であったから，産業立国のために科学技術の振興の欠かせないことが明白な事実として浮かびあがってきたのである。

　産業／経済問題と並んで，さらに政府や一般国民を驚かしたのは，この大戦に用いられた新兵器であった。この戦争で初めて毒ガス／潜水

艦／飛行艇という恐るべき「科学兵器」が出現したのである。これは実に史上最初の科学戦であった。そこで，当然これらの新兵器の開発におくれをとらないためにも，科学技術を振興しなければならないことがしきりに論ぜられるようになった。広島高等師範学校教授の大島鎮治は，1917（大正6）年に「実際戦争の与えた各方面の教訓中，国として自然科学研究を忽（ゆる）がせにすべからざることほど深厚に世界各国民に印象せしめたものはないのである」（大系／教育② 12-1）といっているが，これは単なる誇張ではなかった。この科学技術の振興の叫び声が科学技術教育の振興の叫び声となることはきわめて自然なことであった。

　実際，政府財界や学界の指導者たちはこの大戦のさなかに，すでに科学研究の振興とともに科学教育の振興のためにさまざまな手をうっていた。まず，科学研究機関としては1917年3月に財団法人理化学研究所が発足したのをはじめ，東京帝国大学に航空研究所が1918年4月に発足し，東北帝国大学に鉄鋼研究所が設立され（1919年5月設立，前身の臨時理化学研究所第2部は1916年4月設立），京都帝大にも化学特別研究所が設けられた（1915年8月設立）。このほか，1918年3月には文部省の「科学研究奨励金制度」が初めて議会を通過したし，帝国大学の理工系の講座数も一挙に増大させられるなど，それまでほとんど無にひとしかった理工学の研究体制は一躍整備されたのである。そしてこれとともに，明治初年の文明開化の時期以来，縮小を続けてきた小／中学校の科学教育の振興の声がにわかにクローズ＝アップしてきた。

　すなわち，表面に現われた大きな出来事だけをとってみても，次のように注目すべき事件が相次いで起こったのである。

① 1917（大正6）年6月の臨時議会は，中学校と師範学校の物理と，化学の生徒実験設備を完備するために，特に20万円余の支出をすることを決議し，文部省はこれに基づいて翌年2月5日に，中学校と師範学校の物理／化学の教育の改善について，別記（次ページ）のように訓令するとともに，初めてその「生徒実験要目」を制定した。

② 1918年1月，全国の小学校理科教育関係者の初めての研究組織であ

## 生徒実験実施に関する文部省訓令

　理化学の研究を奨励し，其の知識の普及を図り，以て殖産興業，其の他苟（いやしく）も国力の充実に資すべき事業の健全なる発達を期するは，実に今日の急務たり。各学校に於ては，固より夙（つと）に此の趣旨に基き，理化学教授に努むる所ありと雖，国家の将来に稽（かんが）うれば，一層其の教授方法を改善し，特に重きを実験に置き，努めて，〈形式に流れ注入に陥るの弊〉を防ぎ，以て〈国民生活の実際に適切なる知識技能〉を確実に会得せしめ，兼ねて〈独創自発の精神〉を涵養せんことを要す。

　此の目的を貫徹せしめんが為め，師範学校／中学校に於ける物理及び化学の生徒実験に関する設備に対し，国費を支出して，其の完成を助くると共に，茲（ここ）に該科生徒実験要目を制定せり。地方長官は宜しく，各学校長を督励し本要目に準拠して生徒に実験を課し，以て理化学教授の効果を完（まっと）うするに於て，遺憾なきを期せしめらるべし。

る〈理科教育研究会〉が設立され，4月に機関誌『理科教育』を発刊，翌年5月，全国から会員をつのって第1回理科教育研究大会を開催し，小学校の理科教育の改善のための運動を開始した。

③　1919年3月29日，文部省は「中学校令施行規則」中に改定を加えて，従来4年と5年で週4時間ずつ課されていた「物理／化学」の時間数を増加して，3年生にも2時間，「物理／化学」を課することにした。

『理科教育』の表紙

④　同日，文部省はまた「小学校令施行規則」中にも改定を加え，これまで5年から課されていた尋常小学校の理科を4年から課することにし，4年／5年／6年で週2時間ずつ課することにした。これ以前は5年／6年で週2時間ずつであったから5割増になったわけである。

　すなわち，小／中学校の理科と物理／化学の教育は，1917〜19（大正6

〜8）年の間に第1次大戦の影響のもとに拡充強化の道をあゆみはじめたのである。明治初年の文明開化期以来，国家主義の確立と封建道徳の復活強化の中で一貫して縮小／変質の一途をたどってきた小／中学校の科学教育は，この時期になってやっと再び時代の寵児となったのである。

### 現場における理科教育ブームの実情

第1次大戦のもたらした科学——理科教育の推進の気運は，上にあげたような表面上に浮かびあがった事実に見られるものよりも，はるかに根深いものであった。たとえばこのときの模様を，のちの私立成城小学校訓導の松原惟一は次のように回想している。

　著者の始めて教育界に乗り出した頃は，時恰も欧州戦乱終熄の頃とて，自給自足／国産奨励／産業立国などの声高く，教育界に於ても実利主義に立った理科教育の盛んに唱導されていた時であった。曰く「科学知識の普及」，曰く「科学的訓練の陶冶」と，それはそれは喧しいものであった。そこで国語教材の如きも虱つぶしに詮索して，少しでも理科と関係のあるような教材は，〈如何に理科的に取扱うべきか〉という事を研究されたものである。初学年に於て特にその方面の研究が必要視されたのである。当時私は正直な所ただ訳もわからず無批判にその渦中に泳いでいた。県下を挙げての大研究会が私達の学校で催されたことがあった。尋常一年から全部実地授業，5年以上は何れも理科の授業で，以下の学年は〈読本教材から理科的教材を撰んで，それを如何に理科らしくやってのけるか〉を観て貰え，との校長の厳命，職員はみんな従順にそれを実行したものであった。

　某氏は尋常二年で読本教材「竹の子」を理科化して，親竹の太いのを七八寸の長さに切ったものいくつかを用意し，これを割らして見せて縦によく割れる理由をただし，切口の面を観察させ，茎全体の外形構造などを問答した事を思い出す。

　又或る女の先生は，確か尋常3年の受持であったと思う。矢張読本教材「瓜るい」の所を取り扱い，きうり，しろうり，はよかったが，さて「まくわうり」は時節柄まだ田舎の市場には出ていなかった。町の青物屋を走

りまわったが不幸にして出て居らぬ。最後に遥々遠い大阪の一流果物店から1個2円いくらの代物を取り寄せて間に合わしたとは嘘のような実話。
　こうした悲喜劇も，過渡期であった此の時代には，笑事でなく到る所で演ぜられたものと思う。次に転じた学校では，若い聡明な校長で，よいと信じた事は法規も監督者も眼中になく，どしどし実行した人であった。初学年からの理科も，公立の学校でありながら公然と時間割に組んで実施した。著者もその頃は未だ青二才であったがすすんでその教授要目編製に微力を尽したのを記憶している。
　　　　　　　（松原惟一『郷土中心低学年の自然研究』(1931) 3～5ペ）

　実際，当時の理科教育熱はたいへんなもので，明治初年の「究理熱」を思いかえさせるものであった。しかも究理熱の時代と違って，当時はすでに小学校制度が確立していたから，この理科教育熱は，〈ジャーナリスティックなブームにすぎなかった究理熱〉と違って，より現実的な基盤をもっていたのである。そして，〈文部省の定めた教科のワクをこえて小学校の低学年から理科教育をはじめなければならない〉という考え方も，広く普及していった。第1次大戦の生んだ「理科尊重」の気風は，理科を課す学年を5年から4年にひきさげるだけで満足せず，これを「自然科」というような名称のもとに小学校低学年から実施する運動を生みだしたのである。
　もっとも，この運動は当時ついに成功することがなかった。しかし当時の「理科尊重」の気風は，一般の公立小学校でも「必ずしも法令にとらわれないで」自然科を低学年から研究的に実施してもよい，という気風をも生みだした。そしてこの運動はその後も現場研究にささえられて着実に続けられ，実にそれから22年後の昭和16年 (1941) の「国民学校令」によってついに実現されることになった。これは日本の科学教育史上まれにみるねばりづよい運動として注目すべきことであろう。

### 生徒実験の普及

　ところで，この時期に理科教育の質的改善政策の面で最も強く主張さ

れ，また実現の方向に一歩をふみだしたのは，「生徒実験」「児童実験」の実施であった。

この生徒実験重視の考えは，実はこの戦争が起こる少し前に，欧米留学から帰ってきた棚橋源太郎が紹介していたものであった。すなわち，かれは帰国後，雑誌や講習会などで欧米の新しい理科教授法について紹介したものをまとめて1913年5月に『新理科教授法』として出版したのであるが，その「緒言」にいうように，「本書は，近時欧米の学校で盛んに行われつつある〈生徒の実験観察を基礎とする理科教授法〉とこれに対する著者の意見とを我が教育社会に紹介する目的で書いたもので」あった。すなわち，かれによれば「教授法近時の傾向は，教授上に問題を利用するにある。そして其の問題を生徒独力で実験観察に訴へ，又は参考書に依って解決さするにある。理科教授では，学科の性質上，この傾向が特に著しい。それで，欧米の諸国では，中等学校は勿論，小学校にさえ理科教室以外に，〈理化学及び博物学の生徒実験室の設備〉があって，所謂〈実験室教授法〉で以て教授されつつある」のである。棚橋は本書によってその〈実験室教授法〉を日本に紹介したのであるが，さらに翌1914年5月には，物理／化学および博物の『実験室案内』(糟谷美一と共著) を著わして，この「実験室教授法」実施の具体化に一歩をふみだしていたのである。

この「実験室教授法」というのは，イギリスの化学者アームストロング (H.E.Armstrong, 1848～1937) が，ハックスレーらの科学教育運動の一環として，1800年代に提唱した「発見的」(heuristic) 教授法の考え方とともに，主としてイギリスを中心に実際化されていたものであった。それは，従来ドイツ一辺倒だった日本の理科教育関係者によってあまり注意されなかったのであるが，第1次大戦前夜になって初めてそれが注目されるようになったのである。棚橋が『新理科教授法』の中で実験室教授法の具体例として紹介している英国校長会の「教授要目案」は1896年のものであって，棚橋がその最初の『理科教授法』を出版した1901年より5年前のものである。ドイツの理科教授思想なら当時でも5年くら

い前のものなら当然取り入れられていたのであって，当時実験室教授法の考え方が紹介されなかったのは，当時の理科教授法がドイツ一辺倒であったうえに博物中心のものだったからだということができるであろう。

ところで，この実験室教授法は，日本でのその提唱者棚橋源太郎の予想をも裏切って，急速に具体化されることになった。棚橋は『新理科教授法』の出版から5年後の1918年に，これを大幅に改訂増補した『(改訂) 新理科教授法』を出したが，その序言で，「実験室教授法が本邦に実施されるには尚お非常な努力と歳月を要し，ひそかに十年十数年の後を期していたのに，欧州大戦のため意外にも数年後の今日突然これが実施を見るに至ったことに対して，深く喜びの情にたえない」と述べている。すなわち，大戦は〈これからの戦争が科学兵器と産業の戦いである〉ことを証明したために，科学，特に物理／化学の教育の内容を急いで欧米に負けない，充実したものにする必要が認められ，このため1917年5月には棚橋源太郎自身が文部省督学官を兼務することになり，文部省も実験室教授法の採用を急務として取り上げることになったからである。すなわち，すでに述べたように1917年6月の臨時議会の決議となり，翌年2月の文部省訓令となって具体化されたわけである。

この中等学校の理化教育改善の訓令は，「いたづらに理科教授の改善の必要を叫ぶにすぎなかった当時の混沌たる教育界に，一定の光明，一定の指針を与へたもの」(神戸伊三郎『(学習本位)理科の新指導法』1922)として迎えられ，世論の支持もあって急速に具体化された。このことは1918年4月10日に発行された小学教育研究会編『(児童各自直観実験)理科教授の新研究』という本に，すでに次のように書かれている。

> 二十万円の金は僅かであったのであるけれども，この国庫補助と云うものがあったために，現に各府県の師範学校／中学校に於ては着々としてその生徒に課すべき実験設備を完成せしめる事に努め，物理化学の実験室の建築やら，その生徒用の実験の器具機械をとりそろえ，従来の如く単に教師のみが実験して居ったのと反して，生徒各自の実験が充分に出来るよう

に物理の方面に於て，化学の方面に於て，その設備を完成せしむるようにする事が段々実現され，全国各府県を通じて計算して見るというと，この理化学実験設備というものに対して，ほとんど二百万円近くの費用が投ぜられるに至ったのである。

「さすがに教育に無理解な府県の議員も，大戦を目前に科学の偉大なる力を見ては，ほとんど異議なく当事者の要求を容れた」（神戸伊三郎：前掲書）というわけである。

これは，中等学校の物理／化学の教育の改善に関するものであったが，生徒実験重視の考え方は，ただちに中学校の博物教育にも，小学校の理科教育にも波及し，1918年のうちにすでに「その盛んなることは中等学校を凌ぐという有様で，生徒実験の実行の期に入りつつある中等学校では兎角逡巡躊躇の色あるに対して，小学校では着々実行しつつある」（大島鎮治，1918年）ありさまであった。児童実験法に関する多数の著書も出版された。第1回理科教育研究大会でも（1919年5月），「理科教授に於ける児童実験観察の事項／種類及その指導方案如何」を討議題として取り上げ，第2回大会（1920年5月）には「尋常小学校に於て児童に課すべき理科の実験観察事項及びその設備如何」を文部省諮問案として取り上げた。小学校においても「「児童実験」はじつにその当時の理科教授改善の標語であり，研究の中心であった」（神戸：前掲書）のである。

### 児童（生徒）実験運動の敗北

それでは，こうしてはなばなしく発足した生徒実験は所期の成果をあげえたかというと，そうではなかった。神戸伊三郎も，1922年に出版した『（学習本位）理科の新指導法』の中で，次のようにこの失敗をはっきりと認めている。

> 翻って実地に児童実験を課して見ての成績は如何。児童実験の実際の成績は如何。顧みて頗る悲哀を感ぜざるを得ない。当初世人は，〈児童実験の方法を以て理科教授をやりさえすれば，児童の独創自発の精神を涵養出来る。それがやがて実際生活に役立つ所の知識技能となって，児童の将

来の生活を豊かにすることが出来る。かくして国産興業を盛にし，国力の充実期して待つべし〉とした。処が実際にやって見れば理科教授の効果が挙らない。之には種々なる原因がある。先づ第一地方の経済が許さない。……〔しかし〕之に反して此の頃都市の小学校の経済は異常に豊富なるものがあった。……故に都市に於ける小学校の理科設備は此の際個人的の寄附金によって，潤沢なる経済をかけて頗る立派なものが出来た。京都／大阪等の大都市には，実に羨望に堪えざる程の，驚くべき立派な理科の設備が多く出来ているのは，此の間の消息を語るものである。

　然らば，斯様な立派な設備を持っている学校では，理科教授の成績をあげて居るかというに，必ずしも然らずと言わなければならぬ。一体一国の理科教育の成績を挙げようとすれば，第一教師，第二設備，第三制度の三要素が完備しなければならぬものである。いま国家の制度のことは別として，這般の理科教授改善運動は真先に設備の完成から始めてゐる。教師の見識が立たない中に設備だけが出来てしまった。つまり教師の側に立派な設備を運用する力量がなかった。而して多くの理科教師はいう，「児童実験をさせると，予定の教材が予定の時間にまとまらない。どうも時間が足りないで困る」。

　然らば充分に時間を与えて児童実験をさせたとすれば如何。是れ亦予定の効果をもたらさない。幾ら多く時間を与えても実験をするだけで，児童の力では其結果をまとめることが出来ないのである。結局教師の側に運用上の欠陥があったとは，自他共に許さざるを得ない批評である。若し又実験の結果が児童にまとまるように指導して授業を行うとすれば，所謂〈支店実験〉の弊に陥って，〈教師が行う実験を児童に別けてやらせた〉に過ぎない。教師たる本店の実験を其のまま児童たる支店の実験に分けてやらせたのと同じである。而かも児童の実験は甚だ不完全なものをやっている訳である。是ならば従来の教師中心の講義実験を以てする方が遥かに効果があがる。何を苦んで多大の経費と時間とを費して其上甚だ指導し難い児童実験をするものであろうか。

　但し之は其の当時に於ける一部の理科教師の内心の叫びであった。児童実験の効果を疑う私語であった。けれどもそれは私語にすぎなかった。公然と児童実験に反旗を翻すものはまだ一人も現われなかった。何となれば教師の側に運用上の欠陥あることを自覚していたからである。そこで実際

は理科の授業を二通りにやった。よそ行きのと常用のと,即ち晴着と常着と二通りの衣服があるのと同じことである。他人に見せる授業,例えば研究授業のような場合には,児童を中心としての所謂児童実験をやるが,児童に理科の実力をつける平素の授業は,依然として教師中心の講義実験をやって居った有様である。折角多大の経費をかけて整えた児童実験用器具器械も,使われずにただ戸棚の中に陳列して,設備の完成を誇る材料となっていたに過ぎない。

しかし,このことは初めから予期しえないことではなかった。実際広島高師教授の大島鎮治は,1917年11月の『現代教育――戦後の理科教育特集号』によせた論文「戦争の実物教訓と理科教授の革新」の中で,流行しはじめたばかりの〈発見的教授法と児童実験〉の流行をいましめ,「今日の理科教授に於ける一大欠陥は児童実験を行はぬことよりも,教材の取扱方が粗笨（そほん）で精確なる概念,精確なる発表を伴わぬことではあるまいか。理科は飽迄（あくまで）観察推理の教材であるから,其の数学的観測,論理的叙述によって愈精確なる智識となり,応用の力を与へるやうにせねばならぬ」といい,「何等の定見なく自信なく,漫然として一時の流行を追うが如きは甚だ採らざる所であって,教育上の大危険といはねばならぬ」とし,「余は寧ろ此の問題は国家百年の大計のために敢て一日を争うものでないから,今日より其の実施の法案につき着実なる研究を始むるよう切に勧告するものである」といってきびしく批判していたのである。その危険が現実のものとして現われたわけである。

棚橋源太郎も当時を回顧して「生徒理化実験実施後の成績については,いささか失望を禁じえないものがあった」（棚橋「理科教授の回顧」『理科の教育』1953年6月号）と認めているが,大島鎮治は1925年11月1日の日本学術協会第1回大会理科教育講演会で,皮肉たっぷりに次のように述べている。

　　理科教育の盛んなる今日に於て,教師も生徒も実験しないで唯机上の空論と筆記教授で進行する学校などは事実あるまいと多くの人の信ずる所であるが,実際日本の大都市に於ても時々かかる学校に出会うことは驚くべ

き事実であります。之は論外ですが教師のみ実験して生徒実験の行われて居らない学校も決して乏しくない。之は，設備その他の関係から生徒実験その当を得ざるために多くは失敗して，かかる歴史を反覆することを好まざる賢明な仕方となっている。……大抵の教師は実験無用論者となりつつあるのではなかろうかと思われます。実際今日の理科教授に於ては，抽象的に実験観察の価値を喋々する結果，之を省く勇気もなく，多く観察のために観察させ，実験のために実験して能事終れりとし，之を教授上の一形式に化しているのではあるまいか。……小学校の児童実験，中学校／女学校の生徒実験に於ても多くは四人，六人，中には八人以上も一組となって，体操科式にやってゐる方が多いのであります。教師から一々操作を命じて児童にその通り真似をなさしめ，これを終れば次の号令がかかるまで手を拱いて待っているという有様で，指導が充分与えられないから児童自身に自分の意志で研究しようとする態度が現われないのである。

（大島「理科教育目下の重要問題」『日本学術協会報告』第1巻）

　結局この事件は，理科教育の改善のためになによりも大切なのは設備や訓令ではないこと，そして，教師自身の中に科学教育についての正しい考え方を着実に伸ばしていくことなしには，〈りっぱな設備も訓令も逆効果をもたらしかねない〉ということを教えることになったのである。

## 第2節　理科教育改革運動のはじまり

### 自由主義教育運動と理科教育

　第1次大戦後の理科教育拡充ブームは，前節でみたように，直接にはこの大戦が軍事的にも産業経済的にも欧米諸国から自立した科学技術の重要性を浮かびあがらせた結果としておこったものであった。しかし，この理科教育拡充ブームは単なる拡充ブームとしておわることはなかった。この理科教育拡充ブームは，やはり第1次大戦後盛んとなった自由主義教育運動の影響のもとで，理科教育改革運動として発展することになったのである。

　第1次大戦後の文部省の理科教育拡充政策は，〈小中学校の理科の授

業始期の1年繰り下げ〉と,〈生徒実験のための設備の充実〉とを,その主たる内容としていた。しかし,第1次大戦後における民主主義（民本主義）思想の普及は,理科教育に熱心な教師たちをして,文部省の政策をも真向から批判するような運動をよびおこし,文部省の法令や国定理科書に束縛されずに自由に理科教育の研究をおしすすめる雰囲気をつくりだしたのである。

　自由主義教育運動は,上からの運動ではなく下からの運動であって,従来の国家主義的な画一的な教育とも対立するものであった。そしてそれは,それだけでもすでに科学教育に大きな貢献をするものであった。自由な科学的な考え方を育てるための前提として何よりも大事だったのは,〈国家主義的な従順を強いる従来の教育〉の伝統から理科教育を解放し,児童／生徒の個性を自由に伸ばす教育の雰囲気が準備されなければならなかったからである。

　この自由主義教育運動も,実はその先駆的な思想を樋口勘次郎の「自発主義」「活動主義」の提唱（1899）や,谷本富の「自学主義」の提唱（1907）,及川平治の『分団式動的教育法』（1912）の実践などに見いだしていたのであったが,それが教育界全体をおおう大きな流れとなったのは第1次大戦後のことであった。すなわち,従来の日本の国家主義教育はすでに述べたようにドイツ国家主義にその範を採ったのであったが,この戦争で日本がイギリスに組してドイツを敵とし,しかもドイツ国家主義がついに敗北したことは,人々を従来の国家主義思想から解放する契機となった。そしてこれに代わって民主主義（民本主義）／自由主義の思想が取り入れられるようになり,デューイなどの教育思想が広く受けいれられるようになったのである。しかもこの自由主義／民本主義の思想の普及は,さらに労働運動の成立,ソビエト革命の成功の影響のもとに社会主義の思想をも生みだし,ここに初めて従来の国家主義教育の本質が明るみに出されるようになった。

　たとえば,東京帝大の建築学の教授佐野利器（1880〜1956）が1922年10月の『学芸』（当時最も権威のあった科学雑誌『東洋学芸雑誌』が一時改

題していたもの）に発表した論説「尚科学（尚武に対する尚科学つまり科学尊重）は国是であらねばならぬ」は，民主主義／社会主義の普及しはじめた当時，〈合理主義的／自由主義的なインテリゲンチャの軍国主義日本に対する批判がどこまで達しえたか〉という一例を提供するものであった。かれはこの論文で，明治時代の日本は武力において強くなったが，それは「国民が食うや食わずにつくった軍艦や師団」，「戦争に命を投げだすことだけを道徳とした教育により」「公徳を空虚にして作りあげられた愛国心」の結果であったとして，軍国主義をきびしく批判し，「今や事情が一変している。国の存立を確保するものは科学より外にない」と叫んで科学立国論を訴えるところまで達していたのである。

　これは例外的な発言であったとしても，大正期の進歩的インテリゲンチャは，中途半端にせよ，従来の国家主義教育に対して新しい自由主義的な教育の道をさがしはじめていた。このような潮流が科学教育の大胆な改革運動にとっても力強い背景となったことは，忘れてならないことであろう（ここで，第5章に引用した森有礼の軍国主義的な師範教育に対する批判的な回想記も，この時代の自由主義教育の中心的な人物のひとり野口援太郎によって1922年に書かれたことも想起すべきであろう）。

　国家主義教育に代わる新しい自由主義教育の一つの中心は，沢柳政太郎が1917年4月に創立した私立成城小学校であった。沢柳政太郎（1865～1927）は文部省普通学務局長，文部次官（1906～08），貴族院議員，東北／京都の両帝国大学総長などを歴任した教育界の長老的存在で，当時も帝国教育会会長の要職にあったが，一方徹底的な実証的精神の持ち主で，専制的な官僚政治に対するきびしい批判者でもあった。そのことは，彼が1917年10月に発表した「中等学校教授要目廃止論」にもよくあらわれている。

　彼は，この論文で，まずはじめに，文部省で彼自身が中心の一人として作成に当ってきた中等学校の「教授細目」や「教授要目」の作成の経過を明らかにしてから，次のように結論しているのである。

元来日本に於ては一種特別の風習とでも云おうか，一度官府より出したるものは意外に強制力を有して，必ずしも拘束せんと期せざる事も，進んで其の拘束を受くるが如き結果を生ずる。現に教授要目の如きも，教科書の編纂者にとっては，一々準拠すべき金科玉条の如くに思わるるに至って居る。既に教授要目中に於て〈必ずしも厳重に準拠する必要はない〉と明かに示してあるにも拘わらず，今日すべての教科書は全然これに拠って居るのである。而して著者は此の要目に準拠するを以て，最善と思惟する教科書を編纂し得べしと信じて居るかと云うと，中々そうでないものもある。而して此の要目と異なった意見の中に頗る優れたものがあるにも拘わらず，著者は自己の信ずる意見を捨てて一に教授要目によらんことをつとめつつある。かくの如くして良教科書を得る事は到底望むべからざる事である。著者がかくの如く，云わば〈卑屈にも自己の意に反したるものを編纂する〉のは何故であるかと云うに，これは出版書肆の要求より来るのである。
　書肆が教科書を発行するには，其の教科書が文部の検定を受くる事を第一の主眼とする。故に如何に著者が卓越したる意見を有するとも，文部の検定済にならねばこれを発行し教科書として販売することが出来ない。故に卓越したる著者の意見に従うよりも，教授要目に準拠した方が安全であるからである。自分は現在の教科書について頗る不満足を感じて居るので，これを多くの著者にたづねて見た所，それらの著者の中には頗る進歩したるよき考えを持って居る者が尠なくない。然るに其の実際著わす所のものは，一向に感心せざるものである。教授要目が文部の訓令として世に存在する以上，如何にしてもかくの如く教科書の編纂を拘束し，又実際の教授を検束することを免れない。従って教科書の改良，実際教授の改善を阻害することも尠くない。此の趣旨より教授要目はこれを改正するよりも寧ろ断然廃止すべきものであると信ずる。

　もちろん，このような提言は文部省によって受け入れられることはなかった。しかし，かれは成城小学校を〈文部省の教育法令その他のしきたりに一切とらわれることのない新教育の実験学校〉として発足させることができたのである。

## 成城小学校における理科教育改造研究

　沢柳を校長とする成城小学校はすぐに全国の理科教育研究に指導的な役割を演ずるようになった。沢柳は，アメリカ帰りの鉱物学者和田八重造（1870～1961）を招いて同校の理科教育研究の指導を依頼した。そこで，和田はここにアメリカ流の Nature-study の考え方をもちこみ，〈血判状をもって同校訓導を志願した〉という諸見里朝賢（1891ころ～1923）がこれを熱心に具体化したのである。

　和田八重造は従来の指導的な理科教育関係者と違って高等師範学校出身ではなかったが，それだけにまた従来の伝統にとらわれない大胆かつ非常に熱心な科学教育改革論者であった。そして私立成城小学校はかれの思いきった理科教育のプランを具体化するのにもってこいの学校であった。もともと沢柳は〈文部省の法令には実験的根拠がない〉との考えをもっていて，実際的研究に基づく小学校教育の改造を意図していたので，当時5年（のち4年）からはじめられていた理科教育を1年からはじめるということも自由にできたのである（同校ではこのほか，1年からはじめることになっていた修身を4年からとし，算術も1年ではなく2年，のちには3年からはじめた）。

　和田八重造は1919年2月に『小学理科教育改善私見』と題した64ページの小冊子をみずから刊行しているが，そのなかで〈従来の理科教育論者たちは理科教育の目的として数多くのものをあげているにもかかわらず，「理科教育上須臾も念頭を離すべからざる一個条」「即ち，次代の国民の生活を安全に且つ進歩せしむる為めにその科学的知能を啓発涵養する」という目的を忘れている〉として，きびしく批判している。これは従来の日本の理科教育の非民主的な性格をついたといえるものでもあったが，かれはこの観点から小学校1年から理科を課すべきことを主張し，玩具や家具をも理科教材として採用することを示唆して新しい教育の道を開いたのである（これらは成城小学校で実際に行なわれた）。

　和田の指導のもとに小学校1年からの理科教育の研究をすすめた諸見里朝賢は，やがて理科教育研究会が設立されると，そこでもっとも戦闘

的に低学年理科教育の実施を主張するようになった。たとえば，第1回理科教育研究大会で，文部省督学官野田義夫が〈理科教育の始期を1年操り下げて4年から実施する〉ようになったいきさつを説明したときにも，諸見里は〈その科学的根拠を示せ〉ときびしく論究して，督学官を立ち往生させ，自分の考えを次のように述べている。

　〇五番（諸見里朝賢君）自分は尋常四年から理科を課したに付いて，少なからず疑問をもっております。文部省は〈四年から課す〉と云うが，私は尋常一年二年三年四年迄，子供を色々試験して今其の材料を集めておりますが，是は二年間以上約三ヶ年間続けてやって居ります。それで文部省の今迄五年であったのを，四年からしたと云うのを破壊と云うことは少し過ぎますが，〈四年から課すと云うことは如何なものか〉と云う疑いを，世間に発表して，今〈信頼して宜い〉と云うが，私は余り自分の実験に照して〈信頼し得られない程の，薄弱なものでないか〉と思います。他日私の調査を機関雑誌にでも出して御批評を仰ぎますが，四年と云うのは〈子供其物を研究した，根底なる調査でない〉と思ったので御尋ねしたのであります。

　小学校の一訓導が文部省の高官にこんな調子で質問をあびせ，自己の見解を明確に対置するということはこのころには考えられないことであったにちがいない。しかし当時の民本主義思想，自由主義教育運動に根ざした成城小学校での理科教育の実験的研究はそのようなことを可能にするようになったのである。

### 理科教育研究会の発足

　第1次大戦後の理科教育拡充ブームと自由主義教育運動によってもりあがった現場教師のエネルギーの結集体——それは1918年1月に発会式をあげた理科教育研究会であった。この研究会はもともと，教育学者林博太郎（1919年に東京帝国大学の教育学教授／文学博士となる，1874～1968）が，時代の要請にこたえて，親ゆずりの「伯爵」という権威と財力とをバックにして設立したものであった。そして設立の年の4月から月刊誌

『理科教育』を刊行しはじめ，その翌年の1919年には全国から会員を募集して5月3日から5日間，全国理科教育研究大会を開催するにいたったのである（会員申込みは154名で予定を50人も超過したというが，全員の申込みをうけいれた）。

この理科教育研究大会での議題——それは文部省諮問案1件と理科教育研究会提出の討議題4件を討議答申し，会員の個人研究報告28件（実際に行なわれたのは23件）について討議することであった。「文部省諮問案」というのは，民間の教育研究団体が「文部省の意にそう範囲内で自分たちの意向を文部省の政策に反映するために，大会の開催にあたって文部省から諮問事項を出してもらい，それについて答申するために討議する」というもので，このころから以後民間の教育研究団体によってしばしばとられたものである。このときの理科教育研究大会にくだされた諮問案は，「尋常小学校第4学年乃至第6学年に於ける理科の適当なる教授事項如何」というものであった。文部省はこの年から理科教育の始期を5年から4年に操り下げることにしたが，この改革は突然のことであったので，当時は4年用の国定理科書の編纂が間にあわず，〈4年生では何を教えたらよいか〉ということが問題になっていたのである。

従来小学校5年からはじめられていた理科教育を4年生から実施することになり，しかも〈その4年生の国定理科書の編纂がまったく間にあわなかった〉ということは，当時の理科教育改革運動の展開にとってまことに幸いなことであった。というのは，このことは，〈少なくとも4年生に関するかぎり，国定教科書に気がねすることなく自分自身の責任で自由な理科教育を実施することを許し，自由に理科教育の根本的改革の構想を展開するのを可能にした〉からである。理科教育の〈単なる拡充でない根本的改革への道〉が開かれたのである。実際第1回全国理科教育研究大会は，理科教育の根本的改革を目ざす研究大会となった。そのことは，この大会に理科教育研究会から提出された集中討議のテーマの中にもはっきりとでている。すなわち，この大会に提出された4件の討議題は，「(1). 小学校において初学年より自然科を課する方案如何」，

「(2). 小学校理科教材を実際化する方法」,「(3). 理科教授において筆記帳使用の可否如何, 若し〈可〉とせば, その指導方案如何」,「(4). 理科教授における児童実験の事項／種類およびその指導方案如何」というものであったが, このうち第1討議題は〈小学校の理科教育を4年ではなく, 1～2年から開始しようという根本改革〉を討議するもの, 第3討議題は〈国定理科書の廃止〉につながる議論なのである。ここで取り上げられた〈国定理科書の廃止（または全面改定）〉および,〈低学年理科（または自然科）の実施〉という要求は, これ以後1940年ごろまでの理科教育改革運動の2本の柱となったものであるから, それぞれ項をあらためて考察することにしよう。

### 低学年理科（自然科／直観科）特設運動

　日本の理科教育運動の中で,〈低学年理科（あるいは自然科／直観科）特設運動〉ほどねばりづよく続けられた運動はほかにないであろう。

　〈低学年理科あるいは直観科／自然科に関する研究〉は, 日本でも第1次大戦後になってはじめて行なわれたものではなく, 1800年代からの長い伝統をもっている。文部省が1873（明治6）年1月から刊行しはじめた一連の「博物図」は, 低学年の直観教授用の掛図であった。それを別として, 1886年以降の「理科」教育の時代だけについてみても, 東京の高等師範学校では早くから低学年の直観授業に関する研究をすすめていた。たとえば, 1892年7月の『高等師範学校附属小学科教授細目』では, 尋常小学1～4年生で「地理／歴史」を教えることになっていて, その「地理」の部で毎学年「郷土の自然物（動／植物）に関する実験／観察」を行なわせることになっていた。そして1907年4月刊の同校『小学校教授細目』には,「（尋常小学）地理歴史理科」という長たらしい奇妙な教科がおかれてあって,「所謂直観教授＝郷土科教授ならびに地方的地理・歴史および理科の初歩教授」を行なうことになっていた。

　この教授細目では, たとえば尋常科第1学年の第1学期で「家庭／学校／春／学校の花園」という4つのテーマを取り上げ,「春」ではおよ

そ1時限「春の温度，草木の発芽，開花，昆虫の発現，小鳥の帰来」について「実地につきて教授するもの」とされ，「学校の花園」では「(1)花園の目的，形成部分，垣，花壇，池，草花」といったことから「(9)雀——(イ)形態，(ロ)生活（食物・住所・巣・卵・雛）」に至るまで約6時限で教えることになっていた。おそらくドイツの郷土科（Heimatkunde）の影響をうけて研究がはじまったのである。棚橋源太郎は1903年1月に『(尋常小学に於ける)実科教授法』という著書を公けにしているが，これは同校における観察科／郷土科についての研究成果をまとめたものである。しかし特別な実験学校での研究の域をこえて，低学年理科（直観科）の設置が世論として一般的に要求されるようになったのは，1915年10月16〜20日に開かれた東京高師附属小学校内初等教育研究会主催の「第1回理科全国小学校訓導協議会」である。この〈理科教師の最初の全国集会〉のときから，低学年理科の設置要求が提出されていたことは注目すべきことであろう。その要求がさらに理科教育研究会の全国理科教育研究大会にひきつがれると，それが第1次大戦後にアメリカの自由主義とともにあらためて注目され導入された Nature-study（自然研究—自然科）の研究と合流し，さらに強い要求として取り上げられることになったのである。

　第1回全国理科教育研究大会での「小学校に於て初学年より自然科を課する方案如何」の討議では，次の「特別委員会報告」が満場一致修正可決された。この決議は自然科特設運動の当初の考え方を知るうえで貴重なものであるから，ここにその全文を引用しておくことにしよう。

　　　一　初学年より自然科を課する必要
　　方今〈国民に科学的知識を普及しその科学的趣味及精神を涵養するの急務〉は何人も之を論ずる所にして贅言を要せず。而して其の基礎となり出発点となるものは小学校に於ける理科教授を措いて他に之を求むべからざるは勿論なり。然るに我が国尋常小学校に於ける理科は従来第五学年に於て始めて之を課し，本年に至りて優に第四学年より始むるの運に至れる如きは到底此の急務を満す能はざるを如何せん。これ，初学年より自然科

方面の教授を課する必要ある所以なり。

　翻って考うるに，必要は如何に之を必要とするも，児童の心理発達に順応せざるに於ては，何等効を奏せざるのみか寧ろ害を及ぼすものなり。然るに児童心理の研究家は吾人に教うるに，〈児童の自然に対する興味疑問，知識慾〉は極めて旺盛にして，その子供らしき研究を試み観察に力め工夫を凝すこと亦意表の外に出づるものあるを以てす。而して此の精神活動は実に幼児期より已に起り，少年期に及んで愈々進歩し来るものなり。若之を適当に奨励し指導せんか，蓋し其の発達は自然的発現と相俟って数層の効果をあぐるや必せり。然るに現在の如く初め三四ヶ年間殆んど之を等閑に附するは，全く此の児童心理の発達を阻害すること，恰も植物の新芽を摘み取ると選ぶ所なし。故に三四年後に至り如何に努力して如何にあせるも其の効果の挙らざる因より理の当然のみ。

　更に深思するに，児童をして自然より遠からしむるは，独り此自然科学の方面の精神活動を鈍らすのみならず，実に他の文科的教科及び技能教科にも大なる悪影響を及ぼすものなり。自然に対する趣味と知識となきものは，如何にして豊富なる言語と思想とを有するを得む。又如何にして図画の能を発達せしめ手工の技を進歩せしめ得む。之等は何れも自然の花鳥，自然の風物を観察し，叙述し描写し模倣せんとする所に発達するにあらずや。又抽象的の数を機械的に取扱うことのみよりも寧ろ，児童の興味湧くが如き自然物につき之を数的に取扱う所に真の数観念の発達，初歩の計算能力を促進し得るにあらずや。

　斯くの如く考察し来るときは，初学年よりこの自然現象に関する教授を行わざるは，其の意を解するに苦しむと共に，断然この因襲を打破しこの旧慣を脱却し，以て真に充実し徹底せる小学教育，根柢ある理科教育を施さざるべからざるを認む。某氏は「自然研究を学校教育に採用するは何故かと問はんよりは，寧ろ何故に児童が学校に入ると共に，自然研究を中止せんとするやと問はざる」と云えり。至言というべし。

　　　二　名　　称
自然科と称す

　　　三　特設の問題
(一)　特設する可否　特設するを可とす

(二) 学　　　　年　第一学年より課す
(三) 教　授　時　数　第1，2学年は毎週1時間，第3学年は毎週2時間〔を標準とし適宜実施する事—修正追加議決〕。但以上の時間は第1，2学年に於ては国語より，第3学年に於ては1時間は国語より，1時間は算術よりとる。

　　四　教材撰択の標準
(一)　児童の生活に密接なる関係を有するもの
(二)　児童の興味を有するもの
(三)　成るべく全般を観察研究せしめ得るもの
(四)　児童に容易に観察せしめ得るもの

　　五　教材排列の標準
(一)　季節により排列すること
(二)　同じ場所にあるものは成るべく一括して排列すること
(三)　同種類のものは成るべく継続的に排列し且後者を練習応用教材の如くすること

　　六　各学年教材配当表〔の一例——追加修正議決〕

| 学期 | 第一学年 | 学期 | 第二学年 | 学期 | 第三学年 |
|---|---|---|---|---|---|
| 第一学期 | 学校のお庭<br>花と蝶<br>毛虫と青虫<br>播種及植付<br>鶏と雛<br>金魚と目高<br>初夏の小川<br>蜘蛛 | 第一学期 | 蛙の卵採集<br>油菜<br>春の野辺（草花と鳥）<br>鮭<br>かたつむり<br>なめくじ<br>よとうむし<br>蛆と蝿<br>蛍<br>夏の森 | 第一学期 | 桜の花<br>たんぽぽ<br>貝のいろいろ<br>毒草と薬草<br>蜂と虹<br>蚕と桑（新芽）<br>松と松毛虫<br>筍と竹<br>初夏の田畑<br>梅の実<br>初夏の自然現象<br>夏の池（梅雨と天気記録）<br>子子と蚊<br>燕と其巣 |
| 第二学期 | あさがほ<br>蝉<br>瓜類<br>とんぼ<br>秋の草花<br>草木の実<br>秋の播種<br>落葉の色 | 第二学期 | 烏と鳶<br>秋の虫<br>秋の空（雲，月，星）<br>秋の七草<br>じゃがいも<br>さつまいも<br>菊<br>紅葉<br>露と霜 | 第二学期 | あらし<br>蟻とあぶらむし<br>こほろぎとばった<br>夜の空（天の川と北斗七星）<br>きのこ<br>雁と燕<br>秋の天気（記録）<br>ダリヤとコスモス<br>栗及柿の果実<br>種子の散布<br>稲のとりいれ<br>秋の森（常緑樹，落葉樹）<br>冬の準備（動植物） |

| | | | | | |
|---|---|---|---|---|---|
| 第三学期 | 冬<br>防寒の設備<br>冬の校庭<br>兎<br>犬<br>猫<br>桃の花 | 第三学期 | 氷と雪<br>寒暖計の見方<br>弥次郎兵衛<br>風車<br>馬<br>牛<br>梅の花 | 第三学期 | 正月に因める動物<br>紙鳶<br>冬の天気（記録）<br>焚き火<br>水鳥<br>みかんと林檎<br>冬の木<br>建物の材料<br>磁石 |

　第1回全国理科教育研究大会はこの「特別委員会報告」を満場一致修正可決するとともに，あわせて理科教育研究会がこの趣旨にそって文部当局に低学年自然科特設の建議をすることを一任することを決めたが，これらの決議も建議も効がなかった。しかし，盛り上がった低学年自然科特設運動はもはや法令の改定をまってはいられなかった。そして自由主義教育運動の気風は師範学校の附属小学校以外の〈一般の公立小学校でも「必ずしも法令にとらわれないで」自然科を低学年から研究的に実施してもよい〉という気風をも生みだして，この運動をさらに発展させることを可能にしたのであった。同研究大会でも，特別委員長の川本宇之介は，「同〔野田〕督学官の意見によりますと，〈校長／教員の研究／学力も進んだ大正の今日，必ずしも法令に囚われないで，研究のためという意味において，その学校の校長なり教員なりの意見もしくは実験もしくは技倆，これらを発揮して研究して行くということは却って教育の発展進歩の上に適当ではないか〉こういうお話であります」と報告している。

### 国定理科書廃止運動

　第1回全国理科教育研究大会での集中討議題の一つに「理科教授において筆記帳使用の可否如何，もし可とせばその指導方案如何」というものがあったが，その真のねらいは国定理科書の廃止にあると推定されることはすでにのべた。そのことは，この大会が〈国定理科書を使用せずに筆記帳だけを使用するのを可とする〉という結論を下していることからも推定されるのであるが，その討論の経過をみると，ここでとりたて

て理科筆記帳の使用について論議するのは，筆記帳を国定理科書に対置し，〈国定理科書使用反対ないしその廃止の世論をもりたてよう〉という意図があったからだ，と読みとれるのである。このとき正面きって国定理科書の是非をとりあげて論ずることをしなかったのは，当時はまだ，そのようなことをすることが，あまりにも文部省や国家に対して反逆的であるとみなされるのを防ぐためだったのであろう。

　しかし，第1回大会の翌1920年5月1～6日に開かれた第2回全国理科教育研究大会では，国定理科書廃止論が正面からとりあげられることになった。「国定理科書廃止の可否，もし廃止不可能とすればその編纂法につき如何なる希望をなすべきか」というテーマで，文部省建議案を討議することになったのである。

　この討議の結論，それは，第一「文部省編纂児童用尋常小学理科書は，これを児童に使用せしめざるを可とす」，第二「現在使用せるが如き〔国定〕教師用理科書の必要を認めず。但し参考資料としての文部省編纂の理科書の必要を認む」というものであった。そしてその理由は，松田良蔵がすでに国定理科教科書制度発足時にのべていた理由と，全く同じといって差しつかえないものであった。10年あまりまえの松田良蔵と同じ意見が自由主義教育運動と共に，文部省に対する世論的要求としてまとめられるまでにいたったのである。もっともこのときの討議では，文部省に対する建議案の文面を作成する段階で，再び注目すべき論議がおこった。先の決議文の内容を「使用せざるを可とす」という立場に立つもの（特別委員長など）と，諸見里朝賢など，〈児童用・教師用を問わず国定理科書の全廃〉を主張して，〈改定意見をだすべきでない〉とする人々が激論を戦わし，採決の結果，全廃論が多数を占め国定理科書の全廃を建議することになったのである。

## 第3節　新教育と「学習過程」論

　生徒「児童」実験の流行，低学年理科（自然科）特設運動，国定理科

書廃止論の世論化——こういったはなばなしい事件が，第１次大戦後の理科教育振興ブームの産物であるとともに，そのころ普及した新教育運動の成果でもあったことは，すでにしばしば論及したところである。しかし新教育の思想は，これらのはなばなしい事件をもたらしただけでなく，それよりさらに根深いところで理科教育の改革に影響をもつものであった。そこで，この節では改めて〈新教育運動と理科教育研究との関連〉を考察することにしよう。

### 新教育思想とヘルバルト派五段階——及川平治の学習過程論

新教育の思想，それをひと口でいいあらわすとすれば，〈教育を子ども本位のものとして組みたてなおすことにある〉ということができるであろう。ここで注目すべきことは，この〈子ども本位の教育〉という主張は単なる〈心のもち方，心情〉にとどまるものでなかったことである。新教育の唱導者たちは，「教授」ということばに対して好んで「学習」ということばを用い，〈教授者つまり教師の教授法の研究〉に対して，〈学習者つまり子どもの学習法の研究〉に意を用いたが，そのなかから，従来の教授法とは異なった新しい指導法が生みだされるようになったのである。

新教育以前に日本の教育界を支配した教授法理論といえば，ヘルバルト派の五段階教授法である。この五段階教授法は「予備／提示から比較／総括へとすすむ構成」からも知られるように帰納主義の立場にたつもので，「その認識論的な正しさは疑うこともできない」と考えられていたのであった。ところが，新教育思想によって，あらためて〈子どもの学習過程／認識過程の実情〉に目が向けられるようになると，ヘルバルト派の哲学的認識論そのもののなかに間違いが見いだされるようになってきた。

そのことは，新教育研究運動の先駆となった及川平治の『分団式各科動的教育法』(1915年７月16日刊) の次の議論をみれば明らかであろう。

概念法則の起源発達を究めその機能を明らかにすれば、〈概念法則を必要とする動機の惹起法〉も自ら定まるのであるが、従来この種の研究を忽諸(こつしょ)に付したために今猶、誤った考えをもっているものが少なくない。概念は、数多の事物の性質を分解して異なる点を捨て、一致する点を総合する事に由って作られるのではない。従来〈概念の起源〉についてこういう考えをもっておった。例えば、犬の概念は〈自分の犬／隣家の犬／その他の犬について種々の性質（色／大きさ／形／足の数／毛の質等）に分解し、次に不同点（色／大きさ／形／毛）を捨て、同一の点（四足あること／全身に毛のあること／馴養したること）を残して之を総合してつくられるもの〉と思っておった。こういう考えは概念の起源を誤っているのではあるまいか。恐らくは、〈成人でもかかる方法にて概念を形成するものは殆んどない〉と思う。

　少しく事実を顧みよ。児童は嘗って見聞した犬、又は自分で飼養した犬、兎角一匹の犬より得たる意味をもって概念をつくり始めるのである。児童はこの犬の経験を基礎とし、次に来るべき経験に対して一定の期待をもって特殊の行動を営むものである。児童はその後その他の獣類を見る毎に予断の態度をとる。猫／小犬／馬／大犬を経験する毎に、期待したる点および行動の方式に合致せざるを知り、やむを得ず犬の意味からこれを捨てさり、同時に他の諸点を選び重視するに至るのである。一つの犬の意味を他の犬に応用した時に犬の意味は益々確定し精練されるのである。児童は一匹の犬（既成の事物）より共通の意味を選択するのでなくて、旧経験を新経験に応用して理解を助くるのである。この〈不易の仮定及び実験の過程〉は、結果によって、或は承認せられ或は拒斥せられて、概念は一体となり、次第に明晰になるのである。

　要するに、数多の犬の属性を併立させておいて概念をつくるのではなくて、一匹の犬の総合が次第に加除されて成長するのである。過程を併立とするような考えを捨てなければ、何時までも動的教育は分らない。であるから、〈概念法則に対して動機を惹起する方法〉は、具体的経験を多くの場合に応用せしむるにある。応用させれば自ら概念・法則が生れるのである。

　（傍点は原文による。及川平治『分団式各科動的教育法』223～225ページ）

これが，ヘルバルト派のいう「予備／提示／比較／総括／応用の5段階」による概念法則の教授法ときびしく対立する考え方であることは明らかであろう。ここでは，子どもの概念／法則に対する学習意欲をおこさせる手だての考察がもとになって，ヘルバルト派の5段階教授法の批判が取り上げられるに至っていることにも注意すべきであろう。

新教育の思想，子ども本位の教育思想は当然〈子どもの学習意欲〉を大切にすることを要求する。それが，ヘルバルト派の5段階教授法の〈提示→比較→総括という平板的な，「過程を併立とするような考え」〉を克服することを要求するようになるのである。

及川平治（1875～1939）のこの学習過程論では，人間の認識活動が対象に対する「不易の仮定〔予断の態度〕及び実験の過程」としてとらえられているが，これは科学教育史上でも注目すべきことばである。

さいわい，及川平治のこの学習過程論は孤立したものではなかった。第1次大戦後，科学技術振興ブームのなかで，創造的精神の養成の重要性がうたわれるようになったが，及川の学習過程論は千葉命吉に受け継がれて「創造教育」「独創教育」の理論となり，さらに理科教育の分野では神戸伊三郎の「新学習過程」の提唱にまで結実することができたのである。

### 千葉命吉の創造教育論と神戸伊三郎

千葉命吉（1887～1959）の創造教育論というのは，1919年1月に刊行された彼の著書『創造教育の理論及実際』のなかではじめて提唱されたものであるが，その教育論はあきらかに及川平治の『分団式各働的教育法』の実践を受け継ぐものであった。千葉命吉は及川の学習過程論の「不易の仮定および実験の過程」の「仮定」「予断」の部分に創造性のいりこむ余地を見いだして，特にこの部分を大きく取り上げて論じたのである。彼によると，「創造教育の要訣は何か——囚われぬ生活を得しむるにある。習慣を打破する習慣を作るにある。内の固有特性でもって外を改造する力を養わしむるにある。従って児童の個性を尊重しその人格

を認めよ」というのであったが，彼の考えによれば，誤謬／曲解／偏見といったものこそが創造の契機となるものであった。彼はこういうのである。

> 誤謬・曲解・偏見は如何なる機能あるか。——内と外と合致せぬ場合に不知なるを誤謬といい，合致せしめんと努むるを曲解といい，合致せりと信ずるを偏見という。凡そ問題は内と外と合致せぬときに起る。故に此等の三は問題発見の一大撥条(バネ)である。誤謬よりアメリカは発見され，曲解によって飛行機は発明された。余の偏見は遂に従来の教育法を改めて創造教育を主張するに至らしめた。(『創造教育の理論及実際』346ページ)

> 偏見はなぜ必要か。——ベーコンは偏見を種族的偶像として退けたが，彼は順応を主とし，人間の力を過少視したためである。意志ある所道あらば，偏見はやがて創新の結果を生む。偏見の公認されたのが立派な発明・発見・創作・案出ではないか。養うべきは個性から出た大なる偏見である。(同上)

千葉命吉のこの創造教育の理論は，認識における人間の主体的な活動の意義に光をあてて，それこそベーコンの帰納法の権威にも刃向う個性をもって，創造性の核心にせまったものということができるであろう。

これはまことに大胆不敵な発言である。ここでは帰納法の教祖ベーコンさえも批判の対象とされたのである。おそらく彼以前の現場教育者で，これほど大胆な発言をあえてした者はいなかったにちがいない。千葉命吉という人はそれほど個性の強い人だった。しかし彼は，その創造教育論を授業内容の選択法あるいは授業運営法の面で，少数の一般的な原則にまとめあげ，定式化することはしなかった。彼の創造教育論は，授業における創造性開発の諸問題をあれこれと論じあげるにとどまったのである。

しかし，神戸伊三郎は千葉とは違っていた。かれは及川の学習過程論を受け継ぎ，それを理科の「新学習過程」として定式化し提唱するに至ったのである。もっとも，神戸伊三郎自身は，その「新学習過程」論が

及川や千葉の理論を受け継ぎ発展させたものだとはいっていない。千葉はその著書に及川の著書をはじめ，たくさんの参考文献を書きならべ，本文のなかでも「動的教育法／分団式教育法」ということばを用いていた。しかし神戸の本には一冊の参考文献も掲げられておらず，及川や千葉の仕事にふれた発言は一切見られないのである。しかし，神戸が千葉からなんらかの影響をうけたことは明らかである。というのは，神戸伊三郎は，千葉命吉が奈良女子高等師範学校附属小学校訓導としてちょうどその『創造教育の理論及実際』(1919年1月刊)をまとめあげていた1918年10月に，その奈良女高師附属実科高等女学校教諭兼附属小訓導となり，千葉が1920年に広島師範附小主事として転任するまでの2年間，同じ附属小学校で教えることになったからである。

　神戸伊三郎(1884～1963)は，年齢のうえでも学歴のうえでも地位のうえでも千葉命吉(1887～1959)より上(神戸は広島高等師範卒。千葉は秋田師範卒。千葉は訓導であったが，神戸は教諭兼訓導で間もなく本校(奈良女高師)の教授にもなり教諭兼教授兼訓導となった)であったが，奈良女高師附属小学校に着任したのは千葉のほうが一年早く，単行本を刊行したのも千葉のほうが早くて先輩格であった。千葉命吉は1918年？月に処女作『(知行合一) 考査革新論』を刊行し，第2作として『創造教育の理論及実際』を1919年1月に刊行したのである。神戸の処女作は1920年4月に刊行された『(尋常小学第四学年) 理科教材と其取扱』(大浦茂樹と共著)で，「新学習過程」を提出した『(学習本位) 理科の新指導法』は1922年10月に刊行されたのである。これらの事情にその仕事の性格が類似していることを考えあわせるならば，神戸伊三郎の「新学習過程」論が千葉の創造教育論の影響をうけなかったと考えるのはきわめて困難なことである。そして神戸が及川平治の学習過程論を知らなかったと考えるのも困難なことである。及川平治の『分団式動的教育法』と『分団式各科動的教育法』とは当時最も名高い教育書であったし，千葉命吉はその影響をつよくうけていたのだから神戸伊三郎がこれを知らないでいるということは考えられない。神戸はその「新学習過程」を提唱するに至った経

過をまったく説明していないが，その理論の内容およびかれのまわりの事情からして，かれのその理論は決して孤立的に突然に提出されたものではないとするのが当然であろう。

　奈良女高師というと「合科学習法」の提唱で名高い木下竹次(1872～1946)のことが思いかえされるが，木下竹次が奈良女高師附属小学校主事となったのは1919年3月10日のことで，千葉命吉の『創造教育の理論及実際』が出版されたあとのことである。奈良女高師附小では木下竹次が主事として着任する以前から新教育の本格的な研究がはじめられていたわけである。なお神戸の『理科学習原論』(1926年8月刊)は木下竹次の『学習原論』(1923年3月刊)にならって書名をつけたものであろうが，神戸の『理科学習各論』(第4学年用，1926年8月刊)は木下の『学習各論』(上巻，1926年3月刊)と同時期に出版されている。

### 神戸伊三郎の「新学習過程」論

　神戸伊三郎(1884～1963)は，疑いなく国定『小学理科書』時代の最も独創的な理科教育研究の指導者であった。かれは児童用図書を含めて数多く著作を著し，その時代の理科教師や子どもたちに多くの影響をあたえたが，彼の数多くの仕事のなかで最も著しい業績は，彼のいわゆる「新学習過程」論にあるということができる。これこそは日本で最初の独創的な理科教育の実践的理論というべきものだからである。

　かれが，この「新学習過程」をはじめて公けにしたのは，1922年10月25日に刊行された彼の『(学習本位)理科の新指導法』の1節においてである。この本の「第4章学習指導の帰趨」の「第1節理科学習の過程」の冒頭で，彼は次のように書いたのである。

　　新学習過程の提案
　　私は本書に於て最初に先づ理科教育の最近の趨勢を眺めて見た。次に学習指導法の実際の成績に顧みて其の利弊得失の論評を試みた。而して社会思潮の変遷に伴う目的観の動揺に就いても相当の研究をなし，更に自然科学の本質に喰い入って，其の目的と方法とが大体如何なるものであるかを明

にした積りである。そこで茲に理科学習指導の最も適切なる順序／方法の提案をなすべき時が来た。其の学習過程の適切なるものとして，私は次の五段階を提案する。

  第一段　疑問──問題の構成
  第二段　仮定──結論の予想
  第三段　計画──解決方法の工夫
  第四段　遂行──観察，実験，考察，解決
  第五段　批判──検証，発表，討議

　5段階というと，すぐにヘルバルト派の5段階教授法のことが思いかえされるが，もちろんこの5段階はヘルバルト派のそれとまったく認識論的根拠を別にするものである。ヘルバルト派の5段階教授法では「予備→提示→比較→総括→応用」というように，まず諸事実の提示からはじまり，それらを比較して総括する，つまり帰納することによって概念法則に達するというのに対して，神戸の5段階では最初に問題，次に〈その結論の予想〉がおかれ，計画／実験／検証へとすすむのである。これが及川平治の学習過程論の考え方を受け継ぎ，それを定式化したものになっていることは明らかであろう。神戸はヘルバルト派の5段階教授法に対して，新教育の5段階学習法を対置し提唱したのである。

　神戸伊三郎はこの「新学習過程」の各段についてくわしく解説しているが，それを要約すると次のようになる。──

　まず第1段の「問題の構成」であるが，これは「児童の学習をして自ら観察した事実に基づいて独立的に判断し，他人の力を借りないで結論に到達せしめるように」する。「即ち児童をして発明家／発明者の位置に立たしめる」ための出発点となるべきものである。学習問題の取り上げ方には，子ども一人一人に自分自身の問題を選ばせる「自発問題法」と，教師が問題を提出する「課題法」とがあるが，最良の方法は，児童の作れる疑問を「教師の指導のもとに共同的に選題せしめて，児童各個の解決に委す」というのが，かれの結論である。

## 第8章 理科教育改革運動と自由主義教育運動

　これにつづく第2段「仮定――結論の予想」の段は，神戸の「新学習過程」をもっとも特長づけるものであり，また最も重要視されている段階である。そこで「予想を立てる必要」について彼自身のいうところを引用しておこう。

　　如何なる活動にも目的が無ければならぬ。自然科学の方法の第一歩が実験観察を通しての分析から始まるというが，只漫然と実験し観察することは科学的活動の本義ではない。吾々の分析の根柢には明暗広狭の別こそあれ，何者か其の分析の方向を指示する所の目的意識が無くてはならぬ。吾々が室内に今眼鏡を紛失したとする。之を探しにかかるときには必ず眼鏡の置いてある場所を予想した時である。〈机の引出であるまいか，書棚の上ではあるまいか，鏡台でなかったろうか〉と何処かに見当をつけて探索を始めるものである。当てもなく暗中模索をやるものではない。総ての探検，探究，探索，探偵等が皆そうである。「斯うではあるまいか」という予想が生れた時に，探究の動機が確立する。仕事に対する熱心も之によって発動する。「斯うではあるまいか」の予想が頭に閃めいた時に，児童の眼が俄に輝くことを，吾人は幾度か経験している。予想が閃めいた時に問題の内容が明瞭となり，学習の動機も活躍を始めるものである。

　　理科学習の過程に仮定の必要なる理由は之ばかりではない。児童の程度が物を観察するにあたって，既に「之は何か」との疑問を持つようになったならば，「蝶ではあるまいか」「毛虫に似ているが」など，既知の知識と比較している。是れが即ち仮定である。況や其の因果的関係を決定する場合には一層確然たる仮定が出来るのが当然である。学習者は問題を解決するにあたって既知の事実を想起し，既得の知識中に類似点を発見したならば，推論法によって其の既知の事実中に含んでいる原理法則を推し拡めて，新問題の説明を試みようとするに至るものである。是れ即ち仮定である。帰納的方法も之なしに行われるものでない。（神戸『(学習本位)理科の新指導法』）

　ところが，「私はよく仮定〔結果の予想〕のない理科学習を見る。研究の問題は確定しても，解決の結果の如何を予想させないで直ちに実験観

察に入る理科の学習を見る」……たとえば,「熱はどう伝わるか」を解決するための実験をさせているのをみても「児童の側に結論の予想がしてない。それ故に〈熱はどう伝わるか〉という問題であるが,〔その〕〈どう〉の内容が児童にははっきりしておらぬ。〈火に近い方からだんだん伝わる〉というのであるか,〈水が流れるように熱が流れて行く〉ということを指すのか,その辺が明瞭でない。従って実験方法の工夫も如何にしてよいか途方にくれているのである」というのである。

ところで,「問題の結論を得る点のみを目指すのは,山を登るにその山嶺のみを望んで登山の道を考えないようなものである」。そこで第3段の「計画」が取り上げられることになる。それはまた,「児童が独自に問題の解決方法を工夫し,独力を以って計画をたてて学習を進める所に,真の科学的精神も独創工夫の精神も存するもの」だからである。

「第4段遂行」の「観察,実験,考察,解決」についてはいうまでもないであろう。ここでは,「一歩一歩の観察,次々に起る実験の変化を学習帳」に記録し留めさせることがすすめられる。それは「確実なる考察の方便たるのみならず,また結論の証拠となるものである」し,教師の指導の手がかりとなるものだからである。

ところで,「計画に基づいて行った実験観察が一回終って,予想通りの結論に達した」としても,「唯一回の実験観察で結果を決定することは決して最良の研究態度ではない」。そこで批判,検証の段階が必要になる。「時間に予裕があったときには実験を反覆させる」というのではなく,「吾人の見解は……検証の段階は必ず踏むべきもの」だというのである。しかもそれは同じ実験をくり返させることではない。

　唯1回の実験によって得たる結論は,尚未だ臆説たるの城を脱しない。之を真理として断定するには聊か早計の嫌がある。併しながら,たとい臆説にも仮定にもせよ,検証は〈一般的なる法則から特殊の事例を予想してこれを経験に比較するもの〉であるから,普遍から特殊を推論する演繹推理たること明らかである。所謂〈証明実験〉である。帰納は法則を発せしめ,演繹はこれを検証せしめるというのはこの謂いである。経験科学は

両者相俟ってはじめてその業を進めることが出来る。かくの如く演繹を用いて検証を行いつつ法則を帰納的に発見して行く方法を，所謂帰納的方法というのである。帰納的方法が単なる帰納推論によるものと思うのは誤解である。

　この議論は〈従来の帰納主義のあやまりをきわめて適確に指摘したもの〉ということができるであろう。神戸はこのような考え方に基づいて実際の学習指導では，「最後の段に至って，収得したる知識をさらに形式を改めて演繹的に発表せしめる」ことが必要だというのである。

　ところで，この「新学習過程」による授業は，クラス共通の問題について各個人が実験／考察をすすめることを基本としている。そこで，最後の段階には発表／討議がくることになる。「発表討議を主としたる学習法を学級討議 class conference となづける」が，「これを学習法に適用すれば，児童の社交的被暗示性を利用して，他人の研究を参考とすることが出来るから，各自の思想は固陋に陥らぬ。また児童の優勝本能を利用することになるから，個人的学習が白熱的全心的に進行する」というのである。ここではさらに次のようにもいわれている。「討議の壇上においては優等生のみの活動をみるとの非難もあるが，吾々はあまりこれを憂としない。この場合における劣等生は，たとい発言者の立場にないとするも，単なる聴従者ではない。討議場における一員である。沈黙の中にあるも力相当の判断をもってこれに臨んでいる。常に彼等の学習経路を辿っているものである。私は劣等生もこの活動をみるの故をもって，特に討議法の効果を信ずるのである。討議場における教師は単に議長の立場にあるがよい。彼らに干渉をなすことなく，公平なる議長の態度を保つがよい」。ここにはよい意味での個人中心の考えがはっきりと確保されているのである。

　さて，このように構成された「新学習過程」による理科学習はどのような成果をあげうるというのであろうか。これについての神戸伊三郎の答えは注目すべきものがある。

児童が目的を定め仮定を立て，熱心と努力とによって結論を得，之を検証して仮定の期待との一致を見て，はじめて結果を見るの満足，其の結果を齎した努力に対する満足が得られたとすれば，それは人生無上の幸福でなければならぬ。かくの如く児童の要求，希望，目的が達せられた時に，学習の動機は高まり，一の学習が他の学習要求の誘導ともなるものである……。

新学習過程は児童自身が目的を立て，仮定を設け，手段を考えて事に当るのであるから，其の学習の目的は明白と強固との二性質を備えている。従って之を遂行せんとするの動機は旺盛であり，之が解決の為の努力は全心的，白熱的である。其の目的に向って精神全部を傾け聊も他の方面に心を向けることなく，精神活動は極めて熱烈に現われなければならぬ。苟も事を為すに方っては全力を尽す底の麗しき性格は，此の方法によって養われる。此の意味から見て，新学習過程による理科学習法はむだに独創工夫の狭い範囲に限られたものでなく，実に人を作るの道であると言ってもよい。

このような「新学習過程」による理科学習は子どもたちを「全心的・白熱的」にし，独創くふうの力を養い「人生無上の幸福」感をいだかせるだけでなく，「実に人を作るの道」ともなるというのである。

神戸伊三郎はこの「新学習過程」をはじめて提出した『(学習本位)理科の新指導法』を刊行してから，4年たらず後の1926年8月に『理科学習原論』を出版し，前著を絶版とすると宣言したが（実際にはその後もずっと刷りを重ねた），この新著のなかでかれはその「新学習過程」の理論をさらに具体的にわかりやすく展開している。いやむしろ，かれは「新学習過程」に中心をおいて理科教育の全分野を論ずるべく新たにこの『理科学習原論』を書いたといったほうがよいであろう。この新著でもやはり「結果の予想」の部分が最も著しい特長をもっているが，ここでかれは「誤られたる帰納推理の解釈」と題してフランシス・ベーコンの帰納法を批判し，「実験観察は虚心坦懐なるべし」という多くの理科教授法書に掲げられている教訓のまちがいを論じ，「観察は虚心坦懐なる

べからず」と宣言し,「偶然の発見にも結論の予想がある」と指摘して予想の普遍性を明らかにし,「仮定の立て方も指導する」ことが大切だと指摘したのである。

　神戸伊三郎の「新学習過程」の提唱,それは子どもたちの学習活動を真に主体的なものにしようとして生まれでたものであって,明らかに及川平治／千葉命吉の仕事を受け継ぐものであった。学習過程／学習動機の研究は神戸伊三郎の「新学習過程」論によってその頂点に達したということができるのである。この理論によって従来の平板的な無味乾燥な,ただ実物のみを尊重した科学認識論がはじめて克服され,主体的／科学的な認識論が提出されることになったのである。

　しかし,神戸伊三郎のこのめざましい理論も,実際にどれだけ期待された効果をあげえたか,それはきわめて疑問である。この「新学習過程」論は子どもの認識のすじ道がはじめてきわめて明快に解きあかされたのであったが,これを着実に実現するためには,〈いかなる問題をいかなる順序で取り上げるべきか〉ということに関する着実な研究が必要であった。かれは問題の選び方について「近来児童の発する問題を尊重するのあまり,順序も秩序もなく問題の出づるに任せて解決して行く授業をよく見る。……〔しかし〕問題の内容に自ら難易あり,その論理に一定の系列がある。之を無視して問題の出づるに任せて解決するが如きは,学習経済の上より見て賢明なる方法ではない」と指摘しているが,かれはそのむずかしい仕事を教師一人一人の行なうべき仕事としてしまったのである。これではかれの「新学習過程」のたてまえがいかに立派であっても,実際にはなかなか適切な問題選択ができずに期待するような授業効果があげられないのは当然のことである。

　そのうえ神戸伊三郎のこの仕事は,国定『小学理科書』時代という,自由な教材選択がもっとも困難な時代にあらわれたのである。国定『小学理科書』の題材はあまりにも断片的で盛りたくさんで,その上児童用書には実験観察の結果が記載されていた。そこでその教科書を用いてみんなで問題をつくり結論を予想させ……といった学習指導を展開するこ

とはきわめて困難なことであった。

それでも彼の『理科学習原論』は、『(学習本位) 理科の新指導法』とともに、国定『小学理科書』の時代を通じて十数年間にわたって版を重ね、多くの教師の理科教育研究の指針とされたのであったが、残念なことにそれは国定『小学理科書』と運命をともにし、『小学理科書』以降はほとんど忘れられた存在になってしまった。かれの理論の独創性は、最近になって、かれの理論と多くの共通点をもつ仮説実験授業理論が提唱されるようになって、はじめて見なおされるようになったのである(庄司和晃『仮説実験授業』1965年〔仮説社 復刊〕参照のこと)。

## 第4節 「理科学習帳」と民間の理科教育構想

神戸伊三郎らの学習過程に関する研究は、従来の理科教育の〈実物事実の実験観察至上主義〉に対して、認識主体である子どもの側の対象に対する積極的な問いかけとしての臆説／予想を重視したもので、理科教育に注目すべき新しい観点をもちこんだものであった。新教育運動は、さらに理科教育の教材選択から児童用教科書のあり方に至るまで具体的な影響をあたえるようになった。そこで、この節ではそれらの問題について考察することにしよう。

### 理科学習帳の成立

さきにあげた第2回全国理科教育研究大会の、国定理科書廃止論の討議のなかには、児童用書一般の可否に関する注目すべき論議が含まれている。この討論のなかで、ある人が「文部省編纂の児童用教科書を使えば、こういう欠点があると挙げてあるけれども、〈根本精神を誤まり、徒らに記憶の教科とする恐れあり〉ということは、如何なる教科書を使っても、その弊に陥いるものと思う。如何にその地方に適当なる教科書を使っても、その弊に陥りやすいと考えます」という発言をしたのに対して、成城小学校の諸見里朝賢が反対し、「只今の言い方は余りに向う

第8章　理科教育改革運動と自由主義教育運動　331

見ずの論ではないかと思う。〈どのような児童用教科書を使ってもそういう弊害に陥いる〉というのは如何なる理由であろうか。私は現に児童用教科書を使っているけれども，私の作った児童用教科書で教育した子供はそういう弊害に陥っておりません。一般的に断定するのは余りに浅薄と思います」といっているのである。

　これは〈国定理科書の形式や内容に代わるような児童用として適切な教科書が存在しうるか〉という問題であるが，実際このころ自由教育運動は新しい形式／内容の児童用教科書を生みだしつつあった。これまで理科（科学）の教科書といえば，明治初期の検定以前の科学教科書にみられるような「入門的概説書」または「科学啓蒙書」か，あるいは「国定理科書」に代表されるような「児童筆記代用書」あるいは「理科筆記帳」といったものにかぎられていた。ところが1921年ごろから「理科学習帳」という名称で一括されうるような新しい性格をもった理科教科書が生まれるようになったのである。信濃教育会が1921年4月から使用しはじめた『（尋常小学）理科学習帳』や南満洲教育会が1924年の4月から使用するようになった『満洲理科学習帖』がその代表的なものである。そのほか各地の教育会によって多種多様な「理科学習帳」がつくられるようになったのである。

　信濃教育会はさきにみたように，1905年から『小学理科（生徒筆記代用）』を使用し，これを1911年からは『理科筆記帳』にきりかえ，1921年からはさらに『理科学習帳』にきりかえたのであるが，この変化は日本の理科教育思想の変遷をものがたっていて興味深いものである。信濃教育会は，この『理科学習帳』の発行2年後にその教師用として『理科教授書』（1923年7月刊）を発行しているが，その第4学年用書の巻頭に「学習帳編纂の趣旨」をのせて，生徒筆記代用／理科筆記帳を廃して理科学習帳を作成するようになった理由を次のように説明している。

　　　　　（文章はかなり読みづらいところがあるが，そのまま引用しておく）

　　　一，理科学習帳の性質
　　　従来の理科書は，記憶／復習に便するために，主として筆記帳を意味

する相当なる形式を以って，編纂せられたる如く吾々は見受ける物であった。夫れ故に，稍々もすると，発見的にと考える理科教授の態度の上に，恐ろしく其文章記載が災いした事を記憶されて来た。且又，方法の上に於ても，実験，観察と云う事が，単に証明と云う意味に於てのみ多く用いらるる憾みを多少物足りなく感ぜられずには居られなかった。もっと，児童をして，動的によく自ら其物を究めしめ，そこに得た真理の喜悦と無限の驚異とによって，再び此自然に眼を見張り，己れの要求を自ら満すべく其力を養わんためには，彼等が用うべき理科書なる物は比較的事物現象に対する自学，自研的なる形式に於て，何か編纂されねばならぬ理論にいつか到達する物であった。

即ち，児童の働らきをより多く要求し，彼等の実験，彼等の観察，及び彼等の作業が，其道連れたる吾等と共に，互いに助け，互いに育み合いつつ，やがて正しき事物現象の真相に触れ，之を理解し，且つは其理解し得べき力を養わんために，先づそれ等の点に於て，希望を満たし得る児童用理科書の生まれ出づべき事を要求する物であった。所謂，理科筆記帳と理科学習帳との相異なれる点は，其辺に存すべきである。

つまり「理科学習帳」というのは，子ども自身の積極的な活動をよびおこすために作られた一種の児童用教科書だというのである。理科書またはたんなる理科帳ではなく，「理科学習帳」という呼び名そのもののなかに，教育というものは子ども中心に行なわれなければならないという新教育運動の考え方がこめられていたのである。

それなら，「理科学習帳」というものは具体的な内容のうえで従来の「理科筆記帳」や「児童筆記代用」をはじめとする一般の児童用教科書とどのように違っていたのであろうか。『満洲理科学習帖』小学第4学年用本文第1ページを次に掲げておこう（この学習帳は横組みになっているが，これは当時としては大変めずらしい例である）。

この例でも見られるように，「理科学習帳」の特質は，子どもたちに，みずから実験・観察，ないし考察させるべき課題が二三のヒントとともに印刷されてあって，解答を書きこむための余白が設けられていることである。それまでの「理科筆記帳」は，子どもたちが学んだことを整理

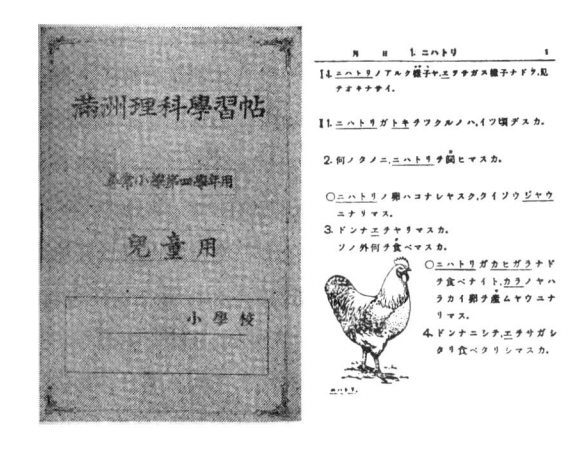

第8章　理科教育改革運動と自由主義教育運動　333

南満洲教育会・教科書編輯部：『満洲理科学習帳・尋常小学第四学年用』1924年4月初版，1931年3月の改訂増補版による。

し記録しやすいように，観察図を書きこむ白紙の欄や，文字を書きこむための罫線の部分が印刷されていたり，観察を助けるための挿図や記録すべき項目などを印刷したものであったが，「理科学習帳」には，課題（と，ときによってはヒント）が印刷されていて，余白がのこされているのである。そして「児童筆記代用」などの一般の「理科（教科）書」と違って，実験／観察の結果，知られる事実／法則，つまり課題に対する解答が印刷されていないのである。

　松田良蔵その他の人々が早くから指摘し，さらに理科教育研究大会でもくり返し指摘された〈児童用理科教科書使用の最大の害毒〉，それは，児童用書には子ども自身に観察／考察させるべき事がらがあらかじめ印刷されてあるので，子どもたちは教室で実物事実について観察する以前にその結果について知ってしまい，実物事実の観察をなおざりにし，かつ予習を無意味にするということにあった。けれども，「理科学習帳」には，子ども自身に実験観察させて知らせるべき事実／法則は一切印刷されていないのだから，そのような欠点はまったくない。「理科学習帳」はそのような意味で，当時の理科教育の最大の問題点を克服するためにつくられた新しい形態の児童用理科書であった。

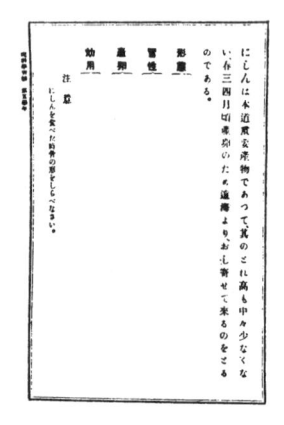

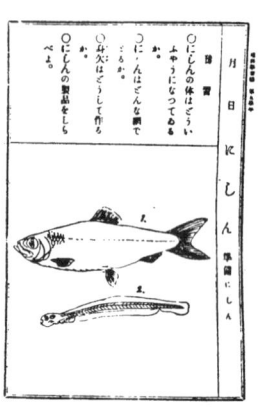

初等教育理科研究会（小樽市小学校理科研究部補訂）『(尋常小学)理科学習帳・第五学年』(1924年)の2〜3ページ。

　「理科学習帳」は新教育運動のなかに芽ばえた問題法 Problem method を教科書の形にまとめあげたものということができるであろう。当時数多く出版された「理科学習帳」のなかには，宿題／ドリル用として国定理科書と併用されたものもあったかも知れないが，『満洲理科学習帖』の「緒言」に，「この書のほかには別に教科書を用いさせない積りである」と書かれているように，少なくとも信濃教育会（長野県）や南満洲教育会（植民地）の支配する地域では，その「理科学習帳」以外に児童用教科書を用いずに理科の授業がすすめられるようになったのである。
　理科学習帳はその後，さらにいろいろのくふうがこらされるようになった。たとえば，『満洲理科学習帖』は1931年度から順次学年を追って全面改訂を行なったが，新しい版の学習帳には新たに教師用書がつくられ，「読み物」（たとえば四年用には，ニワトリの卵／桜／フンコロガシ／秋鳴く虫／種の散り方／紅葉と落葉／ブタとヒツジ／ネズミ／寒暖計の計9つの読物がある）と「自由研究」（2ページ続きの白紙の欄で4年用には8ヵ所に挿入されている）の欄が設けられるようになった。「理科学習帳」は国定理科書の限界をこえて児童用理科書の可能性を開拓したものとして，

日本の理科教育の遺産の1つとして注目すべき試みといわなければならない。

### 新しい国定理科書の発行

　1919年から数年の間は，現場の熱心な理科教師たちが理科教育全般の構想をくみたてなおすのに大変よい時期であった。すでに述べたように1919年度から理科が小学校4年から教えられることになったのに，国定理科書の編纂が間にあわず，これがため小学校4年のみならず5～6年の理科教育の内容編成も現場の教師にゆだねられることになったからである。指導的な教師たちは，ひさしぶりに国定理科書の束縛をはなれて教材選択や児童用教科書のあり方について自由に構想することができたのである。全国の指導的な理科教師たちは，この時期に従来とおなじような国定理科書が発行されないことを切望した。そして「児童用の国定理科書は使用しなくても可」というだけに満足せず，教師用／児童用を問わず国定理科書そのものを廃止するように文部省に建議するまでに至ったのはすでにみたとおりである。

　しかし，この願いは文部省によってききとどけられることはなかった。12月10日，文部省は『尋常小学理科書』第4学年用を発行，これにつづいて年を追って順次新しい学年の教科書を発行するようになったからである。

　新しい国定理科書は，その表題も『尋常小学理科書』でまったくかえられなかった。そのことは新しい教科書が従来の教科書とその性格がまったく同じであることを意味していた。ただこれまで5～6年の2年間で教えられていたものに新しい教材をつけ加えただけで，第4学年46課，第5学年51課，第6学年45課という数多くの教材を盛りこんでいたのである。参考までに第4学年の教材をあげると，次の通りである。

　　（括弧内に（2）とあるのは2時限教材，他は1時限教材）

　　　（第一学期）さくら（2）／つばき／あぶらな（2）／もんしろ蝶（2）／つつじ／きりの木／たんぽぽ（2）／かえる（2）／あぶらな

の果実／ほたる／はなしょうぶ／はち（2）／きうり／なす／とんぼ／くも／ゆり

（第二学期）せみ／あさがお／こおろぎ／馬／牛／いも（2）／ゐのこづち／かたばみ／にわとり／あひる／きりの落葉及び果実／菊／もみぢ／物の重さ（2）／空気（2）／水／熱（2）／水蒸気・氷（2）

（第三学期）風と雨／冬の芽／光／水晶（2）／方解石（2）／黄鉄鉱・黄銅鉱（2）／火（2）／酸素（2）／炭酸ガス（2）／春分（全46課）

一つの単元に1～2時間ずつ，46もの教材がばらばらに取り上げられているわけである。そして，これらの教材を盛りこんだ児童用理科書の本文も従来と同じく「児童筆記代用」の性格をもつもので，依然として実験観察される事実を無味乾燥に取り上げたものであった。参考までに前との比較ができるように再び「牛」の課全文を引用しておこう。

　　第二十二　牛
　牛は馬にくらべると，頭とくびとどうとが太くて，あしがみじかい。頭には二本のつのがある。耳ははばが広い。口には多くの大きいはがあるけれども，うはあごにまへばがない。尾は細長くて，先の方にやや長い毛がある。
　あしには大きいゆびが二本あって，先はひづめでつつまれて，並んでいる。又小さいゆびが二本あるが，みじかくて地にとどかない。
　牛はおもに草を食う。牛が物を食うときは，よくかまずにのみこんで，腹の中にためて置いてから，少しづつ口にもどしてかみなおして又のみこむ。
　牛は力が強い。昔から人にかわれて人になつく。荷物をのせてはこばせ，車をひかせ，田をすかせるなどに使う。又そのちちをしぼって飲む。又にくを食用にする。かはやつのやほねは種々の物を造るに用いる。

このような国定理科書の発行は，もちろん現場の熱心な理科教師の望むところではなかった。理科教育研究会で会長林博太郎の右腕的存在と

して活躍した川本宇之介は，1926年10月に開かれた日本学術協会第2回大会での講演「各国の小学校に於ける理科教育の比較考察」（大系／教育②12-16）において，日本の国定理科書の内容にふれ，「何人も次の事項について批判を下さざるを得ないでありましょう」と憤懣やるかたないといった調子で，「(1) 本内容はあまり雑多なことを知らせ過ぎはしないか。(2) あまりに断片的枚挙的ではないか。(3) まるで尋常1年の子供の作る様な単文を集めた様なものではないか。(4) かくて或教材の概念を与え，その定義的な説明を知らせるに過ぎないものではないか。(5) かくの如きことは，尋常1年，2年の子供にも，指導さえすれば，自ら観察し自ら記述しはしないであろうか。又これはあまりに無趣味ではなかろうか」と批判している。

おそらくこれは，理科教育研究会などに集まっていた当時の熱心な理科教師の間での世論的な考え方といってもよいものであったであろう。

### 国定理科書と対立する理科教育の構想

熱心な理科教師たちが，新しい国定理科書の性格が旧態依然としたものであったのに対して，はげしい不満と憤りをもったのは当然のことであった。彼らはすでにそれ以前に，新しい理科教育の内容について構想をたてていたし，「理科学習帳」という形態の新しい児童用教科書をもっていたのだから，それらの内容と文部省の『小学理科書』とを具体的に見比べることができたのである。

もともと，信濃教育会の『理科学習帳』にしても『満洲理科学習帖』にしても，その内容は国定理科書の教材をそのまま「学習帳」化したものではなかった。多くの学習帳のなかには国定理科書を学習帳の形式になおしただけのものもあったが，長野県や南満洲では，国定理科書とは違った教材編成をしていたのである。たとえば，信濃教育会の『理科学習帳』の第4学年用の項目は，

　　虫眼鏡／春の日／春の花畑／学校附近の植物／雀／水中水辺の動植物（一）

／水中水辺の動植物（二）／夏の日／川／蛍／空気・風／空気鉄砲・水鉄砲／夏の花畑／色々の実験（其の一）（其の二）／蝉／学校附近の植物／夜の空／鳴く虫／トンボ／種子の散布／秋の日／紅葉／果実／風車・竹トンボ／猫・鼠／馬・牛／色々の実験（其の三）／冬の日／雪・氷／物の目方／火／木炭／灰汁・ソーダ／食塩／色々の実験（其の四）

であって，文部省の『小学理科書』と著しく違っている。項目数も「色々の実験」を除くと31で，検定教科書時代の教科書にみられた「春の日」「春の花畑」「夏の日」といったテーマが復活し，「虫眼鏡」「空気鉄砲・水鉄砲」「風車・竹トンボ」といった子どもの活動をよびおこすような作業教材が取り入れられている。

　「理科学習帳」と題するもののほかに，文部省の国定理科書と正面から対決するような形で出版された教科書もある。和田八重造著『（尋常四学年用）国民新理科書』（民友社，1921年12月18日刊）である。この本の「序」（沢柳政太郎が国民教育奨励会長の資格で書いている）によると，「本書は〔著者和田八重造君が〕多年高輪小学校に於て自ら実験しては修正せられた緒をつぎ，我が国民教育奨励会の補助に依って大いに研究上の便を得られ，一々之を児童に授けて後出来上ったものである」。

　おそらく著者およびその支援者たちは，当時4年用国定理科書が出版されていなかったのをねらってこの本の出版を意図したのであろうが，実際には文部省の国定『小学理科書』第4学年用がこれとほぼ時を同じくして出版されてしまった。そこでこの『国民新理科書』はほとんど使用の余地を失ったものと思われるのであるが，この本の意図を紹介・検討することの意義は失われないであろう。

　この『国民新理科書』の目次をみると，その項目ははじめのうち「桜／れんげそう／かひこ／食用魚類／……／石炭／焚火」といった調子で30項目が続き，国定理科書とあまりかわっているといえない。しかし，そのあとに「玩具一／玩具二／玩具三／……」と「玩具」の項が10項40ページも続いている。総ページ94ページのところ「玩具」が43％を占めているのである。また本文をみると，その書き方は，国定理科書と

第8章　理科教育改革運動と自由主義教育運動　339

まるで違っている。最初の「桜」の項の全文をあげると次の通りである。

　　　桜
一，さくらについて知っていることをいってごらんなさい。
二，さくらの花にあつまっている虫を採って其の体に花粉のたくさんついていることをごらんなさい。
三，此の花粉は，花のどこにあったのでしょう。花を取ってさがし出してごらん。
四，花粉のはいっている囊を葯，其の下の細い糸のような部分を花糸といいます。今一本の雄蕊を画いて其の各部分に名をつけておきなさい。
五，虫が蜜を吸おうとして花の底へ潜り込む時に花粉が体につくのであれば，雄蕊は花のどういう処についているのでしょう。花を縦に引きさいてたしかめてごらんなさい。
六，さて虫の体についている花粉は，ほんとうに，さくらの花粉であるかどうかを確めるにはどうすればよいでしょう工夫してごらんなさい。そうして十分確めたら，其の形を書いて，之に色をつけておきなさい。
　（原文は縦書き）

　これからみて知られるように，『国民新理科書』は，子どもが書きこむべき余白こそとっていないが，「理科学習帳」の性格をもっているのである（このような教科書を「(自学)研究書」と呼ぶことがある）。
　これまでみてきた民間側の理科教育の構想は，児童に与える「理科学習帳」や「理科書」の形にまで具体化されたものであったが，このほかに教師用の参考書の形で国定理科書とは異なった理科教育の構想を展開したものも少なくなかった。その代表的なものが神戸伊三郎／大浦茂樹共著の『(尋常小学第四学年) 理料教材と其取扱』（同文館，1920年4月刊翌年6月増訂版刊）である。この本は著者たちの属する奈良女高師附属小学校理科研究部の「理科教授細目」に従ってその教材の取り扱い法を詳細に展開したものであるが，その第4学年の教授細目は次のようになっている（括弧のなかの数字は教授時数をあらわす）。

（第一学期）春の野（4）——花のさまざま／桜の花／菜の花〔以下細目は略す〕／学校園の手入（2）／豆の類（4）／学校園の花（3）／春の昆虫（4）／小鳥（2）／夏の昆虫（7）／夏の果実（2）

（第二学期）秋の学校園（6）／せみととんぼ（3）／秋の昆虫（3）／秋の野（10）／鶏とあひる（3）／猫と鼠（2）

（第三学期）家畜（3）／空気と水（6）／校庭の石と土（1）／初春（2）／人のからだ（3）

　この「教授細目」のテーマのとり方が国定理科書のそれとまったく異なっていることは明らかであろう。それはかつて検定教科書時代に棚橋源太郎や高橋章臣（このころは奈良女高師教頭）が採用していた考え方を受け継いだものになっているのである。しかも，ここで注意すべきことは，この本の著者神戸伊三郎はその後国定理科書の新版が刊行されたのちにも自説をまげなかったということである。第4学年用にはじまる新版の国定理科書が使用されるようになってから，かれは国定理科書にそった教師用参考書として『（指導詳案教材精説）理科学習各論』第4学年用（1926年8月刊）を著わし，翌年その第5学年用，1935年に第6学年用を刊行したが，これらの本のなかでもたえず国定理科書の教材編成と自説とを対比して論議することをやめなかったのである。たとえば，上述書第4学年用の「第3課あぶらな」の項の「一，選題の要旨と学習の主眼点」のなかで，彼は次のように述べている。

　　〔国定〕理科書〔教師用書〕の要旨を見ると，「根・茎・葉・花に就いて教え，普通植物の体を組立てる諸部分の関係及び花と虫との関係を知らしむ」とある。……この点に於いては私も何の異存もないが，こういう普通植物の概念というものを，児童の脳裏に，そのように早く植え付ける必要があるか。更に一歩を進めて，そうすることが果して真の教育の道か。そこに疑問がある。

　　既に出来上っている知識の系統を，児童の脳裏に植え付けようとする旧式の教育法によるならば，代表的の植物を選択して各部分の関係を知らしめることが近道であるが，思潮は最早やこれを許さない。新教育の思潮は，教師の持っている知識を児童に授けるのではなくて，児童が生

れながらにして持っている知識の萌芽を啓培することを吾人に教えている。児童は系統的の知識を了得するのではなくて，児童の積む経験を系統化して行くのでなければならぬ。

　然らば，植物研究の初期に於ては…………葉なら葉・茎なら茎をまとめて行くように指導するがよい。乃ち〔国定〕理科書によらずに尋常四年最初の植物研究を指導するとすれば，大要，次の順序に進めるがよい。これは私が前々から度々主張している所である。

(1) 花の種々　　花の色に各種あること
(2) 桜の花　　　花の構造（萼・花冠・雄蕊・雌蕊の各部より成ること）及び作用
(3) 茶の花　　　花の各部分の数及び位置の関係にきまりあること
(4) 藤の花　　　花の各部分が不整斉（蝶形花）なること
(5) 蜂の花　　　蝶形花を出発点とし一般に昆虫と受粉との関係の密接なること
(6) そら豆　　　普通植物の概念（根・茎・葉・花・果実・種子）及び人生との関係を作ること
(7) 野原が豆　　蝶形花冠という著名なる特徴によって植物の類縁（分類）を知らしめること。而して植物の特徴は花の外，果実・葉・茎及び根にもあるべきこと
(8) つつじ　　　合弁花・離弁花及び灌木。兼ねて右各項の総復習
(9) 花菖蒲　　　単子葉植物の代表〔以下略す〕

〔国定〕理科書の編纂者は私のような考えをもっていないから，無論題材の取り方が違っている。若し理科書の教材排列の順に従うとすれば，次の要旨で指導するのが適当であろう……

という調子である。

　神戸伊三郎のこのような批判活動はけっして孤立したものではなかった。かれの一連の著書はいずれも長い期間にわたって版を重ね多くの読者を獲得したのである。これらの批判は国定『小学理科書』の存続している間生きつづけたのである。

# 第 9 章

# 教学刷新運動下の科学教育

## 第1節　沈滞期における理科教育思想

### 日本精神作興運動と理科教育

　1938（昭和13）年に『日本理科教育発達史』を著わした神戸伊三郎は，その「後篇・現代理科教育思潮の動向」の中に次のように書いている。

　　「我が国の理科教育は欧洲大戦後に大発展を遂げて前古未曽有の盛時を思わせましたが，大正の末期から昭和の初頭にかけて殆ど没落の惨状を呈するに至りました。我が国小学校教育は国語／文芸／図画／数学／音楽／体操と時に盛衰はありましたが，理科教育のように盛衰の差の甚しかったものはありません。その盛時最高点は大正8年〔1919〕頃に在り，衰時最低点は昭和10年〔1935〕に在ったと思います。そうして理科教育の最も低調であった時が〈日本精神作興〉の最高潮の時でありました。大正11年の夏，私が某地の理科講習会に臨んだ際，郡の教育会長が述べられた閉会の辞の中に「日本精神の作興／精神教育の発揚の唱えられる時に方って，理科の講習会を開催することは如何なものかと幾庶か躊躇したのであるが，真理はどこまでも真理であるから，ついに断行した次第である」という一節がありました。私はこの言葉を聞いて驚いてしまいました。理科教育と精神教育とはそれほど相反するものであるかと。／時勢の動きや思潮の波というものは実に恐ろしいもので，日本精神作興の声が高くなるにつれて理科教育が恰も偏知教育であるかの如く誤解されたのであります」（神戸伊三郎著『日本理科教育発達史』啓文社，昭和13

年6月16日刊，270～271ペ）。

　第1次大戦直後，戦争と戦後好況の影響を受けて大いにもてはやされた理科教育は，その後急速に無視されはじめ，さらに「国民精神作興／教学刷新運動」の強調とともに危険視ないし厄介視されるまでになったのである。

　第1次大戦直後の科学教育振興の中心スローガンは「独創力の養成」「科学的精神の養成」であり，そのための「生徒実験の導入」「児童本位・学習中心の理科教育法の導入」であった。ところが，その後まもなくして日本の産業は伸びなやみ，経済は深刻な慢性的不況状態におちいり，産業技術や科学の発展はのろわれる存在ともなった。そして一方では労働運動が初めて活発化し，社会主義思想が輸入され，民主主義思想が知識人の間に普及しはじめ，天皇制政府と資本家／地主層はそれに大きなおそれをいだくようになった。そして政府／支配階級／軍部の中に急速に「国体明徴／教学刷新」を旗じるしとした反動思想が強化され，学生生徒の社会科学研究運動に対して「思想善導」運動が始められる一方，科学教育は〈「危険思想」の温床である唯物論的思想のもとになるもの〉として危険視されるようにもなったのである。

　これはまことにもっともなことであった。科学教育は，それが科学の伝統に基づく独創的／批判的な科学的精神の育成を意図するものである以上，支配者が科学に反するような政策をとろうとするとき，彼らに対して危険な思想を生みだすもとにならざるを得ないものであった。自然科学の教育は，それが合理的／実証的な考え方を養成するものであろうとするかぎり，不合理な天皇制国家／封建体制と矛盾し，社会の科学に対する弾圧に対して批判の目を育てるものにならざるを得なかった。そこで，政府や文部省が理科教育の縮小を具体的に指示するまでもなく，地方の教育当局者や校長などが支配者の意向を察して科学教育——理科教育に冷淡になり，さらにはそれを厄介視するようになるのは当然のことであった。

### 「思想善導」と理科教育

　それでは，全国の小中学校で理科教育にたずさわっていた教師たちは，このような一般社会，さらには教育界全般の動きをどのように受けとめ，理科教育研究をどのように進めていったであろうか。小学校では一般に理科の専科教員というものを置かないから，自分の教える数多くの教科の中で特に理科の授業に力を入れて勉強しようとする教師の数は，上記のような社会情勢の中で大いに減少したと思われるが，学校に理科という教科がある以上，その専門家とでもいう教師がまったくなくなるわけではなかった。それらの教師は，理科教育の衰退に対してどのように対処したのであろうか。

　その一例として，かつて大正新教育運動の中心校であった東京の私立成城小学校の松原惟一が1931（昭和6）年10月に著わした『理科教育の根本問題』を取り上げてみよう。かれはこの本の「第一章第一節」を「沈滞せる理科教育」と題して，「〈何処へ行っても火の消えたように，理科室の流しも何時の頃からか乾き切っています〉というふうな情ない声には耳を掩いたくなる。声はあげずとも孜々として真実の教育が行われていることを信じたいものである。万一不幸にしてそれが事実であるとするならば，私たちは奮然ここに蹶起を促したいと思うのである」と書いたあとに，「現代世相と理科教育」と題した節を置き，「思想善導と理科教育／人間教育としての理科教育／労作精神と理科教育／職業的陶冶と理科教育」の四つの項を設けて，「沈滞せる理科教育」に対する対処策を示したのである。この第1項でかれは堀七蔵（東京女子高等師範学校教諭で文部省理科書編纂委員，理科教育研究会の中心人物）の論文を引用し，〈理科教育──科学的精神こそ思想善導の最良手段である〉と論じている。これは今からみるとまったく奇異に見えるが，当時かなり普及した考え方でもあったようである。

　当時の小学校理科教育の現場のもう1人の中心的な指導者である橋本為次（1890〜1980）もまた，1929（昭和4）年の夏に行なった「理科教育に於ける心理的見地と論理的見地」と題する講演（倉林／藤原／堂東／橋

本共著『理科教育の心理的考察と実際的任務』昭和4年12月，郁文書院，所収）の中で，「今日理想主義がやかましい。社会主義がやかましい。是は何処でも申すが，一体社会主義の考え，共産主義の考えに共鳴するような人達は，是は合理的な考えの陶冶が出来ていない人にそういう人が多いのである。……此の暑いのに夜迄熱心になって，兎に角理科学数学を研究しようというような人が小学校に多ければ，思想問題などは明瞭に解決が出来ると思う。／今日の思想問題を解決するには，古臭い国粋主義や古臭い道徳では駄目です」と論じている。〈思想善導に対するに，理科教育で科学的精神を対決させるべきだ〉というのである。いったい，社会科学の研究そのものを抑圧しようとする「思想善導」に資するための「科学的精神」とはいかなるものであろうか。

「科学的精神」ということばはまことに多義的なことばである。このことばにいかなる意義をもたせるかは，その人の科学観や社会的な立場によって著しく違ってくる。このことは，特にこの時期，つまり太平洋戦争の前夜および戦時期の科学教育史を考えるときに特に注意しなければならないことである。この時期ほど「科学的精神」「科学する心」ということばが広く用いられたことはなかったし，その意義がまちまちだったことはなかったからである。左翼も右翼も保守派も革新派も好んでこのことばを用いた。

「科学的精神」ということばがいかにして広く用いられるようになったかというくわしい事情は，いまのところ筆者にも明らかではないが，初めこのことばを好んで用いたのは，大正期の自由主義的な思想性のある科学者たち——たとえば小倉金之助／寺田寅彦／石原純といった人々——とその影響下にある教師たちであったと思われる。これらの科学者や理科の教師たちは，科学の断片的な知識の切り売りに対して，科学の思想性を強調するために「科学的精神」ということばを用いたのである。1919（大正8）年11月15日発行の『現代教育』臨時増刊「戦後の理科教育」特集号は，その巻頭言で「普通教育に於ける理科教授の要旨」を改め，「宜しく理科的精神陶冶の意義を明記せられんことを望む」と主張

していたが，これはその典型的なあらわれということもできるであろう。ここでは「科学的精神」は主として「独創的精神」という意味あいをもっていたのである。

　しかるに，「日本精神作興／思想善導」と調和するものとして提出された「科学的精神」は，独創的とか創造的といったことがらを内容とするものではありえなかった。堀七蔵が「実験的の証拠立てを尊ぶ精神が，思想を善導する上に於て甚だ肝要である」といっていることからも察せられるとおり，それは実証主義的な精神を主たる内容とするものであった。批判精神というよりもむしろ不可知論的な精神というべきものであったであろう。このあと1935（昭和10）年に文部省に設置された教学刷新評議会で「自然科学の限界」をめぐって論議がかわされたのも，基本的には同じ路線にのったものとして注目されるであろう（この場合は大学側の意見に従って「自然科学の限界」という表現が〈自然科学は精神科学と「任務を分担する」〉という巧妙な表現に変えられた。自然科学は非合理な精神科学の領域をおかしてこれを批判するようなことをしなければよい，というわけである）。

　〈理科教育が思想善導に役だつ〉と主張した人々はまた，〈理科教育は情操教育に役だつ〉ということを強調して，理科教育は「物質主義」的な偏向をもつものでなく，精神教育に重要な寄与をなしうるものであることを強調した。松原惟一はさきの「人間教育としての理科教育」「労作精神と理科教育」の項でそのことを強調しているが，一方，橋本為次も先にあげた講演の中で，人間性教育としての理科教育が思想善導に役だつことを強調している。人間性教育―情操教育は，唯物論的な合理主義的批判精神の養成と対立するようなニュアンスをもって，「美的／宗教的心情を養う」ものとして強調されるに至るのである。

## プロレタリア教育運動と理科教育

　さて，それでは次に問題を逆の側面からみることにしよう。上に問題にされた「思想善導」の対象になっている「危険思想」——プロレタリ

ア運動の側からは，当時の理科教育はどのように批判されていたのであろうか。このことを具体的にみる資料として，次の二つの資料がある。その一つは，1931（昭和6）年11月12日に〈小学校教員免状剥奪(はくだつ)の処分〉を受けた脇田英彦の〈国定理科書批判の手記〉（大系／教育③1-2）であり，もう一つは『新興教育』の1931（昭和6）年12月号に発表された学齢児童教育研究会「郷土教育はどこへゆく——主として理科教材を中心に」（大系／教育③1-3）という論文である。『新興教育』という雑誌は，当時非合法下に結成が進められつつあった日本教育労働者組合をバックに合法宣伝機関として設立された〈新興教育研究所（1930年8月19日設立，所長は独ソに留学して帰国した成城学園の山下徳治）の機関誌〉（1930年9月創刊，1932年3月活版印刷本廃刊）であって，脇田英彦（1910～41）は日本教育労働者組合の神奈川支部の責任者として非転向のまま若い生涯を閉じたすぐれた活動家であった。脇田英彦の国定小学理科書の批判は，次のような理科の授業の実際に対する批判からはじまっている。

　理科の教授時数は一週二時間である。四年から理科。扨(さて)第一は何だろう。「さくら」。二，三日前に一寸(ちょっと)，理科書を調べて『さくら』を教授しなければならぬ事を知る。×曜日の第何時が愈々(いよいよ)理科だと云う事がハッキリしてから子供達に向って云う。「皆，あしたさくらの理科をやるからさくらの花が持って来れる人は持って来い……」。
　扨てそれから教案になる。教師用と児童用書を引張り出して教授の要旨を調べる。結局目的としては，「桜の形態，特徴を知らしめ兼ねて観察力を知らしめる」となる。
　扨て愈々当日の理科の時間。教師の方も実物のさくらと教師用掛図とを用意して万遺漏(いろう)なきを期す。
　「皆はどんな木から其の花を取って来たか？　大きい木か小さい木か？」「さくらの木は大きくなるか？」「花はいつ咲くか？」「冬の間は木はどうか？」「葉はいつどんな具合に出るか？」「花を見よ，花びらはいくつか？」「その下はどうなって居るか？」「何がついて居るか？」雄蕊，雌蕊の観察，質問応答，研究，それから〈さくらと人生〉と云うような

事を考えさせて最後の止めをさすのである。あとは〈ノートの整理〉。教室には〈ちぎられた花〉が散乱して居る。これで第一「さくら」がゼ・エンドだ。

　教師曰く，「此の次は，〈つばき〉をやるから持って来れる人は持って来い」そして二，三日後の理科の時間には前と同じ様な理科が一時間行われる。こうして，「あぶらな」から，今度は動物—昆虫モンシロチョウと理科書の題が一つ一つ，片附けられる。四年の終りには，どうやら五十一課題終って息をつく。これが四年生の理科である。だから，私をして嫌悪せしめたのだ。科学体系あるものがバラバラにされて居るからだ。一時間と次の一時間と，内的必然性を持って居ないからである。優れた植物学者であるか或いは研究家であるならば，さくらの教授一時間を以て，よく生徒の植物に対する科学的精神を訓練し得るかも知れない。が，凡ての教員が植物学者である事は出来ない。況や植物学／動物学／昆虫学／生理学／地質学／物理学／化学等々にわたって〈一通りの体系的智識を得る事〉は如何に困難な事であろうか！　だが，それ等を持って居ないからと云って，理科教授を抛棄する事が出来ようか！　我々は万難を排して児童用と教師用の理科書にたよらねばならぬ！　そして，たよれば結果は前述の様な始末だ！

　一体どうしたら，この理科教育の矛盾を克服出来るだろうか！　教師の頭の改造，理科的修養の努力によるべきだろうか？　それとも，教科書を何んとかした方が早途だろうか？　教師が如何に努力したからとて，自然科学のあらゆる分科にわたって，其の知識体系をマスターする事は望めない話だ。教育上，そんな必要もないのだ。それなら教科書を改造するより外にはない。どんな風に改造するか？　吾々はそれより前に理科の性質に就いて考えて見よう。

　脇田英彦はこうして〈理科教育の本質〉についての考察にすすむのであるが，そこで展開された議論は，これまでの理科教育運動の一般的常識とは著しい相違点をもつものであった。第1次大戦以後の理科教育運動でも，国定小学理科書は〈無味乾燥なもの〉として激しい不満／批判を投げかけられたのであったが，それらの批判者は，〈国定小学理科書

が無味乾燥なのは，この教科書が自然科学そのものを教えようと意図するものだからである〉としていた。それらの人々によれば，〈理科は自然の事物／人工物および自然の現象を自然科学を利用して教える教科〉であって，自然科学そのものを教える教科ではないのであったところが，脇田英彦は「理科は自然科学ではない，という詭弁論を排撃するため」の議論を展開し，従来の常識的見解とまったく逆の立場から小学理科書を批判したのである。そして，〈その国定理科書を用いて行なう理科教育が無味乾燥になるのは，それが科学の論理的な構造を無視して，自然の事物の無秩序な知識を羅列したものにすぎないからだ〉としたのである。このような見解は，近ごろ科学教育研究協議会を中心に主張されている「理科は自然科学の成果と方法を教える教科である」という考え方の先駆をなすものであるが，このような見解が「理科」教育の成立以来初めて，〈不合理な天皇制的資本主義にもっとも勇敢にたたかいをいどんだプロレタリア教育運動〉の中に芽ばえたということは，注目すべきことであろう。もう一つのプロレタリア教育運動の資料——〈「郷土理科」の批判とその積極的活用の指針〉は，脇田英彦の手記と違って，労働者／農民運動と直接結びついた理科教育を実現しようとした〈きわめて政治主義的な理科教育〉であった。この論文では，「郷土教育を利用して，プロレタリア貧農児童をいかに啓蒙し，教育したらよいか」について，「稲の収穫」の授業を例にして次のような授業案が提出されている。「東北地方の飢饉の一番ひどい地方の児童」を対象とした授業案である。

> 東北地方では新聞紙でも報ぜられている様に未曽有の飢饉だから，「自家に於ける本年の稲作」はわるいにきまっている。どの程度わるいかを具体的に調査させて報告させる。村なら村，字なら字全般にわたって調査させ，〈その中でも一番わるい家何戸，中位にわるい家何戸，少し位よい家何戸，ぜいたくをしている家何戸〉という様に具体的に調査させて報告させ，この報告を全部まとめ，最後に右の順序に分類し，児童に理解しよい様に発表させて，その土地に於ける階級構成を認識させる。次に「成績

のよくなかった原因」についても，児童各自に種々の方法を研究させて，それぞれ調査発表させて，「成績のよくなかったのは単なる天災ではなく，土地が長年の肥料不足から極度に疲せているからだ」ということを理解させ，更に「肥料の不足の原因」を児童自身の日常経験を通して（児童は小作人は地主に小作料を払わされることや，借金して肥料を買うことを見たり聞いたりして知っている）発表させ，農村の階級関係（搾取関係）を認識させるべきであろう。又その地方や隣村などで小作争議等が起ったら，この争議が起った原因とか闘争の有様を調査報告させて，以上のことを徹底させる。こういう様に「稲の収穫」に関聯したことは無数にあるだろう。吾々はそれらの事を児童に巧みに取上げさせて，児童自身が興味をもって調査，研究，報告する様に指導すべきであろう。もちろん教師は機械的に「ああやれ，こうやれ」という様に強いてはならない。こういうようなやり方は従来の〈注入主義，つめ込み主義〉と何ら変ることなく，単に効果がないばかりでなく，非常に危険極まることである。吾々はどこまでも〈児童の自発的活動性と創意〉を重んじて，しかも児童が共同して調査研究し，発表する様に，更に〈それによって児童自らが，主体的に闘争に参加する様に〉指導すべきであろう。

ここには，当時ひどい弾圧下のもとにすすめられていたプロレタリア教育運動のあせりがみられるが，やがてこのような政治主義的な教育運動は完全に鎮圧されてしまうのである。

## 第2節　理科教育改革運動の継続

ここで再び当時の理科教育界の主流に目を転じよう。「理科教育の不振」が訴えられるその中でも，理科教育にたずさわる熱心な教師たちは理科教育の改善のためにさまざまなくふうをこらしていた。この時期に，理科教育の改善のために行なわれた主要な試み——それは，大正期から引き継いだ〈小学校低学年の自然科／観察科の実施〉であり，〈理科の郷土化／生活化〉であり，〈作業主義の導入〉であった。

### 低学年自然科の意図／内容

〈小学校の低学年に自然科を特設する〉という運動は，特にきわめてねばり強く着実に進められていった。前の章でもみたように，この運動は1919（大正8）年5月の「理科教育研究会主催第1回全国理科教育研究大会が〈低学年に自然科を課すること〉を文部省に建議したころから表面化していた」のであるが，その後も理科教育研究会や（東京高等師範学校付属小学校）初等教育研究会は〈自然科特設あるいは低学年に理科を設けるための建議案〉をねばり強く文部省に建議しつづけた。いや，むしろ〈文部省がそれほどこの運動を無視しつづけた〉といってもよいかもしれない。1936（昭和11）年5月の〈初等教育研究会主催の第5回全国理科訓導協議会〉でも，1931年5月の第4回協議会のときと同じく，〈低学年理科特設の答申／建議〉を文部省に行なった。

そのときの建議案作成委員会の委員長であった栗山重（私立成蹊小学校）は，その報告説明の中で

> 「私の記憶いたす範囲に於きましても，大正8年／15年／昭和2年／5年／6年／11年というように，度々建議をいたして居ります。吾々は何回繰返しましても，どうしても斯うなければならぬということを建議いたしまして，之の実現を期したい。単に徒らに流行を追うとか，一時の考えで為すというのでなく，本当に必要であると存じますので，此の建議を繰返し，其の実現に対して有ゆる努力を払いたい，と考えて居るのであります」

と述べている（長谷川純三の調査によると低学年理科特設の建議を決議したのは，大正4年10月の初等教育研究会全国訓導（理科）協議会が最初である）。これほどねばり強い運動は，それだけでも日本科学教育史上まれにみるものとして注目するに値するものといわなければならないだろう。

この運動は，〈小学校低学年に自然科あるいは理科を課すること〉を文部省の法令中に定めることを要求するものであったが，このような制度的な要求の背後には，〈欧米諸国での自然科実施の実情〉の紹介のほ

かに，〈先駆的な小学校での自然科実施の実績〉があった。すなわち，さきの全国理科教育研究大会の自然科特設の建議のころから，文部省の法令から比較的自由を保持していた私立小学校（成城／成蹊／学習院／児童の村小学校など）や全国の師範学校の付属小学校では，低学年から自然科を特設して授業研究を進める学校がだんだんふえていたのである。京都師範学校の垂井増太郎が，1929（昭和4）年9月現在で全国の師範学校について調査したところでは，〈回答のあった75校中3分の2以上が自然科を特設していた〉というくらいになっていたのである。そして1929～30年ごろからは，自然科の授業研究に関する成果が次々と出版されるようになった。たとえば，1923（大正12）年から1936（昭和11）年までの間に出版された自然科あるいは低学年理科関係の出版物リストをあげると，次のとおりである（長谷川純三氏の蔵書によって追加・訂正させていただいた）。

　　諸見里朝賢（成城）『低学年理科教授の理想と実際』厚生閣，1923――先駆的な著述である。
　　芳沢喜久（東京女高師付属小）『自然と直観』中興館，1923年
　　山根敦美『自然科教授の実際的研究』目黒書店，1928年
　　栗山重（成蹊）『（自発的研究を尊重したる）自然科指導の実際』教育研究会，1929年3月
　　杉田徳太郎『自然科指導の実際』明治図書，1929年
　　高村広吉（東京府師範付小）『低学年自然科の実際』隆文館，1930年3月
　　栗山重『三年生の理科学習』1930年3月
　　藤井利喜雄（成城留学）『（労作教育を具体化せる）直観科新学習の実際』文化書房，1930年11月
　　浅野／高野『尋常小学直観科指導の実際（一年）』広文堂，1930年
　　橋本為次（東京高師付小）『（尋三迄の）理科教育』東洋図書，1931年
　　初等教育研究会編『理科と直観科』（『教育研究』臨時増刊号）大日本図書，1931年7月
　　松原惟一（成城）『（郷土中心）低学年の自然研究』人文書房，1931年
　　松原惟一『（自然直観）低学年の生活理科』啓文社，1934年

神戸伊三郎（奈良女高師）『幼学年理科教育の実際』目黒書店，1934年
有坂勝久編『直観（自然）科の施設と経営』啓文社，1936年2月
栗山重『(体験十五年) 自然科指導の実践記録』明治図書，1936年3月

　これらの著書で主張された低学年理科（あるいは自然科または直観科）の意図するもの——それをひと口でいうならば，〈子どもの身のまわりにある事物についての知識関心を豊かにすること〉にある，ということができる。どんな物でも自然科の材料とされるのである。たとえば，栗山重の『(体験十五年) 自然科指導の実践記録』の目次（大系／教育③1-4）をみると，そこには「桜のお花見／学校のお庭」からはじまって，「かたつむり／糸電話遊び／しゃぼんだま遊び／柿の実／あぶりだし／こままわし／凧／蟻の観察／種子集め／顕微鏡の見方／氷を造る実験／磁石の実験／空気鉄砲」など，子どもたちが興味をかきたてられそうなテーマがずらりとならんでいる。これらのテーマの配列には論理的系統性というものは認められず，〈教材選択の基準はいっさい子どもの興味におかれている〉といってもよいであろう。国定『小学理科書』のように〈子どもが興味をもたない「学問的」な知識を無理に教えようとすること〉はいっさいしないというわけである。たとえば「空気鉄砲」（3年3月教材）には，

　　　目的——空気鉄砲を打って遊ばせながら，その構造や玉の飛ぶ理由をも考えさせ，実験の興味を養い，その訓練をすることが目的である。
　　　教材観と児童観——鉄砲は子供，特に男の子の大層喜ぶものである。篠竹を求めて自ら製作し，それで遊ぶ子は尠くあるまい。むつかしく理窟を考えよと註文せずとも，彼らは当然考える筈，面白い学習の材料だと申すことができる。

と書かれている。そしてその指導法はといえば，次のようなものとされている。——まず「教師が一同の前で鉄砲をうって見せ」，次に「各組毎に実験をさせる」。そうすると，子どもたちは「棒の押し方について」「色々の打ち方を試みる」であろうし，たまを「きつくはめると——ド

ン，ゆるくしめると──ポン，中ぐらいにすると──コト」というように，「たまに関した方面の工夫」をしたり，「たまの飛び方に関した方面の工夫」をするようになるであろう。そしてなかには「たまの飛ぶわけも書く子が当然ある筈だ」し，「弾丸の飛ばぬ場合や音のせぬ場合をも」考えてみるものもあるというのである。そこで最後に「弾丸の飛出す理由をきいてみる」。この「理由」をきくところでも，いろいろの考えを出させ，必ずしも一つの結論をおしつけないように配慮していたようである。

このような考え方は，現今の「低学年理科」の考え方とだいぶくい違っているのではないだろうか。最近，低学年理科の意義やその存廃をめぐってさまざまな論議がかわされるようになっているが，そのような論議を行なうときには，現今の低学年理科のねらいや内容の適否を論ずるだけでは不十分である。20年あまりも着実に続けられた低学年理科特設運動にはそれなりの意義があったはずである。かれらは低学年理科で何を教えようとしていたのか，十分検討してその意義と限界を明らかにすることが必要である。「現今の低学年理科教育のねらいと内容よりも，低学年理科特設運動期のそれのほうがはるかに説得性をもつものであった」と筆者には思われてならない。

### 理科教育の郷土化／生活化／作業化

こんどは，〈低学年の自然科〉ではない〈本来の理科教育の改善〉の試みに目を向けよう。

この時期における理科教育の改善の主要な試みは，さきにも述べたように〈理科教育の郷土化／生活化あるいは作業化〉ということであった。たとえば，初等教育研究会の第4回全国理科訓導協議会の会員報告のテーマ54題をみると，自然科／直観科に関するもの9題のほかに，「郷土化せる我が校理科教育」「郷土に立脚したる理科教育」「郷土化を目指す我校の生活科並に理科教育」「樺太に於ける農村小学校理科教育」といった〈理科教育の郷土化〉に関するテーマ群4題と，「生活拡充の理科

教育」「生活拡充を高唱したる理科教育」「生活本位の理科教育」「生活進展の理科教育」といった〈理科教育の生活化〉に関するテーマ群4題, さらに「作業主義の理科教育」「作業本位の理科学習と時間不足の解決法」「理科製作実験」「子供の実験器具製作と手工科」といった〈作業主義の理科教育〉に関するテーマ群が目につく。

このうち〈理科の郷土化の問題〉については前に少しふれたが, これは理科のみならずあらゆる教科にわたって問題になっていた「郷土教育」の主張を理科に適用しようとするものであった。「郷土理科」の主張によると, これまでの理科教育は〈画一主義的〉と批判される。たとえば『尋常小学理科書』にある「稲の収穫」という教材は, 〈稲について相当生活経験をもっている農村児童〉の場合と〈都市の児童〉に対する場合とでその扱い方が全く異ならなければならない。たとえば, 農村の場合には,

1. 〈一穂にいくら位の籾が出来るか, 穂の長さは何程あるか〉等より, 惹いては〈一粒万倍というが, 果して一粒の籾種子がいくら位になって収穫されるものであるか〉を調査させる。
2. 〈刈取の最もよい時期〉を家庭できいて見させる。……
3. 〈刈取から俵装までの調整作業〉を自分の家に行われている方法について詳しく研究させ, 且つこれ等の作業中近年次第に改良進歩しつつあるものをしらべさせる。
4. 調査作業中の諸注意と製米調査。
5. 自家に於ける本年の稲作成績――のよくなかったのはその原因。
　　こうした事項を織り入れて, その代り〈果実の熟するに随い稲が, 次第に垂れること〉や, 〈すずめの害を防ぐため鳴子を用いる〉とか, 〈籾を取り去った茎, 葉が藁である〉とか, 〈稲は土際が少しく上から鎌で刈取る〉とか, 或は〈稲を作るには籾のまま種子を蒔く〉といったようなことを思いきってカットせねばならぬ(『新興教育』1931年12月号)。

また, 都市の児童に対しては,

〈一株でも稲を栽培させて見せる〉とか,〈農家が如何に多く苦労しているか〉とか,〈如何なる方面に必需品として利用されているとか〉などを一層具体的に学習させる。

というのである。〈教育を地域／郷土の実情にあった有効なものとする〉というこの郷土教育の主張は,〈1929～30年の大恐慌の影響による地方教育予算の削減の嵐〉の中で,文部省の取り入れるところとなっていたのである。そして1930（昭和5）年には文部省が師範学校に郷土研究施設費を補助し,その年の11月には郷土教育連盟が発足し機関誌『郷土教育』を発刊した。「郷土化」というのは当時の流行テーマとなっていたのである。

　「理科教育の生活化」というテーマも,「郷土化」と同じ方向をもつものであった。1931（昭和6）年5月の初等教育研究会主催全国理科訓導協議会で,阿部芳雄（山形県師範学校付属小学校）は「児童生活拡充の理科教育」というテーマを掲げて講演したが,その最初に「従来の理科教育に対する反省」として次のように述べている。

　　欧州の科学戦を一転機として一大進歩をなした吾が理科教育も,今日静かに反省する時,（1）設備は徒らに新奇を求め或は上級学校の模倣に流れて,真に児童への活用を忘れ,（2）教材は理科書に捉られ,教師の教材研究は参考書にのみより,依然として建設せられた科学知識の注入を事とし,（3）最も遺憾とする処は,児童本位の理科教育／学習本位の指導法の高調せるに拘らず,其の根柢たる児童及び児童の理科的生活の研究が忘れられ,茲に理科教育不徹底不振の声が起るのではあるまいか。

というのである。すなわち,大正期に強調された「児童本位／学習本位の理科教育」の主張を児童の「理科的生活」に注目することによって生かそうというわけである。

　作業主義の理科教育は二つの側面をもつものであった。一つは児童の興味をもつ動植物の飼育栽培やポンプや空気鉄砲などの理科的工作をさ

せたりすることによって児童に自発的／目的意識的な実験観察を行なわせ，問題解決の創意くふうの精神を養おうとするものである。これはかつての児童実験法を，〈ものを作り育てる〉という作業にまで広めることによって，もっと効果的に児童の心をとらえ，〈押しつけを排し児童の自発的な活動を助長しようとしたもの〉ということもできるであろう。

　しかし，もう一つは，児童の好むと好まざるとにかかわらず，児童に勤労作業を行なわせ，〈勤労の精神／忍耐力〉などを養おうとするものであって，第1の意味での作業主義の教育の考え方とは基本的に矛盾する側面をもつものであった。1931年の初等教育研究会全国訓導協議会に提出された作業主義教育の考え方では，主として第1の意味での作業の重要性が説かれていたが，しかし，これはともすると第2の意味に転化しかねないものであった。植物の長期栽培観察や気象の長期観察は，多くの場合児童にとって無味乾燥な作業であった。そこでこれらの無意味な活動をも当時一般的だった教師の絶対的権威をもって児童に課そうとするとき，それは「科学的忍耐力」の名をもって是認され，「勤労精神の養成」として強行されることにもなりかねなかったのである。「自発的／目的意識的な活動を呼び起こすもの」として導入された作業は，その自発性に対立するような「訓練に化する危険」が多分にあった。

### 朝鮮総督府の『初等理科書』

　しかし，理科教育の郷土化／生活化／作業化の主張は，この当時にあってはほとんど一般の小学校で実際化できるようなものではなかった。このような理科教育の考え方を実現するには，従来の教材を全面的に再組織しなければならなかったし，少なくとも教材を思いきって整理して一つの教材に対する時間数を増加しなければならなかったからである。ところが当時は，このような理科教育の新しい行き方とは矛盾するような文部省の『小学理科書』が日本の理科教育の上に重くのしかかっていたのである。新しい理科教育の理念を実現するためには，断片的な事物の観察記録を中心とした『小学理科書』を全面的に組織変えする必要が

あった。

　理科教育の根本的改造にとって国定理科書の存在がガンとなっていたことは、すでにみたように、1919年と1920年の理科教育研究大会でもきびしく論及されたことで、自然科特設問題とともに理科書改訂問題についてもしばしば建議案が文部省に提出されたのであったが、これもまた頑としてききいれられなかったことは注目すべき現象であった。国定理科書は、1908（明治41）年の教師用書発行以来1938（昭和13）年まで実に30年もの間、きびしい批判をあびながら、その基本的性格を変えようともしなかったのである。〈低学年から理科あるいは自然科を課するようにすること〉は、他の教科の時間数にも関係することで、法令を改めなければならなかったから容易でなかったにしても、理科書の全面改訂は文部省内の理科書編纂委員会の意志ひとつで実現できることだったのだから、この頑固さはまったく不可解な現象ともいうべきものであった。

　そのことは、当時の日本の植民地、台湾／朝鮮／満洲の理科書（あるいは理科学習帳）を文部省の理科書と比べてみると、いよいよ明白である。というのは、これらの植民地ではすでに大正の末から昭和の初めにかけて、本国での理科教育改革運動の成果を取り入れた理科書や理科学習帳を編集発行していたからである。台湾の『公学校理科書』の1915〜6（大正4〜5）年版は、当時の文部省の『小学理科書』と地域的な動植物教材が本国と異なっているだけで、その記述のしかたはまったく同一であったが、1924年の新版では記述のしかたがまったく異なってきている。その記述は以前の理科書の記述がまったく無味乾燥だったのを改めて、生き生きした文章に改められているのである。

　しかしさらに注目すべきものは、朝鮮総督府の『初等理科書』である。この教科書は、1931年3月に尋常4年用が発行されてから、年をおって出版されるようになったものだが、この教科書は文部省の『尋常小学理科書』とまったくちがっている。児童用書の記述のしかたを改めているだけでなく、その教材が文部省の『小学理科書』よりも著しく整理統合されているのである。すなわち、全3巻の目次は（括弧内は標準授業時数）、

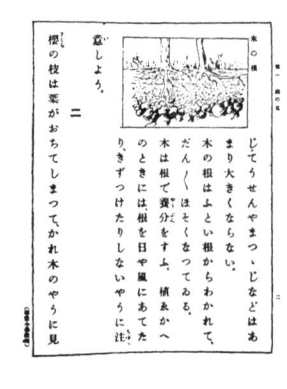

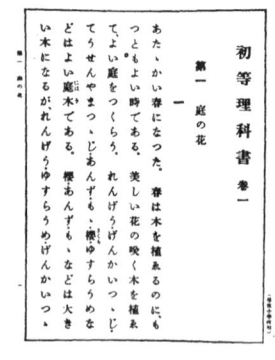

巻一〔4年〕——庭の花（5）／春の野（7）／虫の一生（6）／夏の池（5）／田の作物（4）／秋の野（5）／種子（7）／家畜（6）／ぶらんこ（3）／ストーブ（6）／氷すべり（3）／氷（4）／磁石（3）／金物（3）／四季（3）／——全15課。

巻二〔5年〕——学校園（10）／水（8）／海（9）／秋の香（4）／岩石（21）／燃料（3）／冬の気候（3）／音（9）／秤（7）——全9課。

巻三〔6年〕——道路（5）／身体（14）／食物（8）／衣服（9）／鏡（17）／電話（14）／生活改善（2）——全7課。

というもので、3年間で31課、1課に3〜21時限の授業時数が割りあてられている。文部省の『小学理科書』では同じ3年間に153課あり、一つの教材に1〜2時限が割りあてられているにすぎないのと比べると、思い切った教材整理をしていることがわかる。また各課のテーマも著しくかわっている。博物教材では、アブラナ／サクラ／ウマ／ウシといった個々の動植鉱物はいっさいテーマとしてとられていないし、物理化学教材でも「ぶらんこ／ストーブ／氷すべり」といったテーマが選ばれ、いわゆる「理科教育の生活化」がはかられているのである。

次に児童用書の本文に目をやろう。巻一（四年用）「第九ぶらんこ」をみると（原文は縦書き）、

　　　第九　ぶらんこ
　　　　　一
　　ぶらんこに乗ってみよう。

ぶらんこを振るれば，前に行ったり後に行ったりして，同じように何回もつづいて振っている。
　ぶらんこが振っているのを見て次のことをしらべよう。
一　ぶらんこの一回振る時間はいつも同じか。
二　自分ひとりで乗ったときと，友だちと一しょに乗ったときとは，一回振る時間にかわりはないか。
　　二
錘に糸をつけて振子をつくり，これを振ってみると，ぶらんこと同じように振る。
　三　振子は振幅の大きいときでも小さいときでも，一回振る時間は同じだろうか。

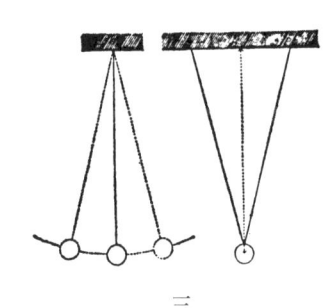

同じ長さで，錘の重さのちがった二つの振子を一しょに振ってみると，いつも一しょに振るから，振子は錘の重さがちがっても，一回振る時間にかわりないことがわかる。長さがちがう二つの振子を一しょに振らせてみると，長さの長いのが振りかたが遅く，長さのみじかいのが振りかたが速い。
　　三
振子時計の針がいつも同じ速さでまわっているのは，その中にある振子の働によるのである。しかし時計は進んだり遅れたりすることがある。
　四　振子時計が進んだり遅れたりするときには，どうしたらよいのだろうか。

という具合である。
　まずはじめに「ぶらんこ」という身近な事物から説きおこし（１），それを「振り子」の実験としてとらえなおし（２），さらにそれを「時計」という生活の問題にもってくる（３）という構成である。そして，その各部に実験課題が箇条書きで配置されている。またその文章は簡潔だが子どもの興味をそそるようにくふうされていることがわかる。この

教科書『初等理科書』は，明らかに文部省の『小学理科書』とその性格を異にしているのである。『初等理科書』は，予習や授業中の観察実験のために課題を提供する「理科学習書」の性格をもつものだったのである。

朝鮮総督府の『初等理科書』の出現，それはすでに第8章で紹介した信濃教育会の『理科学習帳』や南満洲教育会の『満洲理科学習帖』とともに，文部省の『小学理科書』とは全く異なったタイプの教科書が存在しうることをはっきりと示すものであった。文部省は，〈台湾や朝鮮などの植民地では自然条件その他が著しく違うこと〉を考慮して，本国とは別の教科書を作成させていたのだが，それらの植民地では自然条件の違いを考慮するだけでなく，本国では文部省にうけいれられなかった理科教育改革運動の考え方を広範に受け入れて，それを教科書の中にもりこんだのである。

満洲の奉天千代田小学校の近藤嘉久造は，1936年の全国理科訓導協議会での講演「満洲に於ける生活理科」（大系／教育③ 1-9）の中で，『満洲理科学習帖』について「その生れます原因とも申すべきものは，教材の郷土化は勿論のこと，国定教科書使用の弊より脱出せんとする意図に外ならない」といっているが，そのような意図が満洲や朝鮮という植民地において，本国よりも有利に実現したということはまったく皮肉なことであった。

もっとも，台湾／朝鮮／満洲あるいは信濃教育会その他の教科書／学習帳にしても，理想的なものということはできない。たとえば1936年の全国理科訓導協議会で「〈総合観にたつ〉朝鮮の理科教育の実際」と題して講演した徳丸健太郎は，『初等理科書』を用いた「理科学習」が「基本的学習――家庭での予習」「鍛錬的学習――学校での学習」「発展的学習――家庭での復習」という3つの構成部分からなりたつことを明らかにしている（大系／教育③ 1-8）。家庭での予習が「基本的学習」で，学校での学習が「鍛錬的学習」だというのである。これは極端な考え方であろうが，教科書／学習帳によって子どもたちにあらかじめ課題を与え

ておくようにすると，家庭での予習に大きな比重がおかれるようになって，学校での授業が宙に浮き，単なるドリルになるおそれが多分に生ずる。

また，これらの教科書／学習帳の構成は，多くの点で国定『小学理科書』と著しく違っていながら，〈断片的な実物事実の観察実験密着主義の立場〉を脱しえていない。〈科学上の一般的な概念／法則の教育〉が本気で追究されていることはないのである。そして，神戸伊三郎らが明らかにした〈実験観察における予想の役割〉も忘れられ，それらの学習帳や教科書が子どもたちに与える課題といえば，「……についてしらべよう」「……してみなさい（どうなりますか）」「それはなぜですか（理由を考えてみなさい）」といったものばかりで，実験観察の前の予想を尋ねる問いかけは見られないのである。

しかし，いまからみてどんなに多くの欠点をもっていたとしても，当時の新しい理科書や学習帳が文部省の理科書よりも児童の興味をひきつけ，教師にとって使いやすくできていたことは確かであろう。1919～20年に国定理科書の全廃を要求した本国の熱心な理科教師たちは（一つには全廃運動の成算ないことを見取ったためであろうが），朝鮮の『初等理科書』などに新しい理科書の可能性をよみとって，国定理科書の全面改訂を要求するようにもなったのである。

### 文部省の理科書編纂委員会の内部事情

文部省がその国定『小学理科書』の性格を根本的に改めるチャンスは，朝鮮の『初等理科書』が発行された1932年までの間にも，少なくとも三回あった。

第一回は，最初の「小学理科書」が高等小学第三学年用まで完結した1916年のことである。しかし，このとき文部省は，旧版の「油菜」にはじまる『小学理科書』を改訂して「空気と土」にはじまる改訂版『小学理科書』（第二期国定理科書）を編纂して1918年度から使用させ，理科書の性格をかえるチャンスを見送った。ところが，この教科書の尋常六年用

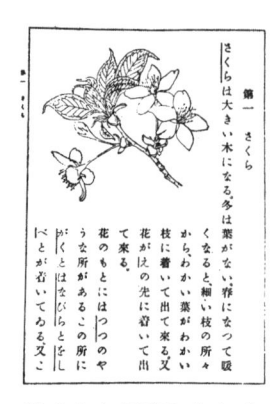

が発行されたころ、小学校の理科教育が尋常四年からはじめられることになった。そこで文部省は、第二期本『高等小学理科書』の編纂発行をとりやめて、再び尋常小学用の国定理科書から編纂しなおすことになった。これが第二のチャンスである。このころ国定理科書全廃の声が世論化したことはすでに見たとおりである。

　しかし、文部省はこのとき、世論の反対をおしきって1922年度から「さくら」にはじまる改訂版『小学理科書』（第三期国定理科書）を使用させることになった。3回目のチャンスはこの第三期『小学理科書』が高等第三学年用まで完結した1927年にやってきた。しかし、このときも文部省は国定理科書の全面改定を実行しなかった。いや、それだけではない。文部省は1929年度から改訂版『小学理科書』（第四期国定理科書）を使用させることになったが、この第四期本は「第三期本と目次も本文の文章もほとんどかわっていない」というものであった。たとえば、四年用の目次でかわっているところといえば、「あしながばち」が「はち」に、「おにゆり」が「ゆり」にかえられ、2学期半ばに教えられることになっていた「くも」が1学期に移され、「空気」「水」などのあとにあった「物の重さ」がその前に移されただけで、第一課「さくら」の本文をみても、第三期本で「五まい」とあったのが「五枚」と改められた、というだけのことである。つまり文部省の理科書編纂委員会は、原則として第三期国定『小学理科書』の改訂の必要を認めていなかったのである。

　上述の三回のチャンスのうち、はじめの2つのチャンスについていえ

ば，そのとき文部省が国定理科書の根本改訂にのりだせなかったことには弁解の余地がある。というのは，そのころはまだ民間の理科教育改革運動のなかでも，国定『小学理科書』にとってかわるような教科書の構想が明らかにされていなかったからである。しかし，三回目のチャンスとなると余程事情が違っている。このときはすでに信濃教育会の『理科学習帳』や『満洲理科学習帖』など，国定『小学理科書』と対立するような教材選択のプランや児童用教科書の構想が具体化していたのである。だから文部省はそれらのプランから多くのものを学び得たはずなのである。

　文部省の理科書編纂委員会は，いったいどうしてこうもかたくなに国定『小学理科書』の根本改革にのりださなかったのであろうか。その答はおそらく，文部省の官僚主義的権威主義に求めることができるであろう。もともと文部省の理科書編纂委員会は，現場の理科教師の声をうけいれるような組織ではなかった。その委員は小学校教育に経験のない大学／高等師範学校の動物／植物／農学／地質鉱物／化学／物理の教授たちによって占められ，現場経験者としてはただ一人東京女子高等師範学校付属小学校訓導の堀七蔵を加えただけであった。そして，その委員の顔ぶれも設立以来あまりかわることがなかった。

　初代委員長の箕作佳吉（1857～1909）は1909年9月に没したので，その後1911年9月に当時東京帝大理科大学長だった桜井錠二（1858～1939）が委員長になった（1909～1911年の間は委員の後藤牧太が委員長事務取扱）が，それ以来委員長はずっとかわらなかったし，後藤牧太（1835～1930），佐々木忠次郎（1857～1938），三好学（1861～1939）の三人は，はじめから最後まで委員として残った。当初の委員のうち山崎直方（1870～1929）は脇水鉄五郎（1867～1942）に交代，丘浅次郎（1863～1944）は五島清太郎（1867～1935），さらに高島卯三磨（1867～？）に交代，池田菊苗（1864～1936）は亀高徳平（1872～1935）に交代し，一時中村清二（1869～1960）が加わったが，委員は交代しても年齢は若がえらず，第四期国定理科書が使用開始になった1929年にはいずれも60歳前後から70歳をこえるとい

う高年齢になっていたのである（物理の中村清二，化学の亀高徳平は途中で委員をやめている）。このように委員の顔ぶれがいつまでたってもかわらないのでは，その考え方もかわらず，国定理科書が根本的に改訂されなかったのも当然のことといわなければならない。

　もっとも以上の理科書編纂委員の顔ぶれは，文部省の外部から招かれた人びとであって，実際に理科書編纂の実務をすすめるのは文部省図書局の人々である。そこで，もしも文部省の図書局で理科書編纂の実務を担当していた人びとが現場の声に耳をかたむけたならば，国定理科書の根本改訂事業をすすめるのも不可能ではなかったはずである。このような委員会の実権は通常外部の委員長や委員でなく，内部の幹事によって握られていることを考えにいれれば，そのように考えるのがむしろ自然である。そこで，文部省内部で理科書編纂にたずさわっていた人々の顔ぶれはどうか，というと，これもほとんどかわらなかったのである（『河野福太郎君追憶集』1934年3月刊所収の中村兎茂吉「追憶雑記」による）。

　はじめて文部省に理科書編纂委員会が設けられたとき，この幹事役をつとめたのは浅井郁太郎（1890年帝大地質学科卒）である。当時文部省内部で浅井を助けたのが河野福太郎（1897年帝大植物学科卒, 1871～1933）と川上滝男（1899年高等師範理科卒）で，1年ほどおくれて，国定算術書の編纂に従事していた中村兎茂吉（1894年帝大物理学科卒）がこれに加わった。ところが，第一期国定教科書がほぼ出つくした1913年6月，文部省の機構改革に伴って，浅井郁太郎は自然退官となった。そこでそのあとをついで理科書編纂委員会の幹事となったのは河野福太郎であった。1917年1月にかれが本官（文部省図書官）となって，理科書編纂委員会の幹事を命じられたのである（1913年6月～1917年1月の間は算術書担当の中村兎茂吉が幹事心得）河野福太郎はこのとき以来，1932年3月に60歳で退官するまでずっと，文部省の理科書編纂委員会の幹事をつとめたのである。

　外部からの委員の顔ぶれも，文部省内部の担当官も変らなければ，それらの人々の作成する国定教科書の内容もかわらないのがあたりまえで

ある。もっともそれらの人々が柔軟な頭のもち主であれば，現場の指導的な理科教師の主張に耳をかたむけたでもあろう。しかし，不幸なことに国定理科書編纂関係者はそのような人々ではなかった。そのことは特に，長い間国定理科書編纂の実権を握っていた河野福太郎についていいうることであった。

　河野福太郎の人となりは『河野福太郎君追憶集』という本を見るとよくわかる。この本は退官1年後の1933年3月14日に死亡した河野福太郎を追憶するために1年忌を期して関係者によって刊行されたものだが，この本はまったくかわった追憶集である。この本には33人の人が筆をとっているが，そのほとんどの人々が，口をそろえて故人は「生涯偏屈で押し通した」と書き，故人の死をおしんだり，その人物に愛着の情を示しているわけではないのである。「吾れ人意見は異なるが，偏執性の人たることは万人疑わぬ。……温情に乏しく，徳足らず，偏って居る」というぐあいである。この本を読むと河野福太郎という人は〈まったくおそろしく，またかわいそうな人だった〉ことがひしひしと感じられる。かれは捨子だったのをひろわれて育ち，継母との間がうまくなくて人間をいっさい信頼することができなくなり，一生を孤独で通した。ただそれだけのことなら一人の人間の悲劇でおわる。ところがそのような人が長い間日本の理科教育を支配する座についたのである。文部省内の古くからの同僚も，親戚縁者も看護婦／家政婦も，だれ一人として信ずることのできない人間。そして官位勲等や金銭だけをたよりにする人間が，日本の理科教育を支配する座についたのである。そのような人間が，現場の理科教師の要望に耳をかたむけることがなかったのは当然であろう。いや，かれは理科書編纂委員会でも，横暴な態度に終始したという。かれは桜井錠二委員長の信任をえて，あらゆる委員に毒舌をあびせかけて，「理科教授は実物の観察実験を唯一絶対の条件とし，その条件を満足するよう理科書の編纂に努力した」(堀七蔵)というのである。それに，理科書編纂委員会の委員長であった桜井錠二は，1926年に帝国学士院長となり，男爵／枢密顧問官ともなった日本の科学界の最長老の一人であ

って，当時の封建的体制のもとでは，なにびともこの人の意見をしりぞけることはきわめて困難なことであった。もっとも，桜井錠二は小学校における理科教育や理科書のあり方についてしっかりした見解をもっていたようには思われない。他の大部分の理科書編纂委員と同じく，かれは小学校の理科教育や理科書のあり方について，いかなる著書も論文も公けにしていないのである。ただ彼は，1938年11月24日の科学振興調査会第2回総会の席で『小学理科書』について言及して次のように述べている。

> 理科教育は近年，数十年の間に於て非常に進歩をして居る，……先生の用いる本は出来て居るが，生徒には教科書は持たせない。唯その課に就いてのあらましのことが書いてある。詳しいことは先生が口頭で教える，又は生徒に実験をして見せると云うことでやるから，理科教育はよくなって居るが，理科教育から離れて他の学科は皆昔流のやり方で，先生が教えると云う形のように思われます，……

つまり，〈小学理科書の基本的な性格が大きな成果をあげた〉と誇らかに語っているのである。桜井錠二個人は善意にそう信じこんでいたのであろうが，日本の理科教育史にとって不幸なことは，日本の天皇制的官僚主義が，このような老人の判断を圧倒的多数の理科教育研究者の判断の上に安住させたということにあった。

### 国定教科書全面改訂作業の発足

文部省の理科書編纂委員会が一貫して国定『小学理科書』の全面改訂をしりぞけてきた事情は，前項でみた通りであるが，やがてこの老人支配の官僚体制がくずれるときがやってきた。明治以来の理科書編纂委員たちはみな老衰してきたのである。まず，1932年3月末日には理科書編纂委員会の幹事，河野福太郎が60歳で退官し，そのあとを桑木來吉が継いだ。桑木來吉は，1921年東京帝国大化学科を卒業するとすぐに文部省図書局入りをしていたのである。もっとも河野福太郎は退官しても嘱託

として文部省にのこり理科書編纂作業に加わっていたが，その1年後の1933年3月にはこの世を去った。そして翌1934年の3月第四期の国定『小学理科書』の発行が完了することになった。またもや国定理科書を全面改定するチャンスがやってきたのである。

このとき，桑木來吉は国定理科書全面改定を実行する意を固めた。当時は文部省内で，理科以外にも国語読本と算術の教科書の全面改訂事業がすすめられていたので，これが桑木來吉を元気づけたのであろう。特に算術教科書の全面改定作業は，東京帝大理学部の1年後輩で桑木より3年おくれて文部省入りした塩野直道（1898〜1969）が中心になってすすめていた。算術教科書の場合には，塩野直道が算術教育関係者とあって話し合っていると，会う人ごとに当時の国定教科書『小学算術書』の悪口をきかされたという。そこで，ついに国定算術書の全面改訂の意見を上申することとなり，これが算術教科書の編纂主任格の中村兎茂吉を支持するところとなって，1929〜30年ごろから塩野が中心になって，書名も新しい国定教科書『小学算術』（緑表紙本）の編纂作業をはじめたのである（塩野直道『数学教育論』1947年（大系／教育③ 3-8）による）。算術の場合も理科の場合も，編纂責任者がかわることによって新しい教科書が作られることになったのである。

もっとも理科の場合には算術教科書の場合と違って，文部省外の人々からなる理科書編纂委員会があったから，文部省内の理科書編纂担当官一人の考えで事をはこぶことはできない。そして，その理科書編纂委員会が国定理科書の全面改訂の方針を受け入れないことは，従来のいきさつから明らかなことであった。そこで桑木來吉は，委員会をしばらく休会にして，文部省図書局長の芝田徹心とともに工作して委員会を解散させ，新しい国定教科書の編纂事業を本格的に開始したのであった。

文部省の国定理科書根本改訂の作業は1934（昭和9）年2月2日にはじまっている。このとき文部省は図書局長名で全国の高等師範学校付属小学校と各府県知事あてに「小学理科書の内容に関する意見報告方の件」と題して

(1) 小学校令施行規則付則第四／五／六号表に就いて改正を要する点ありや
(2) 理科書の編纂の方針に就いて改正を要する点ありや
　（イ）　尋常科用と高等科用との内容を全然別の方針の下に編纂するの可否（例えば，尋常科の教材は主として現行理科書の如き個々の教材を選び，高等科の教材は総合的教材を選ぶ等）
　（ロ）　理科書教課に作業的教材（例えば，小動物の飼育，植物の栽培，標本の製作等）を入るるの可否
(3) 其の他，理科書編纂上改善を要する点ありや

の各項について意見を求め，同年5月31日までに回答するよう求めたのである。この照会はその内容からして，文部省が理科書の根本的改訂にのりだす姿勢をとりはじめたものとして，全国の熱心な理科教育関係者の関心を大いに高めた。そして，理科教科書改訂に関する要望がさまざまな会合でまとめられるようになった。一方文部省図書局は，それから1年半あまりたった1935年11月ごろから幾度か全国の理科教育研究運動の指導的な人々を招いて「理科書改訂に関する協議会」を開き，積極的に現場の声を取り入れようとしたのであった。たとえば，1936年7月3〜4日には，文部省図書局の「理科書目録修正案」について協議しているが，神戸伊三郎（奈良女高師）のメモによると，このときの会合では神戸自身のほか安東寿郎（東京高師）／栗山重（成蹊小）／関原吉雄（広島高師）／吉田弘（東京女高師）／岡崎常太郎（東京府視学）／中村（清二？・東京帝大）／広瀬政次（東京府視学）がそれぞれの意見を出している。文部省図書局は，新しい理科書の編纂に関して，こんどは大学の自然科学の各分野の専門学者の意見を求めるかわりに，現場の理科教育の指導的な人々の意見を聞くという方針をとったのである。

　国定理科書の根本改訂のために各地の理科教師の提出した意見は，もちろん種々様々なものであった。これらの意見は当時のさまざまな教育雑誌にまとめられて発表されているが，〈それらの意見の基本的な方向はほぼ一致していた〉ということができる。すなわち，「(1) 従来の抽

象的・学問的な題をやめて子ども本位の生活に密接した題目を取り上げ，(2) 課の数を少なくし総合的な題目をとれ。そして (3) 児童用書の記述は子どもの興味に合うようにし，学習指導書式研究本位のものにせよ」というのである。すなわち，「信濃教育会の『理科学習帳』や『満洲理科学習帖』，朝鮮総督府の『初等理科書』のような形態の教科書を作れ」というわけである。

　これらの要求の多くのものは，実際文部省の取り上げるところとなった。文部省図書局では，桑木來吉を責任者としてこれらの意見をもとにして，1939年5月には尋常小学四年から高等小学二年に至る「題目／内容配当表」を作り，第四学年の教科書から原稿を作成しはじめた。ここにその教科書の第四学年用の題目と授業時数だけをあげておこう。

　　春の芽ばえ (5) ／さくら (2) ／花と虫 (3) ／かいこ (6) ／苗代 (5) ／夏のやさいとこがねむし (3) ／稲田 (6) ／秋のみのり (8) ／秋の野山 (5) ／生物の冬越 (6) ／ろうそくの火と炭火 (6) ／水のさまざま (10)

この目次をみても，第四学年用の教科書本文の草稿（岡現次郎「低学年理科制度のいきさつ」『理科の教育』1956年2月号）をみても，この教科書は朝鮮総督府の『初等理科書』（巻一教師用は1931年12月25日刊）にそっくりである。本国では植民地朝鮮におくれること8年にして，やっと同じような形態の教科書の原稿ができあがったのである。

　ところが，この教科書はついに陽の目をみなかった。ちょうど第四学年用の教科書の草稿ができたころに，1941年度から国民学校が発足することが確定し，その国民学校では一年生から「自然の観察」という形で理科が教えられることになった。そこで，そのための（教師用）教科書を一年生用から作らなければならなくなったからである。

## 第3節　中学校における理科教育の成立と科学的精神論

　さてこんどは，小学校の理科教育から中学校の科学教育——理科教育

の問題に目を転じよう。

中等学校の科学教育では，1931（昭和6）年に中学校に注目すべき制度上の変化が行なわれた。というのは，1891（明治24）年以来，中学校の科学教育関係の教科として「博物」と「物理及び化学」という二つの教科が設けられていたのが，1931年2月7日の「中学校教授要目」の改定によって，これらが「理科」という一つの教科に統一されることになり，従来の「博物」「物理及化学」のほかに「一般理科」「応用理科」という科目が教えられることになったからである。

ところで，われわれはこれまで中学校の科学教育の制度についてまとめて考察する機会をもたなかった。そこでこの際，1886（明治19）年の「中学校令」の制定以後の中学校の科学教育の制度の変遷について，簡単に概観しておこう。

### 中学校の科学教育制度の変遷

1886（明治19）年の「中学校令」に基づく「尋常中学校の学科及び其の程度」（明治19年6月文部省令）では，尋常中学校で課せられるべき科学関係の学科は「博物」と「化学」と「物理」の三学科であって，1年では週1時限「通常の動植鉱物の示教」を授け，2年では物理と化学をあわせて週1時限教え，3年で植物を週2時限，4年で化学を週2時限，5年で動物を週3時限と物理を週3時限授けることになっていた。つまり最初の1〜2年で博物／物理／化学の初歩をまとめて教えることになっており，このために「博物示教」「理化示教」などと称する教科書が出版されたのであった。その後1894（明治27）年3月1日には，上の「尋常中学校の学科及び其の程度」が改定されて，科学に関する教科は「博物」と「物理及び化学」の二つとされ，授業時数はこれらを合して1年，1週1時限，2年1時限，3年2時限，4年4時限，5年4時限と定められた。

しかし，1901（明治34）年3月5日に新たに「中学校令施行規則」が定められると，従来の博物示教／理化示教は廃止されて，「博物」を1〜

4年で週2時限（ただし，4年3学期のみ1時限）課し，「物理及び化学」は4年で3時限（3学期のみ4時限）5年で4時限教えることになった。そしてさらにこれに基づいて定められた「中学校教授要目」では，1年で「鉱物界」，2年で「植物」，3年で「生理衛生」と「動物」，4年で「動物」と「化学」，5年で「物理」を教えるように，詳細にわたって基準が定められたのであった。

　ここで注意すべきことは，明治初年にあれほど重んじられた物理／化学が1901年には中学4／5年までおしあげられ，それまではまったく教えられないことになってしまったことである。1901年以前には「理化示教」が中学2年に課せられていたが，それもなくなったし，当時はまだ高等小学2年まででは物理／化学はまったく教えられないことになったのだから，この時代に中学校に進学した生徒は小学校でも中学校の低学年でも物理／化学をまったく学ぶことなく，中学4年になって初めて化学を，5年で初めて物理を学ぶということになってしまったことになる。1901年にはそれほどまでに理論的／実験的な科学教育は縮小されてしまっていたのである。中学校に入学する生徒が小学校で物理化学的事項について教育を受けるようになったのは，1908年に義務教育が6年に延長されて以後のことである。

　その後1911（明治44）年には「中学校令施行規則」が改定されて，4年の科学関係教科の時間数が博物2時限，物理化学4時限と，都合1時限増加された。そしてこれとともに，「教授要目」の改訂によって「博物」の中での教授順序が変更になり，かつて1年に置かれた鉱物が4年にもちあがり，1〜2年で動／植物を並行して教え，4年で鉱物とともに新たに「博物通論」が教えられることになった。そして，「物理及び化学」でも物理と化学とが4〜5年で並行して教えられることになった。

　しかし，やがて第1次大戦の影響で物理と化学の重要性が浮びあがってきたために生徒実験奨励の訓令が発せられ，1919年には「中学校令」が改定されて「物理及び化学」が3年にも週2時限おかれることになった。このことはすでに前の章でみた通りである。1931年の「中学校令施

行規則」の改定と，それに基づく「中学校教授要目」の改定（大系／教育③ 1-12）は，このあとを受けて行なわれたのである。

### 「一般理科」と「応用理科」の新設

「中学校令施行規則」の改定は，文部省の「趣旨説明」によると，従来の「中学校の教育が往々にして高等教育を受けんとする者の予備教育たる旧時の遺風を脱せずして上級学校入学の準備に流れ，為に動もすれば人格の修養を等閑に附し且つ実際生活に適切ならざるの嫌い」あることを改善せんがために行なわれたものであった。その改定の要旨は，「一，中学校教育の要旨を明らかにしたること／二，高学年に於いて第一種及び第二種の両課程を編成し，其の一課程を履修せしむること」によって，中学校から直接実業界にはいる生徒のために外国語や数学の代わりに実業科目の比重の大きいコースを学びうることにしたこと，「三，学科目及び其の内容に改正を施したること」の三つにあった。そしてこの第三の要旨の中で，新たに作業科を設けた理由を明らかにするとともに，「従来の〈博物〉〈物理及び化学〉は之を綜合して〈理科〉となせり。是れ理科に於ては必ずしも専門的学術の体系に泥むことなく実際生活上有用なる理科的知能を与うるを旨とし，一般理科より始め進んで博物的事項／物理的事項及び化学的事項を課し，又応用理科を授くるに適せしめんが為なり。而して其の教授に当りては殊に観察実験に重きを置きて実際生活に裨益する所多からしめんことを期すべし」と説明したのであった。

つまり，新しい中学校「理科」教育の成立は，従来の「博物」「物理及び化学」教育の実生活化／総合化をはかるために，アメリカで当時普及しつつあった「ゼネラル・サイエンス」の考え方を取り入れることをねらったものであり，物理／化学的な教材をも中学校低学年から教えようとする意図をもったものでもあった。アメリカのゼネラル・サイエンスの考え方は，すでに大正期に日本にも紹介され，武蔵高等学校（7年制高校で尋常科が中学相当）の和田八重造などが先駆的な実験的研究を進

めていたのであるが，これが制度的に取り入れられることになったのである。

この新しい中学校「理科」教育の最大の特長は，中学校第一学年および第二学年に「一般理科」をおいたことにあるが，1931年2月7日に改定された「中学校教授要目」の理科の部には「一般理科」について次のように説明されている。

図表9－1　1931年6月7日改訂「中学校教授要目」による理科の時間配当表

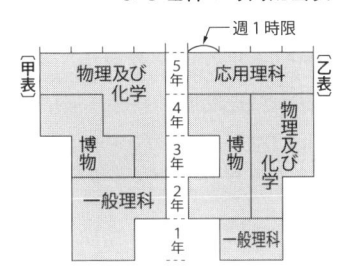

　　一般理科に於ては，実験観察を重んじ，徒らに理論的説明に陥らざらんことに努め，高学年に於ける教材との関係を考慮し博物／物理及び化学の各方面より考察し，適宜左の材料を組合せ互に聯絡を保ちて教授すべし。又或る時期に於ては博物材料を主として之に物理化学の材料を加味し，他の時期に於て物理化学の材料を主として之に博物の材料を加味する等便宜の取扱をなすことを得。

しかし，この新しい「一般理科」「応用理科」の導入はまったくの失敗であった。当時すでに欧米のゼネラル・サイエンスが紹介されていたとはいっても，中学校の教師の中にはゼネラル・サイエンスの実験的研究運動が広がっていたわけではなかった。そこで，中学校の教師は，法令の形でもちこまれた「一般理科」「応用理科」の趣旨を受け入れることはできなかった。「一般理科」「応用理科」は現場の教師の無言の抵抗のうちに実施されたのである。「中学校教授要目」では，図表9-1に掲けるような甲／乙二つの授業時数配当表が示されたが，1936年5月に神戸伊三郎が書いているところによると，「二年ばかり前の或る筋の調査によれば，大体甲表採用校数3に対して乙表採用校数7の割合であり，漸次乙表採用が多くなる傾であるという」ことであった。「一般理科の時間の多い甲表によると全体として理科の実力が減殺される」と考えられたり，「上級学校への準備教育としては一般理科に時間を多く取るよ

りも分科理科に時間を多く取る方が便宜である」と考えられたのである。そしてまもなく「一般理科」「応用理科」に対する抵抗は，公然とした反対運動として現われるようになった。たとえば，1937年5月の第2回全国中等学校博物教育総会において，「一般理科は項目を整理改善して成るべく短期間に終了すること」が建議され，物理化学教員総会においても，これまた一般理科をなるべく短期間に終了するよう建議するというありさまであった。「一般理科」や「応用理科」は〈上級学校の入試勉強の妨げになる〉という理由のほかに，〈科学の体系的な教育をぶちこわすものだ〉という正当な理由によっても反対されたのである。

　実際「一般理科」「応用理科」の導入は，従来の科学教育を総合化するというよりも，それをますます分化させる働きしかもたなかったようである。というのは，教科の名称は「理科」一つに統合されたといっても，教えられる教科書は当時一般に「一般理科」「動物」「植物」「地質鉱物」「生理衛生」「物理」「化学」「応用理科」の8種類にも分かれ，これがそれぞれ独立のものとして教えられていたから，分科が二つふえたという形になったのである。

　以上のことは，理科教育の歴史にとってきわめて貴重な教訓となるべきものであった。小学校の場合には文部省が現場の要求をはねつけるという形で教育の進歩が阻害されたのであるが，中学校の場合にはこれとまったく反対に，文部省の先走った教授要目の改革が現場から激しい反撃を受けることになり，せっかくの和田八重造らの先駆的な仕事も，一般化されえなくなったのである。教育というものは一つの思想的な活動であって，教師が自発的にその思想を受け入れることなしには，たとえ制度的に強制されても成果をあげえないのである。もし，大正年間に沢柳政太郎が主張したように「中学校教授要目」が廃止されていたならば，中学校でも和田八重造らの新しい科学教育研究運動が実を結び，科学的認識の成立過程に合致した総合理科のプランが実現されえたのであろうが，それも許されなかったことも記憶にとどめられるべきであろう。

### 科学的精神論と科学政策の矛盾

最後に再び科学教育の思想上の問題にもどろう。

本章の第1節で，筆者は〈この時期に「科学的精神」ということばが広く用いられるようになった〉ということを指摘した。実はこのことばが流行するようになったのは，おそらく1936年，哲学者の田辺元が，雑誌『改造』の10月号に「科学政策の矛盾」という論文を発表して，科学的精神の意義を説いたころからのことといってよいであろう。その論文の初めの部分にも述べられているように，当時「我国の教育が知識偏重の弊に侵されて居るという声」がいよいよ高められ，右翼テロが横行しファシズム的傾向が濃厚に現われるようになったことに対する学者／知識人／教師の反対が，「科学的精神の昂揚」という形で盛り上がってきたのである。

小倉金之助（1885～1962）／石原純（1881～1947）／戸坂潤（1900～1945）といった自由主義的ないし社会主義的な科学者／評論家が「知育偏重論」に抗議し，〈科学的精神の育成，発揚〉を訴えただけではなかった。国家主義的な医学者橋田邦彦（1882～1945）までが，教学刷新をめざす講演会で，次のように知育偏重論に対して批判を加え，「科学的精神──科学する心」を説いたのである。

> 斯くの如く教えなければならない事が日に日に増しつつあるにも拘わらず，一方では「知育偏重」というようなことが到る処で唱えられております。例えば此の会〔愛知県国民精神文化講習会，1936年11月8日〕の如きにしても，或意味から云えば知育偏重というようなことに対する反動と云っては語弊がありますが，其の弊害を幾らか是正しようというので開設されたのではないかと思うのでありますが，この様な会にしましたところで，誰か講師の方が来てお話をなさるというのは，結局あなた方に対して何等かの知識を与えようということになるのでありまして，〈知育偏重の弊を除かんがために授けられるものは何処までも知育である〉という妙な事態が生じます（橋田邦彦「道としての教育」，『行としての科学』（岩波書店，昭和14年3月）所収）

なぜ「科学的精神」というものが，知育偏重論に対抗するものとしてもちだされることになったか，といえば，それは一つには，知育偏重論というものがもともと，これまでの学校教育が「役にたたない断片的な知識のつめこみと化している」ことへの批判と結びついて出現したからであった。知育偏重論反対者もまた，従来の知育の重大な欠点を認めざるをえなかったので，「知育がいけないのではなく，実は知育において〈科学的な考え方／精神の教育〉が欠除していたことが問題なのだ」と反論する必要があったのである。そしてまた，田辺元が指摘しているように，政府が一方では自然科学の振興をはかりながら，他方では社会科学の研究を抑圧することの矛盾への批判として提出されたのである。

しかし，ここで提出された科学的精神の内容は，すべての人々に共通というわけではなかった。田辺元のいう科学的精神は「飽くまで事実を重んずる実証的精神と，全存在の法則性を信ずる合理的精神との統一」であって，自然科学と社会科学とを統一的にとらえるものとして，当時の反動的な政策に対する抵抗のよりどころとなりうるものであった。また，戸坂潤がその「現代科学教育論」（『科学ペン』1937年4月号）において科学的精神の訓練を力説するとき，それは「事物の歴史的転化に就いての理解」としてとらえられた。「この科学的精神なるものは所謂「科学」にだけ固有な精神ではなくて，一切の事物に就いての科学的態度を意味する」もので「科学的精神の訓練とは，要するに認識の訓練のことだ」とされたのであった。つまり，ここでも科学的精神は不合理な反動政策に対して敵対的となるようなものであった。

しかし，橋田邦彦となると事情はかなり違っている。かれが生理学者として科学の実践的な性格を科学者の主体的な「働き」の中にとらえて，それを力説するまではよいのだが，かれはそれをその思想にしたがって強引に仏教における「行(ぎょう)」の思想と結びつけ，儒教的な「道」の思想とも結びつけたのである。橋田によれば「従来の教育に本当の師匠の道，学問を離れた所謂道ではない学問と道と一つになるという建前の教育，というものが行われて居ないということの結果として知育偏重というよ

うな実に語弊のある言葉が出て来たので」ある（教育審議会第5回総会での発言）。かれのいう〈東洋的な科学者の道〉とは「物心一如という立場」であるともいわれているが，かれは東洋思想と「行としての科学」とを強引に結びつけ，「科学的精神」を不合理な，精神主義的なものに還元してしまったのである。

### 「行(ぎょう)としての科学」と理科教育の振興

ところで，このような知育偏重論や科学的精神論がにぎやかに論じられている背後で，日本政府は着々と戦争準備を進め，1937年7月7日には「支那事変」をひき起こし，日中戦争を開始した。日本精神作興運動も，この戦争体制への挙国体制の地ならしにすぎなかったのである。しかしまた戦争は軍事産業の拡大をひきおこし，久しぶりで〈技術者の不足問題〉が起こり，ここに再び産業技術教育の振興，さらには〈科学振興／理科教育の振興〉の問題が起こりはじめてきた。そして理科教育も再び活気をとりもどしてきたのである。しかし日本精神作興の方針に基づく知育偏重論と理科教育の振興との矛盾は，解きがたい矛盾として残っていた。たとえば，広島高等師範学校教授の池田嘉平は，昭和13年12月に文部省のおひざもとの『文部時報』に寄せた「非常時局に於ける理科教育者の任務」という論文のなかで，この矛盾を切実に訴えている。

> 現在我が国に於ける理科教育に対して実際に此方面に携る吾々として特に考慮すべき事柄は，一方に〈我が国の学校教育が知識偏重の弊に侵されて居る〉という批難があり，他方には〈国力の増進資源開発の目的を以て奨励される理科教育振興〉の輿論のあることであろう。〈学校教育が知識偏重に侵されて居る〉という批難は，現在では我が社会の一つ通念であるかに見える。而して此の批難の起るに到った動機及び原因は色々あり，また批難それ自身が慎重に吟味さるべき部面を多分に含んで居るのであって，吾々をして言わしむれば，これは〈知識というものに対する極めて皮相的な見解〉であるとも考えられるのである。しかしそれはともかくかかる批難のあることに対して吾々の密(ひそか)に懸念することは，此の風潮の中に

〈知識軽視の思想〉を導引する恐れが多分に包含されて居る点であって，これが延いては理科教育を軽視する傾向を誘引しないだろうか。

殊に最近に於ける日本精神の強調に対する反動として，西洋文化が我が国に持ち来ったところの弊害を指摘するに急なるため，これを排撃せんとし或は奴隷視せんとする思想の我が国の一部にあることも事実であって，これが知識軽視の思想と相俟って最も西洋的な理科教育，広く言えば科学教育を軽視する傾向を助長しないだろうか。ここに理科教育に携わる吾々に対して理科教育の本義についてこれを再認識すべき消極的理由があると思う。此の消極的理由に対して理科教育振興の輿論を吾々は〈理科教育の本義の再認識を要求する積極的理由〉と呼ぶ。此の輿論は一面理科教育の進展を催すものとして誠に慶すべき事柄であるが，此の奨励の主目的は専ら科学の応用にあって理論の啓発に存しないことを認める時，吾等理科教育者は此の輿論に単に迎合することなく静かに理科教育の本義について深く考察をめぐらすべきであると思う。

〈国力の増進／資源の開発を主目的とする科学奨励の輿論〉は，我が国現下の情勢上誠に止むを得ないものと考えられるのであるが，国家百年の計を樹てる為めには其の現状に即すると共に将来を慮（おもんぱか）ることを欠いてはならない。而して教育は国家百年の計の上に立って行わるべきものであるが故に，吾々教育者としては〈政府の企図する科学教育奨励法〉によって，果して科学教育の本来の目的が達成されるや否やに関しては深く内省すべきである。かように，一方には知識偏重の弊が説かれ，他方には実利主義に立つ科学教育奨励の輿論があり，全く矛盾した二つの主張の間に置かれて居るのが現下の我が理科教育であって，ここに〈理科教育の本義〉が再検討され，確乎不動の理科教育観を樹立されることが吾々にとって目下の急務である。


日本精神作興と科学技術振興とをなんとかうまく結びつけることが大きな問題となってきたのである。

このようなことが問題となったとき，橋田邦彦の「行としての科学」の理論は，その深刻な矛盾をなんとか気分的に解決してくれるものとして重要な意義をもつものであった。そこで長い間，日本精神作興と理科

教育の振興の矛盾になやんでいた理科の教師は，さっそくこれに目をつけた。そして1936年5月の第5回全国理科訓導協議会には，〈日本的理科教育の建設〉を主張する講演が5題も行なわれるというありさまになった。すなわち，5月22日第1日の報告では，第2番の報告者佐藤倉雄（札幌師範訓導）が「理科教育の再認識——行の理科教育の提唱」と題して講演，次に，東条茂八（福島女子師範訓導）が「（理科教育における）存在性と生命性の問題」と題して，〈「日本的」な理科教育〉を主張し，れについで山本秀雄（新潟県高田師範訓導）が「理科教育に於ける革新すべき諸点」と題して〈情操教育／道徳教育としての理科教育の目的〉を説いたあと，植松繁三郎（佐賀師範訓導）が「革新理科教育道」と題して「道の体現」「物我一体」「主客未分」「忘の心境」を説き，さらにまた，中道武雄（青森師範）が「理科教育の反省」と題して講演し，「真の日本精神は，物心一如の見地に立てる現実と理想の融け合った精神であり」と結語する，といったぐあいである。都合のよいことに，科学的精神も日本精神も「精神」という〈ことばの上〉では同一であった。そこで，科学的精神ということばは，反動的な精神主義者にも比較的に受け入れられやすかったのである。

　しかし，「日本精神作興／教学刷新」という反動的な政策と，「科学教育振興／科学的精神の育成」という政策とがどのように結びつき，あるいは対立しながら展開されていったかという事情については，ここでは述べることをさしひかえよう。この問題については次章であらためて詳しく論ずることにして，本章ではその前夜に見られる複雑な事情を指摘するにとどめなければならない。

# 第 10 章

# 戦時下における
# 理科教育の改革

## 第1節　国民学校案と「理数科理科」の成立

### 戦争政策の拡大と科学振興政策

　前章のおわりで少しふれたことだが，「日本精神作興」のかけ声とともにその活気を失った理科教育は，1940～41（昭和15～16）年ごろになると再びその活気をとりもどすようになった。しかしそれは，それまで理科教育を日のあたらぬところに追いやっていた日本精神作興のかけ声がやんだからではなかった。それどころか，日本精神作興のかけ声はこの間にますます盛んになっていった。実は理科教育を再び日のあたるところへ持ちきたしたのは，その日本精神作興をよびおこしたのと同じ原因だったのである。日本精神作興のスローガンは，第1次大戦後の深刻な慢性的不況に始まる日本の経済的危機と，それによる政治的動揺をおさえるための侵略戦争への布石であり，そのための国民精神の統制のためにもちだされたのであった。その侵略戦争も「満洲事変」から「支郡事変」へ，さらに「大東亜戦争」へと拡大されるようになると，今度は軍事産業上の要求から，「科学技術の振興とそのための科学教育の振興のスローガン」が取り上げられなければならなくなったのである。

　もっとも，近代戦には国民の戦争への精神的結束とともに軍事技術の重要なことは初めから明らかであった。そして，そのためには科学の振興がはかられなければならないことも容易に認めうることであった。実

際，1932（昭和7）年12月に天皇の下賜金を中心として設立された「財団法人 日本学術振興会」なども，事実上，軍が中心になって組織したのである。しかし，それにもかかわらず，初めのうちは〈軍事技術のための科学振興〉と国民教育の問題は別のものであった。いや，そうでなければならなかった。一般国民に批判的／独創的な科学的精神を植えつけるのは，不合理な日本精神作興をはかるためには危険であることは明らかだったからである。じっさい，1938（昭和13）年5月の教育審議会の席上でも，三国谷三四郎（青山師範学校校長）が次のように述べている。

> 理科教育も尋常科から高等科を通じて大いに之を尊重して徹底する必要があるように考えるのでありますが，併しながら私は自然科学の本質を考え，又科学者一般の傾向に顧みまして，〈<u>自然科学即ち理科の教育に対しては教育上非常に警戒を要するものがある</u>〉と云う風に考えるのであります。と申しますのは〈<u>自然科学の本質から考えまして日本の教学の本質と相容れないものがそこに横たわって居る</u>〉かに考えるからであります。此の点は既に色々問題になって居りますから，私は教学振興の見地から考えて〈理科教育は非常に振興を図らなければならぬと同時に，又非常に警戒を要する〉教育であると云うことを常に考えて居る者であります。
> （『教育審議会諮問第一号特別委員会会議録』第2輯）〔下線は板倉〕

理科教育の振興と科学振興とを結びつけるには，同じ席上で貴族生物学者の徳川義親の述べているような詭弁──「今日の自然科学，殊に生物学は可なり進んで参りました。既に道徳でも，殊に精神的に行われて居る我が国体にまで，之に自然科学，生物学的な根拠──ちっとも〈此の国体と矛盾しないだけの十分の根拠を与え得るもの〉と私達は思って居ります」というような詭弁が必要だったのである。

それに，「支那事変」の始まるころまでは，科学振興の面でいえば，すでに存在する科学者に〈いかに研究費を与えて軍部のために利用するか〉ということが中心課題だった。第一そのころは，科学者の不足／養成ということはほとんど問題になっていなかった。実際1930（昭和5）年の大恐慌当時には，大学／専門学校の新卒業生のうち40％以上が失業

するというありさまで，科学／技術の教育の振興はまったく問題になりえなかったのである。

　しかし，その後の軍需景気のおかげで経済がもちなおしてくると，今度は産業技術者の不足が大きな問題になってきた。

　たとえば，1938年8月15日に文部省に設けられた〈科学振興調査会〉は，1939年3月11日の第1回答申で，「科学関係の業務に従事すべき技術者並に研究員の養成は科学振興上焦眉(しょうび)の急務なるを以て，……(1)大学卒業生を差し当り最小限3倍以上に増加せしむべし」などと決議するほどになったのである。それに，1939年7月にはノモンハンで日本軍がソ連軍と激戦する事件が起き，日本軍の機動力の弱体なことが明白になり，軍部は大きく動揺した。それにまた，同年9月3日に起こった第2次欧州大戦でドイツ軍の機械化部隊の電撃作戦が著しい戦果をあげたことが，軍部や国民にあらためて〈軍事技術の重要性〉を思い知らせることになった。しかも軍事技術の基礎になる科学を，これまでどおり欧米諸国に求めるわけにはいかなかった。そこで，従来なら軍事技術振興のスローガンで十分と思われたものが，今度は科学振興のスローガンにまで発展せざるをえなかった。

　そして，〈従来の日本の科学が模倣的で欧米依存が強かったこと〉が反省されることになった。それが排外的な〈日本精神作興のスローガン〉ともつながり，「日本的な科学の創造」のスローガンともなり，そのような科学をつくりだすための科学教育の振興のスローガンとなった。科学教育振興のスローガン，それはこうして「日本精神作興のスローガン」と奇妙に結びついて取り上げられることになったのである。生理学者で東洋的な「行(ぎょう)としての科学」を説いていた橋田邦彦が，第2次近衛内閣の文部大臣に就任したことは，その象徴的なあらわれとでもいうべきものであった。かれは「国体の精華発揚／国家奉仕／科学振興」の3大政策をうちだし，「科学する心」の養成を説いて，新しい時代の理科教育の方向をさし示したのである。

### 国民学校案の成立

〈科学教育の振興,「科学する心」の育成〉ということが広く世論となってきたのは,上に述べたように,1939〜40（昭和14〜15）年以来のことであったが,「小学校の理科教育の内容の改革」の問題は,これより少し前から起こっていた。すなわち,1934年以来文部省では,それまでの民間教育運動の成果を土台として〈まったく新しい理科書の編纂事業〉を始めていた。また,1937年12月10日には内閣に教育審議会が設けられて,「皇国民の錬成」を目的とする日本の教育制度全般にわたる改革案が取り上げられることになり,明治以来の理科教育の内容に大きな改訂をほどこすことが可能になったからである。

教育審議会は,「義務教育の2年延長」を答申するとともに,小学校教育の全面的な改革にも手をつけ,従来の小学校を「国民学校」として改組し,その教科組織／内容を全面的に改定することを取り上げた。それは,その「国民学校に関する要綱」にもうたってあるように,「教育を全般に亘りて皇国の道に帰一せしめ」ることを目標としたものであっが,これは,1886（明治19）年の「小学校令」制定以来初めての大改革でもあった。そこで,「国民学校案」は一方において〈大正期以来の新教育運動をはじめとする現場の教育改革の要求〉を初めて取り入れるということにもなった。新しい国民学校は,「皇国民錬成」のために「児童の自発性を尊重する」というような内容を盛りこむものとなり,大正以来の「自然科」設置運動の成果や〈進歩的な教育観〉をも一部にとりこむ結果になったのである。

「皇国民の錬成」という他律的な教育目標と,「児童の自発性を重んずる」という教育方法とは,元来相対立するものであった。前者は〈国家主義〉の生みだした教育目標であり,後者はそれと対立する〈自由主義教育運動〉の生みだした教育方法であった。教育審議会の会議録,特にその特別委員会やそのまた小委員会の「整理委員会」の会議録には,〈国民学校案の中にこの二つの対立したものをいかに取り入れるか〉ということについて委員たちが苦慮した事情がよく出ている。この事情は,

〈大正期以来の理科教育改革運動が，国民学校の中に取り入れられていった事情〉を理解する上にも必要であるから，少し具体的にたちいって紹介しておくことにしよう。

　教育審議会は1937（昭和12）年12月23日に第1回を開いたが，〈従来の小学校を国民学校として全面的に組織がえしよう〉という構想は，教育審議会発足当時から明示されていたものではなかった。それは1938年7月1日になって初めて，「幹事試案」として文部次官伊東延吉から（第5回）整理委員会に提出されたのである。その基本的な構想は，義務教育を8ヵ年とし，6年制の国民学校で「国民の基礎的錬成をなし」，2年制の国民実修学校で「実務を主眼として国民を錬成」しようというものであった。そして，教科についても「従来分離的に取扱われたる各学科目の綜合／知識の具体化／其の実行との合致を図る」ことを目的として，従来の小学校で修身／国語／算術……など十数教科にわかれていた教科を，「皇民科／自然科／訓練科／体育科」の四つ（国民実修学校ではこれに職業科を加え5教科）にまとめあげて，教科の内容をも全面的に改造しようという大規模なものであった。

　この教科統合案には二つの側面があった。

　　此の所謂「皇民科／自然科／練訓科」と分けました趣旨は，実は人を作る，而も皇国青年を作ると言うことを最も重大な主眼に致して，是は組織致したのであります。……皇民科の中に於きましては，「修身教材／国史教材／国土教材／国語教材／東亜及び世界教材」と言うものを入れまして，そうして是等に付ては大体に於て全部「皇民と言う精神」を中心にして考えて行く，例えば修身と言うことは個人的の修養でありましても，……「皇民意識に於て個人的に修養する」と言うことになる訳であります。国史に於ては単に〈史実を明らかにする〉と言うことでなく，それが〈日本の国体の現れであって，どういうふうに歴史上にそれが現れて居るか〉と言う全体を貫く精神と言うことを重んじまして国史を教へて行く……

と説明されているように，この教材案の第1のねらいは，〈教科を小さくわけることによって知識本位になる〉のをさけ，これを総合して「皇

民教育」という観点で貫こうというのであった。だからまた，この点では直接的には「皇民意識を育てるのに役立たない」と見られる算数と理科については，これを「便宜的に自然科としてまとめ」たというくらいの意味しかないので，「自然科」についてはなんら積極的な説明は与えられていなかった。

「教科総合案」には，もう一つの〈教育方法に関するねらい〉があった。これは上の〈教育目的の統一的性格〉からも導きだされることであるが，一応それとはわけて考えることができる。これは次のように説明されている。——「従来のような形に於て授けられて居ります所の知識と言うものは，どうしても専門的にそれぞれ分離した知識……になるので，それだけではいけませぬ」「今まで得られなかった所の〈縦の綜合的知識〉つまり〈活きた活躍する知識〉が得られてくるということに非常に重きを置いて考える。すなわちこれを言葉を換えて言えば〈具体的知識を得る〉ということであります。それがかような組織に依って得られる所の大きな利益でありましょう」というわけである。

この幹事案は，整理委員会でも特別委員会でも，大胆な「おもしろいもの」として迎え入れられたが，またそれは激しい批判をあびることになった。もっともそれは上の第1の側面——つまり「皇民教育」という教育目標に対する批判ではありえなかった。これに関して批判をもつ人があったとしても，当時それを口にすることは危険であった。そこで議論は第2の側面——つまり〈皇民教育をいかに効果的に行なうか〉ということに集中した。しかもこの点では，批判者側の方が錦の御旗を持っていた。というのは，「従来の二三の教科あるいはすべての教科を総合した教育——合科教育」は，すでに欧米の教育運動の影響のもとに日本でも民間教育運動の中で主張されていたのであるが，それらの教育運動は〈自由主義的／個人主義的な危険思想である〉とみなされていたからである。そればかりではない。教育学的にも教師がよほど有能でなければ，極端な「合科教育／総合教育／生活教育」は児童の学力低下をもたらすことが知られていたからである。そこでたとえば，青山師範学校長

の三国谷三四郎は，「現在算術について新しい教科書〔緑表紙本のこと〕が出来ましたが，あの教科書は非常に面白く出来ておりますが，〈計算／能力が悪くなった〉ということは実際の取扱者が異口同音に申している」という例などをあげて，〈国語／算術などを独立させる〉ことを主張したのである。

### 国民学校案による民間教育運動の成果の吸上げ

そこで，文部省側／幹事側は，〈この教科案は合科教授とは別のものだ〉と弁明これ努めたが，第8回整理委員会（1938年7月20日）に調査課長の小野島右左雄〔1919年東大心理学科卒の心理学者で文学博士。北支出張中客死〕を出席させて，〈教育熱心な現場の教師は合科教授を望んでいる〉という調査結果を報告させた。このとき小野島右左雄は次のような注目すべき発言／応答をあえてした。この発言とそれに続く議論は直接科学教育に関するものではないが，日本の教育の発展法則の一つの側面をうきぼりにしていると思われるので，資料として少し長く引用しよう。

> 実際に当って私共ずっと前から調べているのでありますが，〈浅草の富士小学校における〔合科〕教育〉は，色々の非難もありますけれども，ある意味においては成功しているような点があるように思うのであります。……唯こういう調査を致しました場合に，これは御承知のように文部省から申しますと云うと法令違反であります。一方においては視学あるいは学校長というのが，〈こういう教育はやりたくても多くの場合においてやることが出来ぬ〉という実情にあるのであります。それから一方においては文部省には教科書がございますから，〈教科書を一方において教え，あるいは法令によって学科課程に従ってこれを教えて行かなければならぬ〉という制限のもとにありながら，本当に〈日本の将来の児童を造る〉という教育的な熱意から，寧ろ若い訓導，中堅の訓導というものの中に，本当にそういう風な教育を研究し，実際にこれをやろうという熱意が見うけられるように思うのであります。御承知のように，この〈合科主義運動というもの〉は，大正八九年前後から日本にも伝わり，あるいは考えられまして，……最近におきまして国家主義あるいはそう云うような教育思潮の考

え方が起りますと共に，一面から言えば，元来はこういう教育思潮が〈自由主義的／個人主義的な，すなわち児童の自発活動を重んずる，あるいは児童の個性を重んずるという思潮〉に関連しておりましたために，本当の意味でこれを国家的に活かすことが出来ない。そこにこういう教育に携わっている所の教師が非常な悩みを持っております。……

　先にも申上げました通りに，〈国民学校及び国民実修学校案の精神は……皇民的精神をもってこれを統一する〉という所に一大眼目があるのでありまして，その結果合科的の意味がそこに採入れられる，〈教育の方法としてその中の良い所を活かすことが出来る〉という考え方のもとにあるようであります。

　……現在の「合科」というものは，……一方に於いては先に申しましたように〈法令とか，あるいは監督とかの制限〉があり，それから〈教科書というものがあり，分科的の教育を強要せられている〉に拘らず，一方に於ては〈本当の教育をやろう〉という熱意とそれらとが必ずしも統一することが出来ない，そういう〈コントラディクションの中にあって悩みつつ〉ということを是非考えていただきたいと思うのであります。それでもし，これを統一的に〈矛盾を総て取去ったような形〉において認めて行きますならば，〈その良い所を採ってそうして日本の伸び行く所の教育というものを育てて行くことが出来ないか〉こういうことを是非考えていただきたい。……それで〈知識が低下するではないか〉というような御不審が屡々起りますと思いますが……是は〈知識の性質が違うのだ〉ということが一つの眼目でございます。……

　まあ大体，この調査書にありますように，凡ゆる所におきまして〈実際教育に当っている人々〉はそういう声を非常にもっている次第であります。ただ〈こういう声は一時非常に盛んであって，現在多少衰えつつある〉ということは〈国家情勢の変化〉という点から考えられるのでありますが，現在こういう考え方をもって居っても国家の中におきまして〈言い得ざる所の非常な多数がある〉ということも御承知おき下さい……

　調査課長のこの説明のあとの応答も興味深いものである。その部分も引用しておこう。

第10章　戦時下における理科教育の改革　391

○四十八番（香坂昌康君）　今の御説明の中で私一寸意味がよく分りませんでしたが，こういうようなことに対して現在〈言い得ざる大衆がある〉というようなお話ですが，それは小学校の教育に現在従事している人々で〈合科教授を大分望んでいる人々が多い〉こういう意味でありますか。
○調査課長小野島右左雄君　一寸御説明申上げます。実際こういうような教育をやっているのは，〈小学校の教員層の中では中以上の教員が非常に多い〉のであります。実際熱意をもっているのを調べますとそういうのがあるのでありますが，一方は校長が押えており，一方は視学が押えている。それは文部省の法令がございまして，こういう教育をやるということは違反でございますから，押えるのが当り前でありまして，それで押えられている。そういう矛盾の中にありまして，而もある部分は〈児童を活かすような教育〉をやっているような点が大分に見受けられる，ということを御報告申上げたいと思います。
○四十八番（香坂昌康君）　つまり「〈ある意味の合科教授〉というものが生活に生きた知識を与えるために必要である」ということを〈下の方〉──といっては語弊があるかも知れませんが，そういう意見もあまり発表する機会をもたない教員等においてもっている，こういうことでありますか。
○調査課長小野島右左雄君　そういう現状であります。（以上『教育審議会諮問第1号特別委員会第8回整理委員会会議録』第2輯26～29ページ）

　調査課長は，〈当時の民間の教育研究運動と教育行政の間の矛盾〉をあからさまに整理委員会の前に提示せざるを得なかったのである。この矛盾をいかにしたらよいか，整理委員会は〈「合科教授／総合教育」の考えを取り入れた幹事試案〉を前にして，まったく当惑してしまった。そこで東京女子高等師範学校校長の下村寿一（1884～1965，ただし，学者ではなく，東大法科出の官僚で元文部省普通学務局長）は上の調査課長の発言を受けて次のように述べた。──

　　大体が〈綜合教育というものは，私は自由主義思想の産物である〉と思うているのです。しかしながらこれは，先刻言うたようにこれは確かに長所もある。〈長所だけをとって自由主義の個人主義思想は取入れぬよう

にする〉という警戒が非常に必要であろうと思います。日本でも新教育運動というものが現にありますが、これは〈法令を尊重する権威を尊重する、ディシプリンを重んずる〉という所から見ると、余程違った行き方を狙っている、〈いわゆる新進気取の人が多い〉ように思う。……〈余程考えませぬというと、チャイルド・センターの方に走って行きはしないか〉そうすると〈教権というようなものはどうでも良い〉ということになる。随って〈国憲／国法に関する観念〉も変ってくる。

すると、幹事試案を提案した文部次官の伊東延吉（1891, 東大法科卒の文部官僚）がこれについて

此の案……是は「国家を基礎にした国民全体の教育」でありますから、……〈合科教授と……およそ精神においては違う〉と考えております。それで唯今まで研究された〈合科のテクニック、そのメソード〉というものが「皇民科を考える時に何らか役に立つか」と何人も思い浮べるのでありますが、しかしそのテクニックも〈全く自由主義的な、殊に教育主義ということに傾いたテクニック〉でありますれば、是は〈も早意味をなさない〉と言っても良いと思うのであります。

と発言し、〈教育方法として合科教育を取り入れること〉にも警戒を示したのであった。

しかし、より現場に近い人々は〈新教育運動の成果〉を取り入れるのにもっと積極的であった。たとえば、教育学者でこの整理委員会の委員長であった元理科教育研究会長で伯爵の林博太郎（1874〜1968）は、こういうのである。――

下村君は長野県のやったようなことを非常に恐れておられますけれども、今度は〈皇民精神で一貫して行く〉ということになれば、そういうことはないだろうと思います。〈純教育的の自由主義〉は行われるけれども、〈国民教育以外の自由主義〉は行わせないようにしないといけないと思います。

そして林博太郎は、委員長の権限を利用して「一年二年には総合教授をやることを得」という線に整理委員会の意見を強引にまとめていった。しかもかれは、〈教科書によって総合教授を統制しなければならないの

ではないか〉という特別委員長（傍聴）の意見をもおさえた。かれは，「合科教授の精神はそれをやる時間は〈教科書に拘泥しないでやる〉という所に特長がある」「〈児童中心あるいは教員の自由〉ということも加味しなければいわゆる合科教授ではない」と主張して，〈児童中心の教師の自由〉の余地を強引に確保したのである。〈教育の目的に「皇民精神養成」というワクをはめることによって，「純教育的には」自由主義を認めていく〉という考え方が大なり小なり取り入れられたのである。

### 国民学校理数科理科の成立

「合科教授／総合教授の是非に関する議論」そのものは（低学年理科—自然科の問題と関連してはいるが），科学教育と直接関係のある事がらではない。しかし，この問題に関する教育審議会の議論は，実によく当時の教育改革運動の性格を示しているということができる。当時新しく教育改革をやろうとすれば，それまで自分たちの抑圧してきた〈自由主義的／個人主義的な教育思潮にたつ教育研究運動の成果〉を取り入れなければならなかったし，また，実際にそれをかなりひろく取り入れることになったのである。そして科学教育の場合にも，新しい国民学校制度のなかに大正期の自由教育運動の一つとして始まった低学年自然科設置の要求を取り入れたのである。

国民学校に関する幹事試案では，従来の算術と理科とが自然科としてまとめられることになっていたが，整理委員会ではこの自然科案はまったく不評判であった。下村寿一と三国谷三四郎（1881‐1947）とは，〈自然科という名称のもとに，算術教材を含める〉ことに対して，「少し工合いが悪い」「どうしても不合理である」と主張し，さらに下村は「自然科というとただ〈自然そのものを客観して眺める〉というような気がするのであります。外国のは〈ネーチュアー・スタディー〉で，スタディーという字が付いているからまだ良いが，之を翻訳してどうも精神が現われない。そこでやはりこれは「理科」ということにして，そこで大いに〈創造／発明／推理／独創の力〉を涵養するという科目を設ける」

と述べ，また三国谷は「日本の小学校の児童は数理的の頭がありません。また計算能力もまたまことに低いのでありますから，やはりこれは理科と別にしまして，算術科は算術科として分ける方が宜しいのではないか」と主張した。この三国谷の意見は結局，〈教科の下に科目というものを設ける〉という形で生かされ，皇民科（国民科）などとのつりあいもあって，算術と理科を一つの教科にまとめることになった。そして自然科の代わりに「理科／究理科／数理科」という案が出た末に，ついに「理数科」という新語がつくりだされたのであった。

ところで，幹事試案の自然科案は「算数と理科とは便宜上一つにくくる」というだけではなかった。「自然科」という教科名でも予想されるように，〈この教科のもとで低学年にも自然科——低学年理科を教えるべきだ〉という現場の長い間の要求を取りこめるようにしたものでもあった。そのことは幹事試案の中にはあからさまに触れられてはいないが，当然整理委員会での話題になった。すなわち，三国谷三四郎は第9回整理委員会（1938年7月22日）の席上，「現在自然科というものはありませんけれども，実際小学校ではやって居る。一年生の時から非常に理科に興味をもっているので，自然の要求として現在文部省の小学校令施行規則にはございませんが，実際は必要に応じて色々時間を工夫して低学年においても事実ある程度やっているのでありますから，そういうものを入れ得るようにこの下の低学年の方は考えたらどうか」と述べ，低学年で自然科を教えることを提議したのである。

教育審議会の会議録中に低学年自然科の問題が出てくるのは，これが最初であるが，これは整理委員会の委員長がほかならぬ自然科教育運動の中心だった理科教育研究会の育ての親，林博太郎であったこともあり，さきに述べたような議論の背景のもとに反対もなく取り上げられることになった。1938（昭和13）年7月29日の整理委員会の「国民学校教科案」の備考（2）には，「理数科の理科は第三学年以下にありては自然界の事物現象の観察とす」と明記され，さらにこれが「特別委員会／総会」でも認められて，1938年12月8日の「国民学校に関する答申」の中にもり

こまれたのである。大正以来の低学年自然科設置運動は，こうしてすでに述べたような複雑な背景のもとに，ほぼ20年ぶりに取り上げられ，1941（昭和16）年4月国民学校の発足とともに「自然の観察」として実施されることになったのである。

### 生活理科／作業理科の採用

　ところで，大正期以来の理科教育研究運動には，「低学年理科／自然科の実施」のほかに，もう一つの長期要求スローガンとして「国定教科書の根本改訂による理科教育の改革」があったが，教育審議会にもこの問題に関しての意見が出された。意見の提出者はほかならぬ林博太郎である。かれは教育審議会の第6回総会で〈日本の教育上の欠陥〉について講義風に自分の見解を述べたが，その中で自分の見学した理科の授業の例をあげて，〈注入主義を排するためには教材整理を行なう必要がある〉と説いたし，また特別委員会の席上（1938年5月11日）でも，「日本の教材の排列はどうも個別的になって，非常に一つ一つばらばらで連絡の無いものが多いのであります」と指摘し，理科教育の例をあげて〈教材の配列を考慮しなおすべきこと〉を説いたのである。また，特に理科教育を例にとって論じたのではないけれども，かれは〈作業主義教育の問題〉を取り上げて，「教授そのもの全体を一元的に勤労教育ということに認めた方が寧ろ良いのではないかと私は思います」「興味を第一にしなければならぬ，興味を興させて行かなければならぬ」と述べたのだ。これも，理科教育の改善の要求に深くかかわりあいのあるものであった。

　このような意見は林博太郎ひとりの意見ではなかった。たとえば三国谷三四郎も，特別委員会の席上で「各教科の教材に関しましては出来るだけ生活に直接しましたものを採り入れまして，只今も理科のお話がありましたが，現在の小学校の理科の教科書は……殆ど〈学問的に羅列した小さな一つの学術である〉という風に思われるのであります。これを全然改めて例えば自動車とか飛行機とかあるいはラジオとかいう風に子供の生活に現われるものを教材として，それによって〈綜合的な理科の

知識その他のものを教える〉ということが，〈教材の取扱いとしては非常に大切なこと〉であろう」と思う，と述べている。

すでに大正期以来の教育運動の成果を見ている委員たちは，合科教授の例でもみられたように，その成果があからさまにかれらの「皇国民の錬成」の目標に反しないかぎり，それを取り入れることに積極的でさえあったのである。そしてそれらの意見は，審議会答申の「国民学校に関する要綱」にも「六　教育と生活との分離を避け国民生活に即せしむるを以って旨とし……」「七　教科書に付ては国民学校教科設定の趣旨精神を徹底すると共に内容の，整備改善を行う為必要なる改訂をなすこと」という形で取り入れられた。またその「要綱説明」の中に，「全教科を通じ教材を精選して教育の徹底を期すると共に，児童身心の健全なる発達を旨として，負担の偏重を避け，学科に関する教授の時数の如きも成るべく之を軽減せんことを希望する」として取り入れられたのである。

林博太郎らが教育審議会で説いた主張が，その後の理科教育の改善にどれだけの影響をもちえたか，それは資料的に明らかではない。しかし，林博太郎のような〈日本の理科教育研究運動の育ての親〉という実績をもつ人物が，〈伯爵／貴族院議員という肩書き〉と，〈元東京帝国大学教授／文学博士の長老教育学者という権威〉をもって，いまや教育審議会の整理委員長という権限ある地位についているのである。そのことは，理科教育研究会などにおける理科の教師の世論が，文部省の方針に影響を及ぼしやすくなる作用をしたことは明らかなことであった。

このころすでに文部省図書局は，現場の理科教育改善運動の世論におされて，国定理科書の新規編集事業をはじめていたが，その基本方針が教育審議会という上部機関によってオーソライズされて〈改善運動〉の道はさらに大きく開かれるようになったのである。

## 第2節　『自然の観察』『初等理科』と
『物象』『生物』の成立

## 「科学的精神の涵養」と「科学の日本的理解」

　新しい国民学校制度は1941年4月から発足することになったが，その骨子は1938年12月の教育審議会の答申に沿ったものであった。国民学校の「目的」は，1941年3月1日の勅令「国民学校令」の第1条によって，「国民学校は皇国の道に則りて初等普通教育を施し国民の基礎的錬成を為すを以て目的とす」と規定され，その教科は答申どおり「国民科／理数科／体錬科／芸能科／実業科」の5教科となり，その理数科の下に「算数／理科」などの科目がおかれることになった。

　また，これらの「教科／科目の要旨や注意事項」は教育審議会の答申中では示されなかったが，これについては国民学校教科調査委員会（理数科分科会主査は東京女子高等師範学校付属小学校主事の堀七蔵で，文部省内委員のうち理数科関係者には倉林源四郎／下村市郎の両督学官，桑木来吉図書監修官らがいた）の審議を経て1941年3月14日公布の省令「国民学校令施行規則」の中で規定されることとなった。

　「国民学校令施行規則」の「第七条理教科」および「第九条理教科理科」の全文は次の通りである。

図表10−1　国民学校の各科時間配当表
　　　　──「国民学校令施行規則」による（1941〜45年実施）

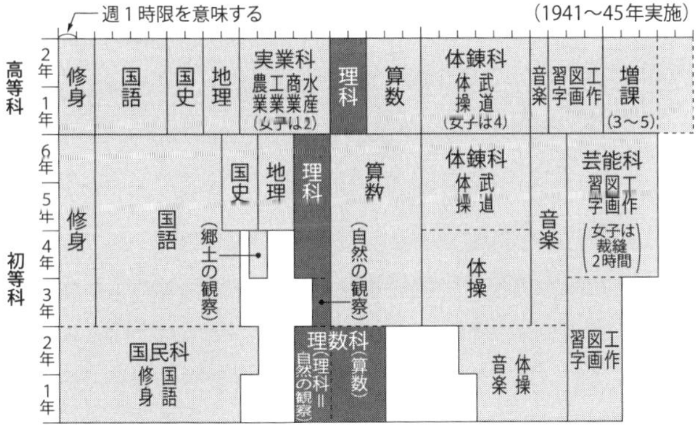

＊女子は「裁縫・家事」に各5時限

第七条　理数科は，通常の事物現象を正確に考察し処理するの能を得しめ，之を生活上の実践に導き，合理創造の精神を涵養し，国運の発展に貢献するの素地に培うを以て要旨とす。

科学の進歩が国家の興隆に貢献する所以を理会せしむると共に，皇国の使命に鑑み文化創造の任務を自覚せしむべし。

数理及び自然の理法を自発的持久的に推究する態度を養うべし。

分析的論理的に考察する力を養うと共に，全体的直覚的に把握する態度を重んずべし。

観察実験を重んじ実測・調査・作図・工作等の作業に依りて理会を確実ならしめ，発見工夫の態度を養うに力むべし。

国防が科学の進歩に負う所大なる所以を知らしめ，国防に関する常識を養うべし。

第九条　理数科理科は，自然界の事物現象及び自然の理法と其の応用に関し，国民生活に須要なる普通の知識技能を得しめ，科学的処理の方法を会得せしめ，科学的精神を涵養するものとす。

初等科に於ては，児童の環境に於ける自然の観察より始め，日常普通の自然物・自然現象・其の相互並に人生との関係・人体生理及び自然の理法と其の応用に関する事項を授くべし。

高等科に於ては，其の程度を進め産業・国防・災害防止・家事に関する事項をも授くべし。

自然に親しみ自然より直接に学ぶ態度を養うべし。

植物の栽培・動物の飼育を為さしめ生物愛育の念に培うと共に，継続的の観察実験に依りて持久的に研究する態度を養うべし。

実地の観察を重視すると共に，標本・模型・絵画・映画等を利用し理会を助くべし。

人体生理に関聯して日常の衛生及び国民保健の必要なる所以を知らしめ，体錬科と相俟ちて其の実践に力めしむべし。

芸能科工作と相俟ちて機械器具の取扱に慣れしめ，科学的技能の修練に力めしむべし。

自然界に於ける事物現象の全体的関聯の理会に力め，進んで自然の妙趣と恩恵とを感得せしむるに力むべし。

これらの条文を読んでまず注目させられるのは、「国運の発展」「皇国の使命」「国防に関する常識」といったことばとともに、「合理創造の精神」「文化創造」「自然の理法」「発明工夫の態度」「科学的精神」というような、これまでの文部省の文書にはまったく見られなかったことばがたくさん並んでいることである。ここで注意しなければならないことは、「国民学校令」や同「施行規則」ができたころには、もうすでにヨーロッパで第二次欧州大戦がはじまっており、日本は日米戦争の前夜だったことである。戦争を勝ち抜くためには、戦争への国民精神の統一ばかりではすまないことが明白になってきて、「科学教育の振興／合理創造の精神の涵養」といったことに目が向けられるようになってきていたのである。1941年3月28日には、科学振興調査会が「科学教育の振興に関する件」を答申し、〈初等教育から社会教育におよぶ科学教育の振興策〉を詳細に示したが、そこでも「科学知識の普及」「生活の科学化」とともに「科学的精神の涵養」が大きくうたわれている。また同年5月27日の閣議で決定された「科学技術新体制確立要綱」でも、「研究の振興」「技術の躍進」とならんで「科学精神の涵養」が三大方策の一つとして掲げられるようになっていたのである。

　ところで、閣内にあってこれらの科学教育振興策を推進したのは、1940年（昭和15）7月に文部大臣に就任した橋田邦彦であったが、その影響のもとに文部省の科学教育関係者を中心に「日本的科学」の考え方が支配的になっていったことも、注目すべきことであった。すでに述べたように橋田邦彦の『行としての科学』（1939年3月刊の書名）『科学の日本的把握』（1939年12月刊の書名）の理論は、『合理創造の精神／科学精神の涵養」といったスローガンと「日本精神主義／排外主義」との矛盾を調和させるのにもってこいの考え方を提供していたのである。新しい国民学校および中等学校の理数科教育は（多分に戦時色を帯びることになった教材をもとに）「科学的精神の涵養」と「科学の日本的理解」の二つのテーマを中心にして形づくられることになったのである。

　このことは、そのころ文部省の出した文書、あるいは文部省の役人の

書いた解説論文を見るときわめて明瞭である。たとえば,「国民学校令」の公布に先だって新しく発足する理数科教育について解説した文部省督学官下村市郎の解説論文（日本放送出版協会編『文部省国民学校教則案説明要領及解説』1940年10月刊所収）には,「独自性」とか「独創性」「創造性」といったことばがたくさん出てくるが,それとともに〈「自然を観察し考察し処理する」うえでの「日本的な態度」を伸ばす必要〉が説かれている。

　「しからば自然を観察し考察し処理する日本的な態度は如何なる態度であるか。一言でいうならば,自然に和する態度である。我が国土自然はその山川草木は申すに及ばず,我々人民の祖先も〈天ッ神の生み給うたもの〉であると言う〈肇国の神話〉は,現在も我々の心の奥に生きて居るのである。それに加うるに我が国は海に囲まれ,山秀で水清く春夏秋冬の季節の変化は他国に見られない美しい自然をなして居るのである。従って,〈我が国民の自然に親しみ和する態度〉は肇国以来培われた国民性なのである。

　西洋人が科学を行ずることは,或いは〈自然を征服すること〉かも知れないが,日本人が科学を学ぶことは〈自然を人生に調和せしむること〉であり,日本人的な人生観／自然観を抜きにしては考えられないのである。偉大なる科学者が真に〈自然の妙趣〉を感得し,自然に対し敬愛の念を抱くも,その全人格が全く自然に融け込み,自然と一体となるが為であろうと思うのである。国民学校の児童を科学者の境地に至らしむることは勿論不可能であろう。しかし〈日本的な自然に対する態度〉を指導することは,困難ではないのである。

　理数科理科の教授方針に「自然に親しみ自然より直接に学ぶの態度を養うこと」或いは「植物の栽培,動物の飼育をなさしめ生物愛育の念に培う」また,「自然界に於ける事物現象の全体的聯関の理会に力め進んで自然の妙趣と恩恵とを感得せしむるに力むること」と述べて居るのも,皆以上の精神の顕れである」（下村市郎「理数科に就いて」1940年10月）

## 『自然の観察』の成立

それでは国民学校の理科教育の内容は、「科学的精神の涵養」「日本的に科学する心の養成」というスローガンのもとで、従来の小学校の理科教育と比べてどのように違ったものとなったのであろうか。

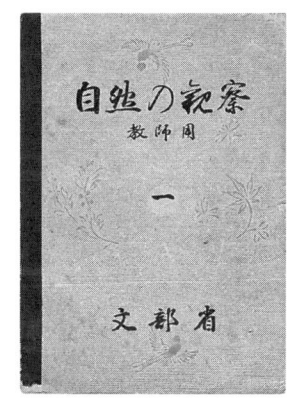

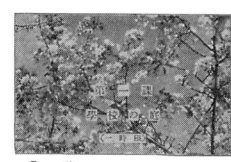

　それはまず第一に、国民学校の1年生から3年生までに「自然の観察」という形で理科が新たに（1～2年各週約2時限、3年週約1時限）課せられるようになったことである。

　しかしこのことは、すでに再三述べたように、国民学校という新しい超国家主義的な学校の性格に基づくものではなく、大正期以来の自由主義的／個人主義的な理科教育改革運動の成果が組みこまれたものであった。

　それでは、日本ではじめて制度化された低学年理科——「自然の観察」の内容はどのようなものであったろうか。

　この「自然の観察」の授業は、文部省で新たに編纂した国定教科書『自然の観察』に基づいて行なわれることになったが、この国定教科書は文部省図書局の図書監修官たち——塩野直道（1898～1969）を主任格として、岡現次郎／蒲生英男／島田喜知治（高等農林学校出身）といった人々によって編纂されたものであった。この教科書を作るにあたって、文部省図書局では文部省外の科学者や指導的な現場の理科教育研究者たちを招いて、その意見を組織的に取り入れるという努力をしなかったようである。国定『小学理科書』のときのように、省外の科学者が委員となって国定教科書を作るというわけでなく、またその国定『小学理科書』

を廃止して新たに国定教科書を作成するときに行なったように、現場の代表的な理科教育研究者を何度も招いて教科書編纂のための協議会を開くというような民主的な手続きもとらなかったのである。

しかし、『自然の観察』の内容を構成するにあたって、その基礎になったのは現場で長い間積み重ねられてきた低学年理科教育の研究の成果であった。岡現次郎（1901～84年、東大植物学科卒）はその回想記の中で次のように書いている。

　　『自然の観察』教師用を編集するにあたって、英米など外国の本は一冊も参考にしなかった。国内のリーダー格教師が試みていた低学年の理科はできるだけ調査してみた。題材としては参考になるものがたくさんあったが、教育の根本方針が既成の自然科学を教えることに尽きている観があって、この点で食い足りなかった。既成の自然科学を教えるつもりでいる人の中には安直な合理主義のつめこみで満足しているものもあった。わたくしたちはこどもの年令に応じて、豊かな情操をもちながら、自然の事物や現象を正しく見たり考えたり、扱ったりする能力態度を養いたかった。
　　　（岡現次郎「低学年理科制度のいきさつ」『理科の教育』1951年2月号）

この文中の「国内のリーダー格教師が試みていた低学年の理科」の「教育の根本方針が既成の自然科学を教えることに尽きている観があった」というのは、必ずしも正しいとはいえない。従来の低学年自然科教育運動の主眼点の一つは、まさに「既成の自然科学を教える」ことに対する批判にあったのである。文部省の『自然の観察』はその伝統を受け継ぎ、さらにそれを徹底したものとして注目しなければならないが、従来の低学年理科教育運動の考え方を根本から改めたということはできないのである。また、岡現次郎は「外国の本は一冊も参考にしなかった」と書いているが、かれの5年後輩で一緒に『自然の観察』を編集した蒲生英男（1930年東京帝大動物学科卒）の回想記（『理科教室』1959年6月号）は、その点かなり違っている。――

　　私は現場を見て歩いた。いい参考になったが、できあがった物は一つもなかった。……そこで、ともかく新しく考え出す必要がある。私はアメリ

カの教科書をのぞいたり，ソ連のやり方を紹介した本をよんだりした。こ
れらの国に敵がい心を持たなくては善良な国民ではなかったのだから，
それらを尊敬した私は非国民なのであろうが，ここから仕入れたチエが時々
ほめられて，おかしかった。

というのである。ともかく，新しい国定教科書『自然の観察』は文部省
の図書監修官たちが長年にわたる現場の先駆的な実践に学んで，それを
さらにすっきりしたものにまとめあげることによってできあがったもの
である。

　『自然の観察』の授業は1941年度の新学期から，新たに発足した国民
学校の1〜2年生からはじめられることになっていた。しかし，そのた
めの最初の国定教科書『自然の観察』巻一（1年前半用）の発行日をみる
と，1941年5月2日となっている。発行が新学期にまにあわなかったの
である。この新しい国定教科書『自然の観察』で第一に注意しなくては
ならない特色は，教師用教科書だけをつくって児童用書を作らないこと
であった。『自然の観察』の「総説」の部にはそのことについて次のよ
うに説明されている。

　　　『自然の観察教師用』は，上述の〈低学年理科の趣旨〉に基づいて編纂
　　したものである。この趣旨を達成するためには，児童用書の必要を認めな
　　い。しいて編纂すれば，『自然の観察』を教室において，教科書のうえで
　　指導するようなことに傾きやすく，却って悪結果を生ずるおそれがあるの
　　である。そこで教師用書のみを編纂することとした。

　すなわち，かつて国定教科書制度発足時に文部省が理科の児童用書の
使用を禁止したのと同じ理由によって，『自然の観察』の児童用書を作
成しない方針をとったのである。

　それなら，ここにいわれている「低学年理科の趣旨」というのはどう
いうものかというと，同書には，「国民学校の理数科理科に於て低学年
からその初歩指導をすることに定められたのは，主として，次の理由か
らである」として，次の説明が与えられている。

(1) 児童は，就学以前から自然に興味をもっている。自然の中で自然と共に遊び，自然に驚異を感じ，自然から色々なことを学びながら，経験を積み，生命を発展させている。また，機械／器具の利用されている現代に生活している児童は，これ等に接して経験を重ね，殊に舟や車や飛行機などに興味をもち，色々な玩具をもてあそび，これ等から色々なことを学び，また工夫する態度も養われて来ているのである。このような発達過程にある児童を学校に於て指導するには，その過程に順応すべきはいうまでもないところであって，これに対して何等の考慮を払わないときは，児童の自然物／製作物に対する興味の発達を中断することとなり，将来の発展の支障となるのである。即ち，低学年に於て，このような指導をすることは，寧ろ当然のことといわなくてはならない。

(2) 理科指導の目的を達成するには，〈自然に親しみ，自然を愛好し，自然に驚異の眼をみはる心〉が養われなくてはならない。また，自然のありのままの姿を素直につかまなくてはならない。かような修練は，主客の未分化な時期に於ける指導が極めて重要な意義をもつものである。知情意一体となって対象にはたらきかけるには，この時期の学習を疎かにしては，殆んど不可能といってよい。生命愛育の念も，理知の働きの発達が著しい時期よりも前に，その基礎が養われなくてはならない。生活を秩序正しくし，科学的に処理する躾も，この時期を逸しては，身につけることが容易ではない。即ち，理数科理科の目的を最も有効に達成するためには，是非とも適切な指導をしなくてはならない時期である。

　この説明は，第2項のなかに「日本的科学」の考え方の影響が見られることのほかは，従来の低学年理科（自然科）の特設運動のなかでくり返し主張されてきたものと大差のないものである。これによっても新たに制度化された「低学年理科／自然の観察」が従来の低学年自然科運動の考え方をそのまま制度化したものであることは明らかであろう。

　ところで，同書によると，上記のような趣旨によって設定された「自然の観察」で行なわれるべき指導は次の3項に要約されるものであった。

(1) 自然に親しませ，自然の中で遊ばせつつ，自然に対する眼を開かせ，考察の初歩を指導する。

(2) 植物の栽培／動物の飼育をさせ，生物愛育の念を養うと共に，観察／処理の初歩を指導する。

(3) 玩具の製作をさせ，工夫考案の態度を養い，技能の修練をする。

図表10－2　国民学校理科教材配当表

| 月 | 一年 自然の観察1・2 課 | 時限 | 二年 自然の観察3・4 課 | 時限 | 三年 自然の観察5 課 | 時限 | 四年 初等科理科1 課 | 時限 | 五年 初等科理科2 課 | 時限 | 六年 初等科理科3 課 | 時限 |
|---|---|---|---|---|---|---|---|---|---|---|---|---|
| 4 | 1 学校の庭 | 1 | 1 季節だより | 2 | 1 めだかすくい | 1日 | 1 イモノ植エツケ | 4 | 1 鶏ノセワ | 2 | 1 アサトワタ | 2 |
| | 2 記念の木 | 2 | 2 らくがさん | 1 | 2 春の種まき | | | | | | | |
| | 3 庭の花 | 1 | 3 春の種まき | 2 | | | 2 兎ノセワ | 2 | 2 キウリト草花 | 4 | 2 山ト水 | 5 |
| | 4 庭の動物 | 2 | 4 春の野 | 1日 | | | 3 テフト青虫 | | | | | |
| | 5 春の野 | 1日 | | | | | 4 モミマキ | | 3 花トミツバチ | 3 | 3 海ト船 | 9 |
| 5 | 6 春の種まき | 2 | 5 むし歯 | 1 | 3 水栽培 | | | | 4 蚕ト桑 | 4 | | |
| | 7 木の葉遊び | 2 | 6 五月の畠 | 1日 1時 | 4 植えつけ | | 5 田ノ土畠ノ土 | 2 | 5 写真機 | 5 | 4 砂ト石 | 2 |
| | 8 草花とり | 1日 | | | | | 6 田ヤ畠ノ虫 | | | | | |
| | 9 草花植え | 2 | 7 草花植え | 1 | | | | | | | | |
| 6 | 10 池や小川の動物 | 3 | 8 田植 | 1日 1時 | 5 さし木 | | 7 小川ノ貝 | 3 | 6 油シボリ | 3 | 5 私タチノカラダ | 8 |
| | 11 麦畠と虫とり | 1日 1時 | | | 6 うめとあんず | | 8 田植 | 3 | | | | |
| | 12 雨あがり | | | | | | 9 森ノ中 | 3 | 夏ノ天気 | | | |
| 7 | 13 しゃぼん玉遊び | 2 | 9 私たちの研究 | | 7 色ぞめ | | 10 クモ | | 夏ノ衛生 | | 6 アサノ刈リ取リ | 2 |
| | | | 10 露 | 1 | 8 帆かけ船 | | 11 イモホリ | | | 8 | | |
| | | | 11 水遊び | 2 | | | 12 デンワ遊ビ | | | | 7 自転車 | 5 |
| 9 | 14 あさがほ | 2 | 12 学校園 | 1 | 9 学校園の虫 | 2 | 13 稲田 | | 9 ポンプ | 5 | | |
| | 15 ばったとり | 1日 | 13 へちま | 1 | | | | | | | 8 電燈 | 5 |
| | 16 お月さま | 1 | 14 種とり | 1 | 10 石ひろひ | 1日 | 14 紙ダマ鉄砲 | | 10 秋ノ天気 | | | |
| | 17 うさぎ | 1 | | | | | | | | | | |
| 10 | 18 野菜と果物 | 2 | 15 秋の種まき | 3 | 11 砂車と風車 | | 15 鳴ク虫 | 2 | 11 コト・フエ・タイコ | 5 | 9 キモノ | 7 |
| | 19 秋の種まき | 1 | | | | | 16 イモホリト種マキ | 4 | | | | |
| | 20 とり入れ | 1日 | 16 秋の野 | 1日 | | | | | | | 10 金物 | 8 |
| 11 | 21 もみぢ | 1日 1時 | 17 きく | 1 | 12 秋の種まき | 2 | 17 トリハレ | 5 | 12 火ト空気 | 5 | 11 メッキ | 6 |
| | | | 18 木の実ひろひ | 1日 | | | 18 デンプン取リ | | | | | |
| | 22 笛 | | 19 畠の手入れ | 1 | 13 めがね遊び | | | | | | | |
| 12 | 23 鳥の羽 | 1 | 20 虫めがねと鏡 | 1 | | | 19 ウガヒ水 | 5 | 13 家 | | 12 電信機ト電鈴 | 6 |
| | 24 落葉かき | 2 | 21 湯わかし | 2 | | | | | | | | |
| | 25 冬の衛生 | 1 | 22 寒暖計 | | | | 20 渡り鳥 | 2 | 14 冬ノ天気 | 4 | | |
| 1 | 26 冬の天気 | 4 | 23 はねとたこ | 4 | 14 すゐせん | | 21 オキアガリコボシ | | 15 甘酒トアルコール | | 13 電動機 | 4 |
| | 27 日なたと日かげ | | | | | | 22 生キ物ノ越冬シ | | | | | |
| 2 | 28 春を待つ庭 | 1 | 24 季節だよりの整理 | | 15 寒さと暖さ | 3 | 23 コンロト湯ワカシ | | 16 私タチノ研究 | | 14 タコト飛行機 | 6 |
| 3 | 29 方角 | 2 | | | 16 私たちの研究 | 2 | | | | | 15 私タチノ研究 | 3 |
| | 30 草つみ | 1日 | 25 三月の野 | 1日 | | | 24 春ノ天気 | 5 | | | | |

ここでは,「遊び」「動植物の飼育・栽培」「玩具の製作」が重視されて「知識」については全くふれられていない。このことは今日の低学年理科教育の実際と対比して特に注目を要する点であろう。『自然の観察』はこのような観点から図表10－2に示すような教材を配置したのである。

### 『初等科理科』の成立

　低学年理科の教科書にひき続いて，待望の新理科教科書『初等科理科（児童用）』巻一（4年用）がはじめて文部省から発行になったのは，1942（昭和17）年3月16日，日米戦争がはじまって間もないころである。1934年2月に文部省が小学校理科の新規編纂事業に手をつけて現場の意向を問いあわせたときから数えて8年後，はじめて国定『尋常小学理科書』にかわる教科書が発行されたのである。

　この新しい国定教科書『初等科理科』の基本的な性格，それは8年ほど前に現場の理科教師たちが新理科教科書の性格として要求したものをほとんどそのまま満たすものであった。その意味でこの新しい『初等科理科』はけっして「皇国の道に則」るという国民学校の精神から割りだされたものではなく，〈長い間の理科教育改革運動の成果を結実させたもの〉であった。教材は総合化されて，課の数は四年から六年までで55課となり，従来の142課と比べて3分の1に減少させられたし，教材のテーマも図表10－2にみられるように「イモの植えつけ」「電話遊び」「紙だま鉄砲」「でんぷん取り」「うがい水」「コンロと湯わかし」などと子どもの興味をひきつけるようなものが選ばれている。そして，児童用書の記述の形式もまた従来の国定『小学理科書』とまったくかわっている。そのことは右にかかげた『初等科理科』巻一（4年用）の最初の2ページを見ただけで明らかであろう。

　長年の現場の理科教育研究者たちの要求がやっとみのり，朝鮮の『初等理科書』や『満洲理科学習帖』，信濃教育会の『理科学習帳』などに具体化されていた現場での長年の研究成果を吸収した新国定理科書『初

第10章　戦時下における理科教育の改革　407

等科理科』が生まれたのである。

　『初等科理科』はその教科書の構成からみて朝鮮の『初等理科書』にたいへんよく似ている。子どもの興味をひくような生活上の問題をとらえて，課題式な記述方法をとっていることなどそっくりである。しかし，『初等科理科』は朝鮮の『初等理科書』にはない新しい特長ももっていた。それは，『初等科理科』では，「作業理科」の考えを全面的に取り入れて，子どもにものを作り育てさせること，そのこと自体を理科の課題として豊富に取り入れていることである。朝鮮の『初等理科書』でも，巻二の「第一学校園」では学校園に種子をまいたり，挿し木をするようにと作業が課せられている。しかし，そのような作業課題はまれである（そのことは『初等理科書』1937年度改訂版の『初等科理科』巻二をみても同じである）。

　しかし，『初等科理科』ではほとんどあらゆるテーマでものを作り育てるという課題が提出されている。「1イモの植えつけ」「2兎のせわ」「4もみまき」「8田植」というような動植物の飼育栽培課題だけではない。巻一の「12でんわ遊び」では「おもちゃの電話機を作って電話遊びをしましょう」（片仮名を平仮名や漢字にして読みやすいようにした。以下同じ）と書きだして糸電話を作らせているし，「14紙玉鉄砲」や「21起き上りこぼし」も，おもちゃをつくる作業からはじまっている。また，「18澱粉とり」や「19うがい水」でも，澱粉をとったり，うがい水をつ

くること，そのことが課題になっている。このような飼育／栽培／おもちゃ作りは低い学年だけにみられるわけではない。巻三（6年用）でも，「1 アサやワタ」「6 アサの刈りとり」「9 着物」では，アサやワタの栽培収穫が取り上げられているし，「3 海と船」では，卵のからで潜水艦を作る作業などが中心になって，物の浮き沈みが教えられるようになっている。「11 メッキ」「12 電信機と電鈴」「13 電動機」「14 タコと飛行機」でも，メッキをしたり電池を作ったり，〈電信機／電鈴／電動機／タコ／グライダー〉などを作ることが課題とされている。従来低学年自然科教育などに広く取り入れられてきた作業理科の考えが『初等科理科』のなかに吸収されたのである。

　『自然の観察』や『初等科理科』は，戦時下に発足した国民学校の教科書として作られたものである。だから，その内容にはもちろん，「皇国の道に則って」戦争を勝ち抜くための軍事的な教材や，「日本的に科学する心の養成」を目ざす記述が盛りこまれている。たとえば，『自然の観察』（教師用）の巻一の第一課「学校の庭」には

　　奉安所（ほうあん）の前に来たら，列を正しく並ばせ，「ここは，天皇陛下・皇后陛下の御写真がおさめてある処です」と告げ，最敬礼をさせる。そうして「この辺りは，いつもきれいにしておきましょう」と奉安所に対する心得の第一歩を話す。

などということまで書いてあるし，『初等科理科』（児童用書）巻一の「17 とり入れ」の最後には「とれたげんまい（玄米）は，まず神様に供えましょう」と書かれている。また巻三の「10 金物」は，「戦争をするには，軍艦／鉄砲／大砲／戦車／飛行機／弾などがいる。これらを作るには，いろいろな種類の金物が必要である」という書き出しにはじまっているし，「14 タコと飛行機」の最後は，「わが国が大東亜を守り，太平洋を制して行くには飛行機を使わなければならない。……私たちはもっと勉強して，よい飛行機を工夫しようではないか」と書き結ばれている。そして，挿絵などにも軍艦／戦車／聴音機／電信隊など軍事的なものが

少なからず収録されている。

　しかし，全体としてみれば，これらの教科書は戦時的なものというよりも，一時代昔の〈新教育運動の子ども本位の考え方〉をもとにして作られているといってよいであろう。実際この教科書は国粋主義者たちによって危険視されるおそれもあったのである。この教科書の編者の一人蒲生英男によると，『初等科理科』の原稿ができたとき，文部省図書局の編修課長井上赳はそれを読んで「こんなに何でも「ヤッテミマセウ，ナゼカ考ヘテミマセウ」というクセをつけると，いまに日本の歴史を疑うようになる。そうなったら日本はおしまいだ」といって怒ったという。

　「戦時中だからこういう教科書ができたのではなく，子どもたちに少しでもわかりやすく興味ぶかく自然の事物の法則性を知らせようという理科教育改革運動の成果が，戦時中という非常事態のもとでやっと実を結んだ」と理解しなければならないのである。

### 中学校の『物象』『生物』の成立

　戦時下に新しい理科の教科書が用いられるようになったのは，国民学校だけではなかった。1941年に国民学校が発足してから2年後の1943（昭和18）年度には，中学校や高等女学校でも新しい準国定教科書『生物』『物象』による授業が行なわれることになったのである。

　この新しい教科書は，その前年の1942年3月5日に改定公布されたばかりの「中学校／高等女学校教授要目」に基づいて作成されたものであった。もっとも，このとき改定されたのは，数学と理科の教授要目だけであって，修身／国語／国史などのいわゆる文科系学科の教授要目の改定は行なわれなかった。普通なら全教科一緒に教授要目の改定を行なうところなのに，「数学／理科」の教授要目だけがきりはなされて改定されたのである。

　もっとも，中学校教授要目のうち一部の学科だけが改定されたのは，このときがはじめではない。文部省は1937（昭和12）年3月2日には，「修身／公民／国語漢文／歴史／地理」の五科目の教授要目を，他の教

図10-3　1942年「中学校理科教授要目」の目標授業時数

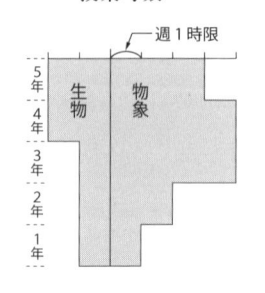

科ときりはなして改定していたのである。それは「満洲事変を契機とした国力発展に応ずるため，教学を刷新し，国民精神を作興するの要，誠に切なるものがあったからである」(文部省「数学及理科教授要目解説要項 (草案)」1942年) と説明されていた。ところが，その後「支那事変勃発以来時局の変遷頓に著しく国家各般の体制に一大転換を要し，……現下の時局は科学の振興を一日も忽せにするを許さず，早急にその対策を講ずるの必要に迫られ」(同上) るようになったので，「数学／理科」の教授要目の改定になったというわけであった。

塩野直道の追憶記 (「中学校の物象・生物追想」『理科の教育』1953年5月号) によると，この教授要目の改定が他の教授要目ときりはなして企図されたのは，1941年の早春のことで，この理科の教授要目の改定委員として文部省外から選ばれたのは，次の人びとだったという。「平田森三 (東京帝大，物理) ／水野国太郎 (東京高師，物理) ／玉虫文一 (武蔵高校，化学) ／林太郎 (東京女高師，化学) ／坪谷幸六 (地学) ／合田得輔 (東京帝大，動物) ／服部静夫 (東京帝大，植物) ／堺俊郎 (東京第十高女校長) の8人である。これに文部省内から倉林源四郎 (主席督学官) ／塩野直道 (図書監修官) ／岡現次郎 (図書監修官) ／小林茂雄 (学校衛生)，少しおくれて内藤卯三郎 (督学官) ／酒井佐明 (督学官) が加わって，100回近くの会議をひらいて教授要目をきめたという。

新しい中学校理科教授要目は，1931年の教授要目の失敗を認めて，新たに「物象」と「生物」という二つの柱をたてて「理科」を組織しなおそうとしたものであった。「物象」というのは新しく導入されたことばだが，これは「生命のないもの」の領域をあらわすものとして，「物質現象」あるいは「物的現象」ということばを縮めたのである。「生物」「物象」という名称は耳新しいが，1931年以前には中学校の教科として

「博物」と「物理及び化学」の２つが並立していたのだから，この２本だてはそう新しい組織だてということはできない。ところがこのときには「欧米で創られた既成の科学」の体系をくつがえして，理科教育の分野を「日本人の素直な心」でとらえなおす必要があるというので，ことさら「生物」「物象」ということばがつくられたのである。

塩野直道自身の認めるところによれば，彼は要目改定の会議で「生物」「物象」の二分を「主張して一歩もゆずらず，多少なりとも反対する議論に対しては，〈それは米英的である〉とか，〈日本の子どもに米英科学のカスをなめさせて，それでよいのか〉など暴言をはいた」というありさまであったという。

しかし，「生物」「物象」の２本だてになっても，「博物」「物理及び化学」の時代に「動物／植物／生理衛生／鉱物／物理／化学」の教科書がそれぞれ別々に発行されていたのと同じように，「生物」の一年で植物／２年で動物／３年で人体生理／「物象」の３年以上の第一類が物理／第二類が化学というように，教科書が別々になっている点はかわらなかった。ただ新しくなったのは，「物象」の一二年で物理と化学が一緒に取り上げられ，すべての理科教科書が「物象」または「生物」という統一的な名称で呼ばれることになったことだけであった。もっとも，そのようなことが可能になったのは，一つには，新しい理科教授要目に基づく教科書は「準国定教科書」として出版されたからでもあった。

従来中等学校の教科書は検定制のもとに発行されていた。「物理／化学／動物／植物」といった教科書がそれぞれ十数種も出版されていて，そのなかには加藤与五郎／永海佐一郎の『推理中学化学教科書』（明治書院，乙準拠は1938年12月刊）のように特色のある教科書も見られたのである。ところが，物資節約を理由に1941年度から「同一学科の教科書は５種以内」に制限され，さらに1942年３月には，文部省の指導によってすべての中等学校教科書会社が強制的に合併させられて，「中等教科書株式会社」が創立された。そして，新しい教授要目による理科の教科書は，この中等教科書株式会社一社だけによって編集発行されることになり，

その教科書の執筆者の選定から内容の検討にいたるまで文部省の関与するところとなった。中等学校の教科書はその後，1943年1月21日公布の「中等学校令」によって公式に国定化されることになったが，検定制度のもとに発行された中等教科書株式会社の『生物』『物象』も準国定教科書として発行されたのである。

しかも，これらの教科書の執筆者は，その名前が教科書に表記されていないけれども，その多くが教授要目の改定委員と同じ人びとであった。つまり『生物』が合田得輔／服部静夫の両委員に緒方富雄（東京帝大，医学）が加ったメンバーで執筆され，『物象』は玉虫文一／林太郎の両委員に清水武雄（東京帝大，物理）が加ったメンバーで執筆されたのである（『物象』にはその後，金原寿郎・多田元一らが加わったという）。

それでは，準国定教科書『物象』『生物』（1944年度に出版された国定教科書『中等物象』『中等生物』）には，その内容上で何か新しい特質といったものがあったであろうか。これらの教科書を開いてみて，まず気のつくことは，従来の普通の中学校理科の教科書と違って，本文の中に「実験」や「考察」「操作」「問題」といった課題がたくさん綴りこまれていることである。いや，むしろそれらの「実験／操作」が中心になって授業／学習が展開されるようになっているといってよいであろう。

たとえば，『物象』巻一の「物の変化の考察」では，「二．形の変化」のうちの「1固体の弾性」で，はじめに「ゴム糸はよく伸びるが，この伸びはどのようにおこるものか，実験してしらべてみよう」と書き出されてあって，次に〔実験〕という見出しのもとに，生徒実験の方法を示

して，〈伸びと吊り下げたおもりの間の関係〉を図表に書きあらわすように指示してある。そして，その次に〔考察〕とあって，「上の図表から……伸びと外からの力との間に，どんな関係のあることがわかったか」と書かれている。つまりこの教科書は，国民学校の教科書『初等科理科』と同じようなしくみになっているのである。

　しかし，重要な違いもある。『物象』では，その〔実験〕〔考察〕のすぐあとに「上の実験でみたように，……」とか「これらの考察などからわかるように，……」という形でその答が印刷されていることである。これらの点は『生物』でも変わらない。たとえば，『生物』巻一の「九. 葉では何ができるか」では，はじめに3つの実験が課されているが，そのすぐあとに，「以上の実験で，葉の緑色の部分には……ことがわかった」と書かれている。つまり『物象』『生物』は「実験／操作／考察などの課題」が中心になって展開されていながら，それらの実験や操作・考察を自分でやらなくても，ひと通り正しい結論がわかるようになっているのである。

　新しい教科書『物象』『生物』は，〈実験／考察を通して法則を帰納するのが科学研究だ〉とする帰納主義の立場にたつ教科書であった。しかし，数少ない生徒実験から帰納させることが困難であることを見越して，その実験／考察の結果まで書いてしまっているのである。この帰納主義の立場はまた，『物象』『生物』全体の構成にもあらわれている。これらの教科書の基礎になった教授要目では，まず低学年で「学習上必要なる操作／考察の基礎的修練」に重点を置くことにし，たとえば，『物象』巻一の場合，最初に「基礎的操作と観察」と題して，大きさ／重さ／時間／温度の測定法から「天象の観測／気象の観測／岩石・鉱物の観察／溶液の処理」といった事柄をとりあげている。〈測定／観測から科学がはじまる〉という立場をとっているのである。

　この教科書のこのような立場は，当時文部省内部に支配的だった「日本的科学」の考え方と無関係とはいえないようである。塩野直道がしきりに強調したように，この教科書には，「パスカルの原理だとかゲーリ

ュサックの定律とか，なんとかかとか，カタカナの名前のついた法則定律」は一切排除されている。つまり，科学の歴史性が抹殺され，「我が国民の伝統的精神である〈まことの心〉，即ち，〈すなおな，正しい明らかな心〉で，自然界の事物現象に直接し，ものごとの事実の姿をつかみ取ることが要求されている」のである。〈現象の観察／測定から物象／生物の教育をはじめる〉という構想も，この日本人の「まことの心」の強調とうまく調和したものといえるのであろう。

しかし，すでに20年以上もまえに神戸伊三郎が明らかにしたように，科学研究というものは，すなおな虚心坦懐な心から生まれるものではない。科学の探求心は対象に対するたえざる予想／想像から生まれるのである。ところが，唯物論的自然観の排除のうえにたった『物象』『生物』は，その「実験」を生徒自身が自分の予想／仮説をもって自然に積極的に問いかけるように組織することができなかったのである。結局のところ，『物象』『生物』は失敗というほかないであろう。しかも，今日の中／高等学校の理科教科書はその失敗をそのまま受け継いでいることに注意しなくてはならない。

### 戦時下の理科教育の効果

国民学校の新しい教科書による理科教育は，1〜2年が1941（昭和16）年度から，3〜4年が1942年度から，5〜6年が1943年度から，高等科一年が1944年度からはじまり，中等学校の教科書『物象』『生物』は1943年に一二三年生用が発行され，文部省で作った国定『中等物象』『中等生物』による授業は1944年度から中学一二年で行なわれるようになった。つまり，これらの教科書は，すでに「大東亜戦争」（1941年12月8日〜1945年8月15日）がはじまり，やがて国民学校児童の集団疎開，中学校生徒の勤労動員によって国民学校も中学校もほとんどまともな授業が行なわれなくなった時期に使用されることになったのである。当時は教師の徴兵徴用が相次ぎ，実験／観察資料も極度に不足していた。したがって，これらの新しい理科教育のプランがまともに実施されることは，ほ

とんど不可能なことであった。

　しかしそれにもかかわらず，国民学校の新しい教科書はかなりの成果をあげることができたものと思われる。筆者はこれまで，これらの教科書を用いて授業を受けた年代の人々と話す機会をもったときには，いつもそれらの人々が受けた国民学校時代の理科の思い出話を聞きただしたが，それらの人々の多くは「ニワトリを飼ったこと」や「紙ダマ鉄砲や卵のカラの潜水艦を作ったこと」を思い返すことができるのである。ところがそれより少しまえの『小学理科書』の時代の人々に聞きだしても，「桜の花のハナビラの数をかぞえたこと」ぐらいしか思い返せないのが普通である。そのことは敗戦後に小学校の理科教育を受けた人々についても同じである。それらの人々もまた，自分の受けた理科教育について印象深い思い出をもたないのが普通なのである。

　このことからみると，『初等科理科』の作業理科のねらいは，その作業の末にきかれることになっていた「この実験でどんなことがわかりますか」とか，「そのわけを考えなさい」とか，「それはどういうわけですか」という問いを中心とした授業の成果を別とすれば，おおいに成功したということができるであろう。筆者自身は『小学理科書』で理科を学んだ最後の年代に属するのだが，弟や一二歳年下の友人たちが『初等科理科』でさまざまなものをつくり育てながら楽しそうに勉強しているのを見てうらやましく思ったのをはっきりと思い出すことができる。明らかに，国民学校の理科教育は，戦時中であったにもかかわらず，多くの教師の興味をよびおこし，かなり実際的な効果をあげることができたといってよいのである。

　しかし，中等学校の『物象』『生物』の場合，この教科書がどれだけ効果をあげたか，それはたいへん疑わしい。この教科書は，国民学校の教科書の場合と違って，長い間の現場教師の理科教育研究運動の末に生み出されたものではなかった。それは，当時の中堅の物理学者／化学者／生物学者といった人々によって，ほとんど現場とは無関係に，しかも１～２年という短時間の間に構成されたのである。しかもこの教科書

のはじめには，それ自体としては目標のない〈退屈な測定実験〉が配置されている。これらの教科書では，唯物論的な雄大な自然観をはじめにしっかりと提示することによって生徒の興味をひきつけることをしないで，あとの「学習の基礎」のために，忍耐強い「修練」が要求されたのである。

　ここでは「科学の日本的把握」の弱点がはっきり出ているといってもよいかもしれない。筆者は，この『物象』『生物』ではじめて理科教育を受けた世代に属するが（適切な教師にめぐまれなかったためでもあろうが），少なくとも筆者および筆者のクラスの学友たちがこの教科書の内容にまったく興味をもちえなかったことはたしかである。

　しかし，戦争が深みにはいり敗戦の色が濃くなってくると，もはや科学教育も何もあったものではなかった。しかしまた，〈この戦争を勝ち抜くためには科学教育がさらにいっそう充実されなければならない〉ということは，科学戦としての性格をますます強く示していた「大東亜戦争」そのものが教えることであった。そこで文部省は英才児だけを選んで，〈特別な科学教育を行なう〉という方針を採用し，1944（昭和19）年12月26日「特別科学教育研究実施要綱」を発表した。各高等師範学校付属中学校と京都帝大理学部で少数英才の特別科学教育をはじめたのである。また中等学校の3〜4年生に「軍事に関する科学」について週2時間ずつ課することにし，翌1945年1月にはそのための軍事科学教科書『機甲』『気象』『航空』『火器・化学兵器』を発行した。しかし，その努力もむなしく，それから半年後の8月15日に日本政府は連合国に無条件降伏し，それとともに国民学校／中学校の理科教育も崩壊し，新しい理科教育の再建が求められるようになったのであった。

# 第 11 章

# 教育民主化と
# 生活単元・問題解決学習

## 第1節　敗戦と教育民主化の構想

### 敗戦と科学教育の民主化運動

　1945（昭和20）年8月15日，日本はついに無条件降伏を宣言した。そして9月8日には連合軍が東京に進駐し日本に新しい時代がやってきた。長い間，「満洲事変」（満州侵略）から数えて実に15年もの間，すべてが戦争という「非常時」の名において行なわれてきたのが，今度は，すべてが敗戦／ＧＨＱ（連合軍最高司令部――General Head Quarter の略）の指令／民主主義の名において行なわれることになった。そして科学教育もまた，この新しい政治の変革にともなって大きな変革を受けることになった。

　連合軍の東京進駐に続いて9月11日には，ＧＨＱによって東条英機以下38名の戦犯容疑者逮捕令が発せられ，14日，元文相橋田邦彦が自決したが，その翌15日文部省は「新日本建設の教育方針」を発表し，ついで20日には「終戦に伴う教科用図書取扱方に関する件」を定めて，「戦時教材の省略／削除」を指令し，それは理科の教科書にも及んだ。

　連合軍の占領政策は，やつぎばやに教育の非軍事化／非国家主義化，さらには民主主義化を強力におし進めることになった。ＧＨＱ内に設置されたＣＩＥ（民間情報教育局）はただちに活動を開始した。学校教育に

関する指令だけをとってみても，10月22日には「日本教育制度に対する管理政策」を出して軍国主義的／国家主義的教育を禁止し，同30日教員および教育関係者の調査指令，同31日軍国主義的／国家主義的教師の追放指令，12月15日には，「神道の国家からの分離，学校から神道教育を排除する指令，31日には修身・日本歴史および地理の授業停止，それら教科書の回収とその破棄を指令」と続いた。

　敗戦——それは直接的には，日本の軍事力が，アメリカなどの連合軍の軍事力に劣っていたことのあらわれであったが，その軍事力の劣勢は科学・技術の劣勢に基づくものであった。そこで，敗戦後しばしば日本は「科学戦に敗れた」といわれ，あらためて「科学技術振興」の重要性が訴えられるようになった。ある人々は，敗戦の原因をさらにつきつめて考え，「日本人に科学的合理性が欠けているために無謀な戦争を引き起こしたのだ」と反省し，「日本人の科学的合理性を養うためには，戦時中の科学的精神論とは違った意味で，社会的な諸問題をも科学的／合理的に判断しうるような科学的精神の育成が重要である」と主張した。また，これまで侵略政策をもとにして成立していた日本の経済の前途を心配していた人々は，日本の平和産業の基礎を高めるために，科学技術の振興と科学技術教育の重要性を説いた。また，敗戦によって軍事力を基礎にした「世界に冠たる大日本帝国」の誇りを傷つけられた人々は，「これからは世界文化に誇りうるような〈文化国家日本〉を建設すべきである」と力説し，国際的な文化の代表ともいうべき科学の振興を説いた。

　政府も例外ではなかった。いやむしろ，政府はジャーナリズムとともに，日本の進むべき新しい進路を科学教育振興にかけて，国民を指導する姿勢さえ示したのである。敗戦直後の文部大臣前田多門は，すでに「文化日本建設へ，科学的思考力を養おう」（大系／通史⑤ 1-3）と呼びかけているし，敗戦の年の9月5日には技術院廃止のあとを受けて文部省に科学教育局を新設し，新しい科学教育振興の仕事にのりだした。たとえば，科学教育局は同年11月7日発の「科学教育現地実態調査に関する件」という通牒の中で，「各地方に係官を派遣」して全国の学校教育

における科学教育の現地／実態調査を行なうとともに，「戦時中に於ける科学教育方針払拭，民主主義に基く戦後科学教育理念の確立に重点を置」いて現地連絡を行なうことを指示している。そしてその「現地連絡事項要目」の中では「従来我国科学が功利主義に堕し国民的基礎に欠如せる為の脆弱性に関し，今次戦争中露呈せられたる幾多の具体的事例に付きて明かならしむ」ること，「国民科学教育の究極目的が科学精神を啓培して合理主義的，実証主義的心構を国民生活中に浸透普及せしめ，国民の教養を刷新向上し，以て新日本文化建設ノ礎石を創成するにあることを徹底諒解せしむると共に，併せて近代科学がその本質に於いて民主主義と密接不可分の関係にあることを闡明す」ること，「新事態に即応する国民学校教員の民主主義的科学教育研究会の開催を奨励す」ること，を現地連絡すべきこととして指示している。

　新しい科学教育は，上の科学教育局の通牒の中にも示されているように，文部省の内外を問わず「民主主義」の旗印のもとに行なわれることになったのである。科学教育局は，敗戦の年の11月22日には第1回の科学教育振興懇談会を開催して多くの人々から科学教育振興のための意見を取り上げはじめたし，さらにその年の暮には，各地の大学／専門学校の科学教育に熱意のある教授・助教授のもとに「科学教育研究室」を設けることを計画実施する（大系／教育③7-1）など，積極的に省外の人人の力を結集して科学教育の根本的な改革をはかろうと試みた。さらにまた，各大学に設置された「科学教育研究室」は，規定の活動のほか，新たに結成された大学の職員組合とも協力して「理科市民大学」（大阪帝国大学），「市民理科講座」（名古屋帝国大学）などの科学啓蒙活動にも積極的にのりだしたのであった（大系／教育③7-1B）。

　敗戦まもない時期の科学者たちは科学啓蒙にたいそう熱心であった。専門的な研究をしようにも研究資材がなくて出来なかったし，生活上の困難は，従来の科学者の特権的な意識を薄れさせ，国民の一員としての意識をもたせることとなり，なまなましい敗戦の教訓は科学者たちに科学啓蒙の熱意をいだかせるもととなった。そこで大学職員組合は，生活

を守る運動と並行して科学啓蒙活動を活発にはじめたのである。科学における民主化，それはなによりも，科学をみんなのものにすることと考えられ，実行されたのである。

### 教育民主化の構造と理科教育

敗戦後しばらくの間続けられた日本の学校教育の民主化の方針を，はじめて体系的に示した文書，それはＧＨＱによって発表された『米国教育使節団報告書』（大系／教育③7-2）である。同使節団はＧＨＱの招請によって1946年3月6日に来日，同月30日に連合軍最高司令官に報告書を提出したが，これがその後直ぐに公表翻訳されたのである。この報告書には，従来の日本の教育全般に対する根本的な批判／勧告が展開されていたが，その批判／勧告は当時の日本においてはほとんど想像もつかなかったほど，一貫して民主的／進歩的な立場を貫いていたものであった。

同報告書は次のようなことを指摘している。「教師の能力がもっともよく発揮できるのは自由の雰囲気の中においてだけである。行政官の任務はこの雰囲気を作り出すことであって，決してその逆ではない」。あるいはまた，「中央官庁は，教育の内容や方法あるいは教科書を規定すべきではなく，むしろその活動の分野を概説書／参考書／教授指導書等の出版に限定すべきである」。さらに，「教師が，……教授の内容と方法を，種々な環境にある彼等の生徒の必要と能力並びに彼等が将来参加すべき社会に適応せしめることは，教師の自由に委せられるべきである」といい，教師の自主性をきわめて尊重し，国家による教育の画一化に対してするどい批判を加えているのである。このほか，特権的な学校組織への批判（複線型教育批判），画一的つめこみ教育／受験教育への批判，漢字教育に対する批判などがあげられている。どうみても，ここに述べられている思想は進歩的・民主的であって，それ以外のなにものでもない。

文部省の方針はこの報告書以来大きく変わった。たとえば，文部省が

敗戦の年の9月15日に公表した「新日本建設の教育方針」では、「軍国的思想及び施策を払拭し平和国家の建設を目途と」することを説きながら、「今後の教育は益々国体の護持に努むる」ことを指示して、民主主義的な方向を明確に打ち出すことをしなかった。また、同年9月29日の「新教育方針中央講習会」でも、大村文部次官はデモクラシーに言及して、このことばが「民主主義と訳された為に君主主義に対立するものなるかの錯覚を生ぜしむる虞(おそれ)が多い。故にデモクラシーは民意暢達の政治という様に意訳した方がよいと思う」などといっていた。ところが、教育使節団が報告書を提出して間まなく文部省が発表した『新教育指針』（1946年5月15日から翌年2月15日までの間に5分冊のパンフレットとして公刊。大系／教育③7-3）は、GHQの指導のもとに、はっきりと民主主義の立場にたって書かれることになったのである。文部省はGHQの圧力と教育使節団の報告書と戦後日本の民主化運動におされて、やっと民主主義的な路線をとりはじめたのである。

　GHQの指導によってまとめられた文部省の『新教育指針』は、教育使節団の報告書をさらに詳細に展開したものと見られるものであったが、ここには直接科学教育に言及した章節も設けられ、それに多くの紙面があてがわれた。ここに示された科学教育の指針は、それから20年を経た今日（本書初版は1968年）においては、もはやまったく忘れ去られた感があるが、文部省の示したこの教育の指針は、日本科学教育史上注目すべきものであった。それはその出発点においてすでに、戦前／戦時の日本の科学教育とまったく異なった立場を明示していた。そのことは、たとえば「科学的水準及び哲学的・宗教的教養の向上」の章の冒頭の言葉にもはっきりと示されている。――「われわれはさきに日本国民の弱点として、合理的精神にとぼしく科学的水準が低いことを述べた。そして軍国主義者及び極端な国家主義者が、こうした弱点を利用しやすいことを説いた。このことはいいかえれば、真実を愛する心、すなわち真実を求め真実を行なう態度が、指導者に誤り導かれないために必要であることを意味する」。――そこにはこう述べられている。「真実を愛する心

がいかに必要であるか」という問いに対する第一の答え，それは「指導者に誤り導かれないためだ」というのである。それを文部省自身が書いたのである。こんなことはもちろん日本の科学教育史上かつてないことであった。

　これは，敗戦の教訓のなまなましい1946年において，ＧＨＱ内の進歩派グループの指導のもとに，はじめて表現しえたことであった。ここでは，科学的精神というものが単に自然科学のみに関するものとしてではなく，社会科学にもかかわるものとして，むしろ後者に力点をおいて語られているのである。これが新しい科学教育の最も基本的な方向を示すものであった。

　新しい科学教育の指針，それをひと口でいえば，民主主義社会の建設をめざす理想高い科学教育の確立を訴えるものであった。しかも，この指針は単なる机上の空論ではなかった。文部省は，ＧＨＱの強力な指導のもとに，この指針を急速かつ強力に実行に移したのである。それは具体的には「社会科」の新設，「生活単元／問題解決学習」の導入という形であらわれた。社会科の新設と，「その授業は生活単元／問題解決学習的な授業形態をとるべきである」ということについては，すでに米国教育使節団の報告書の中でも具体的に提案されていた。そして文部省の『新教育指針』にもその構想が示されていた。ところがやがて，生活単元／問題解決学習という授業形態は，社会科教育のみならず，理科教育，さらには算数・数学教育にも適用されるべきものとされるようになった。

　良い学科課程は「先づ生徒の興味から出発して，……その興味を拡大充実するものでなければならない」「試験のためにただ事実的知識を暗記させるよりは，むしろ自由探究に重きを置くべきである」——『米国教育使節団報告書』（大系／資料 7-2）はこのように指摘しているが，当時，児童／生徒の自発性を重んじながら，民主主義社会の建設をめざす科学教育を実現するためには，生活単元／問題解決学習という授業形態以外にはありえないと考えられるようになったのである。新しい民主主

義的な科学教育の目標が，アメリカの教育使節団やＧＨＱの強力な指導によってはじめて成立した以上，アメリカでもっとも進歩的と考えられた教育の内容と方法とが取り入れられるようになったのも当然のことといえるであろう。

### 六・三・三・四制の発足と理科教育の拡張

　『米国教育使節団報告書』と文部省の『新教育指針』に基づく教育民主化の構想は，まず学校教育制度のうえにおいて，その単線化を目標とする「六・三・三・四制の採用」という形で具体化されることになった。

　それまでの日本の学校教育制度では，小学校から大学までのコースは，尋常小学校（国民学校初等科）6年，中学校5年（高等学校受験資格は4年修了），高等学校3年／大学3年という「六・五（四）・三・三制」であったが，多くの子どもたちはこのコースとは別のコースを進んでいた。すなわち，家庭の経済的事情その他で中学校へ進学できないものは，2年制の高等小学校へ進むし，中学校を卒業しても大学へ進学するには家庭の経済的事情が許さないものは4年制の（実業）専門学校へ進学していたのである。このような学校教育制度では，一度高等小学校や専門学校へ進んだものが，中学校や大学へ進学することはかなり困難なことであった。そこで，このような複線のコースをもつ学校制度を単線化しようとするのが六・三・三・四制度のねらいであった。この制度では，すべての子どもたちは，どこまで進学するかは別として，同一のコースを進むようになったのである。

　六・二・三・四制度のもう一つのねらいは，従来尋常小学校6年間だけが義務教育だったのを，小学校6年／中学校3年にまで義務教育のワクを拡げることにあった。もっとも戦時中の「国民学校令」では，国民学校初等科6年と高等科2年の計8年を義務教育とすることが定められていたのだが，1944年2月15日公布の「国民学校令等戦時特例」によって，義務教育の2年延長が無期延期となっていたのである。新しい教育制度では，この義務教育2年延長を3年に延ばし，それを単線型の中学

校3年とし，そのうえに3年制の高等学校，さらにそのうえに4年制の大学をおき，旧来の専門学校はすべて大学（または暫定的に2〜3年制の短期大学）に昇格させて単線型学校制度をきずこうというものであった。この六・三・三・四制の学校制度は，アメリカ占領軍の強力な指導・圧力のもとに，1947年の新年度からあわただしく実施されることになったのである（新制中学は1947年から，新制高等学校と一部の新制大学は1948年度から，大部分の新制大学は1949年度から発足した）。

ところで，学校制度には，「それぞれの段階の学校で，何をどの程度まで教えるか」という教科内容の構想が伴わなければならない。戦前の日本では，そのような教科内容は，小学校では国定教科書，中学校では文部省の定めた「教授要目」によっていたのであるが，国定教科書や官版教授要目が民主教育のたてまえにあわないことは，すでに『米国教育使節団報告書』の中でも論じられていることであった。そこで国定教科書や官版教授要目にかわるものとして登場したのが「Course of Study, つまり学習指導要領」であった。

はじめての『学習指導要領／一般編（試案）昭和22年度』は1947年3月3日に文部省から発表された。そしてその小・中学校の理科編『学習指導要領／理科編（試案）昭和22年度』（大系／教育③ 7-9）は同じ年の5月26日に，また『高等学校の学習指導要領（試案）（物理／化学／生物／地学）』は1948年の1月7日に文部省から発表された。これらの学習指導要領にはいずれも「試案」という断り書きがついている。そして『学習指導要領／一般編（試案）昭和22年度』のはじめには学習指導要領というものの性格について「この書は，学習の指導について述べるのが目的であるが，これまでの教師用書のように，一つの動かすことのできない道をきめて，それを示そうとするような目的でつくられたものではない。新しく児童の要求と社会の要求とに応じて生まれた教科課程をどんなふうにして生かして行くかを教師自身が自分で研究して行く手びきとして書かれたものである」と書いてあった。

文部省の発行する学習指導要領が当初の意味をかえたのは，文部省が

1958年10月1日に小／中学校の学習指導要領を官報告示として発表したときが最初である。このときから文部省の学習指導要領は「試案」でなくなり，現場に拘束力をもつものとなったのである。敗戦直後の教育民主化の立場から大きく後退したのである。

ところで，理科教育に焦点をあてて見れば，敗戦後の新教育は，戦時中に拡張された理科教育の授業時数をさらに一層大幅に増加させることになった。図表11−1は1947年3月3日に発表された文部省『学習指導要領／一般編（試案）』に示された小／中学校の各教科の授業時数配分表を図に書き直したものである。これによると，小学校の理科の週授業時数は国民学校初等科時代と比べて，3年生が週1時限から2時限へ，4〜6年生が週2時限から3時限（または4時限）へと増加させられている。中学校では各学年4時限となっていて国民学校高等科の各学年2時限の2倍となっており，旧制中学校1年の週2時限／2年生の週3時限／3年生の週5時限よりかなり増加している。これは，戦後の生活単元／問題解決学習を主軸としたアメリカの教育思想が日本の教育民主化の思想と結びついて，社会科教育とともに理科教育を重視したためだが，

図表11−1　文部省『学習指導要領／一般編（試案）昭和22年度』による小中学校各学年の教科別週授業時数配分表

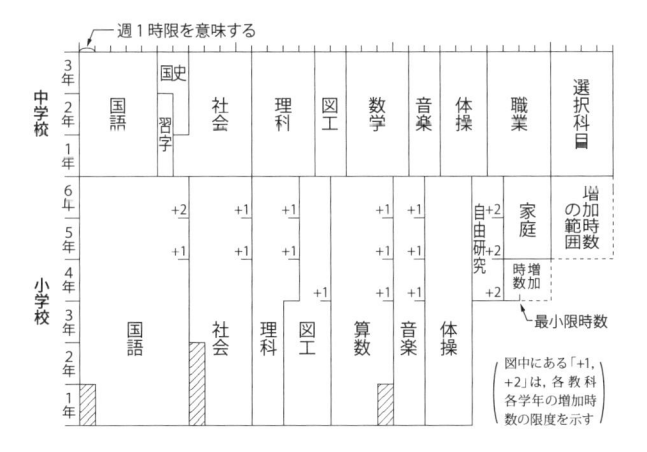

敗戦後の新教育——教育民主化のほうが，戦時中の科学教育振興熱よりもさらに一層理科教育／科学教育に重きをおくものになっていたということは注目に値することといわなければならない。その後生活単元／問題解決学習の考え方が，民主教育の思想とともに急速に弱まるようになっても，理科教育の授業配分時数にみられる比重は敗戦後の水準を下回るようなことはなかったのである。

## 第2節　生活単元／問題解決学習による理科教育の導入と崩壊

### 生活単元別教科書の発行

理科教育の中に生活単元／問題解決学習の考え方を取り入れる作業は，まず新制中学校3カ年の理科教科書の中に具体化されることになった。新制中学校は1947年（昭和22年）4月からあわただしく実現されることになったが，文部省はそのための教科書の計画・編集を前年の秋から着手したのである（岡現次郎「理科教育の変遷」科学教育ニュース。大系／教育③7-7）。

民間で検定教科書を発行することができるまで，ということで，暫定的に発行された文部省著作の新しい中学校理科教科書『私たちの科学』（大系／教育③7-7）の第1冊めは1947年3月に出版されたが，それは従来の理科教科書とまったくその形態・性格を異にしたものであった。まず，それは各学年6冊，3カ年計

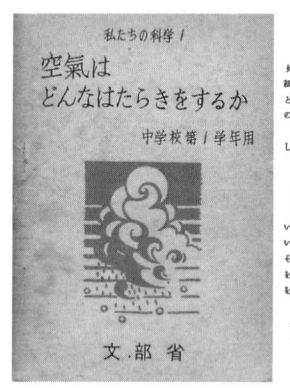

18冊の大部のものであった。もっとも，敗戦直後には用紙不足や印刷事情のために従来1冊だった教科書を何分冊にもわけて発行したことがあったが，これはそういう意味で分冊されたものではなかった。この18冊は，次のように，自然の事物を生活上に利用する問題をテーマとして，それぞれ独立した内容をもっていたのである。

第7学年用
　単元1．空気はどんなはたらきをするか。
　単元2．水はどのように大切か。
　単元3．火をどのように使ったらよいか。
　単元4．何をどれだけ食べたらよいか。
　単元5．植物はどのように生きているか。
　単元6．動物は人の生活にどのように役にたっているか。

第8学年用
　単元7．着物は何から作るか。
　単元8．からだはどのように働いているか。
　単元9．海をどのように利用しているか。
　単元10．土はどのようにしてできたか。
　単元11．地下の資源をどのように利用しているか。
　単元12．家はどのようにしてできるか。

第9学年用
　単元13．空の星と私たち。
　単元14．機械を使うと仕事はどのようにはかどるか。
　単元15．電気はどのように役にたつか。
　単元16．交通通信機関はどれだけ生活を豊かにしているか。
　単元17．人と微生物とのたたかい。
　単元18．生活はどう改めたらよいか。

すなわち，この各学年6冊（全部で18冊）の教科書は，一つの教科書の分冊ではなく，1冊1冊が「生活単元／問題解決学習にふさわしい，教科書の形」をとっているのである。これはアメリカの単元別教科書（*Uni-text*）の形態にならったものであった。文部省は中学校用の教科

書について，1948〜49年には小学校第4〜6学年用の児童用教科書『小学生の科学』（大系／教育③ 7-11, 7-12）を発行したが，この教科書もまた生活単元教科書であった。各学年5冊で，次のように各冊1〜2単元の単元別教科書である。

　第4学年用
　　A．私たちのまわりにはどんな生物がいるか。
　　B．生物はどのように育つか。
　　C．空には何が見えるか。
　　　　地面はどんなになっているか。
　　D．湯はどのようにしてわくか。
　　　　かん電池でどのようなことができるか。
　　E．どうしたらじょうぶなからだになれるか。
　第5学年用
　　A．生物はどのようにして生きているか。
　　　　生物はどのようなつながりをもっているか。
　　B．天気はどのように変わるか。
　　　　こよみはどのようにして作られたか。
　　C．音はどうして出るか。
　　　　物はどのようにして見えるか。
　　D．電じしゃくはどのように使われているか。
　　　　機械や道具を使うとどのように便利か。
　　E．よいたべ物をとるにはどんなくふうをすればよいか。
　　　　すまいやきものは健康とどんな関係があるか。

第6学年用
- A．生物はどのように変わってきたか。
  生物をどのように利用しているか。
- B．地球にどんな変化があるか。
  宇宙はどんなになっているか。
- C．物の質はどのように変わるか。
  電気を使うとどんなに便利か。
- D．交通機関はどのようにして動くか。
- E．からだはどのようにはたらいているか。
  伝染病や寄生虫はどうしたら防げるか。

## 問題解決学習の手本としての『小学生の科学』

　『小学生の科学』と『私たちの科学』は，そのテーマの選択が生活単元的であっただけでなく，その記述のしかたがまた問題解決学習的なもので，従来の国定の理科教科書とはまるで違った性格のものであった。それは『尋常（高等）小学理科書』のように「筆記代用」的な性格のものでもなく，また戦時中の『初等科（高等科）理科』のように「作業課題書」的な性格のものでもなかった。

　たとえば，『小学生の科学』の4年生の「湯はどのようにしてわくか」という単元の教科書（第4学年用D，1948年11月30日発行）の本文を見ると，まず最初に「たのしいピクニック」という節がある。そして「風はすずしくなって，空はすみきってきました。よいお天気の日がつづいています。……」という，実にのんびりした文章ではじまるのである。このピクニックの話はやがて，〈はんごうにいっぱい水を入れて火にかけたところ，まだ煮たらもしないのに水があふれこぼれ，みんなが首をかしげた〉という話につながる。この話が3ページあって，この単元の導入部――問題解決学習の問題の発生の部分とされているのである。第2節「にこぼれた湯」でこの問題の解決がはかられるというわけである。この第2節の最初の部分を書き抜いてみよう（内容は『初等科理科』4年の「コンロト湯ワカシ」をうけついでいる）。

1. 水のふくれかた

きょう三郎君の家で、ピクニックのときに話しあった研究をすることにしました。

まず湯をわかして、水があたたまると、どんなにふえるかしらべることにしました。なべに水を半分ばかり入れて、こんろの火にかけました。水はだんだんあたたかくなってきましたが、水面のあがるようすは、よくわかりません。

「やあ、なかなか熱心だね」と、みんなのにぎやかな声を聞いて、おとうさんが出ていらっしゃいました。

「水がふくれるようすがわかりましたか。なに、わからない。そんな口の広いなべでは、水が少しぐらいふくれても、水面のあがるようすはめだたないから、わからないのですよ。もっと、口の細いものを使ってしらべてごらん」と注意なさいました。

そこで、口の細いびんに水を入れ、それをなべの湯の中に入れて、あたためてみることにしました。びんを火にじかにあてると、われることがあるからです。こんどは、水があたたまるにつれて、水面が少しずつあがるのがわかりました。

「もっと口の細いものでしらべてみよう。きっと、これよりずっとよくわかるよ」

三郎君は、しけんかんとガラスかんとコルクのせんで、図のようなしかけを組みたてました。しけんかんの中には、見やすいように、赤インキでそめた水をいっぱい入れました。その口に、ガラスかんをとおしたせんをかたくしますと、赤い水がガラスかんに少しあがりました。

これを火の上にかざして、しずかにあたためながら、ガラスかんの水面がどのようにのぼるか、注意しました。水はあたたまるにしたがって、ぐんぐんくだを……

みられるように、この部分の記述も物語風である。いや、この『小学

生の科学』はほとんど全部，子どもたちを主役にしたものがたりで展開されているのである。この教科書は，同じ年輩の子どもたちがどのようにして問題を発見し，その問題を解決するためにどのようなくふうをこらし，どのようにして解決していったかという手本を示したいわば「読み物」であった。『小学生の科学』は，児童が喜んでこれを読むように，印刷事情の極度に悪かった当時の日本で一般図書にも類を見ないような全ページ多色刷りの美しい絵本の体裁で発行されたのである。実際，『小学生の科学』は，アメリカでいう Reading book,「読み物」教科書として作成されたものであった。このほか文部省は，アメリカでいう Working Book,「作業帳」として『小学生の科学観察と実験の報告』（大系／教育③ 7-13）を各学年に1冊ずつ作った。これはいわゆる「理科学習帳」の一種であった。

　中学校用の『私たちの科学』は，『小学生の科学』と違って，子どもに〈問題解決学習の手本を示す〉といったものにはなっていない。ここでは子どもたち自身に問題を発見させそれを解決させるというよりも，むしろ，生活上近辺にある事物——たとえば，水／火／着物／家といったものの脈絡を追って，さまざまな科学上の問題を提起するのである。そこでここでは，読者である子どもたちに，その話題を追って学ぶ意欲をおこさせるための語りかけが多くなっている。

　その意味では，〈中学生版の問題解決学習の手本〉ということができるかもしれない。〈私たちの身近に感ずるさまざまな事物についてどのようにして疑問をいだき解決すべき

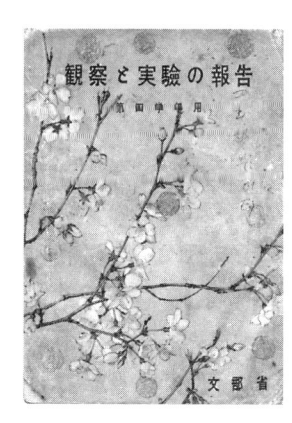

か〉ということを示しているのだからである。戦時中の『物象』『生物』は「既成の学術的体系に拘泥(こうでい)することなく」というスローガンのもとで編成されたにもかかわらず、依然として十分科学的体系性をもっていたが、敗戦後の『私たちの科学』は、科学の論理的系統性をすててまでも、生活上身近な事物を重んじたために、まったく異なったタイプの教科書となったのである。

### 生活単元／問題解決学習理科の受容

　新しい理科教科書は、上述のように従来の教科書とまったくその性格を異にしていたものであったが、それにもかかわらず、これがそれぞれ1～2年のうちに完結したというのは、注目すべきことである。戦時中の国民学校発足のときにも、文部省はこのように急速な改革はなしとげえなかったのである。このような事業はGHQの強力な圧力と文部省の理科教育関係者の奮闘によってはじめてなしとげえたことであるとはいえ、それも裏をかえせば、この新しい教科書がCIEによって提示されたアメリカの理科教科書を、そのまま見ならうことによってできあがったということを意味すると考えてさしつかえないであろう。

　新しい生活単元教科書の見本となったアメリカの理科教科書が何であったか、ということについては、今のところ当時の文部省関係者によって何も語られていないようである。しかし、当時、『小学生の科学』とたいへん似た教科書がアメリカから日本にもちこまれていたことは確かである。シカゴ大学実験学校の Bertha Morris Parker による The Basic Science Education シリーズの教科書がそれである（この教科書は『基礎科学教育叢書』と題して広島図書（株）から一部翻訳発行されているし、その教師用書も広くもちこまれた）。この教科書はUni-text「単元教科書」をうたい文句にした教科書で、本の大きさ、厚さ、色彩などの体裁まで『小学生の科学』とそっくりである。文部省はそれらのアメリカの教科書を手本に新しい生活単元教科書を作成したのである。

　それにしても、文部省関係者の間には『初等科（高等科）理科』や

『中等物象』『中等生物』などを廃止して，それにかわってアメリカ流の生活単元教科書を新たに作製することに強い不満はなかったのであろうか。当時文部省でこれら両方の教科書の編纂の中心になった岡現次郎は，のちにいくつかの回想記を書いているが，占領軍の強引な指令には多くの不満を述べてはいても，その生活単元／問題解決学習の方針にはまったく異議をさしはさんではいない。彼にあっては，生活単元／問題解決学習の理科教育への導入は，戦時中の理科教育改革の精神と軌を一にし，それをさらに発展させたものとして積極的に評価されたのである。

戦時中の国定理科教科書（『初等科（高等科）理科』『中等物象』『中等生物』）に代表される理科教育と，戦後の文部省著作の理科教科書（『小学生の科学』『私たちの科学』）に代表される理科教育との間には，たしかに大きな断層がある。しかし，この2つの時期の理科教育の指導者たちの考え方には一脈相通ずるものがあることも見落とすことができないのである。戦時中の理科教育改革の基本方針は，子どもたちの身近な事象のなかから教材を選びだし，子どもたちに作業を中心とした課題をあたえて，科学上のさまざまな問題について考えさせようとすることにあった。そのような考え方からすれば，生活単元／問題解決学習の考え方はそう異質なものではなかった。生活単元／問題解決学習は，戦時中の理科教育改革の考え方をなお一層徹底させたものと理解することができたのである。

戦前の理科教育改革運動の中心になっていた現場の理科教育研究者たちも，新しい教科書『私たちの科学』『小学生の科学』が発行されたとき，これに批判的な態度を示さなかったようである。当時は占領軍の政策に対する批判は禁じられていたから，占領軍の意を受けて作られた新教科書に対する批判もはばかられたのかもしれない。しかし，おそらく彼らは新しい教科書に多少の疑問を感じても，教育民主化の方針にそった生活単元／問題解決学習の考え方に圧倒されたといったほうがよいであろう。生活単元／問題解決学習は，きわめて明確な教育哲学にささえられていたから，これを批判するためには，これについてよほど研究を

積み重ねる必要もあったであろう。

### 問題解決学習受容の背景

それに当時の日本の社会には、生活単元／問題解決学習を、たいして異質のものとせずに積極的に取り入れていこうとする基盤が存在していた。

それは一つには、戦中／戦後のきびしい経済生活の中で、物資を節約して自給生活を維持するという観点から、「生活科学」というものが切実な課題になっていたということである。文部省科学教育局が1947年度にすぐれた科学教育を実施していた小学校にその実践報告を求めたときにも、その報告書には、「生活科学」をテーマにしたものが少なくなかった。

> 米が足らぬ。炭も足らぬ。着物も家も足らぬ。足らぬものずくめの世の中でも、何とかして生きていきたい。これがお互の気持であろう。そのお互が互に恨みあっても仕方がない。これが敗れた日本の歩むべき道と覚悟をきめ、資源の少い日本に適応し、これを高度に生かす新しい生活を建設したい。
>
> 住むこと着ること、家庭生活に学校生活に、一切のむだを去り正しい暮し方を発見し、乏しいながら皆上品で健康な日本人になりたい。私共の科学教育も、生活に科学を見出し、科学を愛し、生活を楽しむ人々を育てようと努めている。……

これは、金沢市の瓢箪町小学校から提出された報告書「生活科学への道」（文部省科学教育局編『すぐれた科学教育のすがた－小学校－』1948年9月刊。大系／教育③ 7-10）の冒頭の文章である。この報告書には、〈煮たきの炭の節約はどのようにしたらよいか／教室を暖房するときどのようにしたら燃料の節約になるか／蚊を退治するためボウフラを殺すにはどうしたらよいか〉というようなテーマについて行なわれた、教師と子どもたちによるすぐれた共同研究のプロセス／成果が報告されている。実際このころは、〈とぼしい食糧／とぼしい物資をいかに合理的に活用

するか〉という生活上の問題を解決することが，生きるための必要事であった。普通のときなら商店にいって買ったり，専門の技術者に頼めばすむものを，当時においてはみな自給自足しなければならなかったし，代用品をくふうしなければならなかった。生きていくために知恵をしぼり，他人の知恵を取り入れることの必要性が，このときほど感じられたことはなかった。つまり，生活上の問題を自分自身で解決する必要が，このときほど感じられたことはなかった。戦時と敗戦直後の物資不足のもとでのロビンソン＝クルーソー的な国民の生活条件は，生活単元学習の発想を受け入れるのに絶好の条件だったといえるであろう。

　また，当時の多くの日本の知識人の科学についての理解のしかたそのものが，生活単元／問題解決学習の考え方を積極的に受け入れうるようなものであった。そのころまで，一般の知識人に「科学的な考え方」というものがどんなものであるかをわかりやすく提示し，多くの知識人の共鳴を得ていたものは寺田寅彦に代表される一連の「科学随筆」であった。もともと，日本には本格的な科学啓蒙書というものがほとんど育たなかったから，多くの知識人が生き生きとした科学についての理解を得る道といえば科学随筆しかなかったのである。科学随筆で話題とされることがらは，一般に，本格的な科学啓蒙書とは違って，科学の基本的なテーマではなく，筆者や読者の日常身辺の事象であった。科学随筆は，日常身辺の事象を科学者である筆者独特の見方で考察することによって，科学者の目が日常身辺の一見つまらなそうに見える事象の中にも，いかに興味あることがらを発見しうるものであるかということを読者の前に示し，読者に科学に対する親近感をもたせ，科学の考え方というものを知らせる役割を果たすものであった。したがって，主としてそのような科学随筆をよりどころとして科学的な考え方についての理解をもった人々には，生徒が興味をもちそうな日常身辺の問題をとらえてきて，それに「科学的な見方」を適用させるという教育の方法が理想的なものと思われたとしても，それは自然のなりゆきであった。

　そのころまで，日本の科学は一般にまだ国際的な水準に達していなか

った。そして多くの科学者は，自分たちの研究活動が世界の第一級の科学者の自由な研究活動に比して質的に劣るものであることを認めざるをえなかった。それゆえ，それらの科学者たちには，世界の科学史の基本的な方向をきめてきた世界の科学者たちの活動をみずからの言葉でいきいきと描きだすようなことはできることではなかった。日本の科学者が，科学者の思考のはたらきを自信をもっていきいきと描きだすことが出来ることといえば，日常身辺の事象についての随筆的な考察といったことにかぎられていたのである。しかし，〈科学の基本的な認識を進めるような科学者の活動〉と，〈すでに知られている科学の論理を用いて日常身辺の事象をたくみに説明する〉という活動とは基本的に違った側面がある。科学随筆をもとにした「科学的な考え方」についての理解は，しばしば科学の本質的な理解をそこなうことになりかねないのである。

ところが，実際にその誤解が起こったのである。文部省の『新教育指針』の中には，寺田寅彦／中谷宇吉郎／藤岡由夫などの科学随筆の中の話を取って科学的な思考の典型例としているが，このような〈科学についての科学随筆的な理解〉が，やがて科学教育の生活単元／問題解決学習へと拡大されたのである。まだ科学の基本的な考え方についてまったく知らない生徒たちに，いきなり複雑な日常身辺の事象をなげかけて，その科学的な考察をさせようということになったのである。

### 生活単元／問題解決学習の普及

生活単元／問題解決学習の方向は，以上のようにしてまず中学校と小学校の新しい理科の教科書の中に具体化されたのであるが，しかし「これらの教科書を用いてどのような授業を行なったらよいか」ということは，必ずしも明らかなことではなかった。『小学生の科学』は美しい絵本で，わかりやすい文章でゆるゆると物語風に話を進めている。だから国定の『尋常小学理科書』や『初等科理科』の時代と同じような授業をやるわけにはいかない。ところが，ＧＨＱは文部省が教師用書を作成することを禁じた。だから，従来から児童用教科書が作られなかった小学

校1～3年などでは特に，一般の教師は，理科の時間にどのようにして教えたらよいのか，その指針を失って当惑してしまった。それに当時は，実験資材はととのわず，代用教員が多く，教師の生活も安定していなかったから，落ち着いて従来どおりの授業を満足に行なうことも期待することができない状況にあった。

そこでなによりもまず，新しい生活単元／問題解決学習の理科教授法を確立し，普及する必要があった。文部省はＣＩＥの強力な指導のもとに，1947年5月にひとまず『学習指導要領／理科編（試案）』（大系／教育③7-9）を発表し，教師に「新しい理科学習の指針」を示したかっこうになっていたが，これはまにあわせ的に作られたもので，一応新しい教育のねらいを打ちだしたとはいうものの，現場の教師に授業の進め方を具体的に指導するようなものとはなりえなかった。

もっとも，「新教育」をいかに実現すべきかということは，理科教育のみの問題ではなく，あらゆる教科にわたる当時の大問題であった。いや，当時は，1947年の文部省の『学習指導要領／理科編』にも書かれているように，教科の別を設けることさえ問題であった。1948年には梅根悟などを中心にコア＝カリキュラム連盟ができ，「生活教育」の研究普及が開始された。そして，東京文理科大学などに全国各地の教育指導者が集められてアメリカ教育学・生活教育の講習会が連日開かれ，「生活学習」「生活理科」がもてはやされた。しかし当時は，教育現場では施設／設備の不足と生活全体の窮乏のため，ろくろく理科の授業は行なわれず，「生活理科」はもっぱら〈思想〉としてもてはやされたにすぎなかったといったほうが適切であろう。新しい「生活理科」が現場に根をおろすためには，教師の生活が安定するとともに，その「生活理科」のあり方がもっと具体的な形で示されることが必要であった。

新しい理科教授法の研究は，まずなによりも，そのもとになっているアメリカの教授法の考え方を取り入れることからはじめられなければならなかった。そのような試みとしてまずあらわれたのは，コロンビア大学教授のG.S.クレイグの一連の科学教育書の翻訳出版であった。すなわ

ち，1949（昭和24）年1月20日には久保亮五・合田得輔・篠原喜人・宮原誠一・村越司・和達清夫訳編という多数の自然科学者・教育学者の協力によって，G.S. Craig: *Science for Elementary School Teacher* (1940)の訳書『科学の教室』の上巻（大系／教育③ 3-15）が時事通信社から出版され（中巻は同年5月10日，下巻同年10月30日刊），同じ年の5月30日にはクレイグ著・西本三十二訳：『子供の教育と科学』が日本放送出版協会から出版され，さらに1950年8月にはクレイグが中心になって作った生徒用理科教科書 *Our World of Science* (1946)も「科学の世界」（宮原誠一／村越司／岩淵悦太郎／新貢治訳）シリーズと題して時事通信社から翻訳出版された。

1950～52（昭和25～27）年は，いわば生活理科が成立し全国的に普及していく過程であった。文部省著作本の『小学生の科学』『私たちの科学』は，この期間において民間教科書会社の新教科書（学習指導要領にもとづく検定教科書で，すべて生活理科につらぬかれている）にとって代わられるようになった。そしてその一方では文部省が，さきに発表した『学習指導要領／理科編（試案）昭和22年版』を不十分なものとして改訂準備をすすめ，1952（昭和27）年2月には改訂版の『小学校学習指導要領／理科編（試案）』（大系／教育③ 7-16）を，また同年3月には『中学校高等学校学習指導要領／理科編（試案）』（大系／教育③ 7-17）を発行した。ここにおいてはじめて，生活単元／問題解決学習のなかみがかなり具体的な形で提示されることになり，敗戦後新しく発足した理科教育の構想は一応の完成をみたのである。

初版本『学習指導要領／理科編（試案）』はＡ5判121ページのものであったが，1952年改訂版の『小学校学習指導要領・理科編（試案）』はＡ5版462ページ，同じく中学校・高等学校判は490ページという詳細なものになっていた。小学校版のほうを見ると，その目次は「理科の目標／こどもの発達と理科学習／学習内容の組織化／理科指導計画のたて方／学習指導法／評価の方法／小学校における理科の材料と施設」の七つの章からなっている。これは，その後できた1958年改訂版『小学校学習指

導要領』の「第4節理科」の主内容が「第2．各学年の目標および内容」（A5判44ページ分）だけであって，それにそれぞれ1ページ分余りの「第1．目標」と「第3．指導計画作成および学習指導の方針」という項が加えられているだけなのとまったく異なっている。1952年版学習指導要領は，その構成からいっても，また，たとえばその「第3章　学習内容の組織化」のはじめに，「各学校において，理科指導の一般目標が作られたならば，こどもの発達を考慮して各学年の指導目標を定める必要がある」と書かれていることからも知られるように，各学校でそれぞれの実情にあったカリキュラムを作成する場合の参考資料として発行されたのである。各学年でそれぞれ独自の生活単元を作成し，それを本書に示されているようなしかたで——問題解決学習方式によって指導せよというのである。

### 戦後の理科教育の実態

　生活単元／問題解決学習による理科教育は，1952年に改訂版学習指導要領が完成発表されて，その具体化のための数多くの指針を与えられることによって，名実ともに完成したかにみえた。しかし，この指導要領は，机上に描いた教育の理想案であって，実際の理科の授業はなかなかそのプラン通りに進められることはなかった。

　たとえば，元文部事務官で学習指導要領作成の関係者でもあった永田義夫（当時横浜国立大学教授，1933年東大動物学科卒）は，1953年8月に「戦後における理科教育の反省」（『児童心理』1953年8月号。大系／教育③12–5）という論文のなかで，次のような実情を報告している。

> 　終戦後の現象として，理科と社会科の指導をまったく行なわないという学校が少なくないようである。これらの教科のために配当された時間を，算数／数学の計算練習とか，国語の書取りとかにふり向けて，その場をすごす傾向がある。その理由は，これらの教科では何を指導すべきかの内容があまりにも広汎で，しかも漠然としすぎているために，教師自身に手のつけようがないというのが主なものであるらしい。

実際，この時期に小学校生活を送った人々の話をきいても，「小学校でまともな理科を学んだことがない」という人々がむしろ多いのである。それほど戦後の理科教育は多くの教師にとって，まったくとらえどころのないものであったにちがいない。
　永田義夫はこれに対して，「このような欠陥が生じるのは何といっても教師の教養に帰することができよう。すなわち理科教師はたんに自然科学の知識をあさることだけで十分と考えることが多く，自然科学を大衆のために奉仕させることに対する教育上の技術の研究に関心をもつことがうすいといえる」といって現場教師の教養のなさを批判している。しかし，学習指導要領に書かれているような生活単元理科を問題解決学習のやり方にしたがって一通り満足に実施することは，最もすぐれた教師でもほとんど不可能なことであったにちがいない。そこで「〈児童／生徒の必要や興味につながる生活上の問題の解決〉ということを誦えながら，無価値な学習あるいは理科の目標から著しく逸脱した学習を行なわせる場合がしばしば見られる」ということにもなった。「たとえば〈音はどうするとでるでしょう〉と称して，一時間中，いろいろな楽器や器物を鳴らして，そのまま学習が終わったと考えるようなことが多い」というような具合である。
　また，生活単元／問題解決学習を手っとりばやく実現する方法として当時普及したのは，理科の授業を，〈児童／生徒の研究／発表と話し合いを中心に運営していくこと〉であった。そのような授業では，子どもの学習は宿題として家庭での学習にまかされるようになるのが普通であった。すると子どもたちは，与えられた問題に関連ある資料を教科書や参考書から引き写してきて，それを学校で発表するのである。「まったく理解していないであろうと思われる内容を，まったく朗読調で発表している学習がどんなに多いであろうか」と永田義夫のなげくような授業が流行したのである。
　これが現場の教師と子どもたちの，新しい理科教育に対する防衛手段ともいうべきものであった。私たちの身のまわりの事物に関する法則は

大変雑多で，専門の自然科学者でもこれを解きあかすことはきわめてむずかしいものである。そのような問題について子どもたち自身に調査・研究させるとなれば，教師はよほどその問題についての研究を積み重ねなければならない。子どもたちの側からしても，そんなことについて自分自身で実験・観察をして，そこから結論を導きだすなどということはできることではない。そこで一番よい方法は，〈参考書を調べてその結果をまる写しすること〉であった。これが生活単元／問題解決学習の最もありふれた姿となったのである。

永田義夫は，このような事態に対して「最後に結論としていいたいことは，戦後の理科教育の根本理念に誤りがあるとは思えないことである。反省すべきことは，この理念に対する理解の不足であり，またこれを実施する上における技術的な工夫の不足である……要するに外形だけを整えた理科教育の欠陥が現在の指導効果の上に現われてきていると思われる。したがって，この姿だけをとらえて，現在の理科教育の理念が批判を受けることは危険であるといわなければならない」と書いたが，実はこのころ戦後の理科教育に対する不満／批判がさまざまな方面からあらわれてきていたのである。

### 生活単元理科に対する不満／批判の公然化

戦後の生活単元理科の教育がうまくいっていないことは，前述のとおり，だれの目から見ても明らかであったが，生活単元理科そのものに対する公然たる不満／批判はなかなかあらわれなかった。これに対して公然たる批判を行なうには，その教育理論があまりにも，もっともらしくできていたといってもよいかも知れない。永田義夫がいっているように，いくら現実の理科教育がうまくいっていないことを認めても，それは，そのもとになっている「戦後の理科教育の根本理念に誤まりがあるためだ」とはなかなか考えられなかったのである。それに生活単元／問題解決学習は，戦後の教育民主化政策の一環としてもちこまれたものであったから，これに対する批判はまた，教育民主化の思想そのものの否定に

つながるものとして回避されることにもなったのである。

このような場合，被害者になるのは現場の教師と子どもたちである。教師は指導者たちから，「戦後の理科教育の根本理念に誤りがあるはずがない。これがうまくゆかないのは教師の理解と工夫が不足しているからだ」などといわれて，自分たちの能力の低さに悩むほかなかったし，子どもたちはおもしろくもない授業をうけ，しかもその学力は伸びなかった。かれらを救うためには，だれかが生活単元／問題解決学習の考え方そのものに対して批判を加え，新しい理論を提示する必要があった。

しかし，実際には，理論的批判や新しい理論の提示よりもさきに，まず戦後教育の破綻が宣言されるようになった。生活単元学習による基礎学力の著しい低下が，子どもたちの父兄，科学者，さらには産業界からも問題にされはじめたのである。

戦後の子どもたちの学力が戦前よりも著しく低下していることは，子どもの実情に関心をもっていた人々の間で早くから広く認められていたことであった。しかし，教育学者たちはこれに対し，「戦後の教育では知識よりも実際的な問題解決能力を伸ばすことに主眼をおいているので，たとえ言葉のうえの知識が少なくなっていてもそれは心配するにおよばない，実際的な問題解決能力のうえではかえってよくなっているのではないか」などと主張していた。ところが時間がたつにつれて，現実の学力低下はそのような弁解の余地のないほど著しいものであることが明らかになってきたのである。そのことは特に算数／数学教育の場合について明白であった。当時国立教育研究所の久保舜一は，戦前（1928〜9年）と戦後（1951年）とで小学生の算数学力にどれだけの差があるかについて統計的な比較調査を行なったが，その結果──「今の6年生は，計算問題では，そろばんを使う場合，昔の3年生よりは力があるが，昔の4年生に対しては，加算ではまさるが，減算では似たものであり，乗除算ではおとる。昔の5年生，6年生に対しては例外なしにどの種目でも足許にもよりつけない」というおどろくべき事実が明らかにされたのである（久保舜一『算数学力──学力低下とその実験』1952年3月刊）。

戦後（1948年7月）文部省は，ＧＨＱの指示をうけて『学習指導要領』中の「算数／数学科指導内容一覧表」を改定して，算数・数学教育の程度を1年あまり引下げたことがあったが，実際の子どもたちの学力は，それ以上に低下していたのである。このような事態は，日本の数学教育関係者を奮起させずにはいなかった。1951年3月16日には，生活単元学習による算数・数学の学力低下に対処するために，小倉金之助・遠山啓らの数学者が中心になって数学教育協議会が結成されたのである。

　理科教育では算数／数学教育の場合と違って，基礎学力という概念もあきらかでなく，そのため生活単元学習による学力低下ということがそれほどはっきりと示されることはなかったが，ここでも著しい学力低下がおこっていることは明らかであった。そこで，数学教育における生活単元学習批判の動きは理科教育における生活単元学習批判を勇気づけることになった。たとえば菅井準一（当時神奈川大学教授，1926年東京帝大物理卒）は，丸本喜一（東京教育大付小）との共編著『子どもの科学性を育てる』（1953年8月刊。大系／教育③12－1）のなかで，戦後の数学教科書をきびしく批判し，「内容的には戦時中の教科書の方がはるかにすぐれていると思う」と述べたあとで，「理科についても同じことがいえる」として戦後の理科教育を批判している。「いまの理科の単元学習はもっと重点的に整理できないものだろうか。あれだけ盛沢山な内容を処理できる教師はおそらくいないと思うし，……それほどの内容をパノラマ式にやっていっても，科学的に訓練するというたてまえからは効果があまり期待できない。むしろ，思い切って三分の一か，四分の一に教材を圧縮してやる方法を考えたほうがよいのではないか」というのである。

　この批判は，まだ生活単元／問題解決学習による理科教育そのものに対する批判とはなっていない。教材を少なくすることだけのことだったら生活単元理科の考え方のままでもできうることだからである。しかし，戦後の理科教育に対する批判は，まず，このような教材整理論から出発して，やがて生活単元／問題解決学習そのものに対する理論的批判へと発展するのである。戦後の生活単元理科の教育に対する全面的な批判が

行なわれるためには，まずもって，教材の量という面だけからでも戦後の理科教育の破綻が宣言される必要があったのである。

〈教材の量が多すぎるから少なくせよ〉という指摘は，生活単元／問題解決学習の理科教育の立場そのものには関係のないことである。問題解決学習では，もともと子どもの生活に即したテーマでありさえすれば，どんなテーマが取り上げられようとかまわないことで，指導要領や教科書にのせられているテーマのすべてを教えることが期待されているわけではなかったのである。新制の高等学校の理科で，物理／化学／生物／地学の4科目のうちどれか一つを5単位履習すればよいと定められたのも，これと同じ趣旨によるものである。「どんな科学であろうと，一つの科学について深く学ばせれば，一般的な問題解決の態度・能力を養うことができる」と考えられたのである。

それと同じように，小／中学校でも，指導要領や教科書にのっていることをすべて教える必要はなく，その中から三分の一でも四分の一でも自由に選択して教えることは教師の自由裁量にまかされていたのである。しかし，それは〈たてまえ〉だけの話である。教科書が与えられれば，〈その一部だけをくわしく教えて他の部分にはふれないでおく〉ということは多くの教師にはできがたいことであった。第一，子どもたちや父兄がそれを許さないのである。それは上級学校入学のための試験勉強がそれを許さないからでもある。また，それ以上に問題なのは，〈いくつかの単元だけを取り上げて他の単元を省略したら，あとでその上に論理の積み上げをする上で困るのではないか〉という心配があった。そして，実はこれこそが生活単元理科の考え方そのものに対する批判につながるものであった。

生活単元理科では，生活上の関連における問題の発生ということのほうに重きをおいて教材が選択／配列されることになるが，そのように選択／配列した教材の系列は必ずしも科学の論理的系統に合致するとはかぎらない。いや，むしろ合致しないのがあたりまえである。問題の難易度を考慮して単元の配置をくふうしても，やはり科学の論理的系統はあ

とまわしになる。生活上の問題があれやこれやと出てきたのでは、それを科学の論理的系統と十分よくあわせることなど不可能である。たとえば、浮力という概念は、船あるいはさらに大きくとって乗物／交通機関という生活単元のなかで取り上げられる。ところが、浮力が理解できるためには力／重力の概念が必要だが、それらの概念の教育が見落とされたりするのである。また、船となるとどうしてもその安定性の問題が子どもたちから提起されることになるから、重心のみならず浮心という概念まで導入し、力のモーメントにまで話をすすめなければならなくなる。生活単元理科で生活上の問題発生の系統をたてようとすれば、科学の論理の系統はどうしても犠牲になってしまうのである。

　この点が、戦前の〈理科教育の生活化〉というスローガンと、戦後の〈生活単元学習〉との基本的な違いである。戦前の理科教育の生活化運動では、科学上の基礎的な概念や原理的な法則を教えるために、子どもたちの興味をひきつけるような生活上の問題を利用することが主張されたのであるが、戦後の生活単元学習では、生活上の問題を解決するための手段として科学が教えられたのである。たとえば、〈浮力を教えるために船を利用する〉のと、〈船を教えるために浮力を教える〉のとはまったく違っている。船という単元で、子どもたち自身に問題を提出させその解決法をくふうさせようとする授業をやろうとすれば、どうしても船の安定問題を無視しえず、浮心やモーメントにまで言及しなければならなくなってしまうが、浮力を教えるために船を取り上げるのであれば、浮力以外の船の問題は無視しうるのである。〈生活を中心にして科学を教える〉のと、〈生活現象をも利用して科学を教える〉のと、どちらが教師にとって教えやすく、また子どもたちにとってわかりやすく実力をつけさせることになるかといえば、それはいうまでもなく後者であろう。

　そこで、「教えやすく、学びやすく、しかも力のつく」理科教育を目ざす新しい理科教育研究運動は、戦争直後の生活単元／問題解決学習を教育学者のたんなる思弁の産物としてしりぞけ、理科教育の教材の整理・系統化をスローガンとして出発するようになった。戦後の生活単元

理科に批判的な人々は1954年11月28日，数学教育協議会にならって科学教育研究協議会（会長菅井準一）を結成し，理科教育の教材の系統化を目ざして研究運動を展開するのである。そして，1958年には新しい『学習指導要領』がこれらの声を反映して生活単元理科を改めて，系統性を取り入れるようになった。

しかし，これ以後のことは，もはや理科教育の現代史に属する。本書の「はしがき」にも述べた通り，それは本書で扱う範囲を越えることになる。これ以後のことは，歴史的に記述するというよりも，未来の科学教育／理科教育がいかにあるべきかということについての，筆者自身の考えをさらに前面に出して論議しなければならない。ただ，ここで理科教育と生活と科学との関係がでてきたついでに，本書の第2編の最初で取り上げた「理科」という教科と科学の教育との関係にたちもどって歴史を概観して結語とすることにしよう。

## 第3節 「理科」という教科と科学／技術の教育

### 輸入された科学思想で変わってきた教育史

第2編のはじめのほうで筆者は，「理科」という教科は「〈科学〉そのものを教える教科とは別のものとして設けられた」ということを指摘したが，その後「理科」という教科の性質が「科学」の教育との関連においてどのように変化したか（あるいは変化しなかったか）ということについては，特に取り上げて論ずる機会をもたなかった。そこで，最後にその問題を取り上げて，第2編全体の結語とすることにしよう。

「理科」という教科が最初にもうけられたとき，その教科の内容が，「果実／穀物……鋼鉄等，人生に最も緊切の関係あるもの。月日／星／空気……磁石／電信機等，日常児童の目撃し得る所のもの」と規定されたことはすでに述べた。この規定には科学という言葉はもちろん，論も説も原理／法則といった言葉もまったく出てこない。ここでは「人生に最も緊切の関係ある」自然物や，「日常児童の目撃し得る所の」自然現

象／人工物が取り上げられているにすぎない。しかし，この規定のもとに作成された検定教科書は科学を一切無視することはしなかった。それらの自然物／自然現象／人工物についての科学的知識を教えるようになっていたのである。しかし，「児童の目撃しうるもの」といえば，原子や分子はもちろん，地動説／進化論／エネルギー概念といったものは一切ぬけおちてしまう。近代科学が成立した際に最も重要な役割をはたした自然観・科学観の教育がぬけおちてしまっているのである。

しかし，敗戦後の生活単元による理科教育ではこの点で大きな変化がみられる。敗戦直後の文部省著作教科書が『私たちの科学』，『小学生の科学』という表題をもっていて，「理科」ではなく「科学」という言葉を使っていることからも知られるように，敗戦直後の生活単元／問題解決学習は〈科学そのもの〉を教えることを意図したものであった。もっとも，すでに述べたように生活単元理科では子どもの生活上の興味が前面にたてられて，科学の論理的系統性が乱されるという結果を生じたが，それは何も，生活単元学習が科学の教育を拒否する立場にあったからそうなったのではなかった。そこでは，〈子どもの生活上の興味を中心に学習を展開していくことによって科学そのものを教えることができる〉と楽観的に考えられていたのである。敗戦後の生活単元理科では，「生活か科学か」という対立の上に生活が優先的に取り上げられたのではなく，「死んだ科学の教育か生きた科学の教育か」という対立の上に「生きた科学を教えること」が課題とされ，そのために生活単元／問題解決学習が採用されることになったのである。この点はとかく見すごされることであるから特に注意を要することである（また，戦後の理科教育は問題解決学習という形で，科学的思考のプロセスを問題にしはじめたが，この面では翻訳的知識の段階にとどまって，神戸伊三郎の「新学習過程」論の水準にも達しなかったことも注意すべきことであろう）。

科学そのものの教育をめぐって，敗戦後の理科教育がそれまでの理科教育と著しく違っていることは，その生活単元のテーマをみてもわかる。たとえば，『小学生の科学』には「生物はどのように変わってきたか」

「宇宙はどんなになっているか」という単元教科書があるが，このようなテーマは敗戦前の小学校／国民学校の「理科」教育ではまったくとりあげられたことのないものであった。宇宙については『初等科理科』のなかで〈地球上から見た星の動き〉の観察が取り上げられたことがあるが，宇宙そのものが問題になることはなかった。地球の外に身をおいたときにはじめて見られる地球の運動や太陽系の構造などの教育は，理科でなく国語読本の中で扱われていたのである。敗戦前には，直接子どもたちが実験／観察しうる実物事実だけを理科教育のテーマとして取り上げ，その他の科学教材は国語読本にまかせていたのである。ところが，敗戦後の生活単元の理科教育では，天体／宇宙や生物進化など，子どもたちが興味をもつことを取り上げて，科学的な自然観／生物観の教育をも理科教育のなかに取り入れることにしたのである。

### 〈科学〉に対する根深い誤解

ところが，この進化や宇宙の教材は1958年以降の『学習指導要領』のなかから再びはずされることになった。それは一つには教材整理の名において行なわれたのであるが，その当時から再び「理科は実物／事実の実験観察を指導する教科である」という考え方が強く復活してきたことを見のがすことはできない。〈理科教育は，直接子どもたちが実物事実にあたって実験観察しうることだけを扱う教科であるべきかどうか〉ということは，小／中学校への原子・分子概念の積極的導入などとあいまって，今後再検討されなければならない重要課題となっているのである。

この問題は，科学というものがもともと直接目で見ることのできない抽象的／一般的な事柄を対象とするものであるということを考えるとき，理科教育と科学教育との関連において，きわめて本質的な意義をもつものである。たとえば，「花は，実（たね）を結ぶための生殖器官であって，花が咲かなければ実はできない」という科学上の一般的な概念／法則を教える問題を取り上げてみよう。おそらくこのことを教えるために昔からアブラナとかアサガオとかエンドウとかいう具体的な植物がた

くさん取り上げられてきた。しかし，アブラナやアサガオやエンドウで〈花が咲いたあとに実がなる〉という事実をいくら観察させても，科学上の花の概念や花と実の一般的な関連がわかるものではない。アブラナやアサガオについて花と実の関連を観察させても，〈チューリップの花が咲いたあとに実ができるか〉，また〈枝豆のなる植物（ダイズ）やドングリのなる木には花が咲くか〉という問題には答えられないのである。

　ところが，科学上の花という概念や花から実へという科学上の法則のすばらしさは，その概念や法則を正しく理解していれば，いままでに観察したことのない事柄についても正しい判断をくだせることにある。直接目に見える植物についての教育でも，植物学の教育を意図することになれば，目の前にあるいくつかの植物の花とか実の観察をこえて，目前にはない無数の未知の植物の花とか実の抽象的な概念や法則との関連において取り上げなければならないのである。このことは裏をかえしていえば，「理科教育というものをあくまで〈実物事実の実験観察〉を中心にとらえようとすると，科学の教育とはまったく関係のない個々のものについての雑多な事実の教育になる」ことを意味するものである。そのような教育によって与えられる知識はほとんど役にたつことがないから，おもしろくない，おしつけ教育になることは明らかである。

　1886（明治19）年に発足した「理科」教育は，もともとそういう特徴をもつものであった。そのことは，1911年以後の国定『尋常小学理科書』ができたときにもまったく変わらなかった。たとえば，この教科書にはさまざまな植物がたくさん取り上げられていて，その花や実が教えられることになっていたが，そこではついに花から実へという一般的な科学の法則は，花や実という科学上の概念とともには，まったく教えられず，個々の実物事実を教えることにとどまったのである。それなのに，この国定教科書は，しばしば，「あまりに科学的で子どもたちの興味に合致しない」と非難されることになった。しかしこの小学『国定理科書』には科学そのものを教えようという意図は全く認められないのである。この教科書がおもしろくないのは，むしろ〈科学のすばらしさ〉を教えよ

うとしないことにあるのに，実際には，「この教科書はあまりにも学問的で無味乾燥だ」という非難攻撃が久しく続いたのである。

　それがどうして「あまりにも科学的／学問的」と攻撃されるようになったのかといえば，その理由がなかったわけではない。その第一の理由は，この国定教科書の編者の顔ぶれにあった。この国定教科書は，各分科1人ずつの自然科学者たちから構成された編纂委員会によって作成されて，理科教育の現場教師の代表が一人も加わっていなかった。だから，その教科書の悪いところはみな，「あまりにも科学的／学問的」で教育的でない，といって非難されることになったのである。

　それからもう一つの理由は，もっと実質的なことであった。国定『小学理科書』は科学そのものを教えようとはしなかったのであるが，動植物などでも，分類学上のそれぞれの分類項目のなかから一つずつ代表的な動植物を取り上げるなど，あとで科学を教えるときに役だつような基礎的な実物事実について一通りの知識を与えようといった意図で作成されていた。そこで，それが「あまりに科学的／学問的だ」といって非難されることになったのである。正しくは「科学上の基礎的な知識の断片の切り売りをやめて，科学そのものを教えるようにせよ」というべきところが，「あまりにも科学的・学問的にすぎる」という非難にかわってしまったのである。この混同がいまでも尾をひいていることは注意すべきことといわなければならない。

　ところで，日本の理科教育の歴史では，「徒（いたず）らに科学的体系に泥（なず）むことなく」（1931年の『中学校教授要目』）とか，「既成の学術的体系に拘泥（こうでい）することなく」（1942年の『中学校数学及理科教授要目解説要項』）ということがくり返しくり返し強調されてきたが，これはどういうことを意味するのであろうか。これは〈本来の科学の論理に従った系統的な教育〉を拒否するものとしていわれたことであろうか。筆者はそうではないと思う。これらの言葉は，もともと〈子どもたち自身のなかに科学の論理的な体系を納得させるための教育的配慮なしに科学上の概念／法則を次から次へとおしつけ，つめこむこと〉に対する批判として用いられたので

ある。しかし，そのことなら「科学的体系に泥むことなく」とか「既成の学術的体系に拘泥することなく」などというべき事柄ではない。「でき上った知識体系を断片的に教えるのではなく，子どもたち自身のなかにそれが再構成されるように教育しなければならない」といえばそれですむのである。それなのに問題が「科学的体系に拘泥するな」という形であやまってとらえられてきたのは不幸なことであった。このような問題のまちがった把握は，やがて体系的な科学の論理そのものの教育をも拒否するような働きをもたらすことにもなったからである。

「日本の理科教育史のなかでは，科学の体系というものがあまりにも毛ぎらいされてきた」といってよいであろう。実際には，科学をはなれて理科教育をすすめようとしたものは一人もいないといってよいであろうが，科学の体系的論理が毛ぎらいされたために，実際の理科教育の中で与えられる科学の論理というものは，あまりにも特殊で一般性を欠くものになり，実践的にもあまり有効なものとは成り得なかったのである。最近，「理科は自然科学（の成果と方法）を教える教科である」と宣言する人々があらわれるようになったが，それは上述のような日本の理科教育史の欠陥を鋭くつくものといわなければならない。

### 自然科学と技術とを教える教科として

しかし，「理科は自然科学を教える教科である」という命題は，それが文字通り理解されるとき，重要なまちがいをひきおこすおそれがあることにも注意しなくてはならない。単純に「理科は自然科学を教える教科である」と考える人々のなかには，しばしば，技術を科学の産物としてのみとらえ，科学の所産としての技術の教育の意義は認めるが，〈科学教育に先行する，あるいは独立するものとしての技術あるいは特殊な法則性〉についての教育の意義を認めない人々が少なくないからである。たとえば，水車や風車は力学や流体力学などの誕生以前に見いだされた技術的成果である。飛行機でさえも科学から生まれたものとはいいがたい。それらの技術的成果に関する科学的研究は，それらの発明の後に行

なわれたものである。

　多くの現代技術が「科学的研究の成果をもとにしてはじめて生まれた」とはいっても，また「技術の進歩が科学を生みだしてきている」ことも無視するわけにはゆかない。「理科で科学を教えて，それから技術に説き及ぶ」というだけではいけないのである。水車や風車／飛行機を教えるのは流体力学を教えた後にすべきだとは必ずしもいえないのである。体系的な理論に基づく一般的な法則によってとらえられなくとも，〈特殊ではあってもきわめて有用な法則性を見いだすことができればそれを技術として有効に利用することができる〉という知識と展望を与えるのも，理科教育の一分野として認めなければならないであろう。少なくとも，現在の理科教育のほかにそのような教育を担当する教科があらわれるまでは，その分野も理科教育で扱わなければならないであろう。

　そこで結論として，筆者は，現在の理科という教科は，「自然科学と技術（技能ではない）とを教える教科」として規定するのが最も適切であると考える。さらにくわしくいえば，理科という教科は「自然科学のもっとも基礎的／一般的な概念／法則を中心に，社会的な知的財産である現代科学の成果と方法を体得させること」と，「特殊ではあるが特長的な自然の事物の法則性とその利用法について広い知識／展望をもたせること」とを目標とした教科として規定するのが，最も適切であると考える。

　しかし，本書はこのような規定の是非について論議する場所ではない。ただ，筆者はここで，理科という教科をこのようにとらえることによってはじめて，〈長い間の理科教育研究の成果〉を遺産として引き継ぐことができると思うのである。「科学のもっとも基礎的／一般的な概念／法則」に関する教育の面では日本の理科教育史からあまり多くのものを遺産としてうけとることは望めそうもないが，「特殊ではあるがそれぞれ特長的な自然の事物の法則性とその利用法について広い知識と展望をもたせる」という教育の面では，多くの遺産を受け継ぐことができるにちがいないと思うのである。

## 初版　あとがき

　本文をよまれた方々はすでにお気付きのことと思いますが，本書には多分に仮説的な内容が含まれています。この本で述べたことのなかには，今後さらに多くの資料をさがしだしてくわしく研究検討しなければならないことが沢山あります。
　とくに1886（明治19）年の「理科教育」の成立事情—というより「科学教育」の崩壊過程については，さらにくわしく検討しなければならないと思います。また，大正期以来の新理科教育運動の成果と国民学校の理科教育の内容との関連についても，より具体的な研究が必要だと思います。
　また，これまでの理科教育研究の成果を具体的に検討するには「理科」教育一般を問題にするだけでなく，「力学教育史」「植物学教育史」などにわけ，さらにくわしく「重さの概念」や「花と実の概念」の教育史，あるいは「空気教材」，「じゃがいも教材」の教育史といったものをとりあげることが必要だと思います。筆者はいま，そのような研究を手がけていますが，低学年理科教育史や中等学校科学教育史などというものも，そのような教材取扱法の細部にわたる歴史の吟味を通じて，はじめて可能になると思っています。
　このように，なお未解決な問題が沢山あるにもかかわらず，本書のなかで筆者は，かなり思いきった論断を下したことが少なくありませんでした。それらの多くのものは，筆者にとっても「かなりもっともらしい仮説」の段階をこえるものでない，ということをお断りしておきたいと思います。
　以上のように，本書の内容はかなり個性的なものでありますが，この本をまとめるにあたっては，多くの方々から教示・援助をうけました。

そこで，ここに直接筆者が教示・援助をうけた方々の氏名をあげさせていただきたいと思います。この本はもともと日本科学史学会編『日本科学技術史大系』第8～10巻（「教育」1～3巻）に書いた筆者の原稿がもとになっているのですから，その本をまとめるにあたって御協力いただいた方の氏名もあげさせていただきます。

まず資料面では，上述書の共編者の方々，とくに大矢真一・原正敏・岩城正夫の各氏のほか，科学教育研究協議会の長谷川純三氏，仮説実験授業研究会の庄司和晃氏，国立教育研究所付属教育図書館の中村紀久二氏，現東京大学の古田東朔氏，津田塾大学の吉村証子氏，日本科学史学会の佐々木操氏，現東洋大学の志摩陽伍氏，国立教育研究所の佐藤秀夫・久原甫の両氏にお世話になりました。また，本書に収録した年表には，原正敏氏の手になる部分が含まれています。また，国立教育研究所の中村恵美子氏は本書の資料作成・原稿整理をひきうけてくださったばかりでなく，筆者の勝手な議論の聞き役にもなっていただきました。これらの人々に厚く御礼申し上げ，本書がこれらの人々の援助によってはじめて成立しえたことを明らかにしておきたいと思います。

なお，本書が一冊の本にまとまることができたのは，出版社の編集関係諸氏のおかげです。とくに，企画課および印刷所の人々が筆者のわがままを快よくきいて下さったおかげで，当初の予定の2倍近い分量の本書を出版することができたしだいです。末尾ながらこの方々にもお礼のことばを申し上げたく思います。また，本書の前身である上述書の編者である日本科学史学会，とくに大系編集委員長の湯浅光朝氏が本書の出版を認めて下さり，励まして下さったことについても感謝の意を表します。

  1968年1月

板 倉 聖 宣

# その後の日本理科教育史の研究
―― 〈科学の本格的な教育〉の重要性に関する長い〈あとがき〉――

　本書の旧版が発行になったのは1968（昭和43）年３月のことで，今から41年も前のことです。
　そこでお恥ずかしいことですが，本書の著者である私自身も，詳しい内容をかなり忘れていました。私自身が「日本理科教育史に関してはじめて明らかにし得た」と思う諸事実は確かに覚えていても，「あの話はどこにどのように書いたか」という記憶が定かでなくなっていたのです。

### 〈よく書けている〉と思えた『日本理科教育史』
　そこで41年ぶりに新版を出すに当たって，初版本を詳しく読み直してみて驚きました。「この本は思ったよりよく書けている」と思えたからです。たとえば，本書で「戦時下における理科教育の改革」を扱った第10章（387〜9ペ）に引用されている「教育審議会での〈文部省調査課長小野島右左雄の発言〉を中心とする議論」を見てください。そこでは，「日本の国民を〈皇国民〉として天皇制の支配下に据えようとする〈皇国民化教育政策〉」と，「授業を少しでも〈子どもの興味関心〉を中心として組み立てなおそうとする〈大正デモクラシーの教育運動〉」の伝統とが，当時どのように厳しく対立していたかが，当事者たちによってなまなましく語られています。そして，当時の文部省関係者たちが，そのことを充分承知の上で，子どもたちをいかに「皇国民化」するかに苦慮していた様子が，当事者の言葉で語られているのです。
　また，第８章（310ペ）に引用されている成城学園小学校の教師／諸見

里朝賢の発言を見てください。こういう資料は，本書の元になった『日本科学技術史大系・教育篇』の資料として載せたことは，私も覚えていました。表面的な制度史だけの研究だけでは，こういう史料はなかなか探し出せません。私は本書の中にも，こういう〈ふつうにはなかなか探しだせない話題〉をとくに詳しく引用していたのです。そこで私は，我ながら「この本は〈日本理科教育史〉の概説書としてとてもよく書けている。そしてほとんど完結している」と思うことができました。そこで，「この本には書き足す必要がない／書き足さないほうがいい」という結論に達しました。「この本はすでに完結している」と思えたからです。

　それに私は，本書の最後の部分に，

　　「結論として，筆者は〈現在の理科という教科〉は〈自然科学と技術とを教える教科〉として規定するのが最も適切と考える。さらにくわしくいえば，〈理科という教科は「自然科学のもっとも基礎的／一般的な概念／法則を中心に，〈社会の知的財産である現代科学の成果と方法〉を体得させること」と，「特殊ではあるが特長的な自然の事物の法則性とその利用法についての広い知識／展望をもたせること」とを目標とした教科〉として規定するのが最も適切であると考える」

と書いています。

　この結論部分に関する私の見解は，現在でも全く変わっていません。

　「その後研究しなかったから結論が変わらなかった」というわけではありません。私は本書を著してからも，さらにいろいろ研究して，その考えの確かさを証明してきたつもりなのです。結論部分が変わらなければ，書き換えたり書き足したりする必要がないではありませんか。

　ところがその後の日本の理科教育は，そのような私の考えにはお構いなしに進展しました。結論的にいうと，その後の教科研究は私が本書の中で粘り強く批判してきた「自然に関する断片的な知識に関する無感動的な授業」を再現しつづけていると思えてなりません。「本書で私が言及しなかった新しい問題がでてきたから，新しい展開があった」というわけではないのです。私が本書で詳しく取り上げた，それと同じ問題に

関して流行を繰り返しているのです。だから私は「本書をもう一度読み直してほしい」と言わざるを得ないのです。

しかしそうは言っても，現代史の著者としては，ずっと以前に出した本を全く増補もせずにそのまま発行することは，気がとがめます。現代史を扱った本は，どうしても「その後の話」が気になるからです。

そこで今回の新版には，かなり長い〈あとがき〉を書いて，その後の日本理科教育史を概観して，さらにその間に私自身が研究してきたことを書き足すことにしました。ご了解ください。

### その後の日本理科教育史の概観

「大東亜戦争＝太平洋戦争」に敗北して以後，文部省＝文部科学省は，1947年＝昭和22年にとくに「試案」と断った『学習指導要領』を発表しました。それ以後，文科省は（小学校については）1951年／1958年／1968年／1977年／1989年／1998年／2008年と，ほぼ10年ごとに学習指導要領を改訂してきました。だから当然，その期間の理科教育の変遷もあるはずです。

その変遷をおおまかに概観するために，まず最近の4回の学習指導要領で，「小中学校での「理科」とその周辺教科に割り当てられた授業時数の変遷の図表」（次ペ）を作成してみました。すると，その授業時数は大きく変化していることを一目で見てとることができました。理科の時数だけを見ても，減らされたり増やされたりして，かなり変動させられているのです。

どうしてでしょうか。それ以前の学習指導要領の時代には，こんなに大きな変動はなかったのに，最近になって大きく変わってきたのです。その変化の背景には，文部省が「ゆとり」と言うことばを「教育改革」のキーワードとして採用したことがありますが，理科教育の中身の変化は，まず，低学年理科を「生活科」として分離したことに現れています。そしてさらに「総合的な学習の時間」というものを設けて，「理科」その他の授業の時数を軒並み縮小したことに現れています。

小学校での「生活科／理科」への年間配当授業時限の変遷

| 学習指導要領告示年・実施年 | | 小一 | 小二 | 小三 | 小四 | 小五 | 小六 | 各学年総時数 |
|---|---|---|---|---|---|---|---|---|
| 1977(昭和52)年告示 | | 週三 | 三 | 三 | 三 | 三 | 三 | 年35週 |
| 1989(平成元)年告示 | 生活 | 102 | 105 | — | — | — | — | 1015 |
| 1992(平成4)年実施 | 理科 | — | — | 105 | 105 | 105 | 105 | |
| 1998(平成10)年告示 | 生活 | 102 | 105 | — | — | — | — | 945 |
| 2002(平成14)年度実施 | 理科 | — | — | 95 | 95 | 95 | 95 | |
| | 総合的な学習の時間 | — | — | 110 | 110 | 110 | 110 | |
| 2008(平成20)年告示 | 生活 | 102 | 105 | — | — | — | — | 980 |
| 2009(平成21)年前倒し実施 | 理科 | — | — | 90 | 105 | 105 | 105 | |
| | 総合的な学習の時間 | — | — | 70 | 70 | 70 | 70 | |

70は週二時限／105は週三時限／140は週四時限に相当。

中学校での「理科」への年間配当授業時限の変遷

| 学習指導要領告示年・実施年 | | 中一 | 中二 | 中三 | 各学年総時数 |
|---|---|---|---|---|---|
| 1977(昭和52)年告示 | | 週三 | 週三 | 週四 | 年35週 |
| 1989(平成元)年告示 1992(平成4)年実施 | 理科 | 105 | 105 | 105〜140 | 1015 |
| 1998(平成10)年告示 2002(平成14)年度実施 | 理科 | 105 | 105 | 80 | 980 |
| | 選択教科に充てる時間 | 0〜30 | 50〜85 | 105〜165 | |
| | 総合的な学習の時間 | 70〜100 | 70〜100 | 70〜130 | |
| 2008(平成20)年告示 2009(平成21)年前倒し実施 | 理科 | 105 | 140 | 140 | 1015 |
| | 総合的な学習の時間 | 50 | 70 | 70 | |

70は週二時限／105は週三時限／140は週四時限に相当。

　おおまかにいえば，文部省／文部科学省は「従来の学校の授業は，子どもたちの生活と分離していたから，子どもたちの学習意欲を効果的に高めることができなかったのだ。それに，最近の学校では，〈いじめ／不登校／学級崩壊など〉さまざまな問題が発生しているが，そういう問題を解決するためには，教育内容を総合化／生活化しなければならない」と認めて，教育改革に大きな舵を切ったのです。

　けれども，そういう問題も対策も，最近になってはじめて現れたものではありません。日本でも大正期に盛んになった自由教育運動は，今日の「教育の総合化／生活化」と全く同じ教育思想の現れと見ることができるし，敗戦直後の日本に米国から持ち込まれた「民主教育／生活単元／問題解決学習」の思想も同じ系統に属するものでした。しかもそのような改革は，その後，改革に失敗して，姿を消したのです。ひとこと

でいうと、それらの教育思想は「自由主義的な一種の理想主義に基づくもの」と言うことができると思います。だから私自身もその心情が嫌いというわけではありませんが、失敗は失敗です。

じっさい、文部省のその政策転換は、多くの人びとの反発を買わずにいられませんでした。文部省がそのように教育政策を転換したということが多くの人びとの知るところとなると、すぐに激しい攻撃を受けるようになりました。

「国語／算数／理科などの基本教科の授業時数を減らすと、学力低下が起きるのは明らかだ」「これまでだって、大学生の学力が極端に低下しているというのに、そんなに主要教科の授業時数を削減したら大変だ」というのです。高等学校の物理教育関係者たちは、高校での「物理」が必修科目から外されたことに対する強い危機感をいだき、強い反発を起こしました。私自身は、その反対者側の意見に賛成なわけではありません。私は、「高校の「物理」を必修化させるのは、物理教育の根本的な改革を遅らせることになる」という意味でも反対です。

ところが、理科の国際学力調査で、日本の子どもたちの成績順位が少し下がったと報じられると、「ゆとりの教育」に対する反発が一気に高まりました。実際には、日本の子どもたちの学力は国際的に見てそんなに悪くはありません。それより、同時に報じられた「日本の子どもたちの学習意欲が、世界一二の水準で極端に悪い」ということのほうがずっと心配なはずなのです。それなのに、政治家や財界だけでなく、大学の科学者たちは、「ゆとりの教育」に対する反対を一斉に強めたのでした。

そこで、最近の文部科学省の学習指導要領は、またも「基礎基本の教育重視」を謳うようになり、「総合的学習」の授業時数を縮小して「理科」や「数学」の授業時数を「ゆとり教育」以前の水準に戻すようにはからいました。しかも、これまでは文科省の新学習指導要領の実施は、指導要領の告示から数年を経て実施する習わしだったのに、告示の翌年には前倒しで実施することになりました。「ゆとり教育」を旗印とした文科省の「教育の抜本改革」は大きく後退したのです。

その文科省のいう「ゆとり教育」の時代には，「〈教え〉から〈学び〉への授業づくり」を標榜して授業研究をすすめる人びとが現れました。私は，「総合科／生活化」の運動に理想主義的な傾向を認めることができるので賛成できる面があります。しかし，「〈教え〉から〈学び〉への授業づくり」という謳い文句には基本的に反対です。このような考え方は，大正期の「〈教授法〉から〈学習法〉へ」という〈謳い文句〉ととても似ていて，すでに失敗を認められてきたものだからです。教育の研究も科学として進めなければなりません。いくら理想主義的な考えでも，一度失敗したことを二度やってはいけません。「〈教授法〉から〈学習法〉へ」というのは，教師側の責任をすべて子どもの責任へ転嫁する心配があるので，賛成出来ないのです。
　当たり前なことですが，学校は教える所です。とくに科学というものは，ギリシア科学の伝統を本格的に受け継がない限り，独自に生み出すことなど出来ないので，積極的に教えなければならないのです。
　子どもたちは，「〈何かいいこと〉を学びたい」と思って学校に来るわけですが，学校が子どもたちの学習意欲に応ずる授業を行わなければ，子どもたちが非行に走り，不登校になっても当然のことです。教育の責任は，大人の側，教師と教育学者が担わなければならないのです。私は，『〈学び〉から逃走する子どもたち』などという書名の本まで現れていることを憂慮せざるを得ないのです。
　意欲的な教師の中には，「子ども自身に問題を発見させて解決させる授業こそ理想的な授業だ」と考える人びとがいます。そういう授業は，一見〈理想的な授業〉のようにも思えるかも知れません。しかし，子どもたちは自分自身で原子を発見したり，地球や空気を発見することは出来ません。そのことは，科学教育史の元になる科学史そのものがすでに明らかにしてきたことです。日本人だって，欧米からギリシア科学の伝統を継ぐ近代科学を謙虚に学ぶことを知って，はじめて科学を身につけることが出来たのです。
　ある人びとが「これは子どもたち自身が発見したことだ」と主張する

話だって，少し吟味すると〈単なる誘導訊問式な授業だ〉と分かってしまいます。雑多な個々ばらばらな知識は，偶然に発見することが出来ても，「科学のもっとも基本的な概念／原理的な法則」は，教わってはじめて知る事が出来て，身につけることが出来るのです。

　大正期の新教育運動のときも，〈学習法〉という言葉を作った教育学者／教師たちは「最近の子どもたちは学習意欲がなくて困る」と嘆くようになりました。理想主義を掲げる人びとは，その理想の実現が容易でないことを知ると，途端にその責任を子どもに転嫁して，それまでの理想主義を断念するようになりました。そんなことを言うくらいなら，あくまで「教授法」という言葉を重んじて，〈「主体的」に自ら学習しようとしない子どもたち〉を見ても，それを「教師の側／教育学者側の責任」と感じて，教授法の研究を深めて欲しいのです。

　――いきなり現実的な授業の話にはいりこみました。

　じつは，私は，本書『日本理科教育史』の著述／発行とほとんど時を同じくして，「仮説実験授業」という独自な教授法を開拓して，現場的な研究に専念するようになりました。そこで，実際の授業のすすめ方が気になって仕方がないのです。

## 仮説実験授業の提唱と『日本理科教育史』との関係

**理科教育の歴史から徹底的に学ぶ**　　私が「仮説実験授業」という授業の内容と方法に関する理論／実践を初めて提唱したのは，1963年8月のことです。だから，1968年3月に『日本理科教育史』が出版されたときには，仮説実験授業を提唱してからすでに4年半が経過していたことになります。ところが私は，本書の中で仮説実験授業のことに全く言及しませんでした。それは，仮説実験授業は当時まだ社会的に認知されていなかったことによります。当時の私には，「『日本理科教育史』という本は〈すでに社会的に認知されている教育の動き〉を書くものだ」という思いがあったので，仮説実験授業のことに言及することを敢えて控えたのです。

しかし今になって思えば，仮説実験授業のことに全く言及しないのは，何としても不自然なことだったと思えます。そこでここで，そのことに言及しておきたいと思います。

じつは私は当時，仮説実験授業を提唱するためにこそ，本書を著して，「日本の理科教育の問題点を全部明らかにしておきたい」と思っていたのです。じっさい私は，本書で明らかにした〈日本の理科教育史の問題点〉を全部考慮して，〈それらの問題点の全部を克服するために仮説実験授業を提唱した〉とも思っていたのです。

私はもともと科学史の研究者でしたが，〈科学史で大学のポストを得られなかった〉ので，〈仕方なしに科学教育／理科教育の研究をやるようになったという人間〉ではありません。私はもともと「理科教育を改革するために」こそ科学史を研究してきたのです。その証拠に私は，研究所に就職する前にも，中学校時代に同級生だった岩城正夫君と一緒に「理科教育におけるアリストテレス／スコラ的力学観と原子論的／ガリレイ的力学観」という論文――科学史と理科教育とを結びつける論文を『科学史研究』(1959)に発表していました。そこで，大学院で学位を得てすぐに国立教育研究所に就職しえたのは，とても嬉しいことでした。

私が国立教育研究所に就職することが出来たのだって，上記論文の共著者の岩城正夫君のお蔭なのです。本当は岩城君が研究所に就職するはずだったのに，私が岩城君の代わりに入所することになったのです。

はじめのうち私は，国立教育研究所に就職できて，とても幸せでした。ところが間もなくして，その研究所が全く沈滞した研究所であることに気づきました。そもそも所員の大部分は，教育研究というのは何をどのように研究したらいいのか，全く分からずにいたのです。それに，みんな文部省の動向ばかり気にしていて，研究の自由を確保しようとする人がまるでいないことに驚きました。そこで私は，いつか転職することを考えるようになっていたのです。ところが幸運なことに，アメリカで『ＰＳＳＣ物理』の教科書とその付属教材が完成して，すごく自信をもったその研究者たちが，日本の文部省に「日本でもすぐにその教科書で

授業するように」と押しつけてきました。

そのとき私は，文部省の物理教育関係者が準備立てした『ＰＳＳＣ物理』の講習会に参加したのですが，「文部省関係者が〈文部省の学習指導要領の規定とはまるで違う物理の教科書の使用〉を問題にするくらいなら，私だって独自の教材の開発研究を始めても許されるはずだ」と思い直して，学生時代から頭にしまっていた授業プランの実用化の研究を始めることにしました。それが発展して仮説実験授業の提唱になったわけです。

仮説実験授業を提唱するにあたって私は，日本の理科教育の歴史から全面的に学ぼうと思いました。そこで，物理教育に関係のありそうなことはすべて研究対象にして多方面な研究を始めました。教科書や科学啓蒙書はもちろん，受験参考書などの受験産業からも学ぼうと努めたし，数学教育はもちろん，家事／工作／職業教育の歴史も研究し，ローマ字／国字国語問題の歴史も詳しく調べ，〈おもちゃ〉や手品／見せ物／俗信／迷信の歴史も徹底的に研究しました。そして，日本の理科教育の歴史の中には「教科書」のほかに「理科筆記代用」とか「理科筆記帳」「理科学習書」などが工夫されたことも知って，「授業書」という概念を作り出しました。そして，〈振り子と振動〉その他のたくさんの授業書（初期には〈テキスト〉と呼んでいた）を作りました。

仮説実験授業の授業書は，従来の理科の授業と「授業の方法」が違うだけではありません。〈仮説実験的な科学認識の手順〉をきちんと踏んで授業するには，そういう手順を踏むに値するような概念／法則の教育をめざさなければならないからです。

**仮説実験的な認識論をもとに**　仮説実験授業の構想は，岩城君との討議の中から早くから芽生えていました。岩城君は東京教育大学の卒業論文を書くとき私の協力を求めてきたので，一緒に「現代の理科教育の問題点」といった論文をまとめたこともあって，日本理科教育史の骨子はほぼ明らかにしてありました。

一方，私は大学時代に物理学史を勉強して，その中で「仮説」と「実

験」が物理学の研究の発展に決定的に重要な役割を果たしていることを知りました。その私からみて，「社会の諸科学」の学問論は，「これでは到底〈科学〉とは言えない」と思い，強く反発していました。私の仮説実験的な認識論は，そのようにして学生時代から身につけていたもので，私はそれをずっと「ごく当たり前のもの」と思っていたのですが，後になってから「私自身が学生中に身につけた独自の科学認識論」であることが分かったものです。

学習院初等科の上廻昭さんは，都立教育研究所で私が講演した科学史の話に感激して国立教育研究所の私の所で研究するようになった人で，最初に仮説実験授業の授業を実施してその著しい成果に驚いたとき，私立小学校の理科研究部の仲間たちを共同研究者として連れて来てくれました。成城小学校の庄司和晃さん／和光学園小学校の平林浩さん／暁星小学校の吉村七郎さんたちです。これらの人びとはもともと上廻昭さんと一緒に東京都の私立小学校連合教育研究会の理科部会を組織していたのですが，〈明星学園小学校の遠藤豊さんが，文部省の学習指導要領と対立する理科教育法の展開を宣伝しに来たとき，その授業に押しつけを感じて，それに対抗できる理科教育法を模索していた〉のでした。そこで私と上廻さんとの研究が軌道に乗ったとき，喜んで協同研究者になってくれたのでした。

私は，こうして新しく加わった数人の現場の教師たちと，手分けして新しい授業書の作成を始めました。そして，「一クラスの授業を実施して問題点を発見するとすぐに授業書を改訂し，すぐに（2～3日後には）他のクラス／他の学校のクラスで授業を実施して，また問題点を発見したらすぐに授業書を改訂して授業にかける」というように，とても効果的に研究を進めました。それらの教師たちはみな理科専科で何クラスもの授業を担当していたので，少しずつ授業日をずらして授業して，効果的な研究ができたのです。そのようにして最初に〈振り子と振動〉などの授業書で仮説実験授業を実施してくれた先生方は，すぐに「その授業が子どもたちに圧倒的に歓迎される」ということに驚いてくれました。

それらの人びとは，私より二三歳年上か二三歳年下かでしたが，みなとても熱心な教師で，長いあいだ様ざまな生徒実験法を考案してほとんど毎時間，数種類もの生徒実験をするように仕組んだ授業をやっていた人びとでした。そこで初めは，「かならずしも生徒実験にしない」という私の考えに疑問をもったはずですが，すぐに私の真意を了解してくれました。仮説実験授業をはじめたら，「多くの」というより「ほとんどの」子どもたちは，「これまでの授業では実験がなかったけれど，今度の授業にはたくさんの実験があるので楽しい」との感想文を書いてくれたからです。私たちは一度も，「自分で予想を立てずに実験道具を操作するだけの〈実験〉は「実験の名」に値するものではない」などと言ったことはないのに，子どもたちはごく自然にそういう実験観をもつようになったことが確認できたのです。

　仮説実験授業を「大好き」と言ってくれる子どもたちもたくさんいましたが，どのクラスでも，〈とくに好かれたのは「討論」である〉ということも，直ぐに分かりました。

　こういう仮説実験授業の成果については，私の書いた『未来の科学教育』その他の本に具体的に詳しく書かれているので，それらの著書を検討してください。私は，子どもたちの仮説実験授業に対する反響を見て，我ながら感動しました。自分が始めたことなのに，「こうもうまくいくものか」と思えたからです。そこで私は，それ以後仮説実験授業の授業書開発と教材作成に専心することに意を決しました。

　上廻昭さんも庄司和晃さんも，とてもセンスのいい教師でした。そこで，主として私自身が発案した授業運営法に従って，子どもたちの意欲をとても効果的に引き出してくれました。そして「子どもたちが仮説実験授業を驚くほど大好きになった」ということを知って，仮説実験授業の研究にのめりこむようにして，せっせと授業記録を書いてくれました。そこで私は，それらの人びとの協力によって「仮説実験授業の授業運営法」もすぐに完成させることができました。

　（初期の仮説実験授業とその周辺の状況については，板倉聖宣／上廻昭／

庄司和晃『仮説実験授業の誕生』仮説社（1989）にくわしい）

**教育研究の中心は「授業書づくり」へ**

　仮説実験授業の話をすると，大部分の人びとは，私たちと同じように感動してくれました。そこで私たちは嬉しくなって，多くの人たちに仮説実験授業の話をしたものですが，もちろん総ての人びとが仮説実験授業の考えを支持してくれるわけではありませんでした。「話がうますぎる。みんながみんなそんな授業を大好きになるはずはない」と言う人も少なからずいました。そこで私たちは，それらの人びとをも説得できるように研究をすすめました。

　私たちが初めに作成したのは，主として力学関係の授業書でしたが，とくに著しい成果をあげたのは，〈もしも原子がみえたなら〉〈ものとその重さ〉〈振り子と振動〉〈ばねと力〉〈溶解〉〈花と実〉などの授業書でした。『日本理科教育史』には，「仮説実験授業」という言葉はまったく登場させませんでしたが，最後の部分には私たちが行なった仮説実験授業の成果に基づく話を登場させています。

　仮説実験授業は特別な能力をもった教師でなくても，誰がやっても子どもたちに大歓迎される授業です。そこで，この授業を経験した子どもたちは，文字通り全員が「理科好き／科学好き」になりました。そこでこの授業を実施すれば，「理科離れ」など起きません。

　しかし，教育の世界は多様です。いくらみんながみんな〈考えるのが大好き〉と歓迎する授業でも，「すぐに入学試験に効果を発揮するか」というと，そうは行きません。隣のクラスの教師や校長などの管理職のことを気にして新しい授業には手を出そうとしない人びともいました。その反対に，私が国立教育研究所の所員であることに目を付けて，〈近いうちに仮説実験授業が日本の理科教育の主流になるだろう〉と考えて，出世のために仮説実験授業を実施する人びとの姿も見えるようになりました。これは私の意に反することなので，私はわざわざ「仮説実験授業は危険思想と繋がりがあるから，そう容易には主流派にならない」と説得したほどでした。

　私が次に考えなければならなくなったのは，「仮説実験授業の成果を

広めるにはどうしたらいいか」ということでした。そのような判断を下すうえで，これまでの日本の教育史の研究が役立つことが確かでした。私の日本理科教育史の研究は，私の仮説実験授業の研究をも下支えしてくれたのです。

それに，仮説実験授業を実施するには，文部省の学習指導要領の束縛が決定的に障害になることは明らかです。今日の理科教育がなかなか成果を上げられないでいるのは，〈教育方法の問題〉以上に〈教育内容の問題〉があるのです。たとえば，「仮説実験授業の授業書でもっとも評判のいい授業書は何か」というと〈もしも原子がみえたなら〉なのですが，その授業書はもともと，小学校高学年向きをイメージして作成されたのに，今では小学校１年生の授業でも使用されています。そればかりか，中学校や高等学校でも，社会人教育用にも使用されて歓迎されています。

ところが，この授業書は「原子／分子の存在」を教えるものなので，その授業書による授業は，厳密にいうと「文科省の学習指導要領に違反する」とされかねないのです。その他の評判のいい授業書の多くにも，同様な問題点があります。仮説実験授業は，子どもたちが〈もっとも学びがいがある〉と思えるテーマをえらんで授業書を作成しているのですが，子どもたちが「もっとも学びがいがある」という問題というのは，たいてい学習指導要領の枠を越えてしまうからです。

それに，いまの小中学校の理科は本格的な科学を教えるものとはされていないので，すぐに「学習指導要領違反」の心配が生ずるのです。だから，私は「理科は科学を教える教科だ」という考えを広めるべきだ，と主張し，根本的には「文科省は参考資料以上の学習指導要領を作成すべきではない」と言うのです。

そんなこともあって，『日本理科教育史』の発行以後，私はそれまでほどには理科教育史の研究に興味を持てなくなりました。「私のやるべき仕事は仮説実験授業の授業書作りの研究しかない」という私の生きかたの方向が完全に決まってしまったからです。

けれども私は「その後まったく理科教育史の研究をやめてしまったか」というと、そうではありません。〈日本の理科教育の問題点を全面的に総ざらいする〉という課題が完結しても、理科教育の歴史には学ぶべき事がたくさんあるからです。そこで次に、『日本理科教育史』の出版以後、私が研究して確認した二三の重要な研究成果の話を書かせていただきます。

### 〈虹は六色〉問題──日本の代表的な科学評論家たちの間違え

〈『日本理科教育史』の出版以後、私が知った理科教育史的な話題で、私が多くの理科教育関係者たちにもっとも広く知らせたいと考えたこと〉というと、それは「〈虹は六色か〉問題」と名付けることのできる話題です。

その話題自体は、1978～79年ごろに発生していたのですが、そのころ仮説実験授業の授業書の作成に追われていた私は、当時そういう話題があるということにも気づかずに過ごしていました。ところがその後2001年ごろ、私自身が〈虹の正体〉という授業書作成に乗り出したとき、その話題のことを知ったのでした。この話題は理科教育史に関心をもつような人には切実な問題だし、興味のある問題だと思うので、その問題の発生から少し詳しく書かせてください。

私が知る限り、その問題を最初に取り上げたのは、私と同年齢の日高敏隆さんです。日高さんは動物行動学の権威でしたが、『現代思想』という雑誌の1978年5月号に「虹は何色か」と題する文章を発表して、こう書き出しました。

> 「〈虹の色はいくつあるか？〉先日ふと、こんなことをあるアメリカ人にたずねてみた。答は意外だった。彼は即座に〈六つ〉と答えたのである」

と書いて、この話題を正面から取り上げたのです。日高さん自身は、そのとき「虹の色は七つ」と思っていたのに「六つ」と答えられて驚いたというのです。

そんなとき，私なら
「あっ，そう？　あなたにも六色に見える？　うれしいな」
とでも言ったことでしょう。それというのも，私は小学校時代に「虹は七色」と教わったとき，私の目には七色には見えなくて当惑した思い出があるからです。ところが日高さんは，そのとき自分で観察した事実を全く思い返さずに，
「〔六色だなんて〕そんなことはない。虹は七色って言うでしょ。七つですよ」
と反論し，相手はインディゴ＝藍色を虹色の中に入れてないことを確認したというのです。日高さんは，その話に多少は自信があったのでしょう。その原稿をご自身の『犬のことば』(1979) という随筆集に再録し，その後さらに『生きものの世界への疑問』(1991) という随筆集にも再録しています。日高さんは，啓蒙的な仕事も軽んぜずに精力的に多くの本を書いているので，この話はたくさんのファンたちに読みつがれたと思います。

　日高さんに続いて〈虹は六色〉問題を取り上げたのは，科学史で有名な村上陽一郎さんです。この人は東大の科学史科学哲学分科での私の後輩に当たる人ですが，『新しい科学論』(1979) という本で同じ話題に言及したのです。彼は「アメリカで実際に体験したことですが」と書き出して「私は虹といえば七色だとばかり思っていたのです」と話をつなげて，「アメリカ人の多くは，通常は六つの色しか認めていないのです」と書いたのです。

　3番目に同じ話題を取り上げたのは，桜井邦朋著『〈考え方〉の風土』(1979) という本です。桜井さんは物理学者で，その本の中に「六色の虹」という節を設けて，〈アメリカ滞在中，友人から電話で子供の宿題で「虹の色は七つだというが，それは何と何か」と問い合わせてきた〉という話から始まっていて，「米国の本には藍色が脱落している」と書いてありました。

　最後は，言語学者の鈴木孝夫著『日本語と外国語』(1990) という本で，

〈虹は何色〉を論じた部分の最初に,「私はこの問題について過去十数年の間にたびたびふれて来たが」と書いて,〈言語によって虹の色数はいろいろ違う〉という議論を展開しています。だからもしかすると, 虹の色数問題の議論を始めたのはこの鈴木さんだったのかも知れません。

けれども, ここでは〈誰が言い出しっぺだったか〉が問題なのではありません。さまざまな分野の人が同じことを論議しているというのに, みんな一様に「アメリカ人は色彩感覚が貧弱で, 日本人には区別のつくインディゴ＝藍色が目に見えないらしい」と議論しているのです。しかし私はそういう議論にはついていけませんでした。私自身「虹には六色も見分けがつかない」ということを経験していたからです。それなら, ここに登場した四人の人びとは, 自分で虹の七色を見分けることが出来たのでしょうか。どうもそうではないらしいのです。

その証拠に『新しい科学論』の村上さんは, この問題は「ことばによって〈見る〉ものが支配されることを示すよい例だ」と性急に結論を急ぐ一方で,「小学校のとき〈せき／とう／こう／りょく／せい／らん／し〉という七色の名まえも, 呪文のようにして記憶させられました」と書いているからです。その話を読んですぐ私は,「そうか, 私は自分の目で確かめようとしたから, 優等生になれなかったのだ」と妙に納得したのです。じっさい, 私は「旧制中学校の入学試験に落ちて, 泣く泣く月謝の高い私立中学校に進学しなければならなかった」という経験をしているのです。

それはともかく, 私は理科教育の専門家であり科学史家でもあります。そこで私は「アメリカ人はどうして〈虹は六色〉というようになったのか, いつ頃からそうなったのか」ということを深追いせざるを得なくなりました。それというのも, 日本の理科教育史を研究していた私は, すでに「日本人がみな〈虹は七色〉と思うようになったのは, 明治維新以後のことだ」ということを知っていたからです。言語学者の鈴木孝夫さんを初めとする上記四人の人びとは,「（日本人は大昔から色彩感覚が鋭敏で）大昔から虹は七色と思っていた」と決めつけていますが, そんなこ

とはないのです。江戸時代には，色彩感覚がとくに鋭敏だったと思われる西洋画家の司馬江漢だって，「五彩の虹」と書いていたのです。

　村上陽一郎さんは私と同じ科学史家なのですから，そういうことを知っていてもよかったはずです。しかし，私は他の科学史家とは違って庶民の科学史に特別な関心を持ち，理科教育史も研究していたから，そういう庶民レベルの人びとの知識についても知っていただけだ，といえるかもしれません。日本人は明治初年に，とくに米国人から教わって「虹は七色」と教えられるようになったことは間違いないのです。それなのに，上記の四人の人びとがアメリカに滞在したときに，米国人が虹を六色と言っていたのは何故でしょうか。

　そこで私は，アメリカの小学校を中心にした「初等科学＝理科」の教科書や高校程度の物理の教科書を徹底的に調べる作業を始めました。そして，すぐに感動的な事実を発見することができました。1941年ころ，米国のシカゴ大学の実験学校のベルタ・M．パーカーさん（おそらく校長）が，「米国でも「虹は七色」といわれてきたが，子どもたちには七色に見えないのではないか」と考えて，教育実験を仕組んで「実際には虹は六色ぐらいしか見えない」ということを解明したのです。そこで，そのことが他の教科書の著者たちにも認められて，1950年ころまでには，米国では「虹は六色」と教えられるようになったのです。

　結局，「アメリカは色彩感覚が劣っているから，虹が六色にしか見えない」のではないのです。この話は，日本の理科教育研究がアメリカよりずっと遅れているから，「いつまでたっても虹は七色と教え続けていた」というだけのことだったのです。

　どうです。この話はいかにも理科教育史的な話でしょう。ついでにいうと，世界でニュートンの科学が教えられてきた国ではどこでも，一時は「虹は七色」と教えられてきたわけですが，どうして「七色」だったのでしょうか。それは，ニュートンのキリスト教信仰と関わっていたのです。それらの話は，板倉聖宣著『虹は七色か六色か――真理と教育の問題を考える』仮説社（2003）に詳しいのでご検討ください。

## 〈サイフォンの作動原理〉に関する1948年までの説明は間違っていた

　ふつう「学校の理科教育」というのは，「科学者がすでに発見した真理を易しく教える仕事だ」と考えられています。しかし上述の〈虹は六色〉問題は，

　　「近代的な学校でこれまで真理として教えられてきたことでも，真理とは言えないことがある」

ということを明らかにしたことで，とても教訓的な話です。ところが，ほかにもこれと似た話があります。

　それは，「サイフォンの作動原理」に関する説明です。私が国立教育研究所で理科教育の研究を始めたとき，「〈サイフォンの作動原理〉の説明が分かりにくい」というので，私なりにその説明を書いたことがありました。しかし，それも今からすると全く間違っていたのです。従来〈サイフォン〉は〈管＝サイフォン〉の中の気圧差で説明されていました。しかし，イギリスのM.C.ノークスという人は，「サイフォンは真空中でも作動する」ということを実験的に明らかにしていました。宮地祐司さんが調べてくださったところによると，それは1948年のことで，パーカー女史が「虹は七色と考える必要はない」ということを明らかにして少し後のことでした。

　「サイフォンは真空中でも作動する」ということになると，「〈その作動原理を圧力差で説明する従来の説明〉は間違っている」ことになります。そこで私は，2008年に「それなら〈くだ〉を使わないサイフォンも出来るはずだ」と考え，〈水に浸したティシュペーパーを使ったサイフォンでコップの中の水を外に流れ出させる実験〉に成功し，〈水分子の冒険〉という授業書を作成しました。その原理を使うと，これまで説明が困難とされてきた〈背の高い木〉に水が上昇する理由も難なく説明できるようになります。

　学校での理科教育は，

　　「科学者がすでに発見した真理を易しく教える仕事」

と限定できないのです。私は，新潟県魚沼市にある東養寺の境内に建立

した「科学の碑」という〈人のかたちをした石の碑〉に，

「科学，それは，大いなる空想を伴う仮説とともに生まれ，討論・
実験を経て，大衆のものとなって，はじめて真理となる」

という碑文を書いたことがあります。今後はますます，そのことを実感することができるようになると思います。これからは，〈科学の教育者も，真理確定の作業に参画する〉ことになるのです。

### 〈仮説実験的な認識過程説〉の確立とその普及の歴史

仮説実験授業は以上に示したように大きな成果を上げてきたのですが，そういうことになると，「その基礎になっている仮説実験的認識論は，いつごろどんな人びとによって思いつかれ，真理として確立していたのか」，あるいは「これから真理として認められるようになるのか」ということが気になってきます。

そのような問題意識は，私たちが仮説実験授業を提唱して，その授業で子どもたちに「予想または仮説を立てさせる」という働きかけが「素晴らしく大きな効果をもたらす」ということが見出されたとき，そのことに感動した庄司和晃さんに「授業における〈予想着目史〉の研究」という研究課題を投げかけることになりました。そして，庄司さんは問もなく，「大正期の日本の理科教育研究運動のリーダーだった神戸伊三郎が，早くも仮説実験授業の先駆者と言えるような理論を構築していた」という事実を発掘してくださいました。

本書に神戸伊三郎（1884～1963）や千葉命吉（1887～1959）の仕事を大きく取り上げることができたのは，庄司和晃著『仮説実験授業』国土社（1965）に収録されているその「予想着目史」の研究成果に触発された部分が少なくないのです。

「予想着目史」の研究は，仮説実験授業の先駆者たちの仕事を発掘する作業でもあるので，私はその後もその研究を心掛けてきました。ところが，神戸伊三郎も千葉命吉も，引用文献を明示してくれないので，「それらの人びとのその学習過程論／仮説実験的認識論はどうして誕生

しえたのか」という謎に迫ることが全くできませんでした。ところが，最近になって，四国大学の教育史学の専門家でもある小野健司さんが，これまで私が半ばあきらめていた「教育における仮説実験的認識論の歴史研究」を大きく発展させてくださいました。

本書第8章第3節で私は，千葉命吉と神戸伊三郎の先駆者である及川平治（1875～1939）がその著『分団式各科動的教育法』（1915）で展開した学習過程論を紹介して，

「及川平治のこの学習過程論では，人間の認識活動が対象に対する〈不易の仮定〔予断の態度〕及び実験の過程〉としてとらえられているが，これは科学教育史上でも注目すべきことばである」

と高く評価したのでしたが，及川平治がそのときどうしてそのような認識論に達しえたのか，明らかではありませんでした。しかし小野さんは，及川平治（1875～1939）が『分団式各科動的教育法』（1915）で採用／展開した〈仮説実験的ともいえる学習過程論〉は，米国の教育学者デューイ（John Dewey, 1859～1952）の『思考の方法 How We Think』（1910）の文章をそのままの翻訳／採用したものであったことをつきとめてくださったのです。しかし，デューイはその後，宗旨代えしたようです。神戸伊三郎が「大東亜戦争＝太平洋戦争」以後，改めてその新学習過程論を提出しなかったのは，そのことと関係しているのかもしれませんが，その事情はまだ分かっていません。

小野さんは，その後さらに「仮説実験的認識論の起源の歴史」をさらに追求して，明治初年に日本に大々的に翻訳／紹介された英国の論理学者で経済学者でもあったジェヴォンズ（W. Stanley Jevons, 1835～1882）が早くから科学的認識における「仮説の役割」に注目していたことを発見しました。

本書では，明治初年の日本でもっとも広く採用された小学校用の化学教科書『（Science Primer）小学化学書』を紹介していますが，ジェヴォンズという人は，それと同じシリーズに「論理学」と「経済学」の教科書を書いていて，それらの本は明治初年の日本で何種類も翻訳出版され

ていたのです。

そのほか，「仮説実験的な認識論を力説している哲学者にポパー（K.R. Popper，1902～1994）という人がいる」ということも知られています。私は仮説実験授業研究会の人びとと一緒に「それらの著者の科学論は，私たちの仮説実験授業の認識論とどれだけ同じで，どこが違うか」研究したいと思っているのですが，まだ未解決です。

### 〈科学を教える〉とはどういうことか

さて，「自然科学のもっとも基礎的な概念や原理的な法則」は，もともと古代ギリシアに生まれた〈自然哲学〉の伝統を受け継いだ人びとにしか受け継がれなかったものです。ガリレオとかボイル／フックなどという人びとも，中世の文献に書き継がれていた古代ギリシア人たちの研究成果を学んで，そういう知識／考え方をはじめて知ることができたのです。

その知識の一部は1600年前後に日本や中国にやってきたキリスト教の宣教師たちによって，日本にも伝えられました。しかし，日本人がそれらの知識／考え方を受け入れ，発展させることは，極めて困難なことでした。そこで日本人は，幕末から明治維新期になって，西洋から近代科学の知識／考え方を全面的に学び受け入れて，近代的な教育をはじめたのです。

近代科学の築いてきた科学的な自然観というものは，そう容易には伝えることが出来ません。その証拠に，日本では明治維新以後150年以上ものあいだ「理科教育」を実施してきたというのに，近代科学の自然観に真っ向から対立する〈迷信〉を無くすどころか，弱めることさえ出来ていないではありませんか。たとえば，本書の旧版が出版された1968年の2年前は〈丙午迷信の年〉に当たっていましたが，江戸時代以後の「丙午迷信」が驚くほど広く普及していることが分かって，私を驚かせました。

### 明治以後の教育を受けた人びとは
### どれだけ〈丙午迷信〉に支配されたか

〈丙午の年〉というのは，昔の暦──「ね／うし／とら／う…………」と続く〈十二支〉と「甲／乙／丙／丁／………」という〈十干〉とを組み合わせて作った60年周期の〈暦上の年の名〉のことです。明治維新以後では1906（明治39）年と1966（昭和41）がその〈丙午年〉に当たっていました。

その〈丙午の迷信〉というのは，「丙午の年に生まれた女は，夫を食い殺す」というまったく根拠のない迷信です。ところが，そんな〈くだらない迷信〉が多くの人びとの生活を大きく支配してきたのです。この迷信は，自分がそれを本気で信じなくても，他の人びとが信じていれば，その丙午年生まれの女性を差別することになります。そこで，少しでもその迷信を信じていると，その人びとは，「丙午の年には女の子を生まないほうがいい」と考えて行動するようになります。もちろん，大部分の人が，「そんな迷信などまるで気にしない」と思えば，〈そんな迷信が人びとの行動を支配する〉などということにはならないのですが，実際にその丙午の年が来たとき，多くの日本人はどういう行動をとったでしょうか。

いま改めて考えてみると，「丙午の年に女の子を生まないほうがいい」と考えて行動するのは容易なことではありません。「丙午年生まれの子が結婚適齢期になったとき，結婚することが困難になったら大変だ」ということになると，「その年が誕生日になるような子どもを生まないようにしよう」ということになるわけですが，受胎した子どもの性別は生まれるまで分からない時代には，女の子だけでなく，男女とも産み控えなければなりません。そこで〈丙午年が近づいている時期に結婚した若い夫婦〉は，生まれてくる子どもが「丙午年生まれ」となる心配のある一年間は，性生活に大きな制限をかけられることになります。これは大変なことです。誰か独裁者が現れて，「○○年には子どもを生んではならない」などと号令でもしたら，よほど権力のある独裁者でも，その権

力を維持するのは大変になることでしょう。〈丙午迷信〉というのは，それほど大きな圧力を若い夫婦の性生活にかけかねないのです。

　それなら，明治期の丙午の年には，日本の若い男女のうちどれほどの％の人びとが〈その年に子どもを生まないように行動した〉と思いますか。こういうと，「そんなことはもともと分かりっこない」という人もいることでしょうが，じつは分かるのです。〈丙午年に生まれた新生児の数〉を〈その前後の年に生まれた新生児の数〉と較べてみれば，若い夫婦が「丙午年には子どもを生まないようにどれほど気をつけて行動したか」を計算することが出来るからです。もちろん，「そのような配慮をするにはしたが，結果的には生まれてしまった」という場合もあります。だから，上の計算値は「少なくとも，これだけの％は」という数値を示すにすぎないのですが，どうでしょうか。

　私は，前々から「迷信の普及の程度」は「理科／科学教育の効果のバロメーターと見なすこともできる」と考えてきました。そこで私は丙午迷信の普及状態にも関心をもって，「明治期と昭和期の丙午年の新生児の数は，その前後の年と較べて何％ほど減っているか」計算して見ました。その結果は，1906（明治39）年の場合，10％と出ました。少なくとも若い夫婦の10％は丙午迷信に左右されて，一年間も子どもを産み控えるか，ときには〈間引き〉といって，生まれた子を殺してしまったりしたのです。これは大変なことです。1906年といえば，日本で近代教育制度が実施された1872（明治五）年から数えてすでに34年も経っています。それなのに，その教育は丙午迷信を克服しえなかったのです。

　それでは，1966（昭和41）年の場合はどうでしょう。1966年といえば，敗戦によって〈迷信撲滅運動〉が再起したとき（1945年）から21年を経ています。だから「明治期よりも丙午迷信を気にしない人がはるかに増えていたはずだ」と考えることができそうです。ところがです。〈1966年の丙午迷信の年に子どもを生み控えた人びとの％〉は，25％に達していました。何と丙午迷信の影響は，明治期よりも昭和期のほうがはるかに大きかったのです。

多くの人びとは，「明治期と昭和期とを較べたら，日本の理科／科学教育だって，後の年ほど進んでいるはずだ」と思っています。それなのに，少なくとも丙午迷信の場合は，1906年よりも1966年のほうが迷信の影響が大きくなっていたのです。

じつは，このような事実を詳しく徹底的に研究して，その事実を人びとに知らせたのは，私自身なのです。その詳しい研究結果は，仮説実験授業研究会編の『科学教育研究』第7集（国土社，1972年1月刊）に書いた「丙午迷信と科学教育」という論文に詳しく書かれています。その論文はその後さらに私自身の論文集『私の新発見と再発見』仮説社（1988）に再録してあるので，詳しくはその論文を見てください。

それにしても，「丙午迷信の影響は1906年よりも1966年のほうがこんなに大きく現れた」という事実は，にわかに信ずることの困難な事です。そこで，「どうしてそんなことになったのか」についての私の考えを付け加えておくことにします。これまで大部分の人びとは，「迷信は無知蒙昧の人が信ずるものだ」と考え，「文化が発達すると迷信が減少する」と考えてきました。しかし，「迷信は文明病の一種」と言ってもいい側面があるのです。全く知識をもたない人びとは，「迷信を知ることも少ない」というのが普通なのです。

じつは，1966年の丙午年のときは，1906年の丙午年のときよりもずっとマスコミが発達していました。そこで，とくに女性週刊誌などが〈丙午迷信〉の知識を多くの人びとに広めたのです。と言っても，大部分の女性週刊誌は，丙午迷信を「迷信」として知らせただけで，「〈丙午生まれの女は夫＝亭主を食い殺す〉というのは本当だ」などと書きはしなかったでしょう。ところが，多くの週刊誌は，「昔の人びとはどんなにその迷信に支配されてきたか」ということを，興味本位に恐ろしげに書き立てたので，読者のほうは心配になったのです。そこで，自分たちの子どもが丙午生まれにならないように一年間も続けて配慮する結果になったのです。日本の明治以後の出生率の変遷をグラフ化すると，1966年だけは異様に激しく落ち込んでいて，誰でも気になります。

「迷信呼ばわり」しながらでも，「昔からこんな迷信があって」と，迷信情報を伝え，丙午迷信を広める結果をもたらしてきたのです。私は，丙午迷信による出生率低下の地域的な分布を調べた結果，〈明治期の丙午年の出生率低下〉は〈東京やその周辺が中心で，東京から遠く離れた地域ではほとんど見られない〉ということも明らかにしました。ところが，昭和期の〈丙午年の出生率低下〉は全国一様になりました。東京周辺での出生率低下は目立たなくなったのです。そこで私は，「丙午迷信は，一種の文明病として広がった」と結論していいと考えたのです。

しかし，です。いくらマスコミが迷信情報を広めても，多くの人びとが，そんな迷信に全く影響されなければ，丙午迷信だって，「こんなにも多くの人びとがこんなに影響される」ということはなかったはずです。それなのに，丙午迷信はどうしてかくも多く影響したのでしょうか。

明治以後の日本の理科／科学教育の普及も，第二次世界大戦に敗北して以後の日本の理科／科学教育も，丙午迷信を克服しえなかったのはなぜでしょうか。私は，「それは日本の理科／科学教育は，合理的な精神／科学的な考え方を効果的に教えることに失敗してきたからだ」と考えています。大部分の日本人は，明治維新後，さらには1945年の敗戦以後になっても，「昔から長いあいだ多くの人びとが信じてきたことは，それなりに根拠があるに違いない」と考えて，迷信にとらわれてきたのです。そういう人びとに「科学的事実」と称する断片的な事実をいくらたくさん教えても，科学的な認識は育たないのです。

丙午迷信だけの話ではありません。丙午迷信以外の迷信については，いまのところ，「多くの人びとがどんな迷信にどれほど深く影響されながら生きているか」ということを正確に知ることは困難です。しかし，ふつう「科学技術時代」と思われている今日でも，「科学的な考え方」よりも「迷信」に影響されて生きている人びとが減少するどころか，かえって増大していることは，マスコミに大量の迷信情報が流されていることを見れば明らかです。

こういうと，「多くの人は，何もそういう迷信に支配されているわけ

ではなくて，〈一種の遊び〉として楽しんでいるだけだ」と弁解する人がいます。本当でしょうか。私には，そう考えることは出来ません。多くの人びとには，「迷信と科学の違い」がまるで分かっていないのです。

### 〈日本における脚気病の歴史〉の教訓

「科学と迷信の違い」と言えば，〈一流の科学者〉と言われている人びとの「科学的認識についての考え方」も，怪しげなことが少なくありません。私は1968年に『日本理科教育史』を世に出してからちょうど20年後の1988年に，『模倣の時代』上下二巻（仮説社）という大部の本を世に出しました。その上巻には，「脚気の予防治療法の開発者たちと，その抑圧者たちの物語」，下巻には「ビタミンの研究／発見者たちと，その妨害者たちの物語」という副題がついています。この上下二巻の本は，〈第二次世界大戦期まで大流行して毎年何万人もの死者を出した〈脚気病〉の研究史〉を描いたものなのです。

私はもともと科学史の研究者ですが，医学は苦手です。ところが私は，「〈丙午年の出生率の低下〉を調べて，日本人大衆の科学知識の実状を知ることも可能だ」ということに気づきました。それで，「〈日本人の脚気による死亡統計〉などを調べたら，〈日本人の病気についての常識の変遷〉を知ることができるかも知れない」と目をつけました。「脚気による死亡率などを調べれば，日本人の〈ビタミンについての知識〉の普及状態を明らかにすることが出来るかも知れない」と考えて，脚気病の流行の歴史の調査を始めたのです。

ところが私は，少し調べはじめるとすぐに，「明治期の日本の医学者たち，とくに東大医学部出身の優等生医学者たちの脚気の研究は，とんでもなく間違った科学観のもとに行われていたらしい」と気づくことになりました。そこで，だんだんとその研究に深入りして，脚気病の研究史そのものを研究する羽目になってしまったのでした。その頃の私は，国立教育研究所の物理研究室の室長という肩書を持っていましたが，やがて，脚気病の研究史ばかりを集中的に研究するようにもなりました。

「この研究が完成すれば，日本人の独創性にまつわる諸問題点を明らかにすることが出来るに違いない」と思ったので，敢えて二三年のあいだは脚気の歴史ばかりを研究したのです。それは「正しかった」と私は今でも思っています。私はその研究によって「〈有名な小説家で，陸軍省医務局長にまで出世した森鷗外（1862～1922）〉がとんでもない科学観の持ち主で，そのため陸軍の兵隊たちに，大量の脚気患者を発生させ，死に至らせる結果になった」ということを，〈森鷗外その人の言動〉から疑問の余地なく明らかにすることが出来ました。

　脚気という病気は，欧米諸国には全く見られない東アジア独特の〈奇病〉でした。そこで，その病気の原因を突き止めるにせよ，その治療法を発見／確立するにせよ，欧米の医学者の研究成果を当てにすることは出来ませんでした。「そんなときに，日本の医学者たちはどのように研究したか」を明らかにして，日本の科学者たちの創造性に関わる問題点を明らかにしたいと思ったのです。

　脚気は江戸時代から江戸や大阪などの大都会で流行していましたが，明治初年には，東京／大阪などの都会に集まって来た学生たちや陸海軍の兵隊たちの間に大流行しました。それどころか，明治10年7月には明治天皇（1852～1912）まで脚気を発病し，それから間もなく，〈天皇の叔母に当たる皇女和の宮＝静閑院の宮（1846～1877）〉も脚気になりました。

　当時〈脚気の治療法としてもっとも効果的な方法〉として広く知られていたのは〈転地療法〉でした。そこで，皇女は箱根に転地し，心配した天皇は〈当時日本最高の医者として知られていた洋行帰りの侍医たち〉を箱根に送りました。しかし，その治療の効もなく，皇女はその年の9月2日に箱根で亡くなってしまいました（脚気に転地療法が効果的だったのは，転地すると食べ物が変わるからだったのですが，皇女の側近たちは箱根にも東京と同じ食料を持ち込んだので，せっかくの転地も効果がなかったのです）。そこで明治天皇もその侍医たちを信頼することが出来なくなり，侍医のいうことも聞かなくなったので，新政府の高官たちもおろおろするばかりでした。さいわい天皇の脚気は11月21日には全治しましたが，

脚気は季節病で秋冬には治ったように見えても，翌年春夏になると再発することが多いので，安心できません。そこで，新政府の中心だった大久保利通（1830〜1878）の発議で，明治11年7月10日に〈東京府脚気仮病院〉が発足しました。
　その脚気仮病院では，漢方医と西洋医にその療法を競わせました。東大医学部にドイツからやってきた教授陣たちにも知恵を借りました。しかし，それらの医学者たちもお手上げ状態で，病因の見当もまるでつきませんでした。東京や大阪の街の開業医たちの中には，「脚気患者には白米を食べさせないほうがいい。麦飯その他の昔からの質素な食事を与えたほうがいい」という人がかなりいたようですが，伝統的な漢方医たちの意見もまちまちだったようです。西洋医学者たちは，当時「細菌学の研究」が隆盛だったこともあって，〈脚気菌〉の存在を疑いました。しかし，誰も脚気菌なるものを突き止めることは出来ませんでした。東京大学医学部が最初の正規の卒業生を世に出したのは明治12年10月のことです。新政府の役人たちは，ドイツ人医学者たちによる本格的な医学教育を受けた卒業生たちの新しい研究成果を待ちうけました。
　それでは，この脚気問題は誰がどのようにして解決したのでしょうか。ふつう最大の功労者は海軍省医務局長だった高木兼寛とされています。しかし私は，「最大の功労者は，陸軍大阪師団の軍医部長だった堀内利国だ」としたほうが正しいと思います。
　こういう場合，「誰を最大の功労者と考えるか」という判断を公正に下すのは必ずしも容易なことではありません。さまざまな〈ひいき目〉があって，公正に判断をくだすのを妨げるからです。この場合，陸軍省医務局長などの軍医たちが悪い役回りを演じたのは誰の目にも明らかです。そこで，陸軍と対立していた海軍省の医務局長の名が自然に出てくるのです。しかし，堀内利国が，大阪の陸軍の現場軍医の責任者として，はじめて脚気の予防にもっとも効果的な麦飯療法の有効性を発見／確立したことは明らかです。
　堀内利国も西洋医学者でしたが，森鷗外（1862〜1922）のように，東

大医学部でドイツ医学を学んだ人ではありません。高木兼寛（1849～1920）は海軍から英国に派遣されてイギリス医学を学んだ人ですが，堀内利国（1844～1895）は伝統的なオランダ医学を学んで陸軍軍医になった人で，海外留学組と較べると学歴が劣りました。だから彼は陸軍省医務局の官僚になることがなかったのです。

それなら堀内利国はどうして「麦飯が脚気予防に役立つ」という情報をみんなのものにすることができたのでしょうか。

### 堀内利国の〈現象論的法則〉の発見と，それを適用した成果

明治初期には大阪でも脚気が流行していました。そこで，「大阪鎮台」というその地の軍隊で最高位の軍医となった堀内利国は，「脚気をいかにして予防し治療したらいいか」という問題に頭を悩ませました。そんなとき彼の部下の若い軍医たちの中には，「漢方医たちは〈麦飯を食べさせると，脚気が治るし脚気予防にもなる〉と言っているから，一度採用してみたらどうですか」としつこく言う人もありました。しかし，堀内は「麦飯が脚気の予防／治療に効験があるなんて迷信だ」と言って取り合いませんでした。ところがある時，その若い軍医が，「なんでも監獄で麦飯を支給したところ，脚気がなくなったそうですよ」という新情報を知らせました。そのときになって彼も「もしかしたら〈麦飯が脚気の予防／治療に効験がある〉というのは本当かも知れない」と考え直して，本格的な調査活動を始めたのです。

その調査の結果，堀内利国は，

「日本の監獄では明治8年1月制定の〈囚人給与規則〉以後〈囚人の主食は白米を基本とする〉ことにされたのが，明治14年3月に「在監人給与規則」が制定されて，〈主食は麦4割の麦入り飯〉と改められて以後，どこの監獄でも脚気がまるでなくなった」

という事実を突き止めることに成功しました。「なぜか分からないけれど，麦飯は脚気の予防／治療に役立つ」ということが分かったのです。

こういう「なぜか分からないけれど，あることをすると，ある結果が

生ずる」というような法則を「現象論的な法則」といいます。〈現象論的な法則〉というのは〈何故か分からないけれど〉でもいいのです。無理にでも〈これこれこういう理由で効くのだろう〉などというと，かえって怪しげになります。もちろん〈何故か分からない〉ときには，単なる偶然で起きた場合もあるので，慎重な調査を要します。しかし，「互いに離れたいくつもの監獄で，麦飯を支給しはじめたら，それと同時に脚気が絶滅状態になった」ということになると，それは単なる偶然とは考えられません。そういうときには，何故か分からなくても，麦飯支給と脚気絶滅との間の因果関係を認めなければならないのです。

　ところが，森鷗外は〈現象論的法則〉の重要性を知らなくて，全く認めませんでした。彼にとって〈科学の法則〉というのは，〈目の前で因果関係を確かめうるもの〉だけだったのです。そこで，「相互に離れた監獄で，麦飯を支給しはじめたら，同時に脚気が絶滅状態になった」という事実を示されても，「〈何故か〉が分からなければ，そんなのは科学ではない。〈麦飯が脚気予防に役立つ〉などというのは迷信に過ぎない」と，断固受け入れを拒否しました。本当は，「〈何故〉が分からなくても現象論的に確かな法則」が見つかったら，まずそのことを認めて，そのあとで，その「何故」を追求すればよいのです。じっさい，ビタミン概念はそういう研究によって発見されたのです。

　堀内利国は明治17年12月5日，大阪鎮台の兵食をすべて麦飯に切り換える命令を出しました。その実験は，その前に慎重な調査をしてあっただけに，大成功でした。

　じつは私は，『模倣の時代』上巻の初版本が印刷になったその日に，素晴らしい新資料を入手しました。陸軍省医務局発行の『(明治11年〜18年) 大日本帝国陸軍患者統計報告』(1887) という報告書です。それは表と図を中心にした報告書で，その図は見やすいようにカラー印刷してあるという贅沢な報告書です。右ページに掲げた図は，その本の中から「大阪鎮台の明治11年から明治18年まで月別の新患者数の変動」をグラフに書きなおしたものです。この資料は『模倣の時代』にも収録されて

その後の日本理科教育史の研究　485

## 大阪鎮台の脚気新患者数の変動（月別）

『大日本帝国陸軍患者統計報告』（1887）88〜89ページのデータによる

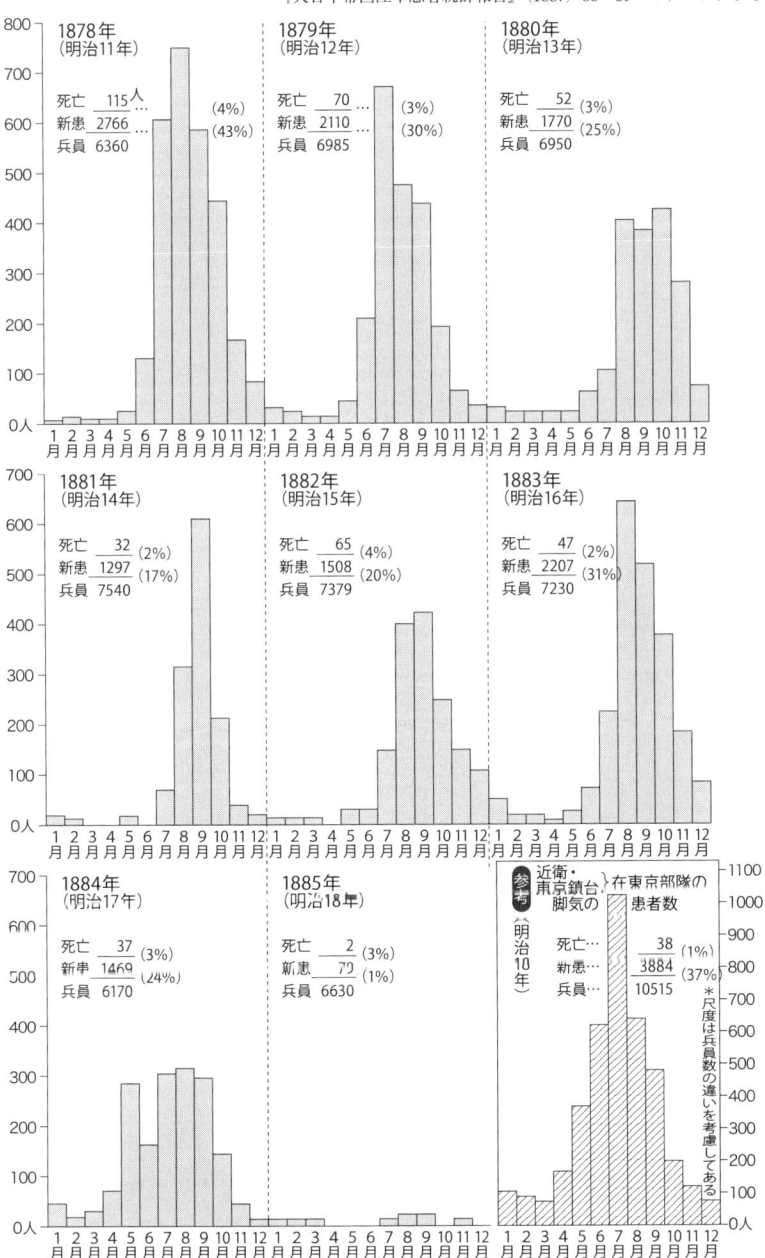

**1878年（明治11年）**
死亡 115人 (4%)
新患 2766 (43%)
兵員 6360

**1879年（明治12年）**
死亡 70 (3%)
新患 2110 (30%)
兵員 6985

**1880年（明治13年）**
死亡 52 (3%)
新患 1770 (25%)
兵員 6950

**1881年（明治14年）**
死亡 32 (2%)
新患 1297 (17%)
兵員 7540

**1882年（明治15年）**
死亡 65 (4%)
新患 1508 (20%)
兵員 7379

**1883年（明治16年）**
死亡 47 (2%)
新患 2207 (31%)
兵員 7230

**1884年（明治17年）**
死亡 37 (3%)
新患 1469 (24%)
兵員 6170

**1885年（明治18年）**
死亡 2 (3%)
新患 79 (1%)
兵員 6630

**参考：近衛・東京鎮台の脚気の患者数（明治10年）在東京部隊の患者数**
死亡 38 (1%)
新患 3884 (37%)
兵員 10515

＊尺度は兵員数の違いを考慮してある

いないので，ここに発表させていただきます．

これを見ると，当時「堀内利国がその麦飯支給実験をどのように見守っていたか」という様子を生き生きと思い描くことができます——．

例年も12月は脚気新患は少ないけれど，ゼロではありません．大阪鎮台では，明治16年には78人の新患がありました．ところがです．明治17年の12月は，その月の5日から麦飯を実施したばかりだったというのに，脚気新患はわずかに9人に減ったのです．彼はどんなにか意を強くしたことでしょう．年が開けて明治18年になっても脚気新患はほとんどゼロです．5月も1人，前の年＝明治17年の5月の275人と較べると嘘のような数字です．問題は7～8月の脚気の最盛期ですが，堀内利国はその時期に〈東部検閲使〉の一員として，東京以北の脚気視察の長期出張の旅にでました．彼はその旅先で，その年も各地の部隊でたくさんの脚気患者が出ていることを目にしました．

しかし，この年の大阪鎮台の脚気患者は，合計僅かに79人でした．大阪鎮台の脚気新患を，一年のうちに例年の20分の1に激減させるのに成功したのです．堀内利国は明治18年9月下旬に長期出張から帰ってはじめて，大阪鎮台の脚気が激減したことを確認することができたのでした．

その後，各地の部隊の軍医部長たちは，大阪での実験を真似はじめ，次つぎと脚気を激減させることに成功しました．「麦飯は脚気の予防／治療に効験がある」という法則は，それら各地の部隊の一連の実験によって，完全に証明されたのです．自ら脚気病になった明治天皇は，その後も侍医たちの言うことを聞かず，ついに自分で脚気を克服しました．かれの側近には〈陸軍武官〉がいたので，天皇は〈陸軍での麦飯支給が脚気を絶滅するのに大きな成果を挙げたことを知ることができたので，自分で麦飯を主食に変えることによって，脚気の再発を予防することに成功したのです．

しかし，陸軍省医務局の森鷗外らの高級軍医たちは，いつまで経っても，「〈麦飯は脚気の予防／治療に効験がある〉というのは迷信に過ぎない」と主張し続けました．そして，日清戦争のときも，日露戦争のとき

も，戦地の兵隊たちに麦飯に送ることを拒み続け，たくさんの脚気患者と死亡者を出しました。そのとき陸軍部内にあって最も頑強に〈麦飯迷信説〉を主張して，戦地の兵隊たちに麦飯を支給することをもっとも強硬に反対したのは，森鴎外でした。日露戦争のとき広島の大本営に出張した明治天皇は，戦地での脚気流行の話を耳にして，「脚気は大阪の堀内利国の努力によって解決済みでなかったのか」と言って，周囲の人びとを驚かせています。

海軍の高木兼寛は，堀内利国の麦飯実験以後，海軍の兵食を米食からパン食に切り換えて脚気絶滅を期しました。しかし，日本の水兵たちは，何としてもパン食を受け入れませんでした。そこで高木はパン食支給を諦め，麦飯支給に変えて，脚気をほとんど絶滅させることに成功したのですが，高木が麦飯支給を始めたのは，大阪での麦飯実験の成功が認められて以後のことです。それなのに，高木兼寛は，陸軍省医務局に対して海軍省医務局長として，麦飯支給で有名になり，日露戦争の戦勝後，男爵の爵位を与えられると，「麦飯男爵」と呼ばれるようになりました。

### 「現象論的法則」を迷信と思いこんだ森鴎外

陸軍の堀内利国軍医が〈軍隊への麦飯支給によって脚気を撃滅させることが出来た〉のは，彼が〈監獄での麦飯支給が脚気を撲滅させた〉という話を聞いて，それは〈現象論的法則〉として信用できそうだと気づいたからです。森鴎外にはなにも悪意があったわけではありません。ただ彼は，迷信と〈現象論的な法則〉との違いを知らなかったから，間違ったのです。

「丙午生まれの女は亭主を殺す」という話は，『麦飯は脚気の予防／治療に効験がある」という話と一見似ている所があります。どちらも〈信じがたい〉という点では同じです。しかし，根本的に異なる部分があります。麦飯支給はその後各地でも繰り返された実験／追試によって，〈現象論的法則〉として正しいことが確認されていたのです。しかし，丙午迷信のほうにはまるで実験的根拠がないことです。だから「迷信」

と呼ぶよりほかないのです。

　こういうと，ときどき「八百屋お七は，丙午生まれで，恋人と逢いたい一心で放火をしたために〈火あぶりの刑〉で処刑されたのではありませんか」と言う人がいます。しかし，八百屋お七は丙午生まれではありません。八百屋お七の話を初めて有名にした小説家の井原西鶴は，お七のことを丙午の女と書いていないのです。ところが，浄瑠璃作者の近松門左衛門は，その話をより神秘的／劇的にしようとして，お七を〈丙午生まれ〉に仕立ててしまったのです。文学者の仕事と科学者の仕事とをごちゃ混ぜにしてはいけません。

　「長く人びとに信じられてきた迷信には，多くの人びとの経験事実が含まれている」と思い込んでいる人が多いのですが，そんなことはないのです。狭い範囲で信じられている迷信には，二三の経験事実を誤って一般化して迷信になったものもあります。しかし，うんと広く広まっている迷信は，みな昔の宗教の神秘的な自然観から思弁的に思いついただけのものが圧倒的に多いのです。その点では，西洋伝来の占星術も同じです。そんななかで，近代の科学者たちは，「昔から信じられてきた各種の言い伝えのうち何が正しく，何は間違っているか」一つひとつ追試して，やっと近代科学の基礎を築いて来たのです。

　科学以前の人びとの自然認識は，〈常識的な独断〉と〈宗教的信条〉とによって支配されて来たのですが，「古くからの宗教的な信条が科学の発達をはばんできた」という事実も忘れてはならないのです。

　ところが，明治以後日本の理科教育は，合理的な精神を教えず，「多くの人びとが長いあいだ信じてきたことは，それなりに根拠があるに違いない」などと理由なく考えるように仕向けてきたので，迷信には対抗できなかったのです。

　「近代科学の先駆者たちがどのように〈現象論的法則の確定〉に努力してきたか」ということに関しては，私はW.ギルバート（1600年原著）の『磁石（および電気）論』仮説社（1978）を抄訳するなどして，現場の教師がその古典的研究に触れやすくする仕事をすすめています。

## 〈あとがき〉らしい〈あとがき〉の部分

　本書の初版本の奥付けを見ると，「1968（昭和43）年3月1日発行」とあります。この新版が出る2009年4月までの間に41年もの開きがあります。その間「ずいぶん長い間絶版状態をつづけさせてしまったなあ」と思い続けてきたと思っていたのですが，私の手元にあるものと仮説社にあるものとを見ると，「昭和53年2月1日，第4刷発行」というものと，「1981（昭和56）年7月30日，第5刷発行」というものがあります。それで今ごろになって「初刷りから13年後の1981年までは増刷されていたんだなあ」と気づきました。本書の初刷りは「2千部だか3千部印刷発行した」とだけしか記憶していないのですが，かなり売れたことになります。後のほうの増刷りは一回につき五百か三百という数だったでしょうか。

　こういう学術書で分厚い本はよほどの大家の書いたものでないとなかなか売れません。大抵は初刷りを出した後しばらく売れないので，増し刷りなどされないのが普通です。それでしばらくの間は，古本屋の棚に眠ったりしているのですが，そういう本があらかた売れつきてしまうと，今度は古本価格がどんどん上昇します。本書の場合も「1〜2万円出しても入手できない」という話が聞かれるようになったので，申し訳ないという想いを持ちつづけていました。

　じつは本書の初版が出て間もないころ，教育書専門の古本屋さん，ヤマノキ本店で，先代のご主人とこの本のことがたまたま話題になって，「あの本なかなか値上がりしませんね。十冊ほど買いおいてあるのですが」と言われて驚いたことがあります。専門的な古本屋さんの間では，「分厚い歴史の本はそのうち値段が確実に上がるから，安いときに大量に買いおいて値上がりを待つ」という商売の仕方があったのです。本書の場合は長いあいだ増し刷りされたので，なかなか古本価格が上がらなかったというわけですが，それでも初版発行から13年以上たって入手が困難になってしまったのですから，「本書を手もとに置いておきたい」と思ってくださった方がたには大変申し訳ないことをしました。

この本の初版本の出版元であった第一法規という会社は大きな出版社ですが，教育書専門ではないので敷居が高くて，その後の売れ行きについては聞くこともなく過ぎていました。それでも「早く新版を出したい」と思って，第一法規から版権を譲ってもらうよう仮説社に交渉を頼んだのですが，最初のころは「需要があるなら自分のところで出すから」と言ってなかなか版権を譲ってもらえませんでした。その後，第一法規でも品切れ状態が続くようになって，私の著作権を行使して仮説社から出してもいい状況が続くようになったのですが，そうなると今度は「こういう本は新版を出しても，そうは売れまい」という心配があって，なかなか手をつけてもらえませんでした。その間に，大阪の原田研一さんが「この本を自分で全部ワープロに入れた」という話まで伝わってきました。それでやっと，今回新版を出せることになったのです。

　今回この本の新版にあたっては，とくに原田研一さんにお世話になりました。原田さんは大阪の高校の物理の先生でしたが，定年近くになって仮説実験授業を知った方です。それで私がどこかで講演したときの音声記録から文字化する仕事を精力的にやってくださいました。そして，「そういう仕事をするには，『日本理科教育史』を手もとに置いておくとよい」というので，古本で入手できないこの本をおひとりで全部ワープロに入力してくださったのです。それで，そのご苦労に報いるためにも本書の新版を早く出したいと思ったのです。

　そのほか，重弘忠晴さん，平野孝典さんには，図版資料の調達，作図，装丁などにわたってお世話になりました。そのほか，仮説実験授業研究会の会員のみなさんには，いろいろな面でお世話になってきました。本書の「あとがき」は，そういう人びとのことを思い出しながら書いたのです。ありがとうございました。

　　　2009年3月

　　　　　　　　　　　　　　　　　　　　　　　　板　倉　聖　宣

# 〔付1〕

# 理科教育史を調べるための文献案内

〔増補版のための補記〕

　本書の増補改訂版を作成しようと，初版本を丁寧に読み返してみましたが，「日本理科教育史」の概説書としては，「ほとんど完結している」と思えました。本書の原稿を書いた当時は，「やっと書き上げることが出来た」という気持ちが一杯で，私自身が本書を書いたときに利用した文献類の一覧表を書き記したのでしたが，「それらの文献類はすべて本書を著すために，ほぼ完全に利用つくしてしまった」という感じがします。それでも，「私が利用した文献類を改めて検討すれば，もっと詳しいことを知ることができるはずだ」という思いがあって，それらの文献をまとめておいたのです。しかし，今回その増補版を新しく出すに当たって考え直してみると，「本書には書ききれなかった事柄についての参考文献」もあるのでした。

　本書の初版が出版されたのは1968（昭和43）年3月のことでしたが，私はその後18年後の1986〜87（昭和61〜2）年に，『理科教育史資料』全6巻の編著を世に出すチャンスに恵まれました。本書の初版は，もともと「日本科学史学会編」として編集された『日本科学技術史大系』全25巻の「教育」3巻に書いた「概説」の部分を抜き出して増補訂正を加えることによって成立したのですが，その「教育」3巻を大幅に越える理科教育史の資料集を編著できる機会に恵まれたのです。『日本科学技術史大系』全25巻や，『理科教育史資料』全6巻のような大部の本は，私の数多くの著書を出版してもらっている仮説社のような出版社の手には負えません。全国的に売って歩く販売組織をもった出版社でなければ出来ないのです。そこで私は，当時諸事多用だったにも関わらず，宮城教育大学の永田英治さんその他の人びとの協力を得て，その仕事を完成させました。そこで，本書の「参考文献」としてそのまま利用しうる大部な資料集が出

来たわけです。

　しかし，その資料集も発行以来23年も経っているので，入手困難になってしまいました。そこで今〈『日本科学技術史大系』の「教育」3巻や『理科教育史資料』全6巻を参考にするように〉と書いても，ふつうの読者には手にするのが困難になっています。しかし「大学や都道府県立の大図書館にでも行けば，今でも見られないことはないはずだ」と考えて，それらの文献類も記しておくことにします。そして，「本書では取り上げ得なかったけれども，こんなことも理科教育史の研究課題になりうる」という事柄についての参考文献も，できるだけ手広く取り上げ，他方，本書の初版には取り上げた文献類でも，すでに無用になったと思われる文献は削除することにしました。ご了解ください。

## （A）　通　　史

（1）日本科学史学会編『日本科学技術史大系』第8巻（教育1）／第9巻（教育2）／第10巻（教育3），第一法規（1964年12月〜1966年6月刊），B5判，1830ペ

　　小学校から大学までの学校教育における「科学／理科／数学／算数／技術／工作教育及び科学啓蒙運動」を網羅した解説つき資料集。学校などに備えておくと便利である。

（2）板倉聖宣／永田英治ほか編著『理科教育史資料』全6巻，東京法令（1986年10月〜87年2月刊），B5判，各680ページ前後。

　　第1巻「科学教育論／教育課程」
　　第2巻「理科教科書史」
　　第3巻「理科教授法／実践史」
　　第4巻「理科教材史(1)」──低学年理科教材史／生物教材史／地学教材史
　　第5巻「理科教材史(2)」──物理教材史／化学教材史
　　第6巻「科学読み物／年表／人物事典／総合索引」

（3）神戸伊三郎『日本理科教育発達史』啓文社（1938年刊），A5判345ペ

　　日本の理科教育史について従来唯一の単行本。歴史といっても明治期については系統的な資料調査を行なっているわけではなく，本書著作当時の理科教育の問題点を歴史的に整理したものである。今は入手しがたいが，国定『小学理科書』時代の在野的な理科教育の指導者の歴史観を知るのに有益である。

（3）堀七蔵『日本の理科教育史』全3巻，福村書店（1961年刊），B6判1015ペ

著者の手もとにある資料を乱雑に収録した理科教育史の資料集．しかし理科教育研究会関係の資料など参考になるものも少なくない．

（4）梅根悟『初等理科教授の革新』（教育新書）誠文堂新光社（1948年刊），B6判，422ページ＋索引13ページ

「この本は自然科学の初等教育への導入の歴史と，それに関連して展開された初等理科教育に関する思想の歴史とを，特に後者に重点をおいて叙述しようと試みたものである」と序文にある．欧米の理科教育思想史で日本についてはふれられていない．同じ著者の日本の理科教育思想史としては次のものがある．

> 梅根悟「日本における理科教育思想の発展――欧米理科教育思想との関連における」『理科教育講座1〔理科教育の原理〕』誠文堂新光社（1955年1月刊）86～115ペ

## (B) 理科教育史の各論研究

（1）永田英治著『日本理科教材史』東京法令（1994年12月刊），B5判，331ペ

副題には「理科教材の誕生・普及・消滅・復活，その研究の方法と基礎的ないくつかの教材についての教材史研究の成果」とある．

（2）長谷川純三著『生活科の源流』同時代社（1999年4月刊）

最近登場した「生活科」を第二次大戦前の「低学年理科/自然科」特設運動などに逆上って追求したものである．

（3）板倉聖宣・名倉弘共著『科学の本の読み方・すすめ方』仮説社（1993年4月刊），B6判，213ペ

「日本の科学読み物の生い立ち」の章もあり，1600年代から1950年までの詳しい「日本の科学読み物年表」もついている．

（4）板倉聖宣著『科学と科学教育の源流（いたずら博士の科学史学入門）』仮説社（2000年1月刊），B6判，300ペ

欧米の歴史が中心だが，日本の理科教育史を調べるにも，この程度の知識は必要だと思う．

## (C) 日本教育史全体に関する基礎資料集

（1）教育史編纂会『（明治以降）教育制度発達史』全13巻，竜吟社（1938年刊），

教育資料調査会，再版（1964年刊）A 5 判

　　教育法令を中心に，一部回顧録等の資料を補って，幼稚園から大学院に至る文部省管轄下の教育制度の資料を網羅的に収録したもので，科学教育を含め教育制度を調べるための基本文献である。

（2）近代日本教育制度史料編纂会『近代日本教育制度史料』全35巻，講談社，（1959年刊）A 5 判

　　『（明治以降）教育制度発達史』の続編にあたるもので，1932年から1952年までの教育制度の資料を網羅的に収録しようとしたもの（但し，科学理科教育関係ではかなり重要な資料が脱落している）。第35巻には，明治元年以降の詳細な教育制度年表が付されている。

（3）国立教育研究所編『明治以降教育文献総合目録』印刷庁（1950年刊），B 5 判380ぺ．『同総合索引』大蔵省印刷局（1954年刊），B 5 判292ぺ

　　「国立国会図書館／国立教育研究所付属教育図書館／東書文庫／東京大学／東京教育大学／お茶の水女子大学／早稲田大学などの図書館／研究室」に1949年3月現在で所蔵されていた教育文献の分類目録で，各文献の所在図書館も付記されている。「教育史・伝記」の項のほか「各科教授法・学習指導法・教科課目」の項の中に「理科・科学教育」などの分類項目がたてられている。しかし，理科教育関係の重要文献で欠落しているものがかなりある。

（4）藤原喜代蔵著『（明治／大正／昭和）教育思想学説人物史』全4巻，東亜政経社／のち日本経国社（1942年11月～1944年10月刊），A5判，各800ぺ余

　　「明治前期篇／明治後期篇／大正期篇／昭和前期篇」の4冊からなる。

（5）『日本近代教育史事典』平凡社編（1971年12月刊）


(D)　科学（理科）の教科書

（1）海後宗臣／仲新共編『日本教科書大系・近代編』第21巻理科（1）／第22巻理科（2）／第23巻理科（3）／第24巻理科（4）　講談社（1965年7月～67年10月刊）

　　明治初期から敗戦直後までの小学校の科学／理科の教科書を収録している。ただし，小学校だけで，自由採択期や検定教科書時代の本の選定の仕方は雑然としている。理科（4）の巻には，この期間の理科教科書のリストと解説が収録されている。国語の巻には「科学的教材文」も出てくるので，参考になる。ただし，国語教科書の変体仮名は現代仮名に書き換えられているので，注意を要する。

中学校の理科教科書を含む「理科教科書史」については，『理科教育史資料』第２巻「理科教科書史」を見る必要がある。なお，

（２）B.M.パーカーほか著「基礎科学教科書シリーズ」の『単元別理科教科書』広島図書（1949～50年刊）

は，敗戦後に米国の単元教科書をカラー版で25冊余も全訳したもので，日本の理科教科書に多くの影響を与えたはずなのに，これまで検討されたことがないので，注意のこと。

そのほか特に，国定『小学理科書』時代に出版された満州／朝鮮や台湾などの植民地で用いられた教科書（学習帳），および信濃教育会の「理科筆記帳」「理学学習帳」など，教科書にかわるものとして用いられた教科書類，最近の仮説実験授業の「授業書」にも注目する必要がある。

（３）鳥居美和子『明治以降教科書総合目録・小学校編』（教育文献総合目録第三集），小宮山書店，（1967年３月刊），Ｂ５判595ペ

明治初年から六三制文部省著作教科書までの目録で，所在図書館も明示されている。不十分ながら，理科学習帳の類も収録されている。

## (E) 代表的な科学教育論／理科教授法書

（１）板倉聖宣ほか編著『（理科教育史資料第３巻）理科教授法／実践史』東京法令（1986年10月刊）

は，代表的な「科学教育論／理科教授法」の著書をほぼ網羅している。

（２）その他小学校での科学認識論に関わる教授法書で，特に注目すべきものには，

及川平治著『分団式各科動的教授法』弘学館（1915年７月刊）

千葉命吉著『創造教育の理論及実際』同文館（1919年１月刊）

神戸伊三郎著『（学習本位）理科の新教授法』目黒書店（1922年10月刊）

神戸伊三郎著『理科学習原論』東洋図書（1928年８月刊）がある。

（３）また，敗戦後の日本の理科教授論に関する代表的な著書には，

田中実編著『新しい理科教室』新評論社（1956年４月刊）

高橋金三郎・菅野聡共著『理科実践論』同学社（1959年６月刊）がある。

（４）また，仮説実験授業に関する代表的な著書には，

板倉聖宣著『仮説実験授業——授業書〈ばねと力〉によるその具体化』仮説社（1974年10月刊）

庄司和晃著『仮説実験授業』国土社（1965年8月刊）

板倉聖宣著『科学と方法——科学的認識の成立条件』季節社（1969年3月刊）

板倉聖宣著『科学と仮説——仮説実験授業への道』季節社（1971年8月刊）

板倉聖宣著『仮説実験授業のABC——たのしい授業への招待』仮説社（1977年10月初版，2011年11月増訂第5版刊）がある。

(F) 科学教育／理科教育の専門雑誌など

　　（初版発行の1968年までに創刊されたもののみ）

（1）『理科教育』理科教育研究会編（同会発行）

　　1918（大正7）年4月創刊（理科教育研究会機関誌）

　　1932（昭和7）年9月号／通巻177号で終刊（理科教育研究会の解散のため）

（2.1）『理科教育』科学教育会（代表有坂勝久）編（啓文社刊）

　　1932（昭和7）年10月号創刊

　　科学教育会という会は本誌刊行のためのもので有名無実。有坂勝久はこれより前『科学教育』と題する雑誌を刊行していたというが，理科教育研究会の解散によって廃刊になった『理科教育』を受け継いで本誌を創刊した。1935年夏，日本理科教育連盟（福井玉夫理事長・有坂勝久常任理事）が発足すると同連盟の記事がのるようになるが，本誌は同連盟の機関誌とはならなかったようである。1941年4月『学校科学』と改題。

（2.2）『学校科学』科学技術研究会編

　　1941（昭和16）年4月創刊

　　文部省による教育雑誌の統廃令によって『理科教育』が改題し，編集会名も変わって発行になった。しかし，編集の中心はやはり有坂勝久であったようである。1944（昭和19）年3月停刊（戦争激化のため）。

（2.3）『科学教育』日本科学教育会（有坂勝久）編

　　1948（昭和23）年11月1日創刊。はじめ季刊を目ざしたが不定期刊で，のち月刊体制にはいったが間もなく廃刊になった模様である。

（3.1）『科学教育ニュース』文部省科学教育局刊

　　1949（昭和24）年1月創刊

　　1949年6月第6号で停刊（科学教育局の廃止のため）。

（3.2）『科学教育ニュース』理科研究委員会（桑木来吉）編（大日本図書）

　　1950（昭和25）年10月第7号刊行

　　編集主体が変わったが，誌名も号数も引き継いで刊行された。

1954（昭和29）年11月第56号で停刊。
（3.3）『科学教育ニュース』大日本図書株式会社編（同社刊）
1956（昭和31）年10月第57号刊行
大日本図書KK編となっても，PR誌らしい性格はほとんど出さず，誌名／号数も文部省科学教育局時代から引き継いでいた。
1960（昭和35）年12月第108号で停刊。
（4）『理科の教育』日本理科教育会機関誌（東洋館刊）
1952（昭和27）年9月創刊（月刊誌）。1967年4月号で通巻176号。
（5）『理科教室』科学教育研究協議会編（国土社刊）
1958（昭和33）年10月創刊（月刊誌）1967年4月号で通巻104号となっている。
（6）『初等理科教育』日本初等理科教育研究会編（東雲堂刊）
1967（昭和42）年1月創刊（月刊誌）
（7）『仮説実験授業研究』仮説実験授業研究会編（同会刊）
1964年10月創刊の不定期刊行物。その後，仮説実験授業研究会は，
『科学教育研究』（国土社，1970～73年7月）全12冊
『仮説実験授業研究』（仮説社，1974～77年9月）全12冊
『授業科学研究』（仮説社，1979～82年10月）全12冊
と誌名を変えて季刊誌を出した。また，それと並行して，月刊『たのしい授業』（仮説社）の編集母体となっている。
（8）『日本物理教育学会誌』日本物理教育学会編
1953（昭和28）年創刊の季刊誌。
（9）『化学教育』日本化学会化学教育委員会編
1953年創刊の『化学教育シンポジウム』（年刊）を1962年2月『化学教育』と改題し季刊化したもの。
このほか，敗戦前の『理学界』『日本の科学』，敗戦後の『科学の実験』誌には，科学教育／理科教育関係の記事が比較的よく載った。その他の一般の科学雑誌にも，理科教育関係の記事が載ったことも少なくない。そのうち，特に重要なものに，
（10）『東洋学芸雑誌』明治14年〔1881〕10月創刊
がある。この雑誌はしばしば〈東洋学〉の雑誌と思われてしまうが，東大の理科系学部の教授たち中心の総合雑誌で，1930年に廃刊になるまで，少なからぬ理科教育関係の記事を載せてきた。岩波書店が1931年に創刊した『科学』は本誌の廃刊を受けて創刊されたとも見ることができる。

# 付 II　年　表

○この年表は，日本科学史学会編『日本科学技術史大系』第 8 ～ 10 巻（「教育」1 ～ 3 巻）の巻末に掲げた年表のうち，算数／数学／工作／技術の細部にわたる事項は省略し，主として理科教育／科学教育に関する部分を，増補訂正のうえ再録したものである。
○明治元年（慶応四年）以後の部分は，(A) 普通教育機関および社会啓蒙活動における科学・数学・技術教育に関する事項と，(B) 専門教育機関およびそれに直結した予備教育機関における科学・数学・技術教育に関する事項との，二つの欄に分けたが，嘉永六年～慶応三年の期間については，上記 (A) 項に相当するものが貧弱なので二つの欄を区別しなかった。また参考事項は，明治元年以降の分は別欄を設けず，本欄に挿入した。なお，余白の都合などのために，明治大正期の中学校，敗戦後の高等学校に関する事項は (A)(B) 欄のいずれにも一定せずに掲載してあるので注意されたい。
○年次の項に，たとえば「嘉永七年／閏七月／十一・廿七改元／安政元年／甲寅／（1854.1.29 ～）」とあるのは，嘉永七年一月一日（西暦では 1854 年 1 月 29 日）からの 1 年間（干支では甲寅）で，七月に閏月があり，十一月廿七日に改元して安政元年となったことを示す。
○事項の前の太数字は月と日を示す。月または日の不分明のものは△で示した。なお，明治五年までの期間は，月日を漢数字で示したが，これはその月日が陰暦（旧暦）によるものであることを示すためである。

〔増補新版に際しての追加〕
○増補新版でも本文にはほとんど変更を加えなかったが，年表は初版発行以後の分のほかにも，かなり増補した。とくに〈仮説実験的認識論〉の形成過程に関する事項を追加した。それらの事項は少し説明を加えたので，追加の趣旨が少しは了解しうることと思う。
○初版発行以後の年の事項は，理科教育を〈自然科学を教える教科〉とする考え方の発展を中心にしたので，著者の仮説実験授業に関する研究事項が大半を占めているが，文部省の「学習指導要領」の改訂に関する事項は必ず取り上げてある。
○左右の欄の区別はかなり恣意的である。とくにスペースの都合上，同一年の事項を左右の欄に動かして記した事項も少なくない。両欄ともに目をやって欲しい。

| 年次 | 科学技術教育関係事項 | 参考事項 |
|---|---|---|
| 嘉永六年<br>癸丑<br>(1853.<br>2.8〜) | 七・△　勝麟太郎，幕府に海防意見書を提出，西洋式兵学校設立の必要を説く。<br>八・△　高島秋帆赦罪，江川太郎左衛門つきとなる。<br>九・廿五　老中，西洋砲術稽古奨励を布達。<br>この年　偉烈亜力『数学啓蒙』刊。 | 六・三　ペリー艦隊，浦賀来港。<br>七・十八　プーチャチン来航。<br>八・十五　幕府，佐賀藩に鋳砲製造を委託。<br>九・十五　大艦建造禁止令解除。 |
| 嘉永七年<br>閏七月<br>十一・廿七<br>改元<br>安政元年<br>甲寅<br>(1854.<br>1.29〜) | 七・△　和蘭商館長，長崎奉行と軍艦建造，海軍伝習について協議。<br>八・八　幕府，講武所設置を命令。<br>十一・△　川本幸民『遠西奇器述』刊。<br>この年　加賀藩，壮猶館を建て，西洋学芸を講習せしむ。 | 二・十六　電信機渡来。<br>三・三　日米和親条約。<br>七・廿一　品川台場砲台竣工。<br>八・廿三　日英条約締結。 |
| 安政二年<br>乙卯<br>(1855.<br>2.17〜) | 一・△　古賀謹一郎ら，洋学所設立準備委員を命ぜられる。<br>二・五　幕府新設の講武所総裁／頭取等役員を任命，砲術は西洋流と定める。<br>三・九　福沢諭吉，緒方洪庵の適塾に入門。<br>七・△　オランダより海軍伝習教官隊一行（ペルスライケンら）長崎に到着。<br>八・廿七　幕府，矢田堀景蔵／勝麟太郎／小野友五郎らに軍艦操縦／機関学／造船術／洋算などの伝習を命ず。<br>十・△　長崎海軍伝習所伝習開始。<br>十一・二　出島商館医員ファン・デン・ブルック，物理化学等の伝習につき幕府に意見書を提出。<br>十一・△　古賀謹一郎「洋学所の儀につき伺いたてまつり候ケ条」老中に提出。<br>この年　合信（Hobson）『博物新編』刊（清）。 | 六・十九　幕府，湯島鋳造場にて洋式小銃製造。<br>八・十四　幕府，オランダ活字銅版の輸入を命令。<br>九・一　宇和島藩，村田蔵六設計の洋式軍艦の試運転施行。<br>十一・廿一　大島高任，水戸藩の反射炉火入。 |
| 安政三年<br>丙辰<br>(1856.<br>2.6〜) | 一・廿三　福井藩，西洋医学修業奨励を達す。<br>二・廿一　洋学所を蕃書調所と改称，洋学の教育機関をも兼ねさせる。<br>四・△　講武所規則覚え書。<br>四・△　広瀬元恭『理学提要』刊。<br>五・△　大野藩洋学館を設立。伊藤慎蔵，適塾から招かれて講師。<br>六・△　伊藤慎蔵（君独）訳『颶風新話』刊。<br>十・廿八　老中，海軍伝習人の海外（カルパ）留学の件につき，海防掛へ覚書を渡す。<br>十二・△　川路聖謨／水野忠徳，蕃書調所の件について老中に上申。<br>この年　川本幸民『気海観瀾広義』15巻完結出版（嘉永四年四月〜）。 | 六・十二　幕府，新規開板の洋書・翻訳書を蕃書調所に提出させ，検せしむ。<br>六・△　長崎奉行所，オランダ製印刷機を据え，初めて蘭書印刷。 |

年表 501

| 年次 | 科学技術教育関係事項 | 参考事項 |
|---|---|---|
| 安政四年<br>閏五月<br>丁巳<br>(1857.<br>1.26〜) | 一・十八 蕃書調所開校。<br>二・△ 福田理軒『西算速知』，柳川春三『算算用法』刊。<br>三・四 矢田堀景蔵，幕命により長崎海軍伝習生を率いて観光丸を江戸へ自力回航に成功。<br>三・△ 松平河内守ら，老中へ蕃書調所講釈の件で上申。<br>四・十二 福井藩，洋学所設立。<br>閏五・△（又は四月）築地講武所内に軍艦操練所（海軍教授所）をたてる。<br>六・八 「海軍教授所規則」を定める。<br>八・四 カッテンダイケら長崎海軍伝習第2次教官隊長崎到着，ペルスライケンらと交替。<br>九・八 福井藩，算科局設立，数学修業を奨励。<br>九・廿六 ポムペ，長崎海軍伝習の一翼として，松本良順らに医学伝習を始める。 | 四・△ 柳川春三『洋学指針』刊。<br>五・廿六 長崎開港，治外法権等の条約締結。<br>六・十五 市川斎宮，蕃書調所にて活字組版に着手。<br>八・△ 薩摩藩，集成館設置。<br>十・十 長崎飽ノ浦熔鉄所（のちの長崎製鉄所／長崎造船所）起工。 |
| 安政五年<br>戊午<br>(1858.<br>2.14〜) | 五・七 伊東玄朴ら江戸の蘭方医，協力してお玉ケ池種痘所を開設。<br>五・廿 幕府，洋学研究を奨励。<br>七・三 幕府，オランダ内科医方採用，伊東玄朴／戸塚静海，蘭方にて奥医師となる。<br>十・△ 福沢諭吉，江戸中津藩中屋敷内に蘭学塾を開く。 | 二・△ 伊藤圭介，本草学センター旭園開設。<br>四・△ 桂川甫周『和蘭字彙』（ヅーフハルマ）刊。<br>六・△ 日米修好通商条約締結。<br>九・△ 安政の大獄。 |
| 安政六年<br>己未<br>(1859.<br>2.3〜) | 二・△ 長崎海軍伝習所を閉鎖，ポムペの医学伝習とハルデスの製鉄所建設は続行。<br>四・△ 川本幸民／杉田玄端，蕃書調所教授となり，村上英俊／小野寺円方／西周助／津田真一郎ら教授手伝となる。<br>10・△ （米）デューイ（1859〜1952）誕生。 | 七・六 シーボルト再び来日。<br>九・△ 大蔵永常『広益国産考』刊。 |
| 安政七年<br>三・十八<br>改元<br>万延元年<br>閏三月<br>庚申<br>(1860.<br>1.23〜) | 一・十九 木村摂津守／勝麟太郎ら，咸臨丸にてアメリカへ出発，福沢諭吉ら随行。<br>二・三 築地講武所，小川町へ移転完成，開校式。<br>三・△ 箕作阮甫訓点『地球説略』刊。<br>六・△ 講武所移転にともない，軍艦操練所拡張。<br>八・八 蕃書調所に精練方を置く（小林祐二精練方出役となる）。<br>十・四 種痘所を幕府直営とし，新築移転。 | 三・三 桜田門外の変。<br>五・△ 咸臨丸帰る，福沢諭吉洋書を多数持ち帰る。<br>六・十九 神奈川台場竣工。<br>十一・八 金属活版印刷初めてできる。 |
| 万延二年<br>二・十九<br>改元<br>文久元年<br>辛酉<br>(1861.<br>2.10〜) | 三・廿五 長崎製鉄所竣工（頭取本木昌造）<br>五・△ 蕃書調所，精練方の充実を上申〔九月廿九日の条を見よ〕。<br>七・△ 長崎にポムペ建白の養生所と医学所竣工，八月十七日養生所開院（松本良順所長，ポムペ教頭）。<br>八・△ 南部藩，大島高任の主唱により洋学校 | 十一・△ 外国奉行を欧州に派遣。箕作秋坪／福沢諭吉ら随行。 |

| 年　次 | 科　学　技　術　教　育　関　係　事　項 | 参　考　事　項 |
|---|---|---|
| | 日新堂を開く。<br>九・廿九　宇都宮鉱之進ら蕃書調所精煉方出役となる。<br>十・廿五　幕府，種痘所を西洋医学所と改称，洋方内外科の教育機関とする（大槻俊斎頭取，幕府には他に漢方の医学館あり）。 | |
| 文久二年<br>閏八月<br>壬　戌<br>(1862.<br>1.30〜) | 一・△　上野彦馬撰『舎密局必携』刊。<br>二・十一　蕃書調所に数学科新設，神田孝平出役。<br>五・十二　蕃書調所一ツ橋に新築なり移転，洋書調所と改称。<br>六・十八　幕府，初めて海外留学生を派遣，榎本武揚／赤松則良ら海軍伝習のためオランダ留学，林研海／伊東玄伯／西周／津田真一郎ら随行，品川出帆。<br>閏八・四　緒方洪庵，西洋医学所頭取となる。<br>九・三　ボードウィン来日，ポムペの長崎医学所の伝習事業を引継ぐ。<br>十一・十五　佐田介石『鎚地球説略』脱稿。 | 一・廿六　幕府招へいの米鉱山技師2名，神奈川に到着。<br>八・△　生麦事件。<br>九・廿一　朝議，攘夷に決定。 |
| 文久三年<br>癸　亥<br>(1863.<br>2.18〜) | 二・廿五　西洋医学所，医学所と改称（松本良順，頭取となり，学制を改革）。<br>二・△　洋書調所を学問所の所管とする。<br>八・△　洋書調所を開成所と改称。<br>春夏の頃　近藤真琴，築地海軍操練所に通学のかたわら蘭学塾をひらく（のち数学／航海術をも教授）。シュードレル『萬有新篇』（英文）翻刻。<br>この年　『改正増補江戸大節用海内蔵』補刻（増補版1833），庶民用自然観を供給。 | 七・二　薩英戦争 |
| 文久四年<br>二・廿改元<br>元治元年<br>甲　子<br>(1864.<br>2.8〜) | 五・△　摂津神戸に海軍操練所を置く，所長勝海舟（十月勝を免職，翌年三月廃止）。<br>九・△　合信『博物新編』訓点版刊。<br>十・△　長崎に分析究理所竣工，ボードウィン整備にあたり，翌年五月オランダに専任教師ハラタマの派遣を要請。<br>十一・△　「開成所規則」を制定，学則を欧米の学校にならう。 | 四・十二　長州藩兵制改革，施条銃隊編成。<br>八・五　4国艦隊，長州藩を砲撃。 |
| 元治二年<br>四・八改元<br>慶応元年<br>乙　丑<br>(1865.<br>1.27〜) | 一・△　大庭雪斎訳『民間格致問答』刊（日本最初の科学啓蒙書）。<br>三・△　蕃書調所，精煉方を化学と改称。<br>この年　幕府，横須賀製鉄所を創設，伝習生徒／職工生徒を選び造船技術の伝習を開始。 | 一・二　高杉晋作，馬関に挙兵。<br>四・△　薩摩藩，集成館に機械工場再建。 |
| 慶応二年<br>丙　寅<br>(1866.<br>2.15〜) | 一・△　ハラタマ来日。<br>五・△　ハラタマ，分析究理所の授業を開始（三崎嘯輔／松本銈太郎ら伝習）。<br>七・十四　マンスフェルト，長崎医学所（この | 十二・△　石川島にて初めて蒸気軍艦千代田を建造。 |

| 年　次 | 科　学　技　術　教　育　関　係　事　項 | 参　考　事　項 |
|---|---|---|
| | ころ精得館と改称）のボードウィンと交替。<br>七・△　築地軍艦操練所，海軍所と改称。<br>十一・十八　講武所，陸軍所と改称。<br>十一・△　大沢謙二，医学所へ入学。<br>十二・△　幕府，横浜三兵伝習所を設立（フランス軍人を教師とする）。<br>十二・△　幕府，開成所等より14名を海軍伝習生の名目でイギリスへ留学させ出発（林董／外山正一／箕作麟祥／菊池大麓／市川盛三郎／岸本一郎ら——明治元年五月幕府瓦解のため帰国）。<br>十二・△　長崎精得館教師ボードウィン帰国，緒方惟準／松本銈太郎同行オランダ留学。<br>△・△　（米）パース（1839～1914）「科学の論理学と帰納法」12回講演。<br>こ の 年　『Book for Instruction at the School Kaiseizio in Yedo』Vol. 1.刊。 | |
| 慶応三年<br>丁 卯<br>(1867.<br>2.5～) | 二・三　長崎分析究理所を江戸の開成所へ移転のため二月三日ハラタマ江戸着，八月オランダから実験器具類着。<br>三・廿六　海軍オランダ留学生榎本・赤松ら，オランダ新造船開陽丸にて横浜帰着。<br>四・△　芝拉陣著／竹原平次郎抄訳『化学入門初篇』一貫堂刊（序）。<br>五・十四　横須賀製鉄所營舎，学則改正，生徒補充。<br>五・△　海軍所，イギリス軍人による海軍伝習を開始。<br>十・△　陸軍所，三兵士官学校設立，フランス軍人による三兵伝習を開始。<br>十一・△　開成所を外国奉行の所管とし，教則を外国の学校にならい改革。<br>この年　マリー・スウィフト著『理学初歩』（第1部，第2部，2冊）を英文のママ翻刻発行。 | 一・十一　フランス博覧会視察団出発（団長徳川昭武／箕作貞一郎／清水卯三郎ら随行）。<br>一・△　海軍所，浜御殿地へ移転。<br>十・十三　徳川慶喜，大政奉還。<br>十・△　柳川春三『西洋雑誌』刊。<br>十二・九　王政復古の大詔。 |

| 年　次 | 科学の普通教育・科学啓蒙書 | 専門教育／その予備教育 |
|---|---|---|
| 慶応四年<br>閏四月 | 一・三　鳥羽伏見の戦。<br>三・十四　五ケ条の誓文を発布。<br>四・△　福沢諭吉，塾を新銭座に移し，慶応義塾と改称。<br>七・△　福沢諭吉，『訓蒙窮理図解』を慶応義塾より出版。<br>七・△　小幡篤次郎，『天変地異』を慶応義塾より出版（序文は八月）。<br>この年　ホブソン（合信）著／大森秀 | 一～三月ごろ　幕府の海軍所／医学所／開成所等を閉鎖。<br>三・廿八　学校掛（京都）「学舎制」案を提出，総務局より他局の意見求む，5学營中に方技芸術学（或は利用学——天文／芸術／卜筮／音楽／律歴／算術の6科）／外蕃学（究理／火技航海器械を含む）あり。 |

| 年　次 | 科学の普通教育・科学啓蒙書 | 専門教育／その予備教育 |
|---|---|---|
| 九・八改元<br>明治元年<br>戊　辰<br>(1868.<br>1.25～) | 三訳『博物新編訳解』巻1刊（明治三年十一月4冊完結）。 | 六・廿六　医学所を復興し，教育を開始。<br>六・廿九　昌平黌を復興し，昌平学校を設置。<br>七・△　旧幕府開成所の化学部門を大阪に移転，舎密局とし，十一月新校舎建設に着手。<br>九・十二　開成所を復興。<br>九・十六　皇学所・漢学所の京都設置を決定。<br>十・△　長崎精得館を復興。<br>十二・八　静岡藩，沼津兵学校を創立。 |
| 明治二年<br>己　巳<br>(1869.<br>2.11～) | 二・五　府県施政順序を定め，小学校設立を奨励。<br>二・△　小幡篤次郎訳『博物新編補遺』慶応義塾より出版。<br>三・廿八　東京遷都。<br>五・廿一　京都府，最初の小学校設立（本年中に64校）。<br>五・△　長崎医学校，ヘールツを予科教師とし，予科を本科から分離。<br>六・△　ハラタマ述／三崎嘯輔訳『理化新説』（序）大阪舎密局刊。<br>七・△　ウィリアム・マーティン（丁韙良）著／本山漸訓点『格物入門』刊（原著は1868年刊）。<br>八・△　慶応義塾『慶応義塾新議』発刊。<br>十・△　麻生弼吉『奇機新話』刊序。<br>十一・△　近藤真琴，海軍操練所官舎の私塾で海軍生徒の予備教育を開始（攻玉塾）。<br>十二・△　ホブソン（合信）著／大森惟中訳『博物新編訳解』巻二刻成（明治三年十一月4冊完結）。<br>この年　内田正雄訳『和蘭学制』刊。 | 一・△　開成所（又は開成学校），外人教師を傭い開校。仏／英語の教育開始。<br>一・△　医学所，英軍医ウィリスを教師とする。<br>二・△　大阪府，仮病院設立，四月医学伝習を開始（ボードウィン教師）。<br>四・△　開成所，米フルベッキを教師とする。<br>五・△　大阪舎密局開講式（ハラタマ）。<br>夏　海軍学校『蒸気器械書』刊。<br>六・十五　昌平学校を大学校とし，開成学校と医学校をその分局とする。<br>八・△　神奈川に電信修技教場開設。<br>九・十八　兵部省，築地に海軍操練所設置。<br>九・△　大阪府立洋学校設立。<br>十二・十七　大学校を大学と改称し，開成学校を大学南校，医学校を大学東校と改称。<br>十二・△　大学東校，ドイツ医学採用方針決定。 |
| 明治三年<br>閏十月<br>庚　寅<br>(1870.<br>2.1～) | 二・一　大学，「中小学規則」を定める。小学は句読／習字／算術／語学／地理学および大学部門5科の大意。<br>三・△　田中大介『天然人造道理図解』刻成。<br>四・△　東京府，駿河台に中学校建設。（漢学中心で，3等生に『地球説略』を課す） | 二・一　大学「大学規則」を定め，教科／法科／理科／医科／文学の5学科とする。在学3年。<br>二・△　大学南校「生徒心得」を定め，「講習・語学・数学三課兼学いたすべきこと」とする。<br>三・十六　横須賀黌舎復興，仏人技師から造船機械技術を伝習。 |

| 年　次 | 科学の普通教育・科学啓蒙書 | 専門教育／その予備教育 |
|---|---|---|
| | 六・△　東京府，6小学校を開設。<br>七・廿七　各藩に貢進生を大学南校へ差出すことを下命。<br>十一・△　合信著／大森秀三訳『博物新編訳解』全4冊完結。<br>十二・△　リッテル，大阪理学所（市川盛三郎訳『理化日記』一・二編24冊，文部省刊）で物理・化学の講義を開始（～明治五年九月）。 | 四・三　大阪洋学所，大学の所管となる。<br>七・十二　大学本校を閉鎖。<br>十・二　陸軍は仏式，海軍は英式と定む。<br>十・十八　大阪理学所（旧舎密局）を大学所管とする。同廿四日，大阪洋学所を開成所と改め，理学所をその分局とする。<br>十・△　大学南校／大学東校より海外留学生を派遣。<br>閏十・廿　工部省設置。<br>閏十・△　「大学南校規則」「大学東校規則」改定。<br>十一・五　海軍操練所を海軍兵学寮と改称。<br>十二・廿二　「海外留学生規則」を制定。 |
| 明治四年<br>辛　未<br>(1871.<br>2.19～) | 五・△　福沢諭吉『啓蒙手習之文』刊。<br>七・十四　廃藩置県。<br>七・十八　大学を廃し，文部省を置く。<br>九・△　岩国県「学校条例」を制定。<br>十・△　石黒忠悳訳『化学訓蒙』大学東校刊。<br>十一・△　海軍兵学寮『博物階梯』(R.G.Parker:1798～1869, 著，英文) を翻刻。<br>十一・△　金沢学校（関口開）『数学問題集』刊。<br>十二・二　文部省，箕作麟祥らを学制取調掛に任命。 | 四・△　工部省，工部学校建設を建議。<br>五・△　工部省燈台寮，修技黌舎を設く。<br>七・十八　大学南／東校を南／東校と改称。<br>八・十四　工部省に工学寮設置。<br>八・△　東校にミュルレル，ホフマン来り，学制整備。<br>九・廿五　学制整備のため南校・東校一時閉鎖。<br>十・△　南校，変則科を廃止し再び開校。／東校，予科2年・本科5年とし，本科も開講，これより順調に発展。<br>十・△　工部省電信寮，修技教場を設く。<br>十一・△　南校，専門学科開設決定（実現せず）。<br>十一・△　沼津兵学校，兵部省の管轄にうつる。 |
| 明治五年<br>壬　申<br>(1872.<br>2.9～<br>12.31) | 一・△　宮崎柳条『西洋百工新書』(前編)刊。<br>二・一　福沢諭吉『学問のすすめ』第1編刊。<br>二・△　仮名垣魯文作『河童相伝胡瓜遣』。<br>四・△　後藤謙吉編『訓蒙窮理問答』(序)。 | 一・十二　南校，専門学校設立，理学／化学／法学／重学／星学の伝習希望者を募集。<br>二・廿九　専門学校閉校（入学者20名中適格者1名のため）<br>四・十五　開拓使仮学校（東京芝）開校式，普通学および専門学（農工諸科）を置く。 |

| 年　次 | 科学の普通教育・科学啓蒙書 | 専門教育／その予備教育 |
|---|---|---|
| | 五・六　福沢諭吉「京都学校之記」。<br>五・廿九　文部省, 小学教師教導場（師範学校）設立, 生徒募集。<br>七・△　内田嘉一『窮理捷径十二月帖』刊。<br>八・二　文部省「被仰出書」を発布。<br>八・三　文部省,「学制」を頒布。<br>八・△　文部省『文部省日誌』刊行。<br>九・八　文部省「小学教則」を制定, 下等・上等小学各4年制, 下等小学に洋法算術／養生口授／理学輪講を, 上等小学に罫画／幾何／博物／化学／生理を課し, 読本輪講や書牘の教授本にも究理書を多くあげる。<br>九・八　文部省「中学教則略」を制定。<br>九・△　師範学校開校。<br>九・△　望月誠訳『訓蒙究理便解』刊。<br>十・△　文部省（片山淳吉訳編）『物理階梯』（九月刊の『理学啓蒙』の改題）刊。<br>十・△　村松良粛抄輯『登高自卑』刊。<br>十・△　瓜生寅『啓蒙知恵乃環』刊。<br>十一・九　太陽暦採用を決定。<br>十一・十　文部省「小学教則概表」を発表, 理学輪講を究理学輪講と名称変更。<br>この年　（米）Quackenbos ;『Natural philosophy』改訂版刊。 | 四・十五　京都女紅場開設。<br>五・△　工部省「洋行伝習生心得」。<br>五・△　南校, 学則を改定。<br>六・三　工部省製鉄寮に黌舎を設置（6年3月廃止）。<br>八・三　南校／開成所（大阪）／広運館（長崎）を各々第一／第四／第六大学区の第一番中学とする。東校を第一大学区医学校と改称。<br>八・十七　文部省「外国教師にて教授する中学教則」制定（明治11年5月23日廃止）。<br>八・十八　大阪と長崎の医学校を各々第四／第六大学区の医学校とする。<br>十・二　第四大学区医学校（大阪）を廃止。<br>十・十七　旧藩県以来設置の外国教師による諸学校を廃止し, 8大学区本部に外国教師によって教育する中学（外国語学校）各1カ所を設立することとする。 |
| 1873年<br>（明治6） | 1・15　教部省〈梓巫／口寄せなど人民を幻惑せしめる所業の一切禁止〉を布達。<br>1・△　文部省, 掛図「獣類一覧」を刊行（最初の博物図）。<br>1・△　『文部省日誌』を廃し,『文部省報告』『文部省雑誌』を刊行。<br>1・△　福沢諭吉『改暦弁』慶応義塾刊。<br>2・△　東井潔全『究理日新発明記事』刊。<br>3・△　稲毛某『宇宙問答両童智恵くらべ』刊。<br>3・△　魚沼正安訳『格賢勃斯究理書直訳』初編1〜3刊。<br>4・2　師範学校練習小学校開校（M.M.スコット指導）。<br>4・5　文部省, 洋法算術と日本算術の兼学を認める。<br>4・△　慶応義塾, 私学開業願を東京 | 1・25　工部省勧工寮内に製糸場を設け, 開業式。<br>3・18　「学制二編」を頒布し, 海外留学生規則を定める。<br>3・△　開拓使仮学校いったん閉校。専門学科を中止して予科のみで再発足。<br>4・10　第一大学区第一番中学を専門学校に昇格させ, 第一大学区開成学校と改称, 専門学科用語を英語に限定し, 理学科／工学科／法学科を設け, 仏語生のために諸芸学科, 独語生のために鉱山学科を臨時に設置。<br>4・25　工部省鉱山寮, マーチンを傭い, 生徒に教授させる（〜8年3月20日）。<br>4・28　「学制二編追加」を布達し, 農商工各学校を専門学校の一種とする。 |

年表 507

| 年　次 | 科学の普通教育・科学啓蒙書 | 専門教育／その予備教育 |
|---|---|---|
|  | 府に提出。<br>5・19　1週を7日から5日に変更し1／6の日を休日とし，改正小学教則発布，究理学輪講を物理学輪講と名称変更。<br>5・31　師範学校，「小学教則」を印刷公表。<br>6・△　文部省編『小学算術書』1～4巻刊。<br>6・△　文部省編『小学読本』巻四（全文科学教材）刊。<br>7・△　官立の師範学校を東京師範学校と改称。<br>7・△　宮崎柳条『西洋百工新書外篇』刊。<br>7・△　橋爪貫一『天然人造道理図解二編』刊。<br>8・18　大阪府及び宮城県に官立師範学校を設置。<br>8・△　マレー（モルレー），文部省督学官となる。<br>9・△　佐沢太郎訳『仏国学制』刊。<br>9・△　鳥山啓『変異弁――天変地異拾遺』刊。<br>10・△　文部省「博物図」（植物4掛図）を刊。<br>この年　田中不二麿『理事功程』文部省刊。<br>この年末までに，東京府下で78通の私学開学願と，1107通の家塾開業願が提出される。 | 4・△　第三大学区第一番中学（大阪）を外国語学校とし，開明学校と改称。<br>6・3　工学寮工学校教師としてダイエルらイギリス人教師9人到着。<br>7・1　工部省勧工寮内に女工伝習所を設置。<br>7・25　第一大学区医学校に製薬学教場設置を公布。<br>7・27　海軍兵学寮にダグラスらイギリス海軍教育隊34人到着。<br>8・10　工部省電信寮，修技学校を汐留に新規開校。<br>8・22　工学寮工学校開校。土木／機械／電信／造家／化学／鎔鋳鉱山の6学科）。<br>8・△　陸軍省に軍医学校を置く（蘭医ヴォケマ）。<br>8・△　東京外国語学校開設（開成学校の語学生徒の部とその他の語学教育機関が合併し，下等3年を経て開成学校へ進む）。<br>10・9　開成学校，開業式を行なう（予科3年／専門学科3年）。<br>10・△　慶応義塾医学所，学則を制定し開学（教師松山棟庵，明治13年6月に廃校）。<br>12・25　政府，海外留学生全員に帰国命令を発す。 |
| 1874年<br>（明治7） | 1・15　マルセット夫人著／土井光華訳『母の導き（水陸談）』刊。<br>1・△　鳥山啓『きうりいちろく』仮名文社刊。登場人物が女性ばかりの科学読みもの。書名は「究理一六（易知録）」の意。<br>2・19　愛知／広島／長崎／新潟に官立師範学校を設置，官立師範学校合わせて7校となる（各大学区1校）。<br>2・△　（英）ジェヴォンズ（1835～1882），『科学の原理――論理学と科学の方法』刊。「科学の効用」の章を設け「優れた仮説の必要条件」などを説く。<br>3・14　東京女子師範学校設立を布達，翌年11月29日開校。<br>3・18　文部省，「小学教則」を改め， | 1・31　開成学校に天文学教場を置く（学生33人，2月25日授業開始）。<br>1・△　工部省燈台寮，修技黌舎を廃止し工学寮に併合。<br>2・2　工部省工学寮小学校（工学予科）設立。<br>2・23　開成学校に製作学教場設立公示（3月12日開設）。<br>3・29　愛知／広島／新潟／宮城に官立外国語学校（外国語による中学）を設置。<br>4・18　大阪開明学校・長崎広運学校をそれぞれ外国語学校と改称（官立外国語学校各大学区1校となる）。<br>4・△　内務省，農事就学場を内 |

| 年　次 | 科学の普通教育・科学啓蒙書 | 専門教育／その予備教育 |
|---|---|---|
|  | 算術は洋算／和算いずれでも可とすることを再度布達。<br>3・△　小川為治著『開化問答』上下刊。<br>4・△　「東京師範学校教則」を改め，本科・予科とし，予科を経て本科に進めさせる（本科は教授法のみ）。<br>4・△　文部省（内田成道訳）『小学物理書』刊。<br>5・1　リッテル述／市川盛三郎訳『物理日記』『化学日記』（合本）文部省より刊行。<br>5・△　津田仙『農業三事』上下刊。<br>8・△　東京師範学校教師スコット満期解任。<br>8・△　文部省，「単語図」「連語図」「色図」などの掛図を改定刊行。<br>9・△　筑摩県師範学校編『上下小学校授業法細記』刊。<br>10・△　文部省（市川盛三郎訳）『小学化学書』刊。<br>10・△　文部省『小学入門（甲号）』刊。単語図／連語図などを含む，実物中心の問答教材。<br>10・△　増山守正『旧習一新』序。翌年12月刊。<br>11・7　『文部省雑誌』第20号刊，外国の教育雑誌記事の翻訳紹介記事をのせはじめる（すぐにそれが雑誌の大部分を占めるようになる）。<br>12・△　瓜生寅口述／瓜生礼子筆受『窮理諳誦本』刊。 | 藤新宿勧業寮出張所に設置。<br>5・7　第一大学区開成学校／同医学校を，それぞれ東京開成学校／東京医学校と改称。<br>6・11　東京開成学校天文学教師レピシェ病気辞職，間もなく天文学教場を閉鎖し，生徒を諸芸学科に合併。<br>8・18　文部省「医制」を発布し，医学教育についての規定を定める。<br>9・7　東京開成学校に，専門学教師アトキンソン（化学），スミス（工学）来着。<br>11・27　第六大学区医学校（長崎）を廃止。<br>12・27　東京以外の官立外国語学校を英語学校と改称，東京外国語学校から英語科を独立させ東京英語学校とする（英語学校は開成学校の予備学校）。<br>この年　工部省傭外国人数ピークに達す（301人）。 |
| 1875年<br>（明治8） | 1・4　文部省『文部省第一年報』（明治6年）を上奏。<br>1・△　文部省『小学入門（乙号）』刊（甲号の縮刷簡約版）。<br>3・30　博覧会事務局を博物館と改称，内務省の所管とする。4月8日，さらに東京博物館と改称。<br>4・△　片山淳吉訳編『改正増補物理階梯』（緒言）。<br>6・19　文部省蔵版の書籍（教科書等）すべて翻刻を許可。<br>6・△　田中義廉『小学読本』巻五（全文動物教材）刊。<br>6・△　久島惇徳『天文初歩』刊。<br>7・18　文部省，伊沢修二（文部省） | 1・15　工部省燈台寮，「燈明番撰挙規則」を制定，燈明番養成軌道にのる。<br>2・△　文部省，「医術開業試験法」を発布。<br>3・20　工部省鉱山寮，技術生徒を廃止し工学寮に併合。<br>5・△　東京医学校，通学生教場を設置，教則を制定（3年制の日本語による速成教育）。<br>5・△　文部省，「官費留学生規則」を定める。<br>7・15　東京開成学校，仏語諸芸学科／独語鉱山学科を廃止し，仏語物理学科を新設。<br>7・18　文部省，東京開成学校上 |

年表　509

| 年　次 | 科学の普通教育・科学啓蒙書 | 専門教育／その予備教育 |
|---|---|---|
| | ／高嶺秀夫（慶応義塾）／神津専三郎（同志社）を小学師範学科研究のためアメリカへ派遣，この日横浜出港。<br>8・13　東京師範学校に中学師範科を設置。<br>8・△　文部省（田中耕造訳）『牙氏初学須知』巻四（植物学）刊。<br>9・19　中里亮著『小学人体問答』（山中市兵衛）版権免許。<br>11・△　東京師範学校「除算九々図」等の掛図刊。<br>12・△　天野皎口授『上等小学教授法略』刊。<br>12・△　金子精一訳『化学之始』秋田県太平学校刊。<br>12・△　上田文斎著『校正小学人体問答』（貳書堂）刊。 | 級生11人を外国留学に派遣，この日横浜出港。<br>7・31　津田仙，学農社（農学校）の開業願を東京府に提出（翌年開校，明治17年廃校）。<br>7・△　開拓使仮学校を札幌に移し，札幌学校と改称（9月7日開校式）。<br>9・△　攻玉塾，航海術測量習練所の開業願を東京府に提出。<br>12・24　長谷川泰，済生学舎（医学校）の開業願を東京府に提出（明治36年廃校）。<br>12・△　岩崎弥太郎，三菱商船学校を設立（翌年1月開校）。 |
| 1876年<br>（明治9） | 1・△　文部省，掛図「動物第三」を刊行，ウィルソン・カルキンス掛図の日本版完結。<br>1・△　松山棟庵・森下岩楠訳『初学人身窮理』（慶応義塾）版権免許。<br>3・△　片山淳吉解『文部新刊小學懸図博物教授書』刊。<br>3・△　井東猪之助抄録『物理階梯字引』（大阪）――このころより科学教科書の字引出版あいつぐ。<br>4・17　文部省『教育雑誌』第1号発行（『文部省雑誌』を改題）。<br>4・△　文部省『小学算術書』巻五刊。<br>6・△　（英）ジェヴォンズ『（サイエンス・プライマー）論理学』刊。「仮説を立てる」の項を設ける。世界に普及。<br>8・△　島次三郎注解『文部省新刊小學懸図博物教授法』刊。<br>9・△　文部省（田中耕造訳）『牙氏初学須知』全11巻完結。<br>10・△　柏原字甴三訳『羅斯古化学新書』刊（静岡）。<br>12・5　宇田川準一訳編『物理全志』全10冊完結（訳者序明治7年12月，諸葛信澄亭序明治8年1月，明治8年12月19日版権免許）。 | 1・21　工部省製作寮，女工伝習所を廃す。<br>1・△　津田仙『農業雑誌』を創刊。<br>5・△　内務省内藤新宿試験場内に農学・獣医学の専門学科／予科／試験科を置く。<br>6・19　東京開成学校第2回外国留学生10人派遣。<br>7・△　東京医学校1期生卒業（25人）。<br>7・△　公立新潟学校，百工化学の専門学校に改組。<br>8・14　（開拓使）札幌学校開校し，クラーク教頭として就任，専門学科の授業開始。<br>9・8　札幌学校，札幌農学校と改称。<br>10・△　東京医学校中に製薬通学教場を開設。<br>10・△　京都府，農牧学校を設立（教師ウィードル，明治12年5月廃校）。<br>11・6　工部省，工学寮工学校の付属として工部美術学校を設立（図画／彫刻の2科）。 |
| 1877年<br>（明治10） | 1・11　教部省を廃止。<br>1・26　東京博物館を教育博物館と改 | 1・11　工部省，工学寮を廃止。工学校を工部大学校と改称。 |

| 年次 | 科学の普通教育・科学啓蒙書 | 専門教育／その予備教育 |
|---|---|---|
| | 称（館長矢田部良吉）。<br>2・11 愛知・広島・新潟の3官立師範学校を廃止。<br>2・15 西南戦争おこる。<br>2・△ 高知弥飛智『地球儀問答』刊。<br>3・27 ピルツ著／近藤鎮三訳「普通小学に於てさらに健全学の一科を設立すべきことを論ず」『教育雑誌』第31号。<br>5・△ 学事巡視のため文部大書記官西村茂樹を第二大学区へ、九鬼隆一を第三大学区へ派遣。<br>5・△ カルキン著／黒沢寿仁訳『庶物指教』2冊文部省刊。<br>5・△ 松川半山註解『博物図教授法』刊。<br>6・15 C.ゴルドン著／今村忠成訳「博物学／化学／機械学階梯の小学生徒に益あるの説」『教育雑誌』第36号。<br>6・△ 片山平三郎訳／永峰秀樹閲（日刻著）『究理地学初歩』官許。<br>8・18 教育博物館を開館、動植物標本理化学教授用具等を陳列。<br>8・△ 官立東京師範学校、附属小学校規則を改定。<br>8・△ 文部省（須川賢久訳）『具氏博物学』刊。<br>△・△ （米）パース『月刊ポピュラー・サイエンス』に連載の「科学論理学の解明」の最後に〈演繹・帰納・仮説〉に言及。 | 1・27 パークル著／小宮山弘道訳『格物全書』全15巻16冊（新潟）。<br>2・19 愛知／広島／長崎／新潟／宮城の5官立英語学校を廃止。<br>2・△ 東京開成学校、製作学教場を廃止。<br>4・12 文部省、東京開成学校と東京医学校とを合併して、東京大学を設立、理／法／文／医の4学部を置く、理学部は化学科／数学・物理学及星学科／生物学科／工学科／地質学及採鉱学科の5学科。<br>4・12 東京英語学校を東京大学予備門と改称、東京大学に付属させる（法／文／理の3学部の予科）。<br>7・△ 東京大学第1回卒業生を出す（化学3人のみ）。<br>8・△ シュードレル著／中川重麗訳『（万有七科）理学』京都府刊。<br>8・△ 新潟県農事試験場に農事教場を設置。<br>10・6 モース、進化論の一般講義を始める。<br>10・△ 内務省、勧農局農事修学場を農学校と改称。<br>△ （英）マクスウェル（1831～79）『物質と運動』刊。一般に〈力×時間〉を力積と定義して運動法則の簡明化に成功。 |
| 1878年<br>（明治11） | 2・11 文部省、文部二等属西村貞／四等属中川元／六等属村岡範為馳を師範学科取調べのためそれぞれ、英／仏／独へ派遣（この日横浜出港）。<br>2・13 文部省、公立師範学校を補助するため物理器械一式を各府県に交付。<br>2・14 大阪／宮城／長崎の各官立師範学校を廃止（官立師範学校は東京師範と東京女子師範だけとなる）。<br>3・△ 文部省、掛図「第五植物図」刊。（博物図10図完結）。<br>4・21 高嶺秀夫米国より帰国、5月1日東京師範学校雇となり、開発教 | 1・17 内務省勧農局に紅茶製場を設け、各府県より生徒を募集し「伝習規則」を制定。<br>1・24 （内務省）農学校、東京駒場に新校舎落成し、駒場農学校として開校式挙行。<br>1・△ 長崎医学場（明治9年創設）を長崎医学校と改称。<br>3・6 東京大学、「医学部予科課程」を改定し、医学部の修業年限を5年とする。<br>5・23 「学制」の施行規則にあたる「外国教師にて教授する医学教則」などを廃止。 |

| 年　次 | 科学の普通教育・科学啓蒙書 | 専門教育／その予備教育 |
|---|---|---|
| | 授法の普及につくす。<br>5・14　文部省「日本教育令」（教育令草案）を上奏。<br>5・23　「学制」の施行規則にあたる「小学教則」「中学教則略」などの諸規則を廃止。<br>6・3　パンチェー／小野清照訳『博物学授法』『教育雑誌』第68号。<br>7・△　田中鼎編『小学教授法指導』刊。<br>10・△　竹下廉之抄訳『(造物原因)推理問答』刊。<br>11・△　小林六郎訳『士氏物理小学』清風閣刊。<br>11・△　教育博物館，府県の学校にて物理器械を購入しようとするときは，その紹介の労をとることを広告。 | 6・△　東京大学予備門，教則を改正し修業年限を4年とする。<br>8・△　岐阜県農事講習所を設立（明治13年農学校と改称）。<br>9・25　東京大学「選科生規則」を定め，法／理／文3学部に選科を設置。<br>10・25　理学社『理化集談』第33号発行，以後廃刊。<br>この年の専門学校統計（生徒数は医学1859／農学125／航海411／化学41／数学403／画学16……）。<br>(米)教育局，全国の中等以上の学校に化学と物理の教育に関して調査用紙を発送。 |
| 1879年（明治12） | 1・△　山岡謙介訳『学校用物理書』刊。<br>1・△　川本清一訳／平岡盛三郎閲『士都華氏物理学』東京大学理学部刊。<br>1・24　サイフェル・坪井仙次郎訳「格物学・化学……の教授法を論ず」『教育雑誌』88号。<br>2・22　文部出版の図書に註解または本文を増減して出版することを禁止。<br>2・△　東京師範学校「教則」を改め，予科(2年)／高等予科(2年)／本科(1年)とする。<br>4・19　グラッドストン(正木退蔵訳)「小学校に於て科学を授くること」『教育雑誌』文部省，96号。<br>6・△　ジェヴォンズ著／戸田欽堂(1850～90)訳『論事矩ロジク』巻，聚星館刊。Hypothesisを〈臆説〉と訳す。「論事矩」は〈事を論ず矩＝きまり〉だがロジクと読める。<br>夏ごろ，元田永孚「教学大旨」を政府に示す。<br>9・20　福井孝治『下等小学養生談』(龍章堂)版権免許。<br>9・29　「学制」を廃止，**教育令**を公布，科学関係教科（算術をのぞく）は地域に応じた加除科目となる。<br>9・△　伊藤博文，「教学大旨」にこたえ「教育議」をまとめる。 | 2・24　欧米および日本の官立学校の医学部卒業者は試験なしに医術開業をなしうることとする。<br>4・4　大阪英語学校を大阪専門学校と改称し，医学科／理学科の2学科を置く（翌年12月16日廃止）。<br>7・10　東京大学において初めて学位(学士)授与式を挙行。<br>8・△　広島県農事講習所設立（明治15年2月広島県農学校となる）。<br>10・△　攻玉社，陸地測量習練所を設立，航海測量習練所を商船黌と改称。<br>11・8　工部大学校第1期生卒業（1等卒業8名／2等卒業14名／3等修業1名）。<br>11・25　工部省，工部大学校卒業生11名にイギリス留学を命ず（翌年2月8日出港）。 |

| 年　次 | 科学の普通教育・科学啓蒙書 | 専門教育／その予備教育 |
|---|---|---|
| | 12・5　文部省，府県に令して小学教員のうち師範学校卒業証書をもたないもののために法を設けてその学力試験をさせる。<br>12・24　ロンドン学務局学校管理課の「庶物指数の雛形ならびにこれを施行するの告示（正木退蔵訳）」『教育雑誌』第113号。<br>△・△　河野清丸（1873〜1941）このころ小学校入学。この頃の学校は嫌なところだったという。 | |
| 1880年<br>(明治13) | 1・20　瓜生寅訳「フランス村学教員の校用博物室を設くる方法は如何」『教育雑誌』114号。<br>2・28　カル・シェル／近藤鎮三訳「学校園の説」『教育雑誌』118号。<br>2・28　文部大輔田中不二麿，司法卿に転任。<br>2・△　文部省（村岡範為馳訳）『平民学校論略』刊。<br>3・9　文部省に教則取調掛を置く。<br>5・△　文部省，小学教科書の調査に着手。<br>8・30　文部省，小学教科書調査の結果を府県に通告し，不適当なものの使用を禁止。<br>9・4　山田行元「庶物指数」『教育雑誌』第129号。<br>10・△　文部省『物理示教図』76×53cm×12枚。<br>10・30　文部省地方学務局，小中師範学校の「調査済教科書表」を発表。<br>11・△　『(明治新刻) 永代大雑書万暦大成』(1842)を新刻発行。本書は迷信百科の如きもので，文明開化の究理熱が冷えたので再刊されたのである。<br>11・△　中川謙二郎『訓蒙化学』闢微館刊。<br>12・18　教育上弊害ある書籍は学校教科書として採用しないよう，文部省より府県に対して注意。<br>12・28　「教育令」を改定公布（いわゆる「改正教育令」）。<br>この年　尺振八訳『斯氏教育学』刊。 | 3・△　大阪府病院教授局を独立させ府立大阪医学校とする。<br>4・5　「集会条例」の公布により教員生徒が政治に関する集会に出席し，または政治団体に加入することを禁止。<br>4・10　東京大学医学部製薬学教場を廃止。<br>6・△　慶応義塾医学所廃校。<br>7・10　札幌農学校第1回生卒業（農学士13名）。<br>7・△　東京大学理学部仏語物理学科最後の卒業生（20名）を出し廃止。<br>　　　　公立新潟学校（百工化学の専門学校）卒業生17名を出し廃校。<br>9・△　東京大学理学部，地質学及採鉱学科を二分し地質学科と採鉱冶金学科とする。<br>8・△　東京大学，法／理／文3学部に学士研究科を設置。『学芸志林』創刊（1884年2月まで17巻発行）。<br>12・16　大阪専門学校を廃し，（官立）大阪中学校とする（最初の正式中学校）。<br>この年　米教育局『化学・物理の教育レポート』作成（アメリカのパブリックスクールの物・化教育は1854〜73年に定着。 |
| 1881年<br>(明治14) | 3・10　東京師範学校附属小学校則中特に実物課を設けることを止める。 | 1・14　藤田正方，東京薬舗学校（東京薬科大学の前身）開業を東 |

| 年　次 | 科学の普通教育・科学啓蒙書 | 専門教育／その予備教育 |
|---|---|---|
| | 4・5　文部省，「小学校教則綱領」を布達，4年生に博物／物理を課す。<br>5・9　文部省，小学校教則と小学校教科書を府県に開申させる。<br>6・14　三橋惇纂訳『植物学教授本』版権免許。<br>6・18　文部省，「小学教員心得」を布達。<br>7・△　教育博物館，国産の教育品のため特に1室を設けて陳列。<br>8・6　教育博物館を東京教育博物館と改称。<br>8・19　文部省，「師範学校教則大綱」を布達。<br>8・22　バレンチン／関藤成緒訳「小学校に初歩知学を編入するの論」『教育雑誌』152号。<br>8・△　松村任三訳編『植物小学』（緒言）<br>9・26　I.J.オスボン／関藤訳「初歩物理学［教授法］」『教育雑誌』154号～161号，4回連載。<br>10・△　松本駒二郎訳『動物小学』（序）。<br>12・17　文部卿福岡孝弟，府知事県令を文部省に招集し訓示，特に教科書検定制度を実施する意図を明らかにする。 | 京府に上申。<br>4・7　農商務省設置。<br>5・1　成医会（会長高木兼寛），講習所（慈恵医大の前身）を開設。<br>5・26　東京職工学校創設，8月規則制定，翌年11月1日授業開始（生徒60名）。<br>7・28　海軍機関学校を設置。<br>7・29　文部省，「中学校教則大綱」を制定。初等中学校に生理／動物／植物／物理／化学，高等中学校に金石／物理／化学をおく。<br>7・△　東京大学医学部予科の修業年限を改定。<br>9・5　東京大学理学部・文学部，ドイツ語を必修第二語学と定める。<br>9・7　田沢直孝ら，獣医学校（日本獣医畜産大学の前身）の設立を東京府に申告。<br>9・19　東京大学仏語物理学科卒業生一同，東京物理学講習所（夜学校）を設立（校長矢田部梅吉）。<br>9・△　東京大学理学部，数学科・物理学科・星学科を分設する。<br>10・10　『東洋学芸雑誌』創刊（1930年まで存続）。<br>10・15　政府，明治23年を国会開設の期と定める。<br>10・29　自由党結成され，板垣退助総理となる。 |
| 1882年<br>（明治15） | 2・△　クーレー著／直邨典訳『理化小試』文部省刊（学校賞与品として実験器具と共に全国優良小学校に与える）。<br>4・8　ノロン者／伊藤平蔵訳『博物教授法』『教育雑誌』163, 167号。<br>5・25　菊池大麓「学術上の訳語を一定するの論」『東洋学芸雑誌』に発表。<br>5・△　東京教育会／東京教育協会合併して東京教育学会となる。<br>5・△　福岡師範学校（星野彦三郎／太田保一郎／那須理太郎）編『新選物理書』刻成。<br>6・14　東京教育博物館「理学器械購求紹介要旨及び目録」『教育雑誌』 | 2・8　政府，開拓使を廃止，札幌農学校を農商務省に移管。<br>3・1　慶応義塾『時事新報』創刊。<br>4・20　工部大学校に造船学科増設。<br>5・27　文部省，「医学校通則」を制定。<br>5・△　官立大阪中学校「教授規則」を制定。<br>6・15　東京大学医学部予科を予備門に合併，従来の予備門を本黌，医学部予科を分黌とす。<br>6・28　工部美術学校彫刻学生徒20名卒業，6月30日彫刻学科閉 |

| 年　次 | 科学の普通教育・科学啓蒙書 | 専門教育／その予備教育 |
|---|---|---|
| | 165号。<br>6・△　星野彦三郎／太田保一郎『博物教授解』巻上刻成（下巻は翌年9月刻成）。<br>8・13　（英）ジェヴォンズ（1835〜）水泳中に溺死。<br>10・△　辻敬之『通常動物』『通常植物』『通常金石』普及舎刊。<br>12・8　後藤牧太「物理学教授法」（『東京茗渓会雑誌』第2号，83年1月刊）を講演。<br>12・27　文部省，『教育雑誌』を『文部省教育雑誌』と改題。<br>12・27　東京教育博物館「第2号小学用理化学器械目録并使用解説」『文部省教育雑誌』第171号。 | 鎖。<br>7・18　文部省「薬学校通則」を制定。<br>7・△　石川千代松／藤沢利喜太郎／田中館愛橘ら東京大学理学部を卒業。<br>9・△　海軍軍医学舎創立。<br>10・21　大隈重信ら東京専門学校（早稲田大学の前身）を創立，理学科新設願書を東京府に提出。（明治17年1月土木工学科に変更，ついで廃止）。<br>11・1　東京職工学校，授業を開始。<br>11・21〜12・15　文部省，学術諮問会開催（会幹，辻新次）。<br>12・1　農商務省，東京山林学校開校。 |
| 1883年<br>（明治16） | 2・5　文部省，府県に令して学制沿革取調書を提出させる。<br>4・20　若林虎三郎・白井毅『改正教授術』序刊。<br>4・28　モース（石川千代松訳）『動物進化論』刊。<br>7・6　文部省，『府県立師範学校通則』を制定。<br>7・31　文部省，官報報告掛を設置，『日本教育史資料』の編纂に着手。<br>7・31　文部省，小中範学校の教科書を認可制とする。<br>7・△　仮名文字団体合体して，かなのくわい設立。<br>9・9　大日本教育会結成。<br>11・11　村岡範為馳，大日本教育会で「物理学教授法」を講演。<br>11・11および12・9　後藤牧太，大日本教育会で「簡単なる器械を用いて物理学を教ゆること」を講演。 | 1・23　工部美術学校を廃止，画学生徒15名に修業証書授与。<br>2・7　東京大学，学生の政談傍聴を禁止。<br>2・△　グレー（矢田部良吉訳）『植物通解』文部省編輯局刊。<br>4・11　文部省「農学校通則」を制定。<br>7・2　『官報』創刊。<br>7・△　海軍卿，東京大学内に海軍のために造船学科を設置することを申入れ。<br>11・11　村岡範為馳，大日本教育会での「物理学授業法」講演中で「専門学校及び大学物理授業法」をも論ず。 |
| 1884年<br>（明治17） | 1・26　文部省「中学校通則」を制定。<br>2・25　外山正一「漢字を廃すべし」『東洋学芸雑誌』に連載はじまる。<br>2・△　白井毅『植物小誌』『動物小誌』『金石小誌』普及舎刊。<br>5・17　東京大学理医学講談会発足，科学普及に貢献。<br>7・2　文部省，「中学校教則大綱」第11条を改め，初等中学科（4カ年） | 2・1　東京物理学講習所，東京物理学校と改称（校長寺尾寿），10月共立統計学校内に移転。<br>4・△　東京大学予備門の学科課程および入学試業科目を改定，本黌／分黌を統一して修業年限を4カ年とする。<br>4・△　工部大学校電信科，電気工学科と改称。 |

| 年　次 | 科学の普通教育・科学啓蒙書 | 専門教育／その予備教育 |
|---|---|---|
| | のみの設立を認む。<br>8・△　西村貞『地文新編』刊。<br>12・5　大阪鎮台（軍医部長堀口利国），脚気対策のため，兵食を麦飯に切換え，成功。<br>この年　若林虎三郎／白井毅『改正教授術続編』普及舎刊。<br>ロンドンにて万国衛生博覧会開催。後藤牧太・中川謙二郎，簡易実験具を出品，金牌を受ける。 | 5・17　東京大学理学部に海軍技術官養成のための付属造船学科を新設。<br>12・△　攻玉社陸地測量習練所，量地黌と改称（のちの攻玉社工学校）。<br>12・△　農商務省『興業意見』刊（30巻）。 |
| 1885年<br>（明治18） | 1・17　羅馬字会創立（7月末までに会員5000）。<br>6・11　教育令改正に関して文部省稟告。<br>8・12　文部省，「教育令」を改定公布。<br>9・△　後藤牧太／三宅米吉『簡易器械理化学試験法』重学之部（普及舎）（序）。<br>10・20　「メートル条約」加入調印（翌年4月20日公布）。<br>10・△　普及舎（ハックスレイ）訳『科学入門』普及舎刊。<br>11・△　後藤牧太／篠田利英／滝沢菊太郎／柳生寧成『小学校生徒用物理書』普及舎刊。<br>シカゴでコロンブス博覧会開催。後藤牧太・中川謙二郎，簡易実験具を出品，銀牌をうける。 | 7・13　官立大阪中学校，大学分校と改称。<br>11・11　足利織物講習所落成式，ただちに染色の実習を開始。<br>12・15　東京大学理学部から工学関係学科を分離独立させ工芸学部を新設。<br>12・22　工部省廃止，工部大学校を文部省に移管。<br>12・22　太政官制度を廃止，新たに内閣制度を設置，外務／内務／大蔵／陸軍／海軍／司法／文部／農商務／逓信の9省を置く，伊藤博文，最初の内閣総理大臣となり，森有礼初代文部大臣となる。 |
| 1886年<br>（明治19） | 2・27　各省官制（文部省官制）の制定により，大臣官房／総務局／学務局／編輯局／会計局を置き，また視学官を置く。<br>3・6　高嶺秀夫，東京師範学校長を辞任，陸軍大佐山川浩，校長を兼任。<br>4・10　「小学校令」「師範学校令」を公布。尋常小学校4年・高等小学校4年とし，尋常小学校を義務教育とする。師範学校も尋常・高等の2段階に分け，尋常師範学校は各府県立1校，高等師範学校は官立1校とする。<br>4・22　「メートル条約」公布。<br>4・29　東京師範学校を高等師範学校と改称。<br>5・10　文部省，「教科用図書検定条例」を制定。<br>5・25　文部省，「小学校ノ学科及其 | 1・21　東京商業学校に商工徒弟講習所を付設。<br>2・△　チンダル著／河野於菟麿訳『勢力保存論・科学的唯物論』鹿子書屋刊。<br>3・2　「帝国大学令」を公布。東京大学を帝国大学とし，法／医／工／文／理の5分科大学および大学院を置く。工部大学校を帝国大学工科大学に合併する。<br>3・22　宮川保全ら，共立女子職業学校を設立，授業を開始。<br>3・25　文部省，「農学校通則」を廃止。<br>4・10　「中学校令」を公布。高等中学校は国立，尋常中学校は公立，1府県1校と定める。<br>4・29　大学予備門を第一高等中学校と改称，大阪の大学分校を |

| 年　次 | 科学の普通教育・科学啓蒙書 | 専門教育／その予備教育 |
|---|---|---|
|  | 程度」を定める。高等小学校で従来の物理／化学／博物／生理に代わって新教科「理科」を週2時間課し、農業／手工／商業を加えることができるものとする。<br>5・26　文部省、「尋常師範学校の学科及其程度」を制定。<br>5・△　文部省編輯局（直村典）『物理器械使用法』『助力機械解説』刊。<br>7・7　文部省、尋常師範学校において採用すべき図書を提示。<br>10・14　文部省、「高等師範学校の学科及其程度」を制定。<br>11・△　ハックスリー原著／清野勉訳『（教員必携）理学大意』内田老鶴圃刊序。<br>12・5　山県悌三郎訳補『理科仙郷』第一（全10冊、～翌年）刊。<br>12・8　文部省、「教科用図書検定要旨」を制定。<br>12・△　渡辺敏「一の試験管能く十余の疑問に答う」『信濃教育雑誌』3～4号連載。 | 第三高等中学校と改称。<br>4・29　東京職工学校、帝国大学付設となる（～明治20）。<br>6・22　文部省、「尋常中学校の学科及其程度」を定める。尋常中学校を5年制とし、1年で博物（示教）、2年で理化（示教）各1時間を課し、3年で博物2時間、4年で化学2時間、5年で博物3時間、物理3時間を課すこととする。<br>6・△　商工徒弟講習所を職工科／別科／夜学科に分ける。<br>7・1　文部省、「高等中学校の学科及其程度」を定める。本科2年（尋常中学5年卒業入学）、予科3年（尋常中学2年修了入学）とし、学科を一部／二部／三部に分ける。<br>7・22　農商務省、駒場農学校・東京山林学校の両校を合併して東京農林学校とする。<br>9・△　京都染工講習所開所。<br>10・24　農商務省、蚕糸試験場を東京府下北豊島郡に設置（のちの東京高等蚕糸学校）。<br>11・5　山口中学校を高等中学校に改め、文部省所管とする。 |
| 1887年<br>（明治20） | 1・9　ハウスクネヒト（Hausknecht, E.）、帝国大学文科大学の教育学教師として来日。<br>3・25　文部省、「公私立小学校教科用図書検定方法」を制定。<br>4・29　文部省編輯局『尋常小学読本』刊。<br>5・2　井上円了『妖怪玄談（コックリの事）』哲学書院刊。<br>5・7　文部省「教科用図書検定条例」を廃止し、「師範学校／小学校及中学校教科用図書検定に関する規則」を制定。──「検定は止だ図書の教科用たるに弊害なきことを証明するを旨とす」（明治25年改正）。<br>5・△　後藤牧太（高等師範学校教授）イギリスへ留学、90年9月帰国。<br>6・△　バックレー著／山県悌三郎ほか訳『理科通志（第一）』普及舎刊（全12分冊、明治24.7.13完結）。 | 3・6　八王子織物染色講習所開所式。<br>4・18　第二高等中学校を仙台に、第四高等中学校を金沢に設立。<br>5・20　電信修技学校を改組、東京電信学校とする。<br>5・21　「学位令」を公布。博士と大博士を置く。<br>5・30　第五高等中学校を熊本に設立。<br>7・△　金沢工業学校開校。<br>8・19　第二／三／四／五の各高等中学校の医学部を仙台／岡山／金沢／長崎に設置。<br>8・30　府県立医学校費用として明年以降地方税支弁を禁止とする（これより公立医学校の廃校増加）。<br>8・△　スチュワート・テイト／稲葉昌丸抄訳『未来世界論』哲 |

年表　517

| 年次 | 科学の普通教育・科学啓蒙書 | 専門教育／その予備教育 |
|---|---|---|
| | 8・△　ギル・セルドンなど原著／和久正辰訳編『理科教授法』上（下は11月）牧野書店刊。<br>9・12　小野太郎編『小学理科書』（集英堂）文部省検定認可。<br>10・5　「文部省官制」を改め、学務局を専門学務局／普通学務局に分ける。<br>10・△　文部省『高等小学読本』刊。<br>12・29　「新聞紙条例」「出版条例」「版権条例」などを改定し、取り締まりを厳重化。 | 学書院刊。<br>9・17　文部省、「高等中学校医学部の学科及程度」を定める。4年制、外国語は英語とする。<br>9・27　第一高等中学校医学部を千葉に設置。<br>10・5　帝国大学付属東京職工学校、再び独立。<br>12・20　鹿児島県立中学造士館を文部省所管とし、高等中学校とする（高等中学校全国で7校となる）。 |
| 1888年<br>（明治21） | 1・12　文部省、「小学校の学科及其程度」を改め、隊列運動を兵式体操と改める。<br>1・△　高島勝次郎『新撰理科書』（文学社）検定認可。<br>2・21　寺尾寿『中等教育算術教科書』上巻刊、理論算術を提唱（下巻は同年8・31）。<br>3・14　平賀義美『手工教科書』刊。<br>3・△　中川重麗『新式理科読本』（京都）検定認可。<br>3・△　ポール・ベル著／小栗栖香平訳編『小学理科訓導』全8巻、朝香屋書店刊（9・10検定認可）。<br>5・△　三宅米吉／新保磐次『理科初歩』（総論）（金港堂）検定認可。<br>8・△　後藤牧太、手工科取り調べのためスウェーデンへ移る（イギリスから）。<br>11・3　山県悌三郎『少年園』創刊（～明治28年）。池田菊苗／中川重麗／芦野敬三郎らの科学記事を毎号のせる。<br>12・△　上原六四郎『東京府学術講義・手工科講義録』上巻出版（下巻は翌年2・1）。 | 2・6　工手学校（私立）開校式。<br>3・31　県立長崎医学校を廃校。<br>4・1　北海道庁函館商船学校を逓信省所管とする。<br>5・7　最初の博士号を25人に授与。<br>5・30　黒田内閣成立、文部大臣森有礼再任。<br>6・30　物理学訳語会編『物理学術語対訳字書』刊。Hypothesisを〈仮説〉とする。<br>7・6　高等中学校の学科を一／二／三部の3部制とする。<br>8・28　海軍大学校を東京築地に設置。<br>11・17　東京薬剤学校（私立）創立。<br>11・20　東京医学校（私立）開校式。<br>12・21　東京数物物理学会『物理学術語和英仏独対訳学書』刊。 |
| 1889年<br>（明治22） | 2・6　ハウスクネヒトの建策にもとづき、帝国大学文科大学内に尋常／高等中学校教員の養成学科を設置するため「特約生教育学科規則」を制定。（3月生徒募集、帝国大学卒業生からの応募者なし、選科修了者1人、ほか中学校教員10数名）。<br>2・8　ハウスクネヒトの建策にもとづき、帝国大学文科大学内に、中 | 1・20　小産伝習所設立。<br>2・11　「大日本帝国憲法」「衆議院議員選挙法」など公布。<br>2・11　文部大臣森有礼、刺され、翌日死去。<br>2・16　平賀義美『日本工業教育論』版権免許。<br>3・22　文部省、「高等中学校付設薬学科の学科及其程度」を制 |

| 年　次 | 科学の普通教育・科学啓蒙書 | 専門教育／その予備教育 |
|---|---|---|
| | 学校教員養成のため〈特約生教育学科規則を制定。志願者の学力はジェボン氏『サイエンス・プライマー）論理学』など三冊を英文で理解しうる者とする。<br>3・△　高等師範学校第１期生（理化学科のみ）７人卒業。<br>4・8　帝国大学文科大学の特約生教育学科開講、ドイツ人教師ハウスクネヒト、ヘルバルト派教育学を講じ、これよりヘルバルト主義教育盛んとなる（～明治23年７月中旬、谷本／大瀬ら12人卒業とともに廃止）。<br>7・1　東京教育博物館、高等師範学校付属となる。<br>7・27　帝国大学理科大学、簡易講習科の設置を発表（９月第１回生徒募集、尋常中学卒２年制）。<br>7・△　学齢館『小国民』創刊（主筆の石井研堂、科学読物を書く）。<br>9・△　日本手工研究会（会長上原六四郎）発足（のち一時中絶し1906年再興）。<br>9・△　帝国大学理科大学簡易講習科開設（尋常師範学校／尋常中学校／高等女学校教員学力検定試験に及第するものきわめて少数のため開設。第一部数物化／第二部動植地、各20名入学、尋常中学卒業後２年制）。 | 定。<br>3・△　大石保吉『理化学教授法』敬業社刊。<br>4・2　第四高等中学校医学部に薬学科を付設（翌年８月26日までに第一／二／三／五の各高等中学校医学部全部に薬学科が付設される）。<br>6・△　『東京物理学校同窓会雑誌』創刊。<br>7・18　陸軍砲工学校設置。<br>10・9　文部省、教員／学生／生徒が現在の政治に関する事項を討論することを禁止。<br>12・△　高山歯科医学院設立。<br>この年（英）「技術教育令」を公布し、技術教育確保のための課税について規定。 |
| 1890年<br>（明治23） | 1・△　張地館（中川重麗）『少年文武』創刊。<br>3・25　高等師範学校女子部を分離独立させ、女子高等師範学校とする。<br>3・△　高等師範学校第２期生（博物学科の第１期生）高橋章臣ら15人卒業。<br>5・25～30　大日本教育会、全国教育者大集会を開催。強制教育に関して石川県と長野県が対立、渡辺敏〈一罐百験〉の実験を提出。<br>5・30　国家教育社（伊沢修二社長）発足。10・12『国家教育』創刊（～'96.12.23）。<br>6・2　竹内広業『実地応用物理奇観──理科応用遊戯』（博文館）「小学校賞与品」として刊行。<br>6・20　「文部省官制」を改め、編輯局を廃し、総務局に図書課を置き教 | 1・9　成医会講習所，成医学校と改称。<br>1・△　東京商業学校付属商工徒弟講習所職工科を東京職工学校付属とする。<br>2・5　高松豊吉『化学教科書』第１編第１巻文部省刊（1994年４・23、完結）。最初の横組み科学教科書。<br>2・△　木村駿吉、第一高等中学校文科生に「物理学現今の進歩」の講義を開始。<br>3・14　東京電信学校を東京郵便電信学校に改組。<br>3・25　東京職工学校を東京工業学校と改称。<br>4・10　木村駿吉（1866～1938）著『科学の原理』金港堂刊。「仮説」の章ではジェヴォンズに言 |

| 年　次 | 科学の普通教育・科学啓蒙書 | 専門教育／その予備教育 |
|---|---|---|
| | 科書の検定・編纂などの事務を行なわせる。<br>9・△　後藤牧太帰朝，高等師範学校で手工教授法の講義を開始。<br>10・7　「小学校令」を改め，尋常小学校を3または4カ年制とし，高等小学校を2または3または4カ年制とし，尋常小学校にも手工科を置くことができるものとする。<br>10・30　天皇「教育に関する勅語」を文部大臣に交付。<br>10・△　文部省『日本教育史資料』刊行。<br>この年　佐藤誠実『日本教育史』刊行（〜明治24年）。 | 及。<br>6・11　東京農林学校，帝国大学農科大学に昇格。<br>7・15　東洋社『東洋奇術新報』創刊（83年4月『百科新報』と改題し，まもなく廃刊）。<br>8・18　商工徒弟講習所（東京工業学校付属）を職工徒弟学校と改称。<br>10・25　桜井錠二「中沢教授に答へ且つ質し兼て化学教育上の意見を詳述す」『東洋学芸雑誌』。<br>11・13　帝国大学農科大学の農学科／林学科／獣医学科に修業年限3カ年の乙科を設置。<br>12・22　ハックスレー著／三好学訳『生物学』金港堂刊。 |
| 1891年<br>(明治24) | 1・14　村岡範為馳／篠田利英／高嶺秀夫／野尻精一，文部省の新法令施行法案審査委員に任命される。<br>4・8　中川謙二郎『簡易化学器械』金港堂刊。<br>7・6　帝国大学理科大学簡易講習科第1回卒業証書授与式（入学者40名中卒業者20名）。<br>7・27　「文部省官制通則」を改め，文部省みずからの教科書編纂を廃止し，検定のみを行うこととする。<br>10・7　文部省，小学校修身科においては必ず教科書を使用すべきものとする。<br>11・17　文部省，「小学校教則大綱」を制定，各教科の要旨を定める。<br>11・△　小松忠二郎『少年読本理科物語』刊。 | 1・6　木村駿吉『新編物理学』上下，金港堂刊。<br>1・12　石川千代松『進化新論』刊。<br>2・△　冨山房『普通学全書』刊行開始。<br>3・△　育英黌，農学科（のちの東京農業大学）を創立。<br>4・28　東京化学会『化学訳語集』刊。<br>6・△　帝国大学理科大学外人教師ノット解任帰国（理科大学教授は日本人のみとなる）。<br>8・30　『電気の友』創刊。<br>9・1　東京慈恵医院医学校設立。<br>11・5　木村駿吉『物理学現今之進歩』全6巻完結。<br>12・14　「中学校令」を改め，1府県に2校以上の公立中学校を置くことを認める。また農業・第二外国語を廃し，農／工／商の専修科を認める。 |
| 1892年<br>(明治25) | 3・25　「教科用図書検定規則」（明治20）の第1条を改め，学校令／教育大綱の趣旨に合するものを検定することとする（従来は弊害あるものの除去が目的）。<br>6・13　渡辺敏『近易物理一罐百験』普及舎刊。<br>7・11　文部省「尋常師範学校の学科及其程度」を改定し，各科教授法を | 1・△　東京工業学校の「徒弟学校施設に関する意見書」各教育雑誌に掲載される。<br>8・29　酒井佐保『酒井物理学教科書』巻上，冨山房刊（1896年11月7日全3巻完結）。<br>11・8　ワグネル没。<br>11・22　文部省，「文部省外国留学生規程」を制定。 |

| 年　次 | 科学の普通教育・科学啓蒙書 | 専門教育／その予備教育 |
|---|---|---|
| | 必修とし，倫理を修身に改め，学科目の学年指定を行う。手工科（従来必須科）は選択科目となる。<br>7・26　東京茗溪会編『高等師範学校付属小学科教授細目』(茗溪会)発行。<br>9・19　文部省，小学校教科用図書を生徒用・教師用の2種とす（作文／手工／唱歌／裁縫／体操は教師用のみ）。<br>この年（独）Kiessling&Pfalz『自然科学教授必携』刊。 | 12・15　語敬業社編『理化示教』同社刊。<br>△・△　ダニエル原著／木村駿吉訳『物理学原論』内田老鶴圃刊（翌年6月完話）。 |
| 1893年<br>(明治26) | 5・27　浅山新太郎『新編小学教授術・理科』金港堂刊。<br>10・19　学海指針社編『小学理科新書』(甲種)教師用と生徒用（集英堂）検定認可。<br>10・31　「文部省官制」を改め，大臣官房／専門学務局／普通学務局とし，視学官制度を廃止。<br>11・5　木村駿吉『新編中物理学』(内田老鶴圃) 刊。<br>11・18　高島勝次郎著・文学社訂正『明治理科書』(文学社) 検定認可。<br>12・11　メンデンホール著／木村駿吉／重見経誠訳『電気学術の進歩』内田芳兵衛刊（原著Century of Electricity, 1886）。 | 6・10　石川千代松『石川動物学教科書』上巻刊。<br>6・16　教育談話会「実業教育施設に関する意見」発表（『教育時論』に掲載）。<br>7・△　帝国大学理科大学簡易講習所3回生卒業。廃止。<br>8・11　「帝国大学令」を改め「帝国大学官制」を公布。帝国大学に講座制をしき，各分科大学に教授会を設けて大学の自治管理を認める。<br>9・11　帝国大学，講座制を施行。<br>11・11　札幌農学校を北海道庁から文部省に移管する旨の勅令を公布（明治28年4月実施）。<br>11・22　文部省，「実業補習学校規程」を制定。 |
| 1894年<br>(明治27) | 2・3　「高等師範学校生徒募集規則」を改め，公立尋常中学校からも入学できることとする。<br>3・17　西村正三郎編『小学理科』(普及舎)検定認可。<br>8・1　清国に対し宣戦布告（日清戦争）。<br>8・3　文学社編輯所『新定理科書』(文学社)検定認可。<br>9・1　文部省「小学校に於ける体育及衛生に関し訓令」を発し，筆記および暗誦の弊害を指摘。特別の場合以外これの廃止を指示（これより筆代用書出現）。<br>9・29　「尋常中学校入学規程」を制定，入学資格を高等小学2年修了程度と定める。<br>10・△　西村貞『理科読本』(博文館) | 3・1　文部省「尋常中学校の学科及其程度」改定。「博物」「物理及化学」をおき，1年1，2年1，3年2，4年4，5年5時限とする。<br>6・23　「高等学校令」を公布，高等学校は法学部／医学部／工学部（4年制）および大学予科（3年制）から成るものとする。第一〜五高等中学校を第一〜五高等学校と改称。<br>6・27　文部省，東京府下の工業組合員を招集して徒弟学校諮問会を開催。<br>6・△　文部省，「工業教員養成規程」により工業教員養成所を設置。<br>7・12　第三高等学校に法／医／ |

年表 521

| 年次 | 科学の普通教育・科学啓蒙書 | 専門教育／その予備教育 |
|---|---|---|
| | 検定認可。<br>11・7　日本軍，大連を占拠。<br>11・10　金港堂編纂所『小学校用理科新編』（金港堂）検定認可。修身的理科教科書。<br>△・△　（米）デューイ（1859〜1952），シカゴ大学教育学主任教授となる。 | 工の3学部を設置。第一／二／四／五の各高等学校に医学部および大学予科を設置。<br>7・25　「簡易農学校規程」「徒弟学校規程」を制定。<br>9・△　第三校等学校工学部，授業を開始。<br>10・13　ロター・マイヤー著／近藤令次郎訳『化学原論』第1冊，内田老鶴圃刊（〜第3冊，翌10.16刊）。 |
| 1895年<br>(明治28) | 2・12　清国北洋艦隊，降伏。<br>3・△　棚橋源太郎，高等師範学校博物学科を卒業。<br>3・30　日清休戦条約に調印。<br>4・17　日清講和条約に調印。<br>4・△　藤沢利喜太郎『算術修目及教授法』発行，理論算術を批判。<br>10・7　ガスリー著／吉岡勘之助訳註『簡易物理実験法』普及舎刊。 | 1・△　博文館『太陽』創刊。<br>4・1　札幌農学校，文部省直轄となる。<br>12・16　文部省，徒弟学校の設置について定める。<br>12・22　帝国大学理科大学星学第二講座（天体物理）開講。 |
| 1896年<br>(明治29) | 2・4　第9議会において貴族院から小学校修身教科書を国費をもって編纂すべきことを建議。<br>5・12　藤沢利喜太郎『算術教科書』上巻刊（下巻は11月27日）。<br>8・31　村岡範為馳述『レントゲン氏X放射線の話』京都府教育会刊。<br>10・31　池田菊苗『中学理化示教』金港堂刊。<br>12・△　大日本教育会，国家教育社と合併，帝国教育会発足。 | 3・18　「蚕業講習所官制」公布。東京府下の蚕業試験場を東京蚕業講習所とし，京都蚕業講習所を新設。<br>5・18　大阪工業学校（官立）を設置，（機械工芸科／化学工芸科を置き，9月に授業開始）。<br>5・21　池田菊苗『化学教科書』全3冊（金港堂），師範学校用として検定認可。<br>12・18　「高等教育会議規則」を公布，同会議を設置。 |
| 1897年<br>(明治30) | 3・24　渡辺敏『理科資料』上原書店刊。<br>3・25　西村正三郎『改正小学理科』（普及舎）検定認可。動植・鉱物を混合して各巻12課とする。<br>9・△　名和靖，雑誌『昆虫世界』を創刊。名和靖『薔薇の一林──昆虫世界』刊。<br>10・9　「師範教育令」を公布。<br>11・20　鵜飼初弥「物理学に於ける分子論の位置」『東京茗渓会雑誌』<br>12・17　文部省，男女師範学校の分離設置を訓令，小学校において男女を分離して教育する必要を訓令。<br>12・22　高等師範学校に研究科を設 | 3・22　農商務省に水産講習所を設置。<br>4・17　第三高等学校に大学予科を設置。工学部の募集をやめる。第九高等学校に工学部を設置。<br>6・18　京都帝国大学創立。従来の帝国大学を東京帝国大学と改称。<br>6・23　京都帝国大学理工科大学を開設，学科を定め翌日講座を定める。<br>7・△　第1回高等教育会議を開催（緒言）。<br>9・△　文部省，尋常中学校教科細目調査委員40人を委嘱（委員 |

| 年　次 | 科学の普通教育・科学啓蒙書 | 専門教育／その予備教育 |
|---|---|---|
| | 置。 | 長外山正一）。<br>10・9　「文部省官制」を改め，実業学務局を新設。<br>12・31　大幸勇吉『近世化学教科書』冨山房刊。<br>この年　長崎富治／寺崎留吉共著『尋常中学博物示教』刊。 |
| 1898年<br>（明治31） | 1・12　公立学校に学校医を置くべきこととする。<br>3・9　藤堂忠次郎『理科小学』（吉川半七）検定認可。<br>9・18　山上万次郎『(新撰)小地文学』冨山房刊。翌32年検定認可――ハックスレーの地文学にならう。<br>9・22　小島国太郎『細目適用筆記代用理科』栄泉社刊。<br>この年　英国のアームストロング「発見的教授法，即ち児童自らをして発見せしむる教育技術」を発表。 | 3・△　片山潜ら，キングスレー館で市民夜学会を開く。<br>4・26　後藤牧太／根岸福弥『物理学教科書』大日本図書刊。<br>6・30　京都帝国大学理工科大学で6学科を増設。<br>6・△　農商務省，「遠洋漁業練習生規程」を定めて生徒を募集し，水産講習所で授業を開始。<br>7・5　東京帝国大学工科大学造家学講座を建築学と改称。<br>7・6　文部省高等学務局『尋常中学校教科細目調査報告』帝国教育会刊。<br>9・△　京都帝国大学理工科大学に純正化学科と応用化学科を併置。<br>10・22　「文部省官制」を改め，実業学務局を廃止し，専門学務局・普通学務局を置く。<br>11・30　丘浅治郎『近世生理学教科書』開成館刊。<br>12・10　「学位令」を改め，大博士を廃止し，博士の種類を9種とする。 |
| 1899年<br>（明治32） | 1・2　矢沢米三郎『理科教授革新の着歩』小林仙鶴堂刊。<br>2・8　国光社編『小学理科』（同社）検定認可。<br>2・15　女子高等師範学校に技芸科を設置。<br>4・△　樋口勘次郎『統合主義新教授法』刊。活動主義を提唱し，生徒の自発活動の重視を説く。<br>6・22　根岸福弥『小学理科講義実験法』大日本図書刊。<br>8・3　「私立学校令」を公布し，「私立学校令施行規則」を制定。<br>10・19　「小学校教育費国庫補助法」を制定。 | 2・7　「中学校令」を改定。<br>2・7　「実業学校令」を公布。<br>2・21　「高等女学校の学科及其程度に関する規則」を定め，「高等女学校規程」を廃止。<br>2・25　「工業学校規程」「農業学校規程」など制定。<br>4・11　中村清二『近世物理学教科書』冨山房刊。<br>6・29　京都蚕糸講習所設立。<br>6・△　東京帝国大学に電気化学講座設置。<br>7・4　京都帝国大学に法科大学および医科大学を設置（9月開設）。 |

| 年次 | 科学の普通教育・科学啓蒙書 | 専門教育／その予備教育 |
|---|---|---|
| | | 11・24　丘浅治郎『近世動物学教科書』開成館刊。<br>11・25　オストワルド著／亀高徳平訳『分析化学原理』冨山房刊。 |
| 1900年<br>（明治33） | 1・20　「高等師範学校規定」を改め，文科・理科を廃止し，予科／本科／研究科とし，本科を4学部に分ける。<br>4・△　文部省内に修身教科書調査委員会を設置。<br>8・20　「小学校令」を改定，尋常小学校を4年のもののみとし，高等小学校を2年／3年／4年の3種とする。<br>8・21　「小学校令施行規則」を制定。 | 3・31　「文部省官制」を改め，再び実業学務局を設置。<br>10・16　藤沢利喜太郎『数学教授法講義筆記』刊。 |
| 1901年<br>（明治34） | 1・11　棚橋源太郎／樋口勘次郎『小学理科教科書・児童用』（金港堂）検定認可。／藤堂忠次郎『訂正理科小学』（吉川半七）検定認可／普及舎編『小学理科』（同社）検定認可。<br>1・△　石井研堂『理科十二ヶ月』（博文館）刊行開始（全12冊）。<br>3・15　文学社編輯所『小学新理科』3／4年課程用（文学社）検定認可。<br>3・21　第15議会（衆議院）全教科書の国定化を建議。<br>6・△　文部省，上原六四郎／岡山秀吉に『小学校教師用手工教科書』の編纂を命ずる（36年完成，37年出版）。<br>7・25　棚橋源太郎『理科教授法』金港堂刊。<br>12・25　丘浅次郎『教育と博物学』開成館刊。 | 3・5　文部省，「中学校令施行規則」を制定。博物は1～3年で各2時限，物理及び化学は4～5年で各4時限とする。<br>4・1　「医学専門学校令」を公布。各高等学校医学部を独立させ，千葉／仙台／岡山／金沢／長崎各医学専門学校とする。<br>5・11　官立東京／大阪両工業学校を高等工業学校と改称。<br>7・5　帝国大学，物理学科を理論物理学科と実験物理学科に二分（1919年再び合併）。<br>7・△　大日本農会付属東京農学校を東京高等農学校と改称。<br>10・1　片山潜「工業学校長手島精一氏に与ふる公開書」を発表。<br>この年　（英）ペリー，数学教育の改革案を発表。 |
| 1902年<br>（明治35） | 2・△　石井研堂『少年工芸文庫　第1編　鉄道の巻』博文館刊（全24巻）。<br>3・27　広島高等師範学校を設立，従来の高等師範学校を東京高等師範学校と改称。<br>5・25　木村小舟『（春夏秋冬）理科手引草』博文館刊。<br>5・31　帝国書籍編輯所『理科教科書』（同社）検定認可。<br>6・△　文部省図書課，教科書国定化を見越して『小学読本』の編集に着手。<br>7・11　中島吉太郎『（普通教育理科 | 2・6　文部省，「中学校教授要目」を制定。理化示教／博物示教を廃止。科学関係は1年：鉱物（2時限），2年：植物（2），3年：1～2学期生理衛生（2），3学期動物（2），4年：動物（2），（3学期のみ1），化学（2），（3学期のみ4），5年：物理（4），地文（1）を基準とする。<br>3・27　東京帝国大学に森林利用講座（農科大学）／歯学講座（医科大学）を新設。<br>3・28　官立京都高等工芸学校／官立盛岡高等農林学校を設立。 |

| 年　次 | 科学の普通教育・科学啓蒙書 | 専門教育／その予備教育 |
|---|---|---|
|  | 資料2）琴と笛との巻』田沼書店刊。<br>12・6　育英舎編輯所『小学理科書』（育英舎）検定認可。<br>12・17　教科書疑獄事件検挙開始（あいつぎ143名検挙）。<br>12・20　秋山鉄太郎著『（自然の友5）自然界の迷信』開発社刊。 | 3・28　農業教員養成所を東京帝国大学農科大学の付属とする。<br>3・30　ワールブルヒ著／中村清二訳『実験物理学』冨山房刊。<br>4・25　文部省，「高等学校大学予科入学試験規程」を定め，全国同一問題による総合試験制度を採用。<br>11・△　文部大臣菊池大麓，高等教育会議に対して学制改革案を諮問。 |
| 1903年<br>（明治36） | 3・9　文部省，「高等女学校教授要目」を制定。<br>3・△　スコット著／沢田鉋義訳『初等理科教授指針』前後2篇（大日本図書）刊（自然科 Nature Study）紹介の先駆。<br>4・10　棚橋源太郎『文部省講習会理科教授法講義』（宝文館／同文館）刊（明治35年夏の講習会の講義筆記）。<br>4・13　「小学校令」を改め，国定教科書制度成立（施行は翌年4月）。算術は国定教科書を使用しなくてもよく，理科は児童用教科書の使用を禁止。<br>4・△　東京高等師範学校付属小学校。『小学教授細目』を同校紀要として刊行。<br>4・△　雑誌『少年世界』，少年博物学会を始む。<br>6・20　棚橋源太郎『尋常小学に於ける実科教授法』金港堂刊（観察科と郷土科の研究）。<br>7・1　雑誌『理学界』創刊。<br>9・8　安東伊三次郎『（自然研究）実験野外教授』宝文館刊。<br>11・15　幸徳秋水／堺利彦ら平民社結成『平民新聞』創刊（1905年10・9解散）。 | 3・27　「専門学校令」を公布（4月1日施行）「実業学校令」を改定。実業学校で高等の教育をなすものを実業専門学校とし，専門学校令の規定によることとなる。<br>3・31　文部省，「公立私立専門学校規程」を制定。<br>3・△　農商務省編『職工事情』刊。<br>4・1　京都帝国大学第二医科大学（福岡）開校。<br>4・1　山崎直方『（普通教育）地文学教科書』開成館刊。<br>6・△　京都府立医学専門学校／私立東京慈恵医院医学校，「専門学校令」による専門学校として認可。<br>7・20　愛知県立医学専門学校，「専門学校令」認可。<br>8・21　大日本農会付属の東京高等農学校，「専門学校令」適用認可。<br>8・31　済生学舎解散。<br>10・△　大阪府立医学校，「専門学校令」準拠認可，大阪府立高等医学校と改称。 |
| 1904年<br>（明治37） | 1・△　丘浅次郎『進化論講話』刊。<br>2・1　樋口勘次郎『国家社会主義新教育学』刊。哲学的教育学にかわる経験教育学建設の必要を説く。<br>4・1　小学校国定教科書の使用開始。理科は教科書使用禁止となる。<br>4・25　棚橋源太郎『小学校理科教授 | 1・△　私立慶応義塾大学部・私立早稲田大学，「専門学校令」適用認可。<br>2・6　日露国交断絶。<br>2・10　日露宣戦布告の詔勅発布（日露戦争）。<br>2・△　私立熊本医学専門学校， |

| 年　次 | 科学の普通教育・科学啓蒙書 | 専門教育／その予備教育 |
|---|---|---|
| | 書』巻1，金港堂刊。<br>4・28　川田鉄弥編（後藤牧太ら校閲）『（学校家庭）理科読本』（同文館）陸上の部，海上の部各前後編刊。<br>4・△　日本書籍KK編『小学理科教授書』（同社）刊（児童用書なしの教師用書）。<br>4・△　東京高等師範学校，給費生のほかに自費生の入学を許可。<br>5・△　信濃教育会，小学校児童用理科書編纂委員を設ける（翌年3月『小学理科生徒筆記代用』などを出版）。<br>7・△　文部省編『小学校教師用手工教科書』刊。<br>7・△　文部省，小学理科教科書編纂委員会を組織し，標準教科書（教師用）の編纂に着手（委員長箕作佳吉／幹事浅井郁太郎）。<br>8・6　文部省，学校植樹奨励の訓令を発す（官報）。<br>9・10　井上円了『（妖怪叢書4）迷信解』刊。<br>12・23　棚橋源太郎『小学校理科教授書（4学年用）』全4冊，金港堂刊。<br>△・△　（米）デューイ，シカゴ大からコロンビア大教員養成大学教授に移動。 | 「専門学校令」適用認可。<br>3・8　文部省，「徒弟学校規程」を改定，「農業学校規程」を制定。<br>4・1　神保小虎『（普通教育）鉱物界教科書』開成館刊。<br>9・1　オストワルド著／池田菊苗訳『（近世）無機化学』開成館刊。1592ぺ。<br>12・13　帰山信順『（日用理化叢書2）無線電信』冨山房刊。<br>12・30　高木貞治『普通教育代数教科書』刊。 |
| 1905年<br>（明治38） | 1・7　教育資料研究会『校外理科書』（高等小学各学年各2冊），学海指針社刊。<br>1・23　棚橋源太郎『小学校理科筆記帳』金港堂刊。<br>3・△　信濃教育会『小学理科生徒筆記代用』高等科用4冊およびその教師用書『小学理科教授細目』4冊を出版。<br>3・28　新潟県知事「新潟県学校園の概況」（『官報』）。<br>4・△　文部省『国定教科書編纂趣意書（続）』刊。<br>4・△　文部省『尋常小学算術書』1～4学年教師用使用開始，『高等小学算術書』1～4学年児童用／教師用使用開始。<br>5・△　丘浅次郎「いわゆる自然の美と自然の愛」『時代思想』5月号。<br>9・△　針塚長太郎『学校園』文部省刊。文部省，学校園設置奨励の通牒 | 3・8　文部大臣指定の私立医学専門学校卒業生にも無試験で医師開業免許状を与える。<br>3・28　東京帝国大学農科大学に家畜衛生学・家畜薬物学講座を新設。<br>3・29　官立名古屋高等工業学校設置（9月授業開始）。<br>8・24　文部省，講和反対の東京帝国大学法科大学教授戸水寛人を休職処分とする。<br>9・5　日露講和条約調印。<br>12・2　戸水寛人教授休職問題に関し，東京帝国大学総長山川健次郎を免職，法科大学教授あいついで辞表を提出，京都帝国大学法科教授もこれに続く。<br>12・20　亀高徳平『普通教育化学教科書』開成館刊。 |

年　表　525

| 年　次 | 科学の普通教育・科学啓蒙書 | 専門教育／その予備教育 |
|---|---|---|
| | を発す。<br>10・18　文部省，戦後教育の方針について訓令を発す。<br>12・△　香月喜六『学校園設置法』(育成会) 刊。 | |
| 1906年<br>(明治39) | 1・1　棚橋源太郎・佐藤礼介『小学校に於ける理科教材（博物篇）下』宝文館刊（上は1904年，理化篇は1908年）。<br>1・25　高橋章臣／安東伊三次郎『毎時配当小学理科教科書』巻1・2（日本書籍）刊（巻3・4は3月）。<br>2・△　棚橋源太郎『小学校に於ける学校園』文部省刊。<br>4・15　教育学術研究会編『小学校（初等教育研究雑誌）』（同文館）創刊。<br>5・15　博文館，講座形式の『物理学講義』第1冊発行（翌年4月15日完結）。<br>7・18　沢柳政太郎，文部次官となる。<br>9・20　安東伊三次郎『実験野外教授，附学校植物解説及栽培法』宝文館刊。<br>9・30　樋口／浜／矢島『普通教育理科教授資料（上下）』鐘美堂刊。<br>12・19　高等教育会議，義務教育の年限を6カ年に延長し尋常小学校の修業年限を6年とすることを可決。<br>この年　日本全国での出産率，平年より10％減少。丙午年迷信。 | 1・11　丘浅治郎『（近世）生理学教科書』（開成館）検定認可。<br>2・△　本多光太郎／田中三四郎共著『（近世）物理学教科書』（内田老鶴圃）検定認可。<br>3・5　藤井健次郎『（普通教育）植物学教科書』開成館刊。<br>4・1　第五高等学校工学部を独立させ，熊本工業高等学校とする。仙台高等工業学校を設立。<br>4・1　長岡半太郎『ラヂウムと電気物質観』刊。<br>5・22　本多光太郎『物理学詳解講義』内田老鶴圃刊。<br>6・13　「帝国学士院規程」を定め，東京学士会院を廃し，帝国学士院を設置。<br>6・20　丘浅治郎『進化と人生』刊。<br>10・30　「歯科医師法」の制定にともない，文部省「公立私立歯科医学校指定規則」を制定。<br>11・16　板橋盛俊『物理学教科書』三省堂刊。 |
| 1907年<br>(明治40) | 3・21　「小学校令」を改め，**義務教育年限を2年延長**，尋常小学校を6年制，高等小学校を2年（3年も認める）制とする（明治41年4月施行）。<br>3・25　文部省，義務教育年限の延長にともない「小学校令施行規則」を改定，その要旨および注意事項について訓令。<br>3・28　高橋章臣『最近理科教授法』大日本図書刊（前年夏の文部省夏期講習会の講義筆記）。<br>4・17　文部省「師範学校規程」を定め，本科第二部を設置。<br>4・27　東京高等師範学校付属小学校編『小学校教授細目』大日本図書刊。<br>7・12　東京高等師範学校付属中学校編『教授細目』同校刊。 | 4・7　東京数学物理学会，学術通俗講演会（第1回）を開催。長岡半太郎の「ラヂウム及び真空放電」など，会費1円で盛況（明治42年まで3回開催）。<br>4・10　文部省，「官立医学専門学校の修業年限，学科，学科目及其の程度並研究生に関する規程」を制定。<br>5・△　大阪市立工業学校創立。<br>6・21　私立明治専門学校設立認可（初の私立工業専門学校）。<br>6・22　東北帝国大学を仙台に設置。札幌農学校を東北帝国大学農科大学とし，理科大学設置を内定。<br>7・18　「高等女学校令」を改め修業年限4年を原則として短縮 |

年表 527

| 年次 | 科学の普通教育・科学啓蒙書 | 専門教育／その予備教育 |
|---|---|---|
|  | 10・5 科学世界社，月刊誌『科学世界』創刊。 | を認めず，1年延長のみを認める。<br>9・13 東京歯科学院，「専門学校令」適用認可，東京歯科医学専門学校と改称。<br>9・19 私立電機学校設立認可。<br>12・25 大隈重信編『開国五十年史』上巻（同刊行会）刊。 |
| 1908年<br>（明治41） | 1・26 棚橋源太郎『尋常小学理科教授書』金港堂刊。<br>3・△ 小西重直『学校教育』博文館刊。児童中心／自発学習／作為体験を説く。<br>4・1 尋常小学校6年制実施開始。5年から理科を課す。<br>4・1 奈良女子高等師範学校を設置。従来の女子高等師範学校を東京女子高等師範学校と改称。<br>4・7 文部省『尋常小学理科書』5年教師用刊（6年用は4月31日。高等小学は1910年，第一期本。ともに児童用は発行せず）。<br>4・△ 信濃教育会『尋常小学理科児童筆記代用』など発行。<br>5・△ 信濃教育会『尋常小学理科教授要項』発行。<br>8・△ 広田虎之助『聚楽式算術教授法』上巻刊。実験教授の成果にもとづき国定算術教科書を厳しく批判（下巻は翌年1月）。<br>9・5 文部省，教科用図書調査委員会を設置（26日，委員長加藤弘之，副委員長菊池大麓）。 | 1・7 久原躬弦著『化学百話』丸善刊。<br>1・△ 私立東京女医学校（明治33年創立）第1回卒業式。<br>3・11 丘浅次郎『（近世）動物学教科書』（開成館）検定認可。<br>4・1 官立鹿児島高等農林学校設置。<br>4・18 文部省，高等学校入学者選抜試験に関する事項を告示し，従来の総合選抜試験制度を廃止。<br>5・11 岸高丈夫『物理実験教科書』（中等学校用）金港堂刊。<br>8・4 平塚忠之助．『物理学輓近の発展』大日本図書刊。<br>9・9 石原純『美しき光波』弘道館刊。<br>9・11 京都帝国大学理工科大学の理学科を数学科／物理学科／純正化学科の3学科に分割。<br>9・17 鶴田賢次『（学芸叢書）物理学叢話』博文館刊。<br>10・13 「戊申詔書」を発布。 |
| 1909年<br>（明治42） | 1・10 川上滝男『小学理科教授法講義』東京市教育会刊。<br>2・20 沢柳政太郎『実際的教育学』（同文館）発行。<br>5・18 和田猪三郎『小学校理科教材の選択と排列』晩成処刊。<br>6・20 一戸直蔵著『月』裳華房刊。<br>7・△ 小学理科書編纂委員長箕作佳吉没（後藤牧太，委員長事務取扱となる。～1911・9月）。<br>10・26 伊藤博文，暗殺される。<br>10・△ 棚橋源太郎，教育学・博聞館研究のため独米留学に出発（明治44年1月帰国）。 | 2・△ 私立帝国女子専門学校設立認可。<br>3・△ 千葉県立園芸専門学校設立認可（大正3年，千葉県立高等園芸学校と改称）。<br>4・1 私立明治専門学校（福岡）開校式。<br>4・△ 東京帝国大学工科大学の採鉱冶金学科を採鉱学科と冶金学科に二分。<br>7・△ 富山県立薬学専門学校設立認可。<br>8・△ 私立日本歯科医学専門学校設立認可。 |

| 年　次 | 科学の普通教育・科学啓蒙書 | 専門教育／その予備教育 |
|---|---|---|
| | | 9・13　私立早稲田大学理工科を新設，授業開始。<br>10・23　服部春之助『（理化工業）発明界の進歩』光風館刊。 |
| 1910年<br>（明治43） | 1・5　沢柳政太郎著『我国の教育』同文館刊。<br>3・29　高野弦月『ハーレー大彗星の話』立川文明堂発売。<br>3・△　神戸伊三郎，広島高等師範学校博物学科を卒業。堀七蔵，東京高等師範学校数物化学部を卒業。<br>4・22　藤森良蔵『幾何学・考へ方と解き方』青野文魁堂刊。<br>6・1　幸徳秋水逮捕（翌年1月24日死刑，大逆事件）。<br>7・21　文部省「小学校令施行規則」を改め，理科は国定教科書を用いることとし，来年度から使用開始とする。<br>11・24　文部省『尋常小学理科書』第五学年児童用刊（六年児童用は12・23）。<br>12・24　文部省，高等小学校の実業科目（農業／商業）を重要視すべきことを訓令。<br>△・△　（米）デューイ『思考の方法』刊，「思考の過程は，事実にもとずいて予想あるいは仮説を立て，その仮説を検証することによって進む」とする。 | 1・22　私立九州医学専門学校（熊本）設立認可。<br>3・28　官立上田蚕糸専門学校／官立秋田鉱山専門学校／官立米沢高等工業学校／官立新潟医学専門学校設置（4・1開校）。<br>4・21　東京帝国大学農科大学に水産学科を設置。<br>4・△　文部省，学制改革案を高等教育会議に諮問。<br>7・5　宮内省，帝国学士院に，恩賜賞授与のための資金下賜を通知。<br>9・△　官立水原高等農林学校設置。<br>10・27　「高等女学校令」「高等女学校令施行規則」を改め，実科の設置および実科高等女学校の設置を認め，翌日その趣旨について訓令。<br>12・19　徳川好敏，東京代々木原において日本最初の飛行に成功。 |
| 1911年<br>（明治44） | 1・4　山川健次郎ら，丸亀で長尾郁子の千里眼の実験を開始。<br>1・5　斉藤正次著『（家庭実験）理化学の慰み』大阪・同済号書店刊。<br>2・15　藤教篤／藤原咲平共著『千里眼実験録』大日本図書刊。<br>2・27　文部省，南北朝正閏問題について南朝を正統とし教科書の修正に関して通達。<br>3・△　信濃教育会『尋常小学理科筆記帳』を発行，従来の筆記代用書を筆記帳に改める（4月教師用書を発行）。<br>4・1　国定『尋常（高等）小学理科書』児童用の使用を開始（第1期児童用書，油菜本）。<br>5・25　松田良蔵『最新理科教授法』 | 1・1　東北帝国大学理科大学・九州帝国大学工科大学開設（9月11日授業を開始）。<br>3・29　「工場法」を公布（大正5年9月1日施行）。<br>4・1　京都帝国大学福岡医科大学を九州帝国大学医科大学とする。<br>5・2　東京帝国大学理科大学に地理学講座，農科大学に農業工学講座を新設。<br>6・△　南満州鉄道株式会社，奉天に南満医学堂を設立。<br>7・31　文部省，「中学校令施行規則」を改め，科目中に実業を増加し各学科目の教授要旨の修正・教授時数の変更等を行なう。 |

年表 529

| 年　次 | 科学の普通教育・科学啓蒙書 | 専門教育／その予備教育 |
|---|---|---|
| | 良明堂書店刊．児童用理科教科書使用反対を力説．<br>7・7　ウォーレス著／中島茂一抄訳『驚くべき世紀』博文館刊．原本は1898年刊．<br>7・31　「小学校令」を改め，高等小学校随意科（手工／農／商）の一つを必修科目とする．<br>7・31　文部省，「小学校令施行規則」を改め，高等小学校の理科に女子のための「家事の大要」を加え，女子は理科週3時限とする（3年のみ男女とも週3時限——のち男子は週1時限実験となる．1919年度に家事を理科から分離）．<br>9・△　桜井錠二，小学理科書編纂委員会の委員長となる．（～39. 1月）<br>11・△　後藤牧太著『（誰にもできる）物理の実験』長風社刊． | 手工科教授要旨に「工業の趣味」が加わる．<br>7・31　文部省，「中学校教授要目」改定を訓令．科学関係教科は，1・2年：動植物（週2時限），3年：動物生理衛生（2），4年：鉱物・博物通論（2），物理（2），化学（2），5年：物理（2），化学（2）．<br>7・31　「高等学校令」を廃止「高等中学校令」を公布（実施は無期延期となる）．<br>10・1　恩田重信著『独修（歴史伝記理論実験）物理新編』金原商店刊．<br>11・16　私立東京高等農林学校を私立東京農科大学と改称． |
| 1912年<br>（明治45<br>大正元年） | 1・△　棚橋源太郎，欧米留学から帰国．<br>2・11　広島高師博物科教科目研究会『小学校理科教授ノ研究，第1回報告』同会刊．<br>3・15　金子善一／西田順一共著『理化実験と手工応用器械製作法』刊．<br>7・30　明治天皇没．<br>12・9　及川平治『分団式動的教育法』弘学館刊． | 3・14　私立東京女子医学専門学校（吉岡弥生）設立認可．<br>3・30　仙台高等工業学校／仙台医学専門学校を東北帝国大学に付属させ，同大学工学専門部／医学専門部とする．<br>7・△　私立日本医学専門学校設立認可．<br>10・3　田丸卓郎『（中等教育）物理学講義』東京開成館刊．<br>12・15　水野敏之丞『電子論』丸善刊． |
| 1913年<br>（大正2） | 1・△　一戸直蔵，雑誌『現代の科学』（主幹）創刊．<br>3・28　芦田恵之助『綴り方教授』刊．<br>3・△　牧竜五郎『児童用簡易器械図説』著者刊．<br>3・△　文部省『国定教科書意見報告彙纂』（第一輯）刊．<br>5・3　岩永松二『教案代用小学校理科実験法詳解』宝文館刊．<br>5・5　棚橋源太郎『新理科教授法』宝文館刊．<br>6・13　「文部省官制」を改め，実業学務局・図書局を廃止し宗教局を新設，専門学務局／普通学務局と合わせて3局となる．<br>12・12　田中三四郎／高橋研助共著 | 3・14　「高等中学校令」（明治44年）の実施無期延期となる．<br>6・13　教育調査会を設置し，高等教育会議を廃止．<br>6・13　蚕業講習所自制を改め，東京蚕業講習所と京都蚕業講習所を農商務省から文部省に移管．<br>8・14　東北帝国大学理科大学に初めて女子学生が入学．<br>8・31　田辺元，東北帝国大学理科大学で「科学概論」の講義を開始．<br>9・19　「医師試験規則」（大正3年10月1日施行）「薬剤師試験規則」「歯科医師試験規則」（大 |

| 年　次 | 科学の普通教育・科学啓蒙書 | 専門教育／その予備教育 |
|---|---|---|
| | 『物理学実験法教科書』内田老鶴圃刊，225ペ。 | 正10年10月1日施行）を制定。 |
| 1914年<br>（大正3） | 4・10　アブラアム編／文部省訳『物理学初等実験集』上巻刊（下巻は7・28刊）。<br>5・25　文部省『理科家事教科書』（第1学年教師用）翻刻発行（別に生徒用も刊。第2学年用は翌年，第3学年用は1917年刊）。<br>6・18　東京教育博物館を東京高等師範学校から文部省普通学務局に移管。<br>6・28　第一次世界大戦勃発。<br>6・△　教育教授研究会で会長沢柳政太郎，小学校低学年の修身科教授廃止論を提出。<br>12・11　木村駿吉『趣味の電気』内田老鶴圃刊。<br>この年　広島高等師範学校付属小学校，雑誌『学校教育』創刊。 | 3・23　「実業教育費国庫補助法」を改め，私立学校にも補助の道を開く。<br>4・1　東京（および京都）蚕業講習所を東京（京都）高等蚕糸学校と改称。<br>4・△　千葉県立園芸専門学校を千葉県立高等園芸学校と改称。<br>5・5　棚橋源太郎／糟谷美一共著『博物実験室案内』宝文館刊。<br>7・6　京都帝国大学理工科大学を理科大学と工科大学に分離。<br>8・23　日本，ドイツに対し宣戦布告。<br>9・△　菊池大麓，学制改革案（学芸大学案）を発表。<br>11・24　化学工業調査会を設置。<br>12・24　ドイツ飛行船の英国空中襲撃開始。 |
| 1915年<br>（大正4） | 4・18　堀七蔵『理科物語』敬文館刊。<br>4・△　中村春二，成蹊小学校を創立。<br>7・15　及川平治『分団式各動的教授法』弘学館刊。「概念・法則の起源・発達を究め，その機能を明らかにすれば，概念・法則を必要とする動機の惹起法も自ずから定まる」として，デューイ（1910）に従い，認識はすべて〈不易の仮定と実験の過程〉によるとする。<br>10・16　初等教育研究会（東京高等師範学校付属小学校）主催の全国小学校第1回理科訓導協議会を開催。<br>10・25　松田良蔵『小学理科書の活用』教育新潮研究会刊。 | 2・△　文部省『新主義数学』発行。<br>3・31　文部省，「実業学校教員養成規程」を改め，実業学校教員志望者に対する学資補給制度を廃止し，授業料免除のみとする。<br>3・△　桐生高等染織学校設立（のちの高等工業学校）。<br>4・15　ラムゼー著／政所重三郎訳『元素と電子』内田老鶴圃刊。<br>5・28　オストワルド著／丸沢常哉訳『化学の原理』内田老鶴圃刊。<br>6・19　民間に理化学研究所設立委員会発足。<br>7・14　東北帝国大学医科大学開設。<br>9・22　青木保，機械学会談話会で「高等専門教育に教科書を用ふるの可否」を講演。 |
| 1916年<br>（大正5） | 1・△　吉野作造，「憲政の本義を説いて其有終の美を済すの途を論ず」『中央公論』1月号に掲載，デモクラシー（民本主義）を強調。<br>3・1　沢柳政太郎，帝国教育会長に就任。 | 4・1　伝染病研究所を東京帝国大学に付設。<br>4・△　航空学調査委員会を東京帝国大学に設置。<br>4・△　東北帝国大学内臨時理化学研究所第二部（物理部）設立。 |

| 年　次 | 科学の普通教育・科学啓蒙書 | 専門教育／その予備教育 |
|---|---|---|
|  | 4・21　芦田恵之助『読み方教授』刊。<br>5・5　文部省『高等小学理科書・実験・第三学年教師用』刊（男子3年週1時限実験を課するため。1918年度まで）。<br>10・9　岡田良平，文部大臣（寺内内閣）に就任。 | 7・△　黒田チカら3名，初めての女性学士（理学士）東北帝国大学を卒業。<br>9・1　「工場法」施行。 |
| 1917年<br>（大正6） | 1・24　河野福太郎，文部省図書官に任官，小学理科書編纂委員会の幹事となる（〜1931年3月末まで15年間）。<br>2・1　ドイツ，潜水艇による無制限無警告撃沈を宣言。<br>3・31　台湾総督府『（公学校用）理科帖』刊。<br>4・△　私立成城小学校，実験教育を標語として開講。校長沢柳政太郎。<br>5・22　自動教育研究会編『自動主義理科教授の革新』刊。<br>9・21　臨時教育会議を設置，教育調査会を廃止。<br>9・△　三沢隆蔵『魔術的物理実験法』広文堂刊。<br>10・△　沢柳政太郎，「中等学校教授要目廃止論」を『帝国教育』に発表。<br>11・15　雑誌『現代教育』（東京教育品研究会編）臨時増刊「戦後の理科教育」特集号発行。<br>12・15　臨時教育会議，兵式体操の振興に関して内閣総理大臣に建議。 | 3・13　ヘッケル著／栗原元吉訳『宇宙の謎』玄黄堂刊。原著は1899年刊。<br>3・26　私立東京物理学校，専門学校となる。<br>3・27　財団法人理化学研究所設立。<br>3・△　私立東京医学専門学校／大阪薬学専門学校設立認可。<br>4・27　「高等学校大学予科入学者選抜試験規程」を改め，総合試験制度を復活。<br>6・12　野村徳七ら，東京帝国大学理科大学植物学科に遺伝学講座新設資金を寄付。<br>6・18　日下部四郎太『国民物理学』内田老鶴圃刊。<br>6・30　中山三郎執筆『（科学教育叢書）化学工業の話』同叢書刊行会刊。<br>6・△　帝国臨時議会，師範学校中学校の理化学生徒実験設備補助費として20万円支出を決議。<br>8・4　同調査委員会『師範学校及中学校理化学教授要目並生徒実験用設備』文部省普通学務局。<br>9・△　市立岐阜薬学専門学校／私立大阪歯科医学専門学校設立認可。 |
| 1918年<br>（大正7） | 1・9　林博太郎，理科教育研究会設立発起人会を開く。<br>1・19　理科教育研究会，東京帝国大学で発会式（会長林博太郎）。<br>1・△　日本少年理化学会『理化少年』（主筆江見節男）創刊（〜1922．8月）。<br>2・20　片山正夫著『中等理化教科書』（内田老鶴圃）検定認可（上下2冊で，物理と化学を総合した）。<br>4・10　小学教育研究会編『児童各自 | 2・5　文部省，師範学校・中学校の物理・化学に生徒実験を課すことを止め，『物理及化学生徒実験要目』を訓令，生徒実験設備費として臨時補助金20万円余を国庫支出。<br>4・1　北海道帝国大学を設立，東北帝国大学農科大学を北海道帝国大学に移管。<br>4・17　「軍需工業動員法」を公布。<br>4・26　東北帝国大学医学専門部 |

| 年　次 | 科学の普通教育・科学啓蒙書 | 専門教育／その予備教育 |
|---|---|---|
| | 直観実験理科教授の新研究』（同会）発行。<br>4・△　文部省『尋常小学理科書』（国定第2期）第5学年用（「空気と土」本）刊。<br>4・△　理科教育研究会『理科教育』創刊。<br>5・△　文部省『尋常小学理科書・沖縄県用』刊。<br>8・3　富山県に米騒動おこり、全国に波及。<br>8・12　日本軍、シベリア出兵。<br>11・11　第1次世界大戦休戦条約成立。<br>11・△　丘浅次郎「理科教育の根底」『東亜の光』11月号。<br>12・3　近藤耕蔵／倉林源四郎『尋常小学理化実験指導書』山越工作所刊。<br>12・20　理科教育研究会『臨時増刊・理科教育戦争之科学』刊。 | を廃止。<br>4・△　私立東京医学専門学校、設立認可。<br>6・22　臨時教育会議、大学および専門教育に関して答申。<br>6・24　京都帝国大学理科大学に地球・宇宙物理学教室を創設。<br>7・2　東京帝国大学に付属航空研究所を設置。<br>7・△　東京帝国大学に「理科大学海軍学生規程」を設け、海軍大学校予科生を入学せしめ得るものとする。<br>9・20　田辺元『科学概論』刊。<br>11・10　愛知敬一著『（科学叢話）自然の美と恵』丸善刊。<br>12・6　「大学令」を公布、「高等学校令」を改定。国立以外に公私立の大学・高等学校の設立を認める。<br>12・25　天皇、高等教育機関拡張に対し1000万円を下賜。 |
| 1919年<br>（大正8） | 1・10　千葉命吉『創造教育の理論及び実際』同文館刊。及川平治（1915）の〈不易の仮定と実験の過程〉に着目して、〈誤謬・曲解・偏見こそ創造の契機〉などと論ずる。<br>1・15　日本少年理化学会『理化少女』（主筆江見節男）創刊。<br>2・7　「小学校令」を改め、高等科の女生徒のための家事を理科から独立させる（4月1日施行）。<br>2・25　和田八重造『小学理科教育改善私見』自費出版。<br>3・20　教育学術研究会編『小学校臨時増刊児童の理科実験』同文館刊。<br>3・29　「小学校令施行規則」を改め、理科を4年から置くことにする（従来は5年から。4月1日施行。4年の国定理科書は編集まにあわず発行せず）。<br>3・29　「中学校令施行規則」を改め、小学5年修了者の入学を認めることとし、物理・化学を3年から置き2時間増加。<br>3・△　ベイリー著／山本源之丞訳『自然研究主義小学校理科教授の革新』（Nature-Study）大日本図書刊。 | 2・7　「中学校令」を改め、国民道徳の養成に重点を置き、入学者の年齢制限を撤廃。<br>2・7　「帝国大学令」を改め、分科大学を学部と改称。<br>2・7　九州帝国大学に農学部（大正10年4月22日授業開始）、北海道帝国大学に医学部（大正10年4月23日設置）を新設（このときの帝国大学の学部は、東京：法文経理工医農、京都：法文理工医、東北：理農、九州：工医農、北海道：医農）。<br>2・8　日本中等教育数学会設立。<br>3・10　愛知敬一著『力学』裳華房刊。<br>4・15　新潟／松本／山口／松山の各高等学校を設置（9月11日授業開始）。――このころから高等学校の設立活発化。<br>4・16　慶応義塾、医学科を創設。<br>5・22　東北帝国大学に工学部を設置。<br>5・22　東北帝国大学理学部に付属鉄鋼研究所を設置。<br>5・23　臨時教育会議を廃止、臨 |

年 表 533

| 年　次 | 科学の普通教育・科学啓蒙書 | 専門教育／その予備教育 |
|---|---|---|
|  | 4・1　文部省『尋常小学理科書』国定第2期6年用使用開始。<br>4・△　中田栄太郎『精説新理科教授書』目黒書店刊。<br>4・△　『日本中等教育数学会雑誌』創刊。<br>5・3　理科教育研究会主催第1回理科教育研究大会開催（5日間），文部省に低学年理科教育（自然科）に関する建議案提出を決議。国定理科書の不使用と理科筆記帳の使用について討議。<br>7・25　『理科教育・臨時増刊・理科教育研究大会号』刊。<br>7・△　河野清丸『自動教育法の原理と実際』明誠館刊。〈著者が子供だった頃は〈学校は嫌な苦しい所だったが，今の子供は楽しんで登校する〉とも言及。<br>11・20　教育学術研究会編『小学校臨時増刊理科教授の革新』同文館刊。<br>11・20　山岡勘一『魔法の鍵』，藤五代策『玩具博覧会』，自学奨励会『発明家物語』家庭自学文庫，隆文館刊。 | 時教育委員会を設置。<br>7・28　文部省，工業教育調査会を設置。<br>11・22　大阪府立大阪医科大学，「大学令」による大学となる。 |
| 1920年<br>（大正9） | 2・△　和田八重造，東京府立五中で「中学に於ける自然科学の改善」を講演，パンフレット頒布。<br>4・5　神戸伊三郎／大浦茂樹共著『尋常小学第四学年理科教材と其取扱』同文館刊（翌年6月5日増訂版刊）。<br>4・25　原田三夫『〔最新知識〕子供の聞きたがる話・発明発見の巻』誠文堂刊。<br>4・27　山本鼎，長野県小諸において第1回児童自由画展覧会を開催（自由画教育運動の最初）。<br>4・△　雑誌『教育問題研究』（成城小学校，主筆小原国芳）創刊。<br>4・△　栗山重，私立成蹊小学校に転じ低学年に自然科教授を行なう。<br>4・△　千葉師範付小（手塚岸衛主事）全学級に自由教育を実施。6月公開発表。<br>5・2　理科教育研究会主催第2回理科研究大会開催（5日間），文部省諮問案「尋常小学校に於て児童に課すべき理科の実験観察事項及其設備如何」を討議答申。国定理科書の廃 | 2・6　早稲田大学（法／文／商／政治経済／理工の各学部），慶応義塾大学（文／経済／法／医の各学部），「大学令」による大学として認可。<br>4・15　日本大学（工学部を含む）「大学令」による大学として認可。<br>4・19　大阪高等工業学校に工業教員養成所を付設。<br>6・19　県立愛知医科大学（旧県立医専）「大学令」による大学として認可。<br>6・△　大阪医科大学，「大学令」による大学として認可。<br>7・5　「学位令」を改定公布。<br>9・20　カジョリ著／一戸直蔵訳『物理学史講義』大鐙閣刊。<br>11・初　広島高師付中主催全国中学校理化学科教員協議会を広島高師付中にて開催。 |

| 年　次 | 科学の普通教育・科学啓蒙書 | 専門教育／その予備教育 |
|---|---|---|
| | 止について特別協議。文部省に建議。<br>7・20　理科教育研究会『理科教育・臨時増刊・第2回理科教育研究大会号』発行。<br>7・28　諸見里朝賢『児童心理に立脚した最新理科教授』(成城学校研究叢書第6編) 南北社刊。<br>8・11〜16　国民教育奨励会 (会長沢柳政太郎), 理科講習会開催 (於東北帝大)。<br>10・10　後藤牧太・滝沢賢四郎『新撰物理実験集』金港堂刊。<br>11・10　大島鎮治『理科教授の原理』同文館刊。 | |
| 1921年<br>(大正10) | 4・12　尺貫法をメートル法に改定 (大正13年実施)。<br>4・15　堀七蔵『堀実験理科教授』中文館書店刊。<br>4・17　信濃教育会,『尋常小学理科学習帳』を発行, 従来の理科筆記帳を廃止 (6年用高等小学校用発行3〜4月)。<br>4・△　奈良女高師付小 (木下竹次主事) 合科学習を本格的に実施開始。<br>4・△　東京女子高等師範学校付属小学校 (北沢種一主事) 作業主義全体教育を開始。<br>4・△　自由学園, 東京に創立。<br>6・22　東京博物館官制を公布。前東京博物館が独立, 内容は科学博物館。<br>7・△　雑誌『科学知識』(科学知識普及会) 創刊。<br>7・△　理科教育研究会, 児童読物を懸賞募集。<br>8・1〜8・△　『教育学術界』主催「〈八大教育主張〉講演会」開催。定員2000名に5500人申し込み大盛況, 及川平治／河野清丸／千葉命吉／手塚岸衛／小原国芳ら8人。<br>9・△　安東寿郎『理科教授の実際的新主張』大日本学術会刊。<br>10・10　神戸伊三郎『(母の指導する)子供の理科』目黒書店刊。<br>12・10　文省省, 初めて尋常4年用の『小学理科書』を発行 (5年用以下の改訂理科書, 年を追って順次刊 | 1・12　「工業学校規程」を改め, 徒弟学校を廃止し工業学校の中に包摂することにする。<br>1・15　「農業学校規程」を改め, 甲種・乙種の制を廃止。<br>1・25　中橋文相の議会答弁を契機として学校昇格問題盛んとなる。<br>2・20　竹内時男『書き換えられたる物理学』内田老鶴圃刊。<br>3・31　私立明治専門学校 (福岡), 官立移管。<br>4・9　実業学校教員志望者に学資補給制度を設ける。<br>7・9　教育評議会を設置, 臨時教育委員会を廃止。<br>7・10　東京帝国大学付置航空研究所官制を公布 (大学付置研究所の始まり, 初めて研究専任の教授を置く)。<br>10・1　政府, 工業大学／商業大学／文理科大学の設置について教育評議会に諮問 (翌年2月18日答申)。<br>10・19　京都府立医科大学 (旧府立医専)／東京慈恵会医科大学 (旧慈恵会医院医専), 大学に昇格設立認可。<br>11・23　東京天文台官制を公布 (東京帝国大学付置)。<br>12・14　私立武蔵高等学校, 東京に創立 (7年制, 尋常科4年・高等科3年, 翌年4月授業開始)。 |

年表　535

| 年　次 | 科学の普通教育・科学啓蒙書 | 専門教育／その予備教育 |
|---|---|---|
|  | 行)。<br>12・18　和田八重造『尋常四学年用国民新理科書』国民教育奨励会蔵版, 民友社刊。 |  |
| 1922年<br>(大正11) | 2・23　古谷野輝郎『(子供の面白がる) 科学遊戯』新光社刊。<br>3・20　大島鎮治『理化学教授の研究』同文館刊。<br>3・25　手塚岸衛『自由教育真義』宝文館刊。<br>4・5　理科教育研究会『理科教育・臨時増刊・理科教育徹底号』発行。<br>4・15　堀七蔵『堀実験理科教授 (理論篇)』中文館刊。<br>4・△　初めて尋常4年用国定理科書の使用開始。<br>10・15　初等教育研究会主催全国小学校訓導 (理科第2回) 協議会開催 (4日間)。<br>10・25　神戸伊三郎『学習本位理科の新指導法』目黒書店刊。「仮定 [仮説] ／結論 [結果] の予想／実験観察」を中心とした「新学習課程」を提出。<br>10・△　佐野利器,「尚科学は国是であらねばならぬ」を『学芸』(『東洋学芸雑誌』の改題) に発表。<br>11・17　アインシュタイン, 改造社の招きにより来日。 | 2・24　文部省,「高等学校高等科自然科学教授要目」を制定。<br>3・27　新潟・岡山両医学専門学校, 医科大学に昇格。<br>3・31　「官立医科大学官制」を公布。<br>4・△　旅順工科大学・満州医科大学設置。<br>5・25　県立熊本医学専門学校, 医科大学に昇格認可。<br>7・△　日本共産党, ひそかに結成大会。<br>8・3　中央気象台, 測侯技術官養成所を設立。<br>8・9　東北帝国大学理学部付属鉄鋼研究所, 金属材料研究所となり独立 (官制公布), 同大学付置研究所となる。 |
| 1923年<br>(大正12) | 2・△　帝国教育会編『ダルトン案の批判的研究』刊。<br>3・15　吉田弘著『(自然界の話第一編) 太陽・月・星』目黒書店刊 (『自然界の話』シリーズは, 芳沢喜久と二人で全12編完成)。<br>3・20　和田八重造『自然科学入門』自費出版。<br>3・20　木下竹次『学習原論』目里書店刊。<br>4・1　雑誌『科学画報』(新光社) 創刊。<br>4・15　諸見里朝賢『低学年理科教授の理想と実際』刊。<br>4・△　奈良女高師付小『学習研究』創刊。<br>4・△　佐藤武ら, 雑誌『算術教育』を創刊。<br>7・25　東京女子高等師範学校で小学 | 2・8　文部省,「高等学校高等科文科数学及哲学概説教授要目」を制定。<br>3・31　千葉／金沢／長崎の各医学専門学校, 医科大学に昇格。<br>5・27　全国実業学校差別撤廃期成同盟, 全国実業学校生徒・出身者大会を開き気勢をあげる。<br>4・△　広島高等師範学校付属中学校, 1年から理化を実施 (当時一般には理化は3年から)。<br>6・1　大阪労働学校開校, 山本宣治生物学を講ず。<br>8・27　東京帝国大学理学部に気象学講座を新設。<br>11・27　京都帝国大学に農学部を設置。<br>12・21　愛知敬一『(通俗電気講話) 電子の自叙伝』裳華房刊。 |

| 年　次 | 科学の普通教育・科学啓蒙書 | 専門教育／その予備教育 |
|---|---|---|
| | 校理科応用手工講習会を開催（〜31日）。<br>8・5　信濃教育会『尋常小学理科教授法』光風館発行。「理科学習帳」に対する教師用書。<br>10・△　朝鮮総督府『普通学校理科書』巻一、刊。<br>11・10　「国民精神作興ニ関スル詔書」を発布。<br>11・28　中村清二、理科教育研究会講演会（高崎市）で「自転車の物理学」を講演。 | |
| 1924年<br>（大正13） | 1・△　文洋社『少年少女常識双書』発刊（科学もの24冊）。<br>4・15　藤五代策著『理工玩具の研究』モナス刊。<br>4・△　パーカースト夫人（ダルトンプランの創始者）来日。<br>4・△　野口援太郎ら、池袋児童の村を創設し新教育を実施。野村芳兵衛ら、観察科を始める。<br>4・△（?）　南満州教育会教科書編集部編『満州理科学習帖』尋常小学4年用使用開始（教科書を用いず、学習帳専用）以後高等小学2年用まで年を追って刊行。<br>5・15　赤井米吉、明星学園小学校を創設開校式。<br>7・1　メートル法実施。<br>8・△　岡田文部大臣、地方長官会議において学校劇禁止について訓辞（9月3日文部次官通達）。<br>10・△　雑誌『子供の科学』（同社、のち誠文堂）創刊。<br>12・10　中島義一著『（こども認識論）林檎の味』文教書房刊。 | 3・12　文部省告示により、実業学校卒業者を中学校卒業者と同等以上の学力を有するものと認め、専門学校入学資格を認める。<br>3・20　小倉金之助『数学教育の根本問題』イデア書院刊。<br>4・1　京都労働者学校開校。<br>4・15　教育評議会を廃して「文政審議会官制」を公布。<br>9・26　北海道帝国大学に工学部を設置。<br>10・18　「測候技術官養成所規程」を制定。同養成所を「専門学校令」による専門学校とする。<br>12・10　学校に於ける教練の振作についての方途を文政審議会に諮問（中等学校以上に現役将校を配属させること、大正14年1月11日答申、同年4月実施）。 |
| 1925年<br>（大正14） | 1・8　大浦茂樹『生きたる環境学習園の経営と其活用』明治図書刊。<br>2・27　山本正（芦田恵之助校訂）『小学自然研究』シリーズの第1冊（モンシロ蝶）芦田書店刊。<br>2・△　理科教育研究会、理科少年団を創設。<br>3・1　東京放送局、試験放送を開始（7月12日本放送）。<br>4・1　「師範学校規程」を改定、本科第一部の修業年限を5カ年に延長 | 2・△　『理科年表』（丸善）創刊。<br>4・1　「中学校教授要目」中「物理及化学」を改定。<br>4・22　「治安維持法」を公布（5月11日施行）。<br>5・1　陸軍、航空兵科を新設、自動車学校／通信学校を創設。<br>5・18　私立東京農業大学、「大学令」による大学として認可。<br>5・25　全国実業教育大会開催。<br>6・15　竹内時男著『（少年）四 |

| 年　次 | 科学の普通教育・科学啓蒙書 | 専門教育／その予備教育 |
|---|---|---|
| | して2年制高等小学校に接続させ、また専攻科を設置。<br>5・△　全国理化学教員協議会、大阪にて開催（大正9年11月は広島高師主催のもの）。<br>11・1　日本学術協会第1回大会、東京帝国大学で開催。教育部門（理科教育研究会共催）で、大島鎮治「理科教育目下の重要問題」を講演。<br>この年　壮丁教育概況調査、文部省により統制。 | 季の物理学（春夏の巻）』内田老鶴圃刊。<br>6・20　田村明一『（誰でも必ず心得てをくべき絶対安全なる）理化学実験法』高岡本店刊。<br>8・△　永海佐一郎『（高等教育）無機化学の基礎』内田老鶴圃刊（序）。<br>11・14　地震研究所官制を公布（東京帝国大学付置）。 |
| 1926年<br>（大正15<br>昭和元） | 3・1　初等教育研究会『教育研究第300号記念（科学と教育）号』刊。<br>5・22　初等教育研究会、全国小学校訓導（理科第3回）協議会開催（5日間）。<br>8・10　神戸伊三郎『理科学習原論』東洋図書刊。「実験は虚心担懐なるべからず」と宣言。〈問題の系統性を無視して児童の発言に応ずるだけでは授業が混乱するだけと警告。<br>8・15　神戸伊三郎『指導詳案教材精説理科学習各論』第4学年用、東洋図書刊（尋5は翌年、尋6は1935年刊）。<br>9・1　畠山小一郎『体験が生んだ理科学習における児童実験指導書』刊。<br>10・16　日本学術協会第2回大会京都で開催。川本宇之介の「各国の小学校に於ける理科教育の比較考察」、大島鎮治の「ゼネラル・サイエンスに関する研究」など5講演行なわれる。<br>11・5　網野武雄著『趣味の小学理科（尋常六学年）』文教書院刊（自学文庫10、ゼロックスコピーの原理に言及している）。<br>11・5　堂東伝『新理科教育』目黒書店刊。 | 2・25　日本医科大学、「大学令」により設立認可。<br>3・17　文部省「高等学校高等科理科・数学教授要目」を制定。<br>4・1　京城帝国大学（医学部／法文学部）を設置。<br>4・20　文部省、「青年訓練所令」「青年訓練所規程」を公布制定。<br>5・△　第1回全国理化学教員協議会を開催。<br>5・△　岡田良平文相、学生生徒の社会科学研究禁止を高校／高専に通達。<br>7・1　「工業労働者最低年齢法」（大正12年3月公布）施行、学齢児童の就業を禁止。<br>10・5　化学研究所官制を公布（京都帝国大学付置）。 |
| 1927年<br>（昭和2） | 5・25　アルス、『日本児童文庫』を発刊（全76巻、〜昭和5年11月）。<br>5・25　興文社、『小学生全集』を発刊（全88巻、〜昭和4年10月）。<br>5・△　理科教育研究会第7回大会、文部省諮問案「高等小学校の児童をして実験せしむべき事項如何」に答申。 | 1・18　協調会主催の全国工場鉱山労働者教育協議会開催。<br>3・19　文部省「高等学校高等科物理化学教授要目」を制定。<br>4・△　保井コノ、理学博士号を受ける（最初の女性の博士）。<br>7・△　岩波書店、岩波文庫を発刊。 |

| 年　次 | 科学の普通教育・科学啓蒙書 | 専門教育／その予備教育 |
|---|---|---|
|  |  | 5・△　『万有科学大系』発刊。<br>7・25　山本宣治『生物・人類』無産社自由大学講座刊。<br>11・28　堺利彦『天文・地文』無産社自由大学講座刊。 |
| 1928年<br>（昭和3） | 1・25　東京高師付中『教授細目』目黒書店刊。<br>4・1　算術教科書にメートル法採用。<br>4・17　文部省，思想問題に関し訓令を発す。<br>5・△　理科教育研究会第8回研究大会，自然科の特設，理科設備基準の規定，理科教育研究所設置，国定理科書改訂などを文部省に建議。<br>12・1　友田宜孝ら『児童物理化学物語』（興文社・小学生全集）発行。<br>12・2　政府，教学振興／国体観念養成の声明。 | 1・20　「専門学校令」を改め，人格の陶冶および国体観念の養成に留意すべきこと。公私立専門学校が文部大臣の監督に属することを規定。<br>2・△　昭和／岩手／九州の各私立医学専門学校設立認可（このころ私立医専の設立盛ん）。<br>3・15　日本共産党大検挙（三・一五事件）。<br>3・17　台北帝国大学を設置。<br>4・14　日本大学工学部設立認可。<br>4・16　河上肇，京都帝国大学教授を辞職。<br>10・△　文部省，専門学務局に学生課を新設し，学生／生徒の思想善導に対処。 |
| 1929年<br>（昭和4） | 3・31　栗山重『自発的研究を尊重したる自然科指導の実際』教育研究会刊。<br>4・△　修正（第4期）国定理科書（4年用）使用開始（教材は第3期とまったく同一でほとんど無修正）。<br>4・△　小原国芳，玉川学園を創立し労作教育を実施。<br>6・4　理科教育研究会，第9回研究大会の決議にもとづき，文部大臣に「尋常小学校第1学年より自然科特設に関する建議」を行なう。<br>6・△　北方教育社結成。<br>9・10　文部省，教化総動員について訓令を発し，教化総動員計画を明らかにする。<br>12・1　倉林源四郎・橋本為次ほか『理科教育の心理的考察と実際的任務』郁文書院刊。 | 1・16　文部省「高等学校高等科植物及動物，鉱物及地質教授要目」を制定。<br>1・17　労農大衆党結成。<br>2・15　『岩波講座・生物学』発刊（〜1932.2.5）。<br>4・1　「官立文理科大学官制」「官立工業大学官制」を公布。東京／広島・両文理科大学，東京／大阪両工業大学開設。<br>4・16　日本共産党大検挙，825名を起訴（4・16事件）。<br>4・17　熊本医学大学，県立から官立に移管。<br>4・△　学生の思想問題に関連して京都／東北／九州の各帝国大学および東京／広島の両文理科大学に新講座を設置。 |
| 1930年<br>（昭和5） | 2・△　『北方教育』創刊。<br>4・15　堀七蔵『理科教育の真髄』同文書院刊。<br>4・20　桑原理助『教科の本質教材の特質より見たる理科指導の系統』目黒書店刊。 | 1・21　臨時産業審議会官制公布。<br>1・21　ロンドン軍縮会議開催（4月22日調印）。<br>1・△　1月以降世界大恐慌の波及により過剰生産恐慌深刻化する。 |

年表 539

| 年次 | 科学の普通教育・科学啓蒙書 | 専門教育／その予備教育 |
|---|---|---|
|  | 4・△ 垂井増太郎「自然科実施の現状」『理科教育』4月号に掲載。<br>5・25 山下徳治らの全日本教員組合準備会，開会と同時に解散を命ぜられる。<br>8・△ 日本教育労働者組合（教労）準備会を非合法に結成，19日合法組織として新興教育研究所を設立（9月創立大会）。<br>11・△ 日本教育労働者組合（教労），非合法に創立大会をひらく。<br>11・△ 郷土教育連盟設立（機関誌『郷土教育』発刊）。<br>12・△ 新教育協会設立（機関誌『新教育研究』発刊）。 | 3・△ 大恐慌の影響で大学・専門学校卒業者の就職問題深刻化（就職者，大学41.9%，専門学校40.6%）。<br>4・△ 数学教育研究会（東京高師付属中学校内），雑誌『数学教育』目黒書店創刊。<br>9・30 産業労働調査所機関誌『産業労働時報』第14号（9月号）第15号（10月号），「日本に於ける青年労働者の状態」を連載，そのなかで青年労働者の職業教育を論ず。<br>9・△ 横浜高等工業学校に科学的管理科開設。<br>11・5 数学研究会（広島高師付属中学校），雑誌『学校数学』修文館創刊。<br>12・11 10大発明家の宮中陪餐。 |
| 1931年<br>（昭和6） | 1・10 文部省「師範学校教授要目」を改定，工業科を設ける。<br>2・3 東京博物館，東京科学博物館と改称（11月7日新館開館）。<br>3・11 文部省，「師範学校教授要目」を改定，職業指導を加える。<br>3・20 栗山重『労作生活中心理科教育の原理と実際』人文書房刊。<br>3・28 南満洲教育会教科書編集部『満洲理科学習帳』尋常小学第4学年改訂版刊。読み物・自由研究を加え，教師用書を発行。以後年を追って改訂版刊行。<br>3・31 朝鮮総督府『初等理科書』巻一児童用書刊（以後年をおって刊行）。<br>5・5 永海佐一郎『化学の基礎』（積善館）刊。<br>5・23～25 初等教育研究会（東京高師付属小学校内）主催，第4回全国理科訓導協議会開く。特別協議題「尋一・二の直観科」「尋三に理科を特設する件」。<br>5・△ 林博太郎／堀七蔵共編『理科指導壱百回』東洋図書刊。<br>5・△ 「公立学校職員俸給令」を改定し，教員給料の減棒を実施。<br>5・△ 和歌山県師範学校付属小学校『労作による各学科・各学級経営の | 1・10 文部省，文政審議会の答申（昭和4年6月20日）にもとづき「中学校令施行規則」を改定，画一教育打破をモットーに第一種・第二種の課程を設置，基本科目・増設科目の制度を設け「作業科」「公民科」を新設，「博物」「物理及化学」を「理科」に統合。<br>1・26 日本農民組合結成。<br>1・△ 標準用語の第1回告示。<br>2・7 文部省，「中学校教授目目」を改定，理科に「一般理科」「応用理科」をおく。<br>4・1 岩波書店，雑誌『科学』創刊（編集主任石原純）。<br>4・1 上海自然科学研究所創立。<br>4・30 大阪帝国大学設置，官制公布（医・理2学部，昭和8年4月1日から理学部授業開始）。<br>4・30 県立愛知医大官立移管，名古屋医科大学となる。<br>5・18 マッハ著／青木一郎訳『力学の発達とその歴史的批判的考察』内田老鶴圃刊。<br>6・23 文部省，学生問題委員会を設置。<br>6・29 第2回万国科学史会議，ロンドンで開催。 |

| 年　次 | 科学の普通教育・科学啓蒙書 | 専門教育／その予備教育 |
|---|---|---|
| | 実際』刊。<br>9・△　文部省，小学校教員の思想問題対策協議会を開催。<br>10・28　松原惟一『理科教育の根本問題』玉川学園出版部刊。<br>10・△　岩波講座『教育科学』発刊。<br>11・2〜3　日本学術協会第7回大会，理科教育部講演会，大阪で開催，規模大拡張，22の講演と討議題を討議。<br>11・12　脇田英彦，教員免状剥奪される。検挙期間中に国定教科書批判を書く。<br>12・15　松原惟一『郷土中心低学年の自然研究』人文書房刊。 | 7・29　工部大学校史料編纂会『旧工部大学史料』刊。<br>9・18　満州事変起こる。 |
| 1932年<br>(昭和7) | 3・10　神戸伊三郎『ゼネラルサイエンス一般理科教育法』刊。<br>3・31　河野福太郎，文部省図書監修官を停年退職。桑木来吉，小学理科書編纂委員会幹事をひきつぐ。<br>4・1　中学校の「一般理科」検定教科書出そろい，教科書にもとづく授業始まる。<br>5・△　文部省，国定小学算術書大改訂のため数学教育界代表者十数人を招き協議。<br>5・△　文部省，「国民教育改善振興に関する件」を訓令。<br>6・25　小倉金之助『数学教育史』岩波書店刊。<br>9・△　理科教育研究会解散（会長林博太郎の南満州鉄道KK総裁に就任のため），機関誌『理科教育』9月号（177冊）をもって廃刊。<br>10・25　第3回全国中等学校博物科教員協議会（5日間），全国中等学校博物教育会の創立を協議決定。<br>10・△　科学教育会（代表者有坂勝久）編『理科教育』(啓文社)を創刊（1941年4月『学校科学』と改称）。 | 1・9　加藤与五郎／永海佐一郎『化学の教育方針と基礎及応用』明治書院刊。<br>3・1　満州国建国宣言。<br>5・15　五・一五事件（陸海軍青年将校犬養首相を射殺）起こる。<br>5・20　加藤正ほか訳（エンゲルス）『自然弁証法』岩波文庫刊。<br>6・20　臨時産業合理局生産管理委員会『見習工教育ノ改善』日本工業協会刊。<br>6・△　日本共産党32年テーゼを発表。<br>8・23　国民精神文化研究所設立（官制公布）。<br>11・14　小倉金之助／岡邦雄，『日本資本主義発達史講座』に「自然科学史」を発表。<br>11・△　岡邦雄／戸坂潤，唯物論研究会を創立（機関誌『唯物論研究』，昭和12年12月解散命令）。<br>12・28　財団法人日本学術振興会設立。 |
| 1933年<br>(昭和8) | 1・△　児童教育資料研究会『(科学絵本)幼年の科学』第1号（太陽）刊（翌年2月第13号）。<br>2・15　加藤与五郎／永海佐一郎『推理中学化学教科書（乙準拠）』明治書院刊。<br>4・1　全国小学校新1年生，『小学 | 3・24　アインシュタイン，ナチスにより追放され亡命。<br>3・27　日本，国際連盟を脱退。<br>3・△　日本工業会，関係12学会とともに工業教育調査委員会を組織。<br>4・1　大阪帝国大学理学部授業 |

年　表　541

| 年　次 | 科学の普通教育・科学啓蒙書 | 専門教育／その予備教育 |
|---|---|---|
|  | 国語読本』(サクラ読本)『小学修身書』(青表紙版) 使用開始。<br>4・1　岩波書店，雑誌『教育』を創刊。<br>5・5　関原吉雄／桑原理助『理科発表訓練の原理及方法』明治図書刊。<br>5・△　(米)デューイ著『思考の方法』新版序。上田清次訳(1950)はこの新版によるものだが，仮説を実験と不可分のものとせず，「予想と実験の不易の過程」の文も削除，後退。<br>6・△　寺田寅彦『物質と言葉』刊(このころ科学随筆流行)。<br>7・△　東京府，国民精神講習所を開設。<br>8・△　文部省，郷土教育講習会を開催。<br>11・△　鍋島信太郎『数学教授法』目黒書店刊。<br>12・22　閣議，メートル法実施5カ年延長勅令案を決定。 | 開始。大阪工業大学，大阪帝国大学工学部となる。<br>4・5　盛岡／三重／宮崎各高等農林学校に拓殖訓練所を設置。<br>5・10　文部省，京都帝国大学教授滝川幸辰の休職を要求(26日，同大学法学部教授団辞表を提出して抗議)。<br>8・1　陸軍浜松飛行学校／化学戦学校創立。<br>10・2　国防科学協議会創立。<br>12・12　戸坂潤『技術の哲学』(このころ技術論論争さかん)。 |
| 1934年<br>(昭和9) | 1・△　東京科学博物館『江戸時代の科学』開館記念出版。<br>2・2　文部省図書局長，各高師付小および各府県に「小学理科書の内容改善に関する意見報告方の件」を照会，5月31日迄に回答を提出。<br>3・27　藤井利亀雄／徳丸健太郎『指導中心初等理科書の実際』巻一，活文社刊(巻三は11月25日刊)。<br>3・△　文部省学生部，㊙資料として『プロレタリア教育の教材』を発行(脇田英彦「小学理科書の左翼的考察」を含む)。<br>4・3　全国小学校教員会，文部省後援のもとに精神作興大会を宮城前で開催。国民道徳新興に関して勅語発布。<br>7・0　松田源治，文部大臣就任，この日の談話で数学教育の無用に言及。<br>10・5　綴り方倶楽部編集部『実験観察主の調べる綴り方』東宛書房刊。<br>10・△　陸軍省，『国防の本義と其強化の提唱』を発行，知育偏重の教育の改良などを説く。<br>10・25　文部省『尋常小学算術』第1学年児童用(上)発行(いわゆる緑表紙教科書，昭和15年9月9日6年 | 4・△　農林省，全国12カ所に農民道場を設置。<br>5・20　唯物論研究会訳『岐路に立つ自然科学』刊。<br>5・31　文部省に思想局設置。<br>6・29　農林省，「地方農事試験場及地方農事講習所規程」を改正。修練農場を開設。<br>6・△　実業教育協会，雑誌『産業と教育』創刊。<br>8・2　(独)大統領ビンデンブルグ没。ヒットラー，首相と大統領を兼任，8月18日人民投票により総統となる。<br>8・20　千葉敬止『日本実業補習教育史』刊。<br>10・20　文部省『実業教育五十年史』刊。<br>10・△　日本工学会工業教育制度調査委員会「工業教育制度改革案」を発表。<br>11・7　湯川秀樹，中間子仮説を提出。<br>△・△　(独)スチュアート，実体積原子模型の利用を提唱。 |

| 年　次 | 科学の普通教育・科学啓蒙書 | 専門教育／その予備教育 |
|---|---|---|
| | 分完結）。<br>11・5　地人書館『（総合）理科教育講座』第1回配本（第12回配本は翌年12月15日）。 | |
| 1935年<br>（昭和10） | 1・△　児童の村生活学校教育会結成，機関誌『生活学校』創刊。<br>2・△　唯物論研究会『唯物論全書』（三笠書房）の刊行開始。<br>3・21　岡邦雄『唯物論と自然科学』叢文閣刊。<br>3・23　衆議院，国体明徴を決議。<br>4・1　「青年学校令」「青年学校教員養成所令」公布，実業補習学校および青年訓練所を廃止。<br>4・1　小学校1年生『尋常小学算術』（緑表紙本）使用開始。<br>4・10　文部省，「建国の大義に基き日本精神作興今に関し教育関与者の任務達成方」を訓令。<br>5・10　大島正満著『理科物語（四年生用）』三省堂刊（のち五／六年生用も刊）。<br>5・11　内閣に内閣審議会を設置（〜昭和11年5月6日）。<br>5・△　近藤寿治『日本教育学』刊，西洋教育学を排す。<br>夏　日本理科教育連盟（理事長福井玉夫，常任理事有坂勝久）発足。<br>7・10　柚柳馬著／秋玲二画『新らしい漫画の理科』三笠書房刊。<br>8・23　汎太平洋新教育会議を東京で開催。<br>10・1　青年学校，全国一斉に開校。<br>11・5　政府，内閣審議会に「我が国現下の情勢に鑑み文教を刷新する根本方策」について諮問。<br>11・18　文部省に教学刷新評議会を設置，官制公布（文政審議会官制廃止）。<br>11・19　文部省図書局，高等師範学校の理科主任格の人々に理科書教授要目の具体案提出を求む。<br>12・△　小倉金之助『数学史研究（第一輯）』岩波書店刊。 | 2・25　美濃部達吉，貴族院において天皇機関説について弁明（4月7日不敬罪で告発される）。<br>2・25　中川逢吉著『理科教育の革新』修文館刊（中学校の一般理科と応用理科の話）。<br>4・6　山岡望著『わが有機化学（上）』内田老鶴圃刊（学習帳形式の高校有機化学）。<br>4・15　石原純編『理化学辞典』岩波書店刊。<br>6・10　文部省に「実業教育振興委員会」を設置。<br>7・3　陸軍航空技術研究所創立。<br>7・△　文部省，全国の大学・高専の校長・生徒主事らに対し国体明徴に関する憲法講習会を開催。<br>8・7　商工省に度量衡利用制度調査会を設置（メートル法専用反対運動による）。<br>10・20　ペトロフほか著／橋本訳『図解物理学』（ソ連の物理教科書）白楊社刊。<br>10・△　電気学会，電気教育調査委員会を設置。<br>11・△　工政会「工業専門学校の修業年限に関する建議書」を文相に提出（雑誌『工政』11月号に掲載）。<br>12・△　勤労者教育中央会創立。<br>この年　高等工業学校長協議会「高等工業学校が修業年限四ヶ年に延長を必要とする理由項目書」を提示。 |
| 1936年<br>（昭和11） | 1・19　日本理科教育連盟，第1回全国理科教育協議会大会開催，幼学年理科特設を建議，小学理科書の改訂 | 1・15　日本，ロンドン軍縮会議脱退通告。<br>2・1　文部省実業学務局編『実 |

| 年　次 | 科学の普通教育・科学啓蒙書 | 専門教育／その予備教育 |
|---|---|---|
| | につき協議。<br>3・△　栗山重『体験十五年自然科指導の実践記録』明治図書刊。<br>4・15　永海佐一郎『化学教育原論』中文館刊。<br>5・1　日本理科教育連盟『理科少年』創刊（日本理科少年団機関誌，1939年3月1日6巻3号）。<br>5・22〜　5日間，初等教育研究会（東京高師付属小学校内），第5回全国理科訓導協議会を開催（7月18日，『教育研究臨時増刊号』新興日本の理科教育』刊）。<br>7・3〜4　文部省図書局，全国の主たる理科教育研究者を招いて小学理科書の全面改訂に関する協議会を開き，「理科書目録修正案」について協議。<br>7・17　神戸伊三郎『理科教授学』成美堂刊。<br>9・25　篠原助市『理科教授原論』東洋図書刊。<br>10・29　教学刷新評議会「教学刷新の中心機関の設置」その他を答申（翌年7月，教学局設置）<br>10・△　田辺元「科学政策の矛盾」『改造』10月号に掲載。<br>11・6　平生文相，義務教育8年制案を閣議に提出。<br>この年　神戸伊三郎著の『理科の新指導法』(目黒書房)『理科学習原論』(東洋図書)は共に15刷りになる。以後不明。 | 業教育五十年史（続編）』刊。<br>2・26　二・二六事件起こる（皇道派青年将校のクーデター，内大臣斎藤実・蔵相高橋は清ら射殺される）。<br>3・24　メーデー禁止を通達。<br>3・29　協調会『徒弟制度と技術教育』刊。<br>7・27　「陸軍戦車学校令」公布（8月1日施行）。<br>9・8　「日本諸学振興委員会規程」制定。<br>10・1　科学ペンクラブ，雑誌『科学ペン』（三省堂）創刊。<br>11・△　勤労者教育中央会，日本労務者教育協会を合併。<br>12・10　ディラック著／仁科芳雄ほか訳『量子力学』岩波書店刊。<br>12・△　小倉金之助「自然科学者の任務」『中央公論』12月号巻頭に掲載。 |
| 1937年<br>（昭和12） | 3・11　電気科学館，大阪に開設，日本最初のプラネタリウムを設置。<br>3・31　朝鮮総督府『初等理科』児童用巻二翻刻発行（第二期本）。<br>4・1　戸坂潤「現代科学教育論」『科学ペン』に掲載。<br>5・25　神戸伊三郎著『生態解釈の真髄と其の取扱の要訳』藤井書店刊。<br>5・31　文部省『国体の本義』刊行。<br>5・△　教育科学研究会発足，技術／科学／生活／言語部会おかれる。<br>5・△　全国中等学校博物教育会第2回総会，広島で開催，一般理科の縮少，博物教授要目の改善などを建議。<br>7・21　文部省，外局として教学局を | 1・25　「企画院官制」公布。<br>2・11　文化勲章を制定。<br>2・△　自由学園生徒「霜柱の研究」をまとめて発表。<br>3・27　文部省，教学刷新のため「中学校教授要目」中の国語・修身・歴史・地理のみを改定。<br>4・1　東京農業教育専門学校設立。<br>4・9　東京・京都両帝国大学および東京・広島両文理科大学に国体・日本精神に関する講座を新設。<br>7・7　日中戦争（支那事変）はじまる。 |

| 年　次 | 科学の普通教育・科学啓蒙書 | 専門教育／その予備教育 |
|---|---|---|
| | 新設（思想局を廃止）。<br>7・△　小倉金之助『科学的精神と数学教育』岩波書店刊。<br>8・24　閣議，「国民精神総動員実施要綱」を決定（9月12日発表）。<br>10・18　内外教育資料調査会編著『(尋常小学)現代理科模範教材』南光社刊。<br>12・10　内閣に教育審議会を設置，官制公布。 | 7・△　日本技術教育協会創立。<br>8・26　官立16高等工業学校および公立45工業学校に工業技術員養成科設置を決定（定員2100名，10月から開始）。また東京高等工芸学校に当分の間，別科として工業学校実習指導員養成科を設置（10月から授業開始）。<br>12・△　大河内正敏「科学主義工業論」雑誌『科学主義工業』に連載開始。<br>12・△　唯物論研究会，命ぜられて解散。 |
| 1938年<br>(昭和13) | 1・11　青年学校義務制を閣議決定（昭和14年から実施，20年完成予定）。<br>5・26　荒木貞夫，文部大臣就任（軍人文相）。<br>6・16　神戸伊三郎『日本理科教育発達史』啓文社刊。<br>7・1　教育審議会整理委員会に，国民学校案（幹事試案）提出される（8月公表）。<br>7・△　『生活学校』停刊。<br>9・△　中谷宇吉郎，第一随筆集『冬の華』岩波書店刊。<br>10・25　晃文社『新興理科教育体系』第1冊刊（全9冊，1940年完結）。<br>10・26　厚生省・文部省「小学校卒業者の職業指導に関する件」を訓令。<br>10・30　エーヴ＝キュリー著／川口ほか訳『キュリー夫人伝』白水社刊。<br>11・17　長岡半太郎，科学振興調査会で早期天才教育を主張。<br>11・24　桜井錠二，科学振興調査会で国定『小学理科書』の功績を強調。<br>12・5　学校美術協会が中心になり「国民学校案芸能科中図画及び作業に関する意見書」を提出。<br>12・8　教育審議会「国民学校に関する要綱」を答申（国民学校8年義務教育制，国民科／理数科／体錬科／芸能科／実業科の5教科制をとり，3年以下の理数科で「自然界の事物現象の観察」を課すこととする）。<br>12・21　池田嘉平「非常時局に於ける理教教育者の任務」『文部時報』に | 1・17　「軍事工業動員法」発動。<br>3・26　教育理科研究会著『一般理科教授の実際』東京開成館刊。<br>4・1　「国家総動員法」公布（5月5日施行）。<br>4・1　東京府機械工業成所を移管して商工省機械工業成所を開設（昭和14年の技能者養成令にともない機械技術員養成所となる）。<br>4・4　密田良太郎，3学会連合大会で「工業教育の振興に就て」講演。<br>4・15　科学審議会設置，官制公布。<br>4・△　「職業紹介法」を改め，職業紹介事業を国営とする。<br>5・30　日本学術振興会「教学動員の基源培養施設に関する件」について政府に建議。<br>8・15　科学振興調査委員会設置，官制公布。<br>9・5　商工省生産管理委員会『工業教育を中心として見た我国教育制度の改善』刊。<br>9・△　木内誉治，雑誌『機械工の友』創刊。<br>10・20　ダーウィン著／永野為武，篠遠喜人訳『家畜・栽培植物の変異』上巻，白揚社刊（ダーウィン全集第四巻。下巻は翌年1月刊）。<br>12・△　大森機械工業徒弟委員会設立。<br>この年　（米）デューイ著『論理 |

年表 545

| 年　次 | 科学の普通教育・科学啓蒙書 | 専門教育／その予備教育 |
|---|---|---|
|  | 掲載。<br>この年　(米)デューイ著『経験と教育』刊。1950年と2000年とに訳書が出たが，仮説実験的認識論は姿を消す。 | 学——探究の理論』刊。1968年の訳書があり「仮説の真偽」の項もあるが，仮説は本格的対象とされず。 |
| 1939年<br>(昭和14) | 1・6　文部省，高等小学校実業科教員確保のため実業学校卒業者の師範学校（二部）入学につき勧誘方を指示。<br>1・18　メートル法実施猶予期間をさらに20年延長。<br>1・28　桜井錠二没 (1858.8.18〜)。<br>3・24　橋田邦彦『行としての科学』岩波書店刊。<br>4・20　日本手工研究会，「国民学校芸能科作業」について文部省に陳情（12月再度陳情）。<br>4・26　「青年学校令」を改定（12〜19歳の男子に青年学校就学を義務化）。<br>5・22　天皇「青少年学徒に賜りたる勅語」発布。<br>5・△　文部省図書局，新小学理科書の学年配当表なる。<br>6・8　内藤卯三郎／水野国太郎／池本義夫共著『(小学)物理実験法』培風館刊。<br>7・3〜9・5　ノモンハンで日ソ激戦（日本軍の機動力の弱体明白化，10月3日，政府初めて戦況を発表し，科学(教育)振興の声さかんとなる）。<br>7・10　神戸伊三郎『理科教育実際指導要訣』晃文社刊。理科的知能の錬成を強調。<br>8・△　教育科学研究会第1回全国協議会開催。<br>9・3　英仏両国，対独宣戦布告（第2次世界大戦開始）。<br>9・14　教育審議会，「中等学校に関する要綱」等を答申（理科教育の振興を強調し，中学校に「理数科」（数学／理科），高等学校に「数学及自然科」を設ける）。<br>9・28　文部省，「中等学校入学者選抜に関する件」を定め，学科試験を廃止。<br>10・△　文部省図書局，第4学年用新理科書の草稿第2読会終了。国民 | 1・18　河合栄治郎・土方成美両東大教授に休職処分行なわれる。<br>3・11　科学振興調査会「答申第一，人材養成の問題及研究機関の整備拡充並に連絡統一の問題に関する答申」（理工系大学卒業生の3倍以上増加と研究機関の整備拡充）。<br>3・31　「名古屋帝国大学官制」公布（4月1日施行）。<br>3・△　文部省，大学における軍事教練を必修とすることを通達。<br>4・△　京都高等工芸学校ほか15校に人造繊維学科など22学科を増設・拡張，官立高等工業学校生徒臨時募集，工業大学大幅に拡張される。<br>5・2　室蘭・盛岡・多賀・大阪・宇部・新居浜・久留米に官立高等工業学校7校を新設。<br>5・29　藤原工業大学設立認可（6月17日開校式，昭和19年応義塾大学工学部となる）。<br>6・28　（広島高師付中）中等教育研究会著『(中等教育に於ける)科学精神の教育』京極書店刊。<br>7・4　政府，本年度110万人の労務動員計画を発表。<br>7・8　「国民徴用令」公布（7月15日施行）。<br>8・30　「国家総動員試験研究令」公布。<br>11・30　広島高師教諭相原克己『博物教授の要訣』修文館刊。<br>12・29　富塚清著『科学日本の建設』文芸春秋社刊。 |

| 年　次 | 科学の普通教育・科学啓蒙書 | 専門教育／その予備教育 |
| --- | --- | --- |
|  | 学校の低学年に「自然の観察」を課すことになったため編集計画全面変更。<br>11・12　ホグベン著／今野・山崎訳『百万人の数学（上）』刊。<br>12・20　橋田邦彦『科学の日本的把握』目黒書店刊。 |  |
| 1940年（昭和15） | 1・29　文部省，国民学校教則案を国民学校教科調査委員会第1回総会に提出（3月1日審議決定）。<br>3・30　小倉金之助『日本の数学』岩波新書刊。<br>4・15　佐藤和韓鵠著『（欧米比較）最近の理科教育思潮』宝文館刊。<br>4・△　『（尋常）小学算術』（第6学年――緑表紙）使用開始――「量を測ること／小学生の体位／地球／暦／水の使用量／伝染病の統計」などを含み，下には「測量／機械／燃料／電燈」などを含む。<br>5・10　機械化国防協会（会長吉田豊彦大将），国民学校案に対する意見書を提出。<br>6・10　伊，第2次世界大戦に参戦。<br>6・14　独，パリ占領。<br>6・28　広島高師付中・中等教育研究会編『中等教育に於ける科学的精神の教育』京極書店刊。<br>6・△　富塚清「科学日本の建設」『文芸春秋』に掲載（10・29単行本化）。<br>7・22　第2次近衛文麿内閣成立。橋田邦彦，文部大臣に就任（～昭和18年4月20日）。<br>8・1　近衛内閣，基本国策を発表，「大東亜共栄圏」を提唱。<br>8・2　橋田文相「国体精華の発揚・国家奉仕・科学振興」の3大政策を発表。<br>9・9　文部省『尋常小学算術』第6学年下発行（全12冊完結）。<br>9・11　海野十三著『(カタカナ童話)私たちの面白い科学』金星堂刊。<br>9・12　文部省，来年度以降同一学科の教科書は5種以内に限定すると達し，10月22日，5種選定の結果を発表。<br>9・27　日独伊三国同盟を締結。<br>10・12　大政翼賛会結成。 | 1・△　木内誉治「日本に於ける技術水準と技術教育＝技術者養成」雑誌『教育』1・2・5月号に連載。<br>2・△　文部省専門学務局内に科学課を開設。<br>4・1　「臨時工業技術員養成所規則」制定（同養成所を東京工大に付設）。<br>4・△　官立高等工業学校を拡張し生徒臨時増募を実施，工業学校第二本科を大幅に拡張。<br>7・16　政府，本年度115万人の労務動員計画を発表。<br>8・8　全日本科学技術団体連合会（全科技連）創立（理事長長岡半太郎）。<br>8・19　技学振興調査会「答申第二，大学に於ける研究施設の充実に関する件，大学・専門学校卒業生の増加に関する件」を答申。<br>8・19　淡路円治郎『職工養成』千倉書房刊。<br>9・19　教育審議会「大学に関する要項」等を政府に答申（「特に国力の発展に即応して工学部理学部等を拡充整備すること」「日本文化及東洋文化に関する学科・講座を一層拡充整備すること」をとくにおり込む）。<br>10・19　「賃金統制令」公布（翌日施行）。<br>11・28　大日本産業報告会設立。<br>12・8　科学動員協会，企画院の外郭団体として創立。<br>12・9　「実業学校及実業専門学校卒業者の上級学校進学に関する件」について定め，同校卒業者の上級学校（とくに大学）進学を制限。 |

| 年　次 | 科学の普通教育・科学啓蒙書 | 専門教育／その予備教育 |
|---|---|---|
| | 10・20　日本放送協会編『文部省国民学校教則案説明要領及解説』刊。<br>10・29　富塚清『科学日本の建設』文芸春秋社刊。<br>10・△　教育科学研究会，近衛新体制へ協力。<br>11・22　橋田邦彦「科学する心」『科学叢書』第9輯（文部省教育局編）発行。<br>11・30　文部省『(尋常)小学算術』第6学年教師用（下）刊。小学理科書の機械の教育では「あまりその効果が現れていない」と批判。<br>12・9　日本出版文化協会設立。<br>12・15　信濃教育会『理科教授書』第4学年用発行。<br>12・24　閣議，「国民学校令」を決定。 | 12・20　原種行著『近世科学史』山雅房刊（科学史叢書）。 |
| 1941年<br>(昭和16) | 2・5　ダンネマン著／安田徳太郎訳『大自然科学史』第1巻，三省堂刊。<br>2・7　文部省『カズノホン』巻1発行。<br>2・△　文部省，中等学校数学・理科教授要目改定に着手。<br>3・1　「国民学校令」勅令公布（4月1日施行）。<br>3・14　文部省令「国民学校令施行規則」公布。<br>3・28　科学振興調査会，「答申第三，科学教育の刷新に関する件」答申。<br>4・1　国民学校発足，当年度は1〜2年生のみ新国定教科書使用開始。<br>4・△　科学技術研究会『学校科学』創刊（〜1944年3月。科学教育会編の『理科教育』を改題したもの）。<br>5・1　ズップ著／石川道雄訳『(独逸青少年)航空教育の実際』航空時代社刊。原著名は『航空スポーツ』。<br>5・2　文部省『自然の観察(教師用)』巻1発行，巻3・2・4もつづいて発行，直ちに使用。<br>6・16　教育審議会，社会教育に関して答申（「科学尊重の精神を啓培し科学知識の生活化に力むること」を掲げ，「子女の科学的教養訓練を行うこと」を要望）。<br>6・17　初等教育研究会，全国小学校訓導（理科第6回）協議会開催（5日間）。 | 3・6　中等理科教員確保のため，名古屋高等工業学校／第三高等学校／東京女子高等師範学校に臨時教員養成所を設置。<br>3・28　科学振興調査会，「答申第三，科学研究の振興及連絡に関する件」答申。<br>4・1　官立9高等学校に理科を9学級増設（うち5学級は文科からの転換）。<br>4・21　帝国学士院『明治前日本科学史』編纂事業発足。<br>4・△　昨年につづき官立高等工業学校を拡張，生徒臨時増募を実施，工業学校を拡張，機械技術員養成所を増設。<br>5・2　科学審議会，能率技術者養成について答申。<br>5・8　「実業専門学校卒業程度検定規程」制定。<br>5・26　商工省「機械技術員養成所規程」制定。<br>5・27　閣議「科学技術新体制確立要綱」決定（「研究の振興」「技術の躍進」「科学精神の涵養」の3大方針。9月1日実施）。<br>8・1　陸軍砲熕学校，陸軍科学学校と改称。<br>10・16　「大学学部等の在学年限又は修業年限の臨時短縮に関する件」勅令公布（昭和16年度3 |

| 年　次 | 科学の普通教育・科学啓蒙書 | 専門教育／その予備教育 |
|---|---|---|
| | 6・22　独ソ開戦。<br>7・21　文部省教学局『臣民の道』刊行。<br>7・△　羽田書店『生活科学新書』刊行開始。<br>8・△　『綴方生活』・『生活学校』・教育科学研究会関係者を全国一斉検挙。<br>10・10　橋本為次『国民学校理数科理科精義』教育科学社刊。<br>11・13　文部省，中学校職業指導要領を制定。<br>11・△　朝日新聞社，月刊科学普及雑誌『科学朝日』を創刊。<br>12・1　中央公論社，月刊科学普及雑誌『図解科学』を創刊。伏見康治「飛び交う分子」「燃える分子」を執筆（これらの文章は2008年1月になって『光る原子，波うつ原子』丸善から出版された）。<br>12・10　志垣寛編『科学教育の基礎』（塩野直道／下泉重吉／志垣寛討論）日本文化研究会刊。160ぺ。<br>12・15　岩波書店「少国民のために」（児童科学双書）の第1冊中谷宇吉郎『雷の話』刊行。<br>△　（米）シカゴ大学実験学校のベルタ・M・パーカー校長『(基礎科学教育叢書用）教授要項』（1941～1944）刊。『雲・雨・雪』（1941初版）の解説の「虹」の項で，〈プリズムで壁に虹色を写し，その色を教科書の虹の色と見比べさせ，「絵の中の色のうち，壁上のスペクトルでは見えにくい色があるか」ときいて，虹は6色と考えてよい〉とする授業法を示す。 | カ月，17年度6カ月短縮）。<br>10・18　東条英機内閣成立。<br>10・24　森総之助著『(新制2表）中等物理学教科書』（再修正版）積善館刊。<br>10・25　富塚清著『生活に科学を求めて』文芸春秋社刊。<br>11・22　「国民勤労報国協力令」公布。<br>11・△　工業専門学校卒業程度検定実施。<br>12・8　太平洋戦争始まる。<br>12・11　独・伊，対米宣戦布告。<br>12・△　大学，3カ月繰り上げ卒業実施。 |
| 1942年<br>（昭和17） | 1・1　毎日新聞社（国民生活科学化協会監修）『生活科学』創刊。<br>1・6　閣議，師範学校を官立とし専門学校程度とすることを決定。<br>1・△　科学協会『日本の科学』創刊。<br>2・28　文部省『初等科算数』巻1（3年生用）発行。<br>3・5　文部省，中等学校学制改革に先だち「中学校教授要目」等のうち数学および理科の要目をきりはなし改定公布（理科を「物象」「生物」 | 1・9　「国民勤労報国令施行規則」にもとづく学徒出動命令発せられる。<br>1・24　国民錬成所設置（国民精神文化研究所の改組）。<br>1・30　槌岡竜太著『化学外論（上）』共立社刊。<br>1・31　「技術院官制」公布（2月1日開庁）。<br>2・△　東京府立化学高等工業学校設立認可。 |

| 年 次 | 科学の普通教育・科学啓蒙書 | 専門教育／その予備教育 |
|---|---|---|
| | に二分)。<br>3・10 ホグベン著／今野武雄訳『市民の科学』上巻，日本評論社刊。<br>3・12 中等学校教科書の出版会社，文部省の指導のもとに合体し，中等教科書株式会社創立総会開く（中等教科書国定化への道をひらく)。<br>3・16 文部省『初等科理科（児童用)』巻1発行（教師用は5月2日刊)。<br>4・1 国民学校3〜4年生，新国定教科書の使用開始。<br>4・△〜5・△ 中等教科書株式会社，文部省の指導のもとに新しい理科・数学の執筆者を決定依嘱。<br>5・25 文部省『模型航空機教育教程（試案)』刊。国民学校で模型航空機作りが急激に普及する。<br>6・15 日本放送協会編『文部省中学校高等女学校数学及理科教授要目解説要項とその趣旨』発行。<br>7・15 寺島柾史著『(世界対照）日本科学史年表』霞ヶ関書房刊。<br>7・20 日本放送協会編『文部省・国民学校三・四年教科書編纂趣旨と取扱い方』(同協会）刊。<br>8・10 佐野昌一著『僕らのラジオ』誠文堂新光社刊。<br>8・21 閣議，中学校・高等学校の学制改革を決定（昭和18年入学者より中学校4年制・高等学校2年制とす）。<br>11・2 文部省，「国民学校に於ける職業指導に関する件」通牒。<br>12・10 陸軍少将長谷川正道『機械化国防と科学教育』玉川学園出版部刊。 | 3・17 北海道／東北／九州／大阪の各帝国大学と奈良女子高等師範学校に中等学校理数科教員確保のため臨時教員養成所設置。<br>3・24 文部省，科学官を設置。<br>3・24 東京帝国大学に第二工学部設置（12月5日開学式)。<br>3・30 文部省，高等学校の卒業期6カ月繰り上げを決定。<br>4・1 全国の官立高等学校理科を各1〜2クラス計40クラス増設（この年大学理工系学生約1000名増募)。<br>4・17 富塚清著『総力戦と科学』大日本出版刊。<br>4・△ 昨年にひきつづき官・公・私立高等工業学校生徒臨時増募を実施，工業学校の拡張，工業教員養成所生徒増募を行なう。<br>5・21 大東亜建設審議会「大東亜建設に処する文教政策」答申。<br>5・25 伏見康治著『驢馬電子―原子核物理学二十話』創元社刊。<br>5・29 東京工業大学に高等工業教員養成所を付置。<br>7・8 ポーリング著／小泉正夫訳『化学結合論』共立出版刊。<br>7・17 文部省「女子実業学校に於ける学科目臨時取扱に関する件」を制定（外国語の削減と実業科目の充実)。<br>9・△ 大学・高専の修学期間を6カ月短縮，本月末繰り上げ卒業を実施。<br>10・1 文部省専門学務局科学課を拡大強化して科学局を設置。<br>11・1 「文部省官制」公布（実業学務局を廃し専門教育局／国民教育局とする。数学／科学／体育／図書／教化／総務をあわせ計8局となる)。<br>12・8 「青年学校教授及び訓練の強化徹底に関する件」通牒。<br>12・26 科学審議会を廃止，「科学技術審議会官制」公布（昭和18年1月30日第1回総会)。<br>12・△ 航空科学専門学校設立認 |

| 年　次 | 科学の普通教育・科学啓蒙書 | 専門教育／その予備教育 |
|---|---|---|
|  |  | 可。 |
| 1943年<br>(昭和18) | 1・21　「中等学校令」勅令公布（教科書を国定化，中学校／高等女学校／実業学校などを一括4年制とする。4月1日施行）。<br>1・27　中等教科書株式会社『生物』（中学校用）巻1・2（1～2年用）発行（巻3は2月12日，巻4・5は翌年）。<br>2・5　下村市郎編『理数科教育の行き方』駸々堂刊。<br>3・2　文部省令「中学校規則」「実業学校規程」など公布。<br>3・5　文部省『初等科算数』巻七（児童用）刊（6年前期用で力学教材をとり入れる）。<br>3・8　「師範教育令」を改定（師範学校を官立とし，本科3年／予科2年の専門学校程度の学校とする）。<br>3・23　文部省『初等科工作』巻一（3年児童用）刊（手工教育における初の国定教科書。巻二／三は男女に分れ翌年刊）。<br>3・　文部省「中学校（高等女学校）教科教授及修練指導要目」を訓令，従来の「教授要目」にかえる。<br>3・△　中等学校理科および実業教員補充のため臨時教員養成所を増設。<br>4・1　文部省「師範学校教科教授及修練指導要目」を訓令。<br>4・1　中学校／師範学校で国定教科書（およびそれに準ずるもの）を使用開始。<br>4・2　中等教科書株式会社『物象』（中学校用）巻1発行（巻2は5月22日，巻3は第1類／第2類の2分冊で5月6日発行，巻4／5は翌年）。<br>4・20　文相橋田邦彦辞任。23日岡部長景文相となる。<br>7・15　国民教育研究会（奈良女高師付属国民学校）編『皇国民の科学的錬成』明治図書刊。<br>8・25　中等教科書株式会社『物象編纂趣意書』（中学校用）1発行。<br>10・8～3日間　国民学校理数科教育推進協議会（国民教育研究所主催）開催。 | 1・21　「高等学校令」「大学令」を改定（高等学校ならびに大学予科の修業年限を2年に短縮，昭和18年4月より適用）。<br>1・21　「専門学校令」を改定（実業専門学校を専門学校に統一）。<br>3・5　清家正『産業教育論』帝国教育会刊。<br>3・10　日本学術振興会学術部，「工業関係学校改善ニ関スル基本調査報告」を発表。<br>3・12　大阪理工科大学設立認可。<br>3・24　名古屋／熊本／横浜／広島／金沢／仙台の各高等工業学校に工業教員養成所を設置。<br>3・24　東京農業教育専門学校／盛岡高等農林学校に農業教員養成所を設置。<br>6・25　「学徒戦時動員体制確立要綱」閣議決定。<br>8・20　政府「科学研究の緊急整備方策要綱」発表。<br>8・△　藤沢威雄「生徒技術教育の急務」『中央公論』に発表。<br>9・10　富塚清『技術教育』白楊社刊。<br>9・20　細谷俊夫『技術教育』目黒書店刊。<br>9・22　文科系学生の徴兵猶予停止。<br>9・28　企画院および商工省を廃して軍需省を設置。<br>9・29　文部省令「大学院又は研究科の特別研究生に関する件」制定（10月1日から実施，434名を選出）。<br>10・12　閣議「教育に関する戦時非常措置方策」決定（義務教育8年制無期延期，高等学校文科を1／3にへらし理科を増員，文科系大学の理科系への転換など）。<br>10・18　大日本育英会創立。<br>10・△　「工場事業場技能者養成戦時特例に関する通牒」令達。<br>12・1　学徒出陣始まる。<br>12・24　徴兵適齢を1年きり下げ |

年表　551

| 年次 | 科学の普通教育・科学啓蒙書 | 専門教育／その予備教育 |
|---|---|---|
| | | 満19歳とする。 |
| 1944年<br>(昭和19) | 1・25　文部省『中等生物』巻1（女子用）発行。<br>2・15　「国民学校令等戦時特例」を公布（義務教育年限2年延長を無期延期）。<br>2・17　青年師範学校を創設し，青年学校教員養成所を廃止。<br>2・△　ドイツ軍，東部戦線において全面的に敗退。<br>3・20　金沢高等師範学校を設置（4月1日開校）。<br>3・31　文部省『高等科理科』巻1を発行。<br>4・1　中等学校の3〜4年で「軍事に関する科学」が週2時間ずつ課せられることになる。<br>4・14　文部省『中等物象』巻1・2（男子用）発行。<br>4・28　文部省，「決戦非常措置要綱に基づく，学校工場化実施に関する件」を通牒。<br>5・25　橋本為次『自然観察の指導』目黒書店刊。<br>6・30　閣議，国民学校初等科児童の疎開強度促進を決定。<br>7・12　文部省『高等科工作』巻1を発行。<br>8・5　文部省『高等科工業』巻上を発行。<br>8・14　文部省，工場事業場への中学校低学年および国民学校高等科児童の勤労動員について通牒を発す。<br>11・1　東京はじめて空襲を受ける。<br>11・30　文部省『中等物象』巻1修正版発行（表紙題字をタテ組みとする）。<br>12・26　文部省，「特別科学教育研究実施要綱」を発表（翌年1月から，京都帝国大学および各高等師範学校で中学生／国民学校上級生の少数英才教育を始める）。 | 1・18　閣議「緊急国民勤労動員方策要綱」「緊急学徒勤労動員方策要綱」決定。<br>1・29　官立高等商業学校長会議，高商の工業専門学校転換を決定。<br>2・25　政府「決戦非常措置要綱」を発表。<br>3・1　国民勤労動員署設置。<br>3・29　山梨・多賀・宇部の3工業専門学校に工業教員養成所を付置。<br>4・4　「官立工業経営専門学校規程」。<br>4・5　「官立経済専門学校規程」。<br>4・6　「官立繊維専門学校規程」。<br>4・11　「官立農業専門学校規程」。<br>4・24　「官立工業専門学校規程」。<br>5・25　倉橋藤治郎『実業教育論』工業図書刊。<br>5・29　科学技術審議会「決戦非常措置要領」決定。<br>7・11　閣議「科学技術者動員要綱」決定（工場・研究所に養成所を設けて法文系事務員を中堅技術者に転換，理科系学生の増員など）。<br>8・23　「学徒勤労令」「女子挺身隊勤労令」公布。<br>8・24　文部省，学徒智能動員を決定（大学・高専2年生以上の者1000人をかぎって肉体的勤労動員を除外し，戦時科学研究に従事させる）。<br>9・27　東京商大を東京産業大学，神戸商大を神戸経済大学と改称。<br>9・△　文部省，科学研究補助員の大量急速養成を決定。7帝国大学などに6カ月の研究補助技術員養成所を設立（10月から募集開始，翌年3月第2回募集）。 |
| 1945年<br>(昭和20) | 1・19　中等教科書株式会社『軍事科学機甲』発行（気象／航空／火器／化学兵器の各巻もあいついで発行）。<br>2・20　富塚清著『三代の科学』弘学 | 2・20　岩付寅之助・渡辺市郎『日本科学道』刊。<br>3・6　「国民勤労動員令」公布。<br>3・31　函館水産専門学校に水産 |

| 年次 | 科学の普通教育・科学啓蒙書 | 専門教育／その予備教育 |
|---|---|---|
| | 社刊。敗戦を見越しての科学物語。<br>2・25／3・10　東京あいつぎ大空襲、東京東南半分焼失。<br>3・18　閣議、「決戦教育措置要綱」を決定（国民学校初等科以外の学校における授業を原則として1年間停止）。<br>4・1　岡崎高等師範学校・広島女子高等師範学校を新設。<br>5・5　全ドイツ軍降伏。<br>8・8　ソ連、対日戦に参加宣言。 | 教員養成所を付設。<br>4・21　「実業学校教育養成規定」を改定。<br>5・22　「戦時教育令」を公布。<br>8・6　広島に原爆投下。 |
| | 9・14　元文相橋田邦彦、自決。<br>9・15　文部省、「新日本建設の教育方針」を発表、国体護持を強調。<br>9・20　文部省、「終戦に伴ふ教科用図書取扱方に関する件」について定め、戦時教材の省略・削除を指令。<br>10・15　文部省、教育研修所を新設し、教学錬成所を廃止。<br>10・22　GHQ（連合軍総司令部）、日本政府に覚書「日本教育制度に対する管理政策」を通達。<br>11・7　文部省科学教育局、「科学教育現地実態調査」に関して通牒。<br>11・22　文部省科学教育局主催、科学教育振興懇談会（第1回）開催。<br>12・31　GHQ、修身／日本歴史／地理の授業停止と従来の教科書の回収・破棄、新教科書の作成を指令。 | 8・15　日本無条件降伏。終戦の詔書発布。<br>8・28　文部省、「実業学校の名称並に学科の変更に関する件」通牒。<br>9・5　技術院廃止、文部省に科学教育局を新設。<br>9・△　GHQ、民間情報教育局（CIE）を設置。<br>10・8　文部省、「男子中等商業学校より転換せる学校の取扱に関する件」通牒。<br>10・31　GHQ、軍国主義教育者の即時追放を指令。<br>12・1　日本共産党、初めて合法的に第4回大会を開催。 |
| 1946年<br>(昭和21) | 1・1　天皇、詔書を発布、天皇の神格を否定。<br>1・5　総司令部、米国教育使節団派遣を発表。<br>1・15　文部省科学教育局、「科学教育研究室設置並に運営要項」を決定。<br>2・26　CIE図書館、東京日比谷に開設（全国都市に設立あいつぐ）。<br>3・30　米国教育使節団（3月6日来日）報告書を提出（4月7日発表）。<br>5・5　文部省『新教育指針』を発表。<br>5・△　小倉金之助「科学教育の民主化」『評論』に掲載。<br>5・△　中央公論社、科学雑誌『自然』を創刊。<br>5・△　大阪帝国大学理学部職員組合、理科市民大学を開催。 | 1・12　民主主義科学者協会創立総会開催（会長小倉金之助）。<br>1・20　各帝国大学、航空関係講座を廃し、これに代わる臨時講座を置く。<br>2・1　第1次農地改革実施。<br>2・22　文部省、「大学入学に関する件」について定め、女子および専門学校卒業者に大学を開放。<br>2・23　「国民学校令等戦時特例」廃止。高等学校・大学予科の修業年限を3年にもどす。<br>2・28　「公職追放令」公布。<br>2・△　高等学校定員の理科対文科比を戦時中の9：1から6：4に変更、理科系専門学校の定 |

| 年　次 | 科学の普通教育・科学啓蒙書 | 専門教育／その予備教育 |
|---|---|---|
| | 6・11　東京帝国大学，大学普及講座を始める。<br>6・△　民主主義科学者協会自然科学部会，機関誌『自然科学』を創刊。<br>7・12　文部省教科書局，理科教科書協議会開催。<br>7・15　原田三夫『僕は原子である』子供の国刊。<br>8・10　「教育刷新新委員会官制」公布，人選決定。<br>10・9　文部省，男女共学制実施について指示。<br>11・上旬　総司令部，文部省にコース＝オブ＝スタディの編集を命令，同年11月30日を〆切とする。<br>11・27　文部省科学教育局資料課，各地における（迷信）慣習状況調査表を発送。<br>11・△　科学雑誌『科学圏』創刊。<br>11・△　「職業教育並職業指導委員会」が官制によらずに文部省に設置される。<br>12・27　教育刷新委員会，六・三・三・四制を決定（明春より9年生の義務教育制を順次実施）。 | 員半減を決定。<br>2・△　武谷三男，雑誌『新生』に技術論を発表（技術論論争起こる）。<br>4・1　「帝国大学官制」「官立大学官制」公布。戦時中設立の付置研究所の衣がえ行なわれる。<br>5・1　東海大学（旧制）設立認可。<br>5・1　日本科学技術連盟設立。<br>6・13　名古屋帝国大学物理教室，教室憲章を実施。<br>6・15　八木秀次，科学技術政策同志会を結成（ついで衆院内に科学技術クラブを結成）。<br>8・19　全日本産業別労働組合会議結成。<br>8・30　「国民医療法施行令」改正。医学教育を改革（インターン制度を実施）。<br>9・27　第90帝国議会に「科学技術振興に関する決議案」を上程可決。<br>11・3　「日本国憲法」公布。<br>11・△　文部省，大学設立基準設定協議会を設置。 |
| 1947年<br>（昭和22） | 1・28　文部省科学教育局に科学教育振興委員会を設置。<br>2・△　文部省，小学校の暫定教科書として『理科の本』4年用刊（5年・6年用もつづいて刊行）。<br>3・10　文部省，中学校用単元別教科書『私たちの科学』シリーズの第1冊『空気はどんなはたらきをするか』を発行。<br>3・15　文部省，『さんすう』巻1・巻2，『算数』第4学年上を発行。<br>3・16　文部省『地学』刊。<br>3・20　文部省，『学習指導要領・一般編（試案）』を発行。<br>3・20　樫本竹治／井田光雄共著『中等物象学』大阪教育図書刊（同年7・30『新制中学理科——物質の世界』）。<br>3・30　文部省『中等数学』第一学年用（上）刊（「力とその伝達」など力学教材が半分以上）。<br>3・31　「教育基本法」「学校教育法」を公布。「国民学校令」「大学令」等 | 1・17　学術研究体制刷新のための委員会をつくる準備として学術研究体制世話人会発足。<br>1・18　全官公労組，二・一ゼネストを宣言（1月31日GHQの禁止命令により中止）。<br>2・2　地学団体研究会（地団研）結成。<br>4・7　「労働基準法」公布。<br>4・21　東北帝国大学に農学部を新設。<br>4・29　日本経営者団体連盟発足。<br>5・3　「日本国憲法」施行。<br>5・10　全国大学教授連合結成。<br>5・26　帝国大学総長会議で「帝国」の冠称廃止を決定（9月30日から実施）。<br>7・8　大学基準協会設立。同協会，「大学基準」を決定。<br>7・19　アメリカ学術使節団来日。<br>8・11　学術体制刷新委員決定（103名）。<br>8・25　「官立水産専門学校規程」 |

年　表　553

| 年　次 | 科学の普通教育・科学啓蒙書 | 専門教育／その予備教育 |
|---|---|---|
|  | を廃止（検定教科書等の使用を義務づける）。<br>3・△　特別科学教育学級を廃止。<br>4・1　義務教育の3年制中学校発足，六・三・三・四制に着手。<br>4・7　文部省「新制高等学校の教科課程に関する件」通達。<br>4・10　藤岡由夫『科学教育論』刊。<br>5・26　文部省，『学習指導領・理科編（試案）』発行。<br>5・30　緒方富雄『みんなも科学を』朝日新聞社刊。<br>6・5　塩野直道『数学教育論』刊。<br>6・8　日本教職員組合（日教組）結成。<br>7・△　文部省に理科研究中央委員会発足。<br>8・1　文部省，教科等研究委員会設置。<br>9・2　社会科の授業開始。<br>9・11　文部省，検定教科書制度実施を発表。<br>10・8　科学と教育刊行会『科学と教育』第1集刊（1950年2・15第7集刊）。<br>10・15　永野芳夫『デューイの論理学』中和書院刊。〈認識における仮説の決定的役割〉のことへの言及なし。<br>11・11　文部省，奨学制度の廃止，指導主事の設置を通牒。<br>11・△　米国教育文庫，東京文理科大学に開設（その後全国的に開設）。 | 制定。<br>9・1　労働省設置。<br>10・21　「国家公務員法」公布。<br>10・31　労働省，「技能者養成規定」を制定。<br>11・30　「職業安定法」公布。<br>12・10　坂田昌一『物理学と方法』刊。<br>12・15　大学基準協会，「大学通信教育基準」を決定。<br>この年3～7月の間に，新制高等学校用の文部省著作暫定教科書として，『物理』（3分冊），『化学』（3分冊），『地学』（1冊），『生物』（2分冊），『理科表』が発行される。 |
| 1948年<br>（昭和23） | 1・7　文部省『高等学校の学習指導要項（試案）(物理・化学・生物・地学)』発行。<br>2・6　文部省，中学校用理科教科書『私たちの科学』18冊刊行完結。<br>2・10　官立高等・専門学校入学志願者に進学適性検査を実施。<br>2・18　文部省，「科学教具委員会規程」を制定。<br>4・1　新制高等学校発足。<br>4・30　文部省『観察と実験の報告』第4学年用を発行。<br>4・30　文部省，多色刷り教科書『小学生の科学』シリーズの第1冊を発行（1950年7月完結）。<br>6・5　山口宗夫著『ニュートンのり | 1・15　「大学設置委員会官制」公布。<br>1・27　「高等学校設置基準」により，高等学校の学科は普通教育を主とする学科および専門教育を主とする学科とすることが定められ，後者はさらに農業／工業／商業／水産／家庭／商船の学科に分けられる。<br>2・10　各官立医学専門学校を医科大学に昇格。<br>2・23　大学設置委員会，大学設置基準を答申。<br>3・25～27　学術体制刷新委員会第8回総会を開き答申案を決定（この答申を受けて7月10日「日 |

年表　555

| 年　次 | 科学の普通教育・科学啓蒙書 | 専門教育／その予備教育 |
|---|---|---|
| | んご——力と運動』主婦の友社刊（うち中で読む科学の本1）。<br>7・△　文部省，『学習指導要領』中「算数・数学科指導内容一覧表」を改訂し，算数・数学科の程度を1〜2年ずつ低下させる。<br>8・17　文部省『生物の科学』（新制高校用教科書）Ⅱ・Ⅲ刊（Ⅰはおくれ，1950年4月4冊完結）。<br>9・15　文部省科学教育局編『すぐれた科学教育のすがた——小学校』学校図書刊。<br>9・20　神戸伊三郎『植物学習図鑑』東洋図書刊。一人で9点もの〈学習図鑑〉を著し，学習図鑑流行の先駆となる。<br>10・5　教育委員選挙実施。<br>10・11　文部省，「新制高等学校教科課程の改正について」通達。<br>11・1　日本科学教育会（代表有坂勝久）『科学教育』創刊。<br>12・10　梅根悟『初等理科教授の革新』誠文堂新光社刊。 | 本学術会議法」制定）。<br>3・△　国立大学の無給副手一斉に有給化。<br>4・1　国学院大学・同志社大学など12校，新制大学として認可発足（国立大学その他大部分の新制大学は翌年度より発足）。<br>4・17　教育刷新委員会，「大学の自由及び自治の確立について」建議。<br>5・15　高林武彦『熱学史』日本科学社刊。<br>6・22　文部省，国立大学設置案を決定発表（県単位1校を基準に旧制大学と高等専門学校を統合せしめることとする）。<br>7・20　政府，経済安定10原則を発表。<br>11・28　アメリカ科学使節団来日。<br>12・20　「科学技術行政協議会法」公布。<br>△・△　（英）M.C.Nokes，サイフォンは真空中でも作動することを発見。従来のサイフォンの説明のまちがいが明らかになった。『学校科学レヴュー』29号。 |
| 1949年<br>（昭和24） | 1・20　クレイグ著／久保亮五ほか訳『科学の教室』上巻，時事通信社刊。<br>1・△　文部省科学教育局『科学教育ニュース』を創刊。<br>2・7　文部省，「学習指導要領にもとづく単元学習」について通達。<br>2・25　阿久沢栄太郎『小学校における理科指導の新しい要領』刊。<br>2・△　職業科の教師・研究者・組合運動家より成る職業教育研究会発足。<br>2・△　文部省，「学校図書館設置基準」を発表。<br>4・1　保育社版『小学生の科学』（1）生物はどのようにして生きているか発行（以下19単元教科書あり）。<br>4・30　文部省学校教育局長編『新制高等学校教科課程の解説』刊。<br>4・△　矢川徳光，「ソ連邦の総合技術教育」を『教育』4・5月号に紹介。<br>5・28　文部省学校教育局長，「新制中学校の教科と時間数の改正につい | 1・20　日本学術会議成立。第1回総会。この総会で大学法案（前年10月14日文部省発表）に反対決議。<br>4・12　大学基準協会，「大学院基準」を決定。<br>4・15　ヒューイ著／山崎潤三訳『はじめての物理学』愛宕書房刊。<br>4・20　2月21日づけで都立大学など78大学の設置を認可。<br>4・△　北海道大学に日本最初の水産学部設置。<br>5・15　「学校教育法」を改め，短期大学の設立を認める。<br>5・16　3月26日づけで浪速大学など30大学の設置を認可。<br>5・31　「文部省設置法」制定（6月1日施行，科学教育局を廃して大学学術局を新設，また職業教育課を設置）。<br>5・31　「国立大学設置法」公布， |

| 年　次 | 科学の普通教育・科学啓蒙書 | 専門教育／その予備教育 |
|---|---|---|
| | て」通達。<br>6・1　『教育刷新審議会令』を公布（教育刷新委員会を改称）。<br>6・20　文部省実験学校新教育用語研究委員会『新教育用語辞典』刊。<br>7・△　宮原誠一「生産主義教育論」『中央公論』に掲載。<br>8・1　B.M.パーカー著／広島図書訳『基礎科学教育叢書——岩に刻んだ地球の歴史』広島図書刊。同叢書は1950年までに初級用4冊、中級用5冊、上級用14冊発行。<br>8・5　高森敏夫『考える子供たち』角川書店刊。<br>10・8　叶沢清介著『雷になった神主（迷信教室）』山水書園刊。<br>10・10　阿久沢栄太郎『小学生の科学・単元指導』学芸図書刊。<br>10・△　理科研究委員会（桑木来吉）『科学教育ニュース』を再刊（No. 7刊〜1954年11月No.56で停刊）。<br>11・3　湯川秀樹ノーベル物理学賞授賞の報伝わる。<br>12・15　文部省『小学生の科学』全15冊刊行完結（1953年度まで検定教科書と併用）。<br>12・15　「私立学校法」公布。<br>この年　日教組24年度調査、理科特別教室を保有する学校は小学校24%、中学校15%。 | これにもとづき大学研究者の人員整理始まる。<br>7・5　職業教育及び職業指導審議会設置。<br>7・19　CIE教育顧問イールズ新潟大学で反共教育政策を講演、共産主義教授の追放を提言（イールズ声明）。<br>10・1　中華人民共和国、建国を宣言。<br>11・15　朝永振一郎『量子力学（1）』東西出版刊。<br>11・19　通産省、初の技術白書『わが国鉱工業技術の現状』を発表。<br>11・28　職業教育及び職業指導審議会、「高等学校綜合制問題に関する決議」を行なう（単独制学校設立を強調）。<br>11・28　湯川秀樹のノーベル物理学賞授賞に刺激されて、参議院「科学技術振興に関する決議」を行なう（翌年3月11日衆議院もこれにならう）。<br>11・30　商船大学設立。<br>12・△　産業合理化審議会発足。 |
| 1950年<br>（昭和25） | 1・1　B.M.パーカー著／三村剛昴ほか監訳『光のはなし』広島図書訳発行（基礎科学教育叢書）。〈虹は七色だが、時には六色といわれることがあります。その時は〈あい〉が除いてあるのです〉とする。<br>2・13　東京都、教員246名をレッド＝パージ。<br>3・25　岩波書店『科学の事典』刊。<br>3・△　最初の義務教育中学生卒業。<br>4・1　中学校理科検定教科書出そろい使用開始（小学校は1年と4年のみ）。<br>4・25　木下是雄著『まさつの研究』創芸社刊。<br>4・25　文部省、「中学理科の改訂単元」について通牒。<br>5・30　栗山重『単元学習低学年の理科 | 1・△　日本共産党、コミンフォルムから批判される。<br>4・27　学術会議第6回総会で戦争のための科学研究に従わない旨を決議。<br>5・2　全国国立大学学長会議開催。<br>5・2　イールズ、東北大学で反共講演をしようとし、学生の抗議で立ち往生、追いかえされる（同じく15・16日、北海道大学において全学的規模で手玉にとられる）。<br>5・20　全日本学生自治会総連合（全学連）イールズ声明反対闘争宣言。反対闘争に立ち上がる。<br>6・25　朝鮮戦争起こる。<br>7・11　日本労働組合総評議会結 |

| 年次 | 科学の普通教育・科学啓蒙書 | 専門教育／その予備教育 |
|---|---|---|
| | 指導』明治図書刊。<br>5・△　矢川徳光『新教育批判』刊。<br>6・25　湯浅光朝『科学文化史年表』中央公論社刊。<br>8・1　B.Mパーカー著／三村剛昂ほか監訳『雲と雨と雪』（基礎科学教育叢書）広島図書刊。「にじ」の項には「にじの絵をかこうと思ったら六つの色がいります／にじには七色あると，みなさんは聞いたことがあるでしょう。時にはあい色が，にじの色の一つに数えられるのです」とある。<br>8・30　クレイグほか著／宮原誠一ほか訳『科学の世界』シリーズ教科書の第1冊，時事通信社刊。<br>8・△　日教組第8回大会を城崎で開催，教育研究活動の方針をきめる。<br>10・25　平凡社『理科事典』発刊（全19巻，1953年完結）。<br>11・1　城戸幡太郎ほか『生産教育の技術』小学館刊。<br>11・初旬　文部省，「小学校理科の目標における理解・態度・能力・単元案」「小学校算数科の一般目標と学年の目標試案」を発表（『学習指導要領』の中間発表）。 | 成。<br>8・10　「警察予備隊令」公布。<br>8・27　第2次米国教育使節団来日。<br>9・22　第2次米国教育使節団，報告書を提出（9月30日発表）。<br>10・31　朝永振一郎／宮島竜興編著『物理学読本』学芸社刊（序）。<br>10・△　東京大学教養学部教養学科（科学史科学哲学分科を含む）発足。<br>12・12　「地方公務員法」公布。 |
| 1951年<br>（昭和26） | 1・4　教育課程審議会，道徳教育について文部大臣に答申（修身科復活には反対）。<br>2・△　日本教育学会，「中学校生徒の基礎学力」調査実施。<br>3・5　無着成恭『山びこ学校』青銅社刊。<br>3・16　数学教育協議会結成（第1回大会は昭和28年11月29日）<br>4・1　小学校理科検定教科書1～6年出そろい使用開始。<br>4・1　岩波書店『科学の学校』発刊（～昭和29年4月1日）。<br>4・1　文部省，『小学校学習指導要領・社会科編（試案）』発表。<br>7・10　『学習指導要領・一般編』（昭和26年改訂版）刊。<br>8・△　日教組，「教師の倫理綱領」決定。<br>9・25　新日本放送社，初の民間放送開始。 | 3・10　政府，国立大学管理法案を国会に提出（審議未了となる）。<br>5・15　バナール／坂田ほか訳『科学の社会的機能第1部』刊。<br>6・11　「産業教育振興法」公布。<br>6・30　「中央産業教育審議会令」公布。<br>6・△　文部省職業教育課，雑誌『産業教育』を発刊。<br>7・20　朝永振一郎／伏見康治編『現代自然科学講座』第1巻，弘文堂刊（全12巻）。<br>8・25　『対日工業教育顧問団報告書』提出。<br>9・8　対日平和条約・日米安全保障条約調印（昭和27年4月28日発効）。<br>11・5　荒木俊馬著『吾輩は水である』恒星社厚生閣刊。<br>11・16　政令改正諮問委員会，「教 |

| 年　次 | 科学の普通教育・科学啓蒙書 | 専門教育／その予備教育 |
|---|---|---|
|  | 11・10　湊正雄『湖の一生』（地球の歴史文庫）福村書店刊。<br>11・10〜12　日教組第1回全国教育研究大会を日光で開催。<br>11・28　小林実『幼き科学者』東洋書館刊。<br>11・△　教育科学研究会再建、『教育』（国土社）を再刊。 | 育制度の改革に関する答申」を発表。<br>12・1　日経連、「技能者養成制度改正に関する意見」を発表。 |
| 1952年<br>（昭和27） | 2・16　日本理科教育学会結成（会長永田義夫）。<br>2・20　文部省『小学校学習指導要領・理科編（試案）』大日本図書刊。<br>3・30　久保舜一『算数学力――学力低下とその実験』東大出版会刊。<br>5・△　毎日新聞社『毎日少年ライブラリー』刊行開始。<br>6・6　中央教育審議会設置。<br>8・30　初等教育理科研究会（岡現次郎ほか）『理科指導の要点と学習活動』大日本図書刊。<br>9・△　日本理科教育学会編『理科の教育』（東洋館）創刊。<br>この年　（米）ハイ＝スクールの物理選択者が21％にまで低下、物理教育の危機が訴えられるようになる。 | 2・20　文部省『中学校高等学校学習指導要領・理科編（試案）』大日本図書刊。<br>3・14　「企業合理化促進法」公布。<br>5・26　神戸商船大学設立。<br>5・31〜6・1　民科、第7回全国大会で「国民的科学」の創造と普及を提唱。<br>7・15　「農地法」公布。<br>8・1　海上保安庁発足。<br>8・7　日本工業教育協会創立（翌年4月から機関誌『工業教育』を発行）。<br>9・25　菅井準一ら編『科学史大系』全11巻（中教出版）刊行開始（昭和29年5月10日完結）。<br>10・16　日経連、「新教育制度の再検討に関する要望」を発表。<br>11・1　玉虫文一『科学と一般教育』岩波新書刊。<br>11・29　東京都の科学史・科学方法論サークル、連合して第1回シンポジウムを開催（日本科学史学会後援）。<br>12・20　杉江清編『産業教育の現状と問題』雇用問題研究会刊。<br>12・△　日経連教育委員会発足。 |
| 1953年<br>（昭和28） | 1・7　武藤徹／小島昌夫ら、理数教育研究会を結成（4月から機関紙『理数教研ニュース』を発行）。<br>2・1　NHK東京テレビ、放送開始。<br>2・20　文部省『小学校学習指導書・理科編1・実験観察等の方法　上』明治図書刊。<br>5・△　岡現次郎「理科学習指導の諸問題」『理科の教育』に掲載、社会科改造問題に注目すべきことを訴える。<br>8・5　菅井準一／丸本喜一編『子ど | 3・△　新数学人集団（SSS）指導的数学者の海外流出に対処して結成。<br>4・1　国立大学の新制大学院発足。<br>7・30　中央産業教育審議会、産業教育教員養成について建議。<br>8・30　W.ブラップ著／三宅泰雄訳『物とは何か』創元社刊。<br>9・15〜23　国際理論物理会議、京都で開催。<br>9・25　文部省『産業教育調査報 |

| 年　次 | 科学の普通教育・科学啓蒙書 | 専門教育／その予備教育 |
|---|---|---|
| | もの科学性を育てる』東洋館刊。<br>8・8　「理科教育振興法」公布（翌年4月1日施行，理科教育審議会を設置し，理科教育振興のための経費の2分の1国庫補助を定める）。<br>8・△　永田義夫「戦後における理科教育の反省」『児童心理』8月号に掲載。<br>8・△　遠山啓，「生活単元学習批判」を『教育』に発表。<br>10・2　全国中学校理科教育会設立。<br>10・31　「学校教育法施行令」公布。<br>11・△　遠山啓編『新しい数学教室』刊。 | 告書』（昭和27年度）を初めて刊行。<br>11・7　学園復興会議，京都大学で開催。 |
| 1954年<br>(昭和29) | 1・25　田中実「ソヴェトの理科教育」（ソ研パンフレット第1号）発行。<br>3・3　文部省「偏向教育」の具体的事例の調査資料を衆議院文教委員会に提出（5月1日，京都旭丘中事件起こる）。<br>4・1　「学校図書館法」施行。<br>5・△　岡現次郎『理科教育の針路』大日本図書刊。<br>6・3　「義務教育諸学校における教育の政治的中立確保に関する臨時措置法」公布（13日施行）。<br>6・10　ソ連教科書の翻訳『生物学基礎教育体系I――新しい植物学』全5冊（理論社）発刊（〜昭和30年6月10日）。<br>8・△　職業教育研究会，産業教育研究連盟へ拡大発展。<br>10・18　理科教育審議会，「理科教育設備基準」につき答申。<br>10・25　原光雄著『化学を築いた人々』中央公論社刊。<br>11・28　科学教育研究協議会結成（昭和33年10月『理科教室』を編集発行）。 | 2・19　日経連機関紙『日経連タイムス』，「専門大学の実現」を主張。<br>4・1　東京大学・京都大学に航空学科復活。<br>7・1　防衛関係3法ならびに警察法施行，陸海空自衛隊発足。<br>7・8　東京大学付置原子核研究所，東京田無町に設置決定（原子力研究につながるものとして地元の反対論起こる）。<br>7・27　黄変米への批判高まり，厚生省に黄変米調査研究会設置。<br>11・10　産業教育70周年記念式典挙行。<br>11・14　教育課程審議会「教育課程の改善，特に高等学校の教育課程について」答申（第1次答申）。<br>12・23　日経連，政府に対し「当面の教育制度改善に関する要望」を提出し，職業専門大学の設立を要請。 |
| 1955年<br>(昭和30) | 1・20　永田義夫ほか編『理科教育講座I・理科教育の原理』誠文堂新光社刊。<br>1・30　日教組第4次教育研究集会，長野市で開催（理科教育が初めて正式に採り上げられ，戦後の理科教育が「教えにくく学びにくい」ことが問題となる）。 | 2・1　教育課程審議会，「教育課程，特に高等学校の教育課程について」答申（第2次答申）。<br>2・14　日本生産性本部発足。<br>6・7　大学基準協会第11回総会，「大学院基準」を改定。<br>6・22　日米原子力協定調印。<br>8・6　第1回原水爆禁止世界大 |

| 年　次 | 科学の普通教育・科学啓蒙書 | 専門教育／その予備教育 |
|---|---|---|
| | 4・30　北沢弥吉郎編『現場の理科』東洋館刊。<br>6・16　日教組「検定教科書採択基準」を発表，理科の部で教材の整理に着目すべきことを助言。<br>6・25　理論社『科学の仲間』シリーズ全12巻（ソ連科学啓蒙書の翻訳）刊行開始。<br>7・8　理科教育審議会，科学教育研究室の整備強化について答申。<br>8・13　日本民主党『うれうべき教科書の問題』第1集刊。<br>8・△　科学教育研究協議会第1回大会，「理科学習の系統性とは何か」を討議。「すべての教師にできる標準授業プラン」の作製問題を採り上げる。<br>12・5　文部省，改訂高等学校学習指導要領発表，『高等学校学習指導要領』一般編，理科編（第3次改訂版）刊行。<br>12・△　田中実「理科教育十年」『教育』に掲載。 | 会開催。<br>9・8～12　国際数学会議開催。<br>10・25　日本学術会議，学士院の分離独立を決定。<br>10・31　バナール著／鎮目・長野訳『歴史における科学』I，みすず書房刊。<br>11・17　日経連安全衛生部会，「学校における安全教育の拡充強化に関する要望」を発表。 |
| 1956年<br>（昭和31） | 2・18　（ソ）ソ連共産党20回大会でスターリン批判。<br>4・1　高等学校，新学習指導要領を実施，理科は物理化学生物地学のうち2教科必修，数学Iは必修，II III応用数学は自由選択となる。<br>4・5　田中実編『新しい理科教室』新評論社刊。<br>5・24　衆議院「教科書法案」可決（6月3日国会閉会，同法案審議未了廃案）。<br>6・10　岩城正夫「浮力問答」『科学と方法』（東大自然弁証法研究会誌）に掲載。<br>6・30　小林実『理科教育ノート』新評論社刊。<br>7・△　遠山啓「戦後教育運動の反省」『教師の友』に掲載。<br>9・20　メリニーコフ，スカートキン著／勝田昌二訳『ソヴェトの総合技術教育』東洋館刊。<br>9・28　文部省，初めて全国的な抽出学力調査を小中学校の最高学年について実施。<br>10・1　任命制の教育委員会発足。 | 1・1　内閣に原子力委員会設置。<br>2・25　文部省『産業教育七十年史』刊。<br>2・9　英国文部省『技術教育白書』発表。<br>4・1　東京工業大学・京都大学に原子力講座設置。<br>5・19　科学技術庁発足。<br>6・15　財団法人原子力研究所発足。<br>6・16　産業合理化審議会，「産学協同教育制度について」答申。<br>7・3　5月の鉱工業生産指数，戦後最高となる（いわゆる神武景気）。<br>7・31　昭和31年度『経済白書』刊。技術革新を説く。<br>8・17　西独，共産党を非合法化。<br>9・3　科学技術審議会に科学技術教育部会設置。<br>9・7　労働科学研究所，「工業技術教育改革試案」を発表。<br>11・6　日経連，「新時代の要請に対応する技術教育についての意見」を発表，技術者の計画養 |

年表　561

| 年次 | 科学の普通教育・科学啓蒙書 | 専門教育／その予備教育 |
|---|---|---|
|  | 10・1　大日本図書KK，『教育科学ニュース』を再刊（1960年12月108号で休刊）。<br>11・30　教科書検定調査審議会第1回総会を開催。 | 成の急務を強調。<br>11・29　文部省，理工系学生増員計画を決定。 |
| 1957年<br>(昭和32) | 4・5　「理科教育振興法」を一部改定，私立学校を追加。<br>5・3　日本教育学会年会，初めて科学技術教育についてシンポジウムを行う。<br>5・5　田中実編『教師の実践記録――理科教育』三一書房刊。<br>5・31　関根栄雄『理科教育のこれまでとこれから』新評論社刊。<br>6・24　理科教育審議会，理科教育に従事する教員の養成改善を答申。<br>6・△　田中実編『明治図書講座学校教育5理科』刊。<br>7・23　国民教育研究所，日教組をバックとして設立。<br>9・1　小倉金之助／鍋島信太郎『現代数学教育史』刊。<br>9・14　文相，教育課程審議会に「小中学校教育課程ならびに高等学校通信教育の改善について」諮問。<br>10・26　教育課程審議会，中学3年を進学組（英数）と就職組（職業科）に二分することを決定。<br>10・△　学習研究社，『四年の科学』など学年別科学雑誌を創刊。<br>10・△　スカートキン著／小林実訳『小学校理科教授法』刊。<br>12・19　理科教育審議会（茅誠司会長），小中高校の指導要領理科編がもり沢山であるとして，基礎的事項に力点をおくこと，理科教師の負担軽減，科学教育研究室の強化などを政府に建議。 | 4・1　文部省，理工系学生8000人増募の計画によって大学を拡張。<br>4・23　国会，教員養成機関の改善と充実，ならびに理数教育および自然科学研究振興に関する決議案を可決。<br>4・27　文相，中央教育審議会に科学技術教育振興について諮問。<br>5・22　中央青少年問題協議会，勤労青年教育として昼間制の「産業高校」を答申。<br>8・15　経済審議会，新経済5カ年計画（昭和33年～38年）の大綱を決定。<br>9・7　関西経済連合会，工業教科書に関する意見を発表（教科書内容の時代おくれを指摘）。<br>10・4　ソ連，最初の人工衛星（スプートニク）打ち上げ成功。<br>10・5　武谷三男編『自然科学概論第1巻――科学技術と日本社会』刊。<br>10・22　中央産業教育審議会，「中堅産業人の養成について」答申。<br>11・11　中央教育審議会，「科学技術教育の振興」について答申。<br>11・29　文部省，科学技術教育振興方策を発表。<br>12・25　日経連技術教育委員会，「科学技術教育振興に関する意見」を発表。 |
| 1958年<br>(昭和33) | 3・15　教育課程審議会，「小中学校教育課程の改善」を答申。<br>4・15　田中・真船共編『理科の指導計画』国土社刊。<br>7・31　文部省，「小中学校学習指導要領改訂案」を発表。<br>7・△　文部省，各都道府県教育委員会と共催で「理科実験講座」を開始。（夏期7日間5カ年計画）。 | 1・30　『産業技術教育講座』（全6巻）刊行開始，第1巻「歴史的背景」刊。<br>2・27　科学技術庁，『科学技術白書』を発表。<br>3・31　国立大学大学院，初の新制博士号を授与。<br>4・1　国立大学理工系学生1694名増募。東京大学理学部に生物 |

| 年　次 | 科学の普通教育・科学啓蒙書 | 専門教育／その予備教育 |
|---|---|---|
|  | 8・1　改訂学習指導要領説明会をお茶の水大学で開催。<br>8・28　文部省「学校教育法施行規則」を改定し，学習指導要領を「試案」でなく「基準」とすることを定める。<br>9・10　明治図書KK，『現代教育科学』を創刊。<br>9・△　遠藤豊『理科教育の革命』明治図書刊。<br>10・1　文部省，『小中学校学習指導要領』を官報告示（中学校職業・家庭科を廃し技術・家庭科を新設，小学校は昭和36年，中学校は37年度から全国実施）。<br>10・△　科学教育研究協議会，『理科教室』（国土社）を創刊。<br>10・△　文部省編『学習指導要領解説』小学校編・中学校編。<br>11・10　文部省初等中等教育局に教科調査官および視学委員を新設（蛯谷米司，小学校理科の教科調査官となる）。<br>11・15　理科教育研究会（東京教育大付属小）『理科の系統的指導』東洋館刊。 | 化学科新設。東京大学／京都大学／大阪大学などに電子工学科を設置。<br>5・1　小林勇編『オートメーションと労働運動』刊。<br>5・2　「職業訓練法」公布（7月1日施行）。<br>5・19　星野芳郎『技術革新』（岩波新書）刊。<br>6・△　日経連，政府に対し「日教組対策」とともに「科学技術教育の積極化」を申し入れる。<br>7・1　科学技術庁，科学技術開発5カ年計画案を発表。<br>7・△　日本生産性本部，産学協同組織委員会を設置。<br>9・18　政府次官会議で専科大学法案を決定（10月29日，衆議院文教委員会でこの法案について公聴会を開く）。<br>11・△　総評の「昭和33年運動方針」に職業技術教育についての要求初めてあらわれる。 |
| 1959年<br>（昭和34） | 1・1　メートル法完全実施。<br>1・1　NHK教育テレビ，本放送開始。<br>4・1　板倉聖宣，国立教育研究所に就職。<br>6・1　高橋金三郎／菅野聡『理科実践論』同学社刊。<br>6・20　柿内賢信『理科教育の課題』東洋館刊。<br>7・20　星野晴雄『創造洞察の理科指導法と基礎心理』刊。<br>7・28　文相，教育課程審議会に高等学校の教育課程改訂について諮問。<br>8・1　理科教育審議会，（大塚明郎会長）理科教育設備を4年内に完備すること，理科教育センターの設置について建議。<br>8・25　日教組『新教育課程の批判』刊。<br>8・31　理科教育審議会高校での理科4科目の必修化などについて文相に意見具申。<br>8・31〜9・4　国際教育会議，東京で開催。 | 2・20　「科学技術会議設置法」公布。<br>3・△　第3回国際金属機械労働者会議の報告と決議『技術革新と世界の金属労働者』中央金属共闘会議刊。<br>4・1　大学流動研究員制度制定。<br>4・1　大阪大学・北海道大学理学部に高分子科設置。京都大学工学部に数理工学科設置。<br>5・10　日本学術会議，『基礎科学白書』刊。<br>5・△　産業教育研究連盟編集『技術教育』国土社から発刊（機関誌『教育と産業』の後継誌）。<br>8・△　米国対日職業訓練視察団来日。<br>10・22　日本学術会議，「科学者生活白書」を発表。<br>10・23　総評，技能検定試験反対闘争について指示。<br>12・10　「学校安全法」参議院で可決成立。 |

年表 563

| 年次 | 科学の普通教育・科学啓蒙書 | 専門教育／その予備教育 |
|---|---|---|
| | 9・15　文部省『中学校理科指導書』刊。<br>9・△　真船和夫「教科の本質を考える・理科」『教育』に掲載。<br>11・30　岩城正夫／板倉聖宣ほか「理科教育におけるアリストテレス・スコラ的力学観と原子論的・ガリレイ的力学観」『科学史研究』に掲載。 | 12・△　英国中央教育審議会，教育計画（いわゆるクラウザー報告）を発表。 |
| 1960年<br>(昭和35) | 1・20　日教組『国民のための教育課程』刊。<br>1・25　遠山啓『教師のための数学入門』刊。<br>3・25　文部省『小学校理科指導書』刊（検定教科書の基準となる）。<br>3・31　教育課程審議会，「高校教育課程の改善」を答申。<br>3・末日現在　小中学校理科設備の文部省指定統計結果，設備基準に対して小学校33.8%，中学校44.4%<br>3・△　信州大学教育学部付属松本小学校学習指導研究会『科学的思考を伸ばす理科指導』明治図書刊。<br>4・5　斎藤喜博『授業入門』国土社刊。<br>5・25　半沢健『理科の教室1』麦書房刊。<br>6・15　文部省，高等学校学習指導要領改訂草案中間発表。<br>6・△　岩波講座『現代教育学』発刊。<br>7・△　文部省，各都道府県教育委員会と共催で理科実験講座を開催，理科担任教師の再教育を始める（毎年夏期，5カ年計画）。<br>9・15　玉木英彦／板倉聖宣『現代物理学の基礎』東大出版刊。<br>10・1　石田英一郎ほか『人類の誕生』（小学館）科学図説シリーズの第1冊として発行。<br>10・10　理科教育審議会（大塚明郎会長），小学校に理科室を完備することなど文相に建議。<br>10・15　文部省「高等学校学習指導要領」を官報告示（理科は4科目必修，数学はI，II必修，63年度から順次実施）。<br>11・10　日教組／日高教『高校新教育課程の批判』刊。<br>11・△　遠山啓／銀林浩『水道方式の | 1・15　技術教育研究会（発足発起人，長谷川淳／山崎俊雄／原正敏）。<br>3・10　岩波書店『生物学辞典』刊。<br>3・11〜12　総評・中立労連，第1回職業教育研究集会を開催。<br>3・△　国立大学工業教員養成課程卒業者103名のうち工業教員になったのはわずか1名。<br>5・2　松田文相，「大学教育の改善」について中央教育審議会に諮問。<br>6・18〜19　日米安全保障条約自然承認（安保改定反対闘争の国民的大デモ，連日国会を包囲）。<br>6・△　行政管理庁行政監察局，『大学における科学技術教育行政監察結果報告書』を発表。<br>7・△　労働省職業訓練局設置。<br>10・4　科学技術会議，「10年後を目標とする科学技術振興の総合的基本方針について」答申。<br>10・15　文部省，「高等学校学習指導要領」を官報告示（職業科と普通科の生徒の履修教科・科目と単位を別々に指定，職業教科の最低単位数を増加する）。<br>10・26〜28　日本学術会議第32回総会で大学院制度のアンケートを中間発表。<br>10・28　日本産業教育学会創立総会。<br>11・1　経済審議会，「国民所得倍増計画」を答申。<br>11・5　中村静治『技術の経済学』三一書房刊。<br>11・14　関西経済団体連合会「大学制度改善についての意見書」を発表。<br>12・8　日経連技術教育委員会「専 |

| 年　次 | 科学の普通教育・科学啓蒙書 | 専門教育／その予備教育 |
|---|---|---|
|  | 計算体系』刊。<br>12・6　村田泰彦ら「技術教育を語る会」を岩手県に結成。<br>この年度　千葉／富山／岐阜／大阪／山口の5府県, 理科教育センターを設立（国庫補助による現職教育の中心施設, 昭和37年度までに19道府県に設立）。 | 科大学制度創設に対する要望意見」発表。 |
| 1961年<br>（昭和36） | 1・△　遠藤豊『理科の授業入門』明治図書刊。<br>2・20　堀七蔵『日本の理科教育史』全3巻刊。<br>4・1　日本初等理科教育研究会設立。<br>4・1　小学校新学習指導要領完全実施。<br>4・15　文部省『高等学校学習指導要領解説・理科編』刊。<br>4・△　遠山啓「国民教育における教科の役割」『思想』（国民教育の課題特集号）に掲載。<br>5・8　ピョーリシキン著／豊田訳『初等物理学』（ソ連の教科書）第1冊, 東京図書刊。<br>5・12　ソ連, 人間を乗せた人工衛星打ち上げに成功。<br>5・△　学習オートメーション研究会（会長矢口新）発足。<br>7・4　理科教育審議会（会長大塚明郎）,「理科教育のための設備の基準の改訂について」答申。<br>9・11～15　PSSC関係者, 日本の代表的物理教育関係者約50名にPSSCについての講義セミナーを東京で開催。<br>9・25　文部省,『幼稚園教育指導書・自然編』刊。<br>10・26　文部省, 全国の中学生徒2・3年全員を対象として5教科について初めて一斉学力調査を施行。<br>11・15　文部省『小学校理科指導資料Ⅰ——低学年の指導』刊。<br>11・25　日本初等理科教育研究会発足（理事長丸本喜一）。<br>12・1　板倉聖宣「物理教育を革命する教科書——アメリカのPSSC運動」『科学朝日』に掲載。<br>12・20　クラップ著／大橋精夫訳『マ | 2・22　池田科学技術庁長官, 科学技術者の養成について私立大学の理工系学生の増員を文部省に勧告（3月11日, さらに文相に文部省の科学技術者養成計画の再検討を申し入れる）。<br>3・18～21　3年制臨時工業教員養成所の設置について設置予定先の九州大学・東京工業大学の教職員組合が反対声明。<br>5・19　「国立工業教員養成所の設置に関する臨時措置法」国会で成立。<br>5・23　大学基準協会,「大学教育制度に関する改革」を文相に具申。<br>6・6　「農業基本法」可決成立。<br>6・7　「学校教育法」を一部改正, 5年制高等専門学校（工業）の設置決まる。<br>7・10　中央教育審議会,「大学の目的と性格」について文相に中間報告。<br>8・25　経団連「技術教育の画期的振興策の確立推進に関する要望書」を政府に提出。<br>9・1　文部省, 理工系学生増募計画, 1600人を2000人に増加し, 目標年度を昭和39年度に繰り上げることを決定。<br>10・30　中央産業教育審議会,「高校農業教育の改善方策」を建議。<br>11・25　清水義弘『20年後の教育と経済』刊。<br>12・13　日米科学委員会, 東京で第1回委員会を開催。 |

年表 565

| 年次 | 科学の普通教育・科学啓蒙書 | 専門教育／その予備教育 |
|---|---|---|
| | ルクス主義の教育思想——生産労働と教育の結合』お茶の水書房刊。 | |
| 1962年<br>(昭和37) | 1・5　ピアジェ著／遠山啓ほか訳『数の発達心理学』国土社刊。<br>2・△　高橋金三郎『授業と科学』麦書房刊。<br>3・31　「義務教育諸学校の教科用図書の無償に関する法律」公布。<br>4・1　中学校新学習指導要領全面実施，理科は2分野制となる。<br>4・24　高校全員入学問題全国協議会結成（5月に文部省は全入運動を批判したパンフレットを発行）。<br>4・△　小島昭二郎「中学校における原子論の導入と展開」『理科教室』に掲載。<br>5・25　毎日新聞社編『算数に強くなる——おかあさんの算数教室』同社刊。<br>6・2　山内恭彦ほか訳『PSSC 物理』上巻，岩波書店刊。<br>6・△　真船和夫『理科教授論——自然科学教育の内容と方法』明治図書刊。<br>7・10　三宅泰雄著『空気の発見』角川文庫刊。<br>9・16　文部大臣小中高校の理科教育の振興方策について，理科教育審議会に諮問。<br>10・△　板倉聖宣「原子論からみた力学入門」『科学読売』10月号から連載開始（'64.3.1『物理学入門』刊）。<br>11・5　理科教育審議会（大塚明郎会長），文相の諮問に対し，科学教育の現代化の必要を指摘し，現職教育の強化を答申。<br>11・30　文部省，教育課程研究発表大会（文部教研）を初めて開催。<br>11・△　全国プログラム学習研究連盟（会長矢口新）結成。<br>12・1　林淳一編『物理の指導計画』国土社刊。 | 1・10　文部省，昭和37年度開設の国立工業高等専門学校12校の設置場所を発表。<br>1・29　毎日新聞「学者の森」連載開始（〜昭和38年6月29日）。<br>4・1　5年制の工業高専発足（国立12，公立2，私立5校）。<br>4・19　衆議院科学技術振興特別委員会，「科学技術基本法案」をまとめ日本学術会議に示す。<br>5・11　日本学術会議，「大学の管理制度の改善について」政府に勧告。<br>5・18　日本学術会議，「科学研究基本法について」政府に勧告。<br>6・20　石原孝一『日本技術教育史論』三一書房刊。<br>9・20　経済審議会人的能力部会，「人的能力政策の基本方向」につき中間報告（11月26日の総会で承認）。<br>10・12　文部省，兵庫県阪神内燃機工業株式会社を最初の高校・技能者養成施設連携機関として官報に告示。<br>10・15　中央教育審議会，「大学管理運営について」「大学入試制度の改善について」答申。<br>10・20　日本商工会議所，「工業教育の振興に関する要望」をまとめ，政府その他に要請。<br>11・15　文部省，教育白書『日本の成長と教育』刊。<br>12・30　昭和38年度新増設の国立大学・短大の学部・学科を発表（大学は理工系を中心に1330名増）。 |
| 1963年<br>(昭和38) | 1・4〜5　数学教育実践研究会（横地清ら）結成大会。<br>1・10　田中実編『中学理科の系統学習』国土社刊。<br>1・25　毎日新聞社『続・算数に強く | 1・14　経済審議会，「人的能力政策に関する答申」を行なう。<br>1・△　財団法人能力開発研究所設置。<br>3・12　文部省，大学生の急増問 |

| 年　次 | 科学の普通教育・科学啓蒙書 | 専門教育／その予備教育 |
|---|---|---|
| | なる』同社刊。<br>2・25　武谷三男・星郎芳郎『物理の世界』（少年少女学習百科全集12）講談社刊。<br>7・△　高橋金三郎「理科教育学入門」『理科教室』に連載開始（～翌年1月号）。<br>7・△　文部省，理科教育審議会の答申にもとづき各都道府県教育委員会と共催で理科教育講座を開催（5カ年計画，毎年夏6日間，小中高の理科教師の再教育）。<br>8・3　板倉聖宣，科学教育研究協議会大会で仮説実験授業を提唱。<br>9・△　板倉聖宣「民主主義の旗を高くかかげよう──〈科学教育の現代化〉に先立つもの」『科教研月報』。<br>10・△　中原正木，『理科教室』編集委員代表となる。<br>11・16　能力開発研究所，第1回テスト実施。<br>11・30　日教組編『国民のための教育の研究実践──日教組教研10年のあゆみの上に，理科編』日教組刊。<br>11・30　ブルーナー『教育の過程』岩波書店刊。<br>11・△　板倉聖宣「仮説実験授業のためのテキスト・ふりこと振動」『理科教室』に掲載。<br>12・18　教職員標準法改定，教科書無償措置法成立。<br>△・△　神戸伊三郎（1884～，79歳）没。 | 題に対処するため省内に高等教育研究会を設置。<br>3・30　産業計画会議『才能開発への道──科学技術の創造的英才を育てよう』平凡社刊。<br>4・1　高等学校新学習指導要領新1年生より施行（AB 2種のコースに分ける，普通過程：理科4科目必修物理3又は5，化学3又は4，生物4，地学2単位）。数学I, II必修。<br>6・11　荒木文相，衆議院文教委で農業高専の創設を考慮したいと発言。<br>7・25　米ソ英，部分核停条約に仮調印。<br>10・19　中央産業教育審議会，「高校産業教育の施設設備の基準改善について」答申。同じく「中学校技術家庭科設備新基準について」建議。<br>10・19　灘尾文相，中央産業教育審議会に「高校における農業自営者養成および確保のための農業教育の改善方策について」諮問。<br>12・10　武谷三男編『自然科学概論』第3巻（科学者・技術者の組織論），勁草書房刊。<br>12・18　大学設置審議会・私立大学審議会，大学の新増設について答申。<br>12・26　文部省，昭和39年度に国立大学院16，大学7学部16学科の新増設を決定。 |
| 1964年<br>（昭和39） | 2・1　文部省，小中学校の「道徳の指導資料」を発表。<br>3・1　板倉聖宣／江沢洋共著『物理学入門──科学教育の現代化』国土社刊。<br>4・30　遠藤豊・玉田泰太郎『ぼくらは科学者』（4年生）刊（5・6年生もつづいて刊行）。<br>5・25　板倉聖宣ほか編『少年少女科学名著全集』（国土社）発刊。（翌年4月25日全20巻完結）。<br>5・△　八杉龍一『科学的人間の形成』明治図書刊。 | 1・18　文部省，昭和39年度公私立大学の46学科新増設（1,5000人増員）を発表。<br>2・25　「国立大学の学科及び課程並びに講座及び学科目に関する省令」公布。<br>4・20　中央産業教育審議会，「高校における農業自営者の養成と確保のための農業教育の改善方策」を答申。<br>4・△　昭和39年度から5校のモデル農業高校を設置。<br>4・△　国立工業高等専門学校12 |

| 年次 | 科学の普通教育・科学啓蒙書 | 専門教育／その予備教育 |
|---|---|---|
|  | 6・1 板倉聖宣編『デモクリトスから素粒子まで』(発明発見物語全集3) 国土社刊。<br>9・20 文部省『中学校理科指導事例集——基本的事項の指導』発行。<br>10・△ 原正敏編『技術科の災害と安全管理』明治図書刊。<br>11・8 私立成城学園初等学校,「仮説実験授業を中心とした小学校理科教育」授業公開発表会開催。<br>12・15 日本科学史学会編『日本科学技術史大系第8巻（教育1）』第一法規刊。<br>12・△ 長妻克亘「数学教育現代化の意義」『数学教室』12月号に掲載。 | 校新設。<br>4・△ 文部省,大学生急増対策試案を作成。<br>6・17 「学校教育法」を一部改正（短期大学の恒久的制度化なる）。<br>7・17 私立大学協会,学生急増対策について私立大学・短大の収容力は6万人が限度で国家の特別助成のないかぎりそれ以上は不可能と言明。<br>8・21 文部省,大学白書『わが国の高等教育——戦後における高等教育の歩み』を発表。<br>8・27 石田労相,関西経営者協会の講演会で「若年労働者不足に拍車をかける大学生急増対策に反対」の旨述べる。<br>9・1 労働省,文部省の大学拡充計画では文科系は供給過剰となり理科系は不足と異議を申し入れる。 |
| 1965年<br>(昭和40) | 1・11 中央教育審議会第19特別委員会（主査高坂正顕）,「期待される人間像」中間草案を発表。<br>3・△ 大竹三郎・若林覚『化学の教育』（講座・現代の自然科学教育2）刊。<br>4・△ 『科学朝日』4月号「教育工学のすべて」を特集,矢口新「つめ込み式からプログラム学習へ」など掲載。<br>6・10 中原正木『科学をこう教える——自然科学教育の本質とその展開』国土社刊。<br>6・12 家永三郎,国を相手に教科書検定をめぐる損害賠償請求訴状を東京地裁に提出。<br>6・14 文部大臣,教育課程審議会に「小学校・中学校の教育課程の改善について」諮問（昭和43年度中に学習指導要領を改定,46年度小学校,47年度中学校施行を期す）。<br>6・21 理科教育審議会,理科教育の設備基準の改訂について政府に答申。<br>8・5 庄司和晃『仮説実験授業』国土社刊。 | 2・5 日経連教育特別委員会,「後期中等教育に対する要望」を中教審に提出。<br>2・15 工業高専の入学志願者が少なく募集定員に満たないことが問題となる（3月10日,国立豊田工業高専入学者確保のため入学金を先取りしたことが問題化）。<br>3・31 大学基準等研究協議会,大学設置基準改善案を文相に答申。<br>4・20 文部省「自営者養成農業高校拡充整備要項」を発表。<br>8・30 文部省,昭和41〜43年の大学生急増対策を発表。（国立1,3000,公立4300,私立6,6000,計8,3300名増）。<br>9・1 文部省,昭和41年国立大学2学部32学科新設を発表（6012名増）。<br>10・30 伊ケ崎暁生『大学の自治の歴史』新日本出版社刊。<br>11・15 田中実編『科学技術教育——いかに改革すべきか』ダイヤモンド社刊。 |

| 年　次 | 科学の普通教育・科学啓蒙書 | 専門教育／その予備教育 |
|---|---|---|
| | 9・30　文部省中等教育課監修『理科教育設備改定基準案と解説』刊。<br>10・1　奥野久輝ほか訳『ケムス化学』共立出版刊。<br>10・21　朝永振一郎ノーベル物理学賞受賞の報伝わる。<br>10・26　板倉聖宣／上廻昭『仮説実験授業入門』明治図書刊。 | 11・26　科学技術庁長官，科学技術白書「研究活動と人材需給の動向」を閣議に報告（12月10日刊）。<br>12・4　日本科学者会議創立発起人総会開催（発起人1178名）。<br>12・20　公私立大学の昭和41年度新増設決定，そのほとんどが文科系。 |
| 1966年<br>（昭和41） | 1・△　板倉「仮説実験授業は教師を失業させるか」。<br>2・△　板倉「仮説実験授業と創造性開発」『総合教育技術』。<br>2・△　板倉「科学教育における読書指導」『学校図書館』。<br>3・△　板倉「提案——学年末です。〈思い出の授業〉の作文を」。<br>3・△　板倉「仮説とは何か——その意義と条件」『教育』。<br>5・△　板倉聖宣「仮説実験授業と授業書の問題配列の問題について — 熊沢氏の批判に答えて」『理科教室』。<br>6・△　板倉「科学的認識の成立過程」『理科教室』。<br>6・△　板倉「授業書〈じしゃく〉とその解説」『仮実研究』。<br>9・△　板倉「仮説実験授業とは何か——そのなりたちと授業運営法」『理科教室』。<br>11・10　板倉聖宣『未来の科学教育』国土社刊（国土新書）。<br>12・△　仮説実験授業研究会創立。<br>この年　日本全国での出産率，平年より25％減少。丙午年迷信。 | 4・1　東京学芸大学に大学院修士課程を設置。<br>4・5　学芸大学を教育大学，22学芸学部を教育学部と改称。<br>5・16　中国で文化大革命始まる。<br>5・18　文部省〈推薦制／能研テスト〉を柱とする昭和42年度大学入試実施要項を発表。<br>5・△　玉虫文一ほか訳『CBA化学実験書』岩波書店刊。<br>7・1　理科教育及び産業教育審議会設置（理科教育審と中央産業教育審を統合）。<br>7・2　能力開発研究所〈進学適正能力テスト／職業適応テスト〉実施。<br>7・28　理科教育振興法施行規則の一部改正（理科教育設備基準を大幅に改正）。<br>7・△　岩波映画〈力のおよぼし合い〉完成。<br>10・31　中央教育審議会〈期待される人間像〉を含む「後期中等教育の拡充整備」を答申。 |
| 1967年<br>（昭和42） | 2・△　板倉聖宣「仮説実験授業による力の概念の導入——小学校における科学教育の可能性に関する研究」『国立教育研紀要』。<br>3・20　板倉「授業書〈りんじくと仕事〉」『仮実研究』。<br>6・20　板倉「授業書〈花と実〉」『仮実研究』別冊。<br>8・△　黒田弘行『初等生物教育入門』国土社刊。<br>9・△　高橋金三郎／熊沢文男『低学年理科——理論・実験・検証』明治図書刊。 | 1・13　「建国記念の日について」通達。<br>4・△　吉本市『理科教育序説』培風館刊。<br>5・△　全国理科教育センター研究協議会編『安全なる理科実験』東洋館刊。<br>6・12　坪井忠二訳『ファインマン物理（1）力学』岩波書店刊。全5巻は1979年完結だが，この（1）で原子論の重要性を力説。<br>6・△　ガモフ著／伏見康治訳『重 |

| 年　次 | 科学の普通教育・科学啓蒙書 | 専門教育／その予備教育 |
|---|---|---|
|  | 9・△　スカートキン著／小林実訳『自然科学の第一歩――何をどのように学ぶのか』理論社刊。<br>9・△　レイブソン著／疋田軍次訳『（ソビエトの少年科学6）空気のなぞ』誠文堂新光社刊。<br>10・31　板倉「授業書〈電流と磁石〉とその解説」『仮説実験』。<br>11・9　板倉「授業書〈溶解〉とその解説」『仮説実験』。 | 力の話』河出書房刊。米国の（SSSシリーズ）の翻訳版刊行開始。<br>7・△　岩波映画〈浮力〉成る。<br>8・1　財団法人日本学術振興会を母体として特殊法人日本学術振興会を設立。<br>11・18〜19　能力開発研究所，学力テスト実施。<br>12・20　ポーリング著／木村健二郎ほか訳『分子の造形――やさしい化学結合論』丸善刊。 |

| 年　次 | 科学・理科教育一般／小学校教育 | 中高校大学での科学・理科教育 |
|---|---|---|
| 1968年<br>（昭和43） | 3・1　板倉聖宣『日本理科教育史（付年表）』第一法規刊。<br>4・30　板倉「〈溶解〉テスト問題とその解説」『仮説実験』。<br>4・△　明星学園理科部著『自然科学の教育』麦書房刊。<br>7・11　文部省『小学校学習指導要領』告示。理科では〈内容の精選／集約〉を実施。〈卵の孵化〉を採用。〈ばねの釣り合い〉の文章は不適切。<br>7・△　板倉聖宣『ジャガイモの花と実』福音館刊。<br>9・△　板倉聖宣編著『子どもの変革と仮説実験授業』明治図書刊。<br>11・△　板倉「授業書〈結晶〉とその解説」「磁石と力の実験」『仮説実験』。<br>12・△　かこさとし『よわいかみ・つよいかたち』童心社刊。かこさとしかがくの本8。 | 1・13　東大医学部自治会，医師法改正に反対して無期限ストに入る。東大紛争の発端。<br>2・7　文部省，4月から14道府県29の高校に〈理数科〉新設を発表。<br><br>7・△　板倉「自然認識の歴史的発展――教育者のための科学史学入門」小学館『自然と法則』。<br>8・△　中原正木『生物学教育論』国土社刊。<br>12・△　波多野誼余夫／稲垣佳世子「認知的観察における内発的動機づけ」『教育心理学研究』重さの保存が中心。 |
| 1969年<br>（昭和44） | 4・1　板倉「授業書〈おもしろい磁石の実験〉とその解説」『仮説実験』。<br>4・14　文部省『中学校学習指導要領』告示。理科では〈探求の過程〉重視を強調。〈基本的な科学概念〉の語を乱用。教材の精選のため小項目を大幅に減らす。<br>12・30　板倉「授業書〈三態変化〉」『仮説実験』。<br>△・△　山田恭彦／高見穎郎／兵藤申一訳『IPS物理』岩波書店刊。 | 1・△　金山広吉「サイフォン原理の再検討」『日本物理教育学会誌』17巻1号。<br>3・25　板倉聖宣『科学と方法――科学的認識の成立条件』季節社刊。<br>4・△　板倉と佐藤忠男対談「興味がなければ認識できない」『総合教育技術』。<br>6・△　板倉「理科と国語科とのすきま」『国語の教育』国土社。<br>11・△　板倉「批判的に読ませる指導の必要性」『教育科学国語教育』。 |

| 年　次 | 科学・理科教育一般／小学校教育 | 中高校大学での科学・理科教育 |
|---|---|---|
| 1970年（昭和45） | 2・△　板倉「授業書〈じしゃく〉による仮説実験授業」『国研紀要』。<br>4・10　板倉聖宣著『空気と水のじっけん』国土社刊。いたずらはかせのかがくのほん刊行開始。<br>4・15　明星学園理科部著『自然科学（1）物質概念の基礎』麦書房刊。<br>4・25　板倉聖宣著『足はなんぼん』国土社刊。<br>5・30　小林実著『小学校理科の実験と観察一年生』国土社刊。各学年一冊。<br>7・10　板倉聖宣著『かげと光とビー玉』／『ふしぎな石,じしゃく』／『にている親子,にてない親子』国土社刊。<br>8・1　板倉「授業書〈温度と沸とう〉とその解説」『科教研究（1）』<br>11・1　板倉「授業書〈宇宙への道〉の狙いと特色」『科教研究（2）』。 | 3・△　板倉「本格的な科学教育は何時から始めるべきか」『物理教育』<br>5・28　『物理学古典論文叢書（1）熱輻射と量子』東海大出版会刊。同年中に全12冊完結。<br>6・△　板倉「経験・思考・概念の形成」『教育科学理科教育』<br>8・1　仮説実験授業研究会『科学教育研究』(国土社)創刊。／板倉,研究会会則の趣旨説明。<br>10・12　宇井純ら,東大で公開自主講座〈公害原論〉を夜間開校。<br>10・15　文部省『高等学校学習指導要領』告示。「理数科」新設。理科は各3単位の〈基礎理科／物／化／生／地〉各1のうち2科目または〈基礎理科〉を必修とする。<br>12・25　斎藤喜博ほか『教授学研究』国土社創刊。 |
| 1971年（昭和46） | 1・20　小／中学校の学習指導要領,公害教育のため一部改正。<br>2・10　板倉「授業書〈トルクと重心〉とその解説『科教研究（3）』。<br>3・5　クーン（1922～1996）著／中山茂訳『科学革命の構造』みすず書房刊。原著は1962年刊。<br>3・△　粟田一良著『小学校理科授業の現代化』明治図書刊。<br>4・5　小林実著『なぜなぜはかせのかがくの本（1）いとでんわ』国土社刊。全30冊。<br>7・25　ポパー（1902～1994）著／大内義一・森博訳『科学的発見の論理』上巻,恒星社厚生閣刊。仮説実験的認識論を主張。<br>7・△　板倉聖宣ら『仮説実験授業記録集成（1）溶解』国土社刊。<br>11・25　板倉聖宣著『もしも原子がみえたなら』／『空気の重さをはかるには』国土社刊。 | 2・10　板倉「小中学校の科学教育の領域をいかに区分すべきか」『科教研究（3）』。<br>2・20　ガードナー著／坪井忠二ほか訳『自然界における左と右』刊。<br>3・20　上田誠也著『新しい地球観』岩波新書刊。大陸移動説紹介。<br>6・14　日教組の教育制度審議会『日本の教育はどうあるべきか』発表。文部省の中教審案を否定。<br>8・1　板倉聖宣著『科学と仮説——仮説実験授業への道』野火書房（のち季節社）刊。<br>8・16　文部省,放送大学の実験放送を開始。<br>11・30　板倉「授業書〈力と運動〉とその解説」『科教研究（6）』。 |
| 1972年（昭和47） | 1・30　平林浩「授業書〈気体と燃焼〉」『科教研究（7）』。<br>5・20　板倉「科学の言葉と伝統的な言葉覚書——いき物・動物・むし」『科教研究（8）』。 | 1・25　板倉聖宣著『科学の形成と論理』季節社刊。<br>1・30　板倉聖宣「丙午迷信と科学教育」『科教研究（8）』——明治の丙午よりも昭和のほうが |

| 年次 | 科学・理科教育一般／小学校教育 | 中高校大学での科学・理科教育 |
|---|---|---|
| | 5・20 板倉／吉村七郎「授業書〈空気の重さ〉」『科教研究（8）』。<br>7・10 科教協東北地区協議会編『やさしくて本質的な理科実験（1）』評論社刊。 | 人口減少が著しいことを示し，この迷信は一種の文明病とする。<br>2・10 岩城正夫『ある発明のはなし』ポプラ社刊。<br>5・20 板倉聖宣著『ぼくらはガリレオ』岩波書店刊。 |
| 1973年<br>(昭和48) | 1・5 太郎次郎社『ひと』創刊。／板倉「科学新入門」の連載を開始。<br>2・10 板倉聖宣著『火曜日には火の用心——暦に残る昔の人々の知恵と迷信』国土社刊。<br>2・10 板倉聖宣,沢庵和尚の空気の実在証明の実験を紹介。『科教研究（10）』。<br>3・5 高橋俊彦訳『(バークレー物理学コース) 波動 (上)』丸善刊。<br>3・25 波多野誼余夫・稲垣佳世子共著『知的好奇心』中公新書刊。<br>3・26 第一回ひと塾開催。<br>6・18 日教組の教育制度検討委員会教育改革第三次報告書成る。低学年理科の廃止を含む。 | 4・30 岩波洋造著『植物のSEX』講談社ブルーバックス刊。花粉はブラウン運動しないことを指摘。<br>5・25 国立教育研〈教育到達度評価研究国際学会——IEA〉，1970年実施の理科テストで日本の小中学生の成績は参加19カ国中成績最高と発表。新聞各紙報道。<br>5・30 増山明夫／犬塚清和「〈動物の分類と進化〉の授業書とその授業記録」『科教研究（11）』。<br>10・23 スウェーデン・アカデミー，江崎玲於奈にノーベル物理学賞授与を発表。<br>10・30 板倉／木村東作／八木江里『長岡半太郎伝』刊。 |
| 1974年<br>(昭和49) | 3・△ 朝日新聞社『のびのび』創刊／板倉「いたずら博士の科学教室」連載開始。<br>6・5 板倉「私の評価論—仮説実験授業のなかでの評価」『ひと』。<br>6・20 平林浩,〈もしも原子がみえたなら〉を授業書化。／板倉「授業書〈花と実〉とその解説」／板倉「〈わかる授業〉より〈たのしい授業〉へ」『仮実研究（1）』。<br>7・5～9・5 堀江晴美〈豆電球と回路〉の授業記録『ひと』連載。 | 3・20 高橋金三郎／細谷純編『極地方式入門』国土社刊。<br>6・20 仮説社『仮説実験授業研究』創刊。全12冊の季刊誌。<br>7・3 名倉弘「科学の本のウソに悩まされて——花粉はブラウン運動するか」『ひと』。<br>8・△ 板倉「コックリさんの超能力——井上円了が80年前に解明ずみ」『科学朝日』。<br>10・1 板倉聖宣著『仮説実験授業——〈ばねと力〉によるその具体化』仮説社刊。 |
| 1975年<br>(昭和50) | 1・20 板倉「教材の〈精選〉か〈積み上げ〉か」『仮実研究（3）』。<br>1・31 板倉聖宣著『科学の学び方・教え方』太郎次郎社刊。<br>5・25 板倉／小野田三男「授業書〈光と虫めがね〉とその解説」『仮実研究（4）』。<br>5・25 板倉「テストのやり方について」『仮実研究（4）』。 | 2・△ 平田森三『キリンのまだら』中央公論社,自然選書刊。〈花粉〉のブラウン運動を感動的に描く。<br>4・△ 文部省,新科目〈基礎理科〉の今年度選択は1％以下と発表。<br>5・△ 伊矢大四郎／武村重和共編『大系理科教育用語辞典』明治図書刊。 |

| 年　次 | 科学・理科教育一般／小学校教育 | 中高校大学での科学・理科教育 |
|---|---|---|
| | 6・15　吉村証子著『知識の絵本（1）ちずあそび』岩崎書店刊。 | 11・△　板倉聖宣／伊藤篤子，ブラウン運動の原典を翻訳紹介。『仮実研究（6）』。 |
| 1976年（昭和51） | 4・1　高橋金三郎／細谷純編集代表『わかる授業』明治図書刊。～78.11まで14集発行。<br>4・1　板倉聖宣／小野田三男「授業書〈二つの回路の結合〉とその解説」『仮実研究（7）』。<br>4・1　高橋金三郎/細谷純ら編『理科教育をどう進めるか』全五冊明治図書刊。～10月。<br>6・△　板倉聖宣，フックの「液体分子の砂粒振動モデル実験」を紹介。『仮実研究（8）』。<br>12・18　教育課程審議会「小中高校の教育課程の基準の改善について」答申。ゆとりと充実を強調。 | 1・20　クロッパー編／渡辺正雄訳『HOSC物理』『HOSC化学』『HOSC生物』講談社刊。<br>4・1　宮脇昭監修『わたしたちの環境科学』全8冊，文理刊。<br>4・15　板倉聖宣『長岡半太郎』朝日新聞社，朝日評伝選。<br>4・1　板倉聖宣「花粉はブラウン運動するか――ブラウンの見たものとその誤解の歴史」『仮実研究（7）』。<br>5・20　京大化学研究所，五酸化バナジウムの結晶写真の撮影に成功。原子配列の撮影は世界最初。 |
| 1977年（昭和52） | 1・15　小林実『子どもの自然, 子どもの科学』文化出版局刊。<br>3・15　西川浩司／吉村七郎／板倉聖宣『仮説実験授業記録集成（5）三態変化』国土社刊。<br>5・5　板倉聖宣『科学的とはどういうことか』仮説社刊。<br>7・23　文部省『小学校学習指導要領』告示。〈ゆとり〉の時代，総授業時数の縮小。理科は一二年週2時限，三四五六年3時限。〈繰り返し教材〉を減らす。<br>7・23　文部省『中学校学習指導要領』告示。理科の時数を一二年3時限，三年4時限に縮小。公害問題に対処。〈身近な事物現象〉で興味関心を高めたという。<br>9・25　板倉聖宣「授業書〈電池と回路〉とその解説」『仮実研究（12）』<br>10・25　板倉聖宣『仮説実験授業のABC――楽しい授業への招待』仮説社刊。 | 2・14　日本科学教育学会創立。会長は大塚明郎。<br>4・15　石黒浩三／霜田光一／松村温共編『KBGK物理（基礎編）』朝倉書店刊。<br>5・25　渡辺正雄／石川孝夫／笠耐監修『プロジェクト物理（1）運動の概念』コロナ社刊。～1985.6まで。<br>6・29　文部省，昭和53年度から使用の中学校教科書の検定結果を発表。理科は平均14ページ減少。<br>7・2　文部省，昭和54年度から実施の共通一次学力試験の実施要項を発表。<br>8・30　文部省『高等学校学習指導要領』告示。 |
| 1978年（昭和53） | 4・5　板倉聖宣著『模倣と創造――科学・教育における研究の作法』仮説社刊。87.11月増補版刊<br>5・△　日高敏隆「虹は何色か」『現代思想』「先日ふとこんなことをあるアメリカ人にたずねてみた。答は意外だった。彼は即座に〈六つ〉 | 1・3　板倉「自立のために学ぶ――ふしぎな会社・名南製作所」『ひと』。<br>8・10　ギルバート著／板倉聖宣訳『磁石（および電気）論』仮説社刊。<br>8・30　文部省『高等学校学習指 |

年表 573

| 年　次 | 科学・理科教育一般／小学校教育 | 中高校大学での科学・理科教育 |
|---|---|---|
|  | と答えたのである」。<br>12・△　鈴木孝夫「虹の色は何色か」〈虹は何色に見えるかということは言語によって違うものだ〉。 | 導要領』告示。1982年入学者から順次実施。一年「理科Ⅰ」二三年「理科Ⅱ／物／化／生／地」とする。<br>△・△　(英) J.E.ゴードン著『構造の世界——なぜ物体は崩れ落ちないでいられるか』刊。抗力の概念をうまく解説。訳は1991年。 |
| 1979年<br>(昭和54) | 1・20　村上陽一郎著『新しい科学論——〈事実〉は理論をたおせるか』講談社ブルーバックス刊。「虹は七色？」の項の中で「小学校のとき〈せき、とう、こう、りょく、せい、らん、し〉という七色の名まえも、呪文のようにして記憶させられました」「アメリカ人の多くは、可視光線の連続スペクトルのなかに、通常は六つの色しか認めていない」「ことばによって〈見る〉ものが支配される事を示すよい例だ」。<br>8・20　桜井邦朋著『〈考え方〉の風土』講談社現代新書刊。「六色の虹」の節に〈米国の本の虹の色には藍が欠けている〉と記す。<br>12・15　犬塚清和編『科学と教育のために——板倉聖宣講演集』季節社刊。 | 2・15　仮説社『授業科学研究』を創刊。季刊誌。<br>2・15　板倉「授業科学とは何か」『授業科学研究 (1)』。<br>4〜10　板倉, 東大教育学部講師。<br>4・30　板倉聖宣著『砂鉄とじしゃくのなぞ』福音書店刊。<br>6・15　板倉／塩野広次「授業書〈ものとその電気〉とその解説」『授業科学研究 (2)』。<br>9・11　遠山啓, 病没 (70歳)。<br>11・15　「〈物質同定の原理〉について」『授業科学研究 (3)』。<br>12・5　板倉, 対学研盗作裁判, 200万円で示談和解。<br>12・15　ウォーカー著／戸田盛和／田中裕共訳『ハテ・なぜだろうの物理学 (1)』培風館刊。翌年7.15全三冊完結。 |
| 1980年<br>(昭和55) | 2・5　板倉聖宣著『磁石の魅力』仮説社刊。<br>3・18　板倉聖宣『重さに目をつけよう』岩波書店刊。<br>5・△　板倉「知的エンターテイメントとしての科学教育の伝統」『民放』。<br>8・10　板倉, シャープペンシルの芯とアルミホイルを使って反磁性と常磁性の実験が簡単に出来ることの発見報告『授業科学研究 (5)』。 | △・△　永田英治「凝集力教材の起源と史的教材解釈」『日本理科教育学会研究紀要』21巻1号。<br>1・30　板倉／中村邦光「力学に関する基本的な術語の形成過程」『科学史研究』。<br>8・10　仮説実験授業研究会, 仮説会館を設立。<br>この年　日本の自動車生産, 米国を抜き世界一となる。 |
| 1981年<br>(昭和56) | 3・2　板倉聖宣著『ぼくがあるくと月もあるく』岩波書店刊。<br>8・25　板倉聖宣／松本キミ子絵『自転車の発明』国土社刊。いたずらはかせのかがくの本。<br>12・10　板倉「手品・超能力と科学の歴史」季節社『ものの見方考え方』。<br>12・14　板倉「創造性の心理学」所 | 2・10　板倉／中村邦光「初期和算書における金属と水の密度の値——その伝承と改善」『科学史研究』。<br>4・10　板倉「希土類磁石とそれによる新実験」『授業科学研究 (7)』。<br>4・30　神戸伊三郎『進化学習図 |

| 年　次 | 科学・理科教育一般／小学校教育 | 中高校大学での科学・理科教育 |
|---|---|---|
| | 収の小学館『知能の創造性』刊。 | 鑑』国土社復刊。<br>10・19　福井謙一にノーベル化学賞決定。 |
| 1982年<br>(昭和57) | 4・25　板倉聖宣／伊藤篤子編著『日本はじめての科学読物』国土社〈少年少女科学名著全集30〉として発行。大庭雪斎『民間格致問答』／福沢諭吉『訓蒙究理図解』を現代語訳紹介。「科学読物の生いたち」を付す。<br>9・3　板倉「授業書〈30倍の世界〉とその解説」『授業科学研究(12)』。 | 3・29　板倉／永田英治「明治期学校教育の定着過程に関する数量的研究(2)小中学校の卒業生数の増大と科学教育」『国立教育研究所紀要』。<br>10・20　板倉／中村邦光「江戸時代の円周率の値──江戸時代の学問と通俗書の間」『科学史研究』。 |
| 1983年<br>(昭和58) | 4・3　仮説社『たのしい授業』創刊。<br>4・3　板倉「授業書〈地球〉」『たのしい授業』。<br>5・3　板倉「授業書とは何か──新しい化学の授業書の構想」『たのしい授業』。<br>6・3　板倉「授業書〈原子の世界への招待──化学ではどのようなことを知るとよいか〉」『たのしい授業』。<br>7・3　板倉「授業書〈水の表面〉」『たのしい授業』。<br>10・30　城雄二「授業書案〈水面の高さ〉」『科学入門教育』。 | 1・30　シンガー著／西村顕治／川名悦郎共訳『解剖・生理学小史──近代医学のあけぼの』白揚社刊。<br>3・28　板倉「日本における中等物理教育の歴史」『国立教育研究所集録』。<br>7・27　板倉「授業書〈熱はどこに蓄えられるか〉」『科学入門教育』。<br>8・3　板倉「見えない気体をつかまえよう」『たの授』。<br>12・3　板倉「自分のすばらしさを発見する授業」『たの授』。 |
| 1984年<br>(昭和59) | 2・3　板倉「たのしく学びつづけるために──仮説実験授業を受けた子どもたちへのメッセージ」『たのしい授業』。<br>3・3　板倉「原子の立体周期表」『たのしい授業』。<br>5・3　板倉「原子論的な歴史の見方考え方とはどういうものか」『たのしい授業』。<br>7・30　板倉聖宣『国定「小学読本」の中の科学教材文』板倉研究室刊。 | 2・25　板倉「授業書〈電流〉とその解説」『科学入門教育』。<br>8・15　フック著／板倉聖宣／永田英治共訳『ミクログラフィア』仮説社刊。<br>8・△　明治図書，向山洋一の〈教育技術法則化運動〉を展開。<br>12・10翌年5・25　ヒューエット著／小出昭一郎監訳『物理のコンセプト』共立出版刊。「力と運動／物質と原子／電気と光」の全三冊。 |
| 1985年<br>(昭和60) | 3・31　学校図書『(小学校検定教科書)国語』四年上に板倉「自転車の歴史」五年上に板倉「空気の重さを計るには」採用。<br>5・3　板倉「自由に発想する法──原則にとらわれて考える」『たのしい授業』。<br>7・27　板倉聖宣著『だいずと豆の木 | 4・3　永田英治／板倉「科学教育学の授業書〈政治教育思想と科学教育(1)(2)〉」『たの授』。<br>6・15　菅原国香／斎藤茂樹／板倉共著『元素の発明発見物語』国土社刊。<br>10・15　ソ連共産党総会，ゴルバチョフ書記長のペレストロイカ |

| 年 次 | 科学・理科教育一般／小学校教育 | 中高校大学での科学・理科教育 |
|---|---|---|
| | 』キリン館刊。<br>9・3　板倉「授業書〈原子とその分類〉」『たのしい授業』<br>12・3　板倉／吉村七郎「分子模型の作り方」『たのしい授業』。<br>12・10　板倉聖宣著『原子とつきあう本』仮説社刊。 | 路線を承認→ソ連、解体化に進む。<br>10・20　桑野幸徳著『アモルファス——不思議な非晶質物質』講談社ブルーバックス刊。<br>10・25　板倉／中村邦光「日本における〈てこの原理〉の数量的理解の歴史」『科学史研究』。 |
| 1986年<br>(昭和61) | 3・3　板倉「文の接続法の工夫によって発想を豊かにする方法」『たのしい授業』。<br>4・3　編集委員会編『ものづくりハンドブック』第1集、仮説社刊。<br>4・3　板倉「大人たちが楽しく学ぶ時代」『たのしい授業』<br>5・3　板倉「授業書の読み方」『たのしい授業』。<br>5・7　板倉聖宣著『歴史の見方考え方』仮説社刊。原子論的歴史。<br>7・3　板倉「学力保証と楽しい授業」『たのしい授業』。<br>10・3　板倉「世界の教育と仮説実験授業」『たのしい授業』。<br>11・3　板倉／大浜みずほか「授業書案〈哺乳類と生存競争〉」『たのしい授業』。 | 3・3　板倉「Na金属の結晶模型作り」『たの授』。<br>3・△　菅原国香／板倉／中村邦光「atomの訳語の形成過程」『科学史研究』<br>4・26　ソ連チェルノブイリ原発事故発生。<br>9・10　板倉「党派性に支配されない歴史教育を——自然科学からみた教育方法への提言」『季刊臨教審のすべて』。<br>10・1　板倉聖宣／永田英治／三井澄雄／松井吉之助／長谷川純三／富樫裕共著『理科教育史資料』第1巻〈科学教育論・教育課程〉第2巻〈理科教科書史〉第3巻〈理科教授法・実践史〉東京法令刊。 |
| 1987年<br>(昭和62) | 2・25　板倉聖宣／永田英治／三井澄雄／松井吉之助／長谷川純三／富樫裕共著『理科教育史資料』第4巻〈理科教材史1〉第5巻〈理科教材史2〉第6巻〈科学読み物・年表・人物事典〉東京法令刊。<br>7・20　板倉聖宣／吉村七郎／塩野広次／小林光子共著『ゼネコンで遊ぼう——発電機と電気エネルギー』仮説社刊。<br>12・△　利根川進、ノーベル医学生理学賞を受賞。 | 1・3　板倉「企業の精神と近代科学の精神」『たのしい授業』。<br>1・△　板倉「脚気病研究史の教訓」『歴史読本』。<br>4・△　国鉄の分割、民営化実現。<br>4・3　杉本厚仁「水は低きに流れるか——〈水面の高さ〉教訓茶碗の謎にいどむ高校生」『たの授』。<br>10・20　板倉聖宣著『かわりだねの科学者たち』仮説社刊。 |
| 1988年<br>(昭和63) | 4・5　板倉聖宣著『たのしい授業の思想』仮説社刊。<br>4・10　板倉聖宣編『週刊朝日百科：学校と試験』朝日新聞社刊。誕生年による最終学歴の変動のグラフを掲げる。<br>6・3　板倉「教育研究における独創性とは何か——向山洋一氏の盗作論を批判する」『たの授』。 | 3・5　板倉聖宣著『模倣の時代上巻——脚気の予防治療法の開発者達と、その抑圧者達の物語』仮説社刊。<br>3・25　板倉聖宣著『模倣の時代下巻——ビタミンの研究・発見者たちと、その妨害者たちの物語』仮説社刊。<br>5・15　愛知・岐阜物理サークル |

| 年　次 | 科学・理科教育一般／小学校教育 | 中高校大学での科学・理科教育 |
|---|---|---|
| | 8・5　板倉聖宣著『仮説実験授業の研究論と組織論』仮説社刊。<br>12・△　板倉「すべての科学の原理としての〈重さの原理〉」『理科教室』。 | 編著『いきいき物理わくわく実験』新生出版刊。<br>8・5　板倉聖宣著『私の新発見と再発見』仮説社刊。<br>10・5　米沢富美子著『アモルファスな話』岩波書店刊。 |
| 1989年<br>(昭和64)<br>(平成元) | 1・3　板倉「(総合読本)百聞は一見にしかず, 百見は一読にしかず, 百読は一聞にしかず」『たのしい授業』。<br>3・15　文部省『小学校学習指導要領』告示。一二年に「生活科」を新設, 週各3時限。「理科」は三年以上で週各3時限となる。<br>3・15　文部省『中学校学習指導要領』告示。理科は一二年週各3時限, 三年週各3～4時限となる。<br>7・30　宮地祐司「授業書〈生物と細胞〉」『仮説実験授業研究(1)』。 | 3・15　文部省『高等学校学習指導要領』告示。1994年入学生から実施。理科の目標で〈科学的探究心〉を重視。〈4単位総合理科〉と〈物／化／生／地〉各2単位ⅠA／各4単位ⅠBのうち二科目を必修とする。各2単位の〈物／化／生／地〉Ⅱも置く。<br>4・1　消費税, 導入。<br>4・25　化学史学会編『原子論・分子論の原典』東京化学同人刊。1993. 3月全3巻完結。<br>7・30　仮説社『第3期仮説実験授業研究』創刊。<br>11・10　ベルリンの壁, 取り壊し。 |
| 1990年<br>(平成2) | 2・28　アルキメデス著／佐藤徹訳『方法』東海大学出版会刊。<br>3・△　板倉, 日本教育学会シンポジウムで講演。「回顧と反省：模倣から創造へ」『教育学研究』。<br>5・4　板倉ら, 新潟県東養寺に「科学の碑」建立, 公開。板倉聖宣ほか著〈科学の碑〉と湯之谷村』刊。<br>5・25　板倉「授業書〈自由電子が見えたなら〉とその解説」『仮説実験授業研究(2)』。<br>11・5　板倉聖宣／藤沢千之共著『ドライアイスであそぼう』国土社刊。いたずらはかせのかがくの本。 | 4・10　アトキンス著／千葉秀昭／稲葉章共訳『分子と人間』東京化学同人刊。実体積原子模型で図解。<br>5・2　板倉聖宣／中村邦光ほか共著『日本における科学研究の萌芽と挫折』仮説社刊。<br>10・1　東証株価暴落。バブル経済崩壊へ。<br>11・3　板倉「新しい授業書〈電子レンジと電磁波〉」『たの授』。 |
| 1991年<br>(平成3) | 1・△　板倉「理系の目：日本史再発見」『科学朝日』連載開始。<br>3・30　板倉聖宣「科学の巡回講師となった人の物語——ファーガソン(1710～76)の自伝」『仮実研究(3)』。<br>12・26　ソ連邦の消滅を宣言。<br>この年, 第一回「青少年のための科学の祭典」開催。 | 3・30　板倉聖宣「授業書〈程度の問題——磁石と電気の場合〉」『仮説実験授業研究(3)』。<br>△・△　OECD, 参加各国の成人の科学知識の調査, 日本は14か国中下から2番目。 |
| 1992年 | 2・△　各地で, 低学年算数・国語を | 3・15　板倉聖宣著『新哲学入門』 |

| 年　次 | 科学・理科教育一般／小学校教育 | 中高校大学での科学・理科教育 |
|---|---|---|
| （平成4） | 廃止し「記号科」とするなどの先導的試行が行われる。<br>4・1　小学校学習指導要領，完全実施。一二年の「自然科」の授業はじまる。<br>4・3　板倉「テレビ・アンテナ物語」『たのしい授業』。<br>8・15　平尾二三夫／板倉聖宣共著『分子模型をつくろう』仮説社刊。 | 仮説社刊。<br>6・20　川勝博／三井伸雄／飯田洋治共著『学ぶ側からみた力学の再構成』新生出版刊。<br>6・△　中村邦光／板倉「日本での〈熱物質説〉の否定と〈熱運動説の導入〉」『科学史研究』。 |
| 1993年（平成5） | 3・3　板倉「死んだらどうなるか」『たのしい授業』。<br>4・1　板倉聖宣／名倉弘共著『科学の本の読み方すすめ方』仮説社刊。<br>8・15　板倉聖宣著『科学はどのようにしてつくられてきたか』仮説社刊。日本の庶民の科学思想史。 | 6・3　三木淳男「授業書〈水面の高さ〉の授業記録」『たの授』。<br>6・25　板倉聖宣著『日本史再発見――理系の視点から』朝日選書。歴史研究に物質不滅の原理を適用するなど，理系の視点から歴史を見直す。<br>8・9　細川内閣成立。 |
| 1994年（平成6） | 8・20　板倉聖宣「日本における実験概念とその言葉の歴史」『仮説実験授業研究（5）』。<br>12・1　永田英治著『日本理科教材史――理科教材の誕生・普及・復活，その研究の方法……』東京法令出版刊。 | 4・28　羽田内閣，6・30　村山内閣成立。<br>4・20　板倉聖宣／出口陽正「授業書〈電流〉とその解説」『仮説実験授業研究（5）』。<br>11・1　板倉聖宣著『白菜のなぞ』仮説社（2002.10.平凡社ライブラリーに再録）。 |
| 1995年（平成7） | 4・8　板倉聖宣訳編『1660～69年ロンドン科学日記』板倉研究室刊。<br>4・6　サイエンスシアター　第1回〈電磁波をさぐる――電波と光の世界〉。<br>6・10　伊藤恵「低学年における原子論の教育の可能性」『仮説実験授業研究（6）』。<br>△・△　国際教育到達度評価学会による理科学力，日本の小学生は26か国中2位。<br>12・16　第2回サイエンスシアター〈熱をさぐる――温度と原子分子〉開催。 | 3・31　板倉聖宣，国立教育研究所を定年退職，板倉研究室を設立。<br>4・30　清水大吉郎著『古典にみる地学の歴史』東海大出版会刊。<br>5・3　唐木田健一著『理論の創造と創造の理論』朝倉書店刊。<br>6・10　清水龍郎「授業書〈生物と種〉とその解説」『仮説実験授業研究（6）』。<br>7・5　西川亮著『古代ギリシアの原子論』渓水社刊。 |
| 1996年（平成8） | 7・△　中央教育審議会第一次答申「総合的な学習の時間」の新設と「環境教育の改善・充実」を提言。〈ゆとりの中で自ら学び自ら考える力などの生きる力の育成〉を基本とする。<br>11・3　板倉「概数の哲学――本当の数とウソの数，建前の数とおよその | 1・△　板倉「日本の物理教育――戦前と戦後」『日本物理学会誌』。<br>1・10　板倉聖宣／田中良明「新しい授業書〈偏光板の世界〉とその解説」『仮実研究（7）』。<br>3・10　板倉，朝日新聞社刊の『理 |

| 年次 | 科学・理科教育一般／小学校教育 | 中高校大学での科学・理科教育 |
|---|---|---|
|  | 数』『たのしい授業』。<br>12・25　板倉聖宣著『仮説実験授業の考え方──アマチュア精神の復権』仮説社刊。<br>12・26　第3回サイエンスシアター〈力と運動のなぞをとく──アーチ・吹き矢・衝突・こま〉開催。 | 科離れの真相」に「理科離れとオウム真理教の問題」を執筆。<br>7・20　岐阜物理サークル編著『のらねこの挑戦』新生出版刊。<br>8・10　自由主義史観研究会『教科書では教えない歴史』扶桑社刊。<br>8・15　板倉聖宣著『フランクリン』仮説社刊。 |
| 1997年<br>（平成9） | 1・3　板倉「信じられないことが起こるとき──フランクリンの鎮波実験の追試」『たのしい授業』。<br>2・20　三石初雄ほか編著『〈小学校〉〈教え〉から〈学び〉への授業づくり（5）理科』大月書店刊。<br>8・7　出口陽正著『実験できる算数・数学』仮説社刊。<br>12・5　板倉聖宣／村上道子共編著『新総合読本（1）なぞとき物語』仮説社刊。<br>12・26　第4回サイエンスシアター〈音と振動のなぞ──うまく音を出す方法から地震まで〉開催。 | 5・3　板倉「現象論と実体論と本質論」『たのしい授業』。<br>6・15〜翌年12・15　ヒューウェト著／小出昭一郎監訳『物理科学のコンセプト』共立出版刊。「力と運動／エネルギー／流体と音波／電気・磁気と光／物質の構造と性質／物質の変化／地球の構成と活動／地球の歴史と環境／星と宇宙」9冊。<br>7・3　板倉聖宣「吹き矢の力学」『たのしい授業』。<br>10・30　川勝博著『川勝先生の物理授業』全3巻、海鳴社刊。 |
| 1998年<br>（平成10） | 3・5　板倉聖宣／村上道子共編著『新総合読本（2）知恵と工夫の物語』仮説社刊。<br>8・25　伊藤恵『ちいさな原子論者たち』仮説社刊。<br>12・8　板倉聖宣編著『自然界の発明発見物語』仮説社刊。<br>12・14　『小学校学習指導要領』改訂。「総合的な学習の時間」特設。〈ゆとり／生きる力〉重視。小4の〈重さとかさ〉などは中学校へ移動統合し教材を削減。理科は三〜六年生に年70／90／95／95時限、計350時限に激減。<br>12・14　『中学校学習指導要領』改訂。〈ゆとり／生きる力〉重視。「総合的な学習の時間」特設。理科では小項目を81→50へと大幅に削減して高校に移す。三年生の授業時限は前期の105〜140から80時限に激減させる。<br>12・26　第5回サイエンスシアター〈電気となかよくなろう──エレキテルからセンサーまで〉二日続き | 1・28　都城秋穂著『科学革命とは何か』岩波書店刊。「地質学上の理論の歴史とその思想的・社会的背景／物理学の哲学はどこまで普遍的か／科学理論、科学革命とは何か」の3部からなる。<br>8・12　板倉聖宣著『教育が生まれ変わるために──教えるに価するものは何か』仮説社刊。 |

年表　579

| 年　次 | 科学・理科教育一般／小学校教育 | 中高校大学での科学・理科教育 |
|---|---|---|
| | で開催。 | |
| 1999年<br>(平成11) | 4・5　板倉聖宣「日本人の空気認識と〈空気〉という言葉の歴史『仮説実験授業研究（8）』。<br>8・3　板倉聖宣「蒸発と寒剤のなぞ」『たのしい授業』分子運動論的な説明に成功。<br>8・28　楽知ん研究所『初等科学史研究MEMO』創刊。<br>12・25　第6回サイエンスシアター〈分子模型で見る〉を開催。以後中断。<br>△・△　国際教育到達度評価学会による理科学力，日本の中学生は38か国中4位。「理科が好き」の%は20か国中下から2番目。 | 1・22　飯島澄男著『カーボンナノチューブの挑戦』岩波書店刊。<br>3・29　文部省『高等学校学習指導要領』改訂。〈ゆとり／生きる力〉を重視。総合理科を廃して各2単位の「理科基礎／理科総合A／B」を新設。各3単位の〈物／化／生／地〉Ⅰと〈理科基礎／理科総合A／B〉のうち2科目必修。2008年度実施。<br>11・1　宮地祐司著『生物と細胞——細胞説をめぐる科学と認識』仮説社刊。<br>12・△　ホルブロウ著／板倉／塚本浩司訳「書架の考古学——過去150年の主要な基礎物理学教科書」『パリティ』。 |
| 2000年<br>(平成12) | 1・15　板倉聖宣著『科学と科学教育の源流——いたずら博士の科学史学入門』仮説社刊。<br>5・20　板倉聖宣『科学者伝記小事典——科学の基礎をきずいた人びと』仮説社刊。2009. 2増訂版。<br>12・△　白川英樹，ノーベル化学賞。<br>12・30　佐藤学著『〈学び〉から逃走する子どもたち』岩波書店刊。<br>△・△　青少年のための科学の祭典開催，全国70大会に46万人参加。 | 5・15　金山広吉著『理科実験の盲点研究』東洋館出版刊。「サイフォン」の章で大気圧説に疑問を提出。<br>11・1　出口陽正「授業書〈落下運動の世界〉とその由来と構成」『仮説実験授業授業研究（9）』。<br>12・△　板倉「〈力はベクトル〉の発見・教育史」『理科教室』。 |
| 2001年<br>(平成13) | 4・3　板倉／遠藤郁夫「授業書〈虹と光〉とその解説」『たの授』。<br>6・3　板倉「常識はどのようにして変わるか——〈虹は七色〉から六色へ」『たの授』米シカゴ大のB.M.パーカーが1941年に〈虹の色数〉を子どもに聞く授業を考案して〈虹の六色説〉を提出したことを，突き止める。<br>7・30　板倉聖宣ほか共著『〈サイエンスシアターシリーズ〉原子分子編（1）粒と粉と分子』仮説社刊。「（2）身近な分子たち／（3）原子と原子が出会うと／（4）固体=結晶の世界」の全四冊2002.4完結。<br>9・11　ニューヨーク市，同時多発テロ事件発生。<br>12・△　野依良治，ノーベル化学賞。 | 3・3　板倉「虹は七色か——押しつけはどんなに忍びこむか」『たのしい授業』。<br>4・3　板倉「人びとは虹をどのように考えてきたか」『たの授』。<br>6・30　江沢洋著『理科が危ない』新曜社刊。かつて必修だった高校での物理履修率が九割から二割弱に下がったことに危機感。<br>8・3　板倉「科学はギリシアにしか生まれなかった」『たの授』。<br>9・△　板倉「科学史から何を学ぶか——歴史の束縛から自由になるために」『理科教室』。<br>11・20　ド・ジュエンヌ著／西野勝好／大江秀房訳『科学は冒険！——科学者の成功と失敗，喜びと苦しみ』講談社ブルー |

| 年　次 | 科学・理科教育一般／小学校教育 | 中高校大学での科学・理科教育 |
| --- | --- | --- |
| | 受賞。 | バックス。<br>△・△　OECD，参加各国の成人の科学知識の調査，日本は15か国中13番目。 |
| 2002年<br>（平成14） | 8・4　板倉聖宣ほか共著『サイエンスシアターシリーズ）熱をさぐる編（1）温度をはかる』仮説社刊。（2）熱と光の正体／（3）ものを冷やす／（4）熱と分子の世界，の全四冊は2004.1完結。<br>12・△　小柴昌俊／田中耕一，ノーベル物理学賞／化学賞を受賞。 | 3・20　上田誠也／竹内敬人ら編『自然のすがた』東京図書，高校〈基礎理科〉検定教科書認可。科学史教材を中心に編集。<br>8・3　板倉『たのしい授業』に「原子論を中心にした科学と歴史」の連載を開始。 |
| 2003年<br>（平成15） | 1・10　島野／小出／宮地『ころりん』仮説社刊。<br>8・1　板倉聖宣著『教育評価論』仮社刊。<br>8・17　板倉聖宣著『虹は七色か六色か──真理と教育の問題を考える』仮説社刊。 | 1・3　板倉「あまり迷うと知識の定着が悪くなるということ」『たのしい授業』。<br>11・5　板倉聖宣著『わたしもファラデー』仮説社刊。 |
| 2004年<br>（平成16） | 4・5　板倉聖宣著『原子論の歴史──（1）誕生・勝利・追放／（2）復活・確立』仮説社刊。<br>12・1　永田英治著『たのしい講座を開いた科学者たち』星の環会刊。 | 8・15　板倉聖宣ほか共著『サイエンスシアターシリーズ）力と運動編（1）アーチの力学』仮説社刊。（2）吹き矢の力学／（3）衝突の力学／（4）コマの力学，の全四冊は2005.8完結。 |
| 2005年<br>（平成17） | 8・10　板倉聖宣著『科学新入門（上）大きすぎて見えない 地球，小さすぎて見えない原子』仮説社刊。<br>12・23　中一夫著『学力低下の真相──2つの国際学力調査の結果を読む』板倉研究室刊。 | 10・3　板倉「授業書〈蒸発と分子運動〉とその解説」『たの授』。<br>11・3　板倉「授業書〈分子運動と寒剤のなぞ〉」『たの授』。<br>10〜11月　山田正男「電熱線カッターを使った分子模型の作り方」『たの授』。 |
| 2006年<br>（平成18） | 4・3　伊藤正道「授業書〈おもりのはたらき〉改訂版」『たの授』。<br>7〜11月　出口陽正「〈花と実〉の授業記録」『たの授』。<br>9・3　板倉「説明文と科学読物──〈科学読み物〉による教育の意義」『たのしい授業』。<br>10・3　板倉「授業科学の基礎学力」『たのしい授業』。 | 4・10　板倉聖宣ほか共著『サイエンスシアターシリーズ）電磁波編（1）電磁波を見る』仮説社刊。（2）電子レンジと電磁波／（3）偏光板であそぼう／（4）光のスペクトルと原子，の全四冊は2008.12.完結。<br>8・△　板倉「ドイツ科学隆盛のなぞ」『たのしい授業』。 |
| 2007年<br>（平成19） | 4・10　板倉聖宣著『子どもの学力，教師の学力』仮説社刊。 | 11・1　板倉聖宣著『（科学新入門（下）迷信と科学』仮説社刊。 |
| 2008年 | 1・△　中央教育審議会〈学習指導要 | 1・3　板倉聖宣「授業書〈二つ |

| 年　次 | 科学・理科教育一般／小学校教育 | 中高校大学での科学・理科教育 |
|---|---|---|
| （平成20） | 領等の改善〉について答申。<br>3・28　文科省『小学校学習指導要領』告示。領域を「物質・エネルギー／生命・地球」に二分。粒子概念を重視し、手回し発電機を導入。09年前倒し実施し12年全面実施。理科の授業時数は各学年90／105／105／105時限、計405時限。前期の350時限より増加。<br>3・28　文科省『中学校学習指導要領』告示。理科の授業時数は一年週3時限、二三年4時限に増加し、1989年の水準に復帰。<br>6〜7月　松平久美子「盲学校での仮説実験授業」『たのしい授業』。<br>11・25　板倉聖宣著『もしも原子がみえたなら』仮説社、新版。<br>12・10　南部陽一郎／益川敏英／小林誠、ノーベル物理学賞受賞。益川は日本語で受賞記念講演。 | の大陸文明の出会い——アメリカ大陸がなかったなら』『たの授』。<br>1・25　伏見康治著『光る原子、波うつ電子』丸善刊。1941〜44年『図解科学』連載の単行本化。<br>3・27　宮地祐司『水はどっちから出る？——さらに不思議なサイフォン』楽知ん研究所刊。<br>4・22　池内了著『疑似科学入門』岩波新書。<br>6・3　板倉聖宣「〈水分子の鎖〉とサイフォン」「授業書〈水分子の冒険〉の構想」『たの授』。<br>9・△　（米）リーマン・ブラザーズ証券、倒産。世界同時不況のはじまり。<br>12・10　下村脩、ノーベル化学賞受賞。 |
| 2009年<br>（平成21） | 1・3　板倉「授業書と教師の習熟の問題」『たのしい授業』。<br>3・25　板倉聖宣『日本理科教育史』増補新版、仮説社刊。<br>4・1　『学習指導要領』の算数理科を前倒しして実施。 | 1・3　板倉聖宣「不思議な石＝石灰石」『たのしい授業』。<br>2・3　板倉聖宣「続もしも原子がみえたなら」『たのしい授業』。 |

著者紹介

### 板倉聖宣（いたくら きよのぶ）

1930年5月2日，東京都下谷区（現，台東区東上野）に生まれる。

1953年3月，東京大学教養学部教養学科（科学史科学哲学分科）卒業。在学中に「〈社会の科学〉をも含めてすべての科学的認識は仮説にもとづく実験によってのみ成立する」という認識論を確立。サークル機関誌『科学と方法』を創刊して，誤謬論を中心とした認識論の組織的な研究を始める。

1958年9月，東京大学大学院数物系研究科博士課程を修了，物理学史の研究によって理学博士となる。

1959年4月，国立教育研究所（現，国立教育政策研究所）に勤務。

1963年8月，仮説実験授業を提唱。仮説実験授業研究会を組織して会代表。

1973年3月，遠山啓氏らと教育雑誌『ひと』（太郎次郎社）を創刊。研究領域を授業科学全般，〈社会の科学〉の研究と教育にも拡げる。

1983年4月，月刊『たのしい授業』（仮説社）を創刊。その編集代表となる。

1995年3月，国立教育研究所を定年退職，同研究所名誉所員。東京・高田馬場に「(私立) 板倉研究室」を設立し，科学（自然・社会）と教育の研究に従事。さらに，学校外でも親子で科学に親しんでもらえるよう，科学実験公演台本「サイエンスシアターシリーズ」も執筆・刊行中。

〔主な著書〕『日本科学技術史大系・教育』全3冊（編著），『日本理科教育史』（第一法規，本書の原本），『理科教育史資料』全6巻（共著，東京法令），『ぼくらはガリレオ』（岩波書店），『科学と方法』（季節社），『長岡半太郎』『日本史再発見』（朝日新聞社），『科学的とはどういうことか』『仮説実験授業』『科学と教育』『模倣の時代』『原子論の歴史』『（絵本）もしも原子がみえたなら』（以上，仮説社）。W.ギルバート『磁石（および電気）論』，R.フック『ミクログラフィア』などの訳書もある。

**増補 日本理科教育史** （付・年表）

〔原著初版 1968年3月1日〕
ISBN 978-4-7735-0212-1　C3037
printed in Japan
初版発行　2009年4月10日（1500部）
2刷発行　2016年2月29日（500部）

著　者　板倉聖宣©Itakura Kiyonobu,1968
発行所　株式会社 仮説社
170-0002 東京都豊島区巣鴨1-14-5
電　話・03-6902-2121
FAX：03-6902-2125
E mail；mail@kasetu.co.jp
URL：www.kasetu.co.jp

図版／装丁　街屋（平野孝典）
印刷／シナノ書籍印刷株式会社

## かわりだねの科学者たち 〔初版1987〕B6判410ペ 3204円
板倉聖宣著：民衆の中から生まれ自らの好奇心を大事にし続けた個性あふれる科学者と教師10人の仕事と生涯。井上円了，小倉金之助，渡辺敏ほか。

## 模倣の時代 〔初版1988〕B6判 上 444ペオンデマンド／下 622ペ 3200円
板倉聖宣著：近代日本をゆるがす脚気病の多発。「日本人の創造性」と「科学の大原則」を賭けた科学者達の熱く長い戦い。渾身の科学ドキュメント。

## 原子論の歴史 〔初版2004〕B6判 上 254ペ／下 206ペ 各1800円
板倉聖宣著：古代ギリシア・ローマですでに勝利していた原子論。なぜそれが覆い隠されてきたのか。科学を生み出した唯一の思想。興奮の新発見。

## 科学者伝記小事典 〔初版2000〕B6判230ペ 1900円
板倉聖宣著：科学の基礎を築いた80余人の小伝。パラパラ見るだけでも科学の歴史がうかがえる生年順。学歴や国籍，職業，などにまつわる夜話も。

## 磁石（および電気）論 〔初版1978〕A5判/148ペ 2200円
W.ギルバート原著／板倉聖宣抄訳・解説：「言い伝え」なども徹底的に実験で検証。地球＝母なる慈石説で近代科学の夜明をもたらした名著。1600年刊。

## 科学と科学教育の源流 〔初版2000〕B6判300ペ 重版準備中
板倉聖宣著：科学と教育は深く結びついて発展してきた。まだ職業科学者が登場していない近代のヨーロッパ。好奇心にもえる人々と社会をさぐる。

## 科学新入門 B6判 上〔初05〕212ペ品切れ／下〔初版07〕178ペ 1800円
板倉聖宣著：上巻＝大きすぎて見えない地球，小さすぎて見えない原子／下巻＝迷信と科学。いつも実物事実にそって考える…それは科学ではない。

## 増補版 模倣と創造 〔初版1978〕B6判261ペ 1942円
板倉聖宣著：「創造」にあこがれて「模倣」を軽視。そして創造性が失われ盗作が生まれる。何をどのように模倣すべきか。創造に至る研究の作法。

## 科学と教育 〔初版2008〕A5判238ペ 2000円
板倉聖宣著：ガリレオはその力学論文を何語で書いたのか。それはなぜか。科学と教育の関係を多面的に深く掘り下げた感動の講義録（東大教育学部）。

## 白菜のなぞ やまねこ文庫 〔初版1994〕B6判137ペ 1500円
板倉聖宣著：白菜漬け。昔ながらの日本食という感じがします。ところが謎が次々と。それを追っていったら「種」の概念にまでたどりつきました。

## もしも原子がみえたなら 〔初版2008〕B5変形46ペ 2200円
板倉聖宣著／さかたしげゆき絵：イメージをふくらませれば，原子分子は難しくない。いや楽しい。いやかわいい！ 教育に新時代を開いた名作絵本。

# 仮説社 (表示価格は税別です)